Björn Rohles, Jürgen Wolf

# Grundkurs Gutes Webdesign
## Alles, was Sie über Gestaltung im Web wissen sollten

# Liebe Leserin, lieber Leser,

Webstandards, CSS, HTML, Barrierefreiheit, responsives Webdesign ... – bei so vielen technischen Anforderungen an modernes Webdesign verliert man schnell einmal den Blick für das *Design* im Webdesign. Dieses Design ist aber oft genau das, was die Besucher einer Website dazu veranlasst, länger zu verweilen und sich genauer mit den Inhalten der Site zu beschäftigen. Langweilige Websites, die spannende Inhalte nicht nutzerfreundlich verpacken, gibt es schließlich schon genügend im Netz.

Doch was macht gutes Design aus? Wie hebt man sich von der Masse ab? In diesem Buch erfahren Sie es, denn hier erlernen Sie Schritt für Schritt die Grundlagen gelungener Gestaltung im Netz. Björn Rohles und Jürgen Wolf zeigen Ihnen, worauf es bei der Schrift- und Farbwahl ankommt, erklären, wie ein Layout sinnvoll aufgebaut werden kann, und geben Tipps für die Gestaltung von Buttons, Icons und Grafiken. Natürlich verlieren sie dabei auch die Technik dahinter nie aus den Augen. So können Sie sicher sein, dass am Ende ein stimmiges Design entsteht, das nicht nur optisch, sondern auch technisch überzeugt: HTML und CSS kommen in diesem Buch genauso zum Einsatz wie die Prinzipien von Webstandards, Barrierefreiheit und dem responsive Webdesign. Besonders hilfreich sind die praktischen Beispiele, deren Quellcode Sie auf der Buch-Website unter *www.rheinwerk-verlag.de/5648* herunterladen können. Auch weiterführende Inhalte finden Sie dort.

Nun wünsche ich Ihnen viel Spaß beim Gestalten Ihrer nächsten Website! Wir freuen uns stets über Lob, aber auch über kritische Anmerkungen, die helfen, dieses Buch besser zu machen. Sollte Ihnen also etwas auffallen, so zögern Sie nicht, sich bei mir zu melden.

**Ihre Ruth Lahres**
Lektorat Rheinwerk Design
ruth.lahres@rheinwerk-verlag.de

www.rheinwerk-verlag.de
Rheinwerk Verlag • Rheinwerkallee 4 • 53227 Bonn

# Auf einen Blick

1 Die richtige Ausrüstung ..................... 17

2 Grundlagen von gutem Webdesign ..................... 35

3 Konzeption und Design ..................... 69

4 Layout und Komposition ..................... 121

5 Typografie im Web ..................... 207

6 Navigationen und Interaktionen ..................... 263

7 Farbe im Web ..................... 325

8 Grafiken, Bilder und Multimedia ..................... 373

9 Testen und optimieren ..................... 435

Wir hoffen, dass Sie Freude an diesem Buch haben und sich Ihre Erwartungen erfüllen. Ihre Anregungen und Kommentare sind uns jederzeit willkommen. Bitte bewerten Sie doch das Buch auf unserer Website unter **www.rheinwerk-verlag.de/feedback**.

An diesem Buch haben viele mitgewirkt, insbesondere:

**Lektorat** Ruth Lahres
**Korrektorat** Petra Bromand, Düsseldorf
**Herstellung** Janne Brönner
**Layout** Janne Brönner, Vera Brauner
**Einbandgestaltung** Silke Braun
**Coverbild** Illustration Mai Loan Nguyen Duy
**Satz** Markus Miller, München
**Druck und Bindung** mediaprint solutions, Paderborn

Dieses Buch wurde gesetzt aus der Syntax Next (9,5 pt/13,75 pt) in Adobe InDesign.

Gedruckt wurde dieses Buch mit mineralölfreien Farben auf matt gestrichenem, PEFC®-zertifiziertem Bilderdruckpapier (115 g/m²).

Hergestellt in Deutschland.

Das vorliegende Werk ist in all seinen Teilen urheberrechtlich geschützt. Alle Rechte vorbehalten, insbesondere das Recht der Übersetzung, des Vortrags, der Reproduktion, der Vervielfältigung auf fotomechanischen oder anderen Wegen und der Speicherung in elektronischen Medien.

Ungeachtet der Sorgfalt, die auf die Erstellung von Text, Abbildungen und Programmen verwendet wurde, können weder Verlag noch Autor*innen, Herausgeber*innen oder Übersetzer*innen für mögliche Fehler und deren Folgen eine juristische Verantwortung oder irgendeine Haftung übernehmen.

Die in diesem Werk wiedergegebenen Gebrauchsnamen, Handelsnamen, Warenbezeichnungen usw. können auch ohne besondere Kennzeichnung Marken sein und als solche den gesetzlichen Bestimmungen unterliegen.

Bibliografische Information der Deutschen Nationalbibliothek:
Die Deutsche Nationalbibliothek verzeichnet diese Publikation in der Deutschen Nationalbibliografie; detaillierte bibliografische Daten sind im Internet über *http://dnb.dnb.de* abrufbar.

**ISBN 978-3-8362-9349-5**

3., aktualisierte Auflage 2023, 2. Nachdruck 2024
© Rheinwerk Verlag, Bonn 2023

Informationen zu unserem Verlag und Kontaktmöglichkeiten finden Sie auf unserer Verlagswebsite **www.rheinwerk-verlag.de**. Dort können Sie sich auch umfassend über unser aktuelles Programm informieren und unsere Bücher und E-Books bestellen.

# Inhalt

Vorwort .................................................................. 15

## 1   Die richtige Ausrüstung

| | | |
|---|---|---|
| 1.1 | Was Sie brauchen ..................................................... | 18 |
| | 1.1.1   Stift und Papier .............................................. | 18 |
| | 1.1.2   Software und Tools zum Gestalten und Entwickeln ................................................. | 18 |
| | 1.1.3   Browser zum Testen ......................................... | 19 |
| | 1.1.4   FTP-Software ................................................. | 20 |
| | 1.1.5   Für Fortgeschrittene: Arbeitsschritte automatisieren ............................................. | 20 |
| 1.2 | Denken Sie wie eine Webdesignerin oder ein Webdesigner! ....................................................... | 21 |
| | 1.2.1   Webdesignerinnen und Webdesigner sind kreativ .................................................... | 21 |
| | 1.2.2   Webdesignerinnen und Webdesigner kennen das Web ............................................. | 24 |
| 1.3 | Die wichtigsten Technologien ...................................... | 28 |
| | 1.3.1   Inhalte mit HTML ............................................ | 29 |
| | 1.3.2   Gestaltung mit CSS .......................................... | 29 |
| | 1.3.3   Verhalten mit JavaScript ................................... | 31 |
| | 1.3.4   Dynamische Inhalte und CMS ........................... | 32 |
| 1.4 | Zusammenfassung .................................................... | 33 |

## 2   Grundlagen von gutem Webdesign

| | | |
|---|---|---|
| 2.1 | Usability und User Experience ..................................... | 36 |
| | 2.1.1   Usability: die funktionalen Ziele der Nutzerinnen und Nutzer ..................................... | 36 |
| | 2.1.2   Mehr als Usability: User Experience .................. | 38 |
| | 2.1.3   Konventionen und Faustregeln für gute Usability ................................................. | 39 |
| | 2.1.4   Usability und Inhalte ........................................ | 46 |

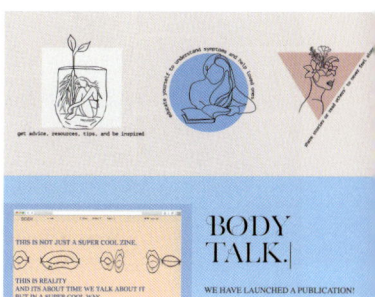

# Inhalt

| | | |
|---|---|---|
| 2.2 | **Accessibility – Zugänglichkeit und Barrierefreiheit** | 46 |
| | 2.2.1 Warum Accessibility wichtig ist – immer | 46 |
| | 2.2.2 Hilfsmittel für Menschen mit Behinderungen | 48 |
| | 2.2.3 Barrierefreiheit per Gesetz | 48 |
| | 2.2.4 Web Content Accessibility Guidelines (WCAG) | 49 |
| | 2.2.5 Accessibility und Webstandards | 49 |
| | 2.2.6 WAI-ARIA | 51 |
| | 2.2.7 Accessibility und Inhalte | 52 |
| 2.3 | **Responsive Webdesign** | 53 |
| | 2.3.1 Möglichkeiten für mobile Websites | 53 |
| | 2.3.2 Mobile First und Desktop First | 54 |
| | 2.3.3 Technische Grundlagen von Responsive Webdesign | 55 |
| | 2.3.4 Meta-Viewport-Element | 55 |
| | 2.3.5 Media Queries | 56 |
| 2.4 | **Nachhaltigkeit** | 58 |
| | 2.4.1 Ein alltäglicher $CO_2$-Abdruck eines Menschen | 58 |
| | 2.4.2 $CO_2$-Verbrauch einer Website messen | 59 |
| | 2.4.3 Prinzipien von nachhaltigem Webdesign | 59 |
| 2.5 | **Ethik im Webdesign** | 61 |
| 2.6 | **Die Entstehung einer Website** | 63 |
| | 2.6.1 Das Was: Websites als lebendige Designsysteme | 63 |
| | 2.6.2 Das Wie: neue Workflows für Websites | 65 |
| | 2.6.3 Fazit: Grundlagen für modernes Webdesign | 68 |

# 3 Konzeption und Design

| | | |
|---|---|---|
| 3.1 | Phasen von Konzeption und Kreation | 70 |
| 3.2 | Zielgruppe definieren und kennenlernen | 71 |
| | 3.2.1 Nutzerinnen und Nutzer kennenlernen | 72 |
| | 3.2.2 Personas | 75 |
| | 3.2.3 Customer Journey Maps | 76 |
| 3.3 | Grobkonzept entwickeln | 77 |
| | 3.3.1 Recherche | 77 |
| | 3.3.2 Richtung der Gestaltung festlegen | 78 |
| | 3.3.3 Marktanalyse | 78 |
| | 3.3.4 Designsprachen und -stile recherchieren | 80 |
| | 3.3.5 Zielformulierung | 85 |

| | | |
|---|---|---|
| 3.4 | Der Weg zur richtigen Idee – Kreativitätstechniken ... | 88 |
| | 3.4.1 Brainstorming | 88 |
| | 3.4.2 Morphologische Matrix | 90 |
| | 3.4.3 Gegensatzpaare | 90 |
| | 3.4.4 Kreativität und Druck | 91 |
| 3.5 | Content-Strategie | 91 |
| | 3.5.1 Inhalte sammeln und bewerten | 92 |
| | 3.5.2 Informationsarchitektur festlegen | 95 |
| | 3.5.3 Seitentypen festlegen | 100 |
| | 3.5.4 Struktur von Seiten festlegen | 100 |
| | 3.5.5 UX-Writing und Wording | 101 |
| | 3.5.6 Content-Prototypen | 103 |
| 3.6 | Ideen ausarbeiten und visualisieren | 104 |
| | 3.6.1 Moodboards | 104 |
| | 3.6.2 Stylescapes | 105 |
| | 3.6.3 Scribbles: schnelle Skizzen | 106 |
| | 3.6.4 Papierprototypen: Mehr Low-Budget geht nicht | 107 |
| 3.7 | Ideen bewerten | 107 |
| | 3.7.1 Wireframes: strukturelle Skizzen | 107 |
| | 3.7.2 Prototypen: Interaktionen testen | 109 |
| | 3.7.3 Modular gestalten: Designsysteme, Pattern Libraries und Styleguides | 111 |
| | 3.7.4 Konzeption mit einer Projektmatrix auf den Punkt bringen | 115 |
| | 3.7.5 Ideen auswerten | 117 |
| 3.8 | Umsetzung und Ausarbeitung | 118 |
| | 3.8.1 Designentwürfe oder Mockups | 118 |
| | 3.8.2 HiFi-Prototypen: im Browser entscheiden | 119 |

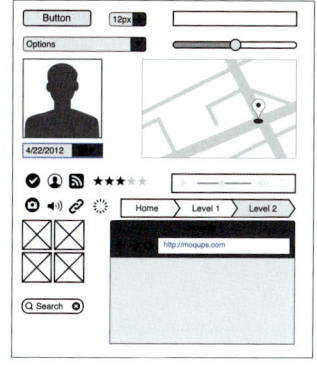

# 4 Layout und Komposition

| | | |
|---|---|---|
| 4.1 | Die Grundlagen moderner Gestaltung | 122 |
| | 4.1.1 Wahrnehmungsgesetze | 122 |
| | 4.1.2 Formen | 127 |
| 4.2 | Gestaltungsregeln für das Web | 136 |
| | 4.2.1 Klassische Gestaltungsregeln | 136 |
| | 4.2.2 Weißraum | 140 |
| | 4.2.3 Erkenntnisse aus der Nutzungsforschung | 141 |
| | 4.2.4 Psychologische Effekte | 147 |

# Inhalt

| | 4.3 | Das Box Model in CSS | 150 |
|---|---|---|---|
| | | 4.3.1 Maßeinheiten in CSS | 151 |
| | | 4.3.2 Breite und Höhe | 152 |
| | | 4.3.3 Innenabstand | 152 |
| | | 4.3.4 Rahmen | 153 |
| | | 4.3.5 Ecken gestalten | 154 |
| | | 4.3.6 Außenabstand | 155 |
| | | 4.3.7 Das Box Model steuern | 155 |
| | | 4.3.8 Schatten mit CSS | 157 |
| | | 4.3.9 Box Model bei Inline-Elementen | 158 |
| | | 4.3.10 Umgang mit zu viel Inhalt | 158 |
| | 4.4 | Layouts mit CSS | 159 |
| | | 4.4.1 Elemente per »float« links und rechts fließen lassen | 159 |
| | | 4.4.2 Elemente frei mit »position« anordnen | 163 |
| | | 4.4.3 Anzeige mit »display« steuern | 165 |
| | 4.5 | Raster – Inhalte im Layout anordnen | 166 |
| | | 4.5.1 Pro und Kontra von Rastern | 166 |
| | | 4.5.2 Inhalte im Raster verteilen | 166 |
| | | 4.5.3 Aus Rastern ausbrechen | 167 |
| | | 4.5.4 Grundlinienraster | 167 |
| | 4.6 | Layout im Responsive Web | 168 |
| | | 4.6.1 Typen von Layouts | 168 |
| | | 4.6.2 Der Breakpoint, das (noch) unbekannte Wesen | 171 |
| | | 4.6.3 Breite ist nicht alles | 173 |
| | | 4.6.4 Strategien für responsive Darstellungen | 175 |
| | 4.7 | Raster in CSS | 180 |
| | | 4.7.1 Statische Raster in CSS | 180 |
| | | 4.7.2 Einfaches responsives Raster mit float:left | 181 |
| | | 4.7.3 Frontend-Frameworks und fertige Grids | 182 |
| | | 4.7.4 Flexbox | 183 |
| | | 4.7.5 CSS Box Alignment | 187 |
| | | 4.7.6 Grid Layouts | 192 |

# 5 Typografie im Web

| | 5.1 | Was ist Typografie? | 208 |
|---|---|---|---|
| | | 5.1.1 Anatomie einer Schrift | 209 |
| | | 5.1.2 Kategorien von Schriften | 210 |

# Inhalt

| | | |
|---|---|---|
| 5.2 | Websichere Schriften | 216 |
| 5.3 | Webfonts | 219 |
| | 5.3.1 Kleine Geschichte der Webfonts | 219 |
| | 5.3.2 Aktuelle Lizenzmodelle für Webfonts | 220 |
| | 5.3.3 Webfonts einbinden | 223 |
| | 5.3.4 Angriff des FO(U/I)T | 226 |
| 5.4 | Die richtige Schrift auswählen | 228 |
| | 5.4.1 Die Funktionen von Schrift | 228 |
| | 5.4.2 Auf die richtigen Assoziationen achten | 231 |
| | 5.4.3 Recherche zur gewählten Schrift | 233 |
| | 5.4.4 Schriftfamilien | 234 |
| | 5.4.5 Nachhaltige Typografie und Performance | 234 |
| | 5.4.6 Visuelle Effekte | 235 |
| 5.5 | Texte in HTML und CSS gestalten | 236 |
| | 5.5.1 Typografische Auszeichnungen | 236 |
| | 5.5.2 Schriftgröße | 237 |
| | 5.5.3 Typografische Varianten | 239 |
| | 5.5.4 Unterstreichungen und andere Dekorationen | 240 |
| | 5.5.5 Laufweite | 241 |
| | 5.5.6 Zeilenlänge | 243 |
| | 5.5.7 Textschatten | 243 |
| | 5.5.8 Textspalten | 244 |
| | 5.5.9 Textausrichtung | 248 |
| | 5.5.10 Zeilenabstand | 249 |
| | 5.5.11 Mikro-Weißraum | 251 |
| 5.6 | Variable Fonts | 251 |
| | 5.6.1 Variable Font mit CSS-Attributen steuern | 252 |
| | 5.6.2 Variable Fonts zu einer Website hinzufügen | 254 |
| 5.7 | Typografische Details | 255 |
| | 5.7.1 Sonderzeichen in HTML | 256 |
| | 5.7.2 Typografische Anführungszeichen | 257 |
| | 5.7.3 Gedankenstrich, Apostroph und Ellipse | 258 |
| | 5.7.4 Silbentrennung und geschützte Leerzeichen | 259 |
| | 5.7.5 Gliedern von Zahlen | 260 |

# Inhalt

## 6 Navigationen und Interaktionen

**6.1 Grundlagen nutzungsfreundlicher Interaktionen** ........ 264
    6.1.1 Usability und Interaktionen .............................. 264
    6.1.2 Accessibility und Interaktionen ........................ 265
**6.2 Links: Usability und Accessibility** ............................... 271
**6.3 Buttons** .................................................................................. 272
    6.3.1 Usability und Accessibility gewährleisten ........... 272
    6.3.2 Buttons gestalten ............................................. 276
    6.3.3 Social-Media-Buttons und der Datenschutz ...... 277
**6.4 Navigationen** ....................................................................... 279
    6.4.1 Arten von Navigationen .................................... 279
    6.4.2 Gestaltung und Positionierung von Navigationen ................................................... 280
    6.4.3 Interaktionsdesign bei Navigationen ................. 288
**6.5 Responsive Navigationen** ............................................. 295
    6.5.1 Grundregeln responsiver Navigationen ............. 295
    6.5.2 Responsive Navigation mit stets sichtbaren Menüs ............................................................. 296
    6.5.3 Responsive Navigation mit versteckten Menüs ... 298
    6.5.4 Design-Patterns für responsive Navigationen mit versteckten Menüs ................. 302
**6.6 Formulare** ............................................................................. 307
    6.6.1 HTML-Eingabefelder für Formulare ................... 307
    6.6.2 Optimieren von Formularen .............................. 308
**6.7 Animationen** ........................................................................ 313
    6.7.1 Bessere User Experience durch Animationen ..... 313
    6.7.2 Gestaltungsgrundsätze für Animationen der Benutzeroberfläche .................................... 314
    6.7.3 Animationen als inhaltliches Gestaltungsmittel   316
    6.7.4 Umsetzung in CSS ............................................ 318
    6.7.5 Reduced Motion Media Queries ....................... 321
    6.7.6 Zugängliche Animationen ................................. 322

## 7 Farbe im Web

**7.1 Kleine Farblehre** ................................................................. 326
    7.1.1 Grundbegriffe: Farbton, Helligkeit, Sättigung .... 326
    7.1.2 Farbtemperatur ................................................ 327

|  |  |  |  |
|---|---|---|---|
| | 7.1.3 | Primär-, Sekundär- und Tertiärfarben | 328 |
| | 7.1.4 | Farbkontraste | 329 |
| | 7.1.5 | Farbassoziationen | 334 |
| | 7.1.6 | Die Farben im Detail | 335 |
| | 7.1.7 | Farbharmonien | 343 |
| 7.2 | Farben und Farbschemata für Websites | | 346 |
| | 7.2.1 | Erste Schritte zu einem Farbschema | 347 |
| | 7.2.2 | Der Winkelkontrast – Farben im Farbkreis | 348 |
| | 7.2.3 | Die Methode der maximalen Kontraste | 350 |
| | 7.2.4 | Stile und Vorbilder nutzen | 354 |
| | 7.2.5 | Mit Assoziationen zu einem Farbschema | 355 |
| | 7.2.6 | Farbe in Designsystemen | 356 |
| | 7.2.7 | Dunkle Gestaltungen und Dark Mode | 357 |
| 7.3 | Farben am Monitor und im Web | | 360 |
| | 7.3.1 | Additive und subtraktive Farbmischung | 360 |
| | 7.3.2 | Farben in CSS angeben | 360 |
| | 7.3.3 | Farben mit Custom Properties definieren (CSS-Variablen) | 363 |
| | 7.3.4 | Verläufe in CSS angeben | 367 |
| 7.4 | Barrierefreiheit und Usability – auch bei der Farbwahl | | 371 |

# 8   Grafiken, Bilder und Multimedia

|  |  |  |  |
|---|---|---|---|
| 8.1 | Tipps für Bildwahl und Bildgestaltung | | 374 |
| | 8.1.1 | Fotografie oder Illustration? | 374 |
| | 8.1.2 | Mit Bildern informieren | 376 |
| | 8.1.3 | Bilder mit Texten kombinieren | 377 |
| | 8.1.4 | Aufmerksamkeit mit Bildern steuern | 379 |
| | 8.1.5 | Emotionalität über Bilder herstellen | 379 |
| | 8.1.6 | Hero-Images | 381 |
| | 8.1.7 | Bildwirkung | 382 |
| | 8.1.8 | Perspektiven | 384 |
| | 8.1.9 | Fotografische Ästhetik | 385 |
| 8.2 | Grafiken und Bilder: frei oder lizenziert? | | 387 |
| | 8.2.1 | Freie Grafiken und Bilder verwenden | 387 |
| | 8.2.2 | Grafiken und Bilder beauftragen und lizenzieren | 391 |
| 8.3 | Bilder für das Web vorbereiten | | 392 |
| | 8.3.1 | Export-Dialoge fürs Web | 392 |

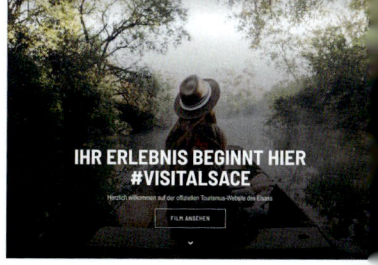

# Inhalt

|  |  | 8.3.2 | Wichtige Bildformate für das Web | 393 |
|  |  | 8.3.3 | Bilder optimieren | 398 |
|  |  | 8.3.4 | Den richtigen Farbraum einstellen | 398 |
|  | 8.4 | | **Bilder in Websites einbauen** | 399 |
|  |  | 8.4.1 | Inhaltliche Bilder per HTML einfügen | 399 |
|  |  | 8.4.2 | Schmückende Bilder per CSS im Layout einfügen | 402 |
|  | 8.5 | | **Ein Pixel ist ein Pixel … Oder?** | 404 |
|  |  | 8.5.1 | Geräte- und CSS-Pixel | 404 |
|  |  | 8.5.2 | Hochauflösende Monitore und Pixeldichte | 404 |
|  |  | 8.5.3 | Pixeldichte bei Bildern | 406 |
|  | 8.6 | | **Lösungen für responsive Bilder in der Praxis** | 406 |
|  |  | 8.6.1 | Downsampling von inhaltlichen Bildern | 406 |
|  |  | 8.6.2 | Bilder flexibel machen | 407 |
|  |  | 8.6.3 | Bilder mit »img« und »srcset« responsiv machen | 408 |
|  |  | 8.6.4 | Responsive Hintergrundbilder mit CSS | 413 |
|  | 8.7 | | **Icons einsetzen und gestalten** | 414 |
|  |  | 8.7.1 | Icons und Usability | 416 |
|  |  | 8.7.2 | Stile von Zeichen | 417 |
|  |  | 8.7.3 | Grundregeln für die Gestaltung von Icons | 419 |
|  |  | 8.7.4 | Favicons und Touch-Icons | 420 |
|  |  | 8.7.5 | Icon-Fonts | 423 |
|  |  | 8.7.6 | Icons als SVGs einbinden | 425 |
|  | 8.8 | | **Nachhaltigkeit durch weniger Bilder** | 426 |
|  | 8.9 | | **Video und Audio in HTML einbinden** | 427 |
|  |  | 8.9.1 | Webdesign mit bewegten Bildern | 427 |
|  |  | 8.9.2 | Video und Audio | 428 |
|  |  | 8.9.3 | Container und Codecs für Video- und Audio-Inhalte im Web | 431 |
|  |  | 8.9.4 | Zugänglichkeit von Video- und Audio-Inhalten | 432 |
|  |  | 8.9.5 | Videos und Nachhaltigkeit | 433 |

# 9    Testen und optimieren

| 9.1 | | **Funktionalitäten sicherstellen** | 436 |
|  | 9.1.1 | Browser-Statistiken abfragen | 436 |
|  | 9.1.2 | Testumgebung vorbereiten | 437 |

|  |  |  |  |
|---|---|---|---|
| | 9.1.3 | Feature-Unterstützung prüfen und reagieren | 439 |
| | 9.1.4 | HTML und CSS validieren | 441 |
| 9.2 | | Usability, User Experience und Accessibility testen | 442 |
| | 9.2.1 | Accessibility mit Tools testen | 442 |
| | 9.2.2 | Websites ohne CSS und Bilder analysieren | 444 |
| | 9.2.3 | Analytics | 444 |
| | 9.2.4 | Testen mit Nutzerinnen und Nutzern | 444 |
| | 9.2.5 | Heuristische Evaluation und Cognitive Walkthroughs | 446 |
| 9.3 | | Performance: Lade- und Renderingzeiten im Griff | 448 |
| | 9.3.1 | Performance als Designentscheidung | 449 |
| | 9.3.2 | Speed-Tests und Dev-Tools nutzen | 450 |
| | 9.3.3 | Performance-Kennzahlen auswählen und verstehen | 451 |
| | 9.3.4 | Ungenutzten Code entfernen | 454 |
| | 9.3.5 | Server-Anfragen optimieren | 455 |
| | 9.3.6 | Dateigröße optimieren | 458 |
| | 9.3.7 | Webseiten so schnell wie möglich rendern | 460 |
| 9.4 | | Nachhaltigkeit bei der Webentwicklung | 466 |
| | 9.4.1 | Sustainability-Budgets | 466 |
| | 9.4.2 | Sauberer und schlanker Code | 467 |
| | 9.4.3 | Effiziente Programmiersprache wählen | 467 |
| | 9.4.4 | Progressive Web Apps (PWAs) | 469 |
| | 9.4.5 | Bots blockieren | 469 |
| 9.5 | | Nachhaltigkeit beim Webhosting | 470 |
| | 9.5.1 | Around the world | 470 |
| | 9.5.2 | Green Webhosting | 470 |

Index ............................................................................. 473

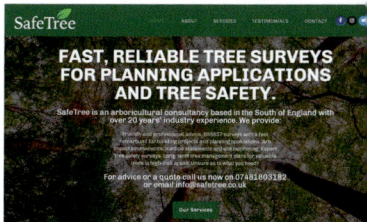

# Vorwort

Sie möchten ins Webdesign einsteigen? Herzlichen Glückwunsch! Nicht nur ist das Web nicht mehr aus der Digitalisierung wegzudenken, sondern das Web zu gestalten ist auch eine sehr schöne und vielfältige Tätigkeit. Dabei vereinen Sie gestalterische sowie technische Aspekte und leisten einen wichtigen Beitrag zur menschzentrierten Gestaltung digitaler Medien.

Dieses Buch handelt davon, wie Sie mit guter Gestaltung dazu beitragen können, positive Erlebnisse im Web zu schaffen. Es erklärt Ihnen gestalterische und konzeptionelle Grundlagen von Webdesign, mit denen Sie direkt loslegen können. Außerdem betrachten wir viele Beispiele aus dem Web, die Sie inspirieren können.

Mit dem vorliegenden Buch geht der »Grundkurs gutes Webdesign« bereits in seine dritte Auflage. Ein großer Dank gilt Jürgen Wolf, der mich bei der Aktualisierung mit seinem Fachwissen und seiner fundierten Arbeitsweise unterstützt hat. Gemeinsam haben wir diesen Grundkurs vollständig überarbeitet. Dabei wurden nicht nur Beispiele, Gestaltungstrends und Technologien aktualisiert, sondern auch zahlreiche neue Inhalte eingefügt. Dazu zählen etwa der Dark Mode, Variable Fonts, Custom Properties in CSS und neue Bildformate, aber auch weitere Methoden der menschzentrierten Gestaltung sowie die gestiegene Bedeutung von Ethik und Nachhaltigkeit.

Bei der Arbeit an diesem Buch sind zahlreiche Materialien entstanden – insbesondere Code-Beispiele, Vorlagen sowie vertiefende und weiterführende Inhalte. Um Ihnen diese Inhalte zugänglich zu machen, finden Sie unter *www.rheinwerk-verlag.de/5648* einen Download-Bereich. Dort finden Sie einen Reiter MATERIALIEN in einem Kasten. Halten Sie Ihr Buchexemplar bereit, denn Sie werden eine Sicherheitsabfrage beantworten müssen. Wir empfehlen Ihnen, sich diese Inhalte unbedingt anzuschauen, denn sie können Ihnen das Verständnis vereinfachen oder die praktische Arbeit veranschaulichen. Hinweise auf die relevanten Downloads finden Sie jeweils in der Randspalte.

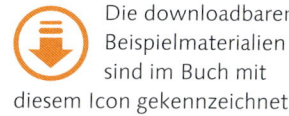
Die downloadbaren Beispielmaterialien sind im Buch mit diesem Icon gekennzeichnet.

Drei weitere Aspekte sind an dieser Stelle wichtig:
- Webdesign ist ein sehr weites Feld, das gestalterische und technische Aspekte vereint. Unser Schwerpunkt liegt auf den gestalte-

# Vorwort

Als besonderen Service finden Sie alle Links in einer PDF-Liste »shortlinks.pdf« im Download zum Buch im Ordner URL SHORTENER!

rischen Aspekten. Wir werden zahlreiche Techniken und Code-Beispiele Schritt für Schritt erläutern, gehen dabei aber davon aus, dass Sie über Grundwissen in HTML und CSS verfügen. Zur Auffrischung haben wir Zusatzinhalte und Tipps für weitere Quellen im Download-Bereich zur Verfügung gestellt.

▶ An vielen Stellen haben wir Links zu weiterführenden Informationen ergänzt. Sehr lange Links haben wir dabei mit einem URL-Shortener gekürzt. Sollte dieser Service ausfallen, finden Sie im Download-Bereich das Dokument »shortlinks.pdf«, in dem alle Links ausgeschrieben sind.

▶ An einigen Stellen im Buch verwenden wir Code-Beispiele, die Sie im Download-Bereich finden. Viele dieser Code-Beispiele sind auch online bei Codepen (*https://codepen.io*) verfügbar, wo Sie damit experimentieren können. Wir haben die Code-Beispiele didaktisch aufbereitet – es geht uns darum, Ihnen die Funktionsweise zu erklären. Es sind jedoch keine Code-Schnipsel, die man 1:1 in eigene Projekte hineinkopieren sollte. Oft finden sich im Code auskommentierte Stellen mit Nummerierung. Wenn Sie sich das Verhalten anschauen möchten, können Sie die entsprechende Stelle wieder einkommentieren. Haben Sie keine Scheu, mit den Beispielen zu experimentieren.

Ein Buch wie dieses wäre ohne die Unterstützung zahlreicher Personen nicht möglich gewesen. Unser Dank gilt allen Personen, die uns mit geduldiger Arbeit bei der Realisierung unterstützt haben – sei es durch Kritik, Inspirationen oder unermüdlichen Rückhalt. Besonders danken wir Ruth Lahres und Ariane Podacker vom Rheinwerk Verlag für das ausgezeichnete Lektorat, den Fachgutachtern Jonas Hellwig und Kai Laborenz für ihre gründliche Qualitätskontrolle bei verschiedenen Auflagen sowie den vielen Leserinnen und Lesern der ersten beiden Auflagen für die wertvollen Inspirationen und Anregungen.

Schließlich gilt unser Dank Ihnen, liebe Leserinnen und Leser – denn ohne die gestalterische Arbeit von Menschen wie Ihnen wäre das Netz heute nicht so vielfältig und inspirierend, wie wir es kennen. Wenn unser Buch Ihnen dabei helfen kann, dieses Netz aktiv zu gestalten, hat es sein Ziel erreicht.

**Björn Rohles & Jürgen Wolf**

# Die richtige Ausrüstung

So gelingen Ihnen die ersten Schritte im Webdesign

▸ Welche Ausrüstung brauche ich für gutes Webdesign?
▸ Wie denken Webdesignerinnen und Webdesigner?
▸ Was muss ich über das Internet wissen?
▸ Welche Technologien sollte ich kennen?

# 1 Die richtige Ausrüstung

Damit Sie mit der Arbeit als Webdesignerin oder Webdesigner direkt loslegen können, sollten Sie sich ein wenig vorbereiten. Sie benötigen die richtige Ausrüstung und eine passende Einstellung. Was das genau bedeutet, erfahren Sie in diesem Kapitel.

## 1.1 Was Sie brauchen

Im Webdesign haben Sie den Vorteil, dass Sie nur relativ wenig Material für Ihre Arbeit benötigen. Ein wenig Grundausstattung sollten Sie aber mitbringen.

### 1.1.1 Stift und Papier

Ein Notizbuch zum raschen Entwerfen von Ideen sowie zum Notieren spontaner Einfälle ist ein Muss. Natürlich können Sie auch ein elektronisches Notizbuch führen – zahlreiche Apps und Onlinedienste stehen Ihnen zur Verfügung. Handgeschriebene Notizbücher oder die Verwendung eines Stylus auf einem Tablet helfen bei schnellen Skizzen.

### 1.1.2 Software und Tools zum Gestalten und Entwickeln

Im Laufe Ihrer Arbeit werden Sie an einen Punkt kommen, an dem Sie das Aussehen der Website visualisieren möchten. Lange Zeit galt Adobe Photoshop als Standard, allerdings haben sich gerade in den letzten Jahren viele alternative Programme etabliert. In Kapitel 3 werden die verschiedenen Verfahren ausführlich zur Sprache kommen. Prinzipiell gilt: Jedes Werkzeug ist so gut wie der Mensch, der davorsitzt.

Ebenso sollten Sie sich einen guten **Code-Editor** zulegen. Diese Programme erleichtern Ihnen die Arbeit am Quelltext spürbar, indem sie den Code farblich hervorheben (Syntax-Highlighting)

---

**Digitale Notizen**
Nutzen Sie das Web, um Ihre Ideen festzuhalten. Gute Anlaufstellen sind:
- Evernote (*https://evernote.com*) für elektronische Notizen
- Microsoft OneNote (*www.onenote.com*) als kostenlose Alternative für elektronische Notizen
- Pinterest (*https://pinterest.com*) für inspirierende Fundstücke

Außerdem gibt es eine Vielzahl mobiler Apps, mit denen Sie digitale Notizen anfertigen können.

oder angefangene Code-Fragmente vervollständigen (Auto-Completion). Code-Editoren gibt es für alle Betriebssysteme.

Zwar gibt es auch **WYSIWYG-Tools**, wie z. B. Dreamweaver von Adobe. Die Abkürzung steht für »what you see is what you get« und verspricht, dass man damit auf einer grafischen Benutzeroberfläche Websites zusammenstellen kann. Wir empfehlen Ihnen jedoch, den Quelltext selbst zu schreiben, denn nur so können Sie sicherstellen, dass er möglichst effizient ist und genau das tut, was Sie möchten.

Schließlich gibt es viele kommerzielle Website-Baukästen wie Jimdo (*www.jimdo.com*) und Wix (*https://de.wix.com*) oder die Editoren in Systemen wie WordPress mit Fokus auf der visuellen Gestaltung.

### 1.1.3 Browser zum Testen

Ein wichtiges Werkzeug zum Entwickeln einer Website ist der Browser – logisch, denn das ist die Software, die eine Website darstellt. Browser erlauben Ihnen, Ihr Design in einer reellen Umgebung zu überprüfen. Der zentrale Teil eines Browsers ist seine Rendering-Engine – das ist der Teil des Programms, der für die Darstellung von Websites verantwortlich ist. Es gibt sehr viele verschiedene Browser, allerdings basieren einige von ihnen auf der gleichen Engine. Wichtige Browser sind (Rendering-Engines in Klammern): Google Chrome, Edge, Samsung Internet, Vivaldi, Opera (jeweils Blink), Apple Safari und alle Webbrowser auf iOS (Webkit), Mozilla Firefox (Quantum).

In diesem Buch verwenden wir meist Google Chrome (*http://google.com/chrome*) als Entwicklungsbrowser, weil er sehr gute Entwicklerwerkzeuge hat. Sie können diese Tools öffnen, indem Sie mit der rechten Maustaste auf einen Bereich einer Website klicken und anschließend im Kontextmenü UNTERSUCHEN wählen. In einem eigenen Bereich der Webseite öffnen sich nun die Entwicklerwerkzeuge (siehe Abbildung 1.1). Sie können dort den Code im linken Bereich nachvollziehen und seinen Strukturbaum aus- und einklappen. Im rechten Bereich sehen Sie eine Reihe von Formatierungen in CSS. Interessant ist, dass Sie die Formatierungen an- und ausschalten können, indem Sie die Checkboxen verwenden, die beim Überfahren mit der Maus erscheinen.

**Beispiele für Code-Editoren**
Es gibt zahlreiche Code-Editoren auf dem Markt:
- Visual Studio Code (*https://code.visualstudio.com*, plattformübergreifend)
- Nova (*https://nova.app*, Mac)
- Sublime Text (*www.sublimetext.com*, plattformübergreifend)
- Brackets (*http://brackets.io*, plattformübergreifend)
- Notepad++ (*http://notepad-plus-plus.org*, Windows)
- Atom (*https://atom.io*, Mac, Windows, Linux)

**Dokumentation**
Die Entwicklertools von Chrome sind unter *https://developer.chrome.com/docs/devtools/* umfangreich erläutert.

# 1 Die richtige Ausrüstung

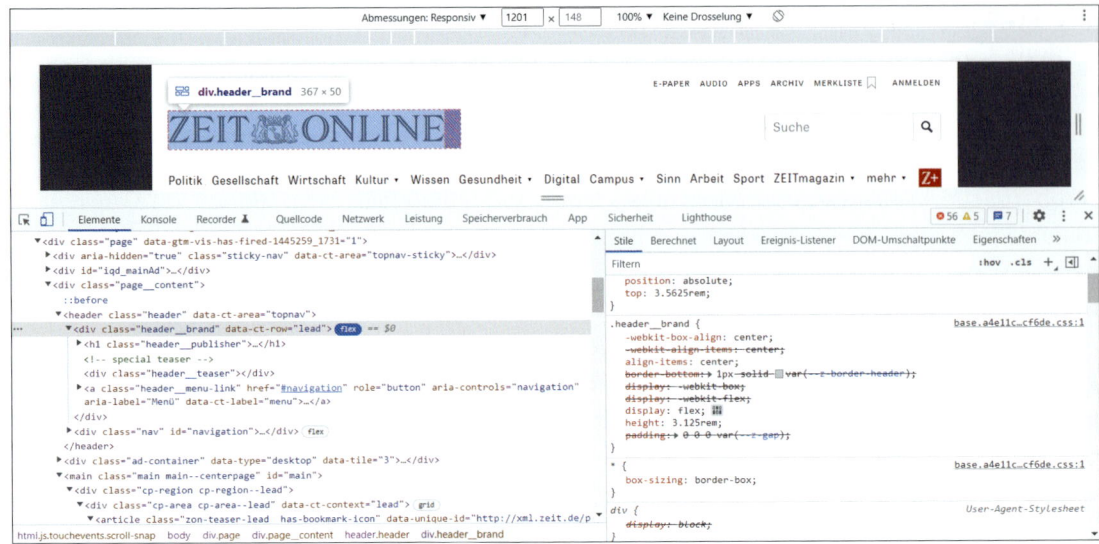

▲ **Abbildung 1.1**
Der Webinspektor bietet eine ganze Reihe sinnvoller Tools für Webdesigner.

### 1.1.4 FTP-Software

Wenn Ihre Website fertig ist, muss sie ja noch irgendwie ins Web kommen. Dafür bieten sich FTP-Programme an. FTP steht für »File Transfer Protocol« und stellt ein Übertragungsprotokoll für Dateien dar.

Wenn Sie bei einem Anbieter Ihrer Wahl Webspace gemietet haben, erhalten Sie von ihm automatisch die entsprechenden Zugangsdaten – eintragen, hochladen, fertig. Wenn Sie einen Code-Editor verwenden, ist häufig direkt ein FTP-Programm darin enthalten.

**Freier FTP-Client**
Filezilla (*https://filezilla-project.org*) ist ein beliebter freier FTP-Client für Windows, Mac und Linux.

### 1.1.5 Für Fortgeschrittene: Arbeitsschritte automatisieren

Oft gibt es Arbeitsschritte, die sich beim Entwickeln von Websites wiederholen – Beispiele dafür sind das Optimieren von Bildern oder das Zusammenfassen einzelner Dateien. Fortgeschrittene Entwicklerinnen und Entwickler arbeiten daher häufig mit Tools, mit denen sie diese Schritte automatisieren können. Beispiele solcher Tools sind Grunt (*http://gruntjs.com*) oder Gulp (*http://gulpjs.com*). Sie erfordern zwar eine gewisse Einarbeitung, bieten jedoch gute Tutorials – und es lohnt sich, denn die Arbeitsersparnis ist enorm.

## 1.2 Denken Sie wie eine Webdesignerin oder ein Webdesigner!

Bevor wir mit Ihnen in diesem Buch Schritt für Schritt durch den Designprozess gehen werden, der zu einer Website führt, sollten Sie sich eine Frage beantworten: Was macht man eigentlich beim Webdesign?

Viele Menschen antworten auf diese Frage, dass man im Webdesign schöne Websites baut oder ihnen das gewisse Etwas gibt, das sie von Standardlayouts abhebt. Tatsächlich stehen diese Aspekte jedoch erst an zweiter oder dritter Stelle.

Webdesign ist zuallererst eine Form des Problemlösens, bei der Sie Lösungen für eines oder mehrere Probleme finden – typischerweise basierend auf Bedürfnissen von Nutzerinnen und Nutzern, etwa »ein Hotelzimmer buchen«. Und da die Probleme im Web anders sind als in anderen Medien, folgt Webdesign auch anderen Regeln und muss andere Bedürfnisse bedienen. In großen Projekten arbeiten Webdesignerinnen und Webdesigner mit anderen Professionen zusammen, etwa aus User Experience, Content-Strategie und vielen weiteren. In kleineren Projekten hingegen fallen diese Aufgaben oft in die Zuständigkeit der Designerin oder des Designers.

Auf das Lösen von Problemen im Web spezialisiert, gestaltet das Webdesign die Erfahrungen, die Menschen im Web machen. Im folgenden Abschnitt werden wir zunächst darauf eingehen, welche Einstellung Ihnen dabei helfen kann, gute Gestaltungsideen zu entwickeln. Anschließend widmen wir uns einigen Aspekten, die Sie unbedingt über Webdesign wissen sollten.

> *Webdesign ist keine Pixelschubserei, sondern spezialisiertes Problemlösen.*

### 1.2.1 Webdesignerinnen und Webdesigner sind kreativ

Kreativität ist ein scheues Reh. Die Griechen dachten, dass Kreativität von Göttinnen beeinflusst wurde, den Musen – sie kamen und gingen, wie es ihnen gefiel. Zum Glück weiß man heute, dass Sie nicht auf zufällig vorbeihuschende Musen angewiesen sind. Kreativität lässt sich beeinflussen und fördern.

**Wie Kreativität funktioniert |** Tina Seelig (»inGenius, A Crash Course on Creativity«) hat die verschiedenen Einflussfaktoren für

# 1 Die richtige Ausrüstung

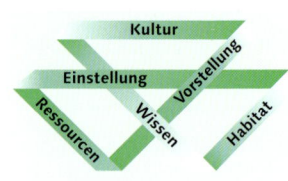

▲ **Abbildung 1.2**
Tina Seeligs Innovationsmotor visualisiert verschiedene Faktoren der Kreativität, die alle miteinander verbunden sind.

**Tina Seelig bei TEDx**
Tina Seelig hat ihre Ideen zur Kreativität in einem sehenswerten TEDx-Talk vorgestellt: *www.youtube.com/watch?v=gyM6rx69iqg*

Kreativität in ihrem Innovationsmotor zusammengefasst. Einige dieser Faktoren liegen im Inneren einer Person:

- **Wissen** bildet die Grundlage jeder neuen Idee. Es ist gewissermaßen der Treibstoff für Ihre Vorstellungskraft.
- Mit Hilfe der **Vorstellungskraft** werden aus bekanntem Wissen neue Ideen – Ihr eigener kreativer Katalysator.
- Die **Einstellung** ist grundlegend, um den kreativen Prozess in Gang zu setzen. Wie Sie eine Situation bewerten, beeinflusst, was Sie daraus machen können.

Neben inneren Faktoren gibt es äußere Einflüsse auf Kreativität:

- **Ressourcen** sind alle inspirierenden Dinge in Ihrer Umgebung, ob reeller oder ideeller Natur.
- Unsere **Umgebung** oder das Habitat ist gewissermaßen die externe Manifestierung unserer Vorstellungskraft. Wir gestalten unser Umfeld aktiv und wirken damit auf unsere Vorstellungskraft zurück.
- Natürlich hat auch die **Kultur**, also unsere kollektiven Einstellungen, einen großen Einfluss auf Kreativität.

An allen diesen Stellschrauben können Sie drehen, um Ihre Chancen auf kreative Ideen zu erhöhen.

**Wissen aufbauen |** Als Designerin oder Designer möchten Sie interessante Gestaltungen erschaffen. Der erste Schritt, um interessant zu sein, ist aber stets, interessiert zu sein. Dies sollten Sie bewusst fördern. Lesen Sie viel und über ein breites Themenspektrum, nehmen Sie bewusst neue Inspirationen auf, und gehen Sie mit offenen Augen durch die Welt. Halten Sie alles in einer Art visuellem Tagebuch fest, was Ihnen aufgefallen ist.

*Sie sollten immer etwas zum Schreiben dabeihaben.*

Die Arbeit anderer Menschen im Design ist eine gute Grundlage für Ihre eigenen Entwürfe. Das ist gar nichts Verwerfliches: Jedes Werk baut auf Werken auf, die vorher da waren. Wichtig ist lediglich, dass Sie nicht so tun, als sei alles auf Ihrem, nun ja, Humus gewachsen – stehlen Sie nicht die Ideen anderer, sondern entwickeln Sie sie mit eigenen Ideen weiter.

**Vorstellungskraft fördern |** Um die eigene Vorstellungskraft zu fördern, sollten Sie Probleme und Aufgaben in einen neuen

Rahmen setzen. Verändern Sie Ihren Blickwinkel und versuchen Sie, sicher scheinende Aspekte in einem anderen Blickwinkel zu sehen – etwa indem Sie sich in die Köpfe anderer Menschen hineinversetzen (Empathie). Würde es eine Rolle spielen, woher jemand kommt? Wäre das Alter einer Person wichtig?

Hinterfragen Sie alle vermeintlichen Vorgaben mit *Warum-Fragen*. Diese Fragen haben gleich drei Vorteile:

▶ Sie helfen Ihnen dabei, ein Projekt besser zu verstehen, weil Sie die Hintergründe kennenlernen.
▶ Voreilige Schlüsse werden aufgedeckt.
▶ Sie helfen Ihnen dabei, Ihr Design zu erläutern – wenn Sie etwas gestalten und nicht erklären können, warum es ausgerechnet so aussieht, ist es wahrscheinlich, dass Sie die richtige Lösung noch nicht gefunden haben.

> *Verändern Sie beständig Ihren Blickwinkel und hinterfragen Sie vermeintliche Sicherheiten.*

**Die kreative Einstellung beeinflussen** | Berühmte Kreative wie Thomas Edison machen es vor: Unermüdlich versuchen sie Ansätze, bis sie die Lösung eines Problems gefunden haben. Dazu sollten Sie Fehlschläge nicht als Versagen, sondern als Chance begreifen, denn auch gescheiterte Ideen bringen Sie näher zur perfekten Lösung. Diese Einstellung schützt Sie vor Frustration. Versuchen Sie alle denkbaren Optionen – und werfen Sie die meisten weg.

Ihre Einstellung ist außerdem entscheidend dafür, ob Sie überhaupt eine gute Lösung finden. Der Erfinder Henry Ford brachte das auf den Punkt: »Ob Sie glauben, dass Sie etwas können oder nicht können, Sie haben auf jeden Fall recht.« Was er damit meinte: Nur wer glaubt, eine Lösung finden zu können, hat auch eine Chance, das zu tun.

Zum Glück ist Ihre Einstellung Einstellungssache – und liegt damit in Ihrer Hand. Bezeichnen Sie sich als »kreativ«, wenn Sie kreativ sein möchten. Dann unternehmen Sie kleine Schritte: ein kleines Kontaktformular oder eine kurze Kampagne etwa. Aus diesen kleinen Schritten ziehen Sie dann das Selbstvertrauen für größere Projekte.

**Scheitern ist menschlich – auch im Design**
Betrachten Sie Fehlschläge als Chance, und haben Sie keine Angst vor dem Scheitern. Erfolgreich ist, wer trotz Scheitern weitermacht.

**Ressourcen wahrnehmen** | Oft beachten wir unsere Umwelt nicht vollständig – sie ist »einfach da«. Genaue Beobachtung ist aber wichtig, um Inspirationen zu finden. Es gibt einige Übungen zum Schärfen der Wahrnehmung.

**Wer aufmerksam ist, ist klar im Vorteil**
Der Erfinder Louis Pasteur brachte die Bedeutung von Aufmerksamkeit auf den prägnanten Punkt: »Chance favors the prepared mind« (»Der Zufall begünstigt nur einen vorbereiteten Geist«).

# 1 Die richtige Ausrüstung

- Schließen Sie z. B. einmal die Augen, und fragen Sie sich, wie viele Lampen in dem Raum sind, in dem Sie sich gerade befinden – damit schulen Sie Ihre Aufmerksamkeit.
- Achten Sie bewusst auf Dinge, die eben nicht passen. Wir tendieren häufig dazu, diese Dinge nicht wahrzunehmen.
- Versuchen Sie, die Vielfalt der Formen wahrzunehmen. Ziffern und Buchstaben z. B. weisen eine enorme Formenvielfalt auf.

*Designerinnen und Designer schulen ihre Wahrnehmung und ihre Aufmerksamkeit, damit sie die guten Ideen auch erkennen, wenn sie ihnen begegnen.*

**Eine inspirierende Umgebung |** Die Dinge und Räume in unserer Umgebung haben einen Einfluss auf unsere Kreativität. Ein Tapetenwechsel bringt uns oft auf neue Ideen. Gestalten Sie also ruhig öfter mal Ihren Kreativraum um, oder gehen Sie bewusst an einen anderen Ort. Studien gehen davon aus, dass Farbe und Umgebung großen Einfluss auf Kreativität haben – ideal seien blaue Töne oder freier Himmel. Natur fördert Kreativität ebenso wie die passende Musik.

*Lernen Sie sich selbst kennen: Was inspiriert Sie?*

Wichtig ist es auch, dass Sie Ihre eigenen Gefühle kennen und wissen, was Sie persönlich tun können, um Ihre Inspiration zu fördern. Probieren Sie einfach verschiedene Umgebungen aus – laute, leise, helle, dunkle, leere, überfüllte … Notieren Sie sich, wenn Sie inspiriert wurden. Mit der Zeit werden Sie so ein klares Bild entwickeln, was Ihnen persönlich dabei hilft, Ideen zu entwickeln.

## 1.2.2 Webdesignerinnen und Webdesigner kennen das Web

Wenn Sie sich an die beschriebenen Mittel halten, haben Sie eine gute Chance, auf richtig tolle Ideen zu kommen. Doch sind Sie mit einer Idee nicht am Ende Ihrer Arbeit – Sie müssen nämlich stets bedenken, dass Sie für das Internet arbeiten. Ihre Idee muss also den Besonderheiten des Netzes standhalten.

**Das Web ist nicht aus Papier |** Falls Sie schon Erfahrungen mit der Gestaltung von Printprodukten gesammelt haben, sollten Sie sich vergegenwärtigen, dass das Web eben nicht aus Papier ist. Das klingt trivial, hat aber große Folgen. Beim Printdesign arbeiten Sie mit einer definierten Seitengröße. Ihre Aufgabe liegt in der Kontrolle: Durch überlegten Einsatz von Gestaltungsmitteln stellen Sie sicher, dass alle relevanten Informationen gut gelesen werden können. In gewisser Weise denken wir im Print also von außen (den Seitenrändern) nach innen (den Inhalten, die auf einer Seite untergebracht werden müssen).

Mit der Entstehung des Webs haben Kreative dieses Denken zunächst auf das Netz übertragen. Wir sprechen noch immer von Web*seiten*, legen uns *Lesezeichen* (Bookmarks) an oder teilen Artikel per *Pagination* in verschiedene *Seiten* auf. Diese Metaphern haben lange Zeit geholfen, das Medium besser zu verstehen. Nun ist das Web jedoch nicht mehr ganz so jung und zu etwas völlig Eigenständigem geworden. An allen möglichen Stellen beginnen unsere Papier-Metaphern im Weg zu sein. Breite und Höhe des Dokuments sind unbekannt und hängen von Gerät und individuellen Einstellungen ab. Farben sehen auf unterschiedlichen Geräten ganz anders aus, Bilder und Videos können abgeschaltet werden. Ja, wir wissen nicht einmal, ob das Dokument gelesen oder angehört wird. Kurz gesagt: Im Web liegt die Kontrolle beim Publikum – Flexibilität ist das Gebot der Stunde.

◄ Abbildung 1.3
Was ist das Web eigentlich? Unsere Vorstellungen davon sind im ständigen Wandel (nach einer Idee von Brad Frost mit eigenen Ergänzungen).

Websites gestalten heißt daher nicht mehr, einzelne Seiten zu entwerfen, sondern ein Designsystem zu entwickeln, in dem Inhalte leben und wachsen können – immer mit dem Ziel, den Menschen ein möglichst gutes Nutzungserlebnis zu ermöglichen. Webdesignerinnen und Webdesigner denken also von innen (den Inhalten) nach außen (dem Gesamtlayout) – immer in dem Wissen, dass sie dieses »Außen« gar nicht fassen können, denn es ist in einem ständigen Wandel durch neue Technologien, Gewohnheiten und Situationen. Wann immer wir anfangen, das Web zu verstehen, hat es sich bereits verändert.

**Die Nutzenden sind König |** Eine der wichtigsten Charaktereigenschaften im Webdesign ist Demut. Das bedeutet, sich selbst zurückzunehmen, um einer Sache oder einer Person dienen zu können. Im Web sind das die Menschen, die das Netz nutzen.

*Die Nutzerin oder der Nutzer steht im Webdesign immer im Mittelpunkt. Und ausschließlich sie entscheiden, was sie mit einer Website tun möchten.*

Wenn ich der Meinung bin, dass Ihre sorgfältig gestaltete Webseite gefälligst quietschgelbe Überschriften haben sollte, können Sie überhaupt nichts dagegen tun. Wenn mir Ihre Typografie zu klein ist, werde ich sie mir vergrößern – vollkommen egal, ob dadurch Ihre sorgsam austarierten Proportionen flöten gehen. Und wenn Sie versuchen sollten, diese Freiheit einzuschränken, wird das nur dazu führen, dass ich Ihre Website links liegen lassen werde.

Aber warten Sie noch eine Weile, bevor Sie dieses Buch weglegen. Wenn wir von Demut sprechen, meinen wir damit nicht, dass Design nicht so wichtig ist. Denn zum Glück sind Sie und die Nutzenden keine Gegner, sondern Verbündete. Sie kommen mit einer bestimmten Problemstellung auf Ihre Website – solange Sie sich beim Design bewusst sind, welche das ist, können Sie ihnen sinnvolle Lösungen präsentieren. Sie sind der Anwalt dieser Bedürfnisse – und oft genug werden Sie die Nutzungsinteressen im Widerstreit mit anderen Faktoren verteidigen.

▲ **Abbildung 1.4**
Kleiner Scherz – müssen Websites in jedem Browser gleich aussehen? (*http://dowebsitesneedtolookexactlythesameineverybrowser.com*)

**Jeder Browser ist verschieden |** Demut spielt im Webdesign aber auch noch in anderer Hinsicht eine große Rolle: Websites sehen niemals auf allen Geräten identisch aus. Zwei Ansätze gibt es, um damit umzugehen:

- **Progressive Enhancement**: Dieser Ansatz geht davon aus, dass es Basisfunktionalitäten gibt, die die Webseite in jedem Browser bieten muss. Meist ist das in alten Browsern wenig mehr als der Inhalt mit einigen Basisformatierungen. Moderne Browser erhalten zunehmend ausgefallenere Techniken und schönere Präsentationen.
- **Graceful Degradation**: Graceful Degradation zäumt das Pferd gewissermaßen von hinten auf. Es gibt ein optimales Nutzungserlebnis auf modernen Browsern. Bei der Entwicklung wird

darauf geachtet, dass das Design älteren Browsern gegenüber »gnädig« (»graceful«) auftritt – die Website sollte funktionieren, doch die ausgefallenen Funktionen fallen weg.

Beiden Ansätzen ist gemeinsam, dass moderne Browser die bestmögliche Präsentation erhalten. Ältere Browser müssen sich mit weniger zufriedengeben.

**Lernen und Teilen |** Ganz ehrlich: Vieles, was wir früher getan haben, würden wir heute nicht mehr machen. Wir haben HTML-Elemente zweckentfremdet und ganze Seiten mit Tabellen aufgebaut. Nur – damals war das der technische Stand, oder aber wir wussten es nicht besser.

Warum erzählen wir Ihnen das? Im Webdesign sind Sie in der glücklichen und zugleich herausfordernden Lage, einen Beruf oder aber ein Hobby gewählt zu haben, das sich ständig verändert. Darauf sollten Sie sich einstellen und Bücher, Blogs, Mailing-Listen und soziale Medien für aktuelle Informationen lesen. Unsere täglichen Anlaufstellen sind z. B. *www.stackoverflow.com* oder *www.codeproject.com*.

Lernen hat aber auch etwas mit Teilen zu tun: Sie profitieren von dem gesammelten Wissen anderer Menschen. Webdesign beruht auf offenen Technologien. Überlegen Sie sich also, was Sie selbst tun können, um der Community etwas zurückzugeben.

Quellen und Links zu weiterführenden Artikeln und Büchern finden Sie im Dokument »quellen-lesetipps.pdf« im Download-Bereich.

**Gestalten für Emotionen und positive Erlebnisse |** Webdesign möchte ein digitales Erlebnis erschaffen, das den Wunsch erweckt, wieder zurückkehren zu wollen. Durch positive Emotionen bleibt das digitale Produkt im Gedächtnis und gibt einen Mehrwert. Sie müssen daher die Bedürfnisse Ihrer Zielgruppe verstehen.

In seinem lesenswerten Werk »Designing for Emotion« hat Aaron Walter eine vierstufige Hierarchie der Bedürfnisse erstellt:

1. **Funktionalität**: Zunächst einmal muss eine Website funktional sein. Auf einer informationsorientierten Webseite steht Lesbarkeit über allem. In einem Onlineshop muss der Kaufvorgang funktionieren. Aufgabe des Webdesigns ist es, alles aus dem Weg zu räumen, was sich zwischen die Nutzenden und die Funktion der Website stellen könnte. Dazu gehört auch, dass Menschen mit ganz unterschiedlichen Voraussetzungen

»*Emotional engagement can help us look past even the most serious infractions leaving the good more prominent in our mind than the bad*« – Aaron Walter

**Aspekte von Funktionalität**
▶ gute Lesbarkeit
▶ Barrierefreiheit
▶ Hauptfunktionen laufen reibungslos

und in verschiedenen Situationen Ihre Website aufrufen werden – wir werden in Kapitel 2 ausführlich erläutern, was das für Sie bedeutet.

2. **Zuverlässigkeit und Vertrauenswürdigkeit**: Auf der nächsten Stufe muss eine Website zuverlässig sein – wenn die Menschen das Gefühl haben, sich nicht auf Ihre Website verlassen zu können, sind sie schnell weg. Zur Zuverlässigkeit gehören auch Sicherheit, Transparenz und Vertrauen. Hier sollten Sie immer die wichtigen Informationen über das Produkt oder die Dienstleistungen weitergeben. Ziel dabei sollte es immer sein, Vertrauen aufzubauen.
3. **Gebrauchstauglichkeit**: Auf Stufe 3 steht die Usability: Ihre Website muss benutzbar sein. Mängel in der Gebrauchstauglichkeit werden Nutzerinnen und Nutzer nur so lange hinnehmen, wie es keine besseren Alternativen gibt – und das ist im Netz eher selten der Fall. Optimieren Sie also die Nutzbarkeit Ihrer Website, haben Sie einen weiteren Pluspunkt.
4. **Freude und Spaß**: Auf Stufe 4 setzt Aaron Walter die Emotionalität. Die richtigen Emotionen schaffen Sie über Gestaltung und Inhalte, die Ihre Nutzerinnen und Nutzer ansprechen.
5. **Tiefere Bedürfnisse**: Auf dieser Stufe hört Aaron Walters Pyramide auf. Wir denken jedoch, dass man die Erfüllung von tieferen Bedürfnissen ebenfalls auf das Web übertragen kann. Ein Beispiel ist Selbstverwirklichung, besonders wenn der Wunsch entsteht, etwas mit dem Inhalt tun zu können – eine Empfehlung in einem sozialen Netzwerk auszusprechen, durch einen Kommentar in den Dialog zu treten oder sogar einen eigenen Remix eines Werks zu schaffen. Andere Websites können Nutzenden helfen, etwas Neues zu lernen und damit Autonomie aufzubauen. Wieder andere helfen ihnen, mit geliebten Menschen in Verbindung zu bleiben und damit soziale Zugehörigkeit zu fördern.

## 1.3 Die wichtigsten Technologien

Als Webdesignerin oder Webdesigner haben Sie eine schwierige Aufgabe vor sich: Ihre Website muss auf einer Vielzahl von Geräten für unterschiedliche Menschen funktionieren. Vom kleinen

---

**Aspekte von Zuverlässigkeit**
- stets erreichbar
- verlässlich
- vertrauenserweckend

**Aspekte von Usability**
- effizient
- einfach
- nutzbar

**Aspekte von Emotionalität**
- positiv assoziiert
- angenehm
- zum Projekt passend

**Aspekte von Selbstverwirklichung**
- interaktiv
- dialogisch
- kommunikativ
- frei teilbar (z. B. freie Lizenz)

**Bedürfniskarten**
Bei der Arbeit mit tieferen Bedürfnissen lohnt sich ein Blick in die Psychologie. Das gelingt zum Beispiel mit den Bedürfniskarten sehr gut: *www.experienceandinteraction.com/tools*

Smartphone-Display über Tablets bis hin zu riesigen Flachbildschirmen, von der Mauseingabe über Touch-Bedienung bis hin zur Sprachsteuerung. Wie sollen Sie diese Aufgabe erfüllen können?

Die Antwort auf diese Herausforderung liegt darin, jede Technologie zu dem Zweck einzusetzen, für den sie gedacht ist. Trennen Sie konsequent Inhalt von Design und Verhalten – versuchen Sie nicht, mit Inhaltstechnologien Design zu machen, denn dafür stehen Ihnen bessere Verfahren zur Verfügung. Diese Technologien bezeichnet man auch als Webstandards.

**Webstandards**
Webstandards sind von Organisationen wie dem World Wide Web Consortium definierte Technologien und Handlungsempfehlungen.

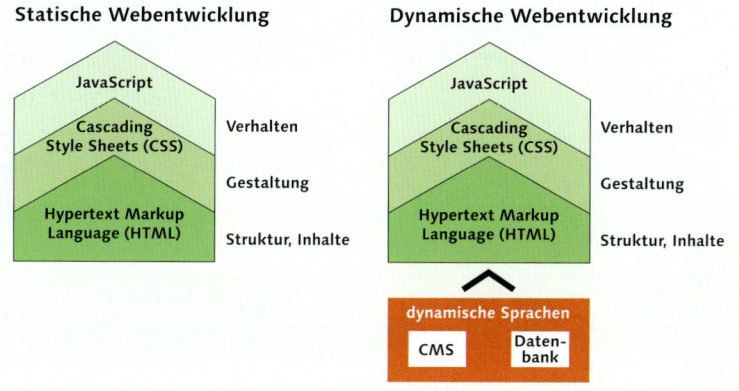

◄ **Abbildung 1.5**
Die wichtigsten Webtechnologien – links zunächst statische Websites, die vom Server abgerufen werden. Bei der dynamischen Erzeugung (rechts) wird die Website über dynamische Sprachen auf dem Server erzeugt, bevor die normalen Webtechnologien zum Einsatz kommen.

### 1.3.1 Inhalte mit HTML

Auf der inhaltlichen Seite des kleinen Schaubildes finden Sie HTML. HTML ist die Abkürzung für »Hypertext Markup Language« und wurde ab 1989 von Sir Tim Berners-Lee am Institut CERN in der Schweiz entwickelt. Im Laufe seiner Geschichte sind verschiedene Versionen von HTML entstanden. Seit 28. Mai 2019 ist HTML ein Living Standard ohne eine Versionsnummer. HTML wird zur Auszeichnung von Inhalten verwendet – und nur dazu.

**Linktipp: Marksheet.io**
*http://marksheet.io* ist ein schönes und kurzes Tutorial, das Ihnen die Grundlagen von HTML, CSS und SASS vermittelt.

### 1.3.2 Gestaltung mit CSS

CSS ist die Abkürzung für »Cascading Style Sheets«, was auf Deutsch für verschachtelte Gestaltungsvorlagen stehen kann. Der Name bezieht sich auf die sogenannte Kaskade: Sie können Eigenschaften miteinander kombinieren und überschreiben, so dass der Browser ausrechnet, welche Angabe für ein Element gültig sein soll.

*Visuelle Gestaltung wird mit CSS vorgenommen.*

Mehr über diese Kaskade erfahren Sie in der Datei »css-grundlagen.pdf«, die Sie im Download-Material zum Buch finden.

CSS wird ständig weiterentwickelt – immer wieder werden neue Eigenschaften definiert und in offiziellen Standards festgeschrieben. Die verschiedenen Browser unterscheiden sich darin, welche CSS-Eigenschaften sie unterstützen. Das ist einer der Gründe, einen Browser immer möglichst aktuell zu halten. Eine sehr gute Quelle für die Unterstützung von CSS-Eigenschaften ist die Website »Can I Use«. In diesem Buch werden wir uns auf Eigenschaften mit großer Verbreitung konzentrieren oder gesondert auf die Browser-Unterstützung hinweisen.

▲ **Abbildung 1.6**
»Can I Use« (*http://caniuse.com*) liefert Statistiken, welche CSS-Eigenschaften Sie bedenkenlos nutzen können.

**Tipps: SASS lernen**
Die folgenden Bücher können Ihnen den Einstieg in SASS erleichtern:
▶ Dan Cederholm, »SASS for Web Designers«, *https://goo.gl/mYTyph*
▶ Jonas Hellwig, »Web Design mit Sass«, *https://goo.gl/LTCoHi*

Wichtig zu verstehen ist: Wenn ein Browser eine Eigenschaft nicht kennt, ignoriert er sie einfach. In vielen Fällen ist das nicht schlimm, und die Website sieht einfach etwas anders aus. In Abschnitt 9.1.3 lernen Sie, wie Sie alternative Darstellungen festlegen können.

**CSS-Präprozessoren |** Schnell stoßen Sie beim Lesen von Artikeln zum Thema Webentwicklung auf sogenannte CSS-Präprozessoren wie SASS (*https://sass-lang.com*). CSS ist keine Programmiersprache, und das merkt man an vielen Stellen schmerzlich. CSS-Präprozessoren springen in diese Lücke, indem sie häufig nachgefragte Funktionen einführen und aus dem Quelltext normales CSS errechnen. Auf diese Weise steigern CSS-Präprozessoren die Produktivität bei der Arbeit mit CSS enorm.

### 1.3.3 Verhalten mit JavaScript

Stellen Sie sich einmal folgende Situation vor: Wenn wir in einem HTML-Dokument einen Link setzen und ihn mit CSS gestalten, öffnet sich der Inhalt. Nicht mehr und nicht weniger. Manchmal möchten wir aber, dass beim Öffnen des Inhalts etwas Besonderes geschieht. Man kann beispielsweise ein Bild in einer kleinen Vorschau anzeigen und auf Klick eine größere Version öffnen, die sich über den Inhalt legt.

**Linktipp**
JavaScript erhöht die Möglichkeiten in der Gestaltung interaktiver Nutzungserfahrungen enorm, aber nicht für jeden Effekt ist JavaScript notwendig. Auf der Seite »You Might Not Need JS« (*http://youmightnotneedjs.com*) werden Beispiele dafür gesammelt. Bedenken Sie auch, dass JavaScript im Browser ausgeschaltet werden kann. Sofern möglich, sollten alle Inhalte auch bei ausgeschaltetem JavaScript erreichbar sein.

▲ **Abbildung 1.7**
Galerien gibt es in allen Formen, z. B. als Overlay per JavaScript.

Für derartige Verhaltensänderungen bietet sich JavaScript an. Hierbei handelt es sich um eine Programmiersprache, die im Browser ausgeführt wird. Sie können damit auf Aktionen reagieren, indem Sie bestimmte Funktionen daran knüpfen: Bei einem Klick auf einen Link können Sie so eine Funktion ausführen lassen, die das nächste Bild animiert. JavaScript hat sich in den letzten

**Serverseitiges JavaScript**
Neben dem hier erwähnten clientseitigen JavaScript kann die Sprache auch auf Servern eingesetzt werden. In diesem Buch kann darauf nicht weiter eingegangen werden.

**1 Die richtige Ausrüstung**

**Tipps zu JavaScript**
Mat Marquis hat mit »JavaScript for Web Designers« (*https://abookapart.com/products/javascript-for-web-designers*) eine kurze, gut zu lesende und sehr nützliche Einführung in JavaScript speziell für Designer geschrieben. Viele schöne Beispiele für gelungenen Einsatz von JavaScript finden Sie unter *https://vanillalist.top*.

**Was bedeutet »PHP«?**
PHP stand ursprünglich für »Personal Home Page« – heute aber steht es für »PHP: Hypertext Preprocessor«. Dieser Code wird zunächst von einem Programm ausgeführt, um eine Webseite zu erzeugen und Ihrem Browser zu schicken. Statische HTML-Seiten liegen hingegen schon fix und fertig auf dem Server.

Jahren zu einer sehr dynamischen Programmiersprache entwickelt und ist aus dem heutigen Web nicht mehr wegzudenken.

Neben reinem JavaScript kommen heute oft sogenannte JavaScript-Frameworks zum Einsatz: Angular (*https://angular.io*) oder React (*https://reactjs.org*) für die Entwicklung oder die Klassiker jQuery (*https://jquery.com*) und MooTools (*https://mootools.net*) für einfachere Animationen oder Effekte sind bekannte Beispiele.

### 1.3.4 Dynamische Inhalte und CMS

Ein Bereich fehlt Ihnen noch, um Ihren Überblick über die Technologien des Webs abzurunden: PHP und andere Programmiersprachen, mit denen Inhalte dynamisch erzeugt werden können. Dynamisch erzeugt? Was soll das bedeuten?

Stellen Sie sich folgende Situation vor: Sie sind verantwortlich für das Webdesign eines großen Zeitungsverlags. Jeden Tag werden mehrere Dutzend Artikel veröffentlicht, außerdem werden natürlich ältere Artikel aktualisiert. Also schreiben die Autorinnen und Autoren ihre Artikel in Word und schicken sie Ihnen per E-Mail zu. Sie öffnen die Anhänge und schreiben den Inhalt in HTML-Dateien, die Sie auf den Server hochladen. Außerdem verändern Sie bei jedem neuen Artikel von Hand die Startseite, damit er dort auch erscheint. Während Sie noch am ersten Artikel sitzen, laufen drei weitere in Ihrer Inbox auf. Bis Sie den letzten veröffentlicht haben, ist er bereits veraltet, so dass die Besucherinnen und Besucher der Website niemals den aktuellen Stand sehen können.

Klingt kompliziert und sinnlos? Ist es auch. Zum Glück gibt es eine Lösung: dynamisch erzeugte Webinhalte. Sowohl Eingabe als auch Ausgabe der Inhalte übernimmt dabei ein Content-Management-System. Die Autorinnen und Autoren schreiben ihre Texte in dieses System hinein – meist werden diese dabei in einer Datenbank abgelegt. Beim Aufruf verbindet sich der Server mit der Datenbank, sucht den gewünschten Artikel heraus und benutzt Ihre Programmierung, um eine HTML-Datei zu erzeugen und an den Browser zu schicken. Content-Management-Systeme lassen sich mit verschiedenen Programmiersprachen realisieren – PHP ist eine weit verbreitete Variante. Einige CMS speichern Inhalte nicht in einer Datenbank, sondern direkt auf der Festplatte des

Servers. Ein Beispiel dafür ist das kommerzielle System Kirby (*https://getkirby.com*), bei dem die Inhalte als Textdateien angelegt werden. Eine Alternative sind sogenannte Static-Site-Generatoren wie Hugo (*https://gohugo.io*) oder Jekyll (*https://jekyllrb.com*). Sie erzeugen statische Dokumente, die Sie auf den Server laden können.

CMS sind perfekt, um den Content im Web zu platzieren, allerdings reicht dies bei einigen Projekten nicht mehr aus, wo auch Content zu anderen Sites oder Applikationen hinzugefügt werden soll. Bei größeren kommerziellen Websites greifen Nutzerinnen und Nutzer in der Regel nicht mehr nur auf eine Website zurück, sondern auch über z. B. Apps oder Onlineshops. Um hier nun nicht die Inhalte manuell von einem CMS zum anderen übertragen zu müssen, gibt es sogenannte Headless CMS. Damit wird es möglich, beliebige Medien mit einem Content zu bespielen.

> *Einen verständlichen Überblick zu Headless CMS finden Sie unter https://omr.com/de/headless-cms/.*

## 1.4 Zusammenfassung

An diesem Punkt besitzen Sie ein gutes Wissen darüber, was Sie für den Start ins Webdesign benötigen. Nun können wir uns in das Abenteuer Webdesign stürzen. Damit Sie wissen, worauf es dabei besonders ankommt, lohnt sich ein Blick auf einige Grundprinzipien, auf denen gute Websites aus gestalterischer Sicht beruhen.

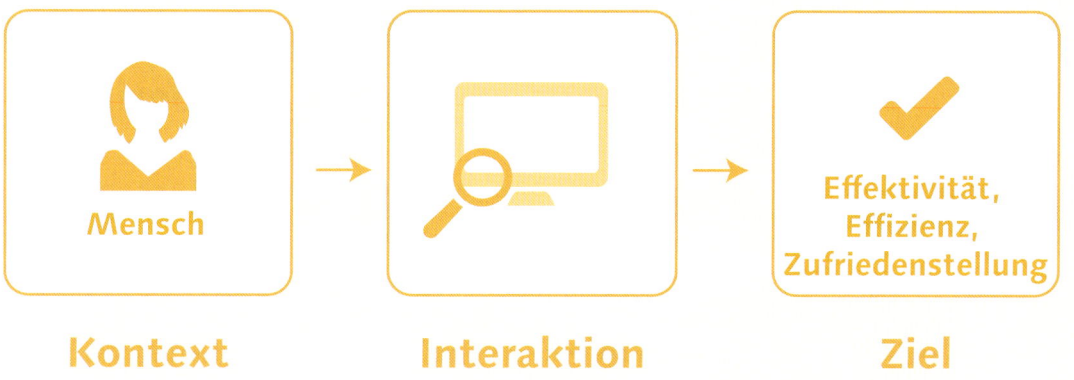

# Grundlagen von gutem Webdesign

So funktioniert menschzentrierte Gestaltung im Web

- Was sind Usability und User Experience?
- Welche Konventionen gibt es im Web zu beachten?
- Was ist Accessibility?
- Wie funktioniert meine Website auf mobilen Geräten?
- Was bedeutet nachhaltiges und verantwortungsbewusstes Webdesign?

# 2 Grundlagen von gutem Webdesign

Nutzerinnen und Nutzer stehen im Web über allem – denn ohne sie machen Websites keinen Sinn. In diesem Kapitel lernen Sie die Grundlagen von gutem Webdesign, das auf die Bedürfnisse des Publikums Rücksicht nimmt – egal, unter welchen Umständen. Sie erfahren daher einige grundlegende Aspekte von Usability, User Experience, Accessibility, Responsive Webdesign, Nachhaltigkeit und Ethik, die wir im Laufe des restlichen Buches vertiefen werden. Sie bilden Grundlagen, die sich durch die gesamte Gestaltung fürs Web hindurchziehen.

## 2.1 Usability und User Experience

»You cannot understand good design if you do not understand people«, erklärte der bekannte Designer Dieter Rams im Rahmen einer Rede 1976 und brachte damit eine zentrale Grundlage guter Gestaltung auf den Punkt: Design ist menschzentriert. Eine Website ist gut, wenn die Anwenderinnen und Anwender sie verstehen, ihre Aufgaben mit Hilfe der Website erfüllen können und sich von ihr angesprochen fühlen. In diesem Abschnitt möchten wir uns im Detail anschauen, worauf es dabei ankommt, und insbesondere die Usability und User Experience in den Blick nehmen.

### 2.1.1 Usability: die funktionalen Ziele der Nutzerinnen und Nutzer

Der englische Begriff *Usability* steht für Benutzerfreundlichkeit. Der Begriff ist eine Wortschöpfung aus »to use« (benutzen) und »ability« (Möglichkeit). An dem Begriff sehen Sie schon, dass der Mensch für die Usability im Mittelpunkt steht. Menschen interagieren mit Ihrer Website, indem sie auf Links klicken oder sich die Inhalte anschauen.

# Usability und User Experience 2.1

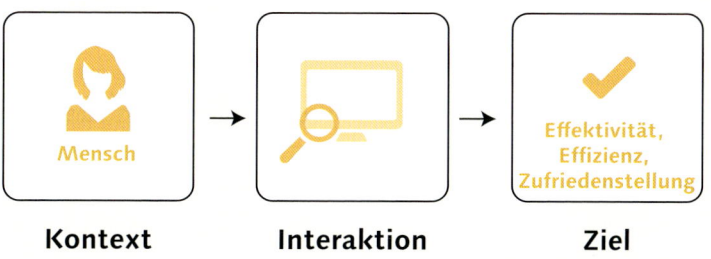

◀ **Abbildung 2.1**
Usability betrachtet die Qualität der Interaktion einer Person mit einer Website, die zu einem bestimmten Ziel führen soll.

Die Internationale Standardisierungsorganisation ISO definiert Usability in der Norm DIN EN ISO 9241-11 (2018) wie folgt: »Usability ist das Ausmaß, in dem ein System, ein Produkt oder eine Dienstleistung durch bestimmte Benutzer in einem bestimmten Nutzungskontext genutzt werden kann, um bestimmte Ziele effektiv, effizient und zufriedenstellend zu erreichen.«

Aus dieser Definition lassen sich die zentralen Aspekte für eine gelungene Usability ablesen:

▸ **Bestimmte Benutzer**: Usability hängt stark von der Zielgruppe ab – es ist also sehr wichtig, Ihre Zielgruppe gut zu kennen. Auch ist es sinnvoll, alle Zielgruppen zu betrachten, die betroffen sind – unabhängig davon, ob sie eine Website selbst nutzen oder nicht.

▸ **Bestimmter Nutzungskontext**: Usability richtet sich stark nach dem Kontext der Benutzung, etwa der konkreten Zielsetzung der Website sowie der Situation der Nutzerinnen und Nutzer.

▸ **Bestimmte Ziele**: Schließlich sind es immer die Ziele, nach denen Usability beurteilt wird. Wichtig dabei ist, dass die Menschen ihre Ziele erreichen (effektiv), dass der Aufwand nicht zu hoch ist (effizient) und dass sie mit diesem Prozess zufrieden sind.

**User Interfaces**
Neben »Usability« und »User Experience« gibt es noch einen weiteren Begriff, den Sie kennen sollten: das User Interface (UI). Es bezeichnet die Benutzeroberfläche, also alles, mit dem wir als Nutzerinnen und Nutzer interagieren können.

Bei Usability stehen also die instrumentellen (sogenannten »pragmatischen«) Aspekte im Zentrum, die sich auf die primäre Aufgabe der Nutzerinnen und Nutzer beziehen. Denn bei jeder Website-Nutzung gibt es ein instrumentelles Ziel, beispielsweise ein Konzertticket bestellen, einen Tisch reservieren oder einen Artikel lesen. Ein wichtiges Ziel von Usability ist daher, *Orientierung zu bieten*, denn im Web wissen wir nicht, wie viele Gliederungsebenen eine Website hat und wo wir bei einem Klick hinkommen.

## 2.1.2 Mehr als Usability: User Experience

Usability ist heute etabliert – kaum jemand zweifelt noch an, dass sie ein wichtiger Faktor ist, der über den Erfolg oder Misserfolg von digitalen Produkten und Websites entscheiden kann. Aber das reicht nicht: Menschen möchten nicht nur ihre Ziele erreichen, sondern auch positive Erlebnisse haben.

Dafür hat sich der Begriff *User Experience* (abgekürzt UX) eingebürgert, den die ISO als »alle Wahrnehmungen und Reaktionen einer Person, die aus der Nutzung oder antizipierten Nutzung eines Produkts, Systems oder Services resultieren« definiert (ISO 9241-210). UX geht also über die instrumentellen Aspekte von Usability hinaus und umfasst das gesamte Erlebnis. Dabei sind Emotionen, Ästhetik und tiefere psychologische Bedürfnisse von großer Bedeutung. Diese Aspekte werden »hedonisch« genannt. Wichtig zu verstehen ist auch, dass ein Nutzungserlebnis nicht nur während der Nutzung entsteht, sondern auch von Erwartungen im Vorfeld beeinflusst wird und eine Auswirkung im Nachhinein hat.

**Abbildung 2.2 ▼**
User Experience umfasst viele Zeithorizonte, die sich gegenseitig beeinflussen (nach Roto et al., 2010).

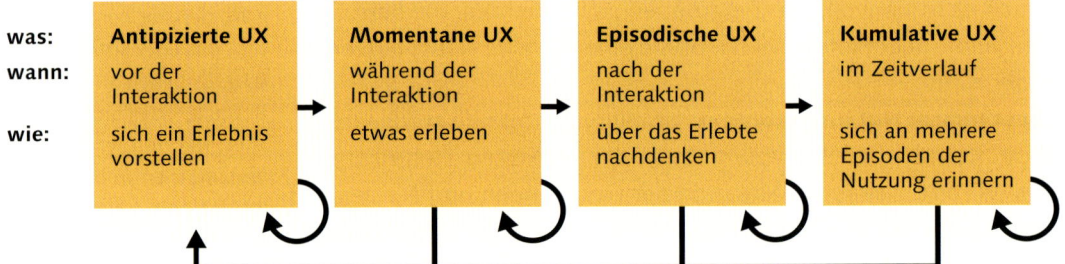

Quelle: übersetzt und angepasst nach Roto, V., Law, E., Vermeeren, A., & Hoonhout, J. (2010). User Experience White Paper. Bringing clarity to the concept of user experience. In: Schloss Dagstuhl – Leibniz-Zentrum für Informatik GmbH: Wadern.

Der Autor Peter Morville erläutert in seiner UX-Honigwabe, wie eine Website für eine gute User Experience sein sollte:
- Sie muss **nützlich** sein, indem sie interessante Inhalte oder hilfreiche Funktionen bietet.
- Sie muss **nutzbar** sein, also eine gute Usability haben.
- Sie muss **auffindbar** sein, damit sie wirksam werden kann.
- Sie muss **glaubwürdig** sein, um Vertrauen aufbauen zu können.

- Sie muss **zugänglich** und **zuverlässig** sein, also Rücksicht auf die Menschen mit ihren individuellen Voraussetzungen nehmen.
- Sie muss **begehrenswert** sein, so dass die Menschen ein Interesse daran haben, sich mit ihr zu beschäftigen – viele Studien haben Zusammenhänge zwischen einem ansprechenden Design und der Wahrnehmung festgestellt, dass das Design einfach zu nutzen ist (Ästhetik-Usability-Effekt).

User Experience beinhaltet also die Bereitschaft, das gesamte Nutzungserlebnis konstant zu erforschen und die Gestaltung auf die Bedürfnisse der Menschen auszurichten (menschzentrierte Gestaltung). Darum ist das wiederholte Testen von Ideen heute fester Bestandteil des Webdesign-Workflows: So lässt sich herausfinden, ob eine Gestaltung wirklich die Bedürfnisse erfüllt. Im Laufe dieses Buchs werden wir immer wieder darauf eingehen, was Sie bei Usability und UX berücksichtigen sollten. Den Anfang macht das wichtige Thema der Konventionen.

▲ **Abbildung 2.3**
User-Experience-Honigwabe nach Peter Morville (*https://intertwingled.org/user-experience-honeycomb/*) und Katerina Karagianni (*https://uxdesign.cc/optimizing-the-ux-honeycomb-1d10cfb38097*)

### 2.1.3 Konventionen und Faustregeln für gute Usability

Im Laufe der Zeit haben sich Konventionen herausgebildet, an die sich die meisten Websites halten. Diese Konventionen haben klare Erwartungen geschaffen: Wer auf ein Logo klickt, erwartet, auf die Startseite zurückzukommen. Geschieht nichts oder etwas anderes, entsteht Verwunderung oder sogar Verwirrung.

Designerinnen und Designer sind oft zwiegespalten, was Konventionen angeht. Zum einen spielen Konventionen eine große Rolle für ein optimales Nutzungserlebnis. Andererseits schränken sie aber ein wenig die Kreativität ein. Denken Sie nur an Links: Müssen Links immer blau und unterstrichen sein, nur weil das eine Konvention ist? Sie werden für jede Website entscheiden müssen, an welche Konventionen Sie sich halten und an welchen Stellen Sie Ihrer Kreativität freien Lauf lassen. Unser Rat: Konventionen sind Ihre Freunde, denn sie helfen Ihrem Publikum, intuitiv mit einer Website umzugehen. Sie dürfen sie brechen, wenn Sie eine bessere Idee haben – und das sollten Sie testen. Ansonsten sollten Sie Ihre Kreativität nicht auf Kosten der Nutzerinnen und Nutzer ausleben – denn nur, weil eine Website Konventionen folgt, muss sie nicht langweilig sein.

*Konventionen nur dann brechen, wenn die eigene Idee besser ist. Und das müssen Sie begründen und testen.*

Im Laufe der Jahre haben sich für den strukturellen Aufbau von Websites einige klare Konventionen herausgebildet. Viele Seiten bestehen aus einem **Header** oben mit einer Navigation, einem **Hauptbereich** mit Inhalten, einer **Subnavigation** (meist linksspaltig, bei Blogs oft rechtsspaltig) und einem **Footer**. Heute sind auch einspaltige Websites häufig anzutreffen, bei denen die Subnavigation in den Header integriert wird. Komplexe Seiten haben oft drei Spalten – in diesem Fall befinden sich rechts meist Meta-Informationen.

**Konventionen für den Header** | Steve Krug beschreibt in seinem Standardwerk »Don't Make Me Think« vier Elemente eines typischen Header-Bereichs.

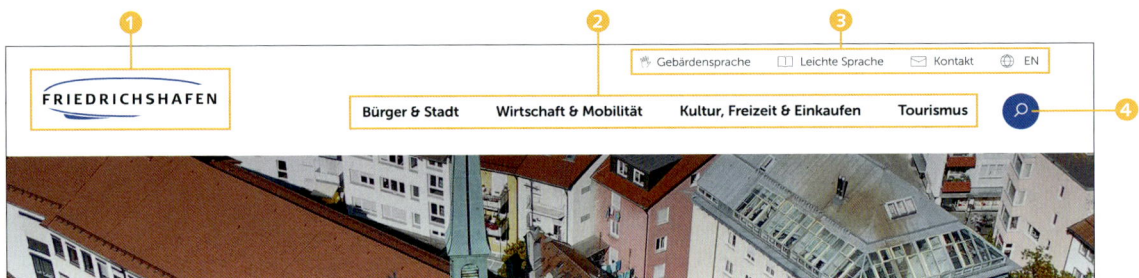

**Abbildung 2.4** ▼
Der Header der Stadt Friedrichshafen (*www.friedrichshafen.de*) hält sich vorbildlich an die etablierten Konventionen.

Die Website-Kennung ❶ findet sich auf westlichen Websites fast immer oben links – eine gute, aufmerksamkeitsstarke Stelle für dieses wichtige Orientierungselement. Meist handelt es sich um ein Logo, um den Wiedererkennungswert einer Marke zu erhöhen. Ein ständig verfügbarer Link zurück zur Startseite ist ganz zentral zur Stärkung des Vertrauens in eine Website – wenn ich mich verirren sollte, kann ich immer wieder an den Ausgangspunkt zurückkehren. Manchmal gibt es auch einen eigenen Punkt für die Startseite im Navigationsmenü.

Die Sektionen einer Seite ❷ entsprechen meist ihrer Hauptnavigation (siehe Abschnitt 6.4.2). Meist sitzt sie oben oder links.

In der Hilfsnavigation ❸ können ergänzende Informationen untergebracht werden – individuelle Profile, der Warenkorb oder Informationen über das Unternehmen sind beliebte Beispiele. Die Hilfsnavigation ist typischerweise oben rechts und sollte wesentlich unauffälliger gestaltet werden als die Hauptnavigation.

Auf die Suchfunktion ❹ verzichten können allenfalls sehr kleine Websites. Nach Erkenntnissen des Usability-Experten Jakob Nielsen gibt es Menschen, die eine Suchfunktion der gewöhnlichen Navigation vorziehen – er bezeichnet sie als *suchdominante Nutzer*. Besonders bei Shops nimmt die Suche häufig eine sehr zentrale Rolle ein und wandert als großes Suchfeld in die Mitte des Headers. Je wichtiger die Suche ist, umso eher sollte sie auch direkt zu sehen sein, ohne sie beispielsweise über einen Button einblenden zu müssen.

**Konventionen für die Navigation** | Natürlich ist die Navigation primär zum Navigieren da, aber sie hat noch weitere Funktionen:
- einen Eindruck von **Tiefe** und **Breite** der Website geben
- das **Kernthema** der Website vermitteln
- **Orientierung** über die aktuelle Position in der Website bieten
- **Anweisungen** geben, was man als Nächstes tun könnte

**Navigationstypen**
Mehr zu den unterschiedlichen Typen von Navigationen (etwa Haupt- und Subnavigation) finden Sie in Abschnitt 6.4, wo es um das konkrete Navigationsdesign geht.

Abgesehen davon soll die Navigation Vertrauen schaffen: Wissen die Menschen hinter der Website, wovon sie sprechen? Sind alle Themen enthalten, die man hier erwarten könnte? Sind sie einfach zu finden?

Es ist also *nicht* Aufgabe der Navigation, die Organisationsstruktur eines Unternehmens oder einer Institution abzubilden. Eine Navigation sollte für jemanden von außen verständlich sein. Außerdem muss auf die Navigation Verlass sein. Dazu gehört nicht nur, dass die Links auch funktionieren, sondern besonders, dass sich die Hauptnavigation auf jeder Seite an derselben Stelle befindet. Stellen Sie außerdem sicher, dass die Begriffe für Ihre Zielgruppe verständlich sind. Wenn ich einen Drucker für mein Büro zu Hause benötige, muss ich dann bei den Produkten für zu Hause oder fürs Business danach schauen?

Wo wir gerade bei Grundregeln sind – insbesondere für die Navigation gilt: Der aktuell angewählte Punkt sollte hervorgehoben werden, so dass immer klar ist, ob ein Link gerade aktiv ist oder nicht. Sinnvoll ist es auch hervorzuheben, ob ein Link gerade mit der Maus überfahren wird oder per ⇥ ausgewählt ist (siehe Abschnitt 6.2).

*Zeigen Sie Ihren Nutzerinnen und Nutzern über CSS, welchen Link sie gerade ausgewählt haben.*

**Konventionen für die Struktur** | Prinzipiell steht es Ihnen frei, beliebig viele Strukturebenen einzusetzen. Dabei unterscheidet man zwischen flachen und tiefen Hierarchien:

# 2 Grundlagen von gutem Webdesign

**Informationsarchitektur**
Die Website-Struktur zählt zum breiten Feld der sogenannten Informationsarchitektur, mit dem sich Abschnitt 3.5 ausführlich beschäftigen wird.

- **Flache Hierarchien** haben wenige Gliederungsebenen. Zum einen helfen sie bei der Suchmaschinenoptimierung, weil Suchmaschinen nur ungern in tief verschachtelte Ebenen eintauchen. Zum anderen erleichtern sie Ihren Besucherinnen und Besuchern, zu den Inhalten zu navigieren – und sich zu merken, wo sie einen Inhalt gefunden haben. Allerdings müssen sie vorher auch länger suchen: Je mehr Navigationsoptionen es gibt, umso schwerer fällt eine Entscheidung.
- **Tiefe Hierarchien** hingegen sind stark strukturiert, so dass eine Auswahl auf den ersten Blick schneller getroffen ist. Dafür benötigen die Menschen jedoch mehr Klicks und sollten auf dem Weg zum gewünschten Inhalt nicht daran zweifeln, ob sie überhaupt noch auf dem richtigen Weg sind. Navigationsdesign kann hier z. B. in Form von Dropdown-Menüs Abhilfe schaffen.

**Informationsarchitektur entwickeln**
Wie man eine gute Gliederungsstruktur aufbaut, lesen Sie in Abschnitt 3.5.4. Wie Sie daraus dann eine nutzerfreundliche Navigation bauen, erfahren Sie in Kapitel 6.

In vielen Fällen sollten Sie Hierarchien möglichst flach halten, aber letztlich entscheidend ist, wie Ihr Publikum besser ans Ziel gelangt. Eine gute, wenn auch grobe Faustregel lautet: Je leichter ein Klick fällt, desto mehr Navigationsebenen sind in Ordnung. Die verschiedenen Usability-Faktoren sind also miteinander verbunden: Wenn die Begriffe auf der zweiten Navigationsebene so kompliziert sind, dass wir lange darüber nachdenken müssen, werden wir wohl kaum viele weitere Ebenen durchklicken. Umgekehrt können einfache Begriffe dabei helfen, viele Navigationsebenen abzumildern. Entscheidend ist, ob wir das Gefühl haben, auf dem richtigen Weg zu sein. Dieses Gefühl bezeichnet man als »Information Scent«, was so viel bedeutet wie »Informationen wittern«.

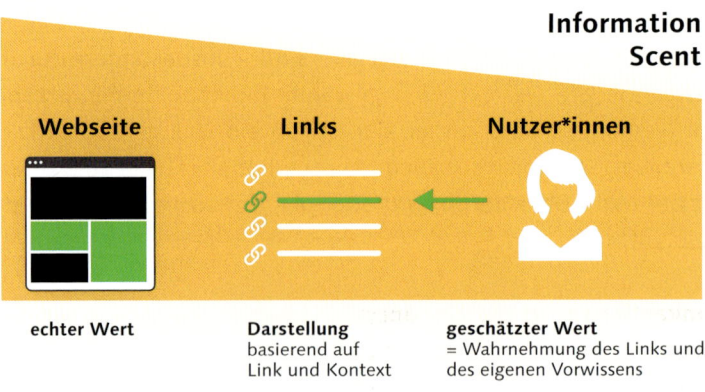

Abbildung 2.5 ▶
Information Scent bedeutet, dass Nutzerinnen und Nutzer vor der Navigation auf Basis eines Links und seiner Umgebung einschätzen, ob sie dort die gewünschten Inhalte finden (basierend auf *www.nngroup.com/articles/information-scent*).

## Usability und User Experience  2.1

Zu einer klaren Seitenstruktur gehört natürlich auch Orientierung. Jede Seite benötigt einen Seitentitel – und zwar direkt beim Inhalt, nicht (nur) irgendwo oben in der Menüzeile des Browsers oder neben dem Logo. Dass er auffällig sein und sowohl zum Inhalt als auch zur Beschriftung des entsprechenden Navigationspunkts passen sollte, versteht sich von selbst.

▲ Abbildung 2.6
»Die Welt« (*http://welt.de*) hebt die aktuelle Rubrik in der Hauptnavigation mit orangefarbener Unterstreichung hervor und wiederholt den Titel über den Artikeln sowie in der Breadcrumb-Navigation.

Ergänzend sind Breadcrumbs sinnvoll, besonders bei Websites mit komplexer Struktur. Dabei handelt es sich um einen Brotkrumenpfad mit kleinen Links, die den aktuellen Standort innerhalb der Informationsarchitektur darstellen (Location-based Breadcrumbs) und es erlauben, zu übergeordneten Ebenen zu navigieren. In Onlineshops werden manchmal auch die Attribute der Produkte als Breadcrumbs dargestellt (Attribute-based Breadcrumbs).

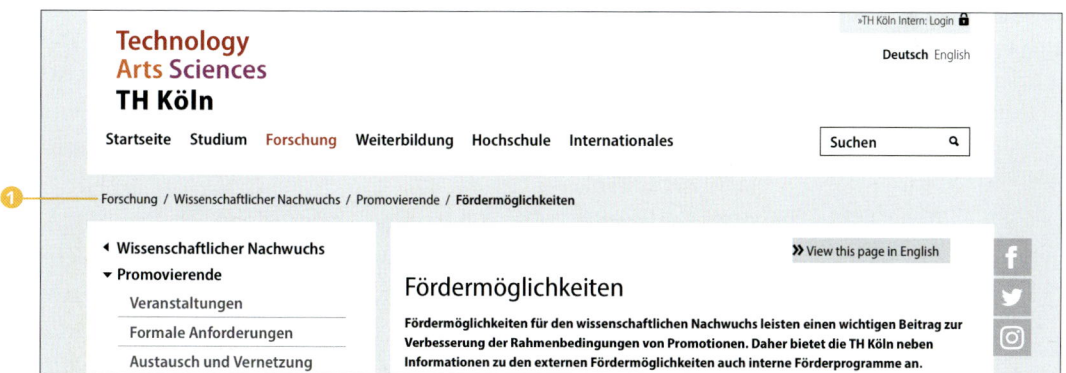

▲ Abbildung 2.7
Breadcrumbs ❶ auf der Website der TH Köln (*www.th-koeln.de*)

**Konventionen für die Seitentypen** | In der Praxis hat sich herausgestellt, dass nicht jede Einzelseite einer Website die gleiche Funktion ausübt. Daraus ergeben sich unterschiedliche Anforderungen für Usability und Gestaltung. Als sinnvoll hat sich die folgende grobe Einteilung herausgestellt:

- **Startseite**: Hier soll die Zielgruppe angesprochen und überzeugt werden, auf die Unterseiten zu navigieren. Die Startseite soll daher die Hierarchie der Website aufzeigen, das Image des Unternehmens vermitteln und Lust auf die Inhalte machen. Meist geschieht dies, indem die Kategorien bzw. Themen gezeigt werden, aber auch Direkteinsteige zu einigen Inhalten.
- **Kategorienseite**: Kategorien- oder Übersichtsseiten sind die Rubriken einer Website. Das können die Kategorien eines Blogs sein, die Produkttypen eines Onlineshops oder die Themen einer Nachrichtensite. Diese Seiten sind Zwischenstationen auf dem Weg zu gesuchten Inhalten. Es ist daher wichtig, dass von dort auch alle Inhalte einer Kategorie möglichst übersichtlich präsentiert (z. B. mit Filtern oder Unterkategorien) und erreicht werden können.
- **Detailseite**: Detail- oder Artikelseiten enthalten die eigentlichen Inhalte einer Website. Das kann ein Artikel oder ein Produkt sein. Auf diesen Seiten möchten Nutzerinnen und Nutzer ein konkretes Ziel erreichen – beispielsweise ein Produkt kaufen oder einen Beitrag lesen. Was immer sie daran hindern kann, wird als sehr störend empfunden.
- **Landingpage**: Die Landingpage wird vorrangig in Verbindung mit Online-Marketing-Kampagnen eingesetzt und bezeichnet die Seiten, auf denen Nutzerinnen und Nutzer bei einem Klick auf eine Werbeanzeige landen. Die Landingpage wird so gut wie möglich auf diese Werbeanzeige angepasst, um möglichst zielgerichtet auf eine gewünschte Handlung zu leiten (eine sogenannte Conversion, z. B. etwas zu kaufen oder ein Formular auszufüllen).
- **404-Fehlerseite**: Oft übersehen, aber dennoch wichtig – 404-Fehlerseiten werden angezeigt, wenn unter einer Webadresse (URL) keine Inhalte gefunden werden können, etwa weil ein älterer Link angeklickt wurde, der nicht mehr gültig ist. Sie sind benannt nach dem HTTP-Statuscode 404, der vom Server geschickt wird, wenn eine Seite nicht gefunden wurde. Für Nutzerinnen und Nutzer kann das natürlich ein sehr negatives Erlebnis sein. Es lohnt sich daher, eine gute 404-Fehlerseite anzulegen, die den Fehler erklärt, Empathie zeigt und Hilfen

**Tipps für Landingpages**
Mehr zu diesem Thema erfahren Sie im Kurs »Landing Page 101« von Oli Gardner und Rand Fishkin (*http://thelandingpagecourse.com/landing-page-101-intro*).

bei der Suche nach Inhalten oder ein wenig Humor nutzt, um das Nutzungserlebnis zu verbessern.
- **Funktionale Seiten**: Bei funktionalen Seiten wie dem Warenkorb oder der Kontaktseite steht eine konkrete Aufgabe im Vordergrund, die Nutzerinnen und Nutzer dort erledigen möchten. Außerdem gibt es rechtliche Seiten, etwa das Impressum.

Am schwierigsten zu gestalten ist die **Startseite**. Da sie die meiste Aufmerksamkeit erhält, sind Kompromisse meist unvermeidlich. Steve Krug formuliert fünf Kernfragen, die Startseiten beantworten sollten:
1. Worum geht es hier?
2. Was kann ich hier machen?
3. Was bietet die Website an?
4. Warum soll ich hier sein – und nicht irgendwo anders?
5. Wo fange ich an?

Im Idealfall gibt bereits die Gestaltung Antwort auf die ersten beiden Fragen – im Laufe dieses Buchs werden Sie verschiedene Verfahren kennenlernen, wie Sie die richtigen Assoziationen sicherstellen.

Die Antworten auf die dritte und vierte Frage sind besonders gut über Inhalte zu lösen. Wichtig: auf prägnante Texte und aussagekräftige Bilder achten.

◂ **Abbildung 2.8**
Die 404-Fehlerseite von Spotify (*www.spotify.com/de*) erläutert den Fehler, bietet Hilfestellungen für die nächsten Schritte und passt zum Thema Musik.

◂ **Abbildung 2.9**
Je kürzer und anschaulicher die Erklärung auf der Startseite ist, umso eher wird sie gelesen und verstanden (Crowdfunding-Plattform startnext, *www.startnext.de*).

Die fünfte Frage schließlich lässt sich in drei Nutzungsabsichten gliedern. Wer suchen will, sollte ein auffälliges Suchformular geboten bekommen. Wem eher nach Browsen zumute ist, der benötigt eine klare Navigation. Und wer eine Vorselektion wünscht, wird durch redaktionelle Angebote fündig.

### 2.1.4 Usability und Inhalte

Obwohl Sie beim Design bereits einiges für eine gute User Experience und Usability tun können, dürfen Sie sich darauf nicht ausruhen. Gute User Experience und Usability haben genauso viel mit den Inhalten zu tun wie mit dem Design. Das umfasst nicht nur, ob die Inhalte zu den Bedürfnissen der Zielgruppe passen, sondern auch die vielen kleinen Textbausteine, die sich auf das Erlebnis auswirken, etwa die Beschriftungen von Buttons, kleine Hinweistexte in Formularen oder die Formulierung von Fehlertexten. Diese Texte werden als *Microcopy* oder als *UX-Writing* bezeichnet. Da es in diesem Buch ja um die Gestaltung von Websites geht, werden wir uns bei den Inhalten auf einige zentrale Tipps und Tricks konzentrieren, die Sie im gesamten Buch bei den passenden Themen finden. Quellen für ausführliche Informationen finden Sie im Dokument »quellen-lesetipps.pdf« im Download-Bereich.

**Lesetipp**
Kinneret Yifrah, »UX Writing & Microcopy«, Rheinwerk 2020

## 2.2 Accessibility – Zugänglichkeit und Barrierefreiheit

Accessibility (oft als »A11y« abgekürzt – die 11 gibt an, dass elf Buchstaben ausgelassen wurden) bedeutet wörtlich »Zugänglichkeit«, wird im Deutschen aber häufig als Barrierefreiheit bezeichnet. Den Menschen sollen also bei der Benutzung einer Website keine Steine in den Weg gelegt werden. Das wird in der Praxis überraschend häufig nicht beachtet, besonders wenn es um Menschen mit Behinderungen geht. Wenn eine Website auf die Bedürfnisse dieser Menschen keine Rücksicht nimmt, entstehen oft unüberwindbare Barrieren.

**Menschen mit Behinderungen in Deutschland**
Das Statistische Bundesamt sprach für 2019 von 10,4 Millionen Menschen mit Behinderungen in Deutschland – das entspricht jedem achten Bürger. Auch wenn nicht jede Behinderung die Verwendung des Internets einschränkt, handelt es sich dabei um eine sehr relevante Zielgruppe.

### 2.2.1 Warum Accessibility wichtig ist – immer

Als Webdesignerin und Webdesigner werden Sie leider häufig auf Unverständnis stoßen und Sätze zu hören bekommen wie »Blinde

Menschen gehören nicht zu meiner Zielgruppe«. Eine solche Einstellung ist aus einer ganzen Reihe von Gründen problematisch. Erstens kann sich niemand sicher sein, von einer Behinderung verschont zu bleiben. Insbesondere bei älteren Menschen treten Behinderungen mit höherer Wahrscheinlichkeit auf. Zweitens haben Suchmaschinen bei der Indexierung von Inhalten viel mit Menschen mit Seheinschränkungen gemein. Barrierefreie Inhalte haben daher eine höhere Chance, in Suchmaschinen verfügbar zu sein. Schließlich hängen Einschränkungen vom Kontext ab. Manchmal stelle ich Text zum Lesen auf »Weiß auf Schwarz«, weil mich Schwarz auf Weiß zu sehr blendet, oder lasse mir Texte per Sprachausgabe vorlesen – sei es, weil ich gerade Auto fahre oder weil ich meine Augen entspannen möchte. Manchmal kann ich eine Website nur eingeschränkt bedienen, weil ich einen Säugling auf dem Arm halte. Einschränkungen können also zeitlich begrenzt oder situationsabhängig sein.

»*Diversity is a defining feature of the web, not a bug.*«

(Scott Jehl, »Responsible Responsive Design«)

| Einschränkungen | Permanent | Zeitlich begrenzt | Situationsabhängig |
|---|---|---|---|
| Fühlen | Verlust eines Arms | Armverletzung | Arm eingeschränkt nutzbar (z. B. Säugling tragen) |
| Sehen | Blindheit | Grauer Star | Ablenkung (z. B. beim Fahren) |
| Hören | Taubheit | Infektion der Ohren | laute Umgebung (z. B. Kneipe) |
| Sprechen | Stummheit | Kehlkopfentzündung | Kommunikation erschwert (z. B. Sprachgrenzen) |

◀ **Tabelle 2.1**
Spektrum von Einschränkungen, adaptiert von Microsofts Inclusive Design Toolkit (*www.microsoft.com/design/inclusive/*)

Accessibility hat also nicht nur etwas damit zu tun, Menschen mit Behinderung Zugang zu einer Website zu ermöglichen, sondern auch, die Diversität von Menschen zu berücksichtigen, Nutzerinnen und Nutzer mit Achtung zu behandeln und ihnen die Flexibilität zu ermöglichen, die sie sich von einer Website wünschen. Eine barrierefreie Website hilft allen Menschen gleichermaßen. Diese Idee steht auch hinter Design-Richtungen wie dem sogenannten »Universal Design«, das Gestaltungen für ein so breites

**Online-Tipp**
Eine praktische Checkliste für viele wichtige Accessibility-Kriterien finden Sie unter *http://webaccessibilitychecklist.com*.

Publikum wie möglich anpassen möchte. Im Webdesign kann das z. B. bedeuten, von vorneherein große Schrift statt Buttons zur Vergrößerung einzusetzen.

### 2.2.2 Hilfsmittel für Menschen mit Behinderungen

Es gibt zahlreiche Hilfsmittel, mit denen Menschen mit Behinderungen Websites nutzen können. So gibt es beispielsweise spezialisierte Software, die Inhalte von Websites vorlesen kann (Screenreader), und selbstredend gibt es Ein- und Ausgabegeräte mit Braille-Schrift.

Screenreader lassen sich besonders einfach selbst ausprobieren, um einen ganz persönlichen Eindruck davon zu bekommen. Neben spezieller Software wie NVDA (*https://nvda.bhvd.de*) bringen viele Betriebssysteme auch eingebaute Funktionen mit. Anleitungen dazu finden Sie z. B. unter *https://rohl.es/windows-narrator* (Windows 11 und 10), *https://rohl.es/gnome-barrierefreiheit* (Gnome) bzw. *https://rohl.es/mac-voiceover* (macOS).

Menschen mit Seheinschränkungen können den Bildschirm per Zoom vergrößern oder aber Einstellungen in ihrem Browser vornehmen, die für sie angenehm sind – diese Einstellungen haben *immer* Vorrang vor Ihren CSS-Angaben.

Wer Schwierigkeiten mit der Bedienung per Maus oder Touchscreen hat, kann auf alternative Eingabegeräte zurückgreifen – Computer lassen sich mit Schaltern, per Spracheingabe oder über Blicke steuern.

### 2.2.3 Barrierefreiheit per Gesetz

In Deutschland darf niemand diskriminiert werden – Artikel 3 des Grundgesetzes enthält einen eindeutigen Hinweis darauf, dass niemand »wegen seiner Behinderung benachteiligt werden« darf. In § 4 des Gesetzes zur Gleichstellung von Menschen mit Behinderungen (BGG) wird erläutert, was das konkret bedeutet. »Systeme der Informationsverarbeitung«, zu denen auch Websites zählen, sind dann barrierefrei, »wenn sie für Menschen mit Behinderungen in der allgemein üblichen Weise, ohne besondere Erschwernis und grundsätzlich ohne fremde Hilfe auffindbar, zugänglich und nutzbar sind«.

---

**Accessibility testen**
Accessibility muss wie viele andere Aspekte einer Website getestet werden. In Kapitel 9 werden wir auf einige Verfahren dafür zu sprechen kommen.

**Niemand darf diskriminiert werden**
Barrierefreiheit leitet sich in Deutschland aus dem Verbot von Diskriminierung ab.

Noch konkreter wird das in der BITV (Barrierefreie Informationstechnik-Verordnung). Sie kann als Handlungsempfehlung für alle Websites gelten. Für Einrichtungen des Bundes und seiner Verwaltung ist Barrierefreiheit nach der BITV vorgeschrieben. Mit dem European Accessibility Act (2019) und den entsprechenden nationalen Gesetzen wurde Barrierefreiheit weiter gestärkt, so dass sich auch Unternehmen mit dem Thema beschäftigen sollten.

**Gesetzestexte im Netz**
Das Bundesministerium der Justiz und das Bundesamt für Justiz stellen deutsche Gesetze unter *www.gesetze-im-internet.de* im Wortlaut zur Verfügung. Von dort stammen auch die Zitate in diesem Buch.

### 2.2.4 Web Content Accessibility Guidelines (WCAG)

Neben den deutschen Verordnungen sind insbesondere die **Web Content Accessibility Guidelines** (WCAG) wichtig. Das sind offizielle Accessibility-Richtlinien des W3C, die Sie unter *www.w3.org/TR/WCAG21* (Version 2.1) oder *www.w3.org/TR/WCAG22* (Version 2.2) finden können. WCAG definiert vier Prinzipien für barrierefreie Websites, die POUR genannt werden:

1. **Perceivable** (wahrnehmbar): Inhalte müssen unabhängig von individuellen Fähigkeiten und Technologien wahrgenommen werden können. Dazu zählt beispielsweise der Inhalt von Bildern, wenn die Ausgabe über einen Screenreader erfolgt.
2. **Operable** (bedienbar): Die Nutzungsoberfläche muss unabhängig von der verwendeten Interaktionsweise bedient werden können. Dazu zählt beispielsweise die Tastatursteuerung.
3. **Understandable** (verständlich): Inhalte und Interaktionsdesign müssen verständlich gestaltet sein. Dazu zählt beispielsweise ein ausreichend hoher Kontrast bei der Typografie.
4. **Robust**: Inhalte müssen über eine breite Basis von Technologien zuverlässig dargestellt werden. Dazu zählt beispielsweise, ältere Browser und assistierende Technologien zu unterstützen.

**WCAG Levels**
WCAG definiert Erfolgskriterien in drei Stufen: A, AA und AAA. Höhere Stufen sind dabei aufwendiger zu erreichen. Häufig wird die gewünschte Stufe schon zu Beginn eines Projekts definiert.
Gut zu wissen: Für Version 3 (*www.w3.org/TR/wcag-3.0/*) der WCAG ist geplant, die Stufen in Bronze, Silber und Gold umzubenennen.

### 2.2.5 Accessibility und Webstandards

Barrierefreiheit ist nicht schwer umzusetzen, wenn Sie konsequent daran denken und einige Regeln beachten – sie ist gewissermaßen in Webstandards eingebaut. Verwenden Sie die jeweiligen HTML-Elemente, um Text richtig auszuzeichnen. Gestaltung allein hilft blinden Menschen nicht. Jedoch sind Screenreader sehr wohl in der Lage, die HTML-Elemente zu unterscheiden – man spricht hierbei von der **Semantik** oder Bedeutung der Elemente.

**Accessibility Tree** | Um die Funktionsweise von assistierenden Technologien besser zu verstehen, hilft ein kurzer Blick unter die Haube von Browsern und Screenreadern. Ein Browser empfängt beim Aufruf einer Website den Quelltext in HTML und konstruiert daraus das sogenannte Document Object Model (DOM). Für den Moment soll es genügen, sich das DOM als eine baumartige Darstellung der Struktur des Quelltexts vorzustellen – wir werden in Abschnitt 9.3.7 noch einmal ausführlich darauf eingehen. Das DOM wiederum ist die Basis für den Accessibility Tree, den Sie in den Entwicklungswerkzeugen der Browser sehen können (siehe Abbildung 2.10). Er repräsentiert das DOM in einer Form, die für assistierende Technologien sinnvoll ist, und stellt die Verbindung zwischen Browser und assistierenden Technologien her. Diese Verbindung ist in beide Richtungen möglich: So kann ein Screenreader beispielsweise Inhalte vorlesen, aber auch an den Browser kommunizieren, dass ein interaktives Element aktiviert wurde. Dazu ist es notwendig, jedes Element sehr genau zu spezifizieren. Ein großer Vorteil von Webstandards ist, dass diese Arbeit für die semantischen Elemente bereits von Seiten der Browser-Hersteller übernommen wurde.

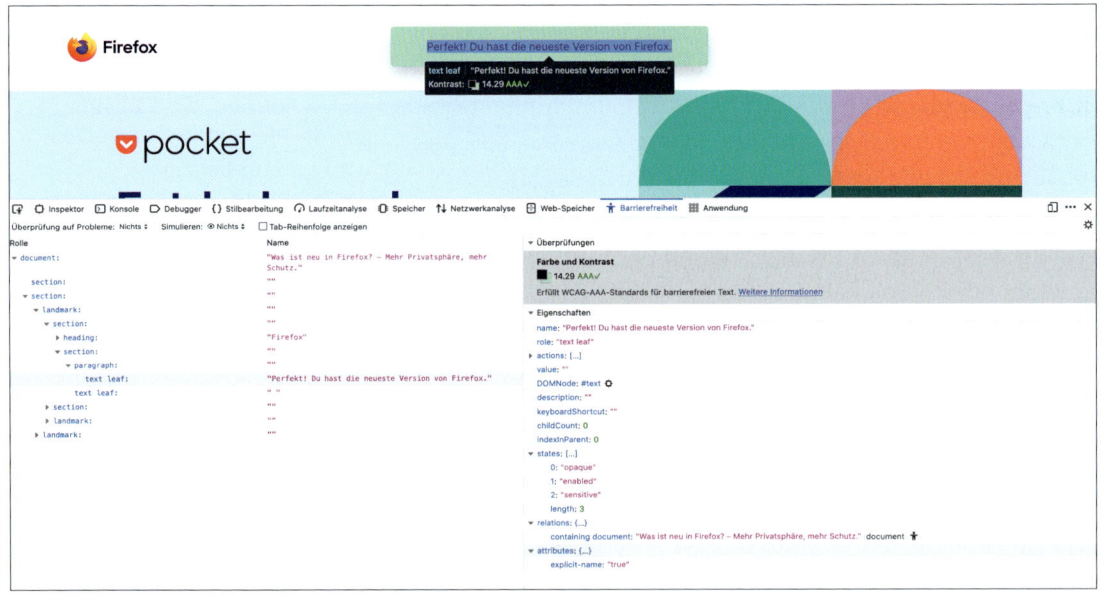

▲ Abbildung 2.10
Accessibility Tree in Firefox

**Linearisierbarkeit** | Ein weiterer Vorteil von Webstandards ist die gute Linearisierbarkeit. Damit ist gemeint, ein Dokument vollkommen losgelöst von CSS verwenden zu können. Denken Sie daran: CSS ist ein Gestaltungsvorschlag, aber das HTML muss auch vollkommen ungestaltet alle Inhalte vermitteln.

Die Linearisierbarkeit eines Layouts können Sie testen, indem Sie das CSS komplett ausschalten. Eine gute Website macht auch in dieser Rohversion Sinn.

> Eine kurze Einführung in die Arbeit mit HTML und Webstandards finden Sie im Dokument »webstandards.pdf« im Download-Bereich.

**Textvergrößerung ermöglichen** | Es gibt viele Maßnahmen, um Schrift im Web angenehm lesbar zu machen (siehe Kapitel 5). Die Schriftgröße lässt sich in Browsern jedoch auch individuell einstellen, so dass jeder Mensch eine für sich persönlich angenehme Einstellung wählen kann. Zu einer guten Zugänglichkeit gehört, dass alle Inhalte und Funktionen auch bei großem Textzoom verfügbar und angenehm nutzbar sind.

## 2.2.6 WAI-ARIA

Kennen sollten Sie außerdem die **Web Accessibility Initiative Accessible Rich Internet Applications Suite** (WAI-ARIA, *www.w3.org/TR/wai-aria*). Sie bringt einige hilfreiche Funktionen mit, um die Barrierefreiheit zu erhöhen. Dazu zählt die Möglichkeit, die Rolle von Elementen zu spezifizieren. Alle HTML-Elemente haben Rollen, die Screenreader verwenden können, um ihre Bedeutung zu verstehen und besondere Funktionen bereitzustellen. So kann man mit einem Screenreader beispielsweise direkt zur Navigation springen, wenn sie mit nav ausgezeichnet ist. In den allermeisten Fällen sind die passenden HTML-Elemente die richtige Wahl – beispielsweise nav für Navigationen oder main für den Hauptinhalt. Sollte dies aus irgendwelchen Gründen nicht möglich sein und man unbedingt das neutrale div einsetzen wollen, kann man ARIA Roles über das Attribut role auch explizit angeben, z. B. `<div role="navigation">`. Auf diese Weise können Browser und Screenreader zwischen einem div für die Navigation und anderen divs unterscheiden. Aber Vorsicht: Jedes HTML-Element kann nur eine Rolle haben, und in den allermeisten Fällen sollten Sie die eingebauten Rollen *nicht* durch das role-Attribut überschreiben (siehe Kasten rechts). Natürlich sollten die seman-

> **Vorteile eingebauter Rollen**
> Die eingebauten Rollen sind gut getestet und bringen viele Vorteile. Eine Liste ul hat z. B. die Rolle list: Ein Screenreader liest vor, wie viele Elemente enthalten sind, und hilft so bei der Orientierung. Wenn Sie also eine Liste innerhalb einer Navigation einsetzen möchten, ist es besser, die Liste ul in einen Bereich nav zu setzen, als sie mit `<ul role="navigation">` mit einer neuen Rolle zu versehen. Ein Screenreader würde sonst nicht mehr erläutern, wie viele Elemente die Liste hat.

tischen HTML-Elemente bevorzugt werden, denn sie haben die Rollen direkt mit eingebaut.

| ARIA Role | Beschreibung | Typisches HTML-Element |
|---|---|---|
| article | inhaltlich abgeschlossener Abschnitt | `article` |
| banner | übergreifende Informationen zur Website wie Logo, Titel oder Slogan | `header` (im Kopfbereich der Webseite) |
| complementary | ergänzende Informationen, die vom Hauptinhalt unabhängig sind | `aside` |
| contentinfo | Informationen zum Inhalt wie Autorin oder Autor, Copyright oder Fußnoten | `footer` |
| main | Hauptinhalt | `main` |
| navigation | Haupt- und Unternavigation | `nav` |
| note | beiläufig eingeschobene Inhalte | `aside` |

**Tabelle 2.2** ▶
Auswahl wichtiger ARIA Roles

**Mehr zu Rollen im Netz**
In Aktion erleben können Sie den Screenreader Jaws im Video »How ARIA landmark roles help screen reader users«: *www.youtube.com/ watch?v=IhWMou12_Vk*.
   Mehr zum Thema finden Sie auch unter *www. w3.org/TR/wai-aria/#roles*.

Wir werden in Abschnitt 6.1 noch einmal auf ARIA zurückkommen, denn gerade bei der Gestaltung zugänglicher interaktiver Elemente spielt ARIA eine große Rolle. Für den Moment soll es genügen, die richtigen semantischen HTML-Elemente zu verwenden, damit Screenreader auf sinnvolle Rollen zurückgreifen können.

### 2.2.7 Accessibility und Inhalte

Wie Usability hängt auch Accessibility eng mit inhaltlichen Aspekten zusammen. Menschen mit geistiger oder Lernbehinderung sind davon ebenso betroffen wie Menschen mit einer anderen Muttersprache. Wenn Sie selbst die Inhalte schreiben, bedenken Sie, dass verständliche Sprache und einfacher Satzbau ein Plus sind. Dies hängt natürlich von Ihrer Zielgruppe ab. Im Zweifel ist einfache Sprache besser.

Obwohl Screenreader durchaus leistungsfähig sind, hilft es Ihnen, wenn Sie am Anfang eines Dokuments schreiben, in welcher Sprache der Text eigentlich ist. Das geht über das `lang`-Attribut direkt in HTML. Mit dem `dir`-Attribut lässt sich die Textrichtung angeben, die in westlichen Sprachen meist `ltr` (left to right, also von links nach rechts) ist, aber in anderen Sprachen auch `rtl` (right to left) sein kann.

```
<html lang="de" dir="ltr">
```

▲ **Listing 2.1**
Dieses HTML-Dokument enthält deutschen Text mit Textrichtung »links nach rechts«.

## 2.3 Responsive Webdesign

Das mobile Web wird immer relevanter. Nach Erkenntnissen der ARD-/ZDF-Onlinestudie 2021 nutzen 60 % der Deutschen unterwegs das Internet, bei Menschen unter 30 sogar 88 % (Beisch & Koch, 2021). Mobile Internetnutzung ist somit aus dem Alltag der Menschen nicht mehr wegzudenken.

### 2.3.1 Möglichkeiten für mobile Websites

Wenn es um eine mobile Website geht, haben Sie verschiedene Möglichkeiten. Die erste lautet: Extrawurst. Sie entwerfen eine Mobilversion, also zweite Version der Website, die speziell für das mobile Web optimiert ist und oft auf eine mobile Nutzungssituation angepasste Inhalte bietet. Allerdings ist es nicht einfach, von der Breite einer Darstellung auf einen Nutzungskontext zu schließen, denn wir nutzen unsere Smartphones nicht nur unterwegs, sondern auch zu Hause auf der Couch oder am Schreibtisch.

Der Trend geht daher klar in eine andere Richtung: eine Version mit flexiblen Anpassungen für alle. Der Fachbegriff »Responsive Webdesign« bezeichnet die Fähigkeit einer Website, automatisch auf die jeweiligen Herausforderungen reagieren zu können. Statt »One Layout to Rule Them All« (Jeffrey Zeldman in Anlehnung an das Buch »Herr der Ringe«) soll also die Flexibilität gefördert werden, die das Netz zu dem macht, was es heute ist. Responsive Webdesign beruht darauf, nur *eine* Website mit den gleichen

*Responsive Webdesign passt die Darstellung flexibel an die Endgeräte an, hält den Inhalt allerdings identisch.*

Inhalten auszuliefern – egal, wie groß das Gerät ist. Die *Darstellung* wird jedoch für unterschiedlichste Breiten optimiert, damit jeder Mensch eine möglichst gute Nutzungserfahrung hat. Die Stufen, in denen diese Layoutanpassungen passieren, werden *Breakpoints* genannt – Breitenangaben, ab denen das Layout sich verändern (»brechen«) soll. In Abschnitt 4.6 werden wir spezifisch auf diese Veränderungen eingehen.

### 2.3.2 Mobile First und Desktop First

*Desktop First* = Gestaltung von groß nach klein
*Mobile First* = Gestaltung von klein nach groß

Responsive Webdesign hat die Art und Weise, wie wir Websites gestalten, in den letzten Jahren grundlegend verändert und in vielen Aspekten erweitert. Eine der ersten Fragen ist dabei, in welcher Reihenfolge die Layouts eigentlich angepasst werden sollen.

**Abbildung 2.11** ▶
Der Viewport ist der sichtbare Bereich einer Website hier in gelb dargestellt

Eine Möglichkeit hört auf den Namen *Desktop First*. Dabei wird die Darstellung bei einem breiten Viewport zum »Normalfall« erklärt und zuerst gestaltet – basierend darauf werden nach Bedarf Anpassungen für kleinere Viewports mit Hilfe von Breakpoints vorgenommen. Typischerweise arbeiten Desktop-First-Websites mit Breakpoints auf Basis von `max-width` (Maximalbreite).

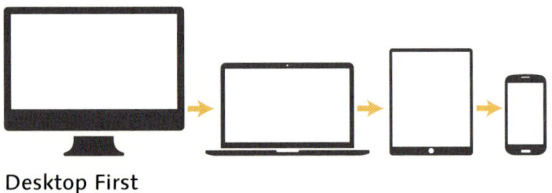

**Desktop First**

**Abbildung 2.12** ▶
Desktop First arbeitet ausgehend von der breitesten Darstellung nach unten.

Desktop First ist historisch älter, hat aber seine Tücken: Gestalten ist natürlich einfacher, wenn mehr Platz zur Verfügung steht. Wie aber schrumpft man eine »große« Gestaltung so herunter, dass sie auch bei kleinen Viewports eine gute User Experience bietet?

Der Autor Luke Wroblewski hat diese Überlegungen zum Anlass genommen, einen anderen Ansatz vorzuschlagen: *Mobile First*. Dabei gestalten Sie zuerst für kleine Viewports und optimieren die Darstellung bei wachsendem Viewport mit Hilfe von Breakpoints (meist mit Minimalbreiten per `min-width` umgesetzt). Die Platzeinschränkungen zwingen Kreative dazu, sich auf die Aspekte zu konzentrieren, die für ihre Besucherinnen und Besucher am wichtigsten sind. Mobile First hat sich bei vielen Kreativen durchgesetzt.

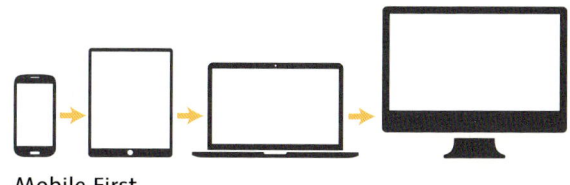

Mobile First

◄ **Abbildung 2.13**
Bei Mobile First arbeiten Sie hingegen von der kleinen Darstellung zur großen.

### 2.3.3 Technische Grundlagen von Responsive Webdesign

Aus technischer Sicht sind vier Aspekte im Responsive Webdesign besonders wichtig:

- ein flexibles Raster, das sich an unterschiedliche Größenverhältnisse anpassen kann
- flexible Bilder und Medien, die auf allen Geräten funktionieren
- das Meta-Viewport-Element
- die Media Queries von CSS

Über das Raster und die Bilder werden wir in späteren Kapiteln gesondert sprechen. Das Meta-Viewport-Element und die Media Queries hingegen sollten wir uns schon jetzt einmal kurz anschauen.

**Udacity-Kurs zu Responsive Webdesign**
Das Google-Team hat auf Udacity unter *https://classroom.udacity.com/courses/ud893* einen Einführungskurs mit vielen Tipps zum Responsive Webdesign veröffentlicht.

### 2.3.4 Meta-Viewport-Element

`meta viewport` gehört zu den `meta`-Elementen und legt fest, welche Ausgangsbreite der Browser für eine Website annimmt. Zum Verständnis lohnt ein kurzer Blick in die Historie: Erfunden wurde das Element von Apple. Der Bildschirm des 2007 eingeführten iPhones war 320 px breit, allerdings fehlte es an optimierten Websites. Das iPhone zeigte daher Websites mit einer Breite von 980 px (dem sogenannten *Layout-Viewport*) und verkleinerte sie einfach.

Mit der Durchsetzung von Responsive Webdesign entstand jedoch der Wunsch, dieses Verhalten zu verändern. Um den Browsern mitzuteilen, dass Sie sich über die kleinere Darstellung Gedanken gemacht haben, fügen Sie die folgende Textzeile in den `head` Ihrer Website ein:

```
<meta name="viewport" content="width=device-width, initial-scale=1">
```

**Listing 2.2** ▶
`meta viewport` für mobile Websites mit Gerätebreite und Zoomfaktor

Diese Angabe legt fest, dass Browser nicht von einer Standardgröße, sondern von der tatsächlichen Breite des Geräts ausgehen sollen (`width=device-width`). Die Angabe `initial-scale=1` legt fest, dass die Zoomstufe beim Laden auf 1:1 (keine Vergrößerung) stehen soll.

### 2.3.5 Media Queries

Media Queries sind für Responsive Webdesign wie das Wasser für das Meer: Ohne geht es nicht. *Media Query* bedeutet übersetzt so viel wie Medienabfrage – aber was genau wird hier abgefragt?

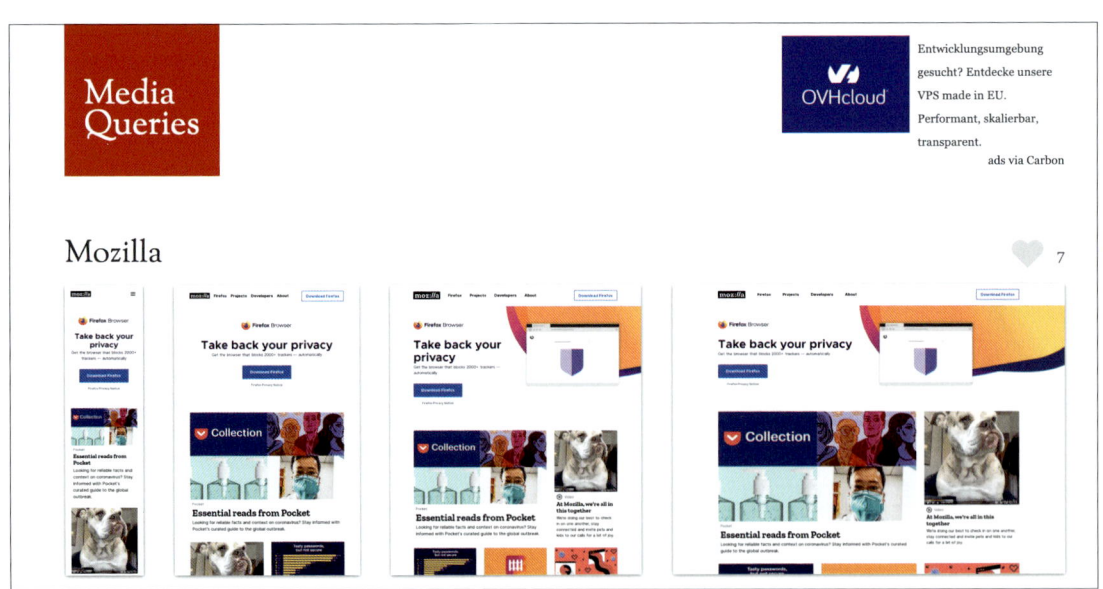

**Abbildung 2.14** ▼
Die Website *https://mediaqueri.es* sammelt gelungene Beispiele für Responsive Webdesign.

**Grundlagen** | Ganz zu Beginn unserer Media Query steht das Schlüsselwort `@media` – damit teilen Sie Ihrem Browser mit, dass Sie hier etwas abfragen möchten:

`@media screen { /* weiteres CSS */ }`

▲ **Listing 2.3**
Eine einfache Media Query für die Bildschirmausgabe

**Media Types** | Nun ergänzen wir, **was genau** wir eigentlich abfragen wollen. Vorhang auf für unseren ersten Media Type: `screen`. Sie legen damit das Ausgabemedium fest. CSS unterstützt die Typen `screen` (Bildschirm), `print` (Druck) und `all` (alle Ausgabemedien).

Unsere Media Query `@media screen` bedeutet also etwas frei übersetzt: »Ich hätte da mal eine Frage: Wirst du gerade am Bildschirm angezeigt?« Zeigt der Browser Ihre Website gerade am Bildschirm an, wird er mit »Ja« antworten.

**Eigenschaften und Einstellungen** | Media Queries lassen sich auch mit CSS-Eigenschaften kombinieren:

`@media (min-width: 64em) { /* weiteres CSS */ }`

▲ **Listing 2.4**
Media Query mit Mindestbreite

In diesem Beispiel verwenden wir die Eigenschaft `min-width` (Mindestbreite). Sie trifft zu, wenn der Viewport mindestens die angegebene Breite hat. Unsere Media Query `@media (min-width: 64em)` bedeutet also übersetzt: »Ich hätte da mal eine Frage: Bist du mindestens 64 em breit?«

Schließlich unterstützen Media Queries die Abfrage von Einstellungen des Browsers. Über `@media (prefers-color-scheme: dark)` lässt sich beispielsweise abfragen, ob ein Browser gerade im dunklen Modus (Dark Mode) läuft (siehe Abschnitt 7.2.7).

Was nun folgt, ist einfach: Zwischen zwei geschweiften Klammern { und } legen Sie fest, was geschehen soll. Antwortet der Browser auf unsere Media Query mit »Ja«, wird alles ausgeführt, was zwischen diesen Klammern steht.

In der Praxis werden Media Queries mit `min-width` und `max-width` meistens entweder in `px` oder in `em` angegeben. Auf die verschiedenen Einheiten für CSS-Layouts werden wir in Kapitel 4

 Im Download-Bereich finden Sie das Dokument »print_stylesheet.pdf« mit einem Beispiel, wie Sie Websites per CSS für den Ausdruck optimieren können.

**Tipp: Code »übersetzen«**
Auch wenn es Ihnen vielleicht etwas komisch vorkommt: Das Übersetzen von Anweisungen in natürlicher Sprache ist eine ganz wichtige Fähigkeit. Je komplexer die Sprachen werden, die Sie verwenden, umso wichtiger ist es, dass Sie aus Ihrer Alltagssprache computerlesbare Anweisungen extrahieren können.

**Lesetipps**
Mehr zum Thema »em vs. px bei Media Queries« lesen Sie in diesen Beiträgen:
▶ Zell Liew (mit vielen Experimenten): *https://zellwk.com/blog/media-query-units*
▶ Chris Coyier: *https://css-tricks.com/zooming-squishes*

**Weitere Eigenschaften für Media Queries**
In der Praxis spielen `min-width` und `max-width` die Hauptrollen, aber Sie können auch viele weitere Eigenschaften abfragen. Mehr erfahren Sie im SELFHTML-Wiki unter *https://wiki.selfhtml.org/wiki/CSS/Media_Queries*.

noch ausführlich eingehen. Für den Moment soll genügen, dass em eine Einheit ist, die sich relativ zur aktuellen Schriftgröße verhält – 1 em entspricht in der Standardeinstellung heutiger Browser einer Schriftgröße von 16 px. Welche Einheit besser ist, gehört zu den großen Diskussionspunkten im Webdesign – wenn Sie in die Diskussion einsteigen möchten, finden Sie im Kasten rechts einige Lesetipps. Im Rahmen dieser Einführung werden wir Beispiele mit beiden Einheiten verwenden.

## 2.4 Nachhaltigkeit

Mit dem zunehmenden Klimawandel und seinen Folgen für zukünftige Generationen gehört das Thema Nachhaltigkeit ebenfalls zur Verantwortung von Webdesignerinnen und Webdesignern. Digitale Technologien spielen eine Rolle bei der Reduzierung von Umweltproblemen (etwa durch Remote-Arbeit und verringertes Verkehrsaufkommen), erzeugen aber ebenfalls $CO_2$-Emissionen. Berechnungen gehen davon aus, dass das Internet und Computer mehr Kohlenstoffdioxid-Emissionen ($CO_2$) verursachen als der globale Flugverkehr (siehe auch *https://rohl.es/emissionen-internet*).

### 2.4.1 Ein alltäglicher $CO_2$-Abdruck eines Menschen

»*Wenn man sich das Internet als eine Nation vorstellt, wäre es einer der größten Energieverbraucher weltweit, etwa auf Platz fünf oder sechs.*«
Holger Berg, Wuppertal-Institut
(*https://rohl.es/digitalisierung-klimaschutz*)

Unser tägliches Verhalten spielt dabei eine große Rolle, denn ob wir schnell E-Mails beantworten, die neuesten Nachrichten lesen oder Serien streamen – alles verbraucht Energie. Der tägliche $CO_2$-Abdruck für unsere digitalen Aktivitäten (inklusive Herstellung und Nutzung der Geräte, Datenübertragung und Rechenzentren) wird auf durchschnittlich 850 kg $CO_2$ pro Jahr geschätzt (*https://blog.oeko.de/digitaler-co2-fussabdruck*). Um dem Klimawandel Einhalt zu gebieten, sollten wir maximal 2 Tonnen $CO_2$ pro Kopf im Jahr ausstoßen. Allerdings ist es nicht selbstverständlich, auf den $CO_2$-Abdruck von Websites zu achten. In den letzten fünf Jahren ist die durchschnittliche Größe einer Website um etwa 40 % gestiegen (siehe auch *https://rohl.es/website-durchschnitt*, Stand Mai 2022).

## 2.4.2 CO$_2$-Verbrauch einer Website messen

Bei der Gestaltung von Websites können Sie allerdings dafür sorgen, dass wir mit dem Energieverbrauch des Internets verantwortlicher umgehen. Ihr Ziel dabei sollte es sein, den CO$_2$-Fußabdruck (und damit den Stromverbrauch) einer Website zu verringern. Einen Näherungswert der CO$_2$-Bilanz einer Website liefert das Onlinetool *www.websitecarbon.com*. Das Tool berücksichtigt dafür die Menge der übertragenen Daten, den Energieverbrauch bei der Datenübertragung, den Verbrauch des Rechenzentrums, die Energiequelle, die CO$_2$-Emissionen und den Datenverkehr (Traffic). Zurückgegeben werden die Gramm CO$_2$, die pro Seitenaufruf benötigt werden, sowie ein Vergleich mit dem Durchschnitt aller getesteten Websites. Außerdem gibt es Angaben dazu, ob das Rechenzentrum mit grünem Strom betrieben wird, sowie einige Vergleichswerte zur besseren Veranschaulichung.

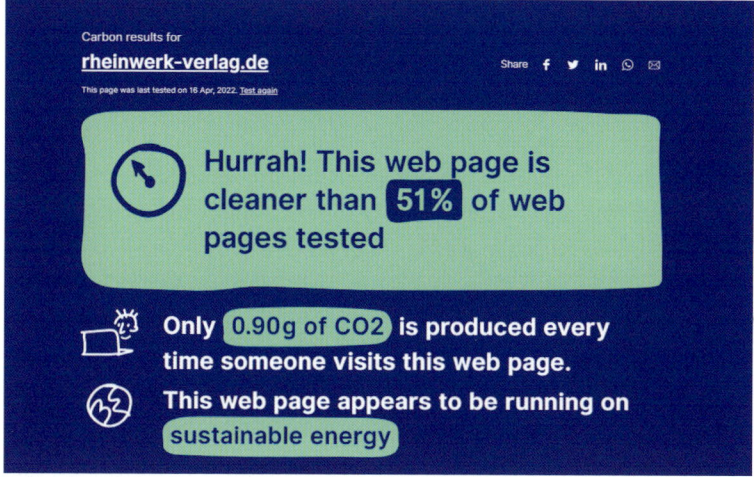

◀ **Abbildung 2.15**
Die CO$_2$-Bilanz der Verlagswebsite

## 2.4.3 Prinzipien von nachhaltigem Webdesign

Nachhaltiges Webdesign legt Wert darauf, die natürlichen Ressourcen des Planeten zu bewahren. Energieeffizienz wird dabei zu einem Kernprinzip des Webdesigns. Wir werden uns in diesem Abschnitt auf die Grundlagen nachhaltigen Webdesigns konzentrieren und in den folgenden Kapiteln immer wieder darauf eingehen, wie Sie Nachhaltigkeitsthemen in Ihren Designentscheidungen berücksichtigen können. Für einen umfassenden Einstieg empfeh-

*Da sich das Spektrum von nachhaltigem Webdesign über einen sehr großen Rahmen spannt, wird im Verlauf des Buchs immer wieder in den verschiedenen Kapiteln darauf eingegangen. Sie erkennen solche Abschnitte oder Anmerkungen anhand eines -Symbols, das für Nachhaltigkeit steht.*

len wir das Buch »Sustainable Web Design« von Tom Greenwood (*https://abookapart.com/products/sustainable-web-design*).

▲ Abbildung 2.16
Sechs Prinzipien des Sustainable Web Manifesto (*www.sustainablewebmanifesto.com*)

**Vorteile von nachhaltigem Webdesign**
Nachhaltige Websites haben zahlreiche weitere Vorteile:
- UX: intuitive Benutzung, Effizienz, Konzentration auf das Wesentliche
- Suchmaschinen-Optimierung: Ladezeit als Ranking-Faktor
- Barrierefreiheit: geringere technische Voraussetzungen
- Business: geringere Kosten, positives Image

Weitere Vorteile können sich in Bezug auf Security (beim Einsatz einer statischen Website) und Zuverlässigkeit (beim Einsatz von Offline-Funktionalitäten) ergeben.

Die Initiative »Sustainable Web Manifesto« (*www.sustainablewebmanifesto.com*) definiert sechs Grundprinzipien:

1. Das Prinzip der **Offenheit** setzt auf Kollaboration und Austausch, wie wir es in Kapitel 1 erläutert haben.
2. Das Prinzip der **Sauberkeit** setzt auf regenerative Energiequellen beim Hosting von Websites (siehe Kapitel 9).
3. Im Prinzip der **Regenerativität** wird auf Projekte eingegangen, die einen Beitrag zum Wiederaufbau natürlicher Ressourcen leisten.
4. Nachhaltiges Webdesign bedeutet auch, widerstandsfähige Websites zu schaffen (Prinzip der **Resilienz**), die für Krisen und Probleme gewappnet sind. Das kann beispielsweise ein Offline-Modus sein (siehe Abschnitt 9.4).
5. Außerdem achtet nachhaltiges Webdesign bei Gestaltung und Optimierung darauf, dass eine Website so klein wie möglich ist (Prinzip der **Effizienz**), etwa durch Optimierung von Bildgrößen (siehe Kapitel 8) und effektiven Code (siehe Kapitel 9).
6. Schließlich gibt es das Prinzip der **Ehrlichkeit**. Wir gehen darauf im nächsten Abschnitt 2.5 ein, denn natürlich spielen auch ethische Aspekte eine große Rolle im Webdesign.

## 2.5 Ethik im Webdesign

Ethik beschäftigt sich damit, was gut und was nicht gut ist. Ethisches Webdesign bedeutet, sich in der Gestaltung für das Wohlbefinden der Nutzerinnen und Nutzer einzusetzen, wie es Amy Drayer in einer Präsentation auf den Punkt bringt (siehe Kasten mit Lesetipps). Als Designerinnen und Designer dürfen wir also nicht einfach nur an das konkrete digitale Produkt denken, sondern müssen Verantwortung für dessen Folgen tragen, etwa in wirtschaftlicher, sozialer und ökologischer Hinsicht. Das bringt es mit sich, dass es keine einheitlichen und vor allem keine einfachen Lösungen geben kann: Ethische Abwägungen sehen für jedes Projekt anders aus. In diesem Abschnitt möchten wir Ihnen aber dennoch vier Denkanstöße für ethisches Webdesign mitgeben.

**Menschzentriert** | Ethisches Webdesign ist zutiefst menschzentriert: Grundlage der Gestaltung ist immer, ob Sie eine gute Usability und eine langfristig positive User Experience erreichen. Das bedeutet beispielsweise, auf Designmuster zu verzichten, die Nutzerinnen und Nutzer zu Handlungen verführen sollen, die sie ansonsten nicht tun würden (sogenannte Dark Patterns oder Deceptive Design Patterns). Beispiele dafür wären Websites, die das Kündigen eines Accounts bewusst verkomplizieren oder mit Verlustangst spielen (»Zehn andere Menschen schauen sich gerade dieses Hotelzimmer an, buchen Sie schnell!«).

> **Quellen und Lesetipps zum Thema Ethik**
> - Amy Drayer über ethisches Webdesign: *https://rohl.es/ethical-web-principles*
> - Designer's Code of Ethics (Mike Monteiro): *https://rohl.es/designer-code-ethics*
> - Deceptive Design Patterns: *www.deceptive.design*
> - Ethics for Designers: *www.ethicsfordesigners.com*
> - Everyday Ethics Project: *https://everyday-ethics.uxp2.com*

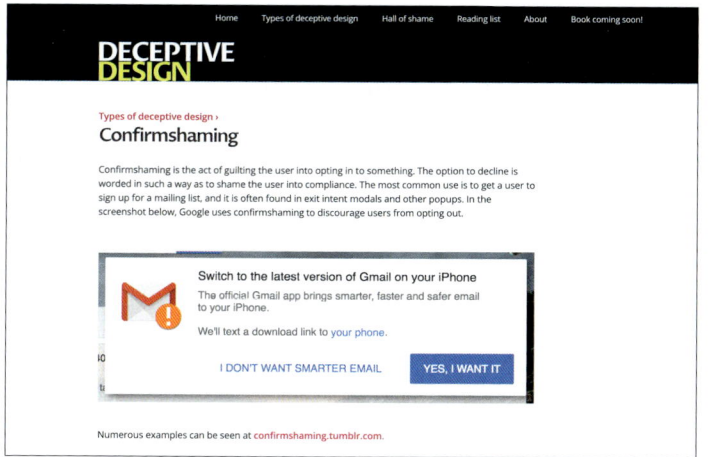

◄ **Abbildung 2.17**
Harry Brignull sammelt seit vielen Jahren Deceptive Design Patterns wie z. B. das »Confirmshaming«, bei dem eine Option zum Ablehnen in sehr unattraktiver Formulierung verpackt wird (*www.deceptive.design*).

Im Kasten zu diesem Kapitel finden Sie viele Onlinequellen mit Methoden und Case Studies, die Ihnen bei der ethischen menschzentrierten Gestaltung helfen können.

**Inklusiv und divers |** Ethisches Webdesign ist inklusiv: Es achtet auf die Diversität der Menschen und nimmt Rücksicht auf unterschiedliche Bedürfnisse. Das umfasst beispielsweise den großen Bereich der Accessibility, aber auch individuelle Unterschiede in der Persönlichkeit oder Situation. Oft hilft es, sich darüber Gedanken zu machen, wie eine Gestaltung oder eine Funktionalität in einer radikal anderen Situation wirkt als angedacht. Während Ereignisse wie der Muttertag beispielsweise für viele Menschen ein Grund zur Freude sind, können sie sehr verletzend sein für Menschen, die ungewollt kinderlos sind. Empathie spielt bei der Gestaltung inklusiver Websites eine wichtige Rolle, und es hilft, sich konstant mit einem möglichst diversen Team sowie unterschiedlichsten Nutzerinnen und Nutzern über die Gestaltung auszutauschen. Etsy ist beispielsweise dazu übergegangen, vor derartigen Ereignissen Erinnerungsmails an seinen E-Mail-Verteiler zu schicken, mit denen man sich von E-Mails zu solchen Themen abmelden kann.

> **Jenseits von Stereotypen**
> Diversität kann auch bedeuten, in der Auswahl der Gestaltungsmittel über Stereotype hinauszugehen. Was spricht beispielsweise dagegen, ein Foto eines gleichgeschlechtlichen Paares zu verwenden, um das Thema »Beziehungen« zu visualisieren?

**Achtsam und nachhaltig |** Ethisches Webdesign geht achtsam und reflektiert mit der Rolle um, die Webdesign im Leben der Menschen und der Umwelt spielt. Darunter fällt der große Bereich der Nachhaltigkeit, aber auch das ständige Nachdenken über die eigene Voreingenommenheit, die wir in unsere Gestaltungen einbringen. Welche eigenen Werte reflektieren meine Gestaltungen? Welche langfristigen, auch ungewollten Folgen hat die Website (sowohl direkt als auch indirekt)?

**Vertrauenswürdig |** Schließlich ist ethisches Webdesign vertrauenswürdig. Dazu zählt beispielsweise, auf die Sicherheit und die Privatsphäre der Nutzerinnen und Nutzer zu achten. Wie viele Daten müssen wir wirklich sammeln, wenn wir ein Whitepaper zum Download anbieten möchten? Nutzen wir die Daten zum Wohl der Nutzerinnen oder Nutzer, oder stehen unternehmerische Ideen im Vordergrund? Wie sichern wir Daten ab, die wir sammeln? Setzen wir uns ausreichend dafür ein, wahre Informationen statt Fake News zu verbreiten?

## 2.6 Die Entstehung einer Website

Viele der in diesem Kapitel behandelten Aspekte haben die Art und Weise, wie Websites entstehen, in den letzten Jahren grundlegend verändert. Dabei geht es besonders um zwei Fragen, nämlich *was* wir als Webdesignerinnen und Webdesigner gestalten und *wie* wir es tun.

### 2.6.1 Das Was: Websites als lebendige Designsysteme

Hin und wieder mag es noch Websites geben, die eher als digitale Visitenkarten gedacht sind. Allerdings sind sie selten geworden, denn die Website ist heute meistens eine lebendige Kommunikationszentrale mit einer wichtigen Rolle in der digitalen Strategie.

**Design von innen nach außen |** Das hat natürlich große Folgen für das Webdesign, die der Designer Mark Boulton in seinem lesenswerten Artikel »A New Canon« (*www.markboulton.co.uk/journal/anewcanon*) nachzeichnet. Historisch arbeitete Design oft von außen nach innen (»Canvas In«), also ausgehend von einer Seite mit definierten Größenverhältnissen, die in kleinere inhaltliche Blöcke aufgeteilt wurde.

Im Web gibt es keine Seiten mit definierbarer Größe. Eine Weile war es daher gängige Praxis, eine künstliche Seitenbreite mit Hilfe von CSS festzulegen, die bei typischen Bildschirmbreiten gut aussah. Aber dieser Ansatz ist an seine Grenzen gestoßen. Hinzu kommt, dass digitale Produkte sich von einem Marketingkanal zu einem integralen Bestandteil der Unternehmensstrategie gewandelt haben. Digitales Design ist daher überall zu finden und spielt eine große Rolle in der Kommunikation mit den Kundinnen und Kunden. Oft müssen verschiedene Teams unabhängig voneinander digitale Lösungen gestalten, die sich wie aus einer Hand anfühlen sollen.

Viele Designerinnen und Designer verstehen Websites heute daher eher als modulare Designsysteme, bei denen sich das Ganze (Website) aus einzelnen Teilen zusammensetzt (meist Komponenten oder Module genannt), die flexibel miteinander kombiniert werden können. Die Komponenten verfolgen dabei eine klare Aufgabe und sind unabhängig voneinander, ohne das

**Quellen und Lesetipps**
Die folgenden Werke enthalten viele lesenswerte Details zu modularen Designsystemen:
▶ Yesenia Perez-Cruz, »Expressive Design Systems« (*https://abookapart.com/products/expressive-design-systems*)
▶ Brad Frost, »Atomic Design« (*https://atomicdesign.bradfrost.com*)
▶ Erklärung zum Atomic Design: *www.youtube.com/watch?v=6WNB6aPmo_g*
▶ Gespräch mit Brad Frost: *www.youtube.com/watch?v=UvpvWz6mYWE*

Eine hervorragende Sammlung von Designsystemen finden Sie auf der Website *https://designsystemsrepo.com*.

große Ganze aus dem Auge zu verlieren. Komponenten sollten flexibel und wiederverwendbar sein, so dass man sie für verschiedene Arten von Inhalten verwenden kann.

**Denken in Komponenten am Beispiel des Atomic Design** | Die Autorin Yesenia Perez-Cruz schlägt vor, Komponenten nach ihrer Komplexität zu gliedern. Nach dieser Idee gibt es zunächst funktionale Basiskomponenten, aus denen sich komplexere Komponenten, Container und schließlich ganze Seiten zusammensetzen lassen.

Ein bekanntes Beispiel für diese Denkweise ist das *Atomic Design*, nach einer Idee des Designers Brad Frost. Dabei handelt es sich um eine Metapher aus der Chemie, um die unterschiedlichen Bestandteile eines Designs und ihre Rollen zu erläutern.

- **Atome** sind die Grundbausteine und entsprechen technisch einzelnen Elementen wie Buttons, Labels und Überschriften.
- Diese Bausteine stehen nur selten für sich allein, sondern schließen sich meistens zu Gruppen zusammen, die Brad Frost als **Moleküle** bezeichnet. Ein Molekül funktioniert als eine Einheit und hat eine klar definierte Aufgabe, z. B. Zugang zu anderen Bereichen schaffen (Navigation) oder neugierig machen (Teaser).
- Mehrere Moleküle können zusammen die nächsthöhere Ebene des Designsystems bilden: **Organismen**. Dies sind feste Bestandteile eines User Interfaces wie beispielsweise Header oder Footer. Auch diese Stufe spielt eine wichtige Rolle, um eine Website gestalterisch von anderen abzuheben.
- **Templates** sind die nächste Stufe im Atomic Design. Sie vereinen mehrere Organismen und stellen somit den Kontext dar, in dem die Organismen existieren. Auf diese Weise zeigen sie die Zusammenhänge zwischen den Organismen auf einer strukturellen Ebene. Sie erinnern daher auch stark an Wireframes und fokussieren sich auf die Struktur des Contents (vgl. Abschnitt 3.7).
- **Seiten** schließlich sind konkrete Realisierungen der Templates. Sie enthalten die echten Inhalte und testen auf diese Weise, ob das Designsystem im richtigen Leben bestehen kann – z. B., ob es auch dann noch funktioniert, wenn mehr Text in einem Block dargestellt werden muss als vorgesehen.

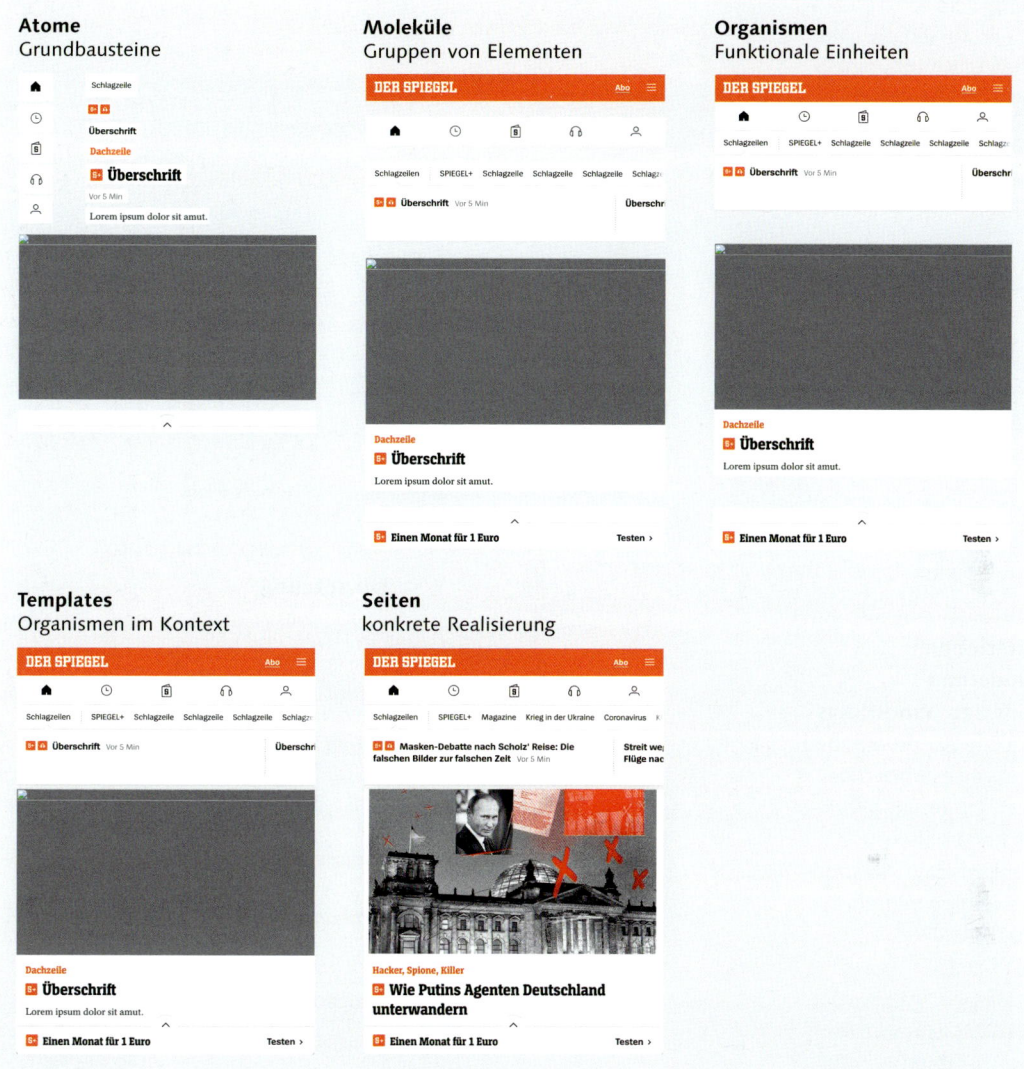

▲ Abbildung 2.18
Atomic Design am Beispiel des Spiegel (*www.spiegel.de*)

## 2.6.2  Das Wie: neue Workflows für Websites

In starkem Wandel befindet sich auch die Art und Weise, wie Websites entstehen. In der Vergangenheit folgte oft ein Schritt nach dem anderen (vgl. Abbildung 2.19). Gestaltungen wurden in einem Grafikprogramm pixelgenau erstellt, mit anderen Projektbeteiligten besprochen, angepasst und umgesetzt. Dieser Prozess wird oft mit einem Wasserfall verglichen, weil eine Stufe auf die nächste folgt.

## 2 Grundlagen von gutem Webdesign

**Abbildung 2.19** ▶
Klassischer wasserfallartiger Workflow (nach Laborenz & Ertel, 2017, mit eigenen Ergänzungen)

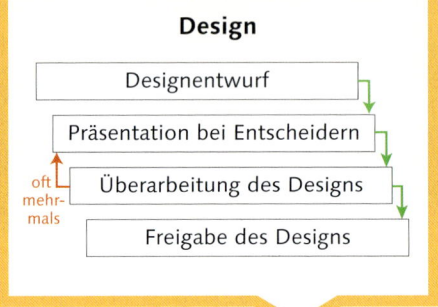

**Inspirationen zu modernen Webdesign-Workflows**

Zahlreiche Autoren haben Lesenswertes über moderne Webdesign-Workflows geschrieben, z. B.:
- Stephen Hay, »Responsive Design Workflow« (2013)
- Ben Callahan, *www.smashingmagazine.com/2016/02/efficient-responsive-design-process*
- Kai Laborenz & Andrea Ertel, »Responsive Webdesign« (2017)
- Jonas Hellwig, *https://kulturbanause.de/blog/workflow-responsive-web-design-prototyping*
- Martin Hahn, *www.webdesign-journal.de/webdesign-workflow*

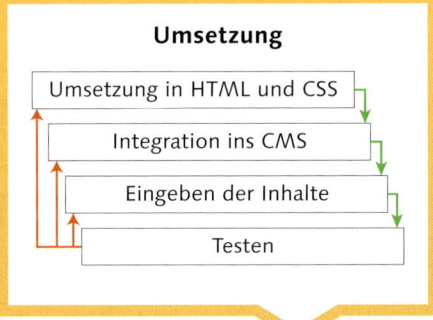

Es gibt aber zahlreiche Probleme bei diesem Vorgehen:
- Nutzerinnen und Nutzer werden eher spät und sporadisch in den Prozess eingebunden, obwohl User Experience im Zentrum eines digitalen Produkts steht.
- Viele Aspekte des Webdesigns lassen sich in grafischen Entwürfen nur unzureichend darstellen und evaluieren – seien es Interaktionen, Performance, Responsive Webdesign oder auch die unterschiedliche Darstellung diverser Browser.

▶ Die Verzahnung von Inhalten, Design und Technik wird nicht ausreichend abgebildet, weil diese drei Bereiche weitgehend getrennt voneinander entwickelt werden.

Webdesignerinnen und Webdesigner versuchen daher zunehmend, Konzeption, Design, Entwicklung und Inhaltserstellung in kleinere Schritte aufzuteilen und besser miteinander zu verzahnen. Abbildung 2.20 zeigt diese Überlegungen in einer grafischen Darstellung. Grundlage der Gestaltung sind die Bedürfnisse der Nutzerinnen und Nutzer (menschzentrierte Gestaltung) sowie natürlich die strategischen Ziele des Unternehmens. Basierend darauf wird ein Konzept erstellt, das zunächst Inhalte und Struktur definiert (Content First, siehe Abschnitt 3.5.1). Beim folgenden Gestaltungsprozess arbeiten verschiedene Projektbeteiligte kontinuierlich zusammen und gehen Schritt für Schritt vom Groben (grundsätzliche Strukturen) zum Feinen (konkrete visuelle Gestaltung) vor. Das Vorgehen ist iterativ: Immer wieder werden die Ideen in Prototypen umgesetzt und mit Menschen aus der Zielgruppe evaluiert. Ihr Feedback fließt in neue Entwürfe ein, bis eine Lösung gefunden ist, die ihre Bedürfnisse erfüllt. Auch nach dem Launch findet eine kontinuierliche Optimierung statt.

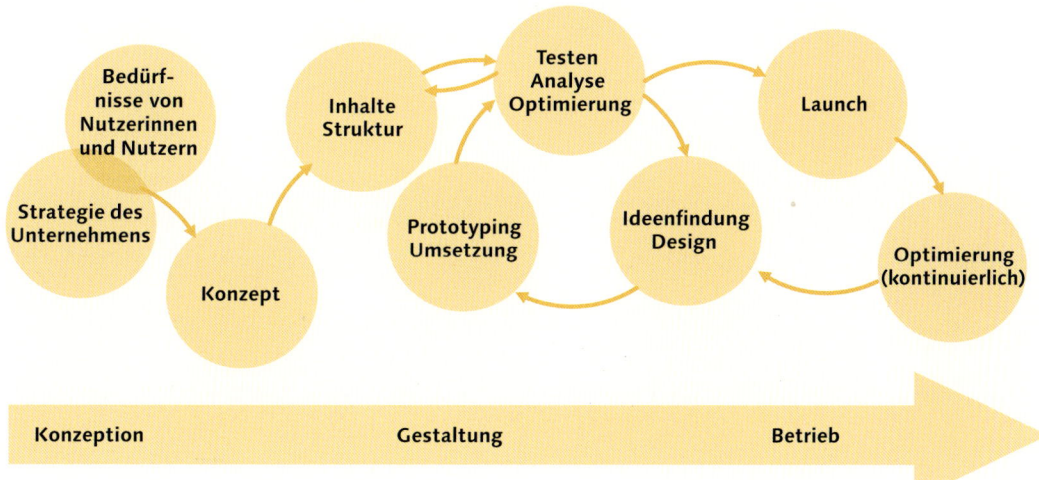

▲ **Abbildung 2.20**
Schematische Darstellung eines möglichen Workflows

Wichtig ist an dieser Stelle zu erwähnen, dass unser Workflow sehr schematisch angelegt ist und nicht die einzig richtige Lösung darstellen möchte. Wie die Arbeit in der Praxis konkret aussieht, ist sehr unterschiedlich. Denn natürlich macht es einen großen Unterschied, ob Sie alleine oder in einem Team tätig sind, an eigenen Projekten oder als Auftrag arbeiten, wie die Rahmenbedingungen sind und vieles mehr. Sie sollten also viel experimentieren und sich Ihren eigenen Workflow erarbeiten, der in Ihrem persönlichen Kontext gut funktioniert und sicherstellt, dass Sie eine gute User Experience bieten können. Kapitel 3 enthält zahlreiche Verfahren, die Sie dazu verwenden können.

### 2.6.3 Fazit: Grundlagen für modernes Webdesign

Machen Sie sich keine Sorgen, wenn der eine oder andere Aspekt in diesem Kapitel ein wenig abstrakt erscheint und Sie noch nichts im Detail damit anfangen können: Das ist ganz normal. In den folgenden Kapiteln werden wir ausführlich auf unterschiedliche Aspekte zu sprechen kommen, die Sie in Bezug auf die hier beschriebenen Grundlagen beachten sollten.

Es ist aber wichtig, dass Sie diese Konzepte in der Theorie kennen – denn sonst wissen Sie später nicht, worum es überhaupt geht. Außerdem fällt es erfahrungsgemäß sehr viel leichter, eine gut nutzbare, barrierefreie und flexible Website zu gestalten, wenn man direkt von Anfang an daran denkt.

# Konzeption und Design
## So planen Sie eine gute Website

▸ Was muss ich bei der Konzeption einer Website beachten?
▸ Welche Techniken gibt es, um meine Kreativität anzuregen?
▸ Welche Methoden gibt es, um Websites zu gestalten?

# 3 Konzeption und Design

Am Beginn jeder Website steht die Konzeption. Sie müssen wissen, wer Ihre Zielgruppe ist und was mit Ihrer Website erreicht werden soll, damit Sie später konkrete Entscheidungen treffen können. Das mag trivial klingen, jedoch basieren viele Probleme während der Arbeit auf unzureichender Konzeption im Vorfeld. Sie sollten diesen Aspekt also sehr ernst nehmen, denn er ist integraler Bestandteil jedes Projekts und entscheidet oft über dessen Erfolg oder Misserfolg.

## 3.1 Phasen von Konzeption und Kreation

**Begriffe**
- Der englische Begriff **Website** bezeichnet die Gesamtheit der Seiten eines Webauftritts.
- Eine einzelne Seite wird als **Webpage** oder (auf Deutsch) **Webseite** bezeichnet.
- **Homepage** steht für die eigentliche Startseite.

Am Anfang einer guten Website steht ihre Konzeption – sie geht nahtlos in die Gestaltung über. Bei der Konzeption von Websites wechseln sich analytische und kreative Phasen immer wieder ab. Wir werden Ihnen in diesem Kapitel Methoden und Anregungen für die erfolgreiche Arbeit in diesem iterativen Prozess mitgeben:

- Zunächst sammeln wir alle Informationen, die für das Projekt relevant sein könnten. Dieses Vorgehen hat etwas Exploratives an sich, weil das Ziel noch nicht genau feststeht. Im Zentrum stehen die Bedürfnisse der Menschen und damit die User Experience. In Abschnitt 3.2 erläutern wir daher Grundlagen der Nutzerforschung.
- In Abschnitt 3.3 behandeln wir das Grobkonzept, in dem die gesammelten Informationen auf eine klare Zielformulierung verdichtet werden. Außerdem sammeln wir Informationen zum Umfeld des Projekts.
- Im kreativen Prozess spielen Ideen eine große Rolle. Bei der Ideenfindung (Abschnitt 3.4) werden alle Lösungsansätze gesammelt. In dieser Phase wird *keine* der Ideen bewertet – das würde Sie nur daran hindern, weitere Ideen zu finden.

- Konzeption ist heute stark mit den Inhalten und ihrer Struktur verknüpft. Abschnitt 3.5 erläutert daher, was Sie bei Ihrer Content-Strategie berücksichtigen sollten.
- Auf Basis von Grobkonzept und Content-Strategie werden im Anschluss immer wieder neue Entwürfe und Prototypen erzeugt, ausgearbeitet und evaluiert, bevor das Feedback in eine neue Phase der Konzeption hineinfließt. Abschnitt 3.6 beschreibt verschiedene Design- und Prototyping-Methoden, um die Ideen erlebbar machen und ihre Erfolgschancen bewerten zu können.
- An die Evaluation und Verfeinerung geht es dann schließlich in Abschnitt 3.7.

Wichtig zu verstehen ist, dass die beschriebenen Vorgänge *iterativ* sind und auch dann nicht aufhören, wenn eine Website live ist – es gibt immer etwas zu verbessern. Oft ist es auch notwendig, noch einmal einen Schritt zurückzugehen – etwa wenn man während der Bewertung der Lösungsansätze feststellt, dass sie nicht wie erhofft funktionieren, und neue Ideen entwickeln muss. Vor solchen »Fehlern« sollten Sie keine Angst haben – sie sind wichtige Chancen, um zu lernen.

**Design Thinking und menschzentrierte Gestaltung**
Das Vorgehen und die Methoden, die wir Ihnen in diesem Kapitel vorstellen, gehen auf Design Thinking und menschzentrierte Gestaltung zurück und haben zum Ziel, die Bedürfnisse der Menschen in den Mittelpunkt zu stellen. Spannende Inhalte dazu finden Sie unter *https://open.hpi.de/* und *https://thisisdesignthinking.net/* sowie in Büchern wie dem »Design Thinking Playbook« (*www.design-thinkingplaybook.com*).

## 3.2 Zielgruppe definieren und kennenlernen

Von zentraler Bedeutung ist die Definition einer Zielgruppe. Denn in der Gestaltung gehen Sie zwangsläufig ein Risiko ein: Sie treffen ästhetische Entscheidungen, und einigen Menschen wird Ihr Design daher nicht gefallen.

Das ist aber nicht weiter tragisch: Ein gutes Design bedeutet nicht, dass es möglichst vielen Menschen gefällt, sondern den *richtigen*. Es richtet sich perfekt nach den Bedürfnissen der Zielgruppe und kommuniziert die richtige Aussage. Und bei Bedürfnissen geht es nicht um oberflächliche Ziele, sondern um die tieferliegenden Gründe. Metaphorisch gesprochen: Das Ziel ist nicht, eine Brücke über einen Fluss zu bauen, sondern den Fluss zu überqueren. Die Brücke kann eine mögliche Lösung sein, aber es gibt auch andere Möglichkeiten.

**Zielgruppe ist niemals »alle«**
Mario Pricken bringt es in »Kribbeln im Kopf« auf den Punkt: »Alle ist der größte Niemand« – wenn Sie »alle« ansprechen möchten, sprechen Sie niemanden an.

### 3.2.1 Nutzerinnen und Nutzer kennenlernen

Eine Zielgruppe zu definieren, reicht jedoch nicht aus – Sie müssen die Menschen auch wirklich verstehen. Es gibt eine ganze Reihe von Quellen, die Sie nutzen können, um mehr über Ihre Zielgruppe herauszufinden. In Deutschland ist hier die Onlinestudie von ARD und ZDF zu nennen (*www.ard-zdf-onlinestudie.de*), die jedes Jahr aktuelle Ergebnisse über das Mediennutzungsverhalten liefert. Statistiken liefert auch das Portal Statista (*https://de.statista.com*). Abgesehen davon sollten Sie auch Informationsquellen in Ihrer Branche recherchieren. Studien wie diese sind ein guter Startpunkt. Aber können Sie diese Erkenntnisse auf Ihre eigene Zielgruppe übertragen? Beantworten Statistiken Ihnen alle Fragen für Ihr eigenes Projekt? Und reichen sie aus, um sich gut genug in die Menschen hineinversetzen zu können?

Besser ist es also, selbst auf die Suche nach Antworten zu gehen. Das Ziel dieser Nutzerforschung ist es, wiederkehrende Muster zu erkennen (z. B. typische Probleme, die immer wieder auftauchen) sowie Empathie zu entwickeln. Hier geht es also (noch) nicht darum, Usability und User Experience zu testen oder Meinungen zu einem Thema zu bekommen. Die Arbeit erinnert stärker an die Ethnografie und hat das Ziel, Menschen in ihrem täglichen kulturellen Umfeld zu verstehen. In der Praxis können Sie sich anschauen, was Menschen sagen (etwa durch Interviews) und tun (etwa durch Beobachtungen und Co-Design).

**Interviews mit Nutzerinnen und Nutzern** | Eine Möglichkeit, näher an Ihre Zielgruppe heranzukommen, ist das Gespräch (User-Interview). Eine gute Faustformel ist, dass Sie so lange Interviews mit Personen aus der Zielgruppe führen, bis Sie den Eindruck haben, nur noch wenig grundlegend Neues darüber zu erfahren, was ihnen wichtig ist:

- Lassen Sie sich *zeigen*, wie sie eine Aufgabe lösen. Oder, falls das nicht möglich ist, fragen Sie nach einer spezifischen Situation (»Erzählen Sie mir, wie Sie den letzten Besuch erlebt haben.«).
- Fragen Sie, was in Ihrem Gegenüber dabei vorgeht – was mögen sie, was nicht? Was hindert sie daran, eine Aufgabe zu lösen?
- Seien Sie vorsichtig damit, explizit danach zu fragen, was Ihre Nutzerinnen und Nutzer *wollen*. Oft wissen wir gar nicht, was wir wollen, oder können es nicht genau formulieren.

---

**Etablierte Einteilungen**
Es gibt etablierte, bewährte Einteilungen von Zielgruppen:
- die **klassischen Sinus-Milieus** (*www.sinus-institut.de/sinus-milieus*)
- die **digitalen Sinus-Milieus** (*www.sinus-institut.de/sinus-milieus/digitale-sinus-milieus*)
- die **Theorie von Everett Rogers**, wie Menschen auf Innovationen reagieren (nachzulesen z. B. auf *www.smashingmagazine.com/2015/01/21/how-to-have-users-spread-your-innovation-like-wildfire*)

Solche Einteilungen können Ihnen wertvolle Erkenntnisse geben, wenn sie für den Bereich Ihrer Website relevant sind.

- Achten Sie darauf, offene Fragen zu stellen (»Was ist Ihnen bei diesem Thema wichtig?«). Geschlossene Fragen (»Finden Sie die Farben gut?«) sollten Sie vermeiden, denn Menschen können sich spontan Meinungen bilden – auch wenn es ihnen eigentlich gar nicht wichtig ist.
- Bleiben Sie ruhig, auch wenn eine längere Pause entstehen sollte. Pausen sind oft ein Zeichen dafür, dass Ihre Gesprächspartnerinnen und Gesprächspartner nachdenken.
- Fragen Sie immer wieder nach der Motivation (»Warum tun Sie das? Was möchten Sie erreichen«?). Trauen Sie sich auch, mehrmals nachzuhaken und »warum?« zu fragen, denn oft können Sie damit immer weiter in die Tiefe gehen.

**Beobachtungen** | Ergänzend zu den Gesprächen bietet es sich an, Nutzerinnen und Nutzer in ihrem Umfeld zu beobachten. Dabei geht es darum, möglichst tief in den Kontext der Menschen einzutauchen, die Ihre Website nutzen werden. Dabei macht es natürlich einen großen Unterschied,
- ob sie in einem privaten (B2C, Business to Customer), verwaltungsorientierten (B2A, Business to Administration) oder einem gewerblichen Umfeld (B2B, Business to Business) tätig sind,
- ob sie alleine oder gemeinsam mit Ihrer Website interagieren,
- an welchen Orten und in welchen Situationen sie sich befinden.

Achten Sie auch auf Gewohnheiten, denn diese Informationen können Ihnen wertvolle Hinweise geben, wie Sie Ihre Website strategisch ausrichten sollten. Wenn Sie beispielsweise die Website eines Museums gestalten und feststellen, dass das Publikum vorwiegend an Wochenenden und in der Freizeit an dem Museum interessiert ist, hat das eine andere Ausrichtung zur Folge, als wenn Sie sich an Studierende richten, die es zu Studienzwecken besuchen. Schärfen Sie auch Ihren Blick für Notlösungen. Eine zugeklebte Kamera am Laptop spricht beispielsweise deutlich dafür, dass jemand ein Bedürfnis nach Privatsphäre verspürt und Angst hat, die Webcam könnte abgegriffen werden. Solche Beobachtungen können sogar zu neuen Produkten führen, etwa magnetisch haftenden Webcam-Abdeckungen.

**Interviews**
+ eignen sich, um grundlegende Einstellungen von Menschen herauszufinden
+ gut bei spezifischen Situationen
+ lassen sich gut mit beobachtenden Verfahren kombinieren
− Konzentration auf das, was Menschen sagen (nicht, was sie tun)
− verlassen sich auf die Erinnerung von Menschen (die nicht immer richtig sein muss)
− weniger gut geeignet, um Rückschlüsse auf zukünftiges Verhalten zu ziehen

**Beobachtungen**
+ eignen sich, um das tatsächliche Verhalten von Menschen herauszufinden
+ Zugang zu Gewohnheiten und alltäglichen Verhaltensweisen
+ Verständnis für den individuellen Kontext (Situation, Umfeld, Beziehungen), in dem eine Website genutzt wird
− kein Zugang zu den Gefühlen, Motivationen und Gedanken hinter den Handlungen, daher am besten mit Interviews kombinieren

Bedenken Sie auch die Rolle von menschlichen Beziehungen. Stellen Sie sich vor, Sie gestalten eine Website für einen regionalen Wanderweg. Richten Sie sich dabei auch an Eltern mit Kindern? Wie entscheiden die Familien, was sie unternehmen möchten? Wie alt sind die Kinder? Müssen Sie kennzeichnen, ob der Weg kinderwagentauglich ist und wo sich Wickelräume befinden?

**Co-Design**
+ aktive Einbeziehung der Zielgruppe
+ Zugang zu Bedürfnissen und Ideen, die nicht einfach auszudrücken sind
− benötigen einigen Aufwand bei Planung, Durchführung und Analyse

**Co-Design** | Eine weitere Möglichkeit ist es, Menschen aus der Zielgruppe in den Gestaltungsprozess zu involvieren. Nutzerinnen und Nutzer haben damit eine aktivere Rolle, als wenn sie »nur« Informationen geben und Prototypen testen können. Co-Design-Aktivitäten erlauben es ihnen, ihre Bedürfnisse kreativ auszudrücken und ihre Ideen einzubringen:

▸ Arbeiten Sie mit Gruppen. Oft hilft es, die Teilnehmenden zu Ateliers einzuladen, wo sie ihre Ideen in Teams von 3 bis 5 Personen diskutieren und ausarbeiten.
▸ Überlegen Sie sich eine sinnvolle Struktur für die Ateliers, die Sie im Vorfeld testen sollten. Die Autoren des Buchs »Gamestorming« schlagen das »3-12-3 Brainstorming« vor, wo die Teilnehmenden zunächst drei Minuten über Ideen diskutieren, dann zwölf Minuten lang eine Idee skizzieren und schließlich drei Minuten lang Feedback von anderen Teilnehmenden sammeln. Danach kann eine weitere Runde erfolgen, in der das Feedback eingearbeitet wird. Bei der Dauer der Aktivitäten sollten Sie eine gewisse Flexibilität vorsehen, denn gerade die Kreation dauert oft einige Zeit.
▸ Bereiten Sie kreative Kits vor, die bei der Arbeit helfen. Diese Kits können papierbasiert oder digital sein und sollten Vorlagen sowie Arbeitsmaterialien enthalten, etwa typische Designelemente (Buttons, Cards, Formularfelder …) und Werkzeuge (Stifte, Klebezettel …). Natürlich sollten Sie die Kits testen und optimieren. Viele Formate sind denkbar: Collagen, Skizzen, einfache Prototypen, Geschichten …
▸ Co-Design lässt sich gut mit Storytelling kombinieren: Lassen Sie Ihre Teilnehmenden beschreiben, wie sich das digitale Produkt in eine konkrete Lebenssituation einfügt.
▸ Achten Sie bei der Analyse darauf, die großen Themen hinter den Ideen zu identifizieren sowie Gemeinsamkeiten und Unterschiede herauszuarbeiten. Das Ziel ist es nicht, eine perfekte

Lösung zu finden, die man 1:1 umsetzen könnte – dafür fehlt den Teilnehmenden der nötige Designhintergrund. Ihre Ideen können jedoch eine wertvolle Basis für die weitere Konzeption sein.

Nachdem Sie Daten über Ihre Zielgruppe gesammelt haben, stellt sich die Frage, wie Sie diese Erkenntnisse gut greifbar machen können. Wir werden uns dazu im folgenden Abschnitt einige Verfahren anschauen.

### 3.2.2 Personas

Ein spannendes Werkzeug, um sich die eigene Zielgruppe plastisch vor Augen zu führen und Empathie für sie zu entwickeln, ist eine Persona. Darunter versteht man eine Beschreibung einer archetypischen Person, deren Bedürfnisse möglichst anschaulich bestimmt werden sollten. Personas werden eingesetzt, weil das Instrument der »Zielgruppe« an sich zu abstrakt ist – es geht von Durchschnittswerten aus, die im Design aber nur bedingt dabei helfen, die konkrete Situation der Menschen zu verstehen.

**Lesetipp zu Personas**
Einen ausführlichen Artikel zu Personas und ihrer Erstellung habe ich hier veröffentlicht: *https://rohles.net/artikel/personas-ux-design*.

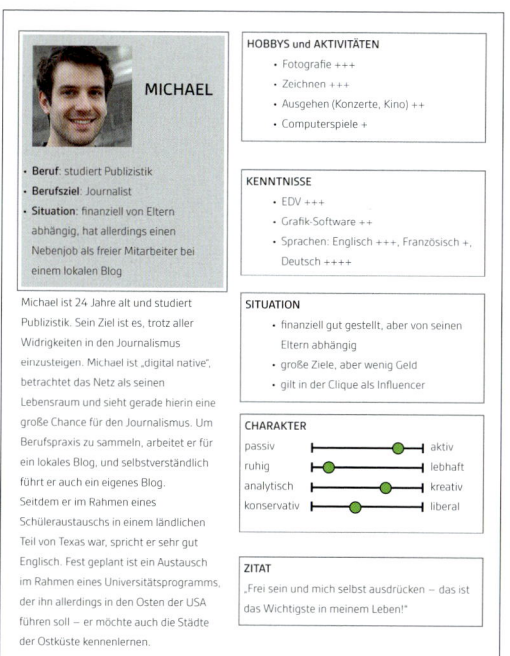

◄ **Abbildung 3.1**
Beispiel für eine Persona – keine reale, aber eine realistische Person

Oft sind mehrere Personas notwendig. Achten Sie jedoch darauf, dass es nicht zu viele werden. Eine gute Faustformel ist, von drei primären und vier sekundären Personas auszugehen – dabei bleibt die Übersichtlichkeit erhalten. Primäre Personas repräsentieren Ihre hauptsächliche Zielgruppe, sekundäre Personas repräsentieren Gruppen von Menschen, die für Ihre Website eine untergeordnete Rolle spielen.

> *Personas enthalten alle Eigenschaften, die für das Verständnis der Zielgruppe einer konkreten Website notwendig sind.*

Personas sind zwar keine realen Personen, basieren aber stets auf den Ergebnissen der Recherche. Welche Aspekte Sie dabei aufnehmen sollten, ist unterschiedlich: Für eine Softwareseite sind IT-Kenntnisse sehr wichtig, für eine Beratungsseite für chronisch kranke Menschen hingegen die persönliche Krankheitsgeschichte. Hauptsache ist, dass die Persona Ihnen hilft, sich in Ihre Zielgruppe hineinzuversetzen und konkrete Entscheidungen zu treffen.

### 3.2.3 Customer Journey Maps

**Ähnliche Visualisierungen**
Es gibt eine ganze Reihe von ähnlichen Visualisierungen, die Sie zusammen mit Customer Journey Maps anwenden können. Dazu zählen beispielsweise die Experience Maps (allgemeine Erlebnisse, nicht nur bezogen auf ein konkretes Produkt oder einen Service) und Service Blueprints (Darstellung der unternehmensinternen Prozesse). Mehr Informationen finden Sie hier: www.nngroup.com/articles/ux-mapping-cheat-sheet.

Personas sind sehr gut geeignet, um die relevanten subjektiven Eigenschaften der Menschen zu erfassen, an die sich eine Website richtet. Es fehlen allerdings noch Erkenntnisse darüber, was sie konkret mit der Website tun. Für diese Informationen können weitere Verfahren eingesetzt werden, beispielsweise eine Customer Journey Map. Sie stellt das Kundenerlebnis mit einem Produkt oder Service über den Zeitverlauf dar. Jede wichtige Etappe wird dabei in einer Spalte dargestellt, beginnend mit einem Auslöser, etwa einem Ereignis oder einem Problem. Die Reihen stellen relevante Aspekte zu jedem Schritt dar und enthalten typischerweise Aussagen zu den Nutzerinnen und Nutzern (beispielsweise ihre Handlungen und Emotionen) oben und Aktivitäten des Unternehmens unten (beispielsweise verschiedene Kanäle und angeschlossene Vorgänge, über die der Kontakt stattfindet). Auf diese Weise reduzieren Customer Journey Maps die Komplexität der Interaktionen zwischen Zielgruppe und Unternehmen, und oft erlauben sie uns, neue Erkenntnisse über unsere Zielgruppe zu gewinnen. Gute Customer Journey Maps basieren auf Nutzerforschung und greifen die Personas auf.

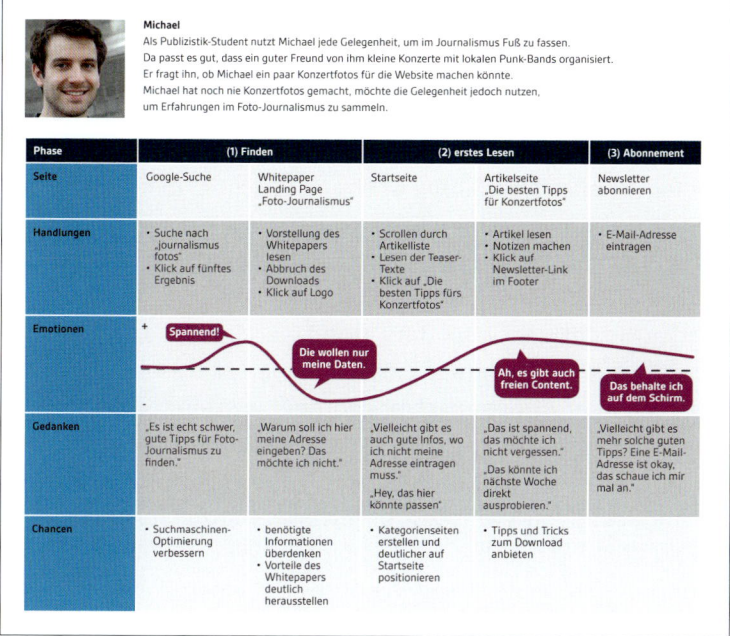

◀ Abbildung 3.2
Beispiel einer Customer Journey Map

**Mehr zum User Research**

Natürlich gibt es noch viele weitere Verfahren, um die Bedürfnisse der Menschen zu identifizieren – mehr, als wir in diesem Kapitel behandeln können. Einen Einstieg bieten der Design Methods Finder (*www.designmethodsfinder.com*) sowie die Bücher »Praxisbuch Usability und UX« (Jens Jacobsen & Lorena Meyer), »Méthodes de Design UX« (Carine Lallemand, französisch) und »The UX Book« (Rex Hartson & Pardha Pyla, englisch).

## 3.3 Grobkonzept entwickeln

Mit den fundierten Erkenntnissen über Ihre Nutzerinnen und Nutzer, die Sie in der Nutzerforschung gewonnen haben, besitzen Sie nun eine gute Grundlage für die Konzeption Ihrer Website. Während der Grobkonzeption werden wir dabei zunächst die grundlegende Richtung festlegen und eine konkrete Zielvorgabe entwickeln.

### 3.3.1 Recherche

In der ersten Phase hat Ihre Arbeit im Design viel mit Wissenschaft gemein. Sie stellen Fragen und schauen sich nach allen Informationen um, die Ihnen bei der Arbeit behilflich sein könnten. Gehen Sie immer davon aus, dass Sie nichts wissen, ohne es genau überprüft zu haben – Annahmen können falsch sein. Sammeln Sie also alles Wissenswerte, etwa indem Sie mit wichtigen Personen sprechen, sogenannten *Stakeholdern* (z.B. aus Geschäftsführung und Kundenberatung), oder ausgiebige Recherchen zum Thema anstellen. Gut ist auch ein zeitweises »Hineinschnuppern«, etwa durch kurzzeitiges Arbeiten bei Ihren Kundinnen und Kunden.

### 3.3.2 Richtung der Gestaltung festlegen

Bei einer visuellen Gestaltung ist es auch wichtig, den Geschmack der Stakeholder sowie der Nutzerinnen und Nutzer zu treffen. Dazu können Sie beispielsweise mit Adjektiven arbeiten, die das Spektrum der gewünschten Assoziationen auf einer Skala darstellen, etwa »leicht – schwer« oder »rund – eckig«. Sprechen Sie mit Menschen aus der Zielgruppe darüber, wo auf diesen Skalen die Gestaltung ihrer Ansicht nach angeordnet werden sollte.

Ein weiteres Verfahren, das gerade in der Analysephase hilfreich sein kann, ist der 20-Sekunden-Test. Zeigen Sie einer Person eine Reihe von Websites für jeweils zwanzig Sekunden. Die Auswahl sollte möglichst breit gefächert sein. Die Teilnehmenden dürfen dann jede dieser Websites auf einer Skala von 1 bis 10 bewerten.

Anschließend werden die Ergebnisse ausgewertet und besprochen. Der Designer Brad Frost empfiehlt, besonders über die folgenden Aspekte im Detail zu sprechen:

- die fünf Websites mit den **niedrigsten Punkten**,
- die fünf Websites mit den **höchsten Punkten**
- sowie die fünf Websites mit den **unterschiedlichsten Meinungen**.

Diese Gespräche werden Ihnen helfen, die visuellen Vorlieben der Projektbeteiligten kennenzulernen. Versuchen Sie, hinter die Oberfläche zu schauen – also nicht nur zu erfahren, dass jemand »kein Grün mag«, sondern zu fragen, was daran nicht funktioniert.

### 3.3.3 Marktanalyse

In der Marktanalyse suchen Sie alle Informationen, die das Projekt und die Zielgruppe beeinflussen. Hier geht es darum, herauszufinden, was ähnliche Websites tun. In der Marktanalyse geht es besonders um folgende Fragen:

- **Visuelle Recherche**: Wie sehen thematisch ähnliche Websites aus?

▲ **Abbildung 3.3**
Karten mit Adjektiven (hier das Interaktionsvokabular von Sarah Diefenbach, Eva Lenz und Marc Hassenzahl, *www.experienceandinteraction.com/tools*) können helfen, mit Menschen über die Richtung einer Gestaltung zu sprechen.

» *Die Marktanalyse kann nie zu umfassend sein. Je wichtiger der Erfolg eines Projekts ist, desto sorgfältiger sollte die Marktanalyse ausfallen.*

- **Ausrichtung anderer Websites zum Thema**: Welche Aspekte des Produkts, des Themas oder der Dienstleistung werden betont? Das Design oder die Technik? Steht der Service im Vordergrund, das Ergebnis oder der Preis?
- **Inhalte auf verwandten Websites**: Wie werden die Inhalte auf ähnlichen Websites präsentiert? Kurz und prägnant? Eher einführend? Oder eher in die Tiefe gehend? Gibt es Teilbereiche, die gar nicht zur Sprache kommen? Wie aktuell sind die Inhalte?
- **Stilistische Recherche**: Wie sprechen verwandte Websites ihr Publikum an? Eher formell? Eher persönlich?
- **Positionierung**: Was sind die Stärken und Qualitäten der eigenen Website im Vergleich zu Wettbewerbern? Arbeiten Sie den Wert heraus, den sowohl Ihre Website als auch die Ihrer Marktbegleiter vermitteln möchte. Achten Sie dabei sowohl auf direkte als auch indirekte Marktbegleiter. Direkter Wettbewerb bedeutet ein identisches Wertversprechen. Indirekter Wettbewerb bedeutet, dass das Wertversprechen zwar etwas anders ist, die Bedürfnisse Ihrer Zielgruppe aber dennoch befriedigt werden könnten. Denken Sie bei der Positionierung daran, welche Aspekte für Ihre Zielgruppe relevant sind. Dabei kann es helfen, eine Matrix wie in Abbildung 3.4 anzulegen, um Differenzierungspotenziale zu erkennen.

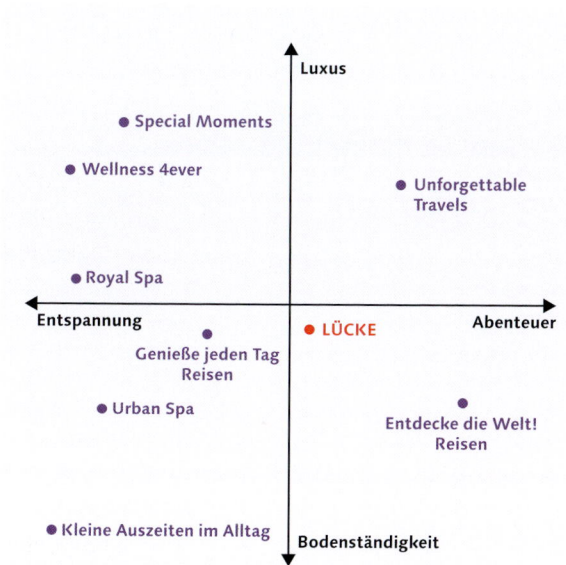

◄ **Abbildung 3.4**
Eine grafische Visualisierung der Positionierung von Wettbewerbern (hier: fiktive Reiseunternehmen) kann helfen zu ermitteln, wie man sich von diesen abheben kann.

## 3.3.4 Designsprachen und -stile recherchieren

Neben dem Geschmack der Projektbeteiligten und der Zielgruppe sowie der visuellen Darstellung im direkten Marktumfeld lohnt sich ein Blick auf generelle Designsprachen und Webdesign-Stile. Damit stellen Sie einerseits sicher, dass eine Website nicht schon bei Liveschaltung veraltet aussieht, können sich aber auch angenehm abheben und nicht im Einheitsbrei untergehen.

Stilistische Trends im Webdesign sind zum einen häufig technologisch begründet. So bekamen Buttons allerorts runde Ecken, als die Browser-Unterstützung für `border-radius` anstieg.

Andererseits gibt es auch Designrichtungen, die mal mehr und mal weniger die Stilistik von Websites bestimmen. Nicht selten geschieht das in wellenartiger Form. Zunächst ist ein Trend ein Nischenthema, bevor er zum Mainstream wird (und in der Webdesign-Community oft schon etwas aus der Mode ist). Wird ein Stil sehr häufig verwendet, findet sich bald eine Gegenbewegung. Wir werden uns in den folgenden Abschnitten auf einige größere übergreifende Designrichtungen konzentrieren, um Ihnen eine Einordnung zu erleichtern.

**Skeuomorphismus und Realismus** | Beim Skeuomorphismus werden die Eigenschaften eines Mediums auf ein anderes Medium übertragen – ein analoges Vorbild soll also in digitaler Form dargestellt werden. Das Ziel ist ein Gefühl von Vertrautheit. User Interfaces sollen dadurch einfacher und intuitiver werden.

Oft wird skeuomorphisches Verhalten mit realistischer Darstellung kombiniert. Realismus nutzt analoge Oberflächen in der

---

**Kleine Trends**
Neben den großen Designrichtungen gibt es auch eine Vielzahl von kleinen Trends wie schräge Header (*https://rohl.es/schraege-header*) – wir werden in den folgenden Kapiteln immer wieder auf solche Details eingehen.

»*One way of overcoming the fear of the new is to make it look like the old.*«
Don Norman (»The Design of Everyday Things«)

**Abbildung 3.5 ▶**
Apples Kalender unter OS X Lion ist eine möglichst realistische Abbildung eines Papierkalenders – inklusive Lederoptik und abgerissener Ecken.

Gestaltung – beispielsweise Holz- und Metalloptik oder Textilien. Damit wird versucht, einem digitalen Design »Haptik« zu geben – unter Haptik versteht man das Wahrnehmen durch Fühlen.

**Flat Design und Material Design** | Flat Design wird oft als Gegenentwurf zum Skeuomorphismus verstanden: Warum sollte ein digitaler Kalender so aussehen, als wäre er analog? Abgerissene Papierecken haben im Digitalen keine Funktion – sie sind nur visuelles Rauschen. Flat Design räumt damit auf und behält nur, was für ein Verständnis notwendig ist. Es gibt heute zahlreiche Diskussionen darüber, wie sich Flat Design auf die Usability auswirkt:

- Einerseits bewirkt reduzierte Gestaltung eine geringere kognitive Last – Menschen müssen sich nicht durch unzählige Elemente hindurchwühlen und finden leichter zum Wesentlichen.
- Andererseits funktionieren solche Gestaltungen nur, wenn das Wesentliche nicht ebenfalls wegrationalisiert wurde. Das gilt auch für Interface-Elemente – werden Buttons, Überschriften und Links so stark reduziert, dass ihre Funktionen, Hierarchien und Unterscheidungen nicht mehr deutlich genug werden, sind Usability-Probleme vorprogrammiert. In Kapitel 6 werden wir ausführlich darauf eingehen, wie Sie das vermeiden können.

**Flaches Design?**
Ganz glücklich ist der Begriff nicht, denn ganz so flach ist Flat Design gar nicht. Die Designsprachen von Apple und Google beispielsweise arbeiten sehr wohl mit Überlagerungen – da schweben Buttons über anderen Bereichen, halb transparente Navigationsleisten lassen den Hintergrund durchscheinen, oder Buttons heben sich beim Aktivieren der Nutzerin oder dem Nutzer entgegen.

Im Laufe der Jahre hat sich Flat Design als Antwort auf diese Herausforderungen weiterentwickelt. Bei Googles Material Design (*https://m3.material.io*) ist das User Interface reduziert, aber an entscheidenden Stellen wird mit Schatten, Farbabstufungen, Animationen und Hervorhebungen gearbeitet. So wird deutlich, welche Elemente interaktiv sind und welche nicht.

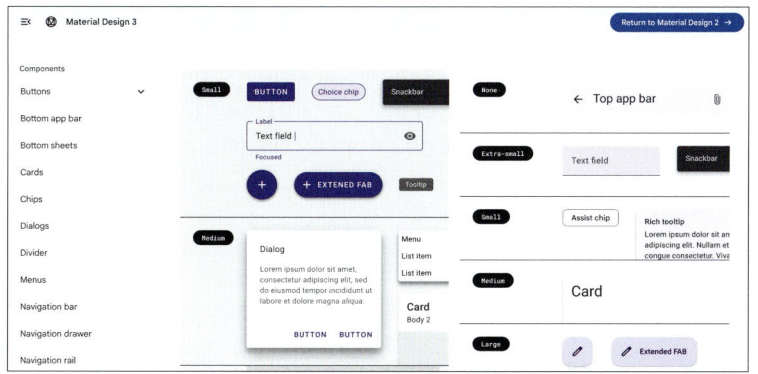

◀ **Abbildung 3.6**
Googles Material-Design-Sprache liegt in mehreren Versionen vor, hier Material Design 3 (*https://m3.material.io*).

**Minimalismus** | Minimalistisches Design ist verwandt mit dem Flat Design, allerdings noch reduzierter und auch wesentlich älter. Minimalismus war zunächst eine Strömung in Kunst und Architektur sowie in der Mensch-Maschine-Interaktion, bevor der Stil ins Webdesign fand. Der Spruch »Weniger ist mehr« von Ludwig Mies van der Rohe bringt den Ansatz gut auf den Punkt. Google gilt als einer der Wegbereiter des Minimalismus – trotz seiner stetig wachsenden Angebote ist die Suchmaschine stets auf das Wesentliche reduziert geblieben.

Minimalistisches Design konzentriert sich auf den Content und reduziert Gestaltung auf einige wenige Aspekte. Typische Stilmittel sind viel Weißraum, reduzierte Farbpaletten und wenige Texturen. Typografie wird als wichtiges Mittel betont. Starken Aufschwung erlebte der Stil im Zuge des Responsive Webdesign. Minimalismus ist zwar im Trend, aber es sollte hierbei nicht vergessen werden, die Nutzerin oder den Nutzer durch eine solche minimalistische Website zu führen.

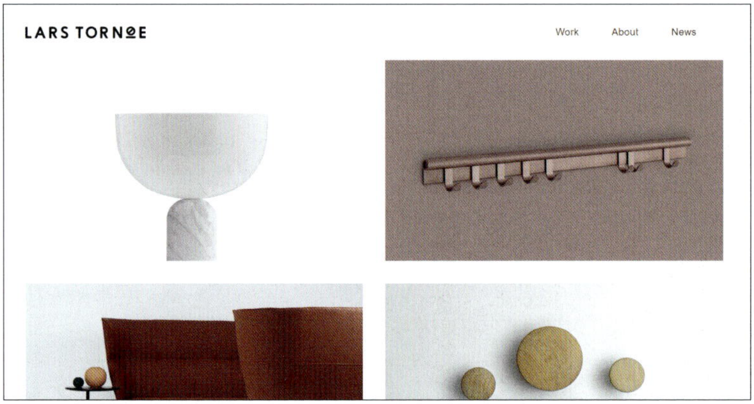

**Abbildung 3.7** ▶
Eine minimalistische Website wie *www.larstornoe.com* hat etwas Beruhigendes und wirkt vertrauenswürdig. Mit dem Weißraum zwischen den Produkten erscheint der Inhalt nicht so gedrungen.

**Brutalismus im Web**
Pascal Deville wird zugeschrieben, den Begriff mit seiner Website *http://brutalistwebsites.com* ins Webdesign eingeführt zu haben. Der Stil soll bewusst an das Webdesign der 1990er Jahre erinnern und bewusst gegen den Trend-Einheitsbrei aufbegehren.

**Web Brutalism** | Wo ein Trend ist, gibt es natürlich auch einen Gegentrend: Web Brutalism. Der Begriff erinnert ebenfalls an einen Architekturstil, den Brutalismus. Das geht auf das französische Wort für rohen Beton (»betón brut«) zurück und trifft die Stilistik gut: Statt ein Gebäude zu verputzen, sollen die Materialien erkennbar bleiben. Typische Stilmittel von brutalistischen Websites sind der Verzicht auf moderne Layouttechniken und Frameworks, kräftige Farben, kreatives Spiel mit Elementen der 1990er (z. B. ASCII-Kunst) und Betonung der Rohheit.

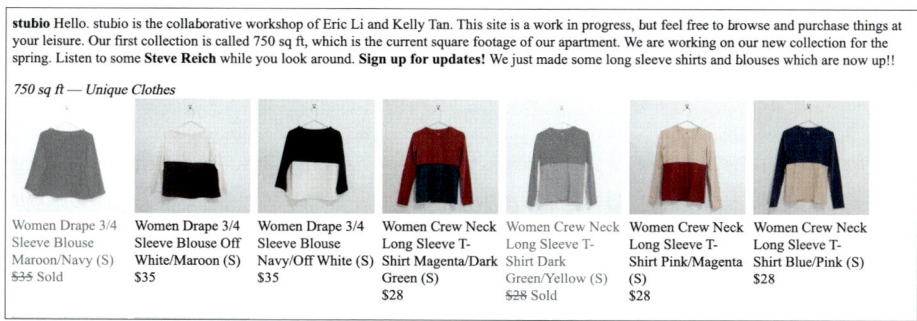

▲ Abbildung 3.8
Eric Li und Kelly Tan haben mit Stu-b-io (*https://stu-b-io.com*) einen brutalistischen Webshop gestaltet.

**Vintage |** Manchmal möchten Websites bewusst traditionell wirken und setzen auf gelblich-braune Farbtöne, Ornamente und Serifenschriften. Dieser Vintage-Stil wird gerne bei Websites genutzt, die handwerkliche Dienstleistungen und Produkte vorstellen.

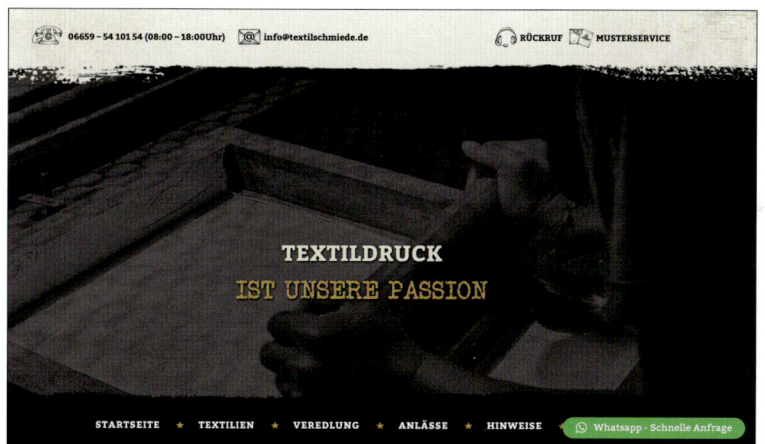

◄ Abbildung 3.9
Die Website der Textilschmiede erzeugt ein wohlig nostalgisches Gefühl, das gut zum Thema passt (*www.textilschmiede.de*).

**Neumorphismus |** Der Neumorphismus versucht eine Mischung aus Skeuomorphismus und Flat bzw. Material Design. Der Stil ist auf eine sanfte, harmonische Wirkung aus und nutzt dazu weiche Schatten und abgerundete Ecken. Der verwandte Glasmorphismus nutzt halbtransparente Flächen, die an gefrostetes Glas erinnern. Problematisch ist, dass durch die schwachen Kontraste die Lesbarkeit und Unterscheidbarkeit von Elementen leiden.

**Neumorphismus in CSS**
- Artikel von Adrian Bece: *https://css-tricks.com/neumorphism-and-css/*
- CSS-Generator: *https://neumorphism.io*

**Abbildung 3.10** ▶
Beispiele für User Interfaces im Neumorphismus-Stil von Alexander Plyuto (*https://dribbble.com/shots/8297803-Skeuomorph-Mobile-Banking-Continuation*)

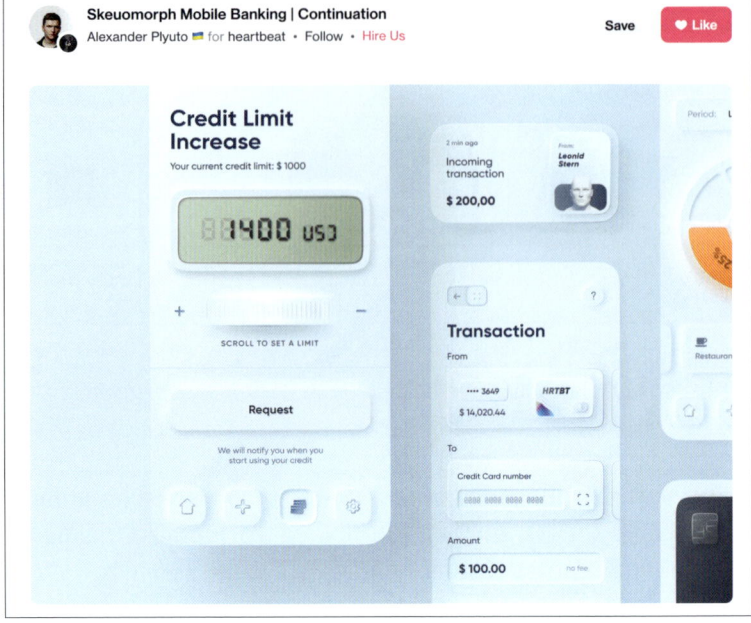

**Memphis-Design** | In den 1980er Jahren sorgte eine Designgruppe aus Mailand für Aufsehen, indem sie die Gestaltung von Möbeln von ihrer Funktionalität loslöste und stärker auf bunte Farbgebung sowie abenteuerliches Spielen mit Formen setzte. Im Web wird Memphis-Design als Alternative zum vorherrschenden Minimalismus gesehen.

**Abbildung 3.11** ▶
Der Entwickler Riccardo Zanutta setzt die typische Memphis-Stilistik mit bunten, geometrischen Formen verspielt auf einem reduzierten Design ein (*http://riccardozanutta.com*)

Wie so oft im Design sollten Ihr gestalterisches Auge und die gewünschte Aussicht darüber entscheiden, wie stark Sie solchen

Gestaltungsrichtungen folgen und wo Sie sich davon abheben möchten. Letztendlich entscheidet an dieser Stelle, welches *Ziel* Ihre Website letztendlich verfolgt – und genau das gilt es am Ende der Recherchephase zu definieren.

### 3.3.5 Zielformulierung

Wenn Sie sich über die Zielgruppe im Klaren sind und relevante Faktoren analysiert haben, können Sie sich an die Königsaufgabe der Grobkonzeption machen: die Zielformulierung für die Konzeption. Diese Zielformulierung sollte mit dem unternehmerischen Wertversprechen in Einklang stehen. Dabei geht es darum, die Schnittstelle zwischen Zielen der Nutzerinnen und Nutzer sowie des Unternehmens zu finden. Im Idealfall entsteht dann ein Kreislauf, wo sich positive Nutzungserlebnisse (UX) und positive Geschäftsentwicklung gegenseitig verstärken.

> »*Style is preference-oriented while design is goal-oriented.*«
>
> Samantha Warren
> (http://alistapart.com/article/style-tiles-and-how-they-work)

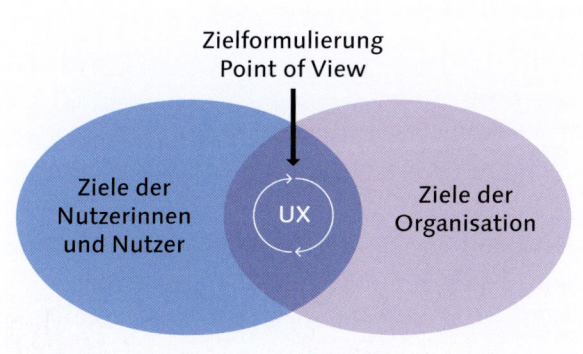

◄ Abbildung 3.12
Digital erfolgreiche Organisationen betonen die Schnittmenge zwischen eigenen Zielen und Zielen der Nutzerinnen und Nutzer.

**Ziele der Nutzerinnen und Nutzer |** Spotify ist ein gutes Beispiel für ein Unternehmen, das die Schnittpunkte aus Bedürfnissen und Unternehmenszielen ins Zentrum seiner Strategie gesetzt hat. Der Wert des Netzwerks wächst für die Musikfans, je mehr sie den Dienst nutzen, weil der Algorithmus bessere Empfehlungen geben kann. Umgekehrt profitiert Spotify umso stärker, je aktiver die Hörenden sind.

Bei der konkreten Ausarbeitung der Fragestellung hilft es, die Bedürfnisse aus Sicht der Nutzerinnen und Nutzer in einem sogenannten Point-of-View-Statement (PoV-Statement) zu formulieren. Dieses Verfahren geht auf das Design Thinking zurück und verfolgt das Ziel, die Perspektive der Nutzerinnen und Nutzer möglichst detailreich und zugleich gut definiert zu erfassen. Ein PoV-Statement kann beispielsweise folgende Form haben: »(Beschreibung der Person) benötigt (Bedürfnis), um (Erkenntnis aus der Nutzerforschung)«. Ein Beispiel: »Maria, die Mutter von Ben (8 Monate), benötigt rasche Informationen zu den wichtigsten Maßnahmen bei Wespenstichen, um die Schmerzen ihres Kindes schnell zu lindern.« Ein solches PoV-Statement erlaubt es den Kreativen, eine genaue Vision des Produkts zu erhalten, das sie gestalten möchten.

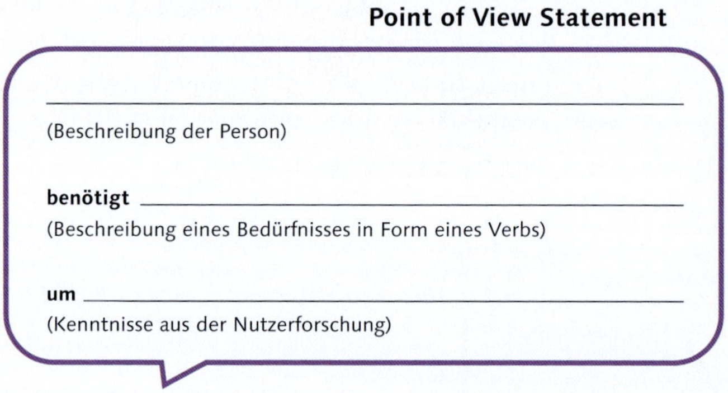

**Point of View Statement**

(Beschreibung der Person)

**benötigt**
(Beschreibung eines Bedürfnisses in Form eines Verbs)

**um**
(Kenntnisse aus der Nutzerforschung)

**Abbildung 3.13** ▶
PoV-Statements werden oft in Workshops mit Hilfe von Templates erarbeitet.

**Value Proposition Canvas**
Wenn Sie in einem Workshop mit anderen daran arbeiten möchten, Ziele von Ihrer Organisation und Bedürfnisse von Nutzerinnen und Nutzern in Einklang zu bringen, lohnt ein Blick auf den »Value Proposition Canvas« (*www.strategyzer.com/canvas/value-proposition-canvas*).

**Ziele der Organisation** | Neben den Bedürfnissen von Nutzerinnen und Nutzern spielen natürlich auch die eigenen Ziele und die individuelle Situation eine entscheidende Rolle. Der Autor Joe Natoli identifiziert in seinem Buch »Think First« drei Aspekte, die für eine kluge strategische Fragestellung von entscheidender Bedeutung sind:

▶ **Was ist es wert, getan zu werden?** Dazu gehört, sich zu überlegen, was im Rahmen der Möglichkeiten (Budget, Zeit oder Kompetenzen) machbar ist und welche Ziele besonders wichtig sind. Abbildung 3.14 zeigt eine Matrix, wie man Ziele auf Basis der Aspekte Machbarkeit und Wichtigkeit priorisieren kann.

▶ **Was möchten Sie genau erschaffen?** Bei diesem Aspekt geht es darum, Spezifikationen so genau wie möglich festzuhalten und Erfolgskriterien festzulegen. Bei der Zusammenarbeit in einem Team ist es auch wichtig, dass alle Beteiligten die gleiche Vorstellung davon haben, was die Website erreichen soll.

▸ **Welchen Wert soll das Produkt generieren?** Hier vergewissern Sie sich noch einmal, ob Ihre Website für die Zielgruppe sowie Ihr Unternehmen den richtigen Wert erzeugt. Werden alle Aspekte berücksichtigt, die Sie in Ihrer Recherche und Ihren Personas entwickelt haben? Stimmt die Abgrenzung zum Wettbewerb?

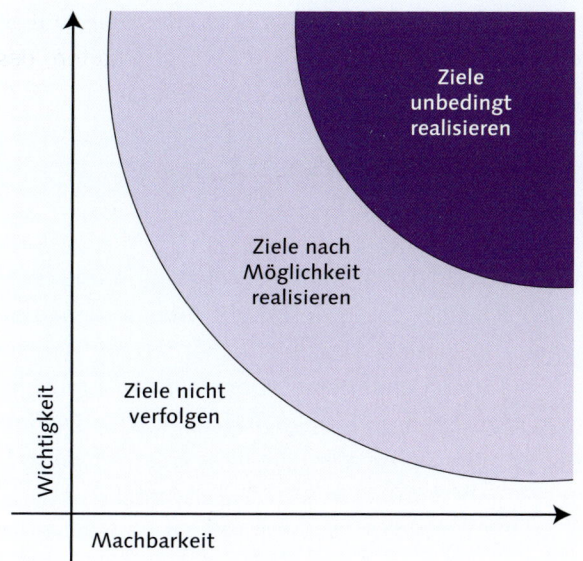

◂ **Abbildung 3.14**
Ziele sind unterschiedlich wichtig und unterschiedlich gut machbar – daraus ergibt sich eine Gewichtung der Ziele.

**Zielformulierung** | Die Zielformulierung leitet sich dann organisch aus den Bedürfnissen von Nutzerinnen und Nutzern sowie den Zielen der Organisation ab. Hilfreich ist es, sie als Frage nach dem Motto »Wie könnten wir …« (»How might we …« oder HMW-Fragen) zu formulieren. Dann kann sie als Basis für die folgende Ideenfindung dienen. Hier finden Sie ein paar Beispiele für Zielformulierungen:

▸ Wie können wir Ellen (20 Jahre) helfen, sich nicht alleine und ängstlich zu fühlen, wenn sie nachts auf dem Weg nach Hause ist?
▸ Wie können wir unseren Kundinnen und Kunden das gute Gefühl geben, dass sie ihre Steuererklärung richtig ausgefüllt haben?
▸ Wie können wir unerfahrene Bauherren überzeugen, dass sie sich auf die Planung unseres Architekturbüros verlassen können?

**Lesetipp**
Viele wertvolle Tipps zu HMW-Fragen finden Sie im Artikel von Maria Rosala: *www.nngroup.com/articles/how-might-we-questions*.

An diesen Beispielen erkennen Sie, dass ein konkretes Bedürfnis von Nutzerinnen und Nutzern als Basis für die folgende Ideenfindung ausgewählt wurde. Natürlich wird jede Website mehrere Ziele verfolgen – neben dem Kauf kann z. B. auch die Kontaktaufnahme oder der Besuch wichtiger Seiten ein Ziel sein. Idealerweise hat jede Seite, jede Rubrik oder jede Funktion Ihrer Website nur eine Zielformulierung – auf diese Weise können Sie die Gestaltung gezielt optimieren. Wichtig ist auch, die Ziele in eine Rangfolge zu setzen.

## 3.4 Der Weg zur richtigen Idee – Kreativitätstechniken

Nun besteht eine Website ja nicht nur aus Konzeption und Strategie, sondern auch aus einer guten Gestaltung und interessanten Inhalten. Sie werden in diesem Abschnitt daher lernen, wie Sie dafür möglichst viele Ideen generieren können. Dazu brauchen Sie eine Reihe von Methoden und Kreativitätstechniken. Die folgenden Techniken können Sie auf alle Teile Ihrer kreativen Gestaltung anwenden. Es geht darum, in kurzer Zeit möglichst viele Lösungsansätze für die konkrete Zielformulierung Ihrer Website zu finden.

### 3.4.1 Brainstorming

**Brainstorming**
+ schnell
+ viele Ergebnisse
+ im Team einsetzbar

Die bekannteste Kreativitätstechnik ist das sogenannte *Brainstorming* von Alex Faickney Osborn. Brainstorming folgt klaren Regeln:
- Alle Ideen sind gleichberechtigt.
- Bewerten von Ideen ist streng verboten.
- Es sollen so viele Ideen wie möglich erzeugt werden.
- Ungewöhnliche und unrealistische Ideen sind ausdrücklich gewollt.
- Ideen können und sollen kombiniert werden.
- Empfehlenswert sind Brainstorming-Teams aus unterschiedlichen Bereichen. Alle Teilnehmenden sind gleichberechtigt.

Beim Brainstorming benötigen Sie Platz – am besten einen eigenen Raum, in dem Sie ungestört sind. Außerdem sollte es genügend Papier geben – Haftzettel sind ein gutes Werkzeug, da man sie schön zu ähnlichen Ideen dazukleben kann.

Hervorragend kombinieren lässt sich Brainstorming mit der Methode der **Mindmaps**. Dabei wird das zentrale Thema in der Mitte angeordnet. Anschließend kann man in die Randbereiche alle möglichen Assoziationen schreiben, die einem zu diesem Thema einfallen, und über Pfeile lassen sich Querverbindungen herstellen.

In Abbildung 3.15 sehen Sie einen Ausschnitt aus einer Mindmap für die Website eines Weinguts. Ausgehend von verschiedenen Assoziationen haben wir uns passende Farben überlegt. Wenn mehrere Assoziationen zu einer Farbe passten, haben wir sie mit Pfeilen verbunden – diese Farben kamen später in die nähere Auswahl für die Hauptfarbe. Aber auch Widersprüche haben wir verdeutlicht, etwa mit einem Doppelpfeil zwischen den traditionellen Weinfässern und den modernen Edelstahltanks. Daraus erwuchs die Idee, die moderne Weinproduktion in einer kleinen Artikelreihe zu erklären.

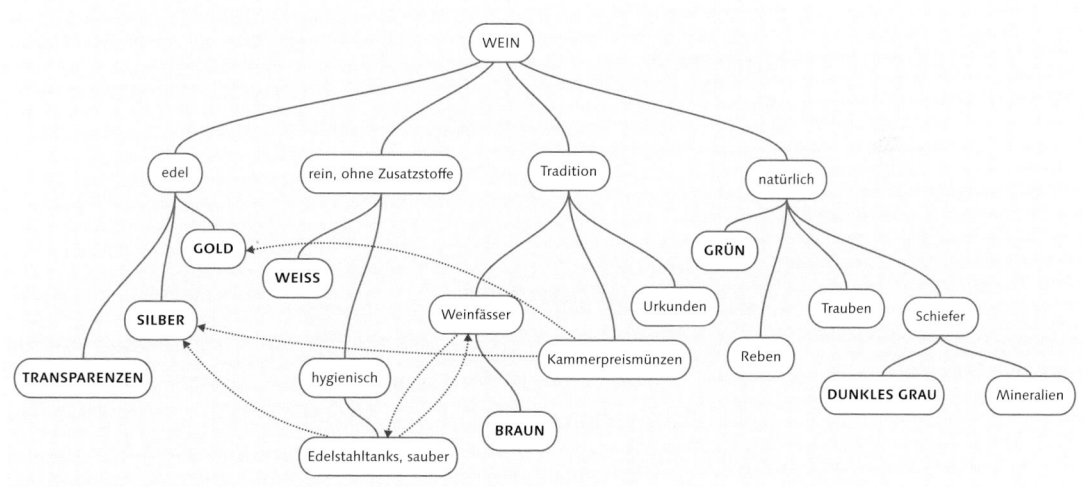

▲ **Abbildung 3.15**
Mindmap zum Thema »Wein & Farben«

## 3.4.2 Morphologische Matrix

Die morphologische Matrix geht auf Fritz Zwicky zurück, der damit eine Fragestellung in allen Aspekten erfassen möchte. Der große Pluspunkt ist die Systematik, mit der nacheinander mögliche Ideen notiert werden.

Um die morphologische Matrix anzuwenden, gehen Sie am besten von Ihrer Zielformulierung aus und führen dann folgende Schritte durch:

1. Notieren Sie alle Parameter, die bei der Aufgabenstellung relevant sein könnten. Bei einer Website sind dies beispielsweise Typografie, Farbe, Inhalte, Technologien, Effekte, Bildelemente ...
2. Danach notieren Sie alle Ausprägungen, die diese Parameter einnehmen könnten. Welche Symbole könnte man einsetzen, welche Schriften verwenden?
3. Kombinieren Sie nun die unterschiedlichen Elemente miteinander. Das können Sie entweder systematisch machen, oder aber Sie gehen ganz intuitiv vor und fragen sich, welche Kombination besonders inspirierend ist.

**Morphologische Matrix**
+ systematisch
+ erzeugt sehr viele Ideen, die kombiniert werden können
− sehr zeitaufwendig

Tabelle 3.1 ▼
Beispiel für eine einfache morphologische Matrix zum Thema »Wie können wir Nachhaltigkeit visualisieren?« In der ersten Spalte werden Ideen für Merkmale notiert, rechts davon verschiedene Ausprägungen, diese Ideen umzusetzen. Schließlich können die Einfälle kombiniert werden, um alle Möglichkeiten durchzuspielen.

| Merkmal | 1 | 2 | 3 | 4 | 5 |
|---|---|---|---|---|---|
| **Bildmarke** | Kreislauf | Pflanzen | Erde | offene Hand | Netzwerk |
| **Schlagworte** | morgen | Zukunft | ökologisch, ökonomisch, sozial | nächste Generationen | Fußabdruck |
| **Farben** | Grün | Blau | Erdtöne | Sonnengelb | |

## 3.4.3 Gegensatzpaare

Eine spannende Technik, die zu schönen Ergebnissen führen kann, ist die Technik der Gegensatzpaare. Gehen Sie dabei von den Schlüsselbegriffen aus, die Sie im Laufe Ihrer Zielformulierung entwickelt haben. Bilden Sie verwandte Gegensatzpaare. Beispiele sind »alt – neu«, »dunkel – hell«, »warm – kalt« oder »preiswert – teuer«.

Diese Gegensatzpaare können eine gute Ausgangsbasis für neue Ideen sein. Wie müsste die Website aussehen, wenn sie das genaue Gegenteil von dem aussagen sollte, was in der Zielformulierung

**Gegensatzpaare**
+ einfach
+ anschaulich

steht? Es ist oft einfacher, zu ermitteln, welcher Eindruck nicht entstehen darf, als den gewünschten Effekt in Worte zu fassen.

### 3.4.4 Kreativität und Druck

Hand aufs Herz: Haben Sie schon einmal eine Nacht durchgearbeitet, um eine Arbeit zu erledigen, die seit Wochen feststand? Ja? Dann willkommen in der Welt der Prokrastination. Darunter versteht man ein Verhalten, wichtige Arbeiten lieber so lange aufzuschieben, bis sie so drängend werden, dass man sich wirklich daranbegeben muss. Dadurch entsteht Druck, der sich sehr produktiv auswirken kann, wenn er wohldosiert ist. Tina Seelig hat dazu folgende Einteilung entwickelt:

- **Autopilot**: Ist eine Aufgabe wenig dringend und kreativ, schalten wir in den Autopilot und machen uns kaum Gedanken.
- **Tretmühle**: Wenn wir ständig gestresst sind und das Gefühl haben, dass unsere Ideen nicht wichtig sind, fühlen wir uns wie in einer Tretmühle. In dieser Phase arbeiten wir, ohne jedoch wirklich den Funken zum Überspringen zu bringen.
- **Expedition**: Wenn wir uns sehr kreativ fühlen, ohne ein Ziel vor Augen zu haben, fangen wir an zu spielen. Dabei können sehr gute Ideen herauskommen – müssen aber nicht. Die Expedition ist daher eher ein spielerischer kreativer Zeitvertreib.
- **Mission**: Hoher Druck, hohe Kreativität – diese Mischung ist ideal, um zielgerichtet zu konkreten Ergebnissen zu kommen.

Druck wirkt aber nicht bei allen Menschen gleich: Während einige Kreative ihn sehr positiv erleben und zur Höchstform auflaufen, wirkt er auf andere stressig und lähmend. Experimentieren Sie daher mit verschiedenen Mischungen aus Kreativität und Druck, damit Sie ein Gespür für Ihre eigenen Vorlieben bekommen. Mit diesem Wissen können Sie Situationen dann so gestalten, wie es für die aktuelle Aufgabe und Ihre Person ideal ist.

**Auf die Dosierung achten**
Druck ist ein zweischneidiges Schwert. Es gibt wenig, was die Kreativität stärker zerstört, als wenn Sie an zwanzig Projekten gleichzeitig arbeiten müssen und jedes davon bis zur Fertigstellung ewig dauert – bei zu viel Druck fällt die Kreativität rapide ab. Achten Sie also auf die richtige Menge.

> *Achten Sie gut darauf, wie viel Druck Ihnen und Ihrer Kreativität guttut.*

**Eine Nacht darüber schlafen ...**
Oft hilft es, einen Tag zu warten, bevor man seine Ideen bewertet. So können Sie etwas Abstand gewinnen und haben einen frischen Blick.

## 3.5 Content-Strategie

So wichtig gute Gestaltungsideen auch sind – in den meisten Fällen geht es beim Besuch einer Website vorrangig um ihren Content. Es ist daher wichtig, die Inhalte schon in der Konzeptionsphase zu berücksichtigen. In diesem Abschnitt werden wir die inhaltliche Seite daher systematisch vom Allgemeinen zum Detail hin berücksichtigen. Zunächst werden wir dazu Inhalte sammeln und bewerten.

### 3.5.1 Inhalte sammeln und bewerten

*Lorem ipsum dolor sit amet, consetetur sadipscing elitr. Sed diam nonumy eirmod tempor invidunt ut labore.*

Alles verstanden? Was Sie hier gelesen haben, ist zugleich das, was Sie in vielen Designentwürfen lesen können. »Lorem ipsum« gilt als Paradebeispiel eines Blindtexts: Er hat bewusst keine Bedeutung, so dass sein Inhalt nicht ablenken kann. Er wird eingesetzt, um sich bei der Beurteilung eines Layouts vollkommen auf die visuelle und funktionale Gestaltung konzentrieren zu können. Blindtexte sind also ein Instrument, das besonders in der frühen Phase eines Designs sinnvoll ist. Allerdings sollten gestalterische Entscheidungen nicht allein auf Basis von Blindtexten getroffen werden, denn Blindtexte funktionieren nur innerhalb gewisser Grenzen:

> »Content precedes design. Design in the absence of content is not design, it's decoration.«
>
> Jeffrey Zeldman
> (www.zeldman.com/2008/ 05/06/content-precedes-design)

- »Lorem ipsum« erinnert in seiner Buchstabenverteilung an Latein, aber das ist für viele andere Sprachen nicht realistisch.
- Das beeinflusst die Wirkung von Schriften und kann beispielsweise zur Folge haben, dass eine größere Zeilenhöhe notwendig ist.
- Wenn ein realistischerer Eindruck wichtig ist, können Blindtexte in der gewünschten Sprache eingesetzt werden.
- In Tests reagieren Menschen immer wieder sehr verwirrt, wenn »Lorem ipsum« verwendet wird.

> »Content needs to be structured and structuring alters your content, designing alters content. It's not ›content then design‹, or ›content or design‹. It's ›content and design‹.«
>
> Mark Boulton
> (www.markboulton.co.uk/journal/ structure-first-content-always)

**Content First** | Die Inhalte einer Website dürfen in der Konzeption also nicht zu kurz kommen. Oft sind sie sogar der Ausgangspunkt der Gestaltung. Dieser Trend hat sich unter dem Begriff *Content First* durchgesetzt. Gerade im Responsive Webdesign ist das sehr wichtig, denn es ist nicht möglich, Inhalte flexibel an unterschiedliche Situationen anzupassen, ohne sie überhaupt zu kennen. Natürlich können Sie bei einer Nachrichten-Website mit Tausenden von Artikeln nicht alle durcharbeiten. Und natürlich sollten Sie auch die Synergien nutzen, wenn sich Design und Inhalt gegenseitig beeinflussen. Zentral für die Konzeption ist es daher, die Art und Struktur des Contents zu kennen und zu verstehen, welchen Wert ein Inhalt für das Publikum hat. Genauer ist es daher, von »Users First« oder »User Experience First« zu sprechen. Nicht umsonst haben wir die Bedürfnisse von Nutzerinnen und Nutzern ins Zentrum der Konzeption gestellt (siehe Abschnitt 3.2).

**Inhaltsinventar** | Bei der Neugestaltung einer Website sollten zunächst alle bestehenden Inhalte gesammelt werden. Dafür bietet sich ein Inhaltsinventar (*Content Inventory*) an. Es enthält folgende Informationen:

> *Ein Inhaltsinventar sammelt Informationen zu Inhalten in kompakter Form.*

- Titel und URL eines Inhalts
- Sektion der Website, zu der ein Inhalt gehört
- inhaltliche Schlagworte
- wichtige Meta-Informationen wie Publikations- und Ablaufdatum oder welche Person für den Inhalt zuständig ist
- Typ des Inhalts und (falls notwendig) verwendetes Template

In der Praxis eignen sich Programme zur Tabellenverarbeitung wie Excel oder Numbers gut für ein Inhaltsinventar. Natürlich können Sie nach Belieben weitere Informationen erfassen.

### SEO Spider
Ein wertvolles Hilfsmittel ist das Tool SEO Spider des Unternehmens Screaming Frog – zwar liegt sein Fokus auf der Analyse von suchmaschinenrelevanten Parametern, aber Sie können es problemlos verwenden, um eine Liste mit allen Inhaltsseiten zu exportieren. Das Tool steht unter *www.screamingfrog.co.uk/seo-spider/* kostenlos zur Verfügung und erlaubt die Analyse und den Export von 500 Seiten pro Website. Für kleinere Präsenzen ist das vollkommen ausreichend – ab diesem Limit ist eine kostenpflichtige Lizenz notwendig.

**Content-Audit** | Nach der quantitativen Sammlung der Inhalte empfiehlt sich ein *Content-Audit*, eine qualitative Analyse der Inhalte. Dabei bewerten Sie Ihre Inhalte unter kritischer Lupe. Karen McGrane empfiehlt in ihrem Buch »Content Strategy for Mobile«, auf die folgenden Aspekte zu achten:

- Welche Inhalte sind wertvoll und sollten erhalten bleiben?
- Gibt es Inhalte, die zu lang oder zu kurz sind?

> **Bessere Designentscheidungen dank Content-Audits**
> Ein Content-Audit hilft Ihnen auch, fundierte Entscheidungen für das Design zu treffen. Christopher Detzi hat unter *http://uxmag.com/articles/from-content-audit-to-design-insight* eine lesenswerte Einführung dazu geschrieben.

- Ist die Sprache der Inhalte angemessen? Gibt es beispielsweise zu viele Fachbegriffe?
- Kommen die Beiträge auf den Punkt? Können Leserinnen und Leser die zentralen Aussagen schnell erfassen?
- Sind die Beiträge gut strukturiert, etwa durch einen sinnvollen Einsatz von Zwischenüberschriften, Listen oder Kästen?
- Sind die Inhalte noch aktuell? Wenn nein, welche lohnen sich, aktualisiert zu werden?
- Sind die Inhalte nützlich?

Wenn Sie Inhalte löschen, leiten Sie die Links unbedingt auf andere, thematisch passende Inhalte weiter – auf diese Weise vermeiden Sie, dass Leserinnen und Leser ins Leere laufen, wenn sie sich ein Lesezeichen angelegt haben. Werfen Sie dazu einen Blick auf den Bonusinhalt »Weiterleitungen_htaccess« im Download-Bereich.

**Neue Inhalte schreiben** | Meistens werden Sie bei der Gestaltung einer Website auch neue Inhalte erstellen müssen. Es würde den Rahmen dieses Werks sprengen, die vielen Aspekte zu behandeln, die Sie dabei beachten sollten – hier geht es um Themenrecherche, Stilistik, Schreiben fürs Web, Suchmaschinen-Optimierung und vieles mehr. Einen guten Einstieg finden Sie in dem Werk »Think Content!« von Miriam Löffler und Irene Michl. Wir werden uns daher an dieser Stelle auf einige Hinweise beschränken, wie Sie den Inhalt so früh wie möglich in einer Form erstellen können, dass Sie ihn möglichst gut in den weiteren Schritten hin zur fertigen Website verwenden können.

Häufig ist die Variante, neue Inhalte in einer Textverarbeitung zu erstellen, meistens in Word. Prinzipiell funktioniert das, allerdings ist es kaum möglich, von einem Word-Dokument auf die spätere Darstellung im Browser zu schließen. Es kann sich daher lohnen, sich über Alternativen Gedanken zu machen. Wenn Sie sich für ein bestimmtes Content-Management-System entschieden haben, bietet es sich an, direkt in einem Testsystem zu schreiben. Damit entsteht fast schon nebenbei ein Content-Prototyp für die nächsten Arbeitsschritte. Außerdem kann die Arbeit mit **Markdown** sinnvoll sein. Dabei handelt es sich um spezielle Formatierungen innerhalb einfacher Textdokumente, die sich

---

**Tipp: Informationen ausdünnen**
Falls Sie eine bestehende Website aktualisieren, schauen Sie genau in die Nutzungsanalysen der älteren Version (Analytics) – wenn eine Seite kaum Aufrufe erhält, sollten Sie darüber nachdenken, ob sie weggelassen oder mit anderen Inhalten kombiniert werden kann.

---

**Infos zu Markdown**
Es existieren verschiedene Versionen von Markdown, beispielsweise:
- **Originalversion von John Gruber:** *https://daringfireball.net/projects/markdown*
- **MultiMarkdown, die Erweiterung von Fletcher Penny:** *http://fletcherpenney.net/multimarkdown*

Zum Schreiben von Markdown reicht ein einfacher Texteditor, aber natürlich gibt es auch einige spezialisierte Tools.

in HTML umwandeln lassen. Markdown ist in vielen Content-Management-Systemen integriert und lässt sich schnell erlernen. Listing 3.1 zeigt ein Beispiel mit einer Überschrift, einem Textabschnitt sowie einer Liste:

```
# Motivation
Daniel Pink unterteilt Motivation in mehrere Versionen:
* Motivation 1.0 ist rein biologisch.
* Motivation 2.0 setzt auf Belohnungen und Bestrafungen in
der Form von "Wenn-dann" – tue x, dann geschieht y.
* Motivation 3.0 beruht auf intrinsischen Motiven.
```

◀ **Listing 3.1**
Beispieldokument mit einer Überschrift, einem Textblock und einer Liste in Markdown

### 3.5.2 Informationsarchitektur festlegen

Im nächsten Schritt werden die gesammelten Inhalte für die Website vorbereitet. Nutzerinnen und Nutzer sollten Inhalte möglichst problemlos finden und verstehen können. Außerdem sollten sie jederzeit wissen, wo sie sind (Orientierung). Dabei hilft es, eine Informationsarchitektur festzulegen. Diese kümmert sich um die Anordnung und Benennung von Inhalten.

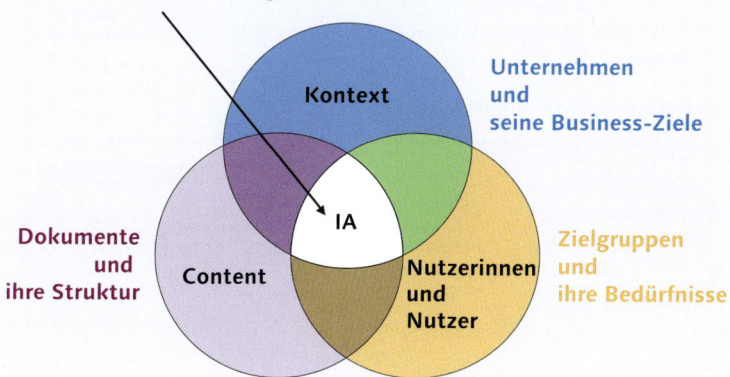

◀ **Abbildung 3.16**
Informationsarchitektur liegt in der Schnittstelle zwischen Nutzerinnen und Nutzern, Content sowie Kontext (Venn-Diagramm nach Rosenfeld, Morville & Arango, 2015)

Und wie schafft man eine gute Informationsarchitektur? In diesem Abschnitt haben wir Ihnen einige wichtige Aspekte zusammengestellt. Zur Vertiefung empfehlen wir unsere Lesetipps in der Randspalte.

**Lesetipps zur Informationsarchitektur**
▶ Louis Rosenfeld, Peter Morville & Jorge Arango, »Information Architecture for the Web and Beyond« (2015)
▶ Lisa Maria Martin, »Everyday Information Architecture« (2019)

**Sitemaps |** Am besten visualisieren Sie die Informationsarchitektur Ihrer Website mit einer sogenannten Sitemap, wie es das folgende Beispiel zeigt. Der Vorteil davon: Sie erkennen auf einen Blick, wie viele Einzelseiten Sie benötigen und über wie viele Klicks sie erreichbar sein sollen.

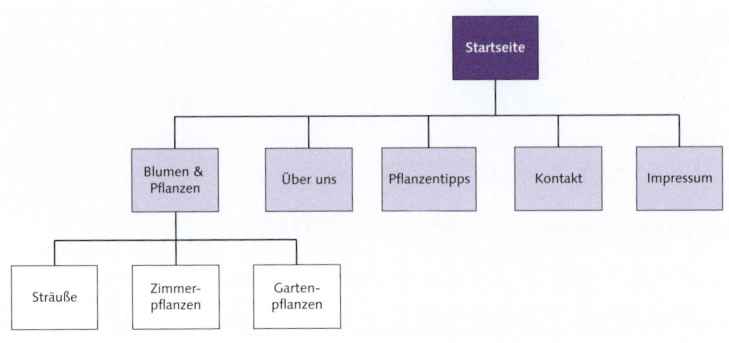

**Abbildung 3.17** ▶
Beispiel für eine Informationsarchitektur

### Informationsarchitektur in der URL

Idealerweise sollten Sie Ihre Informationsarchitektur auch in der URL abbilden. Hier ist ein Beispiel von der TH Köln:

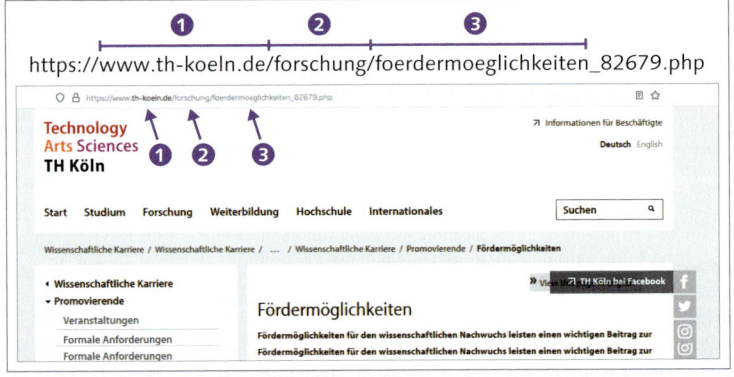

▲ **Abbildung 3.18**
Einklang von Informationsarchitektur und URL-Struktur (*www.th-koeln.de*)

Abbildung 3.17 bietet Ihnen eine gute Orientierung, wie eine Informationsarchitektur bei einfachen, eher kleinen Websites aussehen kann. Bei komplexen Websites jedoch wird die Visualisierung aufwendiger. In solchen Fällen lohnt ein Blick auf das »Visual Vocabulary« von Jesse James Garrett, das Sie unter *www.jjg.net/*

*ia/visvocab* finden. Damit lassen sich beispielsweise auch Gruppen von Inhalten oder Auswahlpunkte visualisieren.

**Seitenanzahl festlegen** | Eine der Aufgaben der Informationsarchitektur ist zu definieren, wie viele Seiten es eigentlich geben soll. Neben der klassischen Website mit verschiedenen Seiten gibt es weitere Formen:

- Ein Onepager ist eine Website, die nur aus einer einzigen Seite besteht. Onepager haben oft ein kreatives Storytelling, bei dem sich die Nutzerinnen und Nutzer scrollend durch die Seite bewegen. Das eignet sich besonders für thematisch klar umrissene Themen und als Landingpages im Rahmen von Marketingkampagnen. Viele Informationen zu diesem Thema finden Sie auf *https://onepager.de*.
- Microsites sind thematisch abgetrennt und werden oft über eine eigene Domain oder Subdomain abgebildet (etwa *https://praxistipps.chip.de*). Microsites eignen sich gut, wenn es spezielle Unterbereiche gibt, bei denen Nutzerinnen und Nutzer ein gezieltes Bedürfnis haben, das sich von der eigentlichen Website unterscheidet, z. B. für einen Pressebereich.

Bei der Entscheidung hilft es, wenn Sie sich das übergeordnete Ziel der Konzeption erneut vergegenwärtigen.

**Inhalte organisieren** | Zu einer guten Informationsarchitektur gehört, auf nachvollziehbare Organisationsprinzipien zu achten. Inhalte zu organisieren ist sehr komplex, weil Menschen unterschiedliche Perspektiven auf dieselben Inhalte haben. Es geht also darum, sich zu fragen, wie und nach welchen Eigenschaften die Inhalte gegliedert werden sollen. Als Einstieg bieten sich die LATCH-Prinzipien von Richard Saul Wurman an:

- **L für Location**: Geografische Inhalte können gut räumlich strukturiert werden, etwa auf einer Karte.
- **A für Alphabet**: Nahezu immer lassen sich Inhalte alphabetisch sortieren. Eine Sortierung von A bis Z eignet sich, um bereits bekannte Inhalte zu *finden*, aber nicht um neue Inhalte zu *entdecken*.
- **T für Time**: Einige Inhalte lassen sich sinnvoll zeitlich gliedern, etwa Ereignisse oder News.

> *»Organization is never arbitrary. More to my point: it can't be arbitrary, because every decision we make – or fail to make – changes the way the information is perceived.«*
>
> Lisa Maria Martin (Everyday Information Architecture, S. 17)

- **C für Category**: Die Gliederung nach Kategorien ist recht flexibel, setzt aber voraus, dass das Publikum die Kategorien versteht.
- **H für Hierarchy**: Schließlich lassen sich Inhalte nach Wertigkeit gewichten, etwa anhand von Attributen wie Preis.

Die LATCH-Prinzipien sind aber nur eine grobe Orientierung, weil sie nicht alle Möglichkeiten enthalten. So könnten Sie Inhalte auch so sortieren, dass man sich die Reihenfolge gut merken kann (also »LATCH«, nicht »ACTLH«). Manchmal findet man auch eine Gliederung nach Zielgruppen, etwa »Urlaub für Familien« und »Urlaub für Sportbegeisterte«. Sie sollten aber gut testen, ob das für Ihre Nutzerinnen und Nutzer funktioniert. Wir nutzen Websites, um ein Bedürfnis zu erfüllen, so dass es ein weiterer Schritt ist, wenn wir vorher unsere Identität wählen müssen. Das kann auch zu Schwierigkeiten führen, wenn sich Kategorien überschneiden.

**Inhalte strukturieren** | Außerdem sollten Sie sich überlegen, wie die Inhalte miteinander in Beziehung gesetzt werden – und damit auch, wie Nutzerinnen und Nutzer sich durch die Website navigieren. Hier einige häufige Organisationsstrukturen mit Beispielen:
- **Lineare Strukturen** geben Nutzerinnen und Nutzern eine klare Reihenfolge vor, bei der sie sich wie in einer Sequenz vor- und zurückbewegen können. Typische Beispiele wären eine Guided Tour, eine Bildergalerie, Schritt-für-Schritt-Anleitungen oder ein Checkout.

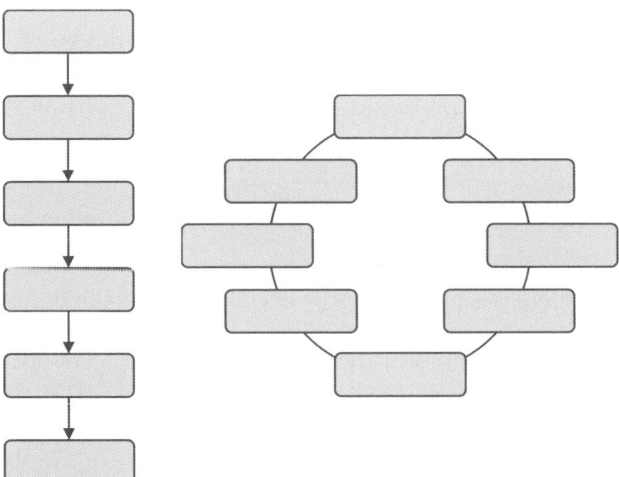

**Abbildung 3.19** ▶
Beispiele für lineare Strukturen: Schritt für Schritt und Guided Tour

- **Hierarchische Strukturen** gliedern Inhalte in einer Baumstruktur. Das Publikum trifft dabei individuelle, bewusste Navigationsentscheidungen. Typische Beispiele sind Navigation über Homepage und Kategorienseiten als »Verteiler«.

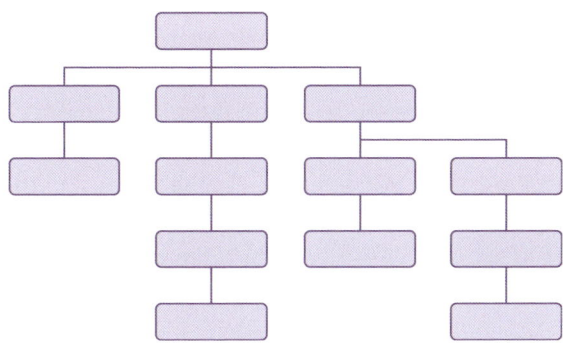

◄ **Abbildung 3.20**
Hierarchische Strukturen

- **Gitterstrukturen** gliedern Inhalte entlang von zwei oder mehreren Dimensionen in einer Matrix, meist über Filter von Attributen (etwa Preis, Farbe, Größe). Ein Beispiel ist ein Onlineshop.

◄ **Abbildung 3.21**
Gitterstrukturen

- **Netzstrukturen** sind dezentral organisiert und stark untereinander vernetzt, stellen Sie sich hier beispielsweise Wikipedia und Schlagworte vor.

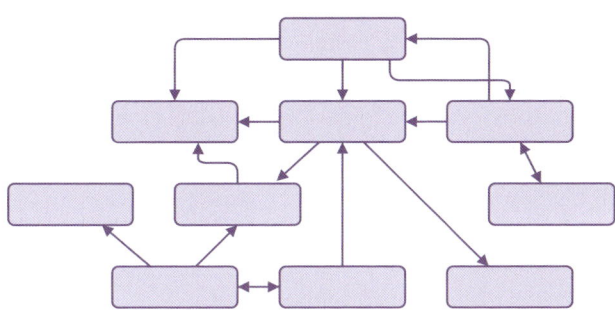

◄ **Abbildung 3.22**
Beispiel für Netzstrukturen

### 3.5.3 Seitentypen festlegen

Auf Basis der Informationsarchitektur können Sie die nächste wichtige Entscheidung treffen: die Definition der Seitentypen. Überlegen Sie sich, auf welchen Seiten sich etwas Grundsätzliches ändern muss. Eine Kontaktseite mit einem Formular ist strukturell anders aufgebaut als ein einzelner Artikel. Achten Sie dabei auf die Konventionen, die Sie in Kapitel 2 kennengelernt haben.

Nachdem Sie die geplanten Seitentypen festgelegt haben, geht es darum, deren Struktur zu visualisieren und zu testen. Dazu bietet sich zunächst ein grobes Vorgehen an. Gut geeignet sind dafür sogenannte Wireframes, die in Abschnitt 3.7 beschrieben werden. Vorteilhaft ist es, sich Gedanken über den nächsten Schritt zu machen, den Nutzerinnen und Nutzer nach dem Besuch einer Seite ausführen sollen. Daraus lässt sich dann eine Handlungsaufforderung (Call-to-Action) gestalten.

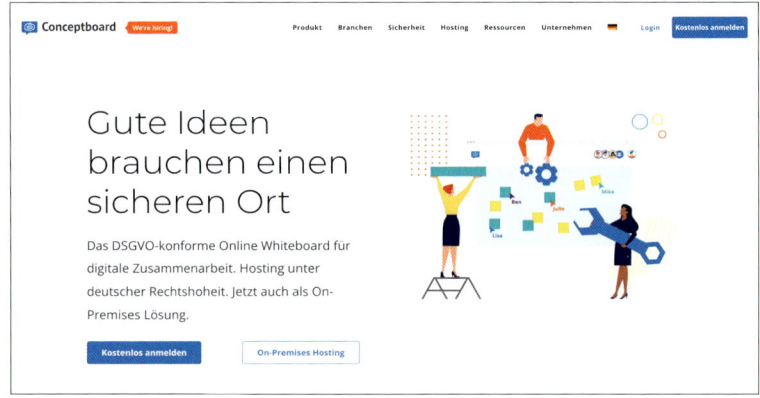

**Abbildung 3.23** ▶
Deutliche Handlungsaufforderungen bei Conceptboard
(*https://conceptboard.com/de*)

### 3.5.4 Struktur von Seiten festlegen

Nach der Definition von Seitentypen lohnt es sich, die Inhalte auf den einzelnen Seiten zu planen. Ein gutes Hilfsmittel ist der »Content Priority Guide« von Emily Gray:

- ▶ Er definiert **Typen von Inhalten** sowie deren **Struktur** – etwa, dass Produktdarstellungen eine Überschrift, eine Unterzeile, einen Intro-Text sowie eine Liste mit fünf Produkteigenschaften haben sollen.
- ▶ Zu diesen Inhaltstypen gehören auch **Beschreibungen ihrer Wirkung**, etwa ein »kurzer Text (3 bis 4 Sätze), der die wichtigsten Eigenschaften des Produkts hervorhebt«.

> **Homepage**
> 1. **Headline**
> 2. **Hero-Bild** (Aufnahme von unserem Team)
> 3. **Sektion „Über Uns"** (3-4 Sätze)
> 4. **Sektion „Ausgewählte Angebote"** (greift auf die Kategorie „Featured" im CMS zurück)
>    A. **Überschrift** der Sektion
>    B. **in jedem Angebots-Modul**: Bild, Preis (überlagert Bild), kurze Beschreibung (2-3 Sätze), Link
> 5. **Sektion „Werkstatt"**
>    A. **Überschrift** der Sektion
>    B. **Untertitel**
>    C. **Bild** (sympathische Aufnahme der Arbeiten in unserer Werkstatt)
>    D. **Block „Was wir machen"**
>       i. Überschrift
>       ii. 3-4 Sätze Beschreibung
>       iii. Link
>    E. **Block „Wie wir arbeiten"**
>       i. entspricht Struktur unter D.
>    F. **Block „Unser Versprechen"**
>       i. entspricht Struktur unter D.

◄ **Abbildung 3.24**
So könnte ein Content Priority Guide für die Startseite eines Fahrradladens mit Werkstatt aussehen.

Einer der Vorteile eines Content Priority Guides ist, dass er Ihnen schon beim Erstellen verdeutlicht, welche inhaltlichen Blöcke benötigt werden. Auf diese Weise wird es möglich, flexible Content-Module zu definieren, die sich beliebig wiederverwerten lassen – ein Ansatz, der sehr gut zu einer modular aufgebauten Designsprache passt.

Sehr wichtig ist auch, dass ein Content Priority Guide all dies in einer Reihenfolge anordnet. Sie sollten sich bei der Gestaltung immer mal wieder Ihren Content Priority Guide vornehmen: Sind die Inhalte, die oben stehen, wirklich die visuell auffälligsten? Und stimmt die Gewichtung auch bei den verschiedenen Breakpoints?

### 3.5.5 UX-Writing und Wording

Gestaltung nach dem Prinzip »Content First« ist untrennbar mit User Experience verbunden, denn nur im Austausch mit Nutzerinnen und Nutzern lässt sich feststellen, ob eine Website ihre Bedürfnisse erfüllt. In jedem kleinen textlichen Element bietet sich die Chance, eine angemessene Emotionalität zu schaffen und das Engagement der Menschen zu erhöhen.

**So wenig wie nötig, aber nicht zu wenig |** Im Prinzip sollten Inhalte so prägnant, präzise und einfach wie möglich sein, aber manchmal brauchen Nutzerinnen und Nutzer etwas Hilfe, um Inhalte oder Interaktionsmöglichkeiten zu verstehen. Die Autorin Kinneret Yifrah empfiehlt, vier Fragen zu berücksichtigen:

- **Was ist das?** Achten Sie auf Fachbegriffe und Abkürzungen. Versuchen Sie, diese durch einfache Worte zu ersetzen oder mit einer Erläuterung zu versehen.
- **Was bewirkt das?** Auch interaktive Elemente können uneindeutig sein. Sie können mit kurzen Hinweisen erläutern, was eine Funktion tut, z. B. bei einem Ein- und Ausschalter (Toggle-Button).
- **Wo kann ich das finden?** Nutzerinnen und Nutzer müssen oft Informationen eingeben, die nicht leicht zu finden sind, etwa Seriennummern oder Rechnungsnummern. Oft hilft hier eine kleine Zeichnung, wo diese Informationen zu finden sind.
- **Wie verwende ich das?** Schließlich kann es notwendig sein, Interaktionen zu erläutern, etwa im Rahmen eines kleinen Tutorials nach erstmaligem Aufruf (Onboarding).

**Sorgen adressieren** | Bei der Interaktion mit einer Website stoßen wir immer wieder an Stellen, an denen wir kurz innehalten: Soll ich hier wirklich meine E-Mail-Adresse eintragen? Was geschieht mit meinen persönlichen Daten? Ist das Bezahlen hier sicher? Solche Fragen können zum Abbruch einer Aktion führen, aber auf Basis Ihrer Nutzerforschung lassen sich Gegenmaßnahmen ergreifen. So könnten Sie beispielsweise den Datenschutz ausführlich erläutern oder Stimmen von Dritten sammeln, um vom Nutzen eines Angebots zu überzeugen.

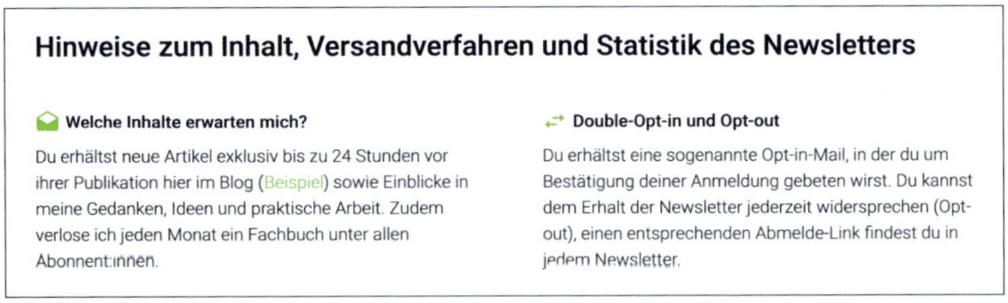

**Abbildung 3.25** ▶
Auszug aus den ausführlichen Hinweisen zum Newsletter bei Robert Weller (*www.toushenne.de/newsletter.html*)

> **Hinweise zum Inhalt, Versandverfahren und Statistik des Newsletters**
>
> ✉ **Welche Inhalte erwarten mich?**
> Du erhältst neue Artikel exklusiv bis zu 24 Stunden vor ihrer Publikation hier im Blog (Beispiel) sowie Einblicke in meine Gedanken, Ideen und praktische Arbeit. Zudem verlose ich jeden Monat ein Fachbuch unter allen Abonnent:innen.
>
> ⇆ **Double-Opt-in und Opt-out**
> Du erhältst eine sogenannte Opt-in-Mail, in der du um Bestätigung deiner Anmeldung gebeten wirst. Du kannst dem Erhalt der Newsletter jederzeit widersprechen (Opt-out), einen entsprechenden Abmelde-Link findest du in jedem Newsletter.

**Positive Leerzustände schaffen** | Ob Web-App, Warenkorb oder persönliches Profil: Immer wieder gibt es Bereiche, die zunächst leer sind, bevor die Nutzerinnen oder Nutzer eine Website aktiv nutzen und Daten einpflegen. Das Problem ist, dass leere Bereiche nicht gerade motivierend sind, sie mit Inhalten zu füllen. Besser ist es daher, kurze Anweisungen zu geben, neugierig zu machen oder mit etwas Humor zu arbeiten.

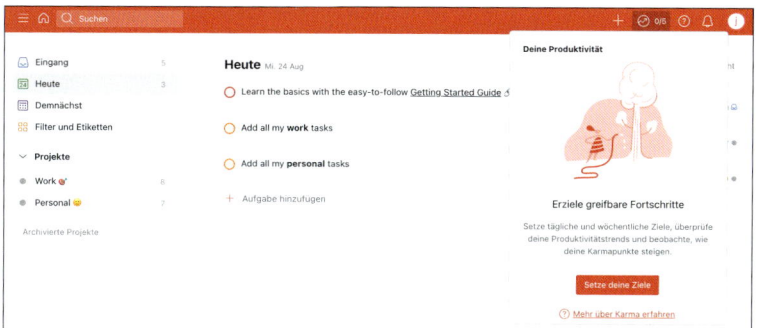

◄ **Abbildung 3.26**
Die Aufgabenverwaltung Todoist (*https://todoist.com*) arbeitet mit charmanten Skizzen und Beispielaufgaben, um zur Nutzung anzuregen.

**Konsistenz im Wording herstellen |** Insbesondere (aber nicht ausschließlich) in der Navigation ist es wichtig, die richtigen Begriffe zu wählen (genannt »Wording«). In »Everyday Information Architecture« empfiehlt Lisa Maria Martin, dass die gewählten Begriffe wie folgt sein sollten:

- klar, also ohne verwirrende oder unbekannte Formulierungen
- spezifisch, also deutlich von anderen Begriffen unterscheidbar
- inklusiv, um unterschiedliche Gruppen von Personen anzusprechen
- einheitlich im Sprachstil

Konkret bedeutet das beispielsweise, Menüpunkte entweder mit Verben oder Substantiven zu benennen (statt zu mischen) oder nicht zwischen kaufmännischem »&« sowie ausgeschriebenem »und« zu springen.

◄ **Abbildung 3.27**
Die Navigation von Unicum (*www.unicum.de*) ist selbsterklärend, könnte allerdings einheitlicher sein – sie nutzt teils Verben, teils Substantive als Navigationspunkte.

### 3.5.6 Content-Prototypen

Dank der beschriebenen Methoden sollten Sie nun bereits ein gutes Bild davon haben, wie die Inhalte Ihrer Website strukturiert und organisiert sind. Wenn Sie noch einen Schritt weiterge-

Wenn Sie den Content-Prototyp direkt in HTML anlegen und dabei mit Webstandards arbeiten, können Sie große Teile des Codes für die spätere Website weiterverwenden. Eine kurze Einführung in HTML lesen Sie in »bonus_webstandards.pdf«.

hen möchten, bietet sich die Arbeit mit einem Content-Prototyp an. Dabei geht es darum, die geplante Website inhaltlich abzubilden. Natürlich sollten auch Links bereits enthalten sein – auf diese Weise werden die Zusammenhänge und möglichen Interaktionen deutlich. Sie können einen Content-Prototyp nutzen, um die Inhalte einzuschätzen und mit Nutzerinnen und Nutzern zu testen – auf diese Weise erhalten Sie recht früh im Projekt einen Eindruck davon, ob die Inhalte die Bedürfnisse erfüllen.

## 3.6 Ideen ausarbeiten und visualisieren

Nachdem Sie mit Hilfe von Kreativitätstechniken Ideen gesammelt und Klarheit über die Struktur der Inhalte und Funktionen geschaffen haben, ist es nun an der Zeit, Ihre Ideen auszuarbeiten und zu bewerten. Dieser Prozess ist iterativ angelegt und nähert sich immer weiter dem gewünschten Ergebnis an. Daher setzen die hier vorgestellten Methoden auf kleine Schritte – es werden immer nur ausgewählte Aspekte bearbeitet, die sich schnell verändern und testen lassen. Sobald sich alle einig sind, dass die Richtung stimmt, baut man darauf auf und macht mit anderen Methoden weiter. In den folgenden Abschnitten beginnen wir mit sehr grundsätzlichen und schnellen Methoden, bis wir zu immer konkreteren Verfahren übergehen. Allen gemeinsam ist, dass es darum geht, Ihre Ideen erlebbar (und damit auch testbar) zu machen.

### 3.6.1 Moodboards

**Moodboard**
+ inspirierend
+ im Team oder mit Kunden einsetzbar
+ gut in der Frühphase eines Website-Designs, um die grundsätzliche Richtung festzulegen
− relativ zeitaufwendig

Moodboards sind Sammlungen inspirierender Elemente zu Beginn eines kreativen Projekts. Sie sind besonders in Projekten mit mehreren Beteiligten wichtig, denn Beschreibungen mit Begriffen wie »modern« oder »reduziert« können sehr unterschiedlich interpretiert werden. Moodboards sind ein sinnvolles Werkzeug, um die Stimmung und den Charakter einer Gestaltung konkret zu erfassen.

Wenn Sie während der Marktanalyse inspirierende Beispiele gefunden haben, könnten Sie diese nun verwenden. Zusätzlich stehen Ihnen alle denkbaren Mittel zur Verfügung, die geeignet sind, um Ihre Kreativität zu beflügeln: Fotografien, Typografie, Ausschnitte aus Zeitschriften, Screenshots ... Alle diese Materialien können Sie zu einer analogen oder digitalen Collage verbinden. Pinterest (*www.pinterest.com*) eignet sich zum Sammeln von Inspirationen sehr gut.

◄ **Abbildung 3.28**
Moodboard mit Bildern, Farben, Schriften und Adjektiven zum Thema Wein. Auf einen Blick werden farbliche und thematische Assoziationen sichtbar (Grün, Natur, Weintrauben oder -reben), aber auch Ideen jenseits der Klischees (abstrakte Flaschen von oben, Trauben auf dem Rand des Behälters).

### 3.6.2 Stylescapes

Moodboards sind gut geeignet, um einen grundlegenden Eindruck von der Stilistik zu bekommen. Einen Schritt weiter gehen Stylescapes: Sie greifen die grundlegenden Designaspekte aus Moodboards auf (etwa Farbpaletten, Typografie und Icons), sind aber noch konkreter:

▸ Nehmen Sie sich 1 bis 2 Stunden Zeit für einen Streifzug durchs Web und andere Medien. Sammeln Sie dabei ausgehend von den gewünschten Assoziationen für Ihre Gestaltung alles, was Sie inspiriert: Logos, Icons, Bilder, Websites und Landing Pages, Texturen, Illustrationen, Interface-Elemente ...

**Stylescapes**
+ stärker an digitale Medien angepasst als Moodboards
+ ganzheitlicher Eindruck einer Gestaltung
o Konzentration auf visuelle Aspekte, nicht auf Funktionen
− relativ hoher Aufwand

**Weiterführendes**
Wenn Sie tiefer in die Methode der Stylescapes eintauchen möchten, empfehlen wir Ihnen die folgenden Inhalte:
- Martin Hahn: *www.webdesign-journal.de/stylescapes-webdesign*
- Video von The Futur: *www.youtube.com/watch?v=lGmPCutgI2o*

- Sortieren Sie Ihre Fundstücke und synthetisieren Sie sie zu einem Stylescape. Legen Sie dazu ein längliches Dokument in einem Grafikprogramm an (z.B. 5760×1080px).
- Es gibt keine festen Regeln, wie ein Stylescape aufgebaut sein sollte – oft ist aber eine gewisse Dynamik vorteilhaft. Wichtig ist, dass die Stylescapes die gewünschte Emotionalität vermitteln und zu den Begriffen passen, die als Assoziationen festgelegt wurden.
- Integrieren Sie Ideen für Interface-Komponenten, etwa wie ein typisches Content-Modul oder eine Navigation aussehen könnten. Damit passen Stylescapes gut zu einem modularen Designansatz.
- Kombinieren Sie Stylescapes mit Wireframes, um sowohl die visuelle als auch die strukturelle Gestaltung mit überschaubarem Aufwand testen zu können.

▲ **Abbildung 3.29**
Stylescape für eine fiktive Parfümmarke

Stylescapes haben eine große Ähnlichkeit mit zwei etwas älteren Verfahren, die Style Tiles und Element Collages genannt werden. Informationen zu diesen Methoden finden Sie im Bonusinhalt »style-tiles_element_collages.pdf« im Download-Bereich.

Erstellen Sie drei bis vier Stylescapes zu sehr verschiedenen Gestaltungsrichtungen. Das ermöglicht es Ihnen, unterschiedliche Ideen früh zu evaluieren und mit anderen Projektbeteiligten zu besprechen. Notieren Sie für jedes Stylescape, was daran passend und weniger passend ist. Oft lässt sich das Feedback auch integrieren, indem neue Stylescapes auf Basis früherer Versionen erstellt werden.

### 3.6.3 Scribbles: schnelle Skizzen

Die einfachste Form der Visualisierung einer Nutzeroberfläche sind Scribbles oder Sketches. Sie bilden die Basis für die weiteren Schritte in einem Designprozess. Bei Scribbles geht es noch nicht um Größenverhältnisse oder Abstände.

◀ **Abbildung 3.30**
Bei Scribbles geht es darum, Ideen für Gestaltungen so schnell wie möglich zu Papier zu bringen.

**Kleine Helfer für Scribbles**
▶ Rahmen zum Ausdrucken: *http://zurb.com/ playground/responsive-sketchsheets* und *http://sneakpeekit.com*
▶ Shop mit Accessoires für Scribbles: *www.uistencils.com*

### 3.6.4 Papierprototypen: Mehr Low-Budget geht nicht

Sinnvoll kann es auch sein, einzelne Elemente auszuschneiden – auf diese Weise lassen sie sich schnell verschieben. Mit solchen Papierprototypen lassen sich auch erste Tests mit Nutzerinnen und Nutzern durchführen. Man fragt die Teilnehmenden, wo sie klicken würden, und verschiebt dann die Papierelemente oder tauscht die gesamte Seite. Tools wie Marvels POP (*https://marvelapp.com/pop*) erlauben es, Papierprototypen zu fotografieren und zu verlinken.

**Scribbles und Papierprototypen**
+ schnell erstellt
+ gute Visualisierung von Ideen
+ wirken »unfertig« und sind daher gut geeignet, um ehrliches Feedback zu bekommen

## 3.7 Ideen bewerten

In dieser Phase des Projekts dürften Sie bereits einige Ideen bekommen und visualisiert haben. Nun geht es darum, einen Schritt zurückzutreten und die Ideen zu bewerten. Welche Ansätze versprechen den größten Erfolg und lohnen sich, ausgearbeitet zu werden? In den folgenden Abschnitten lernen Sie einige Verfahren kennen, mit denen Sie diese Entscheidung fundiert treffen können.

### 3.7.1 Wireframes: strukturelle Skizzen

Der Begriff *Wireframe* bezeichnet einen strukturellen Entwurf eines Layouts. Bei einem Wireframe geht es nicht um die visuellen

Details, sondern nur um die Struktur. Daher werden schematische Blöcke verwendet, um die inhaltlichen Elemente und ihre Anordnung zu visualisieren.

**Benutzerführung mit Wireframes evaluieren |** Erfahrungsgemäß helfen Wireframes enorm, den Fokus auf Struktur und Bedienung zu legen – ohne dass eine Farbe, eine Schrift oder gar der Inhalt eines Textes störend wirkt. Dabei ist es beim Präsentieren und Testen oft notwendig, den Teilnehmenden die Funktion von Wireframes zu erklären.

**Wireframes**
+ schnell
+ Konzentration auf das Wesentliche in frühen Projektphasen
+ erlauben Suche nach möglichen Usability-Problemen
− durch ihre statische Natur nicht gut zur Arbeit am Interaktionsdesign geeignet

**Abbildung 3.31** ▶
Wireframe auf Papier

Der große Vorteil von Wireframes liegt in ihrer Geschwindigkeit. Schon nach wenigen Handgriffen lässt sich einschätzen, welche Strukturen funktionieren. Achten Sie darauf, verschiedene Rahmen zu verwenden, um unterschiedliche Viewports zu simulieren. Wireframes werden auf diese Weise zu einem wertvollen Werkzeug in der frühen Phase eines Responsive Webdesigns: Sie sparen sich, die nicht zielführenden Ansätze aufwendig als Prototyp oder Designentwurf anzulegen, bevor Sie diese aussortieren.

**Tools für Wireframes |** Um Wireframes anzulegen, benötigen Sie prinzipiell nichts weiter als einen Stift und ein Blatt Papier. Es gibt außerdem eine Vielzahl von Tools, die Ihnen bei Ihren Wireframes helfen können:

▶ Moqups (*http://moqups.com*)
▶ Pencil (*http://pencil.evolus.vn*)

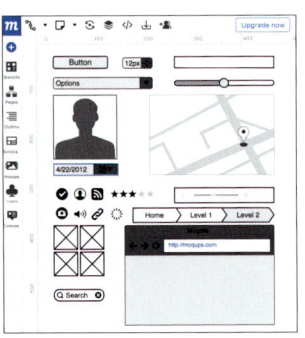

▲ **Abbildung 3.32**
Wireframing-Tools (hier Moqups, *http://moqups.com*) bieten eine Reihe von Designelementen, die beim schnellen Skizzieren helfen können.

- Hotgloo (*www.hotgloo.com*)
- Balsamiq Wireframes (*www.balsamiq.com*)
- Axure RP (*www.axure.com*)
- Omnigraffle (*www.omnigroup.com/omnigraffle*)
- Miro (*https://miro.com*)
- diagrams.net (*www.diagrams.net*)

**Wireframes und Klickdummys** | Noch besser ist es im Sinne eines menschzentrierten Designs, die Benutzerführung mit Menschen aus der Zielgruppe zu testen. Dabei werden Bereiche eines Wireframes mit anderen Wireframes verlinkt, so dass einfache Klickdummys realisiert werden.

**Grafik- und Office-Programme**
Auch Grafik- und sogar Office-Programme lassen sich für digitale Wireframes verwenden. Dabei helfen Vorlagen wie die von Rafal Tomal (*http://rafaltomal.com/free-photoshop-wireframe-kit*) oder Jens Jacobsen (*www.benutzerfreun.de/konzeption/vorlage-fuer-huebsche-wireframes*).

◂ **Abbildung 3.33**
Klickdummys mit Hilfe verlinkter Bereiche erzeugen (hier das Tool Moqups)

Wireframes haben jedoch den Nachteil, dass sie trotz allem letztendlich statisch sind und daher die interaktive Natur von modernen Websites nicht gut nachbilden können, sofern diese über das Anklicken von Links hinausgeht. Aus diesem Grund gehen viele Designerinnen und Designer dazu über, mit interaktiven Prototypen zu arbeiten.

### 3.7.2 Prototypen: Interaktionen testen

Prototypen gehen noch stärker in Richtung des fertigen Produkts. Viele Wireframing-Tools bringen entsprechende Funktionalitäten mit. Außerdem gibt es Anwendungen, die stärker auf das Prototyping spezialisiert sind, beispielsweise:
- Marvel (*https://marvelapp.com*)
- InVision (*www.invisionapp.com*)

- UXPin (*www.uxpin.com*)
- Figma (*www.figma.com*)
- Sketch (*www.sketch.com*)
- Webflow (*https://webflow.com*)
- Justinmind (*www.justinmind.com*)
- Proto.io (*https://proto.io*)
- Adobe XD (*www.adobe.com/products/xd.html*)

**CSS-Frameworks**
Es gibt eine Vielzahl beliebter CSS-Frameworks:
- Bootstrap (*https://getbootstrap.com*)
- Foundation (*http://foundation.zurb.com*)
- Skeleton (*http://getskeleton.com*)
- Pure CSS (*http://purecss.io*)
- Tailwind CSS (*https://tailwindcss.com*)

Außerdem gibt es zahlreiche Frameworks auf Basis von JavaScript-Frameworks, etwa MUI (*https://mui.com*).

Wer lieber in HTML und CSS arbeitet, kann auch CSS-Frameworks zum Prototyping nutzen. Diese Frameworks sind Sammlungen von Werkzeugen und Design-Patterns für typische Aufgaben im Webdesign. Sie bieten eine Reihe von Vorteilen:
- Die fertigen Bausteine bieten gute und sorgfältig getestete Lösungen für typische Aufgaben.
- Sie sparen Zeit bei der Entwicklung und vereinfachen die Zusammenarbeit in Teams.
- Durch eine konsistente Code-Basis werden Wartung und Entwicklung vereinfacht.
- Durch Aktualisierung der Frameworks können Fehler ausgemerzt werden, sobald sie entdeckt werden.
- Prototyping findet mit diesen Werkzeugen im Web selbst statt – also dort, wo auch die fertige Website laufen wird. Das sorgt für einen realistischen Eindruck der Interaktionen.

Allerdings sollen auch die Nachteile nicht verschwiegen werden, die mit Frameworks einhergehen können – besonders, wenn sie auch für die fertige Website verwendet werden:
- Die Einarbeitung in ein Framework kostet Zeit, die sich besonders bei mehreren Projekten lohnt.
- Obwohl Frameworks individuell konfiguriert werden können, ist der Code nicht für das jeweilige Projekt geschrieben worden. Es ist daher möglich, dass Code geladen wird, der gar nicht eingesetzt wird – und das schlägt sich negativ auf die Performance nieder.
- Schließlich können Frameworks dazu verleiten, das Design nicht stark genug zu individualisieren. So sieht man vielen Websites auf Basis von Bootstrap an, dass sie auf Bootstrap basieren.

### 3.7.3 Modular gestalten: Designsysteme, Pattern Libraries und Styleguides

Modulares menschzentriertes Webdesign entsteht in vielen Tests und Iterationen – da ist es wichtig, den Blick fürs große gestalterische Ganze nicht zu verlieren, damit alles zusammenpasst. Zugleich jedoch soll die Gestaltung flexibel bleiben, um sie an einen neuen Kontext anzupassen. In der Praxis arbeitet man daher mit Richtlinien, die Gestaltung und Verhalten von Elementen definieren: Designsysteme, Pattern Libraries und Styleguides.

- Ein **Designsystem** definiert alle Prinzipien, auf denen die Gestaltung beruht. Es ist der breiteste Begriff unter diesen dreien und umfasst die beiden anderen.
- Eine **Pattern Library** konzentriert sich darauf, wie ein digitales Produkt funktioniert. Sie sammelt die funktionalen Komponenten an einem Ort (z. B. Formularfelder und Dialogboxen), damit man sie schnell zu neuen User Interfaces zusammenbauen kann.
- Ein **Styleguide** dokumentiert das Aussehen, z. B. die Gestaltung der Komponenten oder auch die Erscheinung der Marke.

**Lesetipps und Quellen**
In ihrem Werk »Expressive Design Systems« (A List Apart) gibt Yesenia Perez-Cruz jede Menge praktische Tipps rund um Designsysteme.

»*Design systems enable designers and developers to create a consistent and cohesive product or suite of product.*«

Elizabeth Churchill, Interactions (September/Oktober 2019, S. 22)

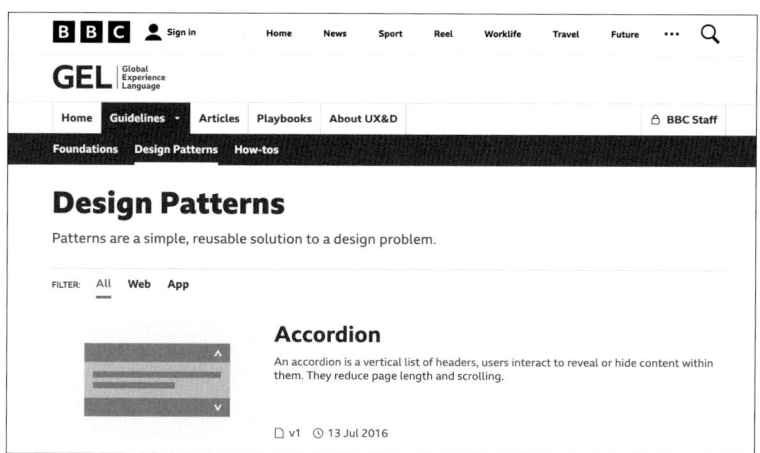

◀ Abbildung 3.34
Designsysteme können sehr umfangreich sein – hier das Beispiel der BBC Global Experience Language (*www.bbc.co.uk/gel*).

Die drei Begriffe sind also eng miteinander verbunden, aber nicht synonym zu gebrauchen.

**Designsysteme** | Designsysteme haben einige Vorteile:
- Sie fördern Konsistenz (»Widerspruchsfreiheit«). Das bedeutet, dass sich ein digitales Produkt in vergleichbaren Fällen iden-

# 3 Konzeption und Design

tisch verhält (funktionale Konsistenz) und aussieht (visuelle Konsistenz).
- Sie beschleunigen Arbeitsabläufe, besonders innerhalb von Teams.
- Sie dienen als Inspirationsquelle bei der Lösung von Designherausforderungen, indem man von Ideen anderer lernt.
- Oft zeigen sie auch den Quelltext und helfen damit bei der technischen Realisierung.
- Sie vereinfachen das Testen von allen Elementen an einem Ort.
- Sie helfen beim Erstellen neuer Inhalte, weil sie auf einen Blick zeigen, welche Stilmittel und Lösungen zur Verfügung stehen.
- Sie bilden die Basis für eine Weiterentwicklung, denn sie beantworten Fragen wie: Können einzelne Module wiederverwertet oder neu kombiniert werden? Passen die Module zueinander?

**Return on Investment (ROI) von Designsystemen**
Durch die Bereitstellung gut dokumentierter Komponenten sparen Designsysteme Aufwand und Geld. Unter *www.knapsack.cloud/calculator* finden Sie einen Rechner, mit dem Sie die Ersparnis einschätzen können.

**Designsysteme entwickeln** | Am effektivsten ist, mit der Arbeit an einem Designsystem so früh wie möglich in einem Projekt anzufangen. Zunächst sollten Sie die Designprinzipien hinter der Gestaltung definieren, die als Entscheidungshilfe dienen sollen. Orientieren Sie sich dabei an Ihrem konkreten, spezifischen Anwendungsfall: Wie soll sich die Gestaltung anfühlen? Falls Sie in einem Team arbeiten, sollten die Designprinzipien gemeinsam mit dem Team entwickelt werden. Greifen Sie dabei auf Ihr Grobkonzept und die Projektmatrix (siehe später) zurück.

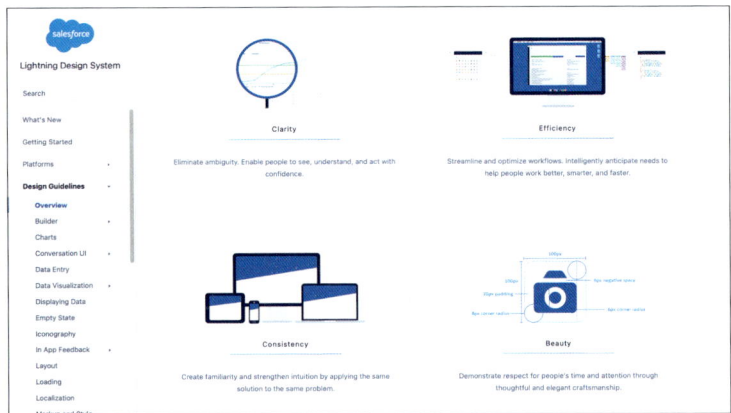

▲ Abbildung 3.35
Konkrete Designprinzipien im Designsystem von Salesforce
(*www.lightningdesignsystem.com/guidelines/overview*)

**Pattern Library und Styleguide |** Mit dieser Grundlage erstellen Sie nun einen Styleguide und eine Pattern Library mit allen Komponenten, die irgendwo auf der Website verwendet werden könnten:

- Überschriften, Tabellen, Formulare, Links in allen möglichen Zuständen und Listen gehören dazu. Denken Sie aber auch über seltener genutzte HTML-Elemente wie pre nach.
- Bauen Sie anschließend die grundlegenden Content-Module, etwa Cards, Accordions, Bildergalerien oder Carousels.
- Achten Sie außerdem auf eine sinnvolle Struktur des Styleguides, und ergänzen Sie Sprungmarken oder eine Navigation. Geben Sie Ihren Komponenten eindeutige Namen und eine kurze Beschreibung.
- Zeigen Sie auch Beispiele von konkreten Anwendungen der Komponenten im Kontext – am besten mit realistischen Inhalten.

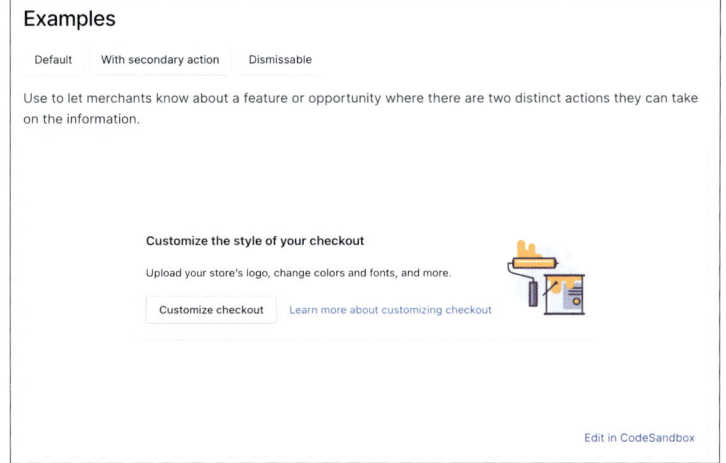

◄ **Abbildung 3.36**
Shopify liefert in seinem Polaris-Designsystem zahlreiche Beispiele für jede Komponente (*https://polaris.shopify.com*).

- Variieren Sie unbedingt die Inhalte, die Sie in Ihrem Styleguide darstellen – und gehen Sie ganz bewusst auch von Extremfällen aus, etwa einem Warenkorb mit einer hohen Anzahl von Produkten, in vielen Ebenen verschachtelten Kommentaren oder sehr langen Überschriften und Teaser-Texten. Ist das Design dann noch nutzbar?
- Ergänzen Sie auch Markenelemente wie Logos oder Maskottchen sowie Farbwerte und das Raster.

Ein weiterer Rat: Unterschätzen Sie nicht den Aufwand, der hinter einem Designsystem steht. Aber auch hier gilt: Der Weg ist das Ziel. Beginnen Sie mit den wichtigsten Elementen, und erweitern Sie das Dokument konsequent. Bauen Sie dabei immer wieder die Erfahrungen ein, die Sie oder Ihr Team bei der praktischen Arbeit mit dem Dokument gemacht haben.

**Praxislösungen für Designsysteme** | Natürlich bringt es wenig, ein Designsystem aufzubauen und dann in den virtuellen Schrank zu stellen – es sollte bei der Arbeit an der Website genutzt werden und weiterleben. Eine Möglichkeit ist es, mit einem Dokument zu arbeiten, das auf derselben Code-Basis beruht wie die Website selbst (»**Living Styleguide**«). In der Praxis werden oft Styleguide-Generatoren eingesetzt, um die Erstellung zu automatisieren.

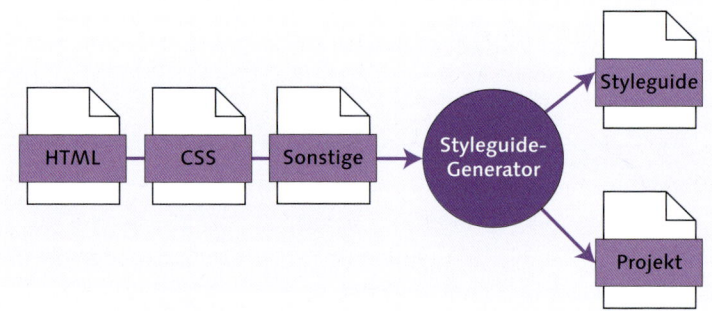

◀ **Abbildung 3.37**
Vereinfachtes Schema des Workflows mit Styleguide-Generatoren (nach Olaf Gleba, *http://webkrauts.de/artikel/2014/living-styleguides*)

Einen Schritt weiter geht die Idee der **Design-Token**, die vom Salesforce-Designteam entwickelt wurden. Design-Token sind kleine Informationseinheiten, die gestalterische Entscheidungen dokumentieren (etwa Farben, Abstände und Schriften). Der Mehrwert von Design-Token liegt in ihrer Unabhängigkeit von Technologien und Plattformen. Wenn das Designteam eine Entscheidung trifft (etwa eine Button-Farbe zu ändern), wird sie mit Hilfe einer Technologie wie Amazon Style Dictionary (*https://amzn.github.io/style-dictionary*) automatisiert in die verschiedenen digitalen Produkte weitergereicht (etwa als CSS fürs Web oder Swift für die iOS-App). Dazu erhält jedes Design-Token einen Namen, mit dem es im Quelltext angesprochen werden kann (etwa »color.font.base« für die grundlegende Schriftfarbe), sowie natürlich einen Wert.

---

**Design-Token im Netz**
Mehr zum Thema »Design-Token« erfahren Sie in diesen Onlinequellen:
▶ Lightning Design System von Salesforce: *www.lightningdesignsystem.com/design-tokens/* und *www.youtube.com/watch?v=wDBEc3dJJV8*
▶ Introduction to Design Token: *specifyapp.com/blog/introduction-to-design-tokens*
▶ Design Tokens Community Group: *www.designtokens.org*

## 3.7 Ideen bewerten

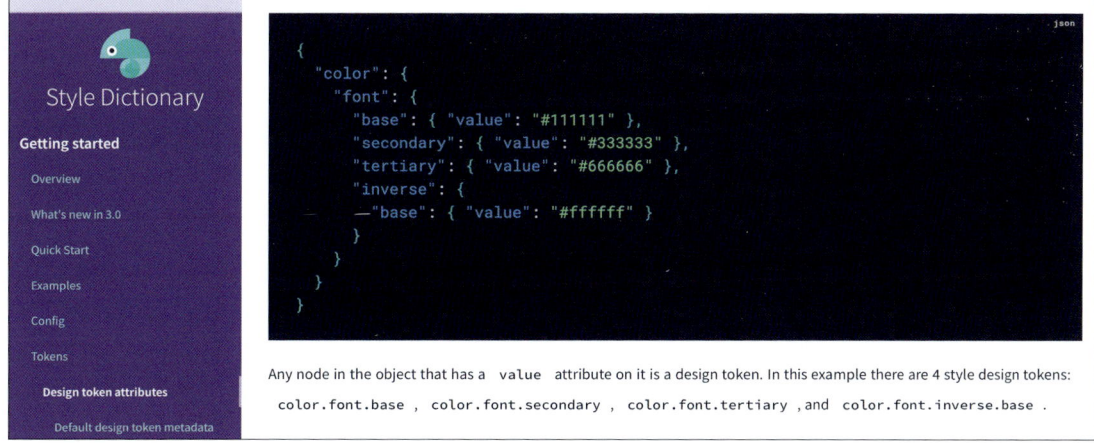

▲ **Abbildung 3.38**
Definition von Design-Tokens am Beispiel von Amazon Style Dictionary (*https://amzn.github.io/style-dictionary/#/tokens*)

**Interface-Audits zur Analyse bestehender Gestaltungen |** Sofern Sie eine bestehende Website überarbeiten (Re-Design), sollten Sie einen visuellen Interface-Audit durchführen. Dabei gehen Sie systematisch durch alle Bereiche eines digitalen Produkts und sammeln Screenshots von allen Komponenten. Das Ergebnis ist das sogenannte *Interface-Inventar*. Es hilft bei der Analyse, ob die Designsprache einheitlich ist und zu den Designprinzipien passt. Halten Sie auch die Aufgaben der Komponenten fest, denn manchmal gibt es ähnlich aussehende Komponenten, die nicht dem gleichen Zweck dienen.

▼ **Abbildung 3.39**
Beispiel für ein Interface-Inventar für die Website *https://monday.com*, erstellt in Airtable (*www.airtable.com*) nach einer Idee von Vivian Li (*https://rohl.es/interface-audit*)

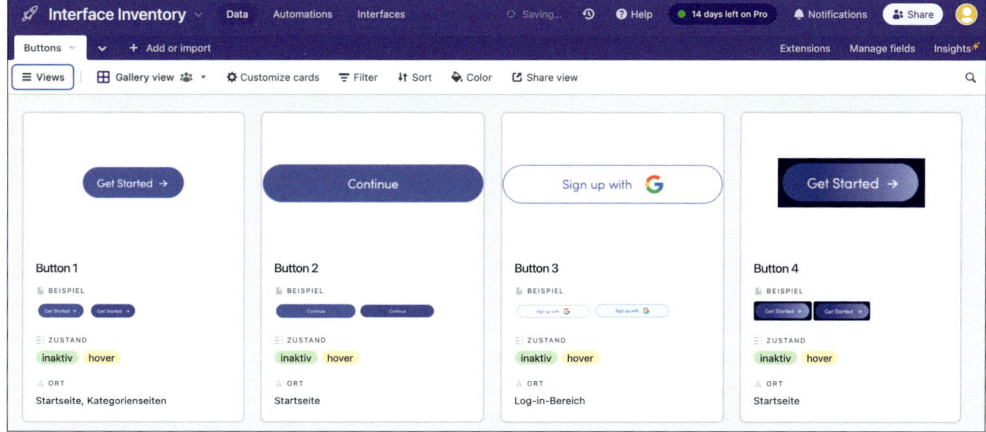

### 3.7.4 Konzeption mit einer Projektmatrix auf den Punkt bringen

Oft lohnt es sich auch, die gewünschten Assoziationen unter die Lupe zu nehmen. Dazu stellen wir Ihnen ein Verfahren vor, das wir »Projektmatrix« getauft haben.

Methodisch besteht die Projektmatrix aus einer einfachen Tabelle, bei der Sie in die Zeilen alle Adjektive schreiben, die Ihre Website beschreiben sollen. Die Spalten lassen Sie vorerst frei, nur ganz ans Ende setzen Sie eine Spalte namens »Summe«.

Diese Matrix sollten Sie von nun an stets neben Ihrem Rechner liegen haben, bis Sie das Projekt beendet haben. Schreiben Sie dann für jedes Gestaltungselement, für das Sie sich entschieden haben, einen Namen in eine Spalte – egal, ob Logo, Typografie, Farbgebung …

Gehen Sie nun alle Adjektive durch, und überlegen Sie, ob dieses Gestaltungselement zu dem gewünschten Eindruck beiträgt. Wir verwenden dazu gerne eine fünfstufige Skala von ++ (trifft sehr zu) über 0 (trägt zu diesem Eindruck gar nichts bei) bis -- (widerspricht diesem Eindruck). Anschließend addieren Sie alle + und - getrennt voneinander in der Spalte »Summe«.

| Eindruck/ Gestaltungselement | Farbe Rosa | Runde Formen | Farbe Weiß | Schreibschrift | Ansprache mit »Du« | Bilder von Herzen und Schnörkel | SUMME |
|---|---|---|---|---|---|---|---|
| weiblich | ++ | ++ | + | 0 | 0 | 0 | 5+ |
| jung | + | 0 | + | ++ | ++ | 0 | 6+ |
| unschuldig | + | 0 | ++ | + | + | ++ | 7+ |
| natürlich | 0 | ++ | 0 | + | 0 | ++ | 5+ |
| hell | + | 0 | ++ | 0 | 0 | 0 | 3+ |

▲ **Tabelle 3.2**
Beispiel für eine Projektmatrix für einen Onlineshop, der sich an junge Frauen wendet

In Tabelle 3.2 wird ersichtlich, dass diese Gestaltungselemente zwar den gewünschten Eindruck von einem Onlineshop für junge Frauen vermitteln, aber auch leicht klischeehaft wirken können:

▶ Unter »Summe« erkennen Sie: Es gibt kein einziges »-« in der Tabelle – nichts, was ein wenig Spannung schaffen könnte. Gute Gestaltung tanzt jedoch oft auch ein wenig aus der

Reihe – Sie könnten z. B. die Schreibschrift austauschen gegen eine Schrift, die etwas weniger jung wirkt und dem Design das gewisse Etwas gibt.

▶ Die Adjektive »weiblich«, »unschuldig« und »natürlich« sind recht klischeehaft. Manchmal liegt das Gute in einer Gestaltung gerade darin, solche Klischees zu hinterfragen – die Projektmatrix hilft Ihnen dabei, sie zu erkennen.

▶ Es gibt sehr viele »++« in der Tabelle. Diese Elemente sollten Sie kritisch hinterfragen – manchmal sind sie genau richtig, manchmal einfach zu viel.

▶ Die Spalte »Summe« hilft Ihnen dabei, den vorherrschenden Eindruck zu analysieren – in diesem Beispiel fällt »hell« gegenüber den anderen Assoziationen etwas ab. Falls Ihnen diese Assoziation wichtig ist, sollten Sie Ihre Gestaltung noch einmal überdenken.

▶ Außerdem hilft Ihnen die Projektmatrix dabei, zu untersuchen, ob Sie alle Assoziationen erfasst haben. Natürlich ist Schreibschrift mit »jung« assoziiert, aber kann sie nicht auch »naiv« wirken? Und wenn Sie diese Assoziation ergänzen, bestätigen die anderen Gestaltungsmittel auch diesen Eindruck? Stört das die Aussage, die Ihre Gestaltung vermitteln soll?

**Als Hilfsmittel nutzen** | Noch ein Hinweis: Sie sollten dieses Verfahren als das betrachten, was es ist – ein Hilfsmittel. Gestaltungen lassen sich nicht mathematisch fassen nach dem Motto »Ich addiere alle eleganten Elemente zusammen, dann ist meine Gestaltung elegant« – vielleicht tritt genau das Gegenteil ein, weil Sie den Bogen überspannen. Unser gestalterisches Auge hat also immer das letzte Wort.

Dennoch haben wir mit der Projektmatrix gute Erfahrungen gemacht, denn oft ist ein Gestaltungselement ambivalent. Diese Stellen entscheiden oft darüber, ob eine Gestaltung stimmig wirkt. Ambivalenz lässt sich nicht immer mit nur einem Gestaltungselement auflösen – eine Farbkombination kann nun einmal mehrere Bedeutungen haben. In solchen Fällen können andere Gestaltungselemente helfen, die Ambivalenz abzuschwächen – manchmal kann die Formsprache die Farbgebung eindeutig machen.

Ein weiterer Vorteil ist, dass die Matrix Ihnen kleine Ausrufezeichen setzen kann, wenn Sie aufpassen müssen. Die Werte ++

---

**Projektmatrix**
+ jederzeit erweiterbar
+ schneller Überblick
+ systematisch
– kann bei falscher Anwendung zu bloßen Klischees führen

**Nützliches Hilfsmittel**
Die Projektmatrix ist nur ein Hilfsmittel – die letzte Entscheidung liegt bei Ihnen als Gestalterin und Gestalter. Das schmälert ihren Wert jedoch nicht, wenn sie sinnvoll eingesetzt wird.

und -- stehen oft für sehr starke Elemente, die viel Aufmerksamkeit erhalten dürften. Bewegt sich Ihre Gestaltung hingegen meist um 0 herum, sollten Sie aufpassen, dass sie nicht fade wirkt.

### 3.7.5 Ideen auswerten

In diesem Stadium haben Sie verschiedene Schritte durchgeführt – Ideen wurden erzeugt und visualisiert, Wireframes und erste Prototypen evaluiert, Grundlagen für eine einheitliche User Experience gelegt und der gewünschte Eindruck mit einer Projektmatrix überprüft. Nun gilt es, alle diese Erkenntnisse systematisch zusammenzubringen und sich für die vielversprechendsten Ansätze zu entscheiden.

Empfehlenswert ist ein systematisches Vorgehen: Nehmen Sie sich jede Idee nacheinander vor, und fragen Sie sich, was daran nicht funktioniert hat und welche Lösungen und Alternativen es dazu gibt. Mit anderen Worten: Versuchen Sie, jede Idee zu retten! Berücksichtigen Sie dabei auch die Ergebnisse Ihrer Tests sowie das Feedback der Nutzenden. Versuchen Sie außerdem, Ideen zu kombinieren. Welcher Ihrer Ansätze passt gut zu einem anderen? Schließlich bewerten Sie Ihre Ideen und stellen sich dabei die folgenden Fragen:

- Hat die Idee eine zu kurze Halbwertszeit? Nutzt sie sich zu rasch ab?
- Passt die Idee zur Zielformulierung?
- Wie reagieren Menschen aus der Zielgruppe auf die Idee? Verstehen sie die Idee? Erfüllt sie ihre Bedürfnisse?
- Könnte man die Idee missverstehen? Was würde jemand darüber denken, der sie geradezu bösartig umdeuten möchte?
- Wie unverwechselbar ist die Idee? Setzen Sie einmal ein anderes Logo ein: Würde sie dann immer noch funktionieren? Das könnte ein Zeichen sein, dass die Idee zu beliebig ist.

Sie sollten für jede Fragestellung einige Ideen herauspicken, an denen Sie weiterarbeiten – erfahrungsgemäß hilft es, sich auf drei Varianten zu konzentrieren. Diese drei Kandidaten werden Sie im Laufe des weiteren Projekts verfeinern und systematisch ausweiten.

## 3.8 Umsetzung und Ausarbeitung

Nach der Festlegung, welche Ideen weiterverfolgt werden sollen, geht es an die technische und gestalterische Ausarbeitung.

### 3.8.1 Designentwürfe oder Mockups

Mockups setzen auf die Ergebnisse der vorherigen Phasen auf, sind aber konkreter als Prototypen und Wireframes.

**Layoutprogramme |** Es gibt eine ganze Reihe von Grafikprogrammen, die sich für diesen Schritt anbieten. Sehr beliebt sind Photoshop und Illustrator (Adobe), Sketch (Bohemian Coding) oder Affinity Designer (Serif). Mockups ähneln bereits stark der »fertigen« Website und können sehr arbeitsaufwendig werden, besonders wenn unterschiedliche Viewport-Größen und Seitentypen simuliert werden sollen. Sie haben jedoch den Nachteil, dass sie statische Kompositionen sind. Zahlreiche Aspekte des Webdesigns lassen sich hier nur simulieren – etwa Text-Rendering, Animationen, responsives Verhalten oder Performance.

**… oder lieber direkt im Browser gestalten? |** Viele Kreative sind daher dazu übergegangen, direkt im Browser zu gestalten (»Designing in the Browser«):

- Viele Designaspekte können in CSS schneller verändert werden als in Grafikprogrammen.
- Bei der Arbeit mit Prototypen, modularem Design und vielen Tests bietet es sich an, auch die Gestaltung selbst im Web vorzunehmen.
- Die Grundlagen von CSS sind verhältnismäßig einfach zu lernen.
- Ein Verständnis von CSS hilft Designerinnen und Designern dabei, bessere Designentscheidungen speziell für das Web zu treffen, und vereinfacht die Zusammenarbeit mit Entwicklungsteams.
- Sie können Entwürfe direkt in dem Medium erstellen, in dem auch das fertige Produkt rezipiert wird. So können Sie am besten beurteilen, welchen Eindruck Ihr Werk hinterlassen wird.

**Tipp: HTML5 Boilerplate**
Wenn Sie mit der Arbeit im Browser beginnen, aber nicht auf eines der großen Frontend-Frameworks setzen möchten, empfehlen wir Ihnen das schlanke HTML5 Boilerplate von Mathias Bynens: *https://html5boilerplate.com*.

### 3.8.2 HiFi-Prototypen: im Browser entscheiden

Wie und mit welchen Werkzeugen Sie ein Design ausarbeiten, ist letztendlich vor allem eine Frage Ihrer persönlichen Vorlieben und Erfahrungen. Sehr ans Herz legen möchten wir Ihnen jedoch einen Vorschlag des Designers Dan Mall (*https://the-pastry-box-project.net/dan-mall/2012-september-12*): Egal, mit welchen Werkzeugen wir ein Design erstellen, die *Entscheidung* für einen Ansatz sollten wir im Browser treffen. Denn nur der Browser kann zeigen, wie sich Aspekte wie Performance, Ladegeschwindigkeit, Flexibilität, Interaktionen, Animationen oder das Rendering von Texten und Farben auf ein Design auswirken, die typisch für digitale Medien sind. Auch wenn Sie Entwürfe in einem Layoutprogramm anlegen, halten Sie im Hinterkopf, dass diese immer nur Annäherungen sind und eine endgültige Entscheidung erst später, bei der Umsetzung in Webtechnologien, getroffen werden kann.

Mit Ideen und den richtigen Methoden ausgerüstet, geht es nun darum, Ihre Lösungsansätze in eine stimmige Gestaltung zu gießen. Die folgenden Kapitel werden daher nach und nach behandeln, welche Aspekte Sie dabei berücksichtigen sollten. Den Anfang macht das Layout, und Sie werden lernen, worauf Sie bei der Anordnung von Elementen auf einer Website achten sollten.

# Layout und Komposition

So schaffen Sie eine stimmige Anordnung Ihrer Website

▶ Welchen Grundregeln folgt eine gute Gestaltung?

▶ Wie wirken meine Designentscheidungen?

▶ Was ist ein Raster?

▶ Wie passe ich Layouts im Responsive Webdesign an?

# 4 Layout und Komposition

Die richtige Komposition der Elemente ist von entscheidender Bedeutung. Wie in der Musik bestimmen Sie mit der Zusammenstellung der einzelnen Elemente den Gesamteindruck einer Gestaltung.

## 4.1 Die Grundlagen moderner Gestaltung

Gestaltung ist nicht einfach nur Geschmackssache – sie folgt klaren, psychologisch fundierten Regeln. Damit wir eine Website nutzen können, müssen wir die Zusammenhänge zwischen allen Interaktionen verstehen, die sie uns anbietet. Alle gestalterischen Entscheidungen sind so in die gesamte User Experience eingebettet und miteinander verzahnt. Sie sollten daher die wichtigsten Grundregeln guter Gestaltung kennen, damit Ihre Designs keine Zufallsprodukte sind.

### 4.1.1 Wahrnehmungsgesetze

Zu den wichtigsten psychologischen Grundlagen zählen die Wahrnehmungsgesetze. Sie gehen zurück auf die Gestaltpsychologie. Diese Forschungsrichtung versucht, die Regeln der menschlichen Wahrnehmung zu identifizieren, und hat diese Regeln in den Gestaltgesetzen definiert.

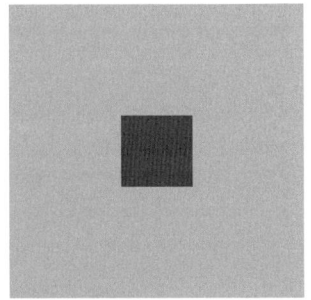

▲ **Abbildung 4.1**
Diese Abbildung zeigt ein dunkles Quadrat auf einem hellen Grund. Die umgekehrte Interpretation (helle Fläche im Vordergrund mit einer Aussparung, durch die man den dunklen Untergrund sehen kann) liegt weniger nahe.

**Figur und Grund** | Das Gesetz von Figur und Grund erklärt, nach welchen Maßstäben Menschen Vorder- und Hintergrund unterscheiden. Eine Figur scheint im Vordergrund zu liegen, wenn sie als Form erkennbar ist, z. B. durch regelmäßige Gestaltung und Abgegrenztheit. Im Gegensatz dazu wird der Hintergrund als nicht begrenzt wahrgenommen.

Eine klare Trennung von Figur und Grund hilft den Menschen dabei, ihre Aufmerksamkeit zu fokussieren und zentrale Elemente zu erkennen. Ein Blick auf Abbildung 4.2 genügt, um die rechte Schaltfläche auch als eine solche zu erkennen. Bei der linken Schaltfläche hingegen wird das nicht sofort ersichtlich.

Das Verhältnis von Figur und Grund lässt sich auch variieren. Das passiert häufig bei Pop-ups und modalen Fenstern. Die eigentliche Website wird dabei überlagert oder unscharf, so dass sie für die Dauer der Interaktion mit dem Pop-up zum Hintergrund wird. Richtig spannend wird es, wenn Sie mit der Unterscheidbarkeit von Figur und Grund spielen.

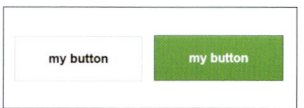

▲ **Abbildung 4.2**
Das Gesetz von Figur und Grund als Beispiel mit einfachen Schaltflächen

**Nähe |** Als soziale Wesen sind wir gewohnt, nahe Elemente als zusammengehörig zu interpretieren: Menschen, die sich kennen, stehen beieinander, während Unbekannte Abstand wahren. Nähe verbindet, auch visuell.

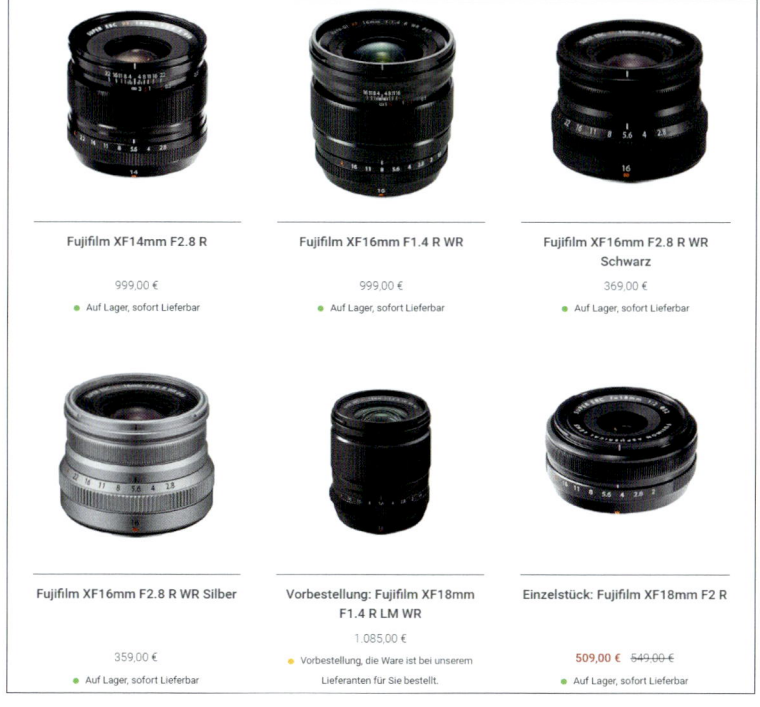

▲ **Abbildung 4.3**
Nahe beieinander positioniert, werden wir Elemente als Einheit wahrnehmen, ohne sie durch einen Rahmen oder Ähnliches »zusammenzuschweißen«.

◀ **Abbildung 4.4**
Durch die Nähe von Bild, Unterstrich, Titel, Preis und Lagerstatus wird klar, welche Elemente zusammengehören und wo ein neuer Block beginnt (*www.fuji-store.de*).

**Ähnlichkeit |** Struktur und Zusammengehörigkeit entstehen auch, wenn Elemente einander ähnlich sind. Das Gesetz der Ähnlichkeit kann sich auf alle visuellen Mittel (Form, Farbe, Größe …) sowie auf Interaktionen beziehen. Ähnlichkeit eignet sich gut, um

# 4 Layout und Komposition

▲ **Abbildung 4.5**
Ähnlichkeit bewirkt den Eindruck von Zusammengehörigkeit.

Inhalte zuzuordnen. Die Karlshochschule (*https://karlshochschule.de/de*) verwendet dazu Farben: Jedem Studienschwerpunkt wird eine Farbe zugewiesen, die sich beim Navigieren oder in den Inhaltsbereichen wiederfindet.

▲ **Abbildung 4.6**
Farbleitsystem der Karlshochschule

**Abbildung 4.7** ▶
Die Gesetze von Nähe und Ähnlichkeit sind maßgeblich daran beteiligt, dass Nutzerinnen und Nutzer verschiedene Bereiche eines User Interfaces richtig zuordnen können – hier am Beispiel von Twitter.

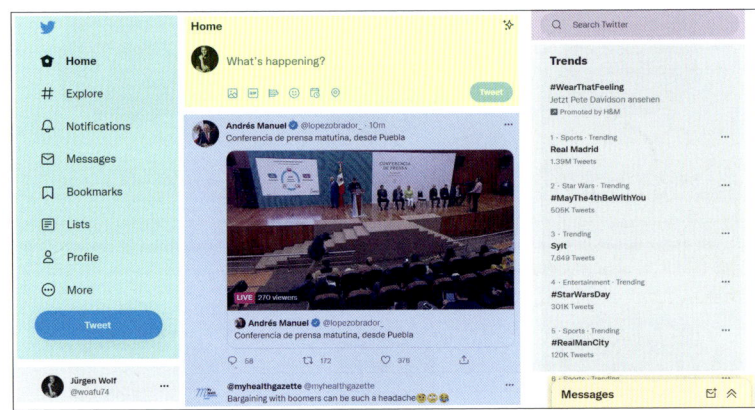

▲ **Abbildung 4.8**
Formen werden als Ganzes interpretiert – hier ein helles Kreuz.

**Geschlossenheit** | Das Gesetz der Geschlossenheit erfasst einen der spannendsten Aspekte von Gestaltung: Menschen sehen Dinge, die gar nicht da sind, indem sie getrennte Formen als ein Ganzes betrachten. Wenn die Elemente in einer Weise angeordnet werden, die eine naheliegende Form andeutet (in Abbildung 4.8 ein Kreuz), wird diese Form auch wahrgenommen – die äußere, unsichtbare Form verbindet also die einzelnen Elemente. Dieses Gesetz erläutert anschaulich, dass Menschen ihre Umgebung nicht einfach nur wahrnehmen, sondern *interpretieren*.

# Die Grundlagen moderner Gestaltung 4.1

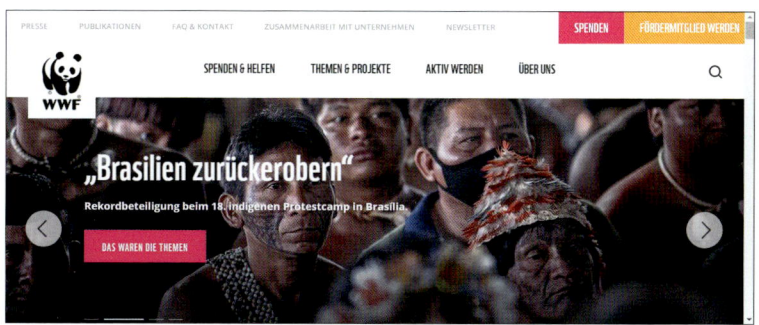

◄ **Abbildung 4.9**
Das Logo von WWF (*www.wwf.de*) ist ein Paradebeispiel für das Gesetz der Geschlossenheit – der Panda wird direkt erkannt, obwohl er nur aus schwarzen Stellen besteht.

**Erfahrung** | Ein weiteres Gesetz, das Ihnen die Interpretation der Wahrnehmung aufzeigt, ist das Gesetz der Erfahrung. Menschen beurteilen ihre Eindrücke auf Basis ihrer gesammelten Erfahrungen. Für die visuelle Gestaltung bedeutet das, dass Sie nicht alles vollständig zeigen müssen: Sie können eine Form anschneiden, ohne dass die Menschen die Form nicht mehr verstehen.

▲ **Abbildung 4.10**
Viele dieser Symbole sind uns schon so häufig begegnet, dass uns ihre Bedeutung sofort geläufig ist (*www.flaticon.com*).

◄ **Abbildung 4.11**
Sterne, die sich raffiniert überlappen und dennoch erkennbar bleiben, im Logo von Devstars (*www.devstars.com*)

Ganz besonders deutlich lässt sich das Gesetz der Erfahrung beim Einsatz von Icons oder Symbolen erkennen.

**Prägnanz** | Das Gesetz der Prägnanz oder Einfachheit ist auch als Gesetz der guten Gestalt bekannt. Eine gute Gestalt wird definiert als eine Form, die sich eindeutig vom Hintergrund und anderen Formen unterscheidet. Dies sind immer die einfachen Grundformen, die von Menschen bei ihrer Interpretation bevorzugt werden – wir benötigen geringere kognitive Ressourcen, um diese Formen zu erkennen. In Abbildung 4.12 liegt die Interpretation eines Rechtecks mit einem Kreis nahe – kaum jemand kommt auf die Idee, dies könne ein eigenartiges Gebilde mit Ecken und Kurven sein. Zudem sind einfache Formen besser zu erinnern als komplexe.

▲ **Abbildung 4.12**
Eher ein Rechteck mit einem Kreis als ein – ja, was eigentlich?

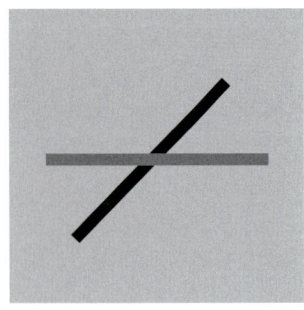

▲ **Abbildung 4.13**
Formen werden gedanklich fortgeführt.

**Fortsetzung** | Menschen achten bevorzugt auf Linien. Wenn sie welche finden, setzen sie diese in Gedanken fort. Im Beispiel in Abbildung 4.13 erkennen Sie das Prinzip: Die dunkle Linie wird zwar von einer anderen Linie unterbrochen, in Gedanken aber fortgesetzt und mit ihrer Artgenossin verbunden. Sie nehmen **eine** dunkle Linie wahr, durch die eine andere läuft, nicht zwei voneinander getrennte Linien.

Beim Webdesign findet man das Gesetz der Fortsetzung beispielsweise beim Zahlungsanbieter Stripe, der Orte auf einer Weltkugel mit gebogenen Linien verbindet. Selbst wenn die Endpunkte dieser Linien auf der nicht sichtbaren Seite der Weltkugel liegen, können wir sie mental vervollständigen und verstehen die Aussage, dass wir mit Stripe weltweite Zahlungen realisieren können.

**Abbildung 4.14** ▶
Visualisierung von weltumspannenden Verbindungen bei Stripe (*https://stripe.com*)

Fortsetzung hilft auch dabei, Inhalte besser erfassbar zu machen. So ist das rechte Diagramm einfacher und schneller zu verstehen als das linke, obwohl beide die gleichen Daten darstellen.

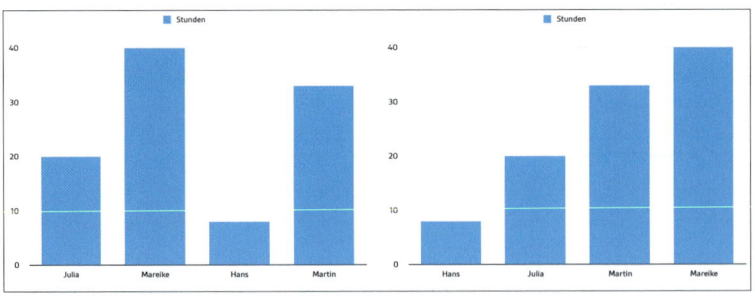

**Abbildung 4.15** ▶
Gesetz der Fortsetzung bei Diagrammen

**Symmetrie** | Menschen achten auf Ordnung. Symmetrische Elemente werden als zusammengehörig wahrgenommen, asymmetrische eher als diffus. Auf Symmetrie werden wir noch ausführlich eingehen.

◄ **Abbildung 4.16**
Die Brüder Rick and Drew Baker (*www.rickanddrew.com*) nutzen Symmetrie auf der Website.

### 4.1.2 Formen

Wenn Sie ein Weblayout erstellen, denken Sie auch daran, wie Formen die Wirkung Ihrer Designs beeinflussen können. Das gilt für das gesamte Layout und die verschiedenen Flächen und Bereiche darin, aber auch für Icons und Schmuckelemente.

**Formtypen** | Grob vereinfacht, gibt es drei Arten von Formen: geometrisch, natürlich (sowie die stark verwandte Form »organisch«) und abstrakt.

 CSS bietet immer mehr Möglichkeiten, Formen technisch umzusetzen – auch ohne mit Bildern zu arbeiten. In der PDF-Datei »css-shapes.pdf« im Download-Bereich zum Buch finden Sie weitere Informationen dazu.

▲ **Abbildung 4.17**
Verschiedene Typen von Formen

**Formtypen**
Es gibt drei Formtypen, die sehr unterschiedliche Wirkungen haben:
► **geometrisch**: konstruiert, mathematisch, abweisend
► **natürlich**: geschwungen, schön, kitschig
► **abstrakt**: modern, intellektuell, schwer greifbar

► **Geometrische Formen** dürften Ihnen hinreichend bekannt sein – es sind alle regelmäßigen Formen wie Dreiecke, Rechtecke, Kreise, Raute, Hexagon. Sie wirken mathematisch konstruiert, stehen eher für eine klare Formsprache, aber außerdem auch für eine gewisse abweisende Stimmung – die sprichwörtliche geometrische Kälte. Außerdem sind sie starken Konventionen unterworfen, besonders in Verbindung mit Farben: Schilder mit roten Dreiecken bedeuten stets »Achtung, Stopp, etwas stimmt nicht«, grüne Kreise (Ampel) »Alles in Ordnung, weiterfahren«.

**Formen mischen**
Natürlich gibt es auch Mischformen zwischen den Typen. Eine Blume kann durchaus geometrisch konstruiert wirken, wenn alle Blätter regelmäßig angeordnet sind. Und abstrakte Kunst lebt oft gerade davon, dass sie noch eine gewisse Ähnlichkeit zur natürlichen Umgebung aufweist – ein stetiges Spiel zwischen Abstraktion und Natürlichkeit.

▲ **Abbildung 4.18**
Die Website *www.aarkcollective.com* kombiniert eindrucksvoll, wie man die Produkte mit geometrischen Formen und Aufteilungen in verschiedensten Farben präsentiert.

▲ **Abbildung 4.19**
Ornamente verleihen eine individuelle, verspielte Ästhetik (*www.konahenna.com*).

▸ **Natürliche Formen** sind der freien Natur nachempfunden. Sie basieren auf geschwungenen Linien und haben Assoziationen mit natürlichen Dingen: Blumen, Bäume, Ornamente. Solche Formen wirken verspielt, sympathisch und heimelig, können aber auch ins Kitschige abgleiten. **Organische Formen** verdrängen nach und nach die scharfkantigen und rechtwinkligen Designs oder werden damit kombiniert. Organische Formen orientieren sich an der Natur und bestechen durch starke Wölbungen und dynamische Rundungen. Dabei wird bewusst auf Symmetrie verzichtet, wodurch die Website mehr Tiefe erhält und natürlicher wirkt.

▸ **Abstrakte Formen** schließlich sind modern und lassen uns an abstrakte Kunst denken. In ihrer Wirkung sprechen diese Formen unseren Intellekt an, sie können für eine sehr freie Gestaltung stehen. Allerdings sind abstrakte Formen auch schwer greifbar und wenig intuitiv.

◄ **Abbildung 4.20**
Organische Formen durchbrechen das starre Muster des rechtwinkligen Designs (*https://eqtventures.com*).

◄ **Abbildung 4.21**
Abstrakte Formen stehen eher für die künstlerisch angehauchten Bereiche der Architektur oder des Designs (*www.mrsaghafi.com*).

Wenn Sie Ihr Auge schulen möchten, versuchen Sie einmal, die Welt um Sie herum in Formen wahrzunehmen. Vereinfachen Sie alles, was Sie sehen, in die grundlegenden Formen. Achten Sie dabei besonders auf den Raum zwischen den Formen – denn erst dieser **Zwischenraum** macht eine Form zu einer Form.

**Formkontraste nutzen** | Formen kommunizieren Ideen und helfen dabei, eine Aussage zu vermitteln. Vertraute Formen legen bekannte Interpretationen nahe – so sehr, dass Sie diese Formen nicht einmal ganz zeigen müssen (Gesetz der Erfahrung). Ungewöhnliche Formen hingegen ziehen die Aufmerksamkeit auf sich. »Ungewöhnlich« steht dabei auch für Formen, die innerhalb der Gestaltung anders sind (Formkontrast).

In Aktion können Sie einen solchen Formkontrast bei Apple sehen. Bei der Gestaltung herrschen waagerechte Kästen und strenge Linien vor – kantige Buttons, große rechteckige Flächen,

**Interesse vs. Skepsis**
Bedenken Sie außerdem: Neuartigen Formen wird mit einer gewissen Skepsis begegnet, da Menschen sich emotional eher mit Bekanntem verbunden fühlen. Dieser Effekt ist besonders stark in konservativen Kulturen.

klar abgegrenzte Navigation. Im Gegensatz dazu sind zahlreiche Produktfotos und zentrale Headlines freigestellt. Dieser Formkontrast lässt die Produkte als etwas ganz Besonderes erscheinen.

Abbildung 4.22 ▶
Formkontrast auf *www.apple.com*

**Linien**
Linien haben folgende Eigenschaften:
- schaffen Struktur
- lenken Aufmerksamkeit
- führen Leserinnen und Leser
- trennen Bereiche
- sind dynamisch (schräg)
- können je nach Leserichtung steigen oder fallen

**Linien** | Linien sind häufige Designelemente im Web. Sie lenken die Aufmerksamkeit beim Lesen und strukturieren eine Gestaltung, indem sie Bereiche abtrennen. Die Wahrnehmung von Linien hängt stark von ihrer Richtung ab. Horizontale Linien erscheinen uns natürlicher, weil wir uns stets in der Horizontalen bewegen. Vertikale Linien hingegen sind abstrakter: Ein Turm von 300 m Höhe erscheint uns gewaltig hoch, während eine Brücke von 300 m Breite leicht zu überwinden ist.

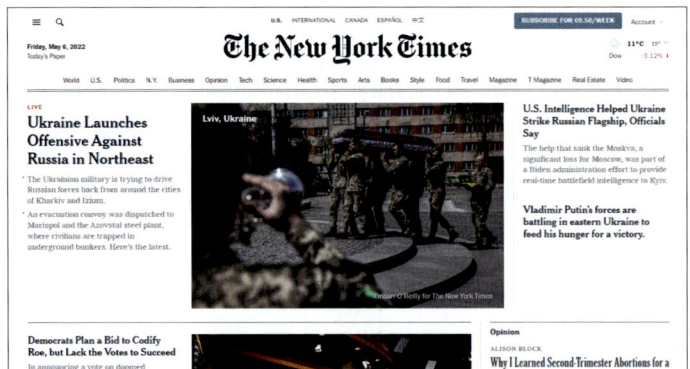

Abbildung 4.23 ▶
Horizontale Trennlinien zwischen Header und Content (*www.nytimes.com*)

Horizontale Linien eignen sich gut zur Leseführung. Das Auge kann sich an ihnen entlanghangeln – im Prinzip sind die Zeilen eines Textes nichts anderes. Linien können auch eine trennende

Funktion haben – denken Sie nur an Tabellen, in denen Sie dank vertikaler Linien die Spalten erkennen können.

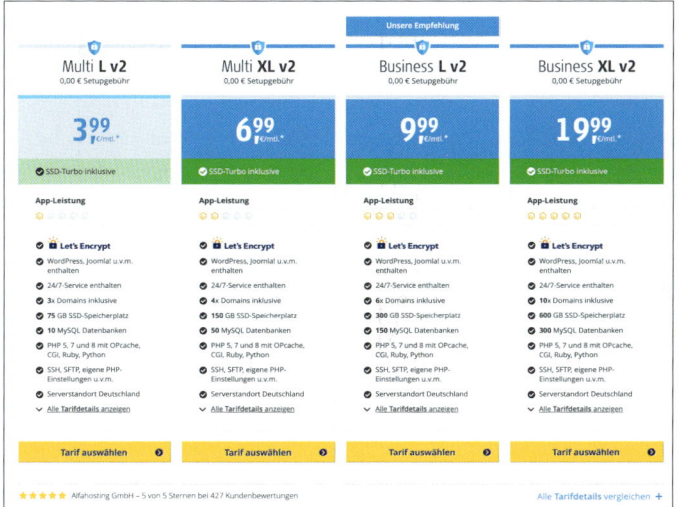

◀ **Abbildung 4.24**
Tabellen sind das Paradebeispiel dafür, wie Inhalte mit Linien strukturiert und abgegrenzt werden können (*https://alfahosting.de*).

Schräge Linien sind eine Besonderheit: Sie eignen sich hervorragend, um Dramatik und Dynamik zu erreichen. Wir beurteilen Schrägen nach ihrer Nähe zur Horizontalen oder zur Vertikalen – je näher an der Horizontalen, desto mehr scheint die Schräge zu fallen (Schwerkraft). Ähnelt eine Schräge der Vertikalen, scheint sie sich aufzurichten. Schrägen im 45°-Winkel sind von dieser Interpretation gelöst – sie erscheinen als ideale Schräge.

**Schrägen in CSS**
Bei Codepen gibt es unter *https://rohl.es/slanted-css* verschiedene Lösungsmöglichkeiten für abgeschrägte Bereiche in CSS.

◀ **Abbildung 4.25**
Schräge Linienführung kann einem Layout Dynamik und das gewisse Etwas verleihen (*www.lessingtiede.de*).

▲ **Abbildung 4.26**
Schrägen von links oben nach rechts unten werden in unserer Kultur stark mit »Niedergang« assoziiert.

Die Interpretation einer Schräge hängt von der kulturell geprägten Leserichtung ab. Achten Sie außerdem darauf, dass die Linien schräg genug sind, um nicht zufällig zu wirken.

**Strichstärke** | Die Stärke einer Linie hat eine wichtige Rolle. Feine Linien wirken zierlich, dicke Linien hingegen dominant. Feine Linien erwecken einen dynamischen Eindruck – was daran liegt, dass eine Linie als ein sich schnell bewegender Punkt vorstellbar ist. Dicke Linien hingegen scheinen massig und statisch.

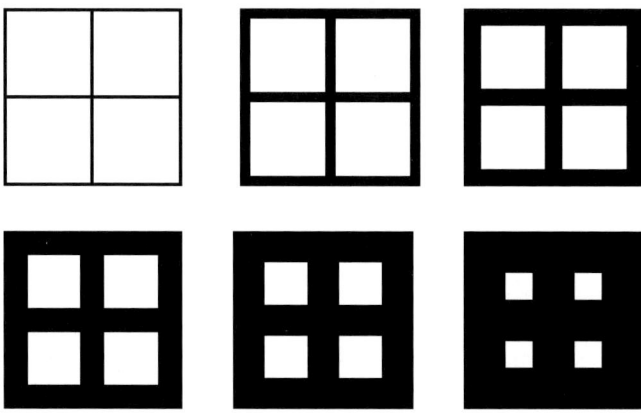

▲ **Abbildung 4.27**
Mit zunehmender Strichstärke wird aus einer Linie eine Fläche.

Eine gute Faustformel ist, sich an der Schrift zu orientieren, um Linien zu gestalten, die sich gut in das Layout einfügen – darüber werden Sie in Kapitel 5 noch einiges lernen.

**Rechtecke und Kanten** | Rechtecke lösen in ihrer einfachen Form in der Horizontalen Assoziationen mit Häusern und Behältern aus. Der Inhalt eines Rechtecks scheint uns von der Außenwelt abgesetzt und zugleich zueinanderzugehören.

Sehr viel abstrakter wirken Rechtecke, wenn sie nicht in der Horizontalen liegen (Raute). Noch abstrakter wird es, wenn die Seiten nicht in einem rechten Winkel zueinander liegen (Trapez). Bei diesen Formen fällt uns die Regelmäßigkeit nicht unmittelbar auf – wir wissen zwar, dass die Form mathematisch regelmäßig ist, es »fühlt« sich aber nicht so an. Gebäude in Trapezform würden wenig Vertrauen erwecken.

▲ **Abbildung 4.28**
Ab einem bestimmten Verhältnis von Länge der Linie zu Strichstärke verliert sich der Eindruck einer Linie.

◀ **Abbildung 4.29**
Rauten sind ungewöhnlich und erregen viel Aufmerksamkeit (www.aarkcollective.com).

Eine Sonderform des Rechtecks ist das Quadrat: ein Rechteck mit gleich langen Seiten. Quadrate sind das Paradebeispiel für symmetrische Formen.

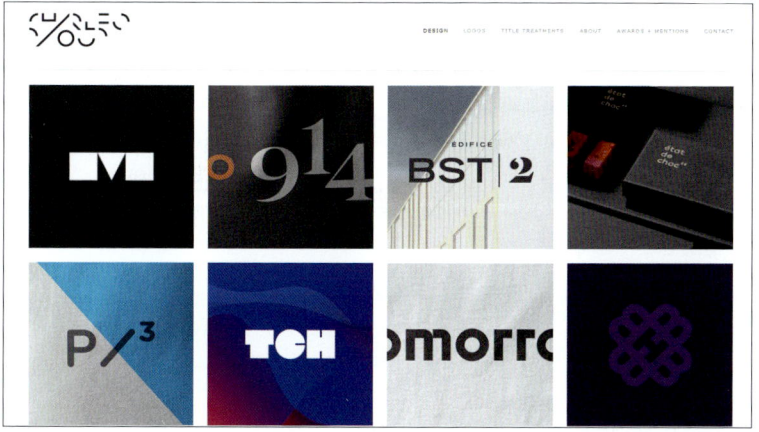

◀ **Abbildung 4.30**
Quadrate eignen sich gut für ein ruhiges, ausgewogenes Layout (www.charlesdaoud.com).

Rechtecke bewirken zwangsläufig die Entstehung von Kanten. Kanten wirken markant, zugleich jedoch ein wenig abweisend, denn an Kanten kann man sich leicht stoßen. Wenn dies nicht zur Gestaltung passt, lassen sich die Ecken in CSS über `border-radius` abrunden – das erzeugt einen weicheren Eindruck.

**Dreiecke |** Dreiecke können Sie durch ihre Assoziationen mit Pfeilspitzen vorzüglich zur Aufmerksamkeitssteuerung verwenden. Auch Fortschritt und Absicht werden damit symbolisiert, und Dreiecke sind generell mit Hierarchien assoziiert, da es immer eine Spitze gibt. Stabil ist ein Dreieck mit einer breiten Basis. Steht

▲ **Abbildung 4.31**
Schild für »Vorfahrt gewähren«

das Dreieck auf der Spitze, wirkt es aggressiver. Das Verkehrsschild für »Vorfahrt gewähren« steht z. B. nicht ohne Grund auf der Spitze – die Lage hier ist brenzlig, denn es könnte jemand mit Vorfahrt kommen.

**Abbildung 4.32** ▶
Durch die seitliche, dreieckige Darstellung entsteht hier der Eindruck von Aktionismus. Die Dreiecke wirken hier richtungsweisend (*www.consulting1x1.com*).

**Vielecke** | Natürlich gibt es noch verschiedenste weitere Formen. Häufig anzutreffen sind beispielsweise Sechsecke, besonders in Form einer Wabenstruktur – diese Darstellung eignet sich gut für die Visualisierung zusammengehöriger Elemente. Solche sechseckigen Formen vermitteln häufig auch einen Eindruck von Balance.

**Abbildung 4.33** ▶
Der UI- und UX-Designer Andrei Gorokhov (*http://gorohov.name*) stellt sein Portfolio in einer Wabenstruktur aus Sechsecken dar, die als Filter fungieren.

**Kreise und Kurven** | Kreise erscheinen uns vollkommen, denn sie sind die regelmäßigste Form überhaupt – ein Mittelpunkt und ein Radius sind alles, was man für einen Kreis benötigt. Kreise sind mit der Idee der Mitte verbunden, und in der Mitte sehen Menschen sehr oft sich selbst. Kreise sind mit Ewigkeit oder Unfassbarkeit assoziiert, denn sie haben weder Anfang noch Ende – klar, dass Eheringe kreisförmig sind.

Eng mit dem Kreis verwandt ist die Kurve – jede Kurve lässt sich als Ausschnitt aus einem Kreis begreifen. Kurven können einen fixen (runden) oder veränderlichen (ovalen) Radius haben und wirken natürlich. Wir fühlen uns bei Kurven wohl – das liegt daran, dass in der Natur nahezu keine vollkommen geraden Formen vorkommen.

◄ **Abbildung 4.34**
Mit den Kreisen wirkt das Layout beruhigend und erhält einen stärkeren Hauch Menschlichkeit (*https://popgallery.themelantic.com*).

Aus der Wissenschaft ist der psychologische Effekt des *Contour Bias* bekannt. In Studien mit runden und kantigen Formen wurden die runden von Menschen tendenziell bevorzugt und positiver bewertet. Eckige Gegenstände aktivierten verstärkt Gehirnregionen, die mit Interesse und Nachdenklichkeit verbunden sind. Vereinfacht formuliert: Es gibt also Hinweise darauf, dass runde Objekte stärker gemocht werden, während eckige Formen größeres kognitives Interesse hervorrufen. Wichtig ist allerdings auch: Dieser Effekt trifft nur auf emotional neutrale Formen zu – also nicht auf Darstellungen von Babygesichtern oder Messern, die bereits mit einer gefühlsmäßigen Deutung versehen sind.

**Lesetipp**
Der *Contour Bias* geht zurück auf die Wissenschaftler Moshe Bar und Maital Neta (*www.ncbi.nlm.nih.gov/pmc/articles/PMC4024389/*).

**Offene Formen** | Offene Formen, die keinen Innenraum umschließen, wirken eher abstrakt als geschlossene – wir sind gezwungen, uns selbst eine Interpretation zurechtzulegen. Wir empfinden diese Formen instinktiv eher als Zeichen und fragen uns, wofür genau sie stehen könnten.

# 4 Layout und Komposition

**Abbildung 4.35** ▶
Offene Formen erschweren uns ihre Deutung häufig – sofern sie nicht, wie das Kreuz, kulturell festgelegt sind.

▲ **Abbildung 4.36**
In diesen Formen, obgleich abstrakt und geometrisch konstruiert, ist es fast unmöglich, etwas anderes als Buchstaben zu erkennen.

**Vertraute Formen** | Es fehlt noch eine Lektion in Sachen Formsprache – und die ist sehr wichtig: Wann immer eine Form an ein vertrautes Element erinnert, wird diese Assoziation gegenüber anderen sehr viel stärker wirken.

In den bisherigen Ausführungen sind wir »von den Dingen an sich« ausgegangen – also welche Form ein Objekt hat und wie ein Objekt wirkt. Objekte sind aber nicht isoliert, sondern stehen in Zusammenhängen mit anderen Elementen einer Gestaltung. Diese Zusammenhänge und ihre Wirkung sind Thema der folgenden Abschnitte.

## 4.2 Gestaltungsregeln für das Web

Wenn es an die Ausgestaltung eines Layouts und die Anordnung von Elementen auf einer Website gehen soll, gibt es verschiedene Gestaltungsregeln, die Ihnen helfen können.

### 4.2.1 Klassische Gestaltungsregeln

Im Laufe Hunderter Jahre Designgeschichte haben sich einige grundlegende Empfehlungen herauskristallisiert, die natürlich auch für das Web gültig sind.

**Symmetrie und Asymmetrie** | Symmetrische Designs sind gleichmäßig verteilt. Das bewirkt, dass diese Layouts ruhig, traditionell und in sich geschlossen wirken, zugleich aber auch ein wenig langweilig. Sie stehen für Rationalität. Symmetrische Gestaltungen betonen den Inhalt, da die Gestaltung selbst angesichts ihrer Gleichmäßigkeit in den Hintergrund tritt.

Asymmetrische Layouts sind dynamisch und stehen für Bewegung. Unseren Lesegewohnheiten entsprechend, scheinen Elemente von links in das Blickfeld hineinzukommen und nach

**Symmetrie im Webdesign**
Nutzen Sie ein symmetrisch aufgebautes Design, wenn Sie folgende Wirkung erzielen wollen:
▶ Struktur
▶ Ordnung
▶ Vollkommenheit
▶ Sterilität
▶ Langeweile

rechts hinauszugehen. Asymmetrische Layouts bringen Dynamik und Spannung in Ihre Gestaltung, können aber auch chaotisch und »undesignt« wirken. Asymmetrie war ein zentrales Element in der Designrevolution der 1920er- und 1930er-Jahre. Faustformel: Nutzen Sie symmetrische Designs, wenn Effizienz von zentraler Bedeutung ist, denn Symmetrie ist einfacher wahrzunehmen und wirkt stabiler. Nutzen Sie hingegen Asymmetrie, wenn eine dynamische Komposition wichtiger ist.

▲ **Abbildung 4.37**
Ausgewogener kann eine Gestaltung nicht werden.

◄ **Abbildung 4.38**
Bereits ein Minimum an Asymmetrie bringt Bewegung – ob in das Bild hinein, von oben fallend oder aus dem Bild hinaus.

Symmetrische Gestaltungen werden im Webdesign sehr häufig verwendet, etwa zur Darstellung von Bildergalerien oder Portfolios. Dabei sollen die einzelnen Projekte im Vordergrund stehen – die Gestaltung selbst soll jedoch nicht ablenken. Symmetrie kann außerdem ein wirkungsvolles Mittel sein, wenn zwei gleichberechtigte Personen oder Arbeitsbereiche zugleich dargestellt werden sollen. So unterteilt Adham Dannaway seine Website in seine beiden Kompetenzen Design und Entwicklung – beim Überfahren eines Bereichs mit der Maus wird der entsprechende Aspekt hervorgehoben.

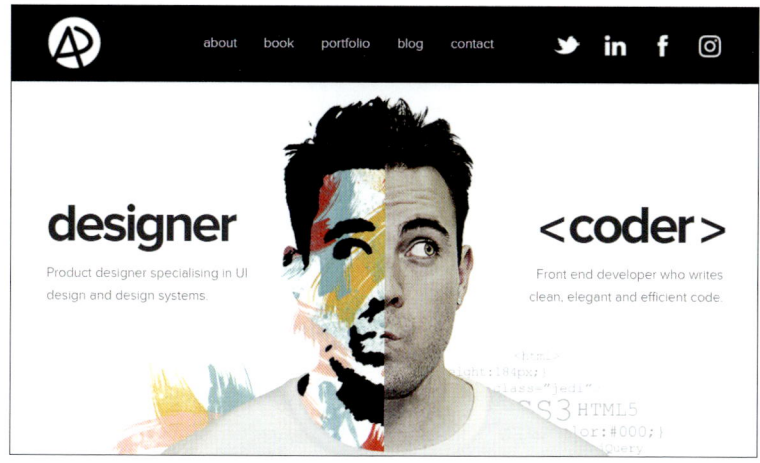

◄ **Abbildung 4.39**
Symmetrische Gestaltung beim Designer und Entwickler Adham Dannaway (*www.adhamdannaway.com*)

# 4 Layout und Komposition

**Asymmetrie im Webdesign**
Asymmetrische Designs sind geeignet, wenn folgende Stichworte auf Ihre Entwürfe zutreffen sollen:
- Chaos
- Kreativität
- Leben
- Unordnung
- Spannung

Heute finden Sie in der Praxis häufig eine Mischung aus symmetrischen und asymmetrischen Elementen auf Websites. Der Modehersteller hueLe Museum macht es vor: Navigation und die Teaser-Boxen sind asymmetrisch angeordnet und überlappen sich beim Scrollen gegenseitig – das erzeugt anregende Spannung, ohne zufällig zu wirken.

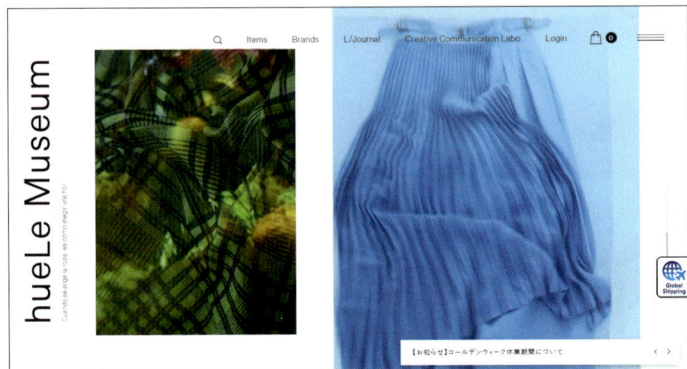

**Abbildung 4.40 ▶**
Asymmetrische Anordnung bei hueLe Museum (*www.huelemuseum.com*)

Oft finden Sie auch einige asymmetrisch, chaotisch wirkende Elemente, um einer geradlinigen Gestaltung etwas mehr Leben einzuhauchen.

**Diskussionen rund um den Goldenen Schnitt**
Ob der Goldene Schnitt wirklich so wichtig ist, darüber sind sich Design und Psychologie überhaupt nicht einig. Einen spannenden Artikel rund um die Mythen und Hintergründe hat Gary Meisner unter *www.goldennumber.net/golden-ratio-myth* geschrieben.

**Goldene Lisa**
Das bekannteste Kunstwerk auf Basis des Goldenen Schnitts dürfte die »Mona Lisa« von Leonardo da Vinci (gemalt in den Jahren 1503–1506) sein.

**Der Goldene Schnitt** | Schon einmal gehört? Viele laufen im Kunstunterricht früher oder später jenem Goldenen Schnitt über den Weg, der ein harmonisches Verhältnis von Elementen sicherstellen soll. Die Basis des Goldenen Schnitts ist die Idee, dass natürliche Proportionen ästhetisch ansprechend sind – namentlich auf Basis der Zahl 1,618. Zwei Segmente seien dann schön, wenn sie in einem Verhältnis von ungefähr 1:1,618 stehen. Auf diese Zahl kommt man, wenn man eine Strecke so teilt, dass das Verhältnis zwischen dem kleineren und dem größeren Teil (a zu b) genauso groß ist wie das Verhältnis des größeren Teils zum Ganzen (b zu a+b). »1,618« ist jedoch nur eine Annäherung, denn der errechnete Wert hat unendlich viele Nachkommastellen.

Der Goldene Schnitt wird häufig eingesetzt, um eine harmonische Aufteilung von Bildern zu erreichen. Bei der Aufteilung ganzer Websites (etwa für das Verhältnis zwischen Inhaltsbereich und seitlicher Navigation) wird er derzeit eher selten verwendet – hier sind flexible Gestaltungsraster (siehe Abschnitt 4.5) beliebter.

## 4.2 Gestaltungsregeln für das Web

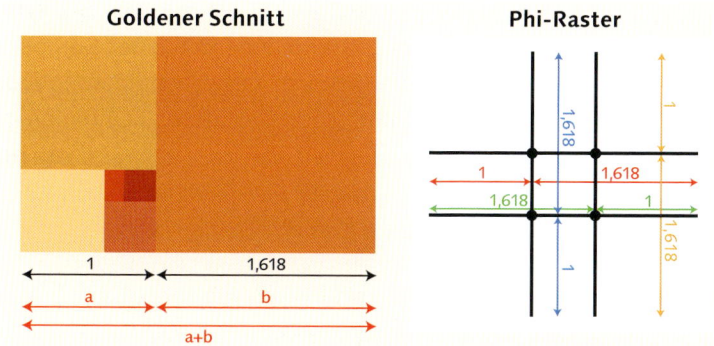

◄ Abbildung 4.41
Mit dem Goldenen Schnitt (links) kann eine Fläche immer weiter in einem harmonischen Verhältnis geteilt werden. Das Phi-Raster (rechts) wendet dieses Verhältnis auf alle Seiten an.

Wendet man das Verhältnis des Goldenen Schnitts an allen Seiten eines Dokuments gleichzeitig an, entsteht das sogenannte *Phi-Raster*. Wichtige Gestaltungselemente können nun entlang der Rasterlinien sowie an den Schnittpunkten positioniert werden.

**Die Drittelregel** | Wenn Sie sich schon einmal mit Fotografie beschäftigt haben, ist die Drittelregel Ihnen bestimmt über den Weg gelaufen. Dabei teilen Sie ein Bild vertikal sowie horizontal in Drittel und positionieren die wichtigen Bildelemente jeweils auf diesen Drittellinien. Die Drittelregel ist eng verwandt mit dem vorhin erwähnten Phi-Raster auf Basis des Goldenen Schnitts, allerdings etwas einfacher anzuwenden.

**Modulare Skalen auf Basis des Goldenen Schnitts**
Lust auf Experimente? Der Designer Tim Brown erläutert in seinem Artikel »More Meaningful Typography« (*https://rohl.es/meaningful-typography*), wie Sie alle typografischen und gestalterischen Aspekte auf Basis des Goldenen Schnitts berechnen können.

◄ Abbildung 4.42
Bei der Drittelregel werden zentrale Bereiche eines Bildes auf die Schnittpunkte der Drittel gelegt (hier der Kaffee in der Kaffeetasse).

## 4.2.2 Weißraum

Weißraum ist der Raum zwischen den Elementen einer Komposition – daher nennt man ihn häufig auch negativen Raum. Weißraum ist das wichtigste Element jeder Gestaltung: Ohne Weißraum haben Sie nämlich keine Formen, die irgendetwas aussagen können, oder Akzentuierungen, die Ihr Publikum leiten könnten – ohne Weißraum haben Sie einen großen visuellen Brei.

Weißraum ist aber nicht gleich Weißraum. Grob vereinfacht gibt es zunächst *Makro-Weißraum* zwischen Hauptelementen wie Headern oder Blöcken. Der Weißraum zwischen den Details einer Website wird *Mikro-Weißraum* genannt – der Raum zwischen einem Bild und seiner Bildunterzeile oder zwischen einem Aufzählungszeichen und dem zugehörigen Text etwa. In diesem Abschnitt beschäftigen wir uns nur mit dem Makro-Weißraum. Der Mikro-Weißraum kommt im Kapitel über Typografie zur Sprache, da er maßgeblich für die Lesbarkeit verantwortlich ist.

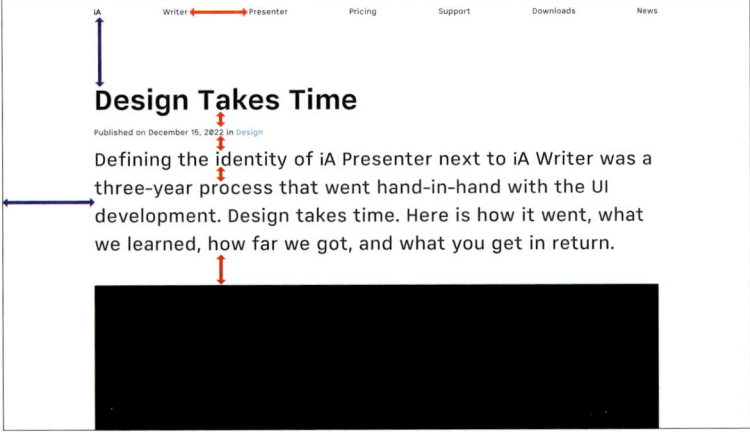

**Abbildung 4.43** ▶
Makro-Weißraum (lila), hier am Beispiel von *https://ia.net/topics/design-takes-time*, bestimmt das Zusammenspiel der großen strukturellen Blöcke. Mikro-Weißraum (rot) bezieht sich auf typografische Elemente und Details.

**Weißraum schafft Marken |** Weißraum wirkt edel und wertet eine Marke auf, besonders in Kombination mit hochwertigen Fotografien und feinen Schriften. Die Assoziationen sind klar: viel Weißraum = luxuriös, großzügig; wenig Weißraum = billig. Insofern kann wenig Weißraum natürlich auch gewollt sein, besonders in Branchen mit hartem Preiskampf.

Weißraum eignet sich auch zur visuellen Auflockerung, damit der Inhalt nicht zu gedrungen wirkt – dabei ist Weißraum oft wirkungsvoller als vermeintliche »Schmuckbilder«. Websites mit

**Studien zum Weißraum**
Zoltán Kollin sammelt bei UX Myths Studien zur Bedeutung von Weißraum für die User Experience: *https://rohl.es/uxmyth-whitespace* Immer einen Besuch wert!

großzügigem Weißraum stellten sich in User-Experience-Studien zudem als freundlicher und angenehmer heraus.

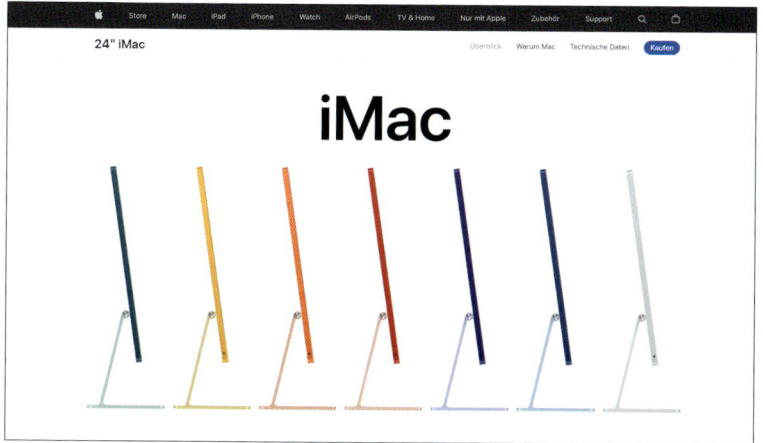

◄ **Abbildung 4.44**
Weißraum ohne Ende auf *www.apple.de*. Die Aussage: Unsere Produkte sind edel.

### 4.2.3 Erkenntnisse aus der Nutzungsforschung

Die Wissenschaft hat in den vergangenen Jahren zahlreiche Erkenntnisse gewonnen, wie Websites von ihrem Publikum rezipiert werden. Dieses Wissen können Sie sich bei der Gestaltung zunutze machen.

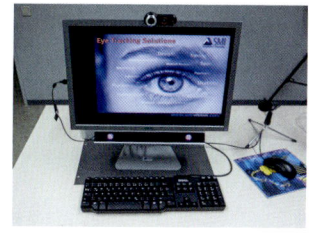

▲ **Abbildung 4.45**
Wissenschaftliche Studien (hier ein Rechner mit Blickaufzeichnungskamera) helfen bei der nutzungsfreundlichen Gestaltung von Websites.

**Grundlegendes zur Aufmerksamkeit |** Prinzipiell sollten Sie beachten: Es gibt keinen Automatismus für den Blickverlauf – vielmehr lassen sich große Unterschiede in den Rezeptionsmustern feststellen. Dabei spielen verschiedene Faktoren eine Rolle:

- Zum einen beeinflusst eine Webseite, worauf wir achten. Dazu dienen viele der Gestaltungsmittel in diesem Buch – etwa Farbe, Weißraum, Größe, Position und Bewegung. Das wird mit dem Begriff *Salienz* bezeichnet – man meint damit, dass ein Objekt aus seinem Umfeld hervorgehoben wird.
- Zum anderen spielen die Person selbst und ihre individuellen Interessen eine große Rolle – Aufmerksamkeitsmuster sind also immer davon abhängig, wer wir sind und welche Ziele wir haben.

Es gibt also kein Patentrezept nach dem Motto »Tue dies, dann schauen die Menschen dorthin«. Ein gutes Layout versucht, durch visuell auffällige Gestaltungselemente die Aufmerksamkeit auf die wichtigen Elemente zu lenken. Dabei handelt es sich aber nur um Tendenzen, die mit mehr oder weniger großer Wahrscheinlichkeit auftreten – immer abhängig davon, ob die prominent dargestellten Elemente auf der Website auch tatsächlich den Interessen des Publikums entsprechen.

**F-Muster und andere Muster** | Eine dieser Tendenzen ist das sogenannte *F-Muster* (www.nngroup.com/articles/f-shaped-pattern-reading-web-content/). Dabei scannen Interessierte zunächst waagerecht im oberen Bereich nach Inhalten. Danach wandern sie mit ihren Blicken etwas hinunter bis zur nächsten markanten Stelle und suchen auch dort von links nach rechts. Schließlich schauen sie im linken Bereich weiter nach unten. Natürlich ist dieses Muster mal mehr, mal weniger stark ausgeprägt und wird unterschiedlich häufig wiederholt. Das F-Muster bezieht sich auf Situationen, in denen wir im Inhaltsbereich nach Informationen suchen, dabei aber nicht genügend visuell hervorgehobene Elemente finden, die den Leseprozess strukturieren könnten. Problematisch ist dabei, dass viele Informationen nicht wahrgenommen werden.

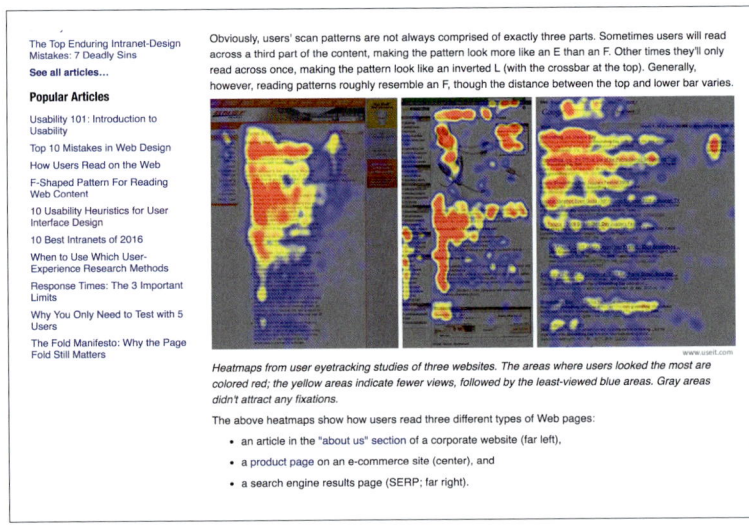

**Abbildung 4.46 ▶**
Usability-Experte Jakob Nielsen konnte das F-Muster auf unterschiedlichen Websites beobachten (Screenshot aus dem Artikel von Jakob Nielsen, www.nngroup.com/articles/f-shaped-pattern-reading-web-content).

Natürlich gibt es noch weitere Muster, die sich beim Lesen von Websites beobachten lassen. Kara Pernice hebt die folgenden Muster hervor:

- Beim Suchen nach Informationen lesen wir oft nur die Überschriften ohne den folgenden Text (*layer-cake pattern*) oder scannen direkt nach Elementen wie Links oder Zahlen (*spotted pattern*).
- Gerade auf mobilen Geräten halten wir manchmal den Blick auf einen Punkt gerichtet und scrollen dann die Seite hoch oder runter, um ein Springen mit dem Auge zu vermeiden (*marking pattern*).
- Wenn alle Punkte einer Liste mit den gleichen Wörtern anfangen, lassen Lesende sie nach einiger Zeit aus (*bypassing pattern*).
- Ganz selten lesen wir alles (*commitment pattern*). Das ist aber nur dann der Fall, wenn wir wirklich sehr motiviert sind.

Aus solchen Mustern lassen sich allgemeine Ratschläge für die Gestaltung guter Websites ableiten:

1. **Die wichtigsten Inhalte sollten möglichst weit oben stehen.** So ist es beispielsweise sinnvoll, zentrale Aussagen eines Textes in den ersten beiden Absätzen zusammenzufassen.
2. Bei der Rezeption lesen Interessierte den Inhalt nicht der Reihe nach durch. Vielmehr suchen sie nach visuell auffälligen Elementen, an denen ihr Blick hängen bleibt. **Nutzen Sie daher typografische Hervorhebungen** wie Überschriften, Listen, fett und kursiv formatierte Wörter oder deutliche Links (Kapitel 5) zur Strukturierung.

**Analysieren Sie die Aufmerksamkeitsmagnete** | Beim Design können Sie also mit Hilfe von Aufmerksamkeitsmagneten versuchen, die Rezeption zu beeinflussen. Diese Stellen hängen von einer Reihe von Faktoren ab, die gemeinsam für Aufmerksamkeit sorgen:

- **Position**: Diesen Aspekt kennen Sie bereits – was weiter oben steht, wird als wichtiger angesehen.
- **Größe und Betonung**: Neben der Position eines Elements spielt seine Gestaltung eine große Rolle. Die entsprechenden Mittel werden Sie in den folgenden Kapiteln kennenlernen: Typografie, Farbe, Bewegung, Interaktion.
- **Relation**: Schließlich ist es der Kontext, der einen Einfluss hat. Gestalterische Elemente leben nicht in Isolation, sondern in einem Verhältnis mit anderen Seitenelementen – sie stechen also umso stärker heraus, je mehr sie sich von ihrer Umgebung

unterscheiden. Ansätze wie das Atomic Design (vgl. Abschnitt 2.6) können Ihnen dabei helfen, dieses Zusammenspiel greifbar zu machen.

Mit den folgenden Verfahren können Sie sich einen guten Eindruck davon machen, welche Stellen eines Layouts als Aufmerksamkeitsmagnete fungieren:

**Aufmerksamkeit simulieren**
Es gibt eine Reihe von Anbietern, die Aufmerksamkeitsverteilungen in Layouts simulieren:
- Eyequant (*www.eyequant.com*)
- Feng Gui (*www.feng-gui.com*)

- Machen Sie einen Screenshot von einer Website, öffnen Sie diesen in einer Bildverarbeitung, und legen Sie einen sehr starken Weichzeichner darauf. Welche Elemente sind nun die auffälligsten?
- Machen Sie den 3-Sekunden-Test: Wählen Sie zufällig einige Menschen aus, denen Sie einen Screenshot des Layouts für wenige Sekunden zeigen. Was ist ihnen danach im Sinn geblieben?
- Spielen Sie systematisch mit dem Layout. Variieren Sie den Weißraum, die Farbe, die Größe oder ein anderes Gestaltungsmittel. Wie können Sie damit die Verteilung der Aufmerksamkeit verändern?
- Nehmen Sie sich Ihren Content Priority Guide sowie Ihre Erkenntnisse über die Ziele Ihrer Besucher und Besucherinnen. Sind die wichtigsten Inhalte und Interaktionselemente auch die visuell auffälligsten?

**Die längste Website**
Die längste Website der Welt finden Sie unter *https://worlds-highest-website.com*. Sie testet das Limit, das CSS darstellen kann, und ist 18,94 km lang.

**Der Fold oder: von vermeintlichen Hürden** | Den Viewport haben Sie bereits kennengelernt – es ist der sichtbare Bereich einer Webseite. Sollte sich mehr Inhalt auf der Seite befinden, können Interessierte scrollen und somit den Viewport verändern.

Moment mal – scrollen? Macht das überhaupt jemand? In den frühen Tagen des Webs verneinten viele Menschen diese Frage und leiteten daraus die Gestaltungsregel ab, man müsse die wichtigsten Inhalte in den Bereich »above the fold« quetschen – das ist der Bildschirmausschnitt, der direkt beim Seitenaufruf ohne Scrollen zu sehen ist.

Die Metapher stammt aus dem Printdesign: Bei einer gedruckten Zeitung lässt sich definieren, was über dem Knick steht – schließlich hat der Zeitungsverlag den Knick selbst mit teuren Falzmaschinen hineingefaltet und das Papierformat eigenhändig bestimmt. Im Digitalen machte das noch nie wirklich Sinn, denn der »Falz« wird nicht vom Verlag bestimmt, sondern von

Gestaltungsregeln für das Web   4.2

der technischen Ausstattung und den persönlichen Einstellungen einer Nutzerin oder eines Nutzers – wie will man da noch wissen, was eigentlich »above the fold« ist? Das ist ein unmögliches Unterfangen.

Zum Glück stellt der Fold heute alles andere als eine unüberwindbare Hürde dar. Heutige Erkenntnisse deuten eher darauf hin, dass wir uns ans Scrollen gewöhnt haben. Aber Vorsicht: Natürlich erhält der direkt beim Seitenaufruf sichtbare Content mehr Aufmerksamkeit und sollte daher auch zum Scrollen anregen:

▸ Abgeschnittener Content, Storytelling oder eindeutige Hinweise (etwa Pfeile) verdeutlichen, dass im unteren Bereich weiterer Inhalt zu erwarten ist.

**Fold und Performance**
In jüngerer Zeit hat der Fold eine Art Renaissance erlebt – allerdings in technischer Hinsicht. Dabei geht es darum, CSS so aufzuteilen, dass der obere Teil der Website möglichst schnell zu sehen ist. Mehr darüber erfahren Sie in Kapitel 9.

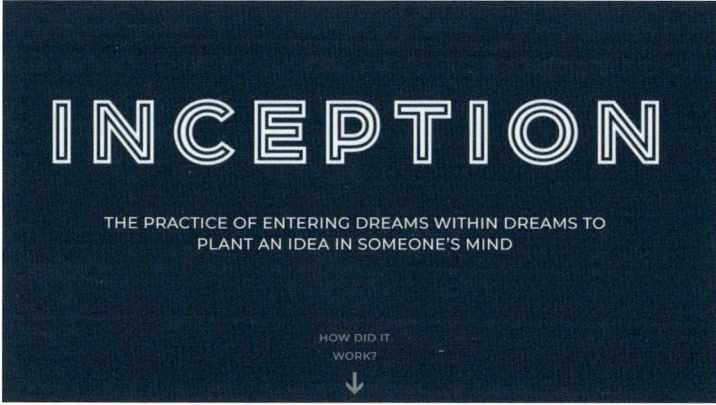

▲ Abbildung 4.47
Sofern aus der Gestaltung nicht klar wird, dass noch Inhalt kommt, können explizite Hinweise gesetzt werden, wie beispielsweise dieser Pfeil bei Inception (*www.inception-explained.com*).

▸ Achten Sie darauf, dass nicht der Eindruck entsteht, die Seite sei schon zu Ende, obwohl noch Inhalt kommt. Das kann beispielsweise bei sehr auffälligen horizontalen Linien geschehen.
▸ Bedenken sollten Sie auch, dass die letzten Elemente (etwa der Footer oder auch die unteren Punkte einer Liste) noch einmal erhöhte Aufmerksamkeit erhalten.

**Scrollende Effekte und Geschichten** | Mit Effekten wie dem Parallax Scrolling kann das Scrollen regelrecht zur Kunstform erhoben werden. Hierbei bewegen sich verschiedene Ebenen einer

▲ Abbildung 4.48
Parallax Scrolling auf *http://jessandruss.us*

145

**4** Layout und Komposition

> **Tipps zur Umsetzung**
> Keith Clark hat mit »Pure CSS Parallax Websites« (*http://keithclark.co.uk/articles/pure-css-parallax-websites*) und »Practical CSS Parallax« (*http://keithclark.co.uk/articles/practical-css-parallax*) zwei lesenswerte Artikel über die Realisierung von Parallax Scrolling mit CSS geschrieben.
> Bei der technischen Umsetzung können außerdem einige Skripte helfen. Einige Beispiele:
> - »ScrollMagic« von Jan Paepke (*http://scrollmagic.io*)
> - »Parallax.js« von Matthew Wagerfield (*https://github.com/wagerfield/parallax*)

Website beim Scrollen unterschiedlich schnell und bilden so stets wechselnde Überlagerungen.

Scrollen lässt sich jedoch auch nutzen, um den Content spielerischer und interessanter darzustellen – ein Trend, der oft als Scrollytelling (Scrollen + Storytelling) bezeichnet wird.

Ein schönes Beispiel dafür ist die Website zur Hochzeit des Designerpaars Jessica Hirsche und Russ Maschmeyer. Wer auf dieser Seite von oben nach unten scrollt, bekommt in mehreren Episoden die persönliche Geschichte der beiden erzählt und wird dabei immer wieder von interessanten Effekten überrascht. Einige Ausschnitte davon sind in Abbildung 4.48 zu sehen, wobei sich ein Parallax-Effekt in einem statischen Buch natürlich nur unzureichend darstellen lässt.

Auch bei Parallax-Effekten gilt: Weniger ist mehr, und die User Experience darf nicht leiden. Richtig (und das heißt meist: dezent) eingesetzt, können kreative und angenehme Websites entstehen, falsch eingesetzt, kann der Effekt nerven. Bedenken sollten Sie auch, dass Parallax vor einigen Jahren einen echten Hype erlebt hat und in einigen Bereichen regelrecht überstrapaziert wurde.

**Es hört niemals auf: Infinite Scrolling** | Beim Infinite Scrolling hört das Scrollen niemals auf: Sobald man im unteren Bereich der Webseite angekommen ist, werden neue Inhalte nachgeladen. Infinite Scrolling kann ein sehr effizienter Zugang zu weiteren Inhalten sein – Nutzerinnen und Nutzer müssen nicht erst einen Button klicken, sondern erhalten automatisch neue Inhalte. Das kann besonders sinnvoll sein bei Websites mit umfangreichem Content, der zum Entdecken einlädt. Infinite Scrolling hat allerdings auch Nachteile:

- Das gezielte Anspringen von Inhalten kann erschwert sein. Denken Sie nur an Twitter: Einen *einzelnen* Inhalt kann man noch problemlos über einen individuellen Link anspringen. Eine *bestimmte Ansammlung von Inhalten* ist jedoch nicht mehr erreichbar.
- Der Scrollbalken gibt keine sinnvolle Auskunft mehr über Position und Gesamtlänge des Inhalts. Damit verliert dieses UI-Element seine Orientierungsfunktion.
- Inhalte und Links im Footer können unerreichbar werden, wenn sie ständig weiter nach unten verschoben werden. Es empfiehlt

sich daher, den Footer entweder mit `position: fixed;` am unteren Ende des Browserfensters festzusetzen (vgl. Abschnitt 6.4 über fixe Header) oder komplett auf ihn zu verzichten.
▶ Wenn Sie Infinite Scrolling einbauen, testen Sie seine Auswirkungen ausgiebig. Die Social-Commerce-Plattform Etsy hat sich beispielsweise nach einigen Tests entschieden, Infinite Scrolling wieder auszuschalten.

**Klickstrecken als Alternative? |** Die Alternative zum Scrollen ist das Klicken. Inhalte werden dabei entweder auf mehrere Seiten aufgeteilt (*Paginierung*), oder es wird auf Elemente zurückgegriffen, die Inhalte auf explizite Anweisung der Nutzerinnen und Nutzer verändern (Carousels, Slider, Dropdowns etc.). Sie sollten dabei jedoch beachten, dass Klicken eine bewusste Entscheidung ist, für die ein höherer kognitiver Aufwand als beim Scrollen notwendig ist.

Paginierung hat jedoch auch Vorteile: Sie schaffen eine klare Struktur für den Content, der gezielt angesprungen werden kann – beispielsweise durch den Zurück-Button des Browsers.

### 4.2.4 Psychologische Effekte

Seien wir ehrlich: Wir können nicht in die Köpfe anderer Menschen hineinschauen. Dennoch gibt es Anhaltspunkte dafür, wie Gestaltung wirkt.

**Überraschung |** Eine angenehme Überraschung ist ein starkes Gestaltungsmittel: Sie komprimiert eine Emotion auf einen kurzen Augenblick. Das ist der Grund dafür, dass wir uns besonders freuen, wenn wir einer bekannten Person spontan begegnen. Dabei fällt die Freude über das Wiedersehen in einem kurzen Moment zusammen. Auf ähnliche Weise können Sie Überraschung für den gewissen Aha-Effekt einsetzen. Das Gehirn ist dann gezwungen, eine Situation in kürzester Zeit neu zu bewerten – Neugierde und Aufmerksamkeit sind die Folge.

Ein tolles Beispiel einer Überraschung findet man z. B. beim Login auf *https://dash.readme.com*. Wenn Sie dort das Passwort eingeben, hält sich die Eule die Flügel vor die Augen. Dies sind zwar nur Kleinigkeiten, sie bleiben aber positiv im Gedächtnis.

▲ **Abbildung 4.49**
Bei den Suchergebnissen von Google (*www.google.de*) wird die Paginierung markenbildend eingesetzt.

»*Scrolling beats paging because it's easier for users to simply keep going down the page than it is to decide whether or not to click through for the next page of a fragmented article.*«

Jakob Nielsen (*www.nngroup.com/articles/scrolling-and-attention*)

**Abbildung 4.50** ▶
Solch eine witzige Gestaltung wie bei *https://dash.readme.com* passt natürlich nicht zu jedem Login – hier ist sie dafür besonders gut gelungen.

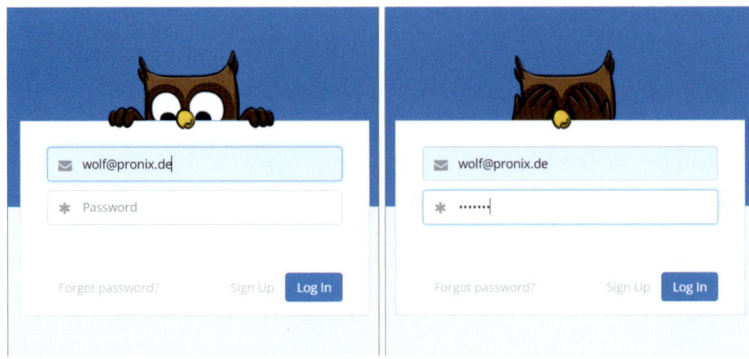

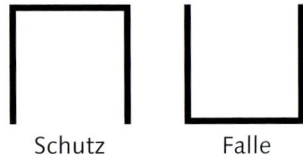

Schutz    Falle

▲ **Abbildung 4.51**
Oben und unten sind mit starken emotionalen Reaktionen verkettet, und schon ein Strich kann die Deutung umkehren.

**Abbildung 4.52** ▶
Links heißt Anfang, rechts heißt Ende – die umgekehrte Deutung erscheint abwegig.

**Richtung in psychologischer Betrachtung** | Die Richtung ist für den Eindruck einer Form von entscheidender Bedeutung. Die Dualität »oben – unten« ist mit starken psychologischen Eindrücken verkettet. Oben bedeutet Schutz, sei es vor Regen oder Sonne. Bei oben offenen Formen fühlen wir uns hingegen ein wenig schutzlos.

Im westlichen Kulturkreis ist die Dualität von links und rechts stark mit Anfang und Ende assoziiert – eine Folge unserer Schreibgewohnheiten.

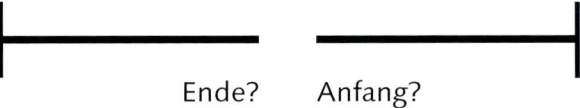

Ende?    Anfang?

**Trennung und Verbindung** | Die Interpretation von Formen hängt häufig davon ab, in welchem Zusammenhang sie mit anderen Formen stehen. Schauen Sie sich dazu einmal das folgende einfache Beispiel an.

**Abbildung 4.53** ▶
Wahrnehmung von Formen

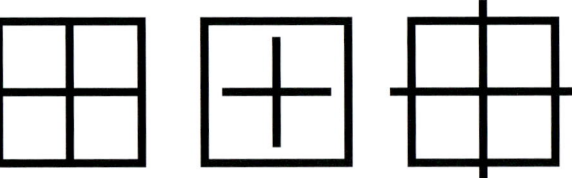

Die Wirkung ist hier eine völlig andere, obwohl alle drei Beispiele aus den gleichen Elementen bestehen – ein Quadrat mit einem Kreuz. Im ersten Beispiel wird das Kreuz in trennender Funktion wahrgenommen, und die Assoziation eines Fensters liegt nahe.

Im zweiten Beispiel bewirkt ein wenig Abstand, dass beide Formen voneinander getrennt wahrgenommen werden – hier scheint es ein Logo oder Zeichen zu sein. Das dritte Beispiel betont das Kreuz, Assoziationen mit einer Zielscheibe liegen nahe.

Durch Überlappungen von Bereichen können Sie also den Eindruck verstärken, dass die Elemente zusammengehören. Das geschieht bei Abbildung 4.54, wo das kreisförmige Bild leicht in den Text hineinragt – ein dezentes spielerisches Design, das die beiden Bereiche stärker als eine Einheit wirken lässt.

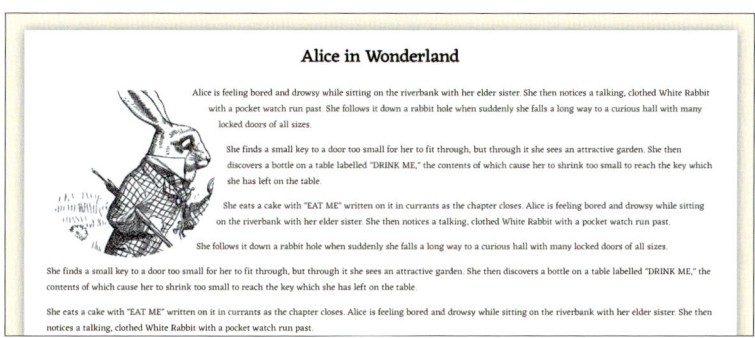

◀ **Abbildung 4.54**
Bezug durch Überlappung
(*https://codepen.io/rpsthecoder/pen/RPNNQG*)

**Neugier |** Geschicktes Design kann Ihre Besucher und Besucherinnen neugierig auf die Inhalte machen. Eine frühere Version der Startseite von der Designplattform Canva nutzte Unschärfe, um zu visualisieren, wie vielfältig das Tool eingesetzt werden kann. Wer mit dem Maus-Cursor über eines der Designs fährt, kann den Bereich für einige Sekunden scharf sehen.

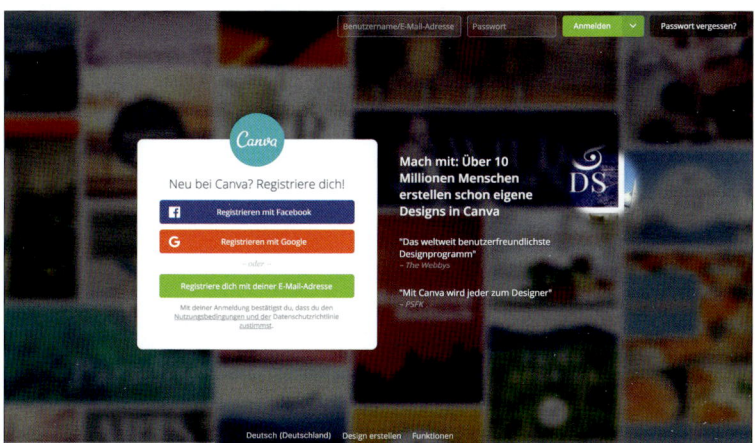

◀ **Abbildung 4.55**
Canva (*www.canva.com*, frühere Version) erzeugte Neugier durch ein geschicktes Spiel mit Unschärfe und Schärfe.

An diesem Punkt verfügen Sie über ein solides Grundwissen zu einigen wichtigen Aspekten rund ums Layout. Nun wird es Zeit, sich anzuschauen, wie Sie Ihre Layoutideen in CSS umsetzen können. Im folgenden Abschnitt werden Sie daher lernen, wie die Größenverhältnisse von Elementen auf einer Website festgelegt werden. Danach erläutern wir Techniken zur Anordnung.

Ein wichtiger Hinweis vorab: In diesem Buch liegt der Schwerpunkt auf gestalterischen Fragen, nicht auf technischen. Wir setzen daher an dieser Stelle voraus, dass Sie bereits Grundwissen haben – beispielsweise wissen, was Block- und Inline-Elemente sind, wie Sie CSS einbinden können – und die grundlegenden Themenbereiche »Spezifität« und »Kaskade« in CSS beherrschen. Wenn Sie Ihr Wissen darüber auffrischen möchten, finden Sie einen Crashkurs im Dokument »css-grundlagen.pdf« im Download-Bereich.

### 4.3  Das Box Model in CSS

Im Download-Bereich bei den Code-Beispielen und dann unter KAPITEL_04 finden Sie die Beispiele zum Box Model.

Auf geht's ans Eingemachte: das Box Model. Es legt fest, welche CSS-Angabe zur Größe einer HTML-Box in welcher Reihenfolge greift. Prinzipiell gibt es dazu fünf Bereiche, die wir uns anschauen müssen: den Inhalt mit (oder ohne) Angaben zu Breite und Höhe, den Innenabstand, den Rahmen und den Außenabstand.

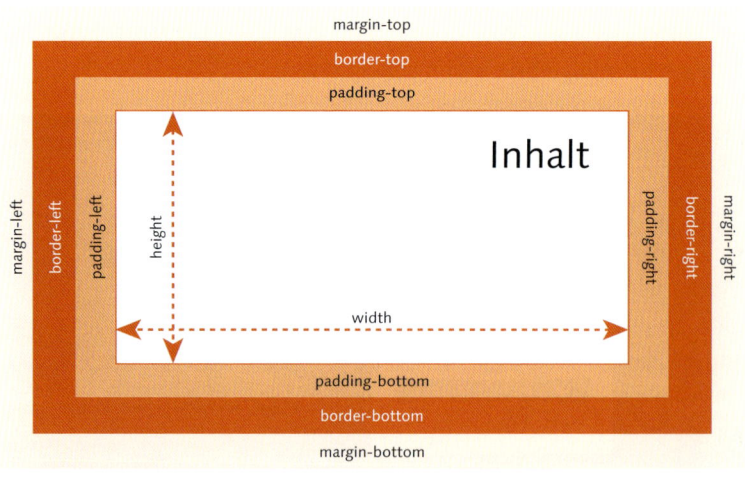

▲ **Abbildung 4.56**
Das Box Model von CSS

Beginnen wir mit Block-Elementen – auf das etwas andere Box Model von Inline-Elementen kommen wir noch zu sprechen. In diesem Abschnitt werden wir CSS-Eigenschaften verwenden, die sich auf *physische* Aspekte beziehen, etwa Breite (`width`) und Höhe (`height`). Bei Sprachen mit vertikaler Schreibrichtung (`writing-mode: vertical-rl`) müssen Sie dann jedoch umdenken, denn diese Sprachen brauchen mehr Platz in der Höhe, nicht der Breite (siehe Abbildung 4.57). CSS bietet daher auch *logische* Eigenschaften wie `inline-size` (Größe in der Inline-Achse) und `block-size` (Größe in der Block-Achse), die sich der Schreibrichtung anpassen.

**Logische CSS-Eigenschaften**
Mehr zum Thema der logischen Eigenschaften finden Sie unter *https://rohl.es/logical-properties*.

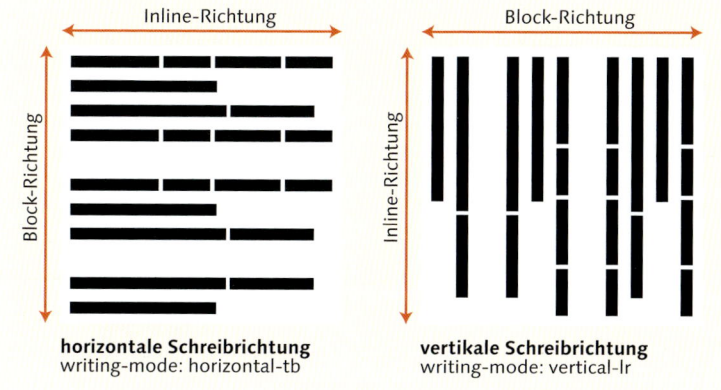

◀ **Abbildung 4.57**
Logische Eigenschaften sprechen von Block- und Inline-Richtung, weil sie von der Schreibrichtung abhängen (Grafik nach *https://rohl.es/logical-properties*).

## 4.3.1 Maßeinheiten in CSS

CSS kennt verschiedene Maßeinheiten, um Größen und Abstände anzugeben. Zunächst könnten Sie **absolute Maßeinheiten** verwenden. CSS unterstützt Angaben wie cm, mm, Pixel (px) und Punkt (pt). In der Praxis kommt nur px vor, mit Ausnahme von Print-Stylesheets.

Sehr viel häufiger ist die Verwendung **relativer Einheiten**. Die wichtigsten sind Prozent (%) und em bzw. rem. Angaben in % sind relativ zur Größe des Elternelements: Geben Sie einer Box z. B. eine Breite von 50 %, nimmt sie die Hälfte des Raums ein, der ihr normalerweise zustehen würde – das ist dann entweder das Browserfenster oder (bei verschachtelten Boxen) die Breite des Elternelements. Die Einheiten em und rem beruhen auf der Schrift und werden daher in Kapitel 5 ausführlich behandelt.

**Maßeinheiten in CSS**
Es gibt verschiedene Maßeinheiten für CSS. Folgendes sollten Sie sich dazu merken:
▶ Die absoluten Einheiten cm, mm, pt sind nur für Druck-Stylesheets sinnvoll.
▶ Prozentwerte (%) sind von der Größe des Elternelements abhängig.
▶ em und rem richten sich nach der Schriftgröße.
▶ Viele weitere Details zu diesen und anderen Maßeinheiten finden Sie in den relevanten Kapiteln im Buch.

### 4.3.2 Breite und Höhe

Normalerweise nimmt jede HTML-Box genau den Raum ein, der ihr zur Verfügung steht. Wenn Sie eine **explizite Größe** einer Box festlegen möchten, können Sie dazu die CSS-Eigenschaft width bzw. height verwenden. Abbildung 4.58 zeigt einige Beispiele mit unterschiedlichen Kombinationen von Breiten-/Höhenangaben.

»  CSS-Eigenschaften für Breite und Höhe: width und height

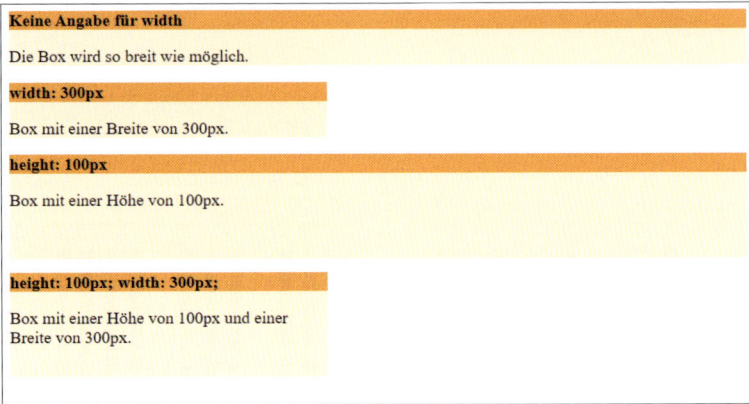

**Abbildung 4.58** ▶
CSS-Beispiele für width und height

Es gibt auch Situationen, in denen Sie den Boxen eben keine fixe Breite geben wollen. In diesen Fällen kann es sinnvoll sein, der Box eine maximale Breite zu geben (max-width). Natürlich gibt es auch eine minimale Breite (min-width).

### 4.3.3 Innenabstand

Den Innenabstand einer Box definiert man über die CSS-Eigenschaft padding. Er wird zur Breite einer Box *hinzugefügt*. Abbildung 4.59 zeigt unterschiedliche Beispiele, wie sich padding auf Boxen mit oder ohne Größenangaben auswirkt.

»  padding legt den Innenabstand einer Box fest, wird jedoch zur Breite hinzugefügt.

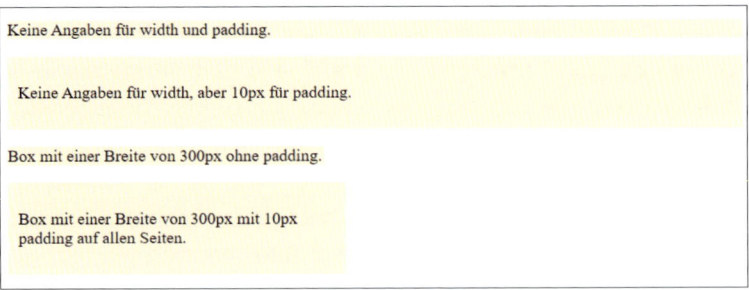

**Abbildung 4.59** ▶
HTML-Boxen mit und ohne padding

Mit einer Angabe wie `padding: 10px;` legen Sie fest, dass *auf allen Seiten* 10 px Innenabstand gelten soll. Alternativ können Sie mit `padding-top`, `padding-bottom`, `padding-left` und `padding-right` auch unterschiedliche Abstände für die verschiedenen Seiten festlegen. Das ist allerdings viel Tipparbeit. Zum Glück gibt es eine Kurzschreibweise, auch **Shorthand** genannt. Dabei schreiben Sie mehrere Abstände zu `padding`. Die Anzahl bestimmt, wie der Browser dies interpretiert:

- **Zwei Angaben** (`padding: 10px 5px;`): Oben und unten bitte den ersten Wert nehmen, links und rechts den zweiten.
- **Drei Angaben** (`padding: 10px 5px 4px;`): Oben die erste Angabe verwenden, rechts und links auf die zweite zurückgreifen, unten gilt die dritte.
- Bei **vier Angaben** (`padding: 10px 5px 4px 2px;`) wird jede Seite einzeln spezifiziert: Wert 1 steht für oben, Wert 2 für rechts, Wert 3 für unten und Wert 4 für links.

**Merkhilfe**
Wenn Sie vier Angaben machen möchten, denken Sie einfach an eine Uhr: oben anfangen und dann im Uhrzeigersinn weiter.

### 4.3.4 Rahmen

Weiter im Box Model: Rahmen über die CSS-Eigenschaft `border`.
- Da wäre zunächst die **Farbe des Rahmens** über `border-color`.
- Die **Liniendicke** können Sie mit `border-width` bestimmen.
- Die **Linienart** gibt es in mehreren Geschmacksrichtungen, die Sie mit `border-style` festlegen können. Bei `border-type: solid;` wäre die Linie beispielsweise durchgängig, bei `dashed` gestrichelt und bei `dotted` gepunktet.
- Für einen Rahmen müssen Sie stets alle drei Angaben machen (`border-color`, `border-width`, `border-style`) – sonst sehen Sie nichts. Dank Shorthand können Sie diese Angaben auch kombinieren: `border: solid black 1px;`

**Bilder für Rahmen**
Hin und wieder kommt es vor, dass Sie ein Bild als Rahmen verwenden möchten (`border-image`). Mehr dazu finden Sie hier: *https://css-tricks.com/understanding-border-image/*.

So weit, so gut, aber CSS bietet noch mehr Flexibilität. Sie können nämlich auch festlegen, **auf welchen Seiten** der HTML-Box ein Rahmen angelegt werden soll. Dazu dienen die Schlüsselwörter `-top`, `-right`, `-bottom`, `-left` – Sie kennen sie ja nun schon vom Innenabstand.

Der Clou: Diese Schlüsselwörter können Sie auf **alle** Angaben von `border` anwenden. Ein paar Beispiele:

**Regel für border-Angaben**
Zuerst geben Sie die Eigenschaft (`border`) an, dann die Position (`top/right/bottom/left`), schließlich die Stilistik (`style/color/width`).

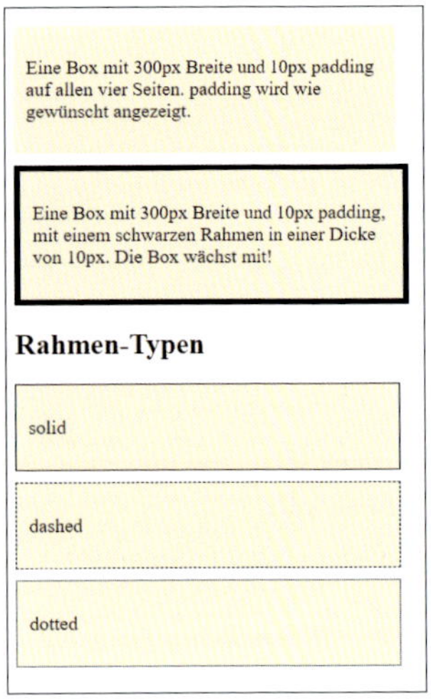

# 4  Layout und Komposition

Eine Box mit 300px Breite und 10px padding auf allen vier Seiten. padding wird wie gewünscht angezeigt.

Eine Box mit 300px Breite und 10px padding, mit einem schwarzen Rahmen in einer Dicke von 10px. Die Box wächst mit!

**Rahmen-Typen**

solid

dashed

dotted

▲ **Abbildung 4.60**
CSS-Boxen mit Rahmen

```
border-left-style: dotted;
border-top-width: 5px;
border-right-style: dashed;
border-left-color: white;
```

▲ **Listing 4.1**
Beispiele für `border`-Angaben auf spezifischen Seiten

## 4.3.5 Ecken gestalten

Standardmäßig sind HTML-Boxen rechteckig, aber mit der CSS-Eigenschaft `border-radius` lassen sich die Ecken abrunden. Das funktioniert mit absoluten Einheiten (beispielsweise `border-radius: 5px;`), aber auch mit relativen Einheiten. Mit Hilfe von `border-radius: 50%;` lassen sich beispielsweise Kreise erzeugen.

Im Beispiel oben wird der Wert auf alle Ecken gleichermaßen angewendet. Sie können aber auch mehr Werte angeben:

- Zwei Angaben: Wert 1 für oben links und unten rechts, Wert 2 für die anderen Ecken
- Drei Angaben: Wert 1 für oben links, Wert 2 für oben rechts und unten links, Wert 3 für unten rechts
- Vier Angaben: Werte für die Ecken in der Reihenfolge oben links, oben rechts, unten rechts, unten links

Sie finden das Beispiel unter *https://codepen.io/rohles/pen/NWzVMpx* oder unter KAPITEL_04 • BORDER_RADIUS.

Die Kurzschreibweise `border-radius` ist am häufigsten, aber Sie können die Eigenschaften auch explizit ausschreiben: `border-top-left-radius`, `border-top-right-radius`, `border-bottom-right-radius` und `border-bottom-left-radius`. Und es lassen sich auch zwei Werte angeben (etwa in Kurzschreibweise `border-radius: 50% / 33%;`). Bei Verwendung eines / bezieht sich der erste Wert auf den horizontalen und der zweite auf den vertikalen Radius – das Ergebnis ist eine elliptische Rundung.

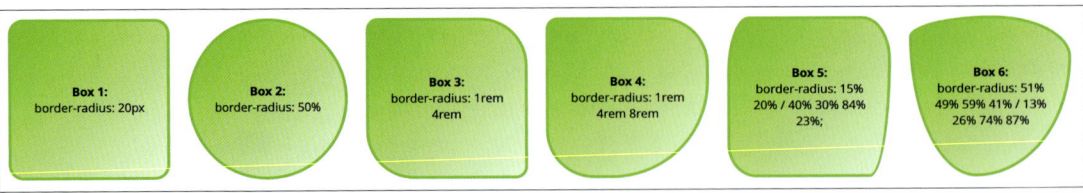

▲ **Abbildung 4.61**
Verschiedene Möglichkeiten mit `border-radius`

## 4.3.6 Außenabstand

Es bleibt der Außenabstand, der sich zu den bisherigen Angaben hinzuaddiert. Sie legen ihn mit `margin` fest. Auch hier gibt es Werte für oben, unten, links, rechts sowie Shorthand – genauso wie Sie es bereits für `padding` gelernt haben.

Es gibt eine Besonderheit bei Außenabständen, die uns schon so manches Mal Kopfzerbrechen bereitet hat: Vertikale Außenabstände kollabieren. Im Detail heißt das:

- Stehen zwei Boxen *nebeneinander*, addieren sich ihre Außenabstände – ganz so, wie man es erwarten würde. Hat Box 1 einen Außenabstand von 100 px nach rechts und Box 2 einen Außenabstand von 100 px nach links, sind die Boxen 200 px voneinander entfernt (100 + 100 = 200).
- Stehen die zwei Boxen jedoch *übereinander*, entfällt der kleinere der beiden Außenabstände. Hat Box 1 einen unteren Außenabstand von 100 px und Box 2 einen oberen Außenabstand von 100 px, sind die beiden Boxen 100 px voneinander entfernt, *nicht* 200 (100 + 100 = 100).
- Es gibt aber auch Fälle, in denen vertikale Außenabstände *nicht* zusammenfallen. Dazu zählen Elemente mit `overflow`, `float`, `position` oder `display: inline-block`. Mehr zu diesen Eigenschaften erfahren Sie später.

▲ **Abbildung 4.62**
Kollabierende vertikale Abstände – 100 px + 100 px = 100 px

## 4.3.7 Das Box Model steuern

Fassen wir das Box Model einmal zusammen. Es besagt, dass Sie eine Breite angeben können und die Werte für Innenabstand, Rahmen und Außenabstand zu dieser Breite **hinzuaddiert** werden.

Das ist nicht gerade intuitiv. Wir sind uns ziemlich sicher: Würde man eine Umfrage machen, wie sich eine Box verhalten soll, würden die meisten Menschen antworten, dass `width` die Gesamtbreite der Box sein soll und der Innenabstand sowie der Rahmen davon *abgezogen* werden sollen – also genau so, wie es das Box Model *nicht* tut. Tatsächlich führt dieses Verhalten immer wieder zu Problemen, besonders bei Boxen mit Prozentangaben:

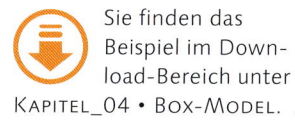

Sie finden das Beispiel im Download-Bereich unter KAPITEL_04 • BOX-MODEL.

```
.headfoot {
    width: 70%;
    padding: 25px;
```

```
    border: 2px solid black;
    background-color: sandybrown;
    text-align: center;
}
.articleStyle {
    width: 70%;
    padding: 15px;
    border: 1px dotted sienna;
    background-color: antiquewhite;
}
```

**Listing 4.2** ▶
Navigation und Inhalt in einem fluiden Bereich

Die Kopf- und Fußzeile (`headfoot`) sowie die Artikel (`articleStyle`) sollen jeweils 70% von der Breite einnehmen. Mit dem Box Model klappt dies allerdings nicht wie gewünscht, weil bei den Kopf- und Fußzeilen 25 px für das `padding` plus 2 px für den Rahmen hinzuaddiert werden und beim Artikel hingegen ein `padding` von 15 px plus 1 px für den Rahmen. Das Ergebnis sieht wie folgt aus:

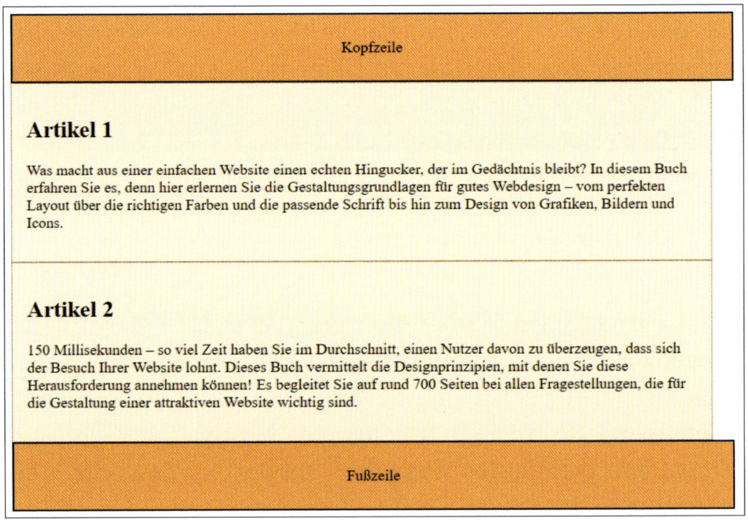

**Abbildung 4.63** ▶
Das wohl nicht erwünschte Ergebnis unseres Beispiels

Die Lösung kommt in Form der Angabe `box-sizing`, die das Box Model umstellt:

```
* { box-sizing: border-box; }
```

▲ **Listing 4.3**
Umstellen auf `box-sizing: border-box`

Die Angabe bewirkt, dass `border` und `padding` **abgezogen** werden und es nun zum gewünschten Ergebnis kommt:

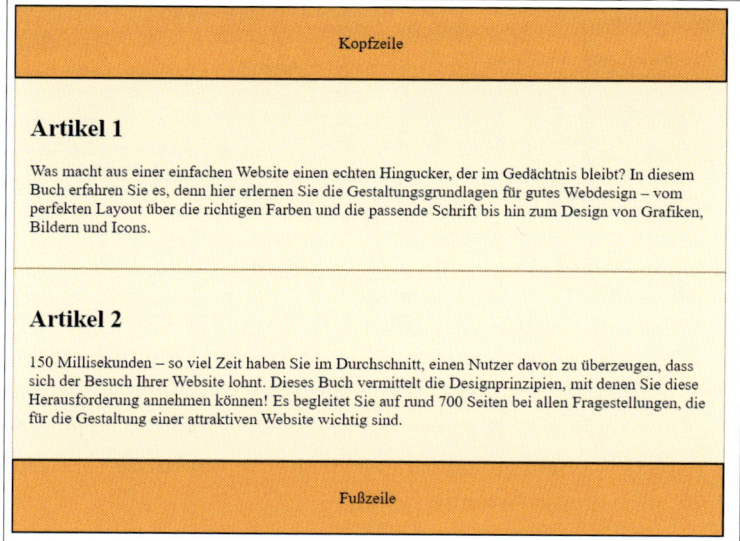

◀ **Abbildung 4.64**
Neues Box Model durch `box-sizing`

## 4.3.8 Schatten mit CSS

Dank der CSS-Eigenschaft `box-shadow` können Sie einer HTML-Box einen Schatten geben und damit Tiefe simulieren:

```
box-shadow: 3px 3px 3px 2px #c3c3c3;
```

▲ **Listing 4.4**
Beispiel für einen Schatten mit CSS

Diese Angaben lassen sich wie folgt interpretieren:

- Zunächst braucht `box-shadow` einige Längenangaben, um den Schatten zu definieren. Der erste Wert bezeichnet den horizontalen Versatz, also den Abstand des Schattens von der Box. Der zweite Wert bezieht sich auf den vertikalen Versatz. Wenn es einen dritten Wert gibt, bestimmt er die Unschärfe des Schattens – je höher, desto weicher scheint der Schatten. Ein möglicher vierter Wert bezeichnet die Ausdehnung.
- Die Angabe `#c3c3c3` bestimmt die Farbe des Schattens.
- Mit `inset` lässt sich ein Schatten nach innen erzeugen (beispielsweise `box-shadow: inset 0 0 10px #8e8e8e;`).

**Tooltipps**
Unter *https://rohl.es/box-shadow-generator* finden Sie einen praktischen Generator für Schatten in CSS. Schöne Beispiele für Schatten mit dazugehörigem CSS gibt es unter *https://css-box-shadows.com*.

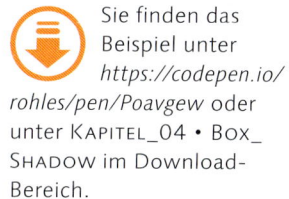
Sie finden das Beispiel unter *https://codepen.io/rohles/pen/Poavgew* oder unter KAPITEL_04 • BOX_SHADOW im Download-Bereich.

- Mehrere Schatten gleichzeitig lassen sich erstellen, indem die Angaben mit Komma getrennt werden.

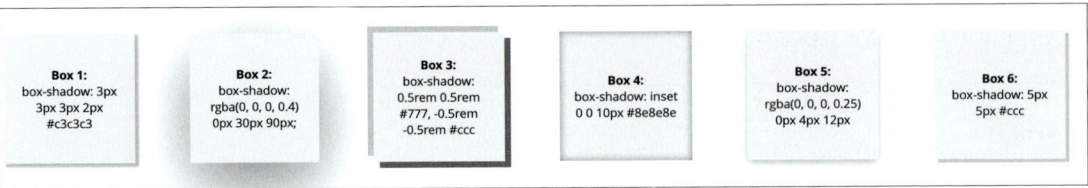

▲ Abbildung 4.65
Verschiedene Schatten in CSS mit `box-shadow`

### 4.3.9 Box Model bei Inline-Elementen

Mit diesen Grundlagen dürften Sie schon gut gerüstet sein, um mit dem Box Model von Block-Elementen zu experimentieren. Nun gibt es aber auch noch Inline-Elemente. Wie sieht es dort mit dem Box Model aus? Die gute Nachricht: Viele der bisher gelernten Aspekte lassen sich auf Inline-Elemente übertragen. Es gibt jedoch auch einige Besonderheiten:

- Inline-Elemente sind so hoch und so breit wie ihr Inhalt. `width` und `height` machen daher keinen Sinn.
- Während sich `padding`, `border` und `margin` nach links und rechts wie bei Block-Elementen verhalten, unterscheidet sich das Verhalten nach oben und unten stark.
- `margin` nach oben und unten hat bei Inline-Boxen keine Wirkung.
- Mit `border` lassen sich Linien oben und unten um Inline-Elemente legen, die mit `padding` auch verschoben werden können. Allerdings verändert sich dadurch *nicht* die Zeilenhöhe in einem Text.

**Inline-Elemente in der Praxis**

In der Praxis steuert man die vertikalen Größenverhältnisse von Inline-Elementen nicht mit den Eigenschaften aus dem Box Model, sondern mit typografischen Eigenschaften wie Schriftgröße oder Zeilenhöhe – Sie werden diese in Kapitel 5 ausführlich kennenlernen. Eine Alternative ist die Zwischenstufe `inline-block` – mehr dazu lesen Sie später.

### 4.3.10 Umgang mit zu viel Inhalt

Nehmen wir einmal an, Sie haben ein Layout definiert, das für eine Box einen bestimmten Raum vorsieht. Nun kommt Inhalt hinein (welche Frechheit!), und dieser Inhalt braucht *mehr* Platz, als Sie für seine Box vorgesehen haben. Und nun?

Für diesen Zweck gibt es eine eigene CSS-Eigenschaft namens `overflow`, was so viel bedeutet wie »überlaufen« und eine schöne Metapher für das ist, was in diesen Fällen geschieht – der Inhalt läuft eben über den Rand der Box hinaus. Für `overflow` sind folgende Werte erlaubt:

| CSS-Wert | Ergebnis |
|---|---|
| `overflow: visible` | Standardeinstellung: Der Inhalt hat Priorität und soll auf alle Fälle sichtbar bleiben. Im Zweifel läuft er eben über die Box hinaus. |
| `overflow: hidden` | Die Größe der Box hat Vorrang. Zu großer Inhalt soll abgeschnitten werden – im Zweifel auch mitten im Wort. |
| `overflow: scroll` | Wenn der Inhalt einer Box zu groß wird, soll der Browser Scrollbalken innerhalb der Box anbieten. |
| `overflow: auto` | Der Browser soll entscheiden, was er für sinnvoll hält. |

◀ **Tabelle 4.1**
Mögliche Werte für `overflow`

## 4.4 Layouts mit CSS

CSS erlaubt Ihnen eine Freiheit bei der Anordnung von Elementen, die Sie im schnöde hierarchisch aufgebauten HTML niemals hätten. Es gibt drei sehr wichtige Techniken dazu: die Flusssteuerung mit `float`, die Positionssteuerung mit `position` sowie die Anzeigesteuerung mit `display`. An dieser Stelle werden wir die zentralen Aspekte dieser Technologien behandeln. Zur Vertiefung empfehlen wir Jen Simmons' Layout Land (*www.youtube.com/channel/UC7TizprGknbDalbHplROtag*).

### 4.4.1 Elemente per »float« links und rechts fließen lassen

HTML-Elemente sind einfach gestrickt: Das eine folgt auf das andere. Block-Elemente wie Absätze (`p`) erzeugen immer eine neue Zeile, während Inline-Elemente wie Bilder (`img`) nebeneinanderliegen. In der Praxis reicht das selten aus: In nahezu jedem Design werden Sie einige Elemente nebeneinander anordnen wollen. Ein klassisches Beispiel ist ein Bild, das schön neben dem umfließenden Text stehen soll:

 Das `float`-Beispiel finden Sie im Download-Bereich unter KAPITEL_04 • FLOAT.

```
<p><img src="person.jpg" alt="Platzhalter" width="189"
height="200"> Leonardo da Vinci … </p>
```

▲ **Listing 4.5**
Bild in einem Absatz

Ohne CSS entspricht das nicht unbedingt dem, was Sie erreichen möchten. Das Bild klebt unschön an der ersten Zeile fest.

Vorhang auf für `float`. Diese CSS-Eigenschaft rückt Elemente entweder nach links (`left`) oder nach rechts (`right`). Alle nachfolgenden Inhalte fließen an dem `float`-Element vorbei, sofern ausreichend Platz verfügbar ist.

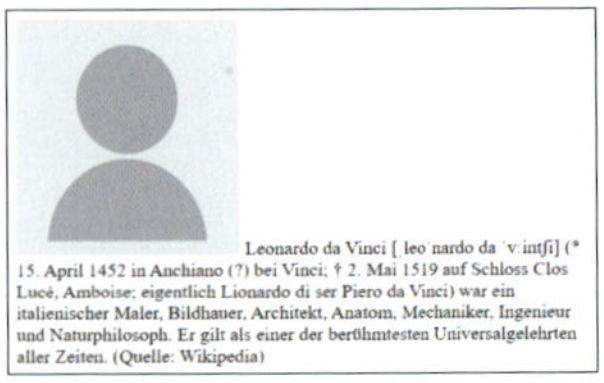

```
img { float: left; margin-right: 6px; }
```

▲ **Listing 4.6**
Das Bild erhält einen `float`.

Ergänzen wir einmal einen weiteren Absatz und schauen, was geschieht. Auch der neue Absatz fließt nun um das Bild herum.

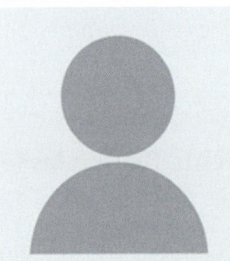

▲ **Abbildung 4.66**
Das Bild klebt oben im Absatz.

**Abbildung 4.67** ▶
Dank `float:left` steht das Bild links neben dem Text.

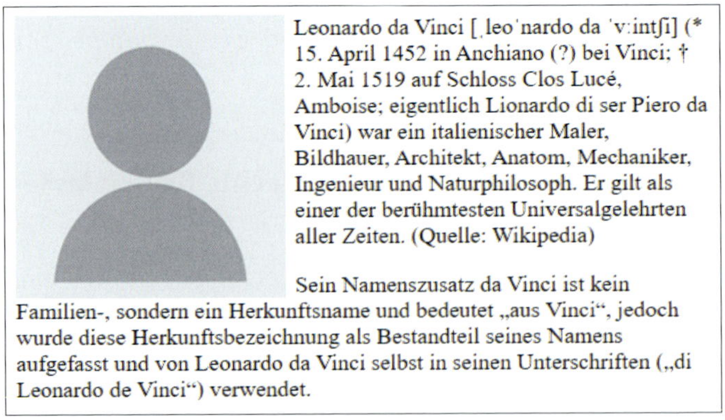

**Abbildung 4.68** ▶
Auch nachfolgende Absätze fließen um das Bild herum.

Auf Wunsch können Sie dieses Verhalten aber auch mit der Eigenschaft `clear` unterbinden:

```
<p> … 1. Absatz … </p>
<p style="clear: left;"> … 2. Absatz …</p>
```

▲ **Listing 4.7**
`clear` für den zweiten Absatz

Es gibt eine weitere wichtige Eigenschaft von `floats`: Sie sitzen nicht einfach nur auf der Seite, sondern werden **aus dem Dokumentfluss herausgenommen**. Was bedeutet das in der Praxis?

```
<aside style="background-color: silver;">
  <img src="person.jpg" alt="Platzhalter">
  <p> Leonardo da Vinci</p>
</aside>
```

▲ **Listing 4.8**
Ein Bild und ein Absatz in einem Container

> **Floats mit clear beenden**
> Rechts fließende Elemente werden mit `clear: right;` beendet. Gibt es sowohl rechts als auch links fließende Elemente, kann `clear: both;` verwendet werden.

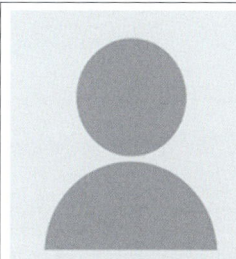

◄ **Abbildung 4.69**
`float` wird mit `clear` beendet – auch wenn dadurch ein größerer Freiraum entsteht.

◄ **Abbildung 4.70**
Die silberne Farbe gilt für die gesamte Fläche des Containers – inklusive Bild.

Klare Sache: `aside` ist ein Elternelement von `p` und `img` und erhält eine Hintergrundfarbe. `aside` wächst in der Höhe mit seinen Inhalten an – logisch, dass der silberne Hintergrund also auch für Bild und Absatz gilt. Was aber passiert, wenn `img` ein `float:left` erhält?

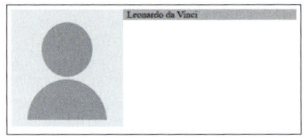

▲ **Abbildung 4.71**
`float` löst Elemente aus dem Elementfluss, so dass die Hintergrundfarbe des Elterncontainers für das Bild nicht mehr gilt.

Das Bild ist nun mittels `float` aus dem Dokumentfluss herausgehoben. Die Höhe des Containers richtet sich also nur noch nach dem Absatz, das Bild hat keine Auswirkung mehr darauf.

Was aber, wenn das Bild zwar links fließen, aber trotzdem umschlossen sein soll? Eine Lösung dafür ist der **Clearfix**. Der Container erhält eine zusätzliche Klasse namens `.clearfix`:

```
<aside class="clearfix">…</aside>
```

▲ **Listing 4.9**
Der Container erhält eine Klasse `.clearfix`,…

Im CSS wird der Clearfix dann wie folgt definiert:

```
.clearfix:after {
  content: ".";
  display: block;
  clear: both;
  height: 0;
  visibility: hidden;
}
```

**Listing 4.10** ▶
… die spezielle Formatierungen erhält.

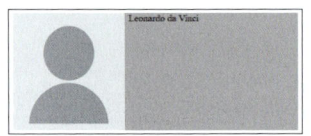

▲ **Abbildung 4.72**
Die Clearfix-Methode bewirkt, dass das Bild die Größe des Elterncontainers wieder beeinflusst.

Das sollten wir uns ganz langsam und der Reihe nach anschauen. Zunächst wird die Klasse `.clearfix` mit der Pseudoklasse `:after` angesprochen – Ergebnis: Alles, was innerhalb dieser Angaben steht, soll **am Ende** (aber innerhalb) des Elements mit der Klasse `.clearfix` geschehen. `content` dient dazu, in CSS Inhalte zu erzeugen, in diesem Fall einen einzelnen Punkt – dank `:after` steht dieser Punkt **nach** dem `float`-Bild. Dieser Punkt erhält die Eigenschaften `display: block` und `clear: both`. Auf `display` werden wir im Anschluss zu sprechen kommen. `clear` bewirkt, dass der neu erzeugte Punkt das Fließen des Bildes beendet – und da er nach dem Bild, aber noch innerhalb des Elterncontainers `aside` sitzt, wächst der Container wieder so weit an, bis er den Abschnitt, das Bild und den neuen Punkt umfasst. Tja, und da so ein einzelner Punkt meistens eher stören würde, erhält er eine Höhe von 0 und wird außerdem über `visibility: hidden` ausgeblendet.

Sie finden das Beispiel für `display: flow-root` unter *https://codepen.io/rohles/pen/mdjywqe* oder im Download-Bereich unter KAPITEL_04 • FLOW-ROOT.

Eine deutlich modernere Alternative ist die Arbeit mit der Eigenschaft `display: flow-root`. Sobald Sie diese Eigenschaft auf ein Container-Element anwenden, werden alle darin enthaltenen fließenden Elemente eingeschlossen. Die Eigenschaft wird sehr breit unterstützt, so dass Sie auf Clearfixes verzichten können, sofern Sie nicht gerade sehr alte Browser unterstützen möchten.

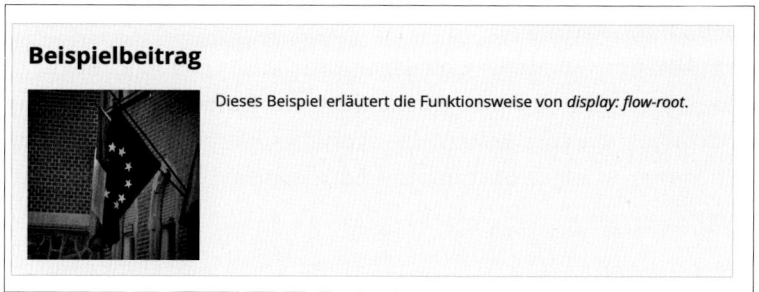

◀ Abbildung 4.73
Beispiel für `display: flow-root`, das auf den Container angewendet wird und die fließenden Inhalte umschließt

### 4.4.2 Elemente frei mit »position« anordnen

Das Prinzip von `position` lautet, dass Sie zunächst bestimmen, auf welche Art und Weise ein Element positioniert werden soll, und anschließend seine Position festlegen.

Die konkreten Positionsangaben sind intuitiv verständlich. Dazu dienen die CSS-Eigenschaften `top`, `left`, `bottom` und `right`, denen Sie numerische Angaben in px, % oder em/rem mitgeben können. Negative Werte sind natürlich auch möglich. Dieses Beispiel schiebt ein Element um den Wert 10 px nach unten:

```
.positioniert {
  position: relative; /* siehe später */
  top: 10px;
}
```

◀ Listing 4.11
Beispiel für eine Positionierung

Neben der Position selbst braucht der Browser eine Angabe zur Positionierungsart – sie bestimmt, wonach er sich richten soll. `position: static;` ist der Normalzustand – Elemente mit dieser Angabe befinden sich im normalen Dokumentfluss. Elemente mit `position: inherit` übernehmen die Positionierungsart ihrer Elternelemente.

Bei fixer Positionierung über `position: fixed` stehen die Elemente fest an einer Position. Der Orientierungspunkt ist der Viewport. Haben Sie ein Element mit `position: fixed` und `top: 0` oben festgezurrt, wird es dort auch beim Scrollen stehen bleiben.

Ein wenig verzwickt wird es bei den beiden anderen Positionierungsarten: `relative` und `absolute`. »Relativ« klingt zunächst einfach: Ein Element wird **relativ zu seiner normalen Position** angeordnet. Der Browser berechnet zuerst die Position eines Elements im normalen Elementfluss und verschiebt es dann entsprechend Ihren Angaben.

`position: absolute;` hingegen ordnet ein Element relativ zu demjenigen Elternelement, das **nicht die Normalpositionierung** `position: static;` besitzt. Ein typisches Beispiel ist ein Button, der immer in einer bestimmten Ecke seines Elternelements sitzen soll:

Sie finden das Beispiel unter KAPITEL_04 • POSITION_ABSOLUTE im Download-Bereich.

```
<section style="position: relative; width: 300px;">
  <img src="Auge.jpg" alt="Bild eines Auges">
  <div style="position: absolute; top: -18px; right: -18px; background-color: white;">
    <a href="einlinkziel.html">zurück</a>
  </div>
</section>
```

**Listing 4.12** ▶
Beispiel für `position: absolute;`

Im Beispiel in Listing 4.12 gibt es ein Bild in einer `section` mit einem Zurück-Link. Dieser Link soll oben rechts sitzen und ein wenig aus der `section` herausragen – und das am besten, ohne den Bildern eine feste Höhe geben zu müssen, damit man beim Layout flexibel bleibt. Das erreicht man mit `position: absolute;` sowie den Angaben für `top` und `right`.

Der Browser geht nun auf die Suche nach dem Bezugspunkt, nach dem er das absolut positionierte Element ausrichten soll. Er fragt sich, ob eines der Elternelemente eine vom Standard abweichende Positionierung hat. Wenn nicht, richtet sich `position: absolute;` nach `html` und damit nach der Seite selbst. Der Zurück-Link würde dann oben rechts aus der Seite herausragen.

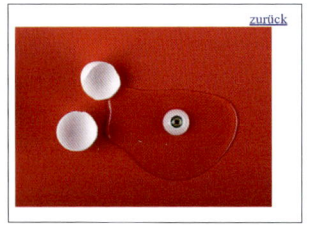

▲ **Abbildung 4.74**
Verhalten von `position: absolute;`

In diesem Beispiel ist das nicht das gewünschte Verhalten. Also geben wir dem Elterncontainer mittels `position: relative;` eine besondere Positionierung, allerdings ohne ihn auch wirklich zu verschieben – es gibt keine Angaben wie `top`, `bottom`, `left` oder `right`. Wichtig außerdem: `position: absolute;` nimmt ein Element vollkommen aus dem Elementfluss heraus.

Ein Beispiel für `position: sticky` finden Sie unter *https://codepen.io/rohles/pen/yxwrym* oder unter KAPITEL_04 • POSITION_STICKY im Download-Bereich.

Schließlich gibt es noch `position: sticky`, das sich etwa für Navigationsmenüs eignet, die beim Scrollen oben im Browserfenster bleiben sollen. Neben `position: sticky` geben Sie eine Position wie `top` an:

```
.stickynavigation {
  position: sticky;
  top: 0;
}
```

◀ **Listing 4.13**
Beispiel für `position: sticky`

Das Verfahren vereint dabei die Verhaltensweisen von `relative` und `fixed`. Das Element wird so lange als relativ positioniert behandelt, bis es unter die definierte Position wandert – in diesem Fall wäre das `top: 0`, also außerhalb des sichtbaren Bereichs. Von dort an springt das Verhalten auf fixierte Positionierung über, und das Element schwebt. Ganz wichtig dabei ist das Elternelement (Container), denn ein `sticky`-positioniertes Element kann niemals aus dem Bereich seines Containers heraus. Im Download-Beispiel ist der Container das `body`-Element, und die Navigation schwebt über dem Inhaltsbereich.

▲ **Abbildung 4.75**
Diese Bildergalerie vergrößert ein Bild, indem sie es mit `position: fixed;` über die gesamte Seite legt. Das x zum Schließen wird per `position: absolute;` in die rechte obere Ecke geschoben.

Positionierung mit `position` wird häufig bei einzelnen Elementen wie Bildergalerien eingesetzt. Beim Seitenlayout selbst würde das jedoch schnell unübersichtlich. Daher nutzt man eher die Steuerung der Anzeige mittels `display` – und das schauen wir uns nun an.

### 4.4.3 Anzeige mit »display« steuern

Manchmal möchten Sie in CSS die Anzeige von Elementen beeinflussen. Dazu dient die Eigenschaft `display`. Ein Anwendungsfall wären Inline- und Block-Elemente:

- Block-Elemente nehmen den gesamten zur Verfügung stehenden Platz ein und drücken nachfolgende Elemente nach unten.
- Inline-Elemente nehmen den Platz ein, den sie für ihren Inhalt benötigen – nachfolgende Elemente sitzen neben ihnen.
- Normalerweise bestimmt das Element selbst, wie es sich verhält. Mittels `display: block;` können Sie jedoch aus einem Inline-Element ein Block-Element machen. Mit `display: inline;` geht der umgekehrte Weg natürlich auch.
- Es gibt auch ein Zwischending: `display: inline-block`. Diese Elemente kombinieren Block- und Inline-Verhalten – sie lassen sich mit Eigenschaften wie `width` und `height` wie Block-Elemente formatieren, fließen jedoch im Layout wie Inline-Elemente.

**Darstellung von Box und Inhalt (display: contents)**

Ein jüngeres Mitglied der display-Familie ist `display: contents`, um anzugeben, dass zwar die Inhalte, nicht aber die Box eines Elements gezeichnet werden sollen. Eine gute Erklärung finden Sie unter *https://bitsofco.de/how-display-contents-works/*.

# 4   Layout und Komposition

**Weitere Anwendungsfälle**
`display` kennt außerdem noch viele weitere Anwendungsfälle. Auf einige davon werden wir noch zu sprechen kommen. Viele Beispiele und Informationen finden Sie im SELFHTML-Wiki unter *https://wiki.selfhtml.org/wiki/CSS/Tutorials/Ausrichtung/display*.

Ein weiterer Anwendungsfall wäre `display: none;` – diese Eigenschaft blendet ein Element komplett aus. Ein häufiges Beispiel ist ein Stylesheet, das den Druck einer Website steuert. So könnten Sie beispielsweise die Navigation einer Website ausblenden, wenn man sie ausdruckt:

```
@media print {
  nav { display: none; }
}
```

▲ **Listing 4.14**
Ausgeblendete Navigation beim Druck

## 4.5   Raster – Inhalte im Layout anordnen

Mit Hilfe von CSS können Elemente also sehr flexibel angeordnet werden. Doch nach welchen Kriterien sollen Sie die Anordnung der HTML-Elemente vornehmen? Als Antwort darauf arbeitet man häufig mit einem Gestaltungsraster. Das ist eine Art Gitternetz, das Ihnen dabei hilft, Inhalte in einem Layout anzuordnen und eine sinnvolle Struktur zu schaffen.

**Gestaltungsraster**
Ein Gestaltungsraster ist ein Instrument zur strukturierten Anordnung von Designelementen.

### 4.5.1   Pro und Kontra von Rastern

Raster bieten Ihnen eine Reihe von Vorteilen. Sie sind vorhersehbar, klar und strukturiert. Designs, die auf einem Raster basieren, fühlen sich ordentlicher und strukturierter an: Das Raster bietet den Augen einen visuellen Weg durch das Layout.

**Raster auf einen Blick**
Raster legen den Fokus auf die Inhalte, Gestaltungen ohne Raster wirken eher künstlerisch. Raster ermöglichen also strukturierte und ordentliche Layouts.

Nicht verschweigen sollte man die Nachteile von Rastern: Sie können zu einem engen Korsett werden, im schlimmsten Fall sogar langweilig aussehen. Designs ohne Raster haben daher das Potenzial, visuell ansprechender zu sein – aber sie können auch chaotisch und beliebig wirken. Websites ohne Gestaltungsraster sind heute eher selten geworden, denn gerade bei responsiven Websites haben sie große Vorteile.

### 4.5.2   Inhalte im Raster verteilen

Wenn Sie sich für ein Raster entschieden haben, können Sie es zur Verteilung Ihrer Inhalte verwenden. Ein solches Raster besteht aus nicht sichtbaren Linien, an denen Sie die verschiedenen Elemente wie Navigation, Artikel oder die Fußzeile einer Website ausrichten können. Im Idealfall ist das Raster dabei so flexibel, dass Sie Bereiche nach verschiedenen Anforderungen gestalten können. So könnte ein Bereich den gesamten Raum einnehmen, ein anderer jedoch zwei oder drei Spalten (siehe Abbildung 4.77). Denkbar ist auch eine Drittel-Aufteilung (etwa vier Spalten links für Block 1, dann acht Spalten rechts für Block 2). Allerdings gibt es im Responsive Webdesign eine besondere Herausforderung, denn es gibt keine fixe Fläche, an der man sich ausrichten könnte. Wir werden darauf im Anschluss zu sprechen kommen.

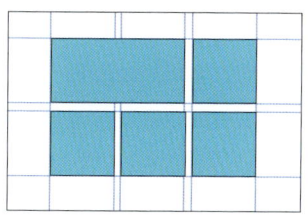

▲ **Abbildung 4.76**
Das Prinzip vom Verteilen von Inhalten auf einem Raster

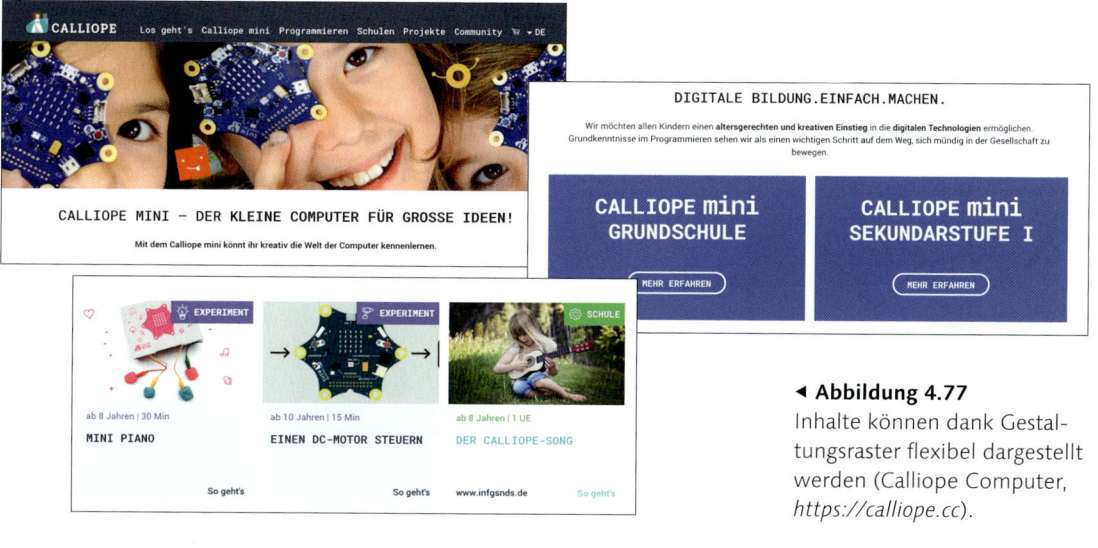

◀ **Abbildung 4.77**
Inhalte können dank Gestaltungsraster flexibel dargestellt werden (Calliope Computer, *https://calliope.cc*).

### 4.5.3 Aus Rastern ausbrechen

Natürlich müssen Sie sich nicht rigide an Ihr Raster halten. Sie können an der einen oder anderen Stelle aus dem Raster ausbrechen und Ihrem Design damit das gewisse Etwas geben. Dadurch können Sie ein Element betonen und visuell herausheben.

### 4.5.4 Grundlinienraster

Der Vollständigkeit halber soll auch das Grundlinienraster oder Baseline Grid erwähnt werden, das besonders im Printdesign zum Einsatz kommt. Diese Rasterart orientiert sich an den unsicht-

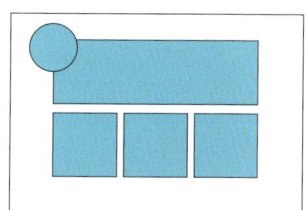

▲ **Abbildung 4.78**
Elemente, wie hier der Kreis, die aus dem Raster herausragen, erhalten besondere Aufmerksamkeit.

**Lesetipp**

Wenn Sie trotz der Schwierigkeiten mit Grundlinienraster in CSS experimentieren möchten, bildet der Artikel »Baseline Grids in CSS« von David Martin einen guten Einstieg (*https://edgdesign.co/blog/baseline-grids-in-css*).

baren Grundlinien, auf denen die Buchstabenzeilen sitzen, und schafft auf diese Weise ein vertikales Raster, das einem klaren Rhythmus folgt. So ist es beispielsweise möglich, Zeilen in unterschiedlichen Schriftgrößen nebeneinander auf einer Höhe sitzen zu lassen (vgl. Abbildung 4.79).

Im Web kommt das Grundlinienraster selten zum Einsatz. Mit Sassline (*https://sassline.com*) hat Jake Giltsoff ein Hilfsmittel veröffentlicht, das zwar noch verfügbar ist, aber nicht mehr weiterentwickelt wird.

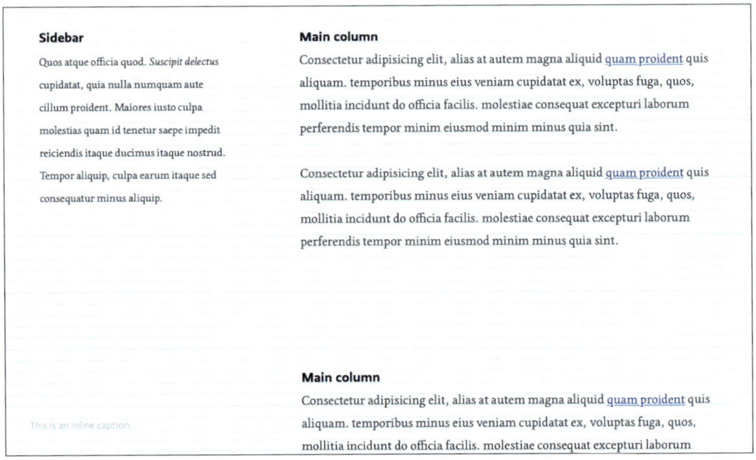

**Abbildung 4.79 ▶**
Grundlinienraster mit Sassline (*https://sassline.com*)

Wie Sie ein Raster in CSS anlegen können, erfahren Sie ausführlich in Abschnitt 4.7. Zuvor jedoch sollte noch auf die Potenziale von Rasterlayouts im Responsive Layout eingegangen werden, um zu verstehen, warum sich Raster so stark durchgesetzt haben.

**Horizontal zentrieren**

CSS-Layouts mit Begrenzung der Seitenbreite werden häufig mittig zentriert, was mit `.wrapper { margin: 0 auto; }` realisiert werden kann. Eine Alternative ist, sie einfach in der linken Ecke sitzen zu lassen, was sich insbesondere anbietet, wenn der Raum daneben für Anzeigen genutzt werden soll.

## 4.6  Layout im Responsive Web

Bei der Gestaltung von responsiven Websites wird vom Layout und dem dahinterliegenden Raster noch einmal eine ganz besondere Flexibilität verlangt. Was gilt es dabei zu beachten?

### 4.6.1  Typen von Layouts

In der Vergangenheit wurde im CSS häufig mit einer Gesamtbreite gearbeitet, die eine Website umfassen sollte. Dazu wurde der gesamte Inhalt beispielsweise mit einem `div` mit einer Klasse `wrapper` (vom englischen »to wrap«) umhüllt, der im CSS folgende Angabe erhielt:

```
.wrapper { width: 960px; }
```

▲ **Listing 4.15**
Fixe Breitenangabe für den `wrapper`

Damit wäre die Website stets 960 px breit, was ein Beispiel für ein fixes Layout ist. Eine Alternative war, mit einem fluiden oder flüssigen Layout zu arbeiten, das auf relative Werte setzte (beispielsweise `.wrapper { width: 90%; }`). Hin und wieder findet man solche fixen oder fluiden Layouts noch, allerdings sind sie technisch recht veraltet. Da Websites heute nicht mehr nur für Computer gut aussehen müssen, sondern auch auf dem Tablet sowie dem Smartphone, führt kein Weg mehr um das responsive Design herum. Dabei ist zunächst eine Entscheidung wichtig: Möchten Sie ein adaptives oder ein responsives Layout erstellen?

**Adaptive oder anpassungsfähige Layouts |** Adaptive Layouts gehen davon aus, dass eine Website für bestimmte Geräte mit bekannter Größe optimiert werden sollte. Ausgangspunkt sind daher häufig Listen mit den Bildschirmauflösungen verschiedener Geräte. Das CSS selbst setzt meist auf px-Werte. So könnte ein Artikel beispielsweise immer eine fest vorgegebene Breite einnehmen, die über Breakpoints angepasst wird:

```
article {
  width: 320px;
  margin-left: auto;
  margin-right: auto;
}
@media (min-width: 640px) {
  article { width: 560px; }
}
```

**Vorteile von Adaptive Layouts**
- können gut in Layoutprogrammen simuliert werden, da die Abmessungen für jeden Breakpoint bekannt sind
- zeitsparend
- Inhalte und Gestaltungselemente sind relativ einfach umzusetzen, da innerhalb der Breakpoints klar definierte Raster genutzt werden können

◄ **Listing 4.16**
Breakpoint-Anpassungen in einem Adaptive Layout

Im Grunde genommen sind Adaptive Layouts also Sammlungen verschiedener fixer Layouts. Breakpoints schalten zwischen ihnen um. Zwischen diesen Breakpoints hingegen geschieht nichts – der Artikel wird über `margin-left: auto` und `margin-right: auto` zentriert.

# 4   Layout und Komposition

**Nachteile von Adaptive Layouts**
- keine Optimierung für Viewports außerhalb der definierten Media Queries
- Aufwand steigt, je mehr Viewport-Breiten berücksichtigt werden sollen, da sehr viele Anpassungen vorzunehmen sind (Elemente passen sich nicht automatisch an)
- schwierige Entscheidung, welche Viewport-Breiten für das eigene Publikum berücksichtigt werden sollten
- Unsicherheit bei zukünftigen Technologien, da unter Umständen Nachbesserungen notwendig sind

Das Food-Blog *https://foodsense.is* nutzte in einer früheren Version ein Adaptive Layout, das als gutes Beispiel dienen kann. Abbildung 4.80 zeigt, wie sich die Darstellung bei verschiedenen Viewport-Breiten verändert. An mehreren Stellen haben die Designer und Designerinnen etwas angepasst. Achten Sie aber auch auf die Stufen dazwischen: Dort geschieht nichts – die Website ist mittig im Browser zentriert.

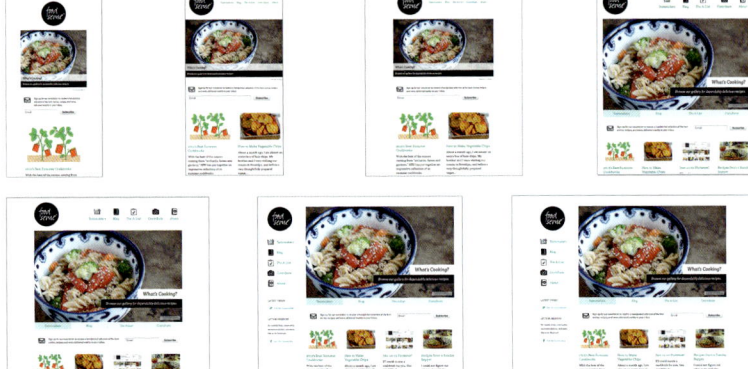

▲ **Abbildung 4.80**
Adaptive Layout auf foodsense.is (frühere Version)

**Responsive Layouts** | Schauen wir zum Vergleich einmal auf die Website des Responsive Webdesign Podcasts (*https://responsivewebdesign.com/podcast*) von Ethan Marcotte und Karen McGrane.

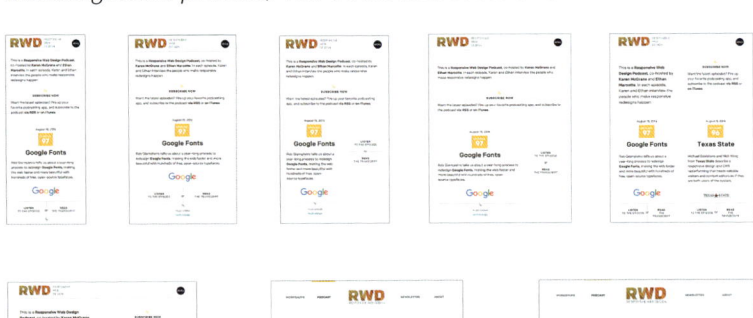

**Abbildung 4.81** ▶
Responsive Layout beim Responsive Webdesign Podcast

Natürlich erkennt man auch hier die Breakpoints, an denen sich das Layout verändert und beispielsweise eine andere Spaltenaufteilung wählt. Aber auch zwischen diesen Breakpoints ist das Layout im Fluss – Spalten werden länger, das Logo skaliert, Abstände werden größer.

Ein solches Layout definiert seine Elemente auf flexible Weise und passt sie nach Bedarf mit Media Queries an:

```
article { width: 100%; }
@media (min-width: 640px) {
  article { width: 75%; }
}
```

▲ **Listing 4.17**
Breakpoint-Anpassungen in einem Responsive Layout

**Vorteile von Responsive Layouts**
- keine Verschwendung von Platz
- optimale Anpassung an Viewport-Breiten oder inhaltliche Bedürfnisse möglich
- größere Zukunftssicherheit

Bei einem solchen responsiven Layout ist es nicht entscheidend, ob die aktuelle Viewport-Breite vorab definiert wurde – das Layout fließt mit und ist somit zukunftsfähig. So würde der Artikel im Beispielcode oben bei 640 px 75 % der Viewport-Breite einnehmen – also 480 px. Er bleibt dabei jedoch nicht stehen: Vergrößert sich der Viewport, wächst auch der Artikel weiter. Basis für responsive Layouts ist häufig ein flexibles Raster, das sich in der Breite an den Viewport anpasst.

**Nachteile von Responsive Layouts**
- größere Komplexität in Gestaltung und technischer Umsetzung
- höherer Zeitaufwand
- nur noch eingeschränkt mit klassischen Layoutprogrammen zu visualisieren

**Entscheidungshilfe: Adaptive oder Responsive?** | Was ist nun besser? Auf diese Frage gibt es in unseren Augen keine allgemeingültige Antwort. Adaptive Layouts lassen sich für spezifische Geräte mit definierten Größen optimieren – das kann man dazu nutzen, die User Experience auf diesen Geräten ausgiebig zu optimieren. Andererseits erhöht sich der Aufwand enorm, je mehr Viewports berücksichtigt werden sollen. Ein responsives Layout ist in dieser Hinsicht flexibler, weil es sich stärker an den Inhalten selbst orientiert – die User Experience hängt damit weniger stark davon ab, ob beim Design an eine bestimmte Viewport-Breite gedacht wurde.

### 4.6.2 Der Breakpoint, das (noch) unbekannte Wesen

Ein Breakpoint bestimmt also, bei welchen Viewport-Breiten sich etwas im Layout verändern soll. Aber woher wissen Sie denn, welche Breakpoints für Ihre Website die richtigen sind?

# 4  Layout und Komposition

**Gerätegrößen im Netz**
Im Web gibt es diverse Listen mit Gerätegrößen, etwa https://screensiz.es oder eine mehr visuelle Version mit https://screensizemap.com.

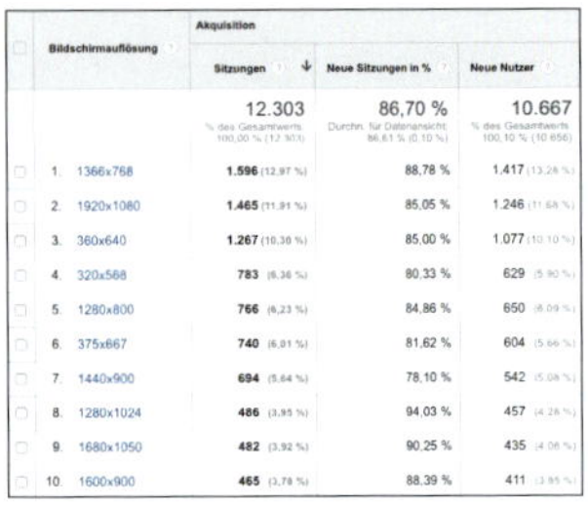

**Abbildung 4.82**
Analytics-Tools wie Piwik oder Google Analytics können Orientierung geben, welche Breakpoints besonders wichtig sind.

**Finden Sie Ihren eigenen Weg**
Natürlich können Sie die beiden grundsätzlichen Verfahren auch kombinieren oder um eigene Erfahrungswerte und Überlegungen ergänzen. Sie können beispielsweise in der frühen Phase eines Projekts Breakpoints als grobe Richtlinie festlegen und sie später auf den Prüfstand stellen, indem Sie den Viewport anpassen und sich überlegen, ob es wirklich die richtigen sind.

**Entscheiden Sie sich!** | Eine Möglichkeit ist, sich relativ früh im Designprozess für Breakpoints zu entscheiden. Häufig hört man beispielsweise Sätze wie: »Wir möchten unsere Website für die Breiten von Smartphones, Tablets und Desktops optimieren.« Das klingt einfacher, als es ist, denn die Geräte sind sehr unterschiedlich. Kreative versuchen daher, zunehmend in Kategorien von Größen, weniger in konkreten Geräten zu denken. Das beliebte Frontend-Framework Bootstrap unterscheidet beispielsweise zwischen sehr kleinen (bis 575 px), kleinen (bis 767 px), mittleren (bis 991 px), großen (bis 1 199 px), sehr großen (bis 1 399 px) sowie sehr, sehr großen (1 400 px und mehr) Viewports.

Sollten Sie bereits eine Website haben und sie mit einem Analytics-Tool erfassen, kann Ihnen das wertvolle Hinweise geben. Dazu gehört die verwendete Auflösung – das gibt Ihnen handfeste Anhaltspunkte, welche Breakpoints besonders wichtig sind.

**Lassen Sie Ihre Website entscheiden!** | Alternativ können Sie Breakpoints aus dem Content heraus entstehen lassen – sie werden gefunden, nicht festgelegt. Sie beginnen mit einem Layout im Browser, häufig bei schmalem Viewport. Dann ziehen Sie den Viewport auf, bis das Layout nicht mehr gut aussieht – etwa, weil Zeilenlängen zu lang werden. Jetzt notieren Sie sich die Viewport-Breite, wechseln in den CSS-Editor und setzen einen Breakpoint mit den gestalterisch notwendigen Änderungen. Nun wechseln Sie wieder in den Browser und wiederholen diese Schritte.

**Breakpoints und Tweakpoints** | Hilfreich kann es auch sein, in kleinen (»minor«) und großen (»major«) Breakpoints zu denken, wie es der Designer Stephen Hay in seinem Buch »Responsive Design Workflow« erläutert:

- Kleine Breakpoints werden für Detailanpassungen genutzt, etwa die Schriftgröße in einem Abschnitt. Man nennt sie daher auch *Tweakpoints* (»to tweak« = optimieren).
- Große Breakpoints verändern große Aspekte im Design, etwa die Spaltenanordnung. Sie sind das, was man klassischerweise als *Breakpoint* (»to break« = brechen) bezeichnet.

In Aktion erleben kann man dies bei Mittwald (siehe Abbildung 4.83). Bei kleinen Viewports gibt es im Header ein Logo mit drei

Icons (Suche, Account und Menü), und das Layout wird einspaltig dargestellt. Ein Tweakpoint bei 500 px vergrößert das Logo leicht, weil etwas mehr Platz im Header ist. Bei 769 px gibt es einen Breakpoint, der größere Änderungen im Layout vornimmt: Das Logo erhält einen Slogan, es kommt ein Hero-Bild hinzu, und Elemente wie die verschiedenen Hosting-Angebote werden nebeneinander angeordnet. Ein Breakpoint ab 1 261 px stellt das Menü vollständig dar und ordnet Inhalte neu auf der Seite an. Zwischen diesen Layoutänderungen ist die Website responsiv, die Inhalte passen sich den Platzverhältnissen an.

▼ **Abbildung 4.83**
Tweakpoints und Breakpoints bei Mittwald

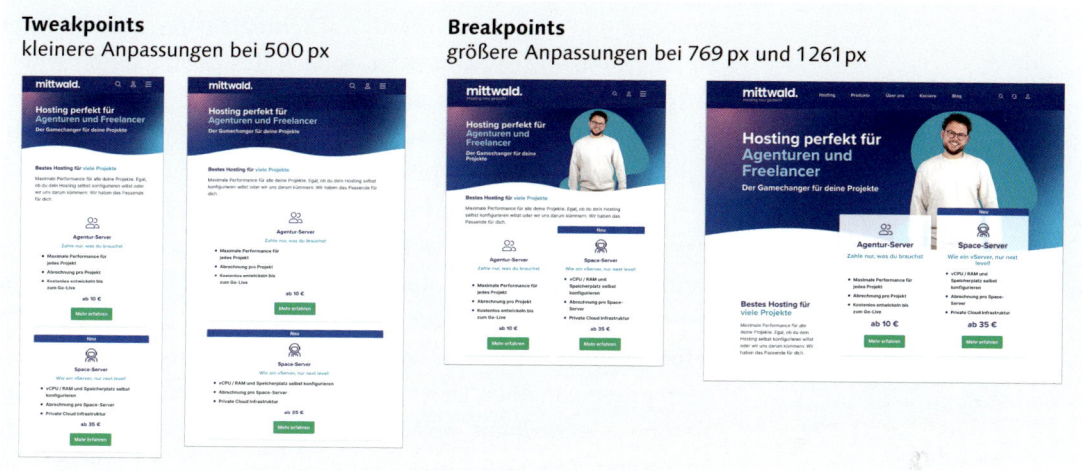

Bei der Bestimmung von Breakpoints sollten typografische Erwägungen wie eine angenehme Zeilenlänge unbedingt beachtet werden, die in Kapitel 5 ausführlich behandelt werden.

### 4.6.3 Breite ist nicht alles

Ein flexibles Gestaltungsraster sorgt dafür, dass sich mit dem Viewport die Breite von Elementen verändert. In vielen Fällen wird dies jedoch nicht reichen, und das Layout muss umgestellt werden: Elemente werden nicht mehr nebeneinander angeordnet, sondern rutschen untereinander. Dies hat jedoch eine ganze Reihe weiterer Aspekte zur Folge. Ethan Marcotte beschreibt sie ausführlich in seinem Buch »Responsive Design: Patterns & Principles«:

- **Hierarchie**: Wenn Elemente nicht mehr nebeneinanderstehen, sondern untereinanderrutschen, ändert dies auch ihre relative Wichtigkeit. Die Entscheidung, in welcher Reihenfolge Elemente erscheinen sollen, ist also stets eine inhaltliche Schwerpunktsetzung. Sie lernen im Folgenden einige grundlegende Möglichkeiten kennen, wie Sie mit dieser Herausforderung umgehen können
- **Interaktion**: Mit der responsiven Anpassung des Designs verändern sich auch die Interaktionen mit einer Website und mit ihnen die Wertigkeit der entsprechenden interaktiven Elemente. Ein offensichtliches Beispiel dafür sind responsive Navigationsmenüs. Wird ein Menü auf schmalen Viewports hinter einem Menü-Button versteckt, schafft das Design damit einerseits Platz. Andererseits verändert sich damit die Bedeutung des Menüs im Vergleich zu anderen Elementen auf der Seite. Interessierte können es jetzt nur noch erreichen, indem sie es explizit öffnen – damit ist das Menü weniger wichtig, als wenn es jederzeit sichtbar wäre. Je nach konzeptioneller Ausrichtung kann das passend oder unpassend sein. Kapitel 6 wird auf diese Aspekte ausführlich eingehen.
- **Informationsdichte**: Bei wechselndem Platzangebot können auch unterschiedlich viele Informationen gleichzeitig angezeigt werden – und damit verändert sich die sogenannte *Informationsdichte*. Die Website der öffentlichen Verkehrsbetriebe in Lyon (Transports en Commun Lyonnais, TCL) zeigt unterschiedliche Informationen im Liniennetz bei verschiedenen Zoomstufen der Karte an. Während zunächst nur Liniennummern zu sehen sind, werden mehr und mehr auch einzelne Haltestellen und Verkaufspunkte eingeblendet.

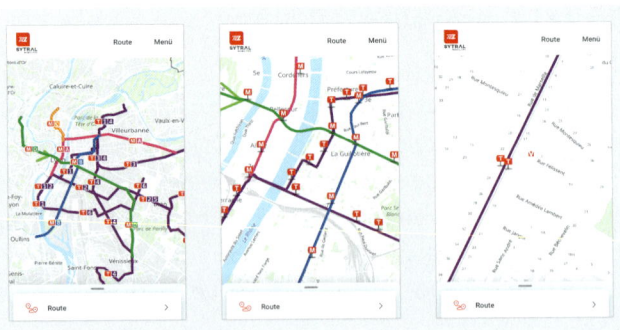

**Abbildung 4.84** ▶
Anpassungen der Informationsdichte bei TCL (*www.tcl.fr*)

## 4.6.4 Strategien für responsive Darstellungen

Welche Möglichkeiten gibt es, ein Layout für verschiedene Viewports anzupassen? Der Autor Luke Wroblewski hat viele dieser Varianten in seinem Blog unter *www.lukew.com/ff/entry.asp?1514* beschrieben, und im Laufe der Zeit haben sich weitere Muster gebildet. Achten Sie bei der Gestaltung aber auch unbedingt auf den Content Priority Guide aus Abschnitt 3.5.4. Er wird Ihnen helfen zu entscheiden, welche Inhalte wichtiger sind als andere und demnach weiter oben stehen sollten. Bedenken sollten Sie außerdem, dass die unten beschriebenen Muster Vorschläge und Denkanregungen sind, die für eine Website individuell angepasst werden sollten. Natürlich sind auch Mischformen möglich.

**Tiny Tweaks** | Die einfachste Version ist »Tiny Tweaks« – kleine Optimierungen, etwa bei Schriftgrößen, Abständen und Bildern. Dabei verändert sich das Layout selbst jedoch kaum. Dies funktioniert bei einspaltigen Layouts wie dem Webdesign-Manifest »Future Friendly« sehr gut.

» *Es wird oft gesagt, dass Einfachheit darin besteht, das Unnötige zu entfernen. Ein anderer Ansatz wäre, das Unnötige gar nicht erst hinzuzufügen.*«

Designer Stephen Hay, Beyond Tellerrand 2014 (*https://vimeo.com/102881604*)

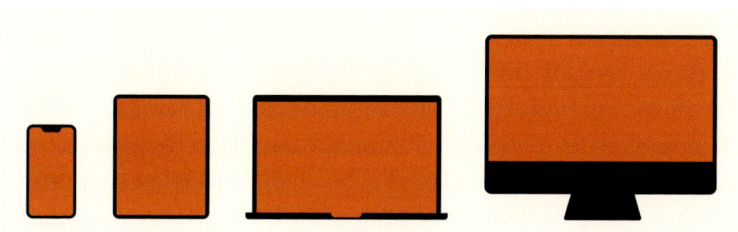

◀ **Abbildung 4.85**
Tiny Tweaks

▲ **Abbildung 4.86**
Eine Spalte mit minimalen Anpassungen reicht, um das Future-Friendly-Manifest (*https://futurefriendlyweb.com*) responsiv zu machen.

**Mostly Fluid** | *Mostly Fluid* steht für »größtenteils fließend« und ist eine häufig gewählte Variante, wenn der sehr reduzierte Ansatz Tiny Tweaks nicht möglich ist. Dieses Layoutmuster beginnt mit einer einspaltigen Anordnung, um bei größeren Viewports auf mehr Spalten zu wechseln. Die Spalten selbst sind größtenteils aus fluiden Rastern gestaltet und passen sich somit sehr flexibel an den Viewport an. Bei größeren Viewports greift häufig eine `max-width`-Eigenschaft, und es wird Weißraum am Rand eingeführt. Mostly-Fluid-Layouts benötigen meistens nur wenige Breakpoints.

**Abbildung 4.87** ▶
Mostly Fluid

Die Website des Designers Trent Walton startet mit einem einspaltigen Layout, stellt das Layout bei höheren Auflösungen minimal um (Bilder fließen links) und passt immer wieder die Schriftgröße an.

**Abbildung 4.88** ▼
Trent Waltons Website passt sich in kleinen Schritten an (*https://trentwalton.com*).

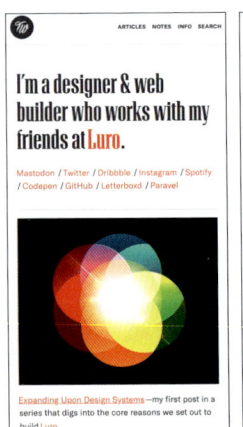

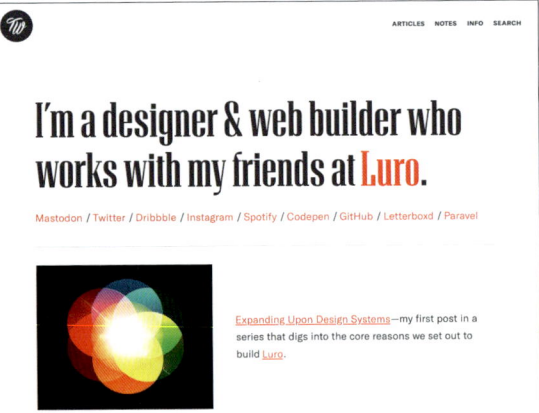

**Column Drop** | Sehr beliebt ist auch das Muster *Column Drop* (Fallenlassen von Spalten). Ähnlich wie Mostly Fluid ordnet es Spalten zunächst untereinander an, um sie dann mit zunehmender Viewport-Breite nebeneinanderzusetzen. Allerdings bleibt die Größe der Elemente hier meist relativ ähnlich. Die Anordnung von Spalten ist flexibler und folgt nicht mehr zwangsläufig ihrer Reihenfolge im Quelltext.

◄ **Abbildung 4.89**
Column Drop

**Layout Shifter** | *Layout Shifter* ist ein Konzept, das sich mit »Layout-Verdreher« übersetzen lässt – hier werden verschiedene Content-Bereiche ordentlich durcheinandergewirbelt. Häufig zu beobachten ist das an der Navigation, die zunächst oben horizontal angeordnet wird, dann jedoch in ein vertikales Layout in der linken Spalte umschlägt – der Inhalt befindet sich nun rechts daneben. Der Layout Shifter öffnet kreative Spielräume für innovative Ansätze, ist aber auch relativ arbeitsaufwendig.

◄ **Abbildung 4.90**
Layout Shifter

In Aktion erleben können Sie den Layout Shifter bei der NHL. In weiten Teilen verhält sich das Layout wie ein Column Drop und wechselt von einer zu zwei und schließlich zu drei Spalten. Abgesehen davon gibt es jedoch größere Anpassungen, etwa in der Navigation und bei der Darstellung der Hauptbereiche.

 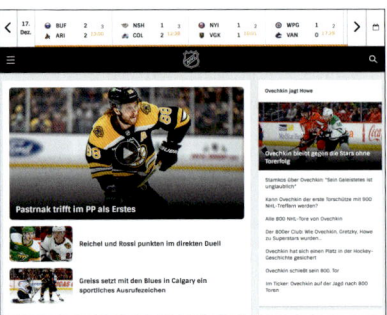 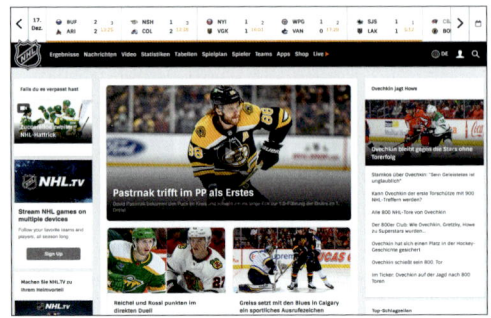

▲ **Abbildung 4.91**
Das Layout der National Hockey League (NHL, *www.nhl.com/de*) wird per verschiedenen Viewports gehörig umgestellt.

**Off-Canvas** | Die bisher gezeigten Muster zeichnen sich dadurch aus, dass sie Seitenbereiche zwar flexibel anordnen können, letztlich jedoch relativ wenig mit dem Viewport an sich arbeiten – dieser legt die maximal verfügbare Breite fest, und die Seitenbereiche ordnen sich dementsprechend linear unter- oder nebeneinander an.

Bei *Off-Canvas* (»außerhalb der Leinwand«) ist das anders. Hier geht es darum, Bereiche der Seite aus dem Viewport hinauszuschieben. Bei Bedarf können Nutzerinnen und Nutzer sie dann mit Hilfe eines Buttons oder auch einer Geste wieder hineinschieben.

**Off-Canvas-Varianten**
Luke Wroblewksi hat unter *www.lukew.com/ff/entry.asp?1569* zahlreiche Varianten des Off-Canvas-Layouts zusammengetragen.

▲ **Abbildung 4.92**
Off-Canvas

▲ **Abbildung 4.93**
Kommentare direkt bei den passenden Absätzen mit »Inline Comments« von Kevin Weber (*http://kevinw.de/inline-comments*)

Das Off-Canvas-Layout kann unterschiedlichste Formen annehmen und eröffnet großen Spielraum für kreative Gestaltungen. Der Designer Kyle Peatt erläutert in einem lesenswerten Artikel (*https://rohl.es/off-canvas-potenziale*), in welchen Fällen das Muster besonders viel Sinn macht: immer dann, wenn weitere Informationen angezeigt werden sollen, ohne das Publikum aus dem aktuellen Kontext herauszureißen. So könnten die Kommentare in einem Artikel beispielsweise direkt neben dem Absatz erreichbar sein, auf den sie sich beziehen. Am häufigsten wird das Muster jedoch bei responsiven Navigationen eingesetzt. Es ist daher ausführlich Thema in Abschnitt 6.5.

**Card Layout** | Besonders in den letzten Jahren lässt sich beobachten, dass die Anforderungen des Responsive Webdesign ganz neue Formen hervorbringen, wie man Inhalte darstellen kann. Ein gutes Beispiel dafür ist das *Card Layout*. Dabei werden Informationen auf kleine Module zusammengestampft. Card Layouts haben einige Vorteile:

- Man kann sie sehr flexibel anordnen – nebeneinander auf großen Screens, untereinander auf kleineren (siehe Abbildung 4.94).
- Dank ihres modularen Aufbaus eignen sie sich auch gut für Infinite Scrolling oder Situationen, in denen es vollkommen unvorhersehbar ist, wie viele Inhalte angezeigt werden müssen.
- Sie sind platzsparend, aber mächtig: Im Normalzustand können sie eine reduzierte Vorschau auf den Inhalt zeigen (etwa ein Coverfoto). Tippt oder klickt man sie an, können sie sich drehen, ausdehnen oder nach vorne kommen, um mehr Platz für Inhalte zu bieten.
- Sie bieten Potenzial für Experimente. Denken Sie nur daran, was man mit Karten alles machen kann: drehen, falten, mischen, stapeln, zur Seite legen ... Alle diese Handlungen könnten als Metaphern für digitale Interaktionen dienen.

**Tutorial**
Wenn Sie stärker auf die technischen Details eingehen möchten, empfehle ich Ihnen das sehr gute Tutorial von Jonas Hellwig: *https://kulturbanause.de/blog/gestaltungsraster-css-grids-web-design/*.

▲ **Abbildung 4.94**
Rachel Andrews CSS Workshops (*https://courses.thecssworkshop.com*) demonstrieren die Vorteile von Card Layouts sehr anschaulich. Sie eignen sich gut zur flexiblen Darstellung gleichwertiger Inhalte.

## 4.7 Raster in CSS

Ganz gleich, ob Sie das Raster für Ihre Website selbst anlegen oder ein fertiges Grid aus dem Netz verwenden – die grundlegende Funktionsweise von Rastern in CSS sollten Sie verstehen. Wir erläutern zunächst zwei Varianten, die Sie zwar noch im Web finden, die aber technisch recht veraltet sind. Im Anschluss gehen wir auf moderne Lösungen ein.

### 4.7.1 Statische Raster in CSS

In der Webentwicklung arbeitet man meist mit ineinander verschachtelten CSS-Klassen für Reihen und Spalten des Rasters. Bei einem statischen Layoutraster wie Nathan Smiths 960 Grid System (*http://960.gs*) kann das z. B. so aussehen:

```
<div class="container_12">
  <article class="grid_4">…</article>
  <article class="grid_4">…</article>
  <article class="grid_4">…</article>
</div>
```

▲ **Listing 4.18**
Drei Artikel von je vier Rasterspalten in 960gs

Die Reihen-Klasse (z. B. `container_12`) beschränkt die Seitenbreite auf einen festgelegten Wert, der dann mit Klassen wie `grid_1` (eine Grid-Spalte) oder `grid_2` (zwei Grid-Spalten) in Unterbereiche aufgeteilt wird:

```
.container_12 {  max-width: 960px;  }
.container_12 .grid_1 {  width: 60px;  }
.container_12 .grid_2 {  width: 140px;  }
```

▲ **Listing 4.19**
Beispiel für Grid-Klassen in 960gs

Generische Klassen wie diese haben den Vorteil, dass sie recht einfach wiederverwertet werden können: Alle Elemente, die vier Rasterspalten umspannen sollen, erhalten die Klasse `grid_4`. Statische Raster gelten heute als veraltet, weil sie dem Responsive Webdesign nicht gewachsen sind. Als Alternative bieten sich anpassungsfähige Raster an.

## 4.7.2 Einfaches responsives Raster mit float:left

Anpassungsfähige Raster sind etwas aufwendiger, weil sie mit flexiblen Einheiten arbeiten und eine Möglichkeit benötigen, zu bestimmen, wie viele Spalten ein Flement bei den verschiedenen Breakpoints einnehmen soll. Ein einfaches dreispaltiges Layoutraster mit drei Breakpoints kann beispielsweise auf dem folgenden Code basieren:

Sie finden das Beispiel unter *https://codepen.io/rohles/pen/QKWoQb* oder im Ordner KAPITEL_04 • RASTER – 1 FLOAT.

```
<section class="row">
  <article class="columns small-1 medium-1 large-1">…
  </article>
  <article class="columns small-1 medium-1 large-1">…
  </article>
  <article class="columns small-1 medium-2 large-1">…
  </article>
</section>
```

◀ **Listing 4.20**
Verschachtelte Klassen für ein responsives Grid

Alle Kindelemente der Reihen erhalten eine Klasse `columns`, was sie zu Spalten macht, die bitte links fließen sollen:

```
.columns {   float: left;   }
```

◀ **Listing 4.21**
Spalten fließen links.

Außerdem muss ein Clearfix her (siehe Abschnitt 4.4.1):

```
.row::before, .row::after {
    content: ' ';
    display: table; }
.row::after {   clear: both;   }
```

◀ **Listing 4.22**
Clearfix für die Reihen

Die Klassen `small`, `medium` und `large` legen das gewünschte Verhalten bei spezifischen Breakpoints fest:

```
.small-1 {   width: 100%;   }
@media screen and (min-width: 640px) {
  .medium-1 {   width: 50%;   }
  .medium-2 {   width: 100%;   }
}
@media screen(min-width: 1200px) {
  .large-1 {   width: 33.333333%;   }
  .large-2 {   width: 66.666666%;   }
  .large-3 {   width: 100%;   }
}
```

> **Micro Clearfix**
> Bei der hier gezeigten Methode zum Clearing von Floats handelt es sich um den Micro Clearfix von Nicolas Gallagher: *http://nicolasgallagher.com/micro-clearfix-hack*.

◀ **Listing 4.23**
Ein einfaches responsives Grid

So könnten beispielsweise auf schmalen Screens alle Spalten 100 % der Breite einnehmen, während sie sich auf größeren Screens anders aufteilen. Elemente mit der Klasse `medium-1` nehmen auf Viewports über 640 px Breite eine Spalte, also 50 % der Fläche ein – bei `medium-2` wären es 100 % der Fläche. Auf Viewports über 1 200 px Breite sorgen die Klassen `large-1` (1 Spalte oder 1/3 der Fläche), `large-2` (2 Spalten oder 2/3 der Fläche) und `large-3` (gesamte Breite) für das gewünschte Verhalten. Solche links fließenden Spalten sind noch im Web zu finden, allerdings gibt es mittlerweile bessere Alternativen. So könnten Sie entweder auf ein Frontend-Framework zurückgreifen oder eigene Raster auf Basis von Flexbox oder CSS Grid Layout entwickeln.

### 4.7.3 Frontend-Frameworks und fertige Grids

Die Raster von bekannten Frontend-Frameworks wie Bootstrap, Bulma (*https://bulma.io*) oder Foundation (*https://get.foundation*) arbeiten nach einem ähnlichen Prinzip. Sie unterscheiden sich jedoch in den Bezeichnungen der Klassen und bringen mehr Funktionalitäten mit als das einfache Beispiel zuvor.

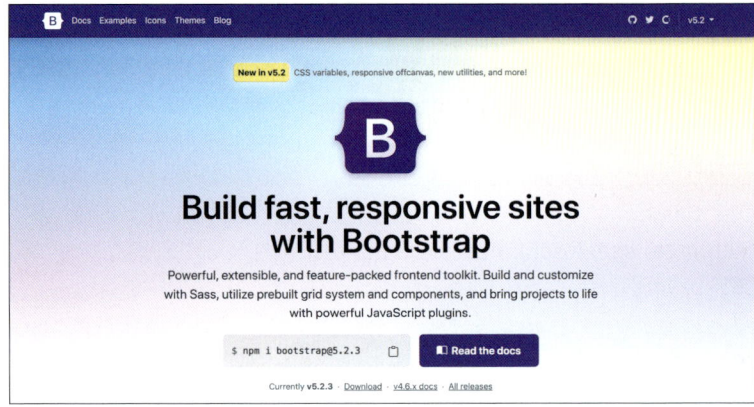

**Abbildung 4.95 ▶**
Bootstrap (*https://getbootstrap.com*) gehört zu den beliebtesten Frontend-Frameworks.

Bootstrap beispielsweise basiert auf einem Raster mit zwölf Spalten. Das System arbeitet mit einer Klasse `container`, die einige Basisformatierungen enthält. Mit Klassen wie `col-8` oder `col-md-6` wird anschließend gesteuert, wie viele Rasterspalten ein HTML-Element bei den unterschiedlichen Breakpoints einnehmen soll. Bootstrap arbeitet mit sechs Breakpoints. Klassen mit

**Dokumentation**
CSS-Frameworks wie Bootstrap haben eine sehr gute Dokumentation, die kaum Fragen bei der praktischen Arbeit offenlässt: *https://getbootstrap.com/docs/*

col-md- beziehen sich beispielsweise auf Viewports über 768 px. Technisch beruht Bootstrap auf Flexbox, bietet aber als Alternative auch ein Raster mit CSS Grid Layout.

```
<div class="container">
  <div class="row">
    <div class="col-8 col-md-6"> …
    </div>
    <div class="col-4 col-md-6"> …
    </div>
  </div>
</div>
```

◄ **Listing 4.24**
Beispielcode für Bootstrap

**Nur mitnehmen, was Sie wirklich benötigen** | Frontend-Frameworks bringen neben dem Raster noch eine Vielzahl weiterer Komponenten mit – da kommen schnell einige Kilobytes zusammen, von denen Sie vielleicht gar nicht alle benötigen. Sie können jedoch auch nur Teile des Frameworks nutzen und diese beim Download gezielt auswählen. Alternativ gibt es eine Reihe von Frameworks, die sich nur auf das Raster oder manchmal einige wenige weitere Module konzentrieren. Eine kleine Auswahl von denen, bei denen sich ein Blick lohnen könnte:

- Tailwind (*https://tailwindcss.com*) von Adam Wathan
- Pure CSS (*http://purecss.io*) von Yahoo
- Skeleton (*http://getskeleton.com*) von Dave Gamache
- Milligram (*https://milligram.io*) von CJ Patoilo
- Tachyons (*https://tachyons.io*)

Technisch betrachtet beruhen diese modernen Raster auf zwei CSS-Layoutmethoden, die in den letzten Jahren großen Aufschwung erlebt haben: Flexbox und CSS Grid Layout. Wir werden diese Layoutmethoden daher in den nächsten Abschnitten ausführlich vorstellen. Mit diesem Wissen ausgestattet sind Sie dann auch in der Lage, eigene Raster umzusetzen anstatt auf ein Framework zurückzugreifen.

### 4.7.4 Flexbox

Ausgangspunkt für unsere Flexbox-Beispiele ist eine Sektion mit vier Artikeln, die unterschiedlich eingefärbt werden.

# 4 Layout und Komposition

**Listing 4.25** ▶
Elternelement `section` mit vier Kindelementen `article`

```
<section>
  <article> … Text … </article>
  <article> … Text … </article>
  <article> … Text … </article>
  <article> … Text … </article>
</section>
```

### Flexbox lernen
Der Entwickler Wes Bos hat auf *http://flexbox.io* eine Reihe von Flexbox-Video-Tutorials veröffentlicht, die Sie gegen Angabe einer E-Mail-Adresse erhalten können. Ein kurzweiliges Spiel zum Erlernen der Flexbox finden Sie unter *https://flexboxfroggy.com*.

Diese Struktur ist typisch für Flexbox: Sie benötigen immer ein Elternelement als *Flex-Container* sowie mehrere Kindelemente als *Flex-Items*. In normalen Boxen verhalten sich diese Kindelemente wie typische Block-Elemente: Sie sitzen übereinander und nehmen so viel Platz ein, wie sie benötigen.

**Container zur Flexbox machen |** Wenn Sie aus der `section` mit `display: flex` eine Flexbox machen, sitzen die Kindelemente plötzlich nebeneinander: (1) (im Beispielordner Kapitel_04 • Raster – 2 Flexbox Basics sind die hier erläuterten Schritte mit Ziffern durchnummeriert, so können wir sie gut referenzieren).

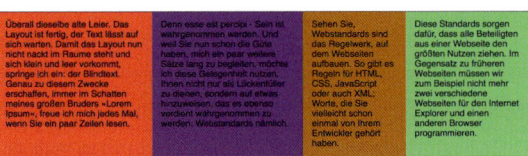

▲ **Abbildung 4.96**
`section` ohne (links) und mit `display: flex` (rechts)

### Kurzschreibweise mit flex
`flex` ist eine Kurzschreibweise, die explizit in der Spezifikation empfohlen wird. Sie fasst die untergeordneten CSS-Eigenschaften `flex-grow` (sollen Elemente wachsen, um den Flex-Container zu füllen), `flex-shrink` (sollen Elemente schmaler als ihr Inhalt werden können) und `flex-basis` (Basisgröße der Flex-Items) in dieser Reihenfolge intelligent zusammen. Praktische Kurzangaben sind `flex: initial` (Verhalten auf Standard zurücksetzen), `flex: auto` (Wachsen ausgehend von automatischer Größe ermöglichen), `flex: none` (keine Flexibilität bei Flex-Items) und `flex: 1` (gleiche Spaltengröße, entspricht `flex: 1 0 0`).

**Verhalten der Elemente innerhalb der Flexbox festlegen |** Die Breite der Artikel errechnet sich der Browser aus den unterschiedlich langen Inhalten. Mit `flex` lässt sich das Verhalten steuern (2):

```
article {   flex: 1; }
```

▲ **Listing 4.26**
Artikel erhalten mit `flex` die gleiche Breite.

Alle Boxen haben standardmäßig die gleiche Höhe, egal, wie viel Inhalt sie haben. Das ist ein Vorteil im Vergleich zur Lösung über `float`. Kommentieren Sie dazu einmal das `display: flex` von `section` bei (1) aus, und ergänzen Sie eine Alternative über `float` wie in Listing 4.27 (3). Nun ist die Höhe der Artikel nicht mehr identisch, weil `float` sie aus dem Dokumentfluss heraushebt – ein Clearfix müsste her (siehe Abbildung 4.97).

Sie finden das Beispiel unter *https://codepen.io/rohles/pen/kXzOEv* oder im Ordner KAPITEL_04 • RASTER – 2 FLEXBOX BASICS. Dort sind die hier erläuterten Schritte mit Ziffern durchnummeriert.

```
article {   width: 25%; float: left; }
```

▲ **Listing 4.27**
`float` als Alternative zu Flexbox?

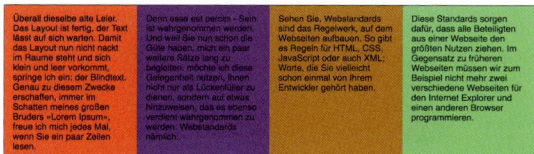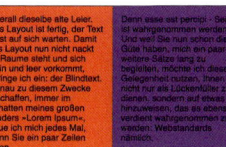

▲ **Abbildung 4.97**
Unterschiedliches Verhalten von Flexbox (links) und `float` (rechts)

Also nehmen wir den Code unter (3) wieder heraus und fügen `display: flex` bei `section` wieder ein (1). Ist Ihnen aufgefallen, dass wir bei (2) `flex: 1` ohne Einheit geschrieben haben? `flex` denkt in Verhältnissen. `flex: 1` bei vier Artikeln heißt also: Größenverhältnis 1:1:1:1 oder auch einfach »alle gleich breit«. Das lässt sich auch ändern (4):

```
article {   flex: 1; }
article:nth-child(even) {   flex: 2; }
```

▲ **Listing 4.28**
Gerade Artikel werden doppelt so breit wie ungerade.

Abstände können wie gewohnt mit `margin` erzeugt werden. Ein Grid mit zwölf Spalten könnte z. B. so aussehen (5):

```
article {   margin: 0.5rem; }
article:nth-child(even) {   flex: 4; }
article:nth-child(odd) {   flex: 2; }
```

◀ **Listing 4.29**
Einfaches Grid mit wenigen Zeilen Code

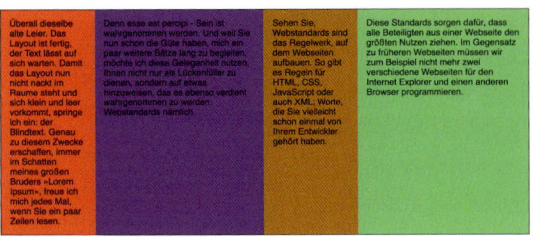

▲ **Abbildung 4.98**
flex legt Breiten in Verhältnissen fest (links) und kann einfache Grids erzeugen (rechts).

Zwei Grid-Spalten für die kleinen Artikel, vier für die großen – das Ganze mit ein paar Zeilen Code. Die Flexbox kann jedoch noch mehr.

**Eigenschaften der Flexbox festlegen** | Wie Sie mittlerweile wissen, wird die Flexbox aktiviert, indem Sie einem Elternelement die Eigenschaft display: flex mitgeben. Eine Flexbox erhält ein ganz anderes Box Model als normale Boxen.

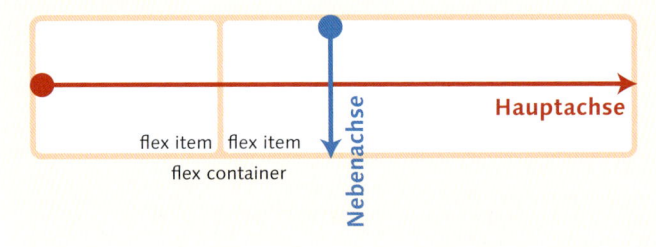

**Abbildung 4.99** ▶
Haupt- und Nebenachse einer Flexbox, immer abhängig von flex-direction

Eine Flexbox hat zwei Achsen: eine Haupt- und eine Nebenachse. In der oberen Grafik ist die Hauptachse horizontal von links nach rechts und die Nebenachse vertikal von oben nach unten, aber das muss nicht so sein. Mit flex-direction lässt sich die Richtung umkehren (6):

```
section {
  display: flex;
  flex-direction: row-reverse;
}
```

**Listing 4.30** ▶
Umgekehrte Flussrichtung bei der Flexbox

Mit flex-direction: column lässt sich aus einer Flexbox auch ein Grid in Spalten statt Reihen erzeugen, auf Wunsch auch in umgekehrter Reihenfolge (flex-direction: column-reverse). Wenn Sie flex-direction weglassen, gilt der Standardwert row.

Wenn diese Möglichkeiten nicht ausreichen, können Sie auch einzelne Elemente umsortieren, indem Sie die Eigenschaft `order` für die *Flex-Items* nutzen (7):

```
article:nth-child(2) { order: 4; }
```

◄ **Listing 4.31**
`order` der Flex-Items beeinflussen

Damit können Sie jede gewünschte Reihenfolge realisieren und innerhalb von Sekunden ändern.

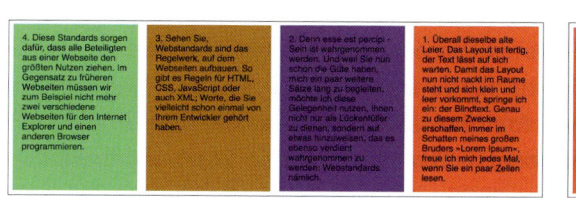 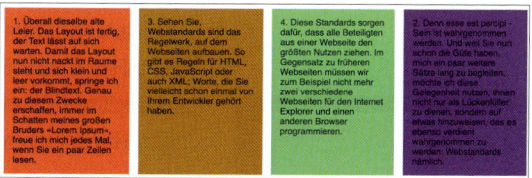

▲ **Abbildung 4.100**
`flex-direction` ändert die Flussrichtung aller Flex-Items (links mit Wert `row-reverse`), während `order` einzelne Elemente verschiebt (rechts).

Abstände zwischen den Flex-Items können Sie mit der Eigenschaft `gap` erzeugen, oder alternativ `row-gap` bzw. `column-gap`, falls Sie die Abstände für Reihen und Spalten getrennt festlegen möchten.

**Mehrzeilige Grids mit der Flexbox** | Standardmäßig erzeugt eine Flexbox nur eine Zeile oder eine Spalte. Flexbox erlaubt jedoch auch mehrzeilige oder mehrspaltige Boxen. Dazu dient `flex-wrap: wrap` für den Flex-Container:

 Sie finden das Beispiel unter *https://codepen.io/rohles/pen/pbGEXd* oder im Ordner KAPITEL_04 • RASTER – 3 FLEXBOX UND FLEX WRAP.

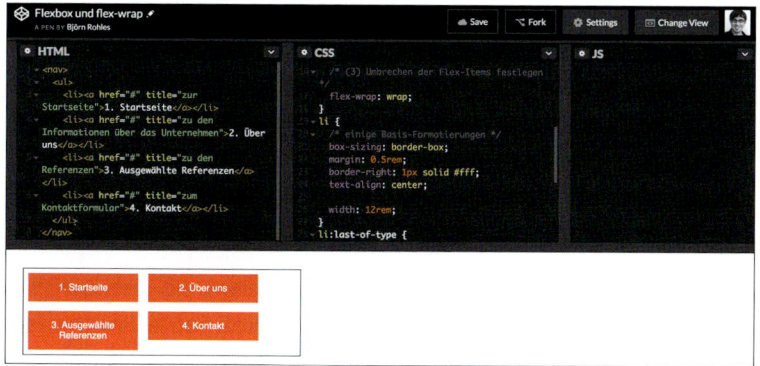

◄ **Abbildung 4.101**
Die vier Boxen passen mit ihrer Breite von 12 rem nicht in den Flex-Container. `flex-wrap` erlaubt es ihnen, mehrere Zeilen zu bilden.

### 4.7.5 CSS Box Alignment

In der Vergangenheit sind Designerinnen und Designer immer wieder an die Grenzen von CSS gestoßen, wenn es um die Ausrichtung von Elementen ging. Flexbox hat sehr viele sinnvolle

# 4  Layout und Komposition

> **Lese- und Tutorialtipps**
> Wer mehr über das CSS Box Alignment erfahren möchte, sollte einen Blick auf das Mozilla Development Network (*https://rohl.es/css-box-alignment*) und auf das Tutorial von Ahmad Shahed (*https://ishadeed.com/article/learn-box-alignment/*) werfen.

Möglichkeiten eingeführt, beispielsweise zum vertikalen Zentrieren oder zum gleichmäßigen Verteilen von Flex-Items. Im Rahmen des CSS Box Alignments (*www.w3.org/TR/css-align-3/*) werden diese Möglichkeiten mehr und mehr auch für andere Layoutverfahren verfügbar.

Zentrale Idee dabei ist die Unterscheidung von Haupt- und Nebenachse. Im Rahmen der Flexbox haben Sie das bereits kennengelernt, aber sie lässt sich auf andere Bereiche übertragen, beispielsweise Inline-Achse (nebeneinander, wie bei Inline-Elementen) und Block-Achse (untereinander, wie bei Block-Elementen). CSS Box Alignment führt einige CSS-Eigenschaften ein, mit denen sich Elemente entlang dieser Achsen positionieren und verteilen lassen. Eigenschaften auf der Hauptachse beginnen mit `justify-` und Eigenschaften auf der Nebenachse mit `align-`. Tabelle 4.2 enthält eine Übersicht über diese Eigenschaften.

| Eigenschaft | Anwendung | Wirkung | Darstellung |
|---|---|---|---|
| `justify-content` `align-content` | Container, z. B. `ul { align-content: space-between; }` | Inhalt innerhalb eines Containers | |
| `justify-self` `align-self` (Shorthand: `place-self`) | Element innerhalb des Containers, z. B. `li { align-self: center; }` | Element innerhalb eines Containers | |
| `justify-items` `align-items` | Container, z. B. `ul { align-items: center; }` | Elemente innerhalb der Box | |

▲ **Tabelle 4.2**
CSS Box Alignment (nach W3C-Spezifikation, *www.w3.org/TR/css-align-3/*)

Wie erwähnt ist das CSS Box Alignment darauf ausgelegt, die Möglichkeiten bei der Ausrichtung von Elementen stark zu erhöhen. Allerdings ist die Browser-Unterstützung derzeit bei verschiedenen Layoutverfahren unterschiedlich weit. Außerdem kommt es auf den Kontext an, welche Box-Alignment-Eigenschaften sinnvoll sind. So gibt es bei Flexbox beispielsweise kein `justify-self`, weil Flexbox die Verteilung der Elemente explizit auf der Hauptachse vornimmt. Schauen wir uns dazu ein Beispiel aus der Praxis mit Flexbox an.

**Flexbox-Beispiel: Elemente auf Haupt- und Nebenachsen verteilen** | Mit den Eigenschaften `justify-content` (Ausrichtung entlang der Hauptachse) und `align-items` (Ausrichtung entlang der Nebenachse) lässt sich steuern, wie die *Flex-Items* mit dem verfügbaren Platz umgehen sollen. Schauen wir uns dazu eine einfache Navigation als Liste mit vier Punkten und einigen Basisformatierungen an. Die Liste `ul` erhält eine feste Breite und einen Rahmen, damit Sie die Auswirkungen in der Folge erkennen können. `display: flex` auf dem Elternelement `ul` aktiviert die Flexbox, wodurch erst einmal alle Listenpunkte nebeneinander angeordnet werden (1 in unserem Beispiel-Listing zum Download).

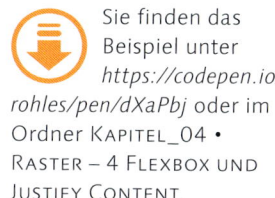

Sie finden das Beispiel unter *https://codepen.io/rohles/pen/dXaPbj* oder im Ordner KAPITEL_04 • RASTER – 4 FLEXBOX UND JUSTIFY CONTENT.

▼ **Abbildung 4.102**
Einfache Flexbox-Navigation

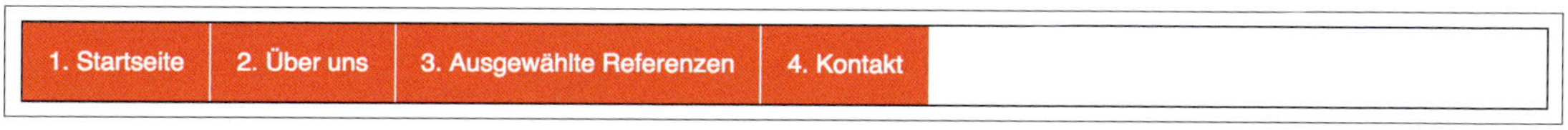

Als *Flex-Container* kann `ul` nun festlegen, wie sich seine Kinder `li` (*Flex-Items*) verhalten sollen. Abbildung 4.102 zeigt den Standardwert `justify-content: flex-start` – alle Flex-Items sitzen am Anfang der Flexbox. Ändern wir diesen Wert einmal etwas um (2):

`ul { justify-content: flex-end; }`

▲ **Listing 4.32**
Flex-Items am Ende des Flex-Containers ausrichten

Nun sind die Flex-Items am Ende der Flexbox ausgerichtet:

▼ **Abbildung 4.103**
`justify-content: flex-end` verschiebt Flex-Items ans Ende der Flexbox.

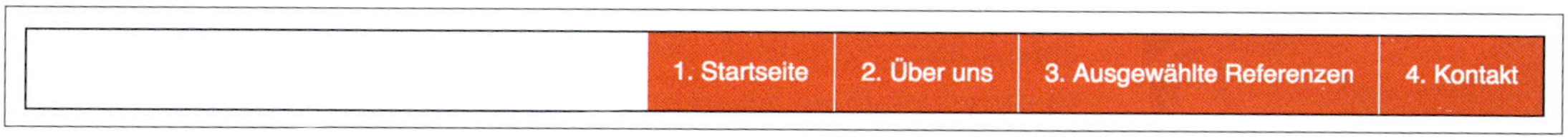

`justify-content` bezieht sich auf die Hauptachse. `flex-end` heißt daher: am Ende der Hauptachse, nicht zwangsläufig rechts. Wenn Sie nämlich `justify-content: flex-end` mit `flex-direction: row-reverse` kombinieren, ist das Ende der Hauptachse links (3):

▲ **Abbildung 4.104**
`justify-content: flex-end` und `flex-direction: row-reverse` gemeinsam

Kommentieren wir also die `flex-direction` bei (3) wieder aus und schauen uns die alternativen Werte für `justify-content` an. Den Start macht `justify-content: center` (4), was die Flex-Items zentriert:

▲ **Abbildung 4.105**
Zentrierte Flex-Items

Sehr praktisch sind auch zwei weitere Werte. `justify-content: space-between` (5) teilt den Leerraum gleichmäßig *zwischen* den Flex-Items auf, …

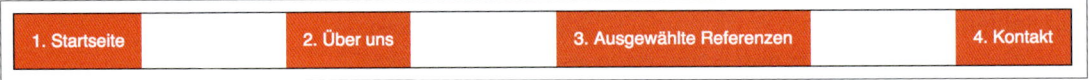

▲ **Abbildung 4.106**
Leerraum zwischen den Flex-Items

… während `justify-content: space-around` (6) ihn *vor, zwischen* und *nach* den Flex-Items verteilt.

▲ **Abbildung 4.107**
Leerraum auf allen Seiten der Flex-Items

Sie finden das Beispiel unter *https://codepen.io/rohles/pen/mEvyKd* oder im Ordner KAPITEL_04 • RASTER – 5 FLEXBOX UND ALIGN ITEMS.

`justify-content` bezieht sich, wie gesehen, auf die Hauptachse der Flexbox. Die CSS-Eigenschaft `align-items` hingegen richtet die Flex-Items entlang der Nebenachse aus. Um das zu verdeutlichen, nehmen wir wieder die Navigation von vorhin als Beispiel. Wir verpassen dem Flex-Container `ul` eine Höhe und den Listenpunkten `li` eine fixe Breite sowie einen grauen Hintergrund, damit die Auswirkungen zu sehen sind. Innerhalb der Listenpunkte (`li`) befinden sich die Links (`a`) der Navigation, die wir farbig formatieren. Standardwert für `align-items` ist `stretch` (1 in unserem Beispiel-Listing zum Download). Hier ist das CSS, das für dieses Beispiel relevant ist:

```
ul {    height: 10rem; display: flex;   }
li {    background-color: #ccc;   }
a  {    background-color: #e34a45;   }
```

▲ **Listing 4.33**
Ausschnitt aus dem Beispiel-CSS mit Hintergrundfarben und Flexbox

> **Ausrichtung einzelner Flex-Items steuern**
> Neben `align-items`, das sich auf den *Flex-Container* bezieht, gibt es noch die Eigenschaft `align-self` für die *Flex-Items*.

Abbildung 4.108 zeigt das Ergebnis. Gut zu erkennen ist, wie alle Flex-Items (`li`) sich in der Höhe an ihrem Flex-Container (`ul`) orientieren (`align-items: stretch`). Die Kinder der Flex-Items (Links) jedoch sind nicht betroffen – sie werden standardmäßig oben ausgerichtet.

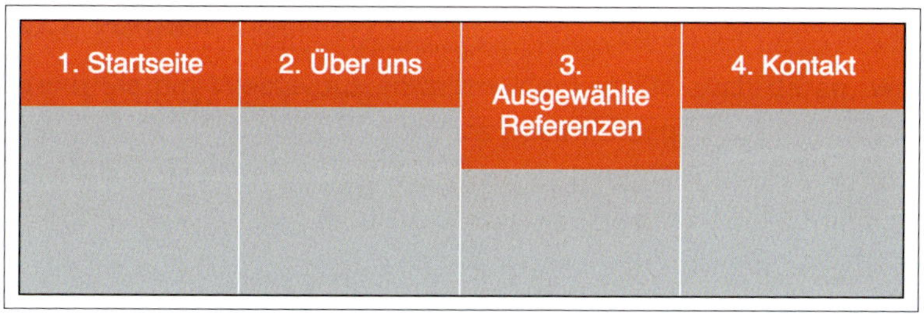

◀ **Abbildung 4.108**
`align-items: stretch` zieht die Höhe der List-Items auf die ihres Flex-Containers.

Geben wir den Listenpunkten nun die Eigenschaft `align-items: flex-start` (2) mit, schiebt sie das an den Anfang der Nebenachse. Ihre Höhe richtet sich nun nicht mehr nach dem Flex-Container, sondern nach ihrem Inhalt – in diesem Fall den Links. Der rote Hintergrund von `a` überdeckt nun den grauen Hintergrund von `li`.

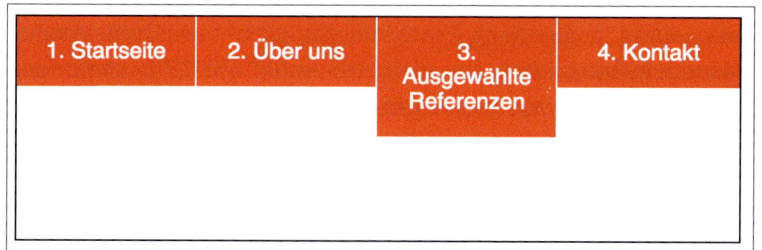

◀ **Abbildung 4.109**
Bei `align-items: flex-start` werden List-Items am Anfang der Nebenachse positioniert.

**Tipp: Flex Layout Attribute**
Der Entwickler Stefan Kovac hat mit dem Flex Layout Attribute (*https://rohl.es/flex-layout-attribute*) einen Designhelfer entwickelt, der die Arbeit mit Flexbox vereinfachen kann. Ein Blick lohnt sich.

align-items: flex-end (3) versetzt die Flex-Items ans Ende der Nebenachse, während align-items: center (4) sie zentriert.

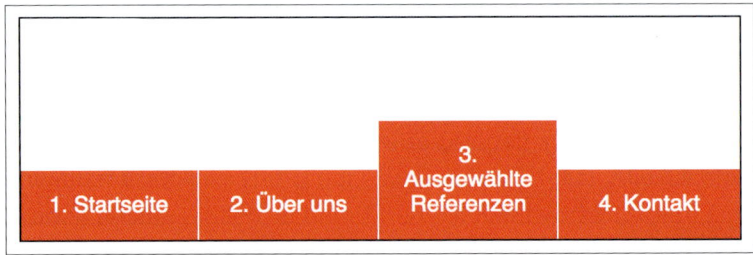

▲ **Abbildung 4.110**
align-items: flex-end

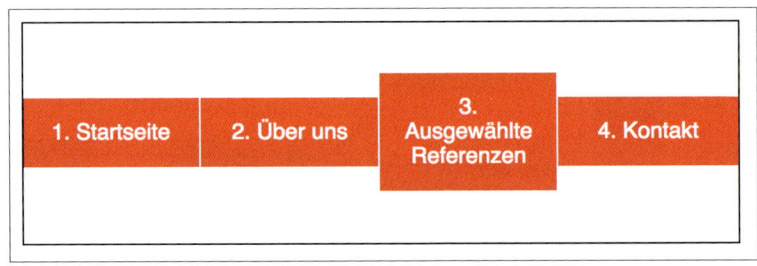

**Abbildung 4.111** ▶
align-items: center

Wie Sie gesehen haben, ist Flexbox ein sehr mächtiges Werkzeug für die Erstellung einfacher Grids. Die Technologie eignet sich hervorragend für einzelne Komponenten wie eine Navigationsleiste, wird jedoch schnell sehr komplex, wenn ein ganzes Layout mit Flexbox realisiert werden soll. Dafür gibt es das CSS Grid Layout.

### 4.7.6 Grid Layouts

Sie finden das Beispiel unter *https://codepen.io/rohles/pen/egyKJo* oder im Ordner Kapitel_04 • Raster • 6 CSS Grids – Bildergalerie mit fr Einheit.

So viele Seiten über Raster in CSS – und was ist davon übrig geblieben? Floats – klar, geht schon, ist aber kompliziert. Flexbox – tolles Konzept, aber eher für einzelne Komponenten geeignet. Gibt es in CSS denn keine Möglichkeit, Raster zu gestalten, die auch genau dafür gedacht ist? Doch, gibt es: Grid Layout. Die Technologie wird von allen gängigen Browsern unterstützt.

Dazu ein praktischer Tipp: Besonders gut gefallen uns die Entwicklungswerkzeuge von Firefox bei der Arbeit mit CSS Grids. Der Browser hat einen Grid Inspector (siehe Abbildung 4.112) an Bord, der die verschiedenen Grids auf einer Website visualisieren kann –

auf Wunsch auch mit nummerierten Spalten und Reihen. Ein Blick in die Dokumentation (*https://rohl.es/firefox-css-grid*) lohnt sich, um alle Möglichkeiten zu entdecken.

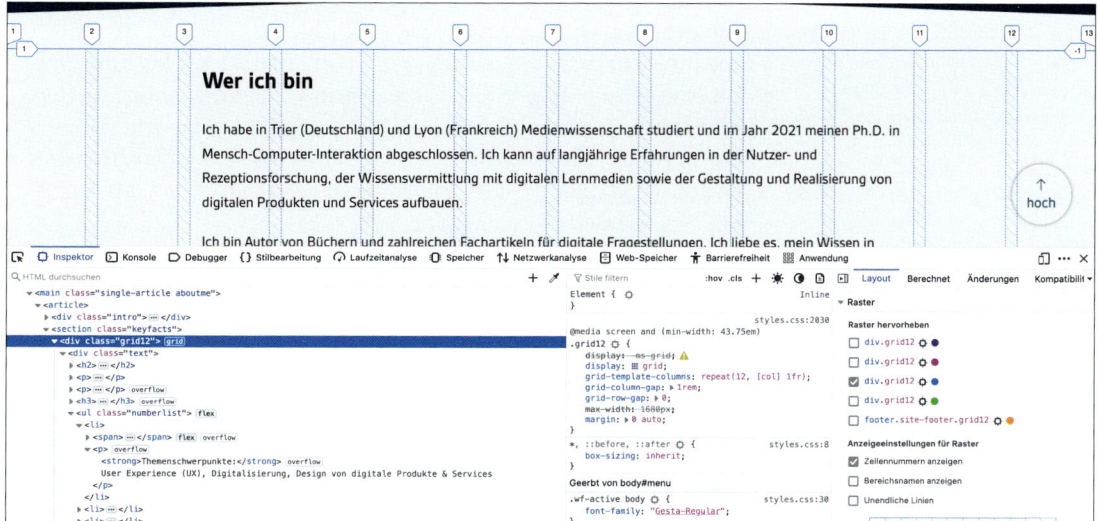

▲ **Abbildung 4.112**
Der Grid Inspector von Firefox ist ein gutes Hilfsmittel bei der Arbeit mit dem CSS Grid Layout.

**Bildergalerie mit Grid Layout** | Zum Einstieg werden wir eine Bildergalerie anlegen. Ohne Grid Layout sitzen alle Bilder linear übereinander, aber das werden wir gleich ändern. Ein Grid wird zunächst auf einem Elternelement definiert (`display: grid`). Grids haben Reihen (`grid-template-rows`) und Spalten (`grid-template-columns`), die entsprechend definiert werden können. Außerdem erhält unser Raster einen Zwischenabstand (`gap`) (1 in unserem Beispiel-Listing zum Download):

**Lesetipps**
Mehr zum CSS Grid Layout lesen Sie unter *https://css-tricks.com/snippets/css/complete-guide-grid* und *https://gridbyexample.com*.

```
article {
  display: grid;
  gap: 1rem;
  grid-template-columns: 1fr 1fr 1fr;
  grid-template-rows: 200px 200px 200px;
}
```

▲ **Listing 4.34**
Definition eines Grids

# 4 Layout und Komposition

> **Einheiten für Grids**
>
> Grids lassen sich in allen CSS-Einheiten anlegen, etwa % (berechnet von der Größe des Containers) oder `auto` (intrinsische Größe, basierend auf der Größe des Inhalts). Es gibt auch praktische Keywords wie `min-content` (so schmal wie möglich), `max-content` (so groß wie möglich) und `fit-content(10em)` (Raster wächst bis zum angegebenen Maximalwert, hier 10em). Hinzu kommt die Einheit `fr` (für »Fraction«, Bruchteil) für flexible Aufteilung. `1fr` entspricht immer einem Anteil des verfügbaren Platzes, abhängig vom definierten Raster. Sie können `fr` auch mit anderen Werten mischen, etwa `grid-template-columns: 1fr 300px 2fr 1fr`.

**Abbildung 4.113 ▶**
Bilder lassen sich mit wenigen Zeilen Code in eine flexible Galerie umwandeln.

Das sieht noch nicht so spektakulär aus. Aber spielen Sie ruhig ein bisschen damit herum: Mit einer einzigen Zeile Code lässt sich die mittlere Spalte verbreitern (2):

```
article { grid-template-columns: 1fr 2fr 1fr; }
```

**Listing 4.35 ▶**
Eine Spalte wird doppelt so breit wie die anderen.

**Abbildung 4.114 ▶**
Ungleichmäßige Spalten mit einer Zeile CSS-Code

Oder aber Sie machen vier Spalten daraus (3):

```
article { grid-template-columns: 1fr 1fr 1fr 1fr; }
```

▲ **Listing 4.36**
Vier Spalten

CSS Grid Layouts verfügen über einen Algorithmus, der Elemente automatisch positioniert. Steuern lässt sich dieses Verhalten mit der Eigenschaft `grid-auto-flow`, die verschiedene Angaben akzeptiert:

- `row`: Elemente werden zuerst *nebeneinander* angeordnet. Bei Bedarf wird eine neue Reihe eingefügt. Dies ist der Standardwert.
- `column`: Elemente werden zuerst *untereinander* angeordnet. Bei Bedarf kommt eine neue Spalte hinzu.
- `dense` (= `row dense`) und `column dense`: Der Algorithmus versucht, Platz zu sparen. Wenn im Raster Lücken entstehen und später Elemente folgen, die dort hineinpassen, wird der Browser diese Elemente dorthin schieben – die Anordnung entspricht also nicht mehr der Reihenfolge im Quelltext.

Sie finden das Beispiel unter *https://codepen.io/rohles/pen/bGKXJgJ* oder im Ordner KAPITEL_04 • RASTER • 7 CSS GRIDS – GRID AUTO FLOW.

 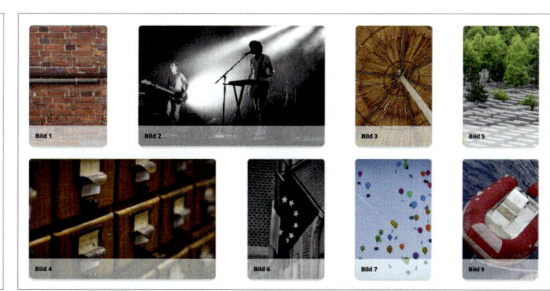

▲ **Abbildung 4.115**
Die Eigenschaft `grid-auto-flow` erlaubt es, auf die automatische Anordnung der Elemente Einfluss zu nehmen, verändert dabei jedoch die Reihenfolge.

CSS Grid Layouts unterstützen auch sogenannte Masonry-Raster, bei denen sich die Elemente an die Spalten halten, in der Höhe jedoch platzsparend aufrücken, statt sich in Kacheln anzuordnen (ähnlich wie bei Pinterest). Die Technologie ist noch experimentell und wird nur von wenigen Browsern implementiert. Für den Einstieg ins Thema empfehlen wir Ihnen einen Artikel von Rachel Andrew: *www.smashingmagazine.com/native-css-masonry-layout-css-grid/*.

**Grid-Generatoren**
Im Web gibt es viele tolle Online-Grid-Generatoren, die Ihnen beim Frontend-Design von CSS-Layouts bei Ihren Projekten helfen können. Besonders empfehlenswert sind *https://griddy.io* und *https://grid.layoutit.com*.

# 4  Layout und Komposition

**Implizite und explizite Grids |** In den vorherigen Beispielen haben wir ein sogenanntes *explizites* Raster mit `grid-template-columns` und `grid-template-rows` erstellt. Explizit bedeutet hier, dass wir manuell festgelegt haben, wie viele Reihen und Spalten das Raster umfassen soll. CSS Grid Layout kennt jedoch außerdem das sogenannte *implizite* Raster: Wenn es mehr Grid-Elemente als Rasterbereiche gibt oder ein Grid-Element außerhalb des definierten Rasters positioniert wird, legt der Browser automatisch neue Rasterlinien an. Breite und Höhe dieser impliziten Rasterlinien lassen sich auf Wunsch mit den Eigenschaft `grid-auto-columns` und `grid-auto-rows` bestimmen. Viele Beispiele finden Sie unter *https://css-tricks.com/difference-explicit-implicit-grids/*.

Sie finden das Beispiel unter *https://codepen.io/rohles/pen/KaZoOa* oder im Ordner KAPITEL_04 • RASTER • 8 CSS-GRIDS – EINFACHES GRID LAYOUT.

**Einfaches Grid Layout |** Schauen wir uns nun ein typisches Layout an: Header, drei Spalten, Footer. Diesmal möchten wir den Reihen keine Höhe geben – der Inhalt soll definieren, wie viel Raum benötigt wird. Zunächst wird das Raster erzeugt (1 in unserem Beispiel-Listing zum Download):

```
body {
  display: grid;
  grid-gap: 1rem;
  grid-template-columns: 1fr 2fr 1fr;
}
```

**Listing 4.37 ▶**
Grundlegende Grid-Definition

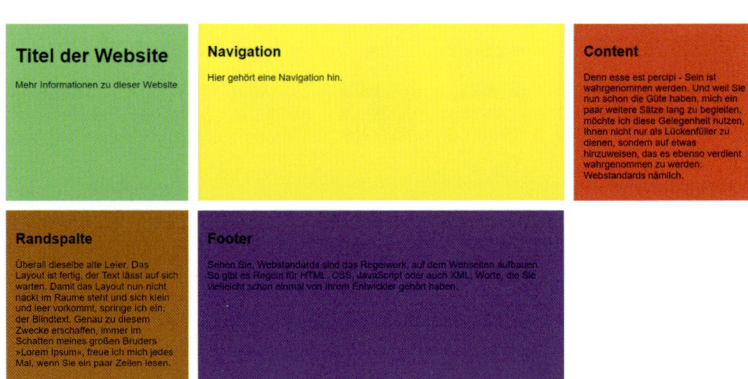

**Abbildung 4.116 ▶**
So sieht unser Grid nun aus – kann man machen, muss man aber nicht.

Mit diesen drei Angaben ausgestattet, beginnt der Browser bereits, die Elemente anzuordnen. Beim letzten Mal hat das noch gut funktioniert und uns einige Tipparbeit gespart. In diesem Fall bringt uns das jedoch nicht weiter. Header und Footer sollen schließlich über die gesamte Rasterbreite laufen. Es fehlen dazu noch Angaben, wie sich die Inhalte aufteilen sollen. Dazu dienen die Eigenschaften `grid-column` und `grid-row` (2):

```
header {
  grid-column: 1 / 4;
  grid-row: 1;
}
nav {
  grid-column: 1;
  grid-row: 2;
}
article {
  grid-column: 2;
  grid-row: 2;
}
aside {
  grid-column: 3;
  grid-row: 2;
}
footer {
  grid-column: 1 / 4;
  grid-row: 3;
}
```

◀ **Listing 4.38**
CSS-Grids festlegen

Was aber bedeuten diese Zahlen konkret? Es handelt sich dabei um *Grid Lines*: die Linien zwischen den Rastergrenzen. Die Rasterlinie ganz links wird mit »1« bezeichnet, die daneben mit »2« usw. `grid-column: 1 / 4` bedeutet, dass ein Element die Rasterlinien 1 bis 4 umfassen soll – in einem 3er-Raster also die gesamte Zeile.

**Shorthand**

`grid-column` und `grid-row` sind Abkürzungen für `grid-column-start` und `grid-column-end` bzw. `grid-row-start` und `grid-row-end`.

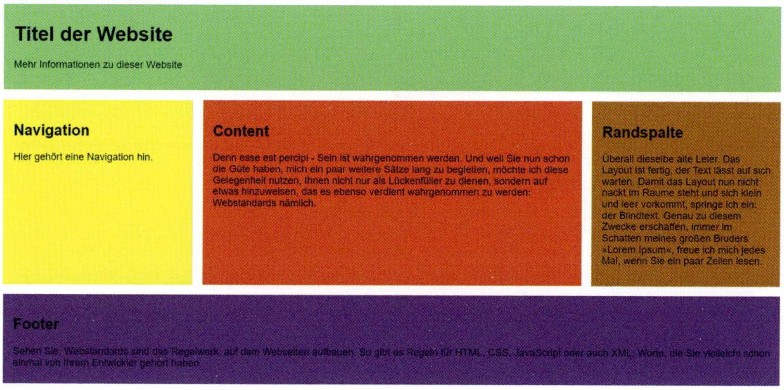

◀ **Abbildung 4.117**
Fertiges Grid Layout

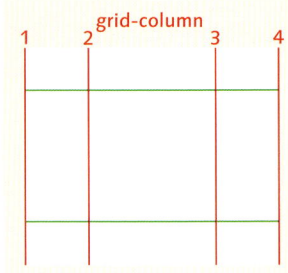

▲ **Abbildung 4.118**
grid-columns und grid-rows können mit Zahlen angesprochen oder explizit benannt werden.

**Grid Lines benennen |** Statt der Arbeit mit Zahlen können Grid Lines auch explizit benannt werden. Dabei schreiben Sie die Namen der Grid Lines in eckigen Klammern vor die Breitenangaben und können sie später gezielt ansprechen, statt sich die Zahlen merken zu müssen (3):

```
body {
  display: grid;
  grid-gap: 1rem;
  grid-template-columns:
    [nav-start] 1fr
    [content-start] 2fr
    [aside-start] 1fr [aside-end];
  grid-template-rows:
    [header-start] auto
    [main-start] auto
    [footer-start] auto [footer-end];
}
header {
  grid-column: nav-start / aside-end;
  grid-row: header-start;
}
nav {
  grid-column: nav-start;
  grid-row: main-start;
}
article {
  grid-column: content-start;
  grid-row: main-start;
}
aside {
  grid-column: aside-start;
  grid-row: main-start;
}
footer {
  grid-column: nav-start / aside-end;
  grid-row: footer-start / footer-end;
}
```

**Listing 4.39** ▶
Explizit benannte Grid Lines

**Mit grid-areas arbeiten |** Übersichtlicher wird es, wenn Sie ganze Regionen benennen. Dazu weisen Sie den Elementen eine Region (grid-area, Singular) zu. Im Elterncontainer werden diese Regionen dann mittels `grid-template-areas` (Plural) über das Raster verteilt (4):

```
body {
  display: grid;
  grid-gap: 1rem;
  grid-template-columns: 1fr 2fr 1fr;
  grid-template-areas:
    "header header header"
    "navigation article aside"
    "footer footer footer"
}
header { grid-area: header; }
nav { grid-area: navigation; }
article { grid-area: article; }
aside { grid-area: aside; }
footer { grid-area: footer; }
```

▲ **Listing 4.40**
CSS-Grid mit benannten Regionen

**Spalten leer lassen**
Möchten Sie eine der Spalten leer lassen, können Sie mit einem Punkt arbeiten:
```
grid-template-areas:
  "header header
   header header"
  "navigation .
   article aside"
  "footer footer
   footer footer";
```
Dieses Beispiel würde zwischen Navigation und Content eine Spalte leer lassen.

**Responsives 12er-Grid auf Basis von Media Queries |** Die Grundlagen der CSS Grid Layouts sind Ihnen damit bereits vertraut. Schauen wir uns noch ein Beispiel aus der Praxis an: ein 12-spaltiges responsives Grid. Wir arbeiten in diesem Layout *mobile-first*, so dass wir auf kleinen Viewports kein Raster definieren. Die Layoutbereiche liegen damit linearisiert übereinander. Ab einem Viewport von 25 em soll es mit dem Grid losgehen. Wir definieren es zunächst im Elterncontainer. Es soll zwölf Spalten haben, die ich mit `col` benennen möchte. Um Tipparbeit zu sparen, arbeiten wir mit der `repeat`-Anweisung. Das ermöglicht es uns, mit Keywords wie `col 5` zu arbeiten – das wäre die fünfte Spalte. Außerdem definieren wir Abstände mit `row-gap` und `column-gap`.

Anschließend verteilen wir unsere Inhaltsblöcke im Grid. Dabei kommt das Keyword `span` zum Einsatz – Sie definieren damit, wie viele Spalten ein Bereich ausgehend von seiner Startposition umfassen soll. Header, Footer und `article` sollen jeweils den gesamten Raum einnehmen. Die Navigation sowie die Randspalte sollen hingegen in einer Reihe direkt unter dem Header liegen – jeweils mit der Hälfte des zur Verfügung stehenden Raums.

Sie finden das Beispiel unter *https://codepen.io/ rohles/pen/MJGpaK* oder im Ordner Kapitel_04 • Raster • 9 CSS-Grids – Komplexes Grid Layout.

**span bei Reihen**
Das Keyword `span` funktioniert natürlich auch bei Reihen, so dass sich Elemente auch problemlos über mehrere Reihen erstrecken können.

Bedenken Sie dabei, dass der `article` im Quelltext eigentlich zwischen Navigation und Randspalte liegt – er wird dank Grid Layout einfach in der dritten Reihe angeordnet (1 in unserem Beispiel-Listing zum Download):

```css
@media screen and (min-width: 25em) {
  body {
    display: grid;
    column-gap: 2rem;
    row-gap: 1rem;
    grid-template-columns: repeat(12, [col] 1fr);
  }
  header {
    grid-column: col 1 / span 12;
    grid-row: 1;
  }
  nav {
    grid-column: col 1 / span 6;
    grid-row: 2;
  }
  aside {
    grid-column: col 7 / span 6;
    grid-row: 2;
  }
  article {
    grid-column: col 1 / span 12;
    grid-row: 3;
  }
  footer {
    grid-column: col 1 / span 12;
    grid-row: 4;
  }
}
```

**Listing 4.41** ▶
Erste Media Query im Beispiel

Ab einer Viewport-Breite von 42 em sollen Navigation, Content und Randspalte in einer Zeile liegen, wobei der Content natürlich am meisten Platz benötigt (2):

```css
@media screen and (min-width: 42em) {
  nav {
    grid-column: col 1 / span 3;
    grid-row: 2;
```

```
  }
  article {
    grid-column: col 4 / span 6;
    grid-row: 2;
  }
  aside {
    grid-column: col 10 / span 3;
    grid-row: 2;
  }
  footer {
    grid-column: col 1 / span 12;
    grid-row: 3;
  }
}
```

◀ **Listing 4.42**
Zweite Media Query

▲ **Abbildung 4.119**
Flexible Anordnung von Grids bei der ersten Media Query

▲ **Abbildung 4.120**
Neue Anordnung des Grids bei der zweiten Media Query

**Responsives Grid Layout ohne Media Queries |** Richtig flexibel werden CSS Grid Layouts, wenn wir ein flexibles Raster ganz ohne Media Queries erstellen. Dazu möchten wir ein Beispiel mit drei CSS Grids anschauen. Version 1 hat sechs Rasterspalten (`grid-template-columns: repeat(6, 1fr);`). Die beiden anderen Beispiele haben ebenfalls sechs Spalten. Um den Unterschied zu sehen, ändern Sie einmal das Browserfenster (siehe Abbildung 4.121).

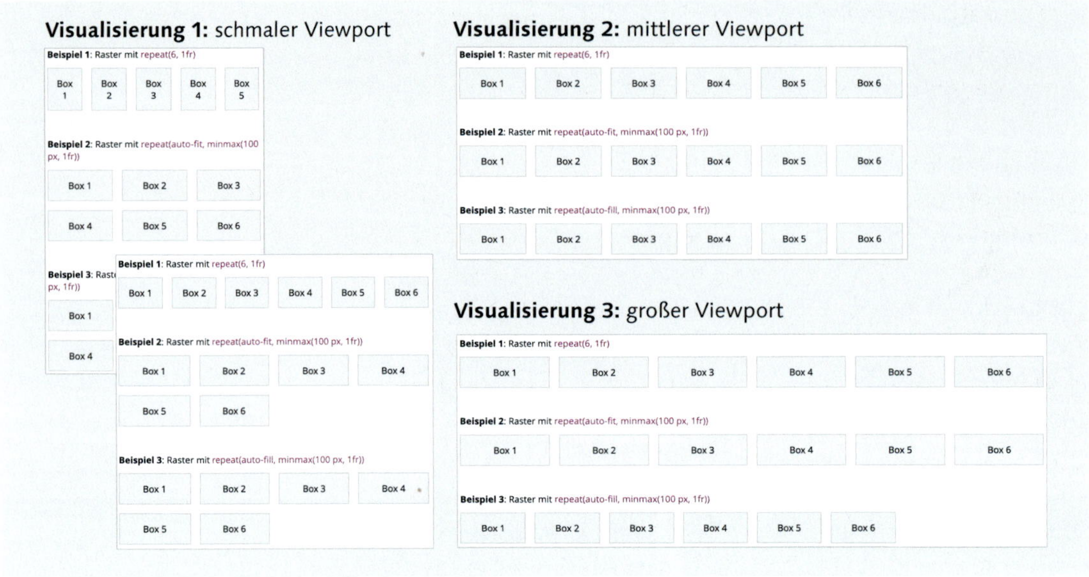

**Abbildung 4.121**
Beispiel bei verschiedenen Viewports

Sie finden das Beispiel unter *https://codepen.io/rohles/pen/wvXLVPw* oder im Ordner KAPITEL_04 RASTER • 10 CSS-GRIDS – RESPONSIVES RASTER OHNE MEDIA QUERIES. Weitere Hintergründe zum Verfahren können Sie dem Artikel »Auto-Sizing Columns in CSS Grid: ›auto-fill‹ vs ›auto-fit‹« (*https://css-tricks.com/auto-sizing-columns-css-grid-auto-fill-vs-auto-fit/*) von Sara Soueidan entnehmen.

Bei einem mittleren Viewport führen alle Versionen zum gleichen Ergebnis. Wenn jedoch nicht mehr ausreichend Platz ist, brechen die Lösungen 2 und 3 in mehrere Reihen um, während die Spalten in Lösung 1 zunächst immer schmaler werden (solange noch genügend Platz ist, um den Inhalt zu fassen) und schließlich überfließen, also außerhalb des sichtbaren Bereichs liegen – horizontale Scrollbalken entstehen. Bei großen Viewports hingegen verhalten sich Versionen 1 und 2 identisch, während die Spalten in Version 3 bei einer definierten Größe bleiben.

Blicken wir zum Verständnis zunächst in den Quelltext. In Version 2 geben wir für das Grid an: `grid-template-columns: repeat(auto-fit, minmax(100px, 1fr))`. Version 3 hingegen nutzt `grid-template-columns: repeat(auto-fill, minmax(100px, 1fr))` für das Grid. Was genau bewirkt das?

- In beiden Fällen erzeugen wir mit `repeat` mehrere Spalten.
- Statt einer festen Breitenangabe verwenden wir die Funktion `minmax()`, mit der wir eine Minimal- (`100px`) und eine Maximalbreite (`1fr`) angeben können. Damit dürfen die Spalten nicht schmaler als 100 px werden, aber in der Breite anwachsen.

- Und statt einer festen Zahl von Spalten definieren wir mit den Schlagworten `auto-fit` (Version 2) und `auto-fill` (Version 3), dass der Browser den Raum automatisch mit Spalten füllen soll.

Um den Unterschied zwischen `auto-fit` und `auto-fill` zu verstehen, öffnen wir das Beispiel im Grid Inspector von Firefox (siehe Abbildung 4.122) und achten auf die Liniennummern für die Spalten. Version 1 schafft sechs Spalten, zu erkennen an den magentafarbenen Liniennummern 1 bis 7. Bei `auto-fill` (Version 3) erschafft der Browser *neue, leere Spalten*, sobald er genug Platz hat, um die Größenangaben zu erfüllen. Sie können das gut an den grünen Liniennummern erkennen, die bis 9 laufen. Bei `auto-fit` hingegen wachsen die Spalten visuell betrachtet an, um den verfügbaren Raum zu füllen. Rein technisch betrachtet erzeugt der Browser auch hier zusätzliche leere Spalten (zu erkennen an den blauen Liniennummern, bei denen 7 bis 9 übereinanderliegen), gibt ihnen allerdings keine sichtbare Breite (man sagt: die Spalten »kollabieren«).

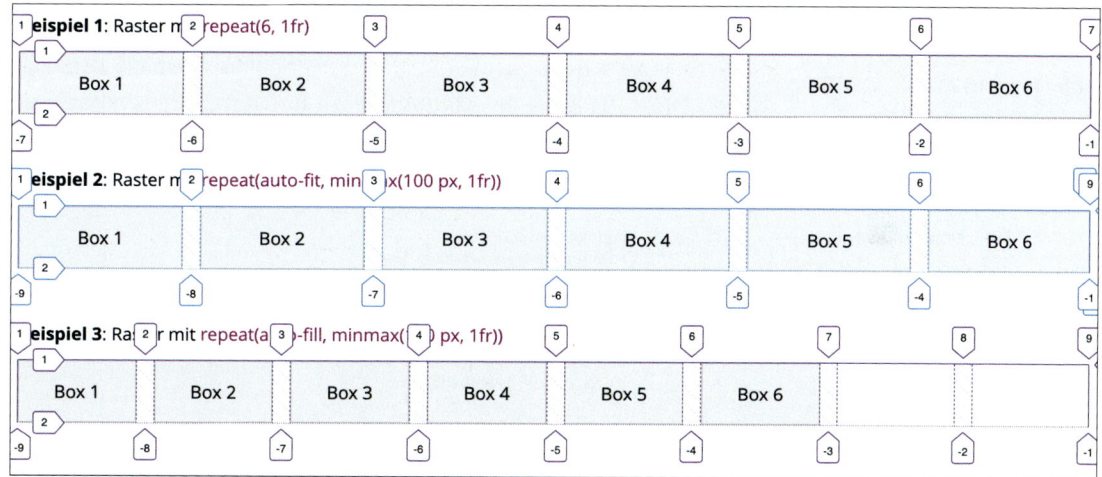

▲ **Abbildung 4.122**
Der Grid Inspector von Firefox zeigt, was im Beispiel geschieht.

**Subgrids** | Subgrids werden verwendet, um Grids ineinander zu verschachteln. Schauen wir uns das an einem Beispiel an: Eine Bildungseinrichtung hat Musik- und IT-Kurse, die in einem Raster per Grid Layout dargestellt werden sollen. Wir legen dazu im

Sie finden das Beispiel unter *https://codepen.io/rohles/pen/BaVEebP* oder im Ordner KAPITEL_04 • RASTER • 11 CSS-GRIDS – SUBGRID.
**Achtung:** Zum Redaktionsschluss dieses Buchs (Februar 2023) wurden Subgrids nur von den aktuellen Versionen von Firefox und Safari unterstützt, aber das dürfte sich rasch ändern. Bitte prüfen Sie die Browser-Unterstützung mit Hilfe von *https://caniuse.com/css-subgrid*.

HTML einen Bereich für alle Kursangebote an (Klasse `.offers`), in dem sich Sektionen für die unterschiedlichen Arten von Kursen befinden (jeweils mit Klasse `.category`). Innerhalb dieser Sektionen befinden sich die einzelnen Kurse (jeweils mit Klasse `.course`), die in einem typischen Card Layout dargestellt werden sollen. Wir gestalten den Bereich zunächst ein wenig über CSS und gehen dann an die Grundlagen unseres Grids. Als Beispiel möchten wir ein Grid mit sechs Spalten anlegen, und jede `.category` soll zwei Spalten umfassen:

```
.offers {
  display: grid;
  grid-template-columns: repeat(6, 1fr);
  gap: 2rem;
}
.category { grid-column: auto / span 2; }
```

▲ **Listing 4.43**
Grundlegendes Grid Layout

Abbildung 4.123 zeigt das vorläufige Ergebnis in Firefox mit aktivierter Grid-Anzeige. Die Kategorien selbst liegen schön im Raster, aber die Kurse darin sehen noch sehr unordentlich aus. Das liegt daran, dass sie als Kindelemente der Kategorien nicht vom Grid betroffen sind.

**Abbildung 4.123** ▼
Ausgangsbasis für unser Subgrid-Beispiel

Um das zu lösen, können wir Grids ineinander verschachteln, indem wir `display: grid` auch auf die Kategorien anwenden (1 in unserem Beispiel-Listing zum Download). Damit sind nun auch die Kurse Grid-Elemente, wie Abbildung 4.124 zeigt.

▲ Abbildung 4.124
Kurse per `display: grid` formatieren

Damit nehmen unsere Kurse zwar den verfügbaren Raum besser ein, aber so richtig schön sieht es noch nicht aus, denn die Inhalte in den beiden Kategorien sind unterschiedlich. Zur Lösung legen wir zunächst Reihen an (2) und legen mit Hilfe von `grid-template-rows: subgrid` (3) fest, dass sich die Cards nach dem Raster ihrer Elternelemente richten sollen. Das Ergebnis ist in Abbildung 4.125 zu sehen.

```
category {
  grid-row: auto / span 2;
  grid-template-rows: subgrid;
}
```

▲ Listing 4.44
Arbeit mit Reihen und `subgrid`

**Mehr zu Subgrids**
Subgrids erweitern die Möglichkeiten von CSS Grid Layout enorm. Zur weiteren Vertiefung mit vielen Beispielen empfehlen wir den Beitrag »Learn CSS Subgrid« von Ahmad Shadeed (*https://ishadeed.com/article/learn-css-subgrid/*) sowie das Mozilla Developer Network (*https://developer.mozilla.org/en-US/docs/Web/CSS/CSS_Grid_Layout/Subgrid*).

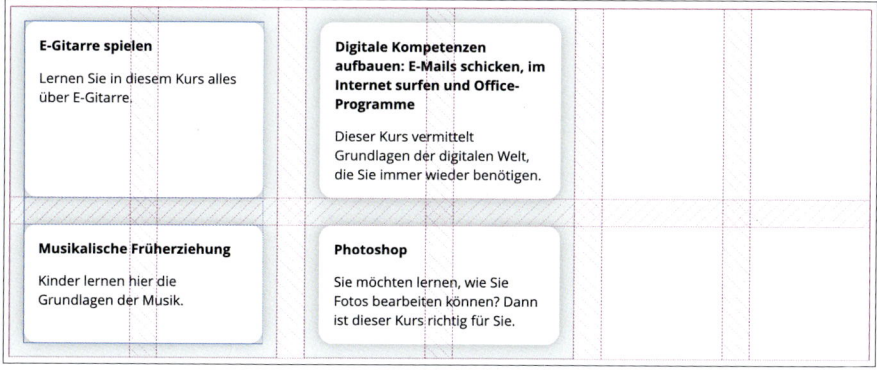

▲ Abbildung 4.125
Darstellung der Kurse als Subgrid

Sie verfügen nun über ein solides Grundlagenwissen darüber, wie Sie die verschiedenen Elemente einer Website zu einem stimmigen großen Ganzen zusammenfügen können. Nun wird es Zeit, tiefer in die Details einzutauchen. Den Anfang macht ein Aspekt, ohne den keine Website auskommt: die Schrift.

# Typografie im Web
## So finden Sie die richtige Schrift für Ihre Website

- Worauf muss ich bei der Wahl einer Schrift achten?
- Wie verwende ich Schriften im Web?
- Wie stelle ich gute Leserlichkeit sicher?
- Wie passe ich Schrift im Responsive Webdesign an?

# 5 Typografie im Web

»Webdesign ist zu 95 % Typografie«, formulierte Oliver Reichenstein in einem bekannten Aufsatz zum Thema. Tatsächlich ist das Web trotz Zunahme von Video- und Audio-Inhalten ohne Typografie nicht vorstellbar. Worauf Sie achten müssen, damit Ihre Texte gerne gelesen werden, erfahren Sie in diesem Kapitel.

## 5.1 Was ist Typografie?

Webdesigner Gerrit van Aaken definiert Typografie wie folgt: »Typografie ist die Kunst bzw. Lehre der grafischen Gestaltung, die in irgendeiner Form mit Schriftzeichen zusammenhängt.« In diesem Kapitel werden wir uns ausführlich mit der **Detailtypografie** beschäftigen, die sich die Frage auf die Fahnen geschrieben hat, wie Inhalte möglichst lesefreundlich gestaltet werden können. Außerdem spielen Aspekte der **Makrotypografie** eine Rolle, sofern sie nicht bereits in Kapitel 4 behandelt worden sind. Makrotypografie ist der Gesamtzusammenhang von Schrift in einem Dokument – also Aspekte wie die Entscheidung für eine bestimmte Schriftart.

In den meisten Fällen dient Schrift dazu, den Leserinnen und Lesern ein möglichst angenehmes Leseerlebnis zu geben. Die beiden Fachbegriffe, die dafür verwendet werden, sind *Leserlichkeit* und *Lesbarkeit*. Leserlichkeit ist ein Teilbereich der Lesbarkeit und bezieht sich nur auf die Schrift selbst. Zur Leserlichkeit gehören daher alle typografischen Faktoren: Schriftart, Schriftgrad, Zeilenhöhe, Abstände jedweder Art, Zeilenlänge. Bei der Lesbarkeit kommen formelle und inhaltliche Aspekte hinzu, etwa richtige Rechtschreibung und Zeichensetzung, Vermeidung unnötig langer Sätze und Verzicht auf unnötige Füllwörter. Lesbarkeit umfasst also auch die Verständlichkeit von Texten und ist somit immer vom Subjekt abhängig. So würde bei einem Text voller Rechtschreibfehler die Lesbarkeit leiden, auch wenn die Schrift

---

**Tipp: Typografie-Wissen**
Das Portal *www.typografie.info* enthält sehr viel Wissenswertes über Typografie. Immer einen Blick wert!

*Leserlichkeit* = alle typografischen Faktoren

*Lesbarkeit* = typografische und inhaltliche Faktoren

leserlich gestaltet ist. Häufig wird dieser Unterschied jedoch auch vernachlässigt, und die Begriffe werden synonym gebraucht.

Nicht behandeln werden wir in diesem Buch Typografie im Sinne der Gestaltung einer neuen Schrift.

### 5.1.1 Anatomie einer Schrift

Wie so oft gibt es zunächst eine Reihe von Begriffen, die Sie kennen sollten, um über Schriften sprechen zu können. Diese Begriffe benötigen Sie, um verschiedene Teile eines Buchstabens erklären zu können. In Abbildung 5.1 sind diese zentralen Begriffe – und einige mehr – im Detail dargestellt. Die wichtigsten Begriffe sind:

- **Serife**: »Füßchen« an den Buchstabenenden
- **Oberlänge**, **Mittellänge (x-Höhe)**, **Unterlänge**: Verhältnis verschiedener Teile eines Buchstabens zueinander
- **Versalhöhe**: Höhe der Großbuchstaben
- **Versalie**: Großbuchstabe
- **Minuskel**: Kleinbuchstabe

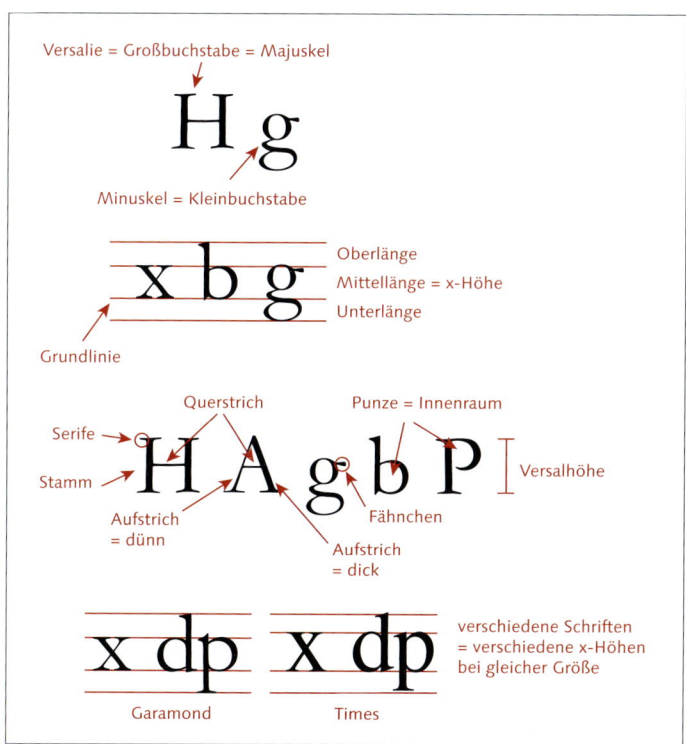

◀ **Abbildung 5.1**
Einige wichtige typografische Grundbegriffe

### 5.1.2 Kategorien von Schriften

Schrift ist nicht gleich Schrift, aber einige Schriften ähneln sich. Man hat sie daher in Kategorien eingeteilt, um die Übersichtlichkeit zu erhöhen. Karen Cheng, Autorin des Typografie-Klassikers »Designing Type«, geht davon aus, dass es über 50000 kommerzielle Schriftfamilien gibt – und noch viel mehr freie Schriften. Um in dieser Vielfalt nicht den Überblick zu verlieren, hilft es, sich mit Schriftkategorien zu beschäftigen. Es gibt verschiedenste Einteilungen, aber für den Start geben wir Ihnen eine Richtlinie mit, bei der wir uns an »Crashkurs Typo und Layout« (Cyrus Dominik Khazaeli) und »Das ABC der Typografie« (Nathalie Gaspar und Patrick Marc Sommer) orientiert haben.

**Antiqua-Schriften oder Serifen-Schriften** | Die erste Hauptgruppe von Schriften sind jene Vertreter, die Serifen besitzen. Man nennt sie auch Antiqua-Schriften, und bei ihrer Einteilung kann man sich grob an der Geschichte orientieren. Die **Renaissance-Antiqua** aus Venedig weist nur geringe Unterschiede in der Strichstärke auf, und die Serifen laufen in einer gerundeten Form in den Grundstrich. Das o hat eine schräge Achse. Ein weiteres Merkmal: die meist schrägen Oberlängen der Kleinbuchstaben.

**Venezianische Renaissance-Antiqua auf einen Blick**
- Epoche: Renaissance und später
- Stilistik: kaum Strichstärken-Kontraste, schräge Achse beim o
- traditionelle Vertreter: Jenson
- nicht so weit verbreitet wie französische Renaissance-Antiqua

▲ **Abbildung 5.2**
Typische Kennzeichen der venezianischen Renaissance-Antiqua wie der Jenson

Eine andere Renaissance-Antiqua stammt aus Frankreich. Auf den ersten Blick sind diese Schriften ihren venezianischen Schwestern sehr ähnlich. Wichtiges Unterscheidungsmerkmal: Das o erhält eine senkrechte Achse, und die Strichstärken werden deutlicher unterschieden.

**Französische Renaissance-Antiqua auf einen Blick**
- Epoche: Renaissance und später
- Stilistik: Strichstärken-Kontrast größer, gerade Achse beim o
- traditionelle Vertreter: Garamond
- jüngere Vertreter: Bembo, Palatino, Sabon

**Abbildung 5.3** ▶
Ein typischer Vertreter der französischen Renaissance-Antiqua ist die Garamond mit ihren feinen Serifen (vgl. r).

Während des Barocks entwickelte sich ein noch größerer Kontrast der Strichstärke, und die Abschlüsse der Oberlängen wurden zunehmend gerade. Zu diesen **Barock-Antiqua-Schriften** gehören die Baskerville (John Baskerville, 1706–1755) und die Times (Stanley Morison, 1889–1967). Charakteristisch für die Times sind die feinen Serifen, allerdings wirkt die Schrift auch ein wenig kantig.

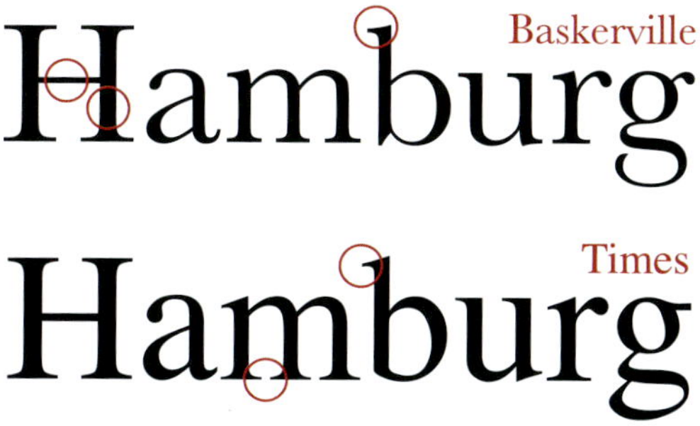

Baskerville
# Hamburg

Times
# Hamburg

▲ Abbildung 5.4
Im Barock werden die Strichstärken-Unterschiede ausgeprägter, und die Oberlängen laufen zunehmend gerade aus.

**Barock-Antiqua auf einen Blick**
- Epoche: Barock und später
- Stilistik: Strichstärken-Kontrast deutlich, Oberlängen mehr und mehr gerade
- viele Zeitungsschriften
- traditionelle Vertreter: Baskerville, Caslon
- jüngerer Vertreter: Times

Selbstverständlich hat auch die **Klassik** ihre Antiqua-Schnitte. Der Trend zu großen Strichstärken-Unterschieden hat hier seinen Endpunkt erreicht: Stämme sind dick, Aufstriche und Querbalken sehr dünn. Ein weiteres Merkmal sind die waagerechten Ansätze und Endungen.

Didot
# München

▲ Abbildung 5.5
Typische Kennzeichen für klassizistische Antiqua-Schriften (hier die Didot)

**Klassizistische Antiqua auf einen Blick**
- Epoche: Klassik und später
- Stilistik: Strichstärken-Unterschiede extrem, Ansätze waagerecht
- traditionelle Vertreter: Bodoni, Didot, Walbaum

Als zu Beginn des 19. Jahrhunderts zunehmend Werbung betrieben wurde, entstanden die **serifenbetonte Linear-Antiqua**, etwa die Egyptienne-Schriften. Sie betrachten die Serifen als Stilmittel und betonen sie übermäßig. Einige Egyptienne-Schriften wie die Clarendon orientieren sich an der klassizistischen Antiqua und übernehmen deren ausgeprägte Strichstärken. Serifenbetonte Schriften eigneten sich durch ihre kräftigen Formen für den Zeitungsdruck und die Schreibmaschinen jener Zeit.

**Egyptienne auf einen Blick**
- Epoche: Anfang 19. Jahrhundert (England) und später
- Stilistik: extrem betonte Serifen (*slab serif*)
- Variante 1: Orientierung an klassizistischer Antiqua (Clarendon)
- Variante 2: konstruierte Formen (Rockwell)
- Verwendung als typische Reklameschrift

# 5  Typografie im Web

**Abbildung 5.6** ▶
Die Clarendon mit ihren typischen betonten Serifen und deutlichen Strichstärken-Unterschieden

## Painted Hills
*Clarendon*

Eine andere Untergruppe der Egyptienne folgt der Idee, eine Schrift geometrisch zu konstruieren: Es herrschen einheitliche Strichstärken und rechte Winkel vor.

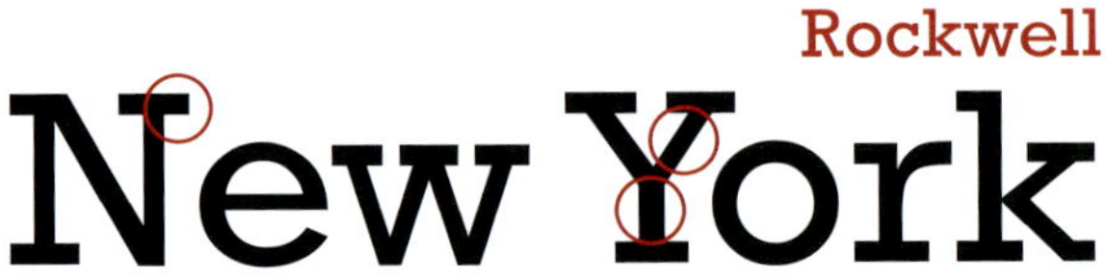

**Abbildung 5.7** ▶
Die Rockwell ist eine typische konstruierte Egyptienne.

## New York
*Rockwell*

**Groteske auf einen Blick**
- Epoche: Anfang 19. Jahrhundert (England) und später
- Stilistik: keine Serifen
- Variante 1: Orientierung an humanistischer Renaissance-Antiqua, weiche Formen (Gill, Formata, Frutiger)
- Variante 2: Orientierung an klassizistischer Antiqua, funktional und emotionslos (Helvetica, Univers)
- Variante 3: geometrisch konstruiert (Futura, Bauhaus)
- Verwendung als Reklameschrift, Sinnbild der Moderne (besonders Variante 3)

**Grotesk oder serifenlose Linear-Antiqua** | Nachdem man sich jahrhundertelang mit Serifen beschäftigt hatte, traute sich irgendwann einmal jemand, den naheliegenden Schritt zu tun, und konstruierte eine Schrift *ohne* Serifen. Das kam den Menschen damals reichlich grotesk vor: sonderbar, aber zugleich reizvoll – daher der Name »Grotesk«. Am Anfang orientierten sich Grotesk-Schriften noch deutlich an der Renaissance-Antiqua. Ein Beispiel ist die noch immer moderne Gill von Eric Gill (1882–1940) aus den 1920ern.

▲ **Abbildung 5.8**
Die Gill ist klar und originell. Als Vorbild dient die Renaissance-Antiqua (vgl. e). Kennzeichnend sind das R mit seinem langen Abstrich, das ausladende Q und das originelle g.

Bei anderen Grotesk-Schriften orientierte man sich eher an der klassizistischen Antiqua. Diese Schriften sind hervorragende Arbeitstiere – neutral, gut lesbar, ohne große Emotionen, aber dennoch mit einer gewissen Eleganz. Der bekannteste Vertreter ist die Helvetica (Max Miedinger, 1910–1980). Sie ist elegant und zeitlos, allerdings auch weit verbreitet und ein wenig emotionslos.

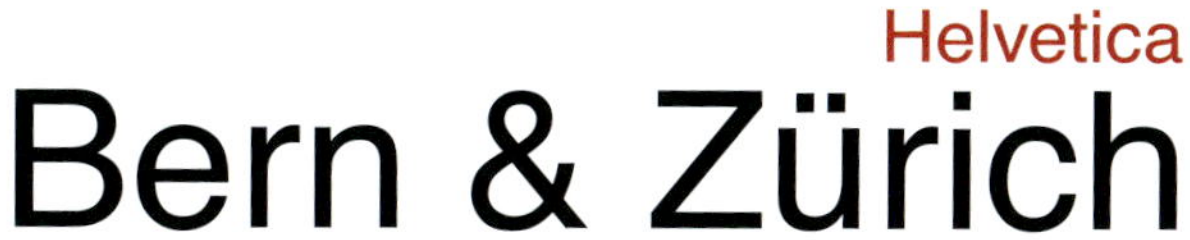

**Helvetica**
# Bern & Zürich

◄ Abbildung 5.9
Die Helvetica steht wie kaum eine andere Schrift für Schlichtheit und Neutralität.

Eine letzte wichtige Gruppe besteht aus **konstruierten Grotesken**. Diesen Schriften folgen der Idee, dass Schriften aus geometrischen Formen gebaut sein sollen. Das führt schnell dazu, dass sich Buchstaben sehr ähneln und die Leserlichkeit leidet. Der bekannteste Vertreter dieser Gattung dürfte die Futura von Paul Renner (1878–1956) sein. Zur Verbesserung der Leserlichkeit veränderte Paul Renner die geometrischen Buchstaben an einigen Stellen wie etwa den Bögen vom a und vom B.

**Futura**
# Paris & Berlin

◄ Abbildung 5.10
Futura von Paul Renner

Kennen sollten Sie außerdem die Eurostile von Aldo Novarese (1920–1995), eine großzügige, breite Schrift aus geometrischen Formen, die sich hervorragend für architektonisch anmutende Layouts eignet.

**Eurostile**
# Turin & Mailand

▲ Abbildung 5.11
Breite architektonische Formen kennzeichnen die Eurostile.

**Schreibschriften** | Schreibschriften kann man grob in zwei Gruppen einteilen. Einige von ihnen sind eher formell und orientieren sich an den kursiven Schriftschnitten. Sehr häufig erinnern sie an die handgeschriebenen Bücher der großen Schriftmeister aus dem 17. und 18. Jahrhundert. Diese Schriften eignen sich gut für formelle Zwecke, etwa in Urkunden.

Die andere Gruppe von Schreibschriften wirkt eher informell, als seien die Buchstaben mit einem Pinsel geschrieben – man

**Schriftschnitt**
Als *Schriftschnitt* bezeichnet man eine Variation einer Schrift, z. B. kursiv, fett oder schmal.

**Schreibschriften**
- Stilistik: erinnern an handgeschriebene Texte
- Variante 1: formell, ähnlich der Kursiven (Kuenstler Script, Snell Roundhand)
- Variante 2: informell, lässig (Brush Script, Mistral)

spricht oft auch von *Brush Scripts*. Diese Schriften wirken persönlich, weil sie an handgeschriebene Briefe erinnern.

*Frankfurt am Main* — Mistral

▲ **Abbildung 5.12**
Die Mistral ist ein typischer Vertreter einer informellen Schreibschrift.

**Schriften für Lifestyle und Postmoderne** | In den 1980er-Jahren setzte sich die Idee durch, dass Schriften stärker als bisher einen Lifestyle ausdrücken könnten. Diese Schriften sind oft nicht auf Leserlichkeit hin optimiert, sondern Ausdruck eines Protests gegen etablierte Konventionen.

Nicht selten sind diese Schriften von der Postmoderne inspiriert, einer Denkrichtung, die sich als Nachfolger der Moderne versteht. Diese Schriften sind Experimente und loten die Grenzen aus, was noch als Schrift gelten kann. So werden ganze Buchstabenteile bisweilen einfach weggelassen. Für Logos und kurze Titel können sie erfrischend eingesetzt werden – aber bitte kommen Sie nicht auf die Idee, damit längere Lesetexte zu setzen.

**Schriften für Lifestyle und Postmoderne auf einen Blick**
- Epoche: 1980er-Jahre und später
- Stilistik: Lifestyle und Postmoderne, Leserlichkeit tritt zurück
- Verwendung als Akzente und Experimente
- einflussreicher Designer: Neville Brody

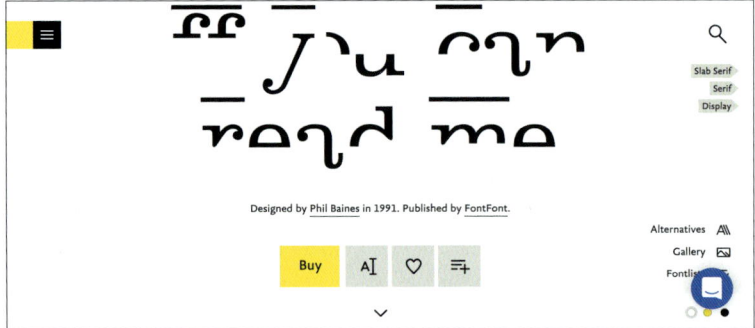

**Abbildung 5.13** ▶
Postmodernen Schriften (hier »FF You Can Read Me« auf www.fontshop.com) geht es um Dekonstruktion und Experimente.

**Computerlesbare Schriften** | Während Computer mittlerweile bei der Erkennung gescannter Texte einen recht guten Schnitt erreichen, hatten frühe Computer sehr viel größere Probleme damit. Computerlesbare Schriften wie die bekannte OCR-A nehmen darauf Rücksicht, indem sie jedem Buchstaben eindeutige Formen geben. Das sieht für Menschen bisweilen komisch aus – achten

Sie nur einmal auf das seltsam verdrehte große Q, das diese Form bekommen hat, damit es nicht zu sehr nach O aussieht.

**OCR-B**
Der bekannte Schriftdesigner Adrian Frutiger (1928–2015) hat 1968 eine verbesserte Version der OCR-A gestaltet, die auf den Namen OCR-B hört. Sie hat wesentlich vertrautere Formen.

Oldenburg OCR A
Q

▲ **Abbildung 5.14**
Als maschinenlesbare Schrift geht es der OCR-A nicht um Ästhetik und gewohnte Buchstabenformen.

Genau diese ungewöhnlichen Formen machen jedoch den besonderen Reiz computerlesbarer Schriften wie der OCR-A aus: Sie sind sehr markant. Ihre Verwendung gleicht einer Inszenierung – richtig und sparsam verwendet, setzt sie auffällige Akzente.

**Hybridschriften oder moderne Klassiker** | In den späten 1980er- und frühen 1990er-Jahren entstanden eine Reihe hervorragender Schriften, die seitdem sehr oft eingesetzt worden sind. Sie zeichnen sich durch hohe Flexibilität aus: Es gibt eine Vielzahl von Schnitten, nicht selten sowohl mit als auch ohne Serifen.

Erwähnen sollte man etwa die wunderschöne Meta von Erik Spiekermann (*1947), eine humanistische Linearantiqua – zumindest bevor 2007 eine Serifen-Version hinzukam. Erst 1991 entstanden und stetig ausgebaut, ist sie so etwas wie ein moderner Klassiker. Die Meta ist hervorragend zu lesen und hat gute Proportionen. Obwohl sie also gewissermaßen ein »safe bet« ist, würden wir persönlich zu einiger Vorsicht raten, denn die Meta ist bereits Hausschrift einer Vielzahl von Organisationen.

**Moderne Klassiker auf einen Blick**
▶ Epoche: 1980er-/1990er-Jahre und später
▶ Stilistik: vielseitig und flexibel, oft mit und ohne Serifen verfügbar
▶ Verwendung als moderne Arbeitstiere
▶ bisweilen weite Verbreitung
▶ Vertreter: Meta, Rotis, Thesis

Washington Meta

◀ **Abbildung 5.15**
Die beliebte Meta ist Hausschrift zahlreicher Unternehmen.

Ähnlich beliebt und flexibel: die Thesis von Lucas de Groot (*1963). Die Thesis ist ein Klassiker der Gegenwart – wenn Sie sie einsetzen, befinden Sie sich in illustrer Gesellschaft. Die letzte

# 5 Typografie im Web

Hybridschrift im Bunde: Otl Aichers (1922–1991) Rotis – modern, leserlich, elegant, an jeder zweiten Ecke zu sehen.

Um Missverständnissen vorzubeugen: Eine beliebte Schrift muss nicht verkehrt sein – seien Sie sich lediglich einer gewissen Verwechslungsgefahr bewusst.

## 5.2 Websichere Schriften

Digitale Medien haben gegenüber gedruckten Dokumenten eine wichtige Besonderheit bei der Arbeit mit Schriften: Damit eine Schrift angezeigt werden kann, muss sie entweder auf dem System verfügbar sein oder nachgeladen werden (Webfonts). Als websichere Schriften bezeichnet man jene Schriften, die auf einem Großteil der Rechner installiert sind und mit den Betriebssystemen geliefert werden.

**Arial |** Arial ist sehr bekannt und weit verbreitet. Unter Designerinnen und Designern ist die Schrift jedoch eher unbeliebt, denn sie lehnt sich sehr stark an den Klassiker Helvetica an. Im direkten Vergleich wirkt die Arial unausgewogener: Das R scheint im Vergleich zu den anderen Buchstaben zu breit, und auch das o verliert durch die leicht breitere Form an Charakter.

**Schrift als Bild ausliefern?**
Hin und wieder findet man Websites, die kurze Texte als Bilder ausliefern, doch davon ist abzuraten. Die Ladezeit wird durch die Bilddateien länger, Text lässt sich nicht mehr markieren und von Suchmaschinen nicht mehr direkt auslesen.

**Helvetica im Film**
Helvetica ist ein eigener Film gewidmet (*https://vimeo.com/ondemand/helvetica3*).

**Verbreitung von Schriften**
Zahlen zur Verbreitung websicherer Schriften (leider nur für Windows und Mac) sind unter *www.cssfontstack.com* zusammengestellt.

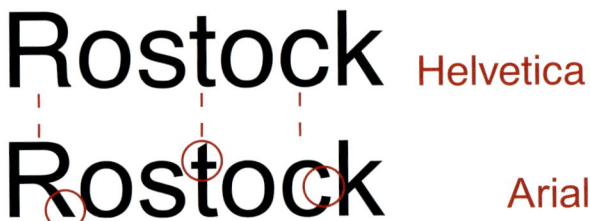

▲ Abbildung 5.16
Helvetica und Arial unterscheiden sich an einigen entscheidenden Stellen.

Neben diesen eher negativen Assoziationen gibt es einige handfeste Vorteile der Arial: Sie eignet sich als universelle Schrift für das Web, ohne aufzufallen, und ist in kleinen Schriftgraden gut zu lesen. Raten würden wir Ihnen dann jedoch dazu, durch andere visuelle Mittel Akzente zu setzen, denn Gestaltungen mit Arial können schnell fantasielos wirken.

**Times New Roman** | Times New Roman hat, ästhetisch betrachtet, durchaus einen gewissen Reiz. Sie geht zurück auf die bereits erwähnte Times, die lange Zeit als *die* Zeitungsschrift galt.

Ihre Formen sind etwas kantig und an einigen Stellen wenig ausgewogen – beispielsweise der geschwollene Bereich links unten beim e. Andererseits bewirkt aber gerade dieses etwas ungehobelte Äußere ihre markante Wirkung.

**Leserlichkeit testen**
In Tools wie dem Typetester (*www.typetester.org*) können Sie die Schrift mit anderen vergleichen.

◄ **Abbildung 5.17**
Times und Times New Roman sind sich extrem ähnlich und nur mit geübtem Blick zu unterscheiden.

**Verdana** | Verdana galt lange Zeit als *die* Schrift für das Web. Der Grund dafür sind ihre gedrungenen, breiten Formen sowie ihre große x-Höhe, die ihr eine hohe Leserlichkeit verschaffen – besonders in kleinen Schriftgraden zwischen 9 und 12 px. Für große Schriftgrade fehlen Verdana feine gestalterische Details, so dass sie etwas klobig wirken kann.

Verdana

Dortmund
Dortmund
Dortmund

◄ **Abbildung 5.18**
Verdana besticht durch gute Leserlichkeit in kleinen Schriftgraden.

**Trebuchet MS** | Die Trebuchet MS wurde im Jahr 1996 von Microsoft entwickelt und war als serifenlose Alternative zu Arial und Verdana gedacht. Trebuchet MS hat viele charakteristische Details wie etwa das interessant geschwungene kleine g.

Trebuchet MS

Freiburg

◄ **Abbildung 5.19**
Trebuchet MS konnte sich als Arial- und Verdana-Alternative nie durchsetzen.

# 5 Typografie im Web

*Times New Roman*
Wiesbaden

*Georgia*
Wiesbaden

*Georgia kursiv*
*Wiesbaden*

▲ **Abbildung 5.20**
Besonders neben den ruppigen Formen der Times New Roman fällt die Harmonie der Georgia auf.

**Abbildung 5.21** ▶
Lucida Grande überzeugt mit guter Leserlichkeit auch in kleinen Schriftgraden.

**Comic Sans und Leseschwäche**
Zur Ehrenrettung von Comic Sans sollte festgehalten werden, dass die Schrift von einigen Expertinnen und Experten empfohlen wird, um Texte für Menschen mit Leseschwäche zu setzen.

**Georgia** | Die Georgia ist die zweite Serifenschrift unter den websicheren Fonts. Sie wirkt brav, rundlich und freundlich. Ihre Buchstabenformen sind harmonisch, gerade auch durch den moderaten Kontrast zwischen den Strichstärken – negativ betrachtet, kann das auch etwas unpersönlich scheinen. Herausragend ist die Kursive der Georgia.

**Lucida Grande/Lucida Sans** | Lucida Grande (Mac) bzw. Lucida Sans Unicode (Windows) sind Sprösslinge der umfangreichen Lucida-Schriftfamilie von Charles Bigelow und Kris Holmes, entstanden ab 1985. Die Lucida Grande ist untrennbar mit dem Mac verbunden, denn sie war bis 2014 die offizielle Systemschrift. Auch im Web-2.0-Zeitalter wurde sie häufig genutzt – gute Leserlichkeit und klare Formen standen auf der Haben-Seite.

*Lucida Grande*
Ingolstadt
Ingolstadt
Ingolstadt

**Comic Sans** | Comic Sans ist ohne Frage die unbeliebteste Schrift der Welt. Mit *http://bancomicsans.com* gibt es eine eigene Website mit dem Ziel, Comic Sans zu vermeiden. Doch findet man Comic Sans überall, ob in informellen oder offiziellen Kontexten.

*Comic Sans*
Hannover

▲ **Abbildung 5.22**
Ungeliebt und dennoch überall – die Comic Sans

Comic Sans besteht aus unbeholfen wirkenden, simplen Buchstabenformen, denen man eine gewisse organische Anmutung nicht absprechen kann. Die Zielgruppe der Comic Sans sind Kinder – Designer Vincent Connare (*1960) hat bereits vor der Comic Sans kindliche Schriften konzipiert und ließ sich für die Comic Sans von Comicbüchern und Cartoons inspirieren.

Für seriöse Themen ist die Comic Sans eher ungeeignet: Es gibt zu viele negative Erinnerungen an diese Schrift, und zu viel Häme ist über sie ausgeschüttet worden.

**Courier und Courier New** | Courier (Mac) bzw. Courier New (Windows) wurde 1955 von Howard Kettler (1919–1999) entwickelt und von dem bekannten Schriftdesigner Adrian Frutiger für IBM-Schreibmaschinen angepasst. Sie ist eine Monospace-Schrift, was zu unnatürlichen Buchstabenformen führt – solche Schriften reißen Lücken und wirken nicht so ausgewogen. Für eine Schreibmaschine ist das ungemein praktisch: Wenn jeder Buchstabe gleich breit ist, lässt sich der Platzbedarf im Voraus bestimmen. Für den Bildschirm spielt das jedoch keine Rolle.

Ein weiteres Problem: Courier hatte nie das Ziel, auf digitalen Medien gut zu wirken. Bei einer Schreibmaschine war es wichtig, dass die Punzen auch dann nicht verschmieren, wenn einmal zu viel Farbe durch das Farbband gedrückt wird – sie sind dann eben ein wenig breiter. Daher hat die Courier sehr schmale Strichstärken mit großen Innenräumen.

**C-Schriften** | Mit Windows Vista und Microsoft Office führte Microsoft neue Systemschriften ein, die eine große Verbreitung erlangen konnten und wirklich gelungen sind: Calibri, Candara, Consolas, Cambria, Constantia und Corbel.

## 5.3 Webfonts

Dank Webfonts können Webdesignerinnen und Webdesigner heute endlich auf die gesamte Vielfalt der Typografie zurückgreifen.

### 5.3.1 Kleine Geschichte der Webfonts

Ursprünglich entstanden Webfonts bereits 1997 – allerdings konnten sie sich noch nicht durchsetzen, weil man sich nicht auf ein etabliertes Format einigen konnte. Erst 2007 änderte sich das: Der Software-Entwickler Dave Hyatt und sein Team, das bei Apple für den Browser Safari verantwortlich ist, kam auf die Idee, für Webfonts das etablierte Standardformat OpenType ein-

*Courier*
Köln & Bonn

▲ **Abbildung 5.23**
Courier ist die klassische Schreibmaschinen-Schrift.

*Calibri*
Frankfurt am Main

*Corbel*
Frankfurt am Main

*Candara*
Frankfurt am Main

*Consolas*
Frankfurt am Main

*Cambria*
Frankfurt am Main

*Constantia*
Frankfurt am Main

▲ **Abbildung 5.24**
C-Schriften aus Vista: Die Calibri wirkt weiblich und weich, die Corbel männlich und etwas ruppig. Die Candara wird als raffiniert beschrieben wegen der Bögen vom M und r, die Consolas wurde vorsichtig ausbalanciert. Cambria machte einen harmonischen Eindruck, die Constantia ist mit ihren dreieckigen Serifen sehr markant.

# 5 Typografie im Web

**Dateiformate für Webfonts**
OpenType (.otf) und sein jüngerer Bruder Web Open Font Format (.woff) sind Dateiformate für Schriften, die die Einbettung auf Websites erlauben.

zusetzen und per CSS in Websites einbettbar zu machen – schnell entstand eine enorme Nachfrage nach typografischer Vielfalt im Web. Mittlerweile können Sie in nahezu allen Browsern beliebige Schriften verwenden.

Mit dem *Web Open Font Format* (WOFF) wurde im Jahr 2009 noch ein ausgereiftes Format für Webfonts geschaffen: ein Container, der Schriften in TrueType- oder OpenType-Formaten enthält, aber durch Komprimierung wesentlich kleiner ist. Die Weiterentwicklung WOFF2 bietet noch einmal eine wesentlich bessere Komprimierung und wird von Browsern breit unterstützt.

**@font-face |** Realisiert wird das Ganze über die CSS-Eigenschaft `@font-face`. Das kann in etwa so aussehen:

```
@font-face {
    font-family: 'FontinSansRgBold';
    src: local('FontinSansRgBold'), url('fonts/fontin_
    sans_b_45b-webfont.woff2') format('woff2'),
}
```

**Listing 5.1 ▶**
Beispiel für eine Implementierung mittels `@font-face`

Das Prinzip von `@font-face` wird schnell ersichtlich – zunächst wird die Schrift benannt, anschließend mittels `src` der Speicherort der Schriftdateien angegeben. Zunächst prüft `local()`, ob die Schrift auf dem Rechner installiert ist, und nutzt dann diese lokale Version. Wenn nicht, enthält `url()` die Referenz auf den Speicherort auf dem Server. In der Praxis greift man auf einen Generator (siehe weiter unten) zurück, der den erforderlichen Code erzeugt.

**Digital Rights Management**
Unter Digital Rights Management (DRM) versteht man den Versuch, auch nach dem Kauf eines Produkts seine Verwendung zu kontrollieren – etwa indem man die Vervielfältigung unterbinden möchte.

Die Nachfrage nach Webschriften war also da – das Angebot folgte zügig. Glücklicherweise setzten die Schrifthäuser nicht auf umstrittenes Digital Rights Management. Sie entschieden sich, ihren Kundinnen und Kunden zu vertrauen, dass sie die Schriften ordnungsgemäß lizenzieren. Dazu gibt es verschiedenste Lizenzmodelle.

## 5.3.2 Aktuelle Lizenzmodelle für Webfonts

Sofern Sie nicht gerade die Deutsche Bahn oder Ford sind, kaufen Sie keine Schriften. Solche Unternehmen leisten sich bisweilen eine eigene Hausschrift. Das ist jedoch selten der Fall – die meisten Unternehmen haben keine exklusive Hausschrift, Kreative

*Schriften werden lizenziert, nicht gekauft (mit wenigen Ausnahmen).*

wie Sie und ich schon dreimal nicht. Stattdessen wird eine Schrift lizenziert, so dass wir sie gegen eine Gebühr verwenden dürfen. Eine Alternative sind freie Schriften ohne Lizenzgebühren.

Die Folge davon ist, dass Sie die Lizenzbestimmungen von Schriften sehr genau lesen müssen, denn es geht eben nicht darum, ob Sie eine Schriftdatei auf Ihrem Rechner liegen haben. Entscheidend ist, ob Sie eine Lizenz haben, die Ihnen die Verwendung dieser Schrift in einem konkreten Fall erlaubt. Aber keine Sorge: Die meisten Schrifthäuser sind sehr großzügig in ihren Lizenzen, und es ist gang und gäbe, eine Schrift zu lizenzieren und anschließend auch für externe Aufträge verwenden zu dürfen.

Gerrit von Aaken gibt in seinem Webtypobuch (*https://webtypobuch.de*) Ratschläge, worauf man bei den Lizenzen achten sollte:

- Ist die Nutzung kostenlos oder zahlungspflichtig?
- Ist eine einmalige Gebühr oder eine wiederholende Zahlung fällig?
- Zahle ich für eine einzelne Schriftfamilie bzw. einen einzelnen Schriftschnitt, oder sind mehrere Schriften enthalten?
- Wo werden die Schriften gehostet?
- Kann ich die Schriften für Layoutzwecke lokal verwenden?

Um Ihnen ein wenig Orientierung zu geben, werden wir einige Anbieter vorstellen – ohne Anspruch auf Vollständigkeit.

**Google Fonts** | Wie so oft im Web hat auch Google ein Eisen im Feuer. Google Fonts (*https://fonts.google.com*) basiert auf freien Schriften zur kostenlosen Verwendung. Insgesamt gibt es über 1 400 Schriftfamilien zum Herunterladen oder als Webfonts.

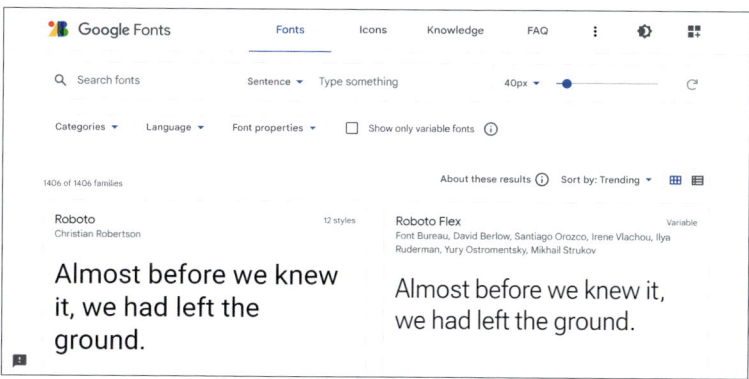

◀ **Abbildung 5.25**
Google Fonts erlaubt die Verwendung freier Schriften direkt von den Google-Servern.

**Google Fonts**
+ einfache Implementierung
+ schnelle Server
+ keine Kosten
o große Auswahl freier Schriften
− unterschiedliche Qualität

**Einmalige Lizenzierung von Schriften**
+ große Auswahl
+ Gebühr wird einmalig gezahlt
+ hochqualitative Schriften
− (meist) Selbst-Hosten der Schriften notwendig

**Mietservices**
+ große Auswahl
+ einfache Implementierung
+ hochqualitative Schriften
− monatliche Gebühren

Google Fonts hat Vor- und Nachteile. Einerseits erlaubt der Service die kostenlose Nutzung schöner Fonts, andererseits brauchen Sie ein gewisses Fachwissen, um die guten von den weniger guten Schriften zu unterscheiden. Auch haben zahlreiche freie Schriften nur einen eingeschränkten Zeichenumfang. Technisch gibt es jedoch wenig zu meckern – Google Fonts funktioniert reibungslos und ist sehr performant.

**Einmalige Lizenzierung** | Einige Services basieren auf dem Prinzip, dass Sie eine einzelne Schrift auswählen, eine festgelegte Gebühr zahlen und im Gegenzug die erforderlichen Formate herunterladen und selbst hosten können. Beispiele sind MyFonts (*www.myfonts.com*), FontShop (*www.fontshop.com*), Fonts (*https://fonts.com*) und Fontspring (*http://fontspring.com*).

Je nachdem, wie die Lizenzbestimmungen gestaltet wurden, richtet sich die Gebühr nach den monatlichen Page Impressions (Anzahl der Abrufe einer einzelnen Webseite), oder Sie kaufen eine Anzahl von Seitenzugriffen, die Sie nach Verbrauch erneuern können (»Pay as you go«).

**Mieten von Schriften als Paket** | Die Alternative zum Lizenzieren einzelner Fonts ist, Schriften als Paket zu mieten. Dabei bezahlen Sie einen monatlichen Beitrag und dürfen aus einer großen Anzahl Schriften wählen.

Der bekannteste Vertreter dieser Gattung ist Adobe Fonts (*https://fonts.adobe.com/*). Im Rahmen eines Creative-Cloud-Abos sind alle Schriften für die persönliche und kommerzielle Verwendung lizenziert. Die Schriften verbleiben dabei auf den Adobe-Servern, zur Einbindung reicht ein einfacher Code-Schnipsel im `<head>` der Website. Sehr interessant ist Adobe Fonts für Agenturen oder Freelancer mit mehreren Kunden, denn es können verschiedene Websites mit einem Account versorgt werden – auch Kundenprojekte.

Wer nicht gleich ein Creative-Cloud-Abo abschließen will, für den gibt es Fontstand (*https://fontstand.com/*), bei dem Sie über 1000 Font-Familien vorfinden. Zwar bietet Fontstand keine Flatrate an, aber dafür können Sie einzelne Fonts pro Monat mieten.

**Font Squirrel** | Ein weiterer Sonderfall: Font Squirrel. Auch hier finden Sie viele freie Schriften, und Sie können vorgefertigte Kits herunterladen und die Schriften selbst hosten. Diese Kits enthalten alles, was Sie für die Implementierung von Webfonts benötigen (*www.fontsquirrel.com*).

### 5.3.3 Webfonts einbinden

Haben Sie eine passende Schrift gefunden, müssen Sie sie nur noch in die Website integrieren. Wie Sie dabei vorgehen, hängt von der gewählten Technologie ab.

**Mietservices oder Google Fonts** | Wenn Sie einen Vertrag mit einem der Mietservices haben oder einen Dienst wie Google Fonts nutzen möchten, können Sie mit wenig Arbeit Schriften integrieren. Das Vorgehen ist von Dienst zu Dienst verschieden – hier hilft ein Blick in die FAQ des jeweiligen Services. Das Prinzip zeigen wir am Beispiel von Google Fonts auf. Ein sehr wichtiger Hinweis ist jedoch, auf den Datenschutz zu achten. Während der Aktualisierung dieser Auflage im Jahr 2022 war die Nutzung von Google Fonts mit rechtlichen Unsicherheiten verbunden, weil IP-Adressen an amerikanische Server übermittelt werden, sofern die Schriften nicht heruntergeladen und lokal gehostet werden (zu den Hintergründen: *www.heise.de/news/DSGVO-Abmahnwelle-wegen-Google-Fonts-7206364.html*). Wir empfehlen, die aktuelle Rechtsprechung sowie die weitere Entwicklung bei den Abmahnungen im Blick zu behalten.

Zunächst suchen Sie nach einer gewünschten Schrift und klicken Ihren Favoriten an. Sie erhalten nun eine Voransicht der Buchstaben in verschiedenen Stilen sowie viele weitere Informationen zur Schrift. Einzelne Styles können Sie mit einem Klick auf den Button mit dem Plus-Icon ❷ (Abbildung 5.26) auswählen. Im Anschluss können Sie auf Wunsch weitere Stile oder Schriften recherchieren und hinzufügen.

Wenn Sie Ihre Auswahl abgeschlossen haben, klicken Sie zum Download auf Ihre ausgewählte Sammlung ❶. Bei REVIEW erhalten Sie einen Überblick der ausgewählten Schriften. Bei vielen Diensten gibt es zur technischen Einbettung der Webfonts verschiedene Optionen. Eine entsprechende Anleitung hierzu fin-

---

**Font Squirrel**
Für bzw. gegen die Verwendung von Font Squirrel sprechen die folgenden Punkte:
+ vorgefertigte Kits kommerziell nutzbarer Schriften
+ praktischer Generator
o große Auswahl freier Schriften, aber keine kommerziellen Fonts
o bei Verwendung des Generators müssen Sie sich selbst um die Einhaltung der Lizenz kümmern
– nicht jede Schrift hat eine gute Qualität

**Google Fonts lokal einbinden**
Mit einem Klick auf DOWNLOAD FAMILY können Sie Google Fonts auch herunterladen, um sie lokal auf Ihrem Rechner zu installieren oder lokal in die Website einzubinden. Sie erhalten die Dateien nach dem Download im TTF-Format, das Sie wie im Folgenden beschrieben umwandeln und als Webfont nutzen können. Eine weitere detaillierte Anleitung finden Sie unter *www.heise.de/select/ct/2022/21/2224509084837524407*.

den Sie bei Use on the web. Am einfachsten funktioniert das link-Element ❸ für den <head> der Website. Damit wird die Schrift beim Laden der Website aufgerufen und kann, wie unter ❹ gezeigt, per CSS verwendet werden.

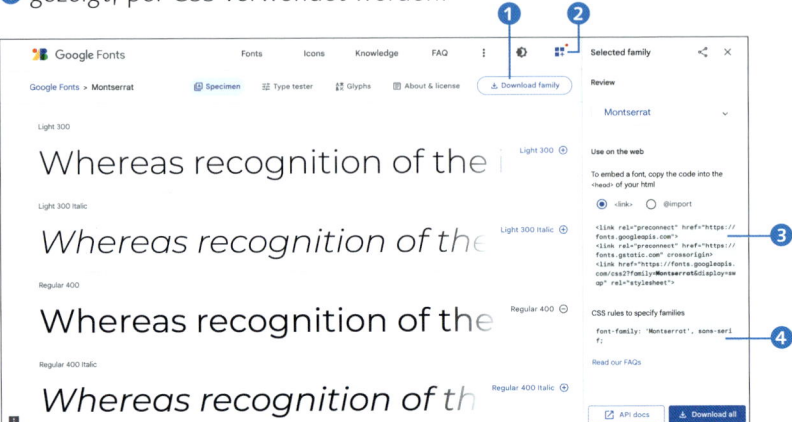

◄ Abbildung 5.26
Schriften lassen sich über link in eine Website einbetten und per CSS ansprechen.

**Vom eigenen Server laden** | Die Alternative zur Verwendung eines Mietservices bedeutet, eine Schriftdatei auf den eigenen Server zu legen und mittels der CSS-Anweisung @font-face in die Website zu laden (siehe Abschnitt 5.3.1).

**In Webfont konvertieren** | Hin und wieder kommt es jedoch auch vor, dass Sie eine Schrift auf eigene Verantwortung in einen Webfont konvertieren möchten. Dafür eignet sich der **Webfont Generator** von Font Squirrel, den Sie unter *www.fontsquirrel.com/tools/webfont-generator* finden. Voraussetzung ist natürlich, dass die Schrift als Datei auf dem Rechner vorliegt.

Wählen Sie zunächst mit der Schaltfläche ❺ die Schriftdatei aus – sie wird anschließend direkt unter dem Button angezeigt. Auf Wunsch können Sie hier auch mehrere Schriften hochladen. Unter ❻ können Sie Einstellungen für die Konvertierung auswählen – meistens fahren Sie mit dem Standard Optimal sehr gut. Bevor Sie fortfahren können, müssen Sie bestätigen, dass die Schrift in einen Webfont konvertiert werden darf ❼. Überprüfen Sie dafür unbedingt die Lizenzbestimmungen Ihrer Schrift. Nun kann die Konvertierung mit einem Klick auf die Schaltfläche ❽ gestartet werden. Anschließend werden die konvertierten Schriften mit einem beispielhaften CSS-Code heruntergeladen.

---

**Anleitungen**

Sehr einfach haben Sie es, wenn Sie die Schrift Ihrer Wahl über einen der vorgestellten Anbieter erworben haben – Sie erhalten dann eine detaillierte Anleitung und alle Dateien im richtigen Format. Im Zweifel hilft Ihnen der Support des Anbieters weiter.

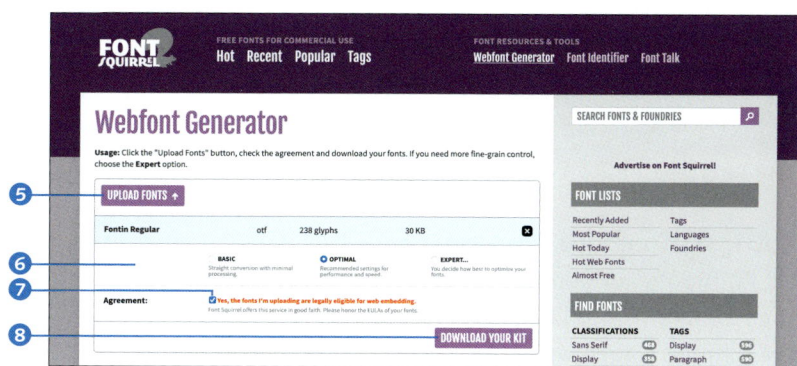

◀ **Abbildung 5.27**
Webfont Generator von Font Squirrel (*www.fontsquirrel. com/tools/webfont-generator*)

**Alle benötigten Schnitte mitnehmen** | Ganz gleich, für welche Webfont-Lösung Sie sich auch entscheiden: Achten Sie darauf, auch wirklich alle Schriftschnitte einzufügen, die Sie in Ihrem Layout benötigen – das gilt besonders für die kursiven und fetten Schnitte. Wenn Sie Texte kursiv oder fett setzen, wird der Browser zunächst nach den entsprechenden Schnitten suchen. Findet er sie nicht, versucht er, die Optik zu simulieren:

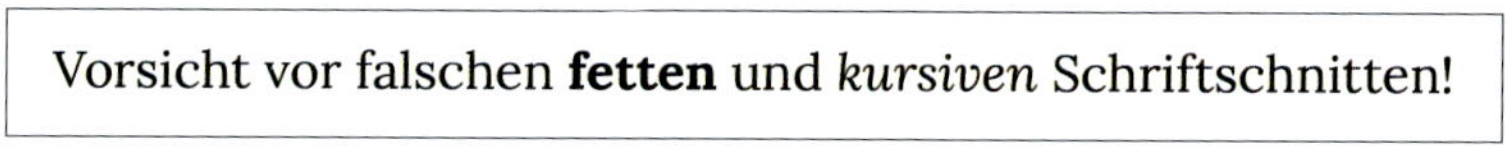

> Vorsicht vor falschen **fetten** und *kursiven* Schriftschnitten!

▲ **Abbildung 5.28**
Webfont Lora ohne …

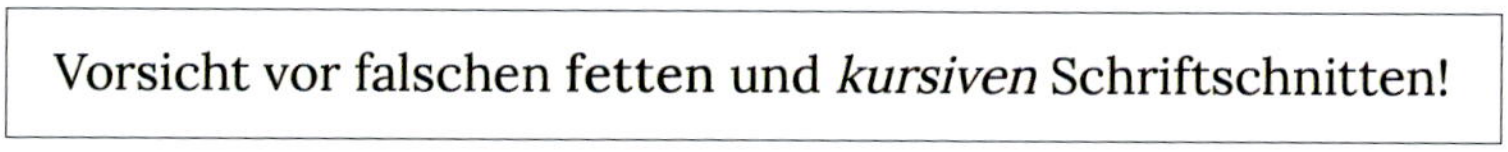

> Vorsicht vor falschen fetten und *kursiven* Schriftschnitten!

▲ **Abbildung 5.29**
… und mit korrekt ausgewählten Schriftschnitten

Sie sehen: Die simulierte `strong`-Formatierung ist wesentlich unscheinbarer, und die schräg gestellten Buchstaben haben mit der echten Kursiven wenig zu tun. Bedenken Sie auch die Standardeinstellungen der Browser, etwa die Fett-Formatierung von Überschriften.

Bedenken Sie außerdem: Je mehr Schriften und Schriftschnitte Sie laden, umso mehr hat der Browser zu tun – und das kann zu Layoutänderungen führen, mit denen wir uns im nächsten Abschnitt befassen.

**font-synthesis**
Mit der CSS-Eigenschaft `font-synthesis` können Sie fehlende Schriftschnitte simulieren. Mit dem Wert `weight` wird ein fetter Schnitt simuliert, wenn nötig. Mit dem Wert `style` hingegen können Sie einen schrägen Schnitt bei Bedarf simulieren. Mit `none` legen Sie fest, dass keine Schnitte simuliert werden sollen.

### 5.3.4 Angriff des FO(U/I)T

Webfonts sind eine wunderbare Sache, weil sie von einem Server heruntergeladen und dann auf unseren Websites angezeigt werden. … Moment. Heruntergeladen? War da nicht etwas mit Warten, bis der Download abgeschlossen ist?

**FOUT, FOIT und die User Experience** | Es dauert immer etwas, bis Webfonts auf den Rechnern unserer Nutzerinnen und Nutzer angekommen sind. Einige Browser zeigen den Inhalt einer Website schon an, auch wenn noch nicht alle Dateien heruntergeladen sind. Das Ergebnis ist der FOUT – Flash of Unstyled Text (Aufblitzen von ungestaltetem Text). Der Inhalt wird in einer Standardschrift gezeigt, springt dann jedoch plötzlich auf eine andere Schrift um. Dabei kann es zu störenden Layoutänderungen kommen, weil Schriften oft unterschiedlich weit laufen.

Die Alternative ist, während des Ladevorgangs keine Schrift darzustellen – der Text erscheint erst, nachdem der Webfont geladen oder eine gewisse Zeit darauf gewartet wurde. Dieses Verhalten hört auf den Namen FOIT – Flash of Invisible Text (Aufblitzen von unsichtbarem Text). Als Pro-Argument wurde angeführt, dass die User Experience ohne die plötzlichen Layoutänderungen konsistenter sei. Andererseits möchten die Besucherinnen und Besucher so schnell wie möglich zu den Inhalten, statt auf die Schrift zu warten. Viele Browser warten ohnehin maximal drei Sekunden auf den Webfont und springen dann auf das Verhalten FOUT um.

**Ladestatus von Schriften überprüfen** | Beim Webdesign müssen wir uns daher entscheiden, wie wir unseren Content während des Ladevorgangs von Webfonts darstellen möchten. Zur Steuerung kann man z. B. eine JavaScript-basierte Lösung wie »Font Face Observer« (*https://github.com/bramstein/fontfaceobserver*) einsetzen. Diese Skripte überprüfen den Status der Webfonts und schreiben ihn als Klassen in das `html`-Element – nach dem Ladevorgang wäre das beispielsweise die Klasse `active`. Diese Klassen können Sie nutzen, um websichere Schriften zu verwenden, bis die Webfonts verfügbar sind, und sie dann auszutauschen:

```
h1 { font-family: Georgia, serif; }
.active h1 { font-family: Lora, Georgia, serif; }
```

---

**Layoutänderungen entdecken**
Simon Hearne gibt unter *https://simonhearne.com/2021/layout-shifts-webfonts/* zahlreiche Tipps, wie Sie Layoutänderungen analysieren können.

**Weitere Voraussetzungen für den FOIT**
Der Download-Vorgang ist zwar die wichtigste, aber nicht die einzige Voraussetzung für einen FOIT. Wie der Entwickler Zack Leatherman erläutert (*www.zachleat.com/web/lazy-loading-webfonts*), bedarf es dazu auch noch:
- eines DOM-Objekts, das den Webfont nutzen möchte, …
- … das nicht leer sein darf (nur Blink- und Webkit-Browser)
- … und dessen Zeichen in den angegebenen Bereich fallen (falls vorhanden).

**Listing 5.2** ▶
Anpassung von Webfonts auf Basis des Ladezustands

Als CSS-Alternative gibt es mittlerweile die CSS-Eigenschaft `font-display`. Vom Prinzip her funktioniert `font-display` ähnlich wie die JavaScript-basierte Lösung, ist aber kürzer und einfacher. Notieren sollten Sie `font-display` bei einer `@font-face`-Deklaration mit einem der folgenden Werte:

- `auto`: Standardfunktion des Webbrowsers. Gewöhnlich wird dabei der Text erst angezeigt, wenn die Schrift komplett geladen wurde.
- `swap`: Zeigt die Fallback-Schriftart an, bis die Webfonts geladen wurden. Diesen Wert werden Sie in den meisten Fällen verwenden wollen, weil die Besucherinnen und Besucher so möglichst schnell die Inhalte sehen. Dabei kann es zu einem kurzen FOUT kommen.
- `block`: Blendet den Text aus, bis die Webfonts geladen wurden. Hierbei kann es zum FOIT kommen.
- `fallback`: Hier wird zunächst das Verhalten von `block` verwendet. Wird nach einer Verzögerung von 100 ms die Schrift nicht angezeigt, wechselt die Funktion zu `swap`. Dieser Wert kann sinnvoll sein, wenn FOUT unerwünscht ist.
- `optional`: Ähnlich wie der Wert `fallback`, nur ist es hierbei möglich, dass der Webbrowser einen Webfont gar nicht herunterlädt, wenn die Internetverbindung des Besuchers zu langsam ist.

**Web Font Loader**
Lesenswerte Hintergründe zum Web Font Loader liefert ein Artikel von Robin Rendle (*https://css-tricks.com/loading-web-fonts-with-the-web-font-loader*).

Sobald Sie die Werte für `font-display` kennen, können Sie es zur `@font-face`-Regel hinzufügen. Ein einfaches Beispiel mit `swap` sieht wie folgt aus:

```
@font-face{
    font-family: "RobotoFlex";
    font-weight: 500;
    font-style: normal;
    src: url("RobotoFlex.woff2") format("woff2");
    font-display: swap;
}
```

◄ **Listing 5.3**
Mit `font-display` können Sie das Verhalten beim Laden von Webfonts beeinflussen.

Mehr zum Thema können Sie auf der Website *https://css-tricks.com/font-display-masses/* nachlesen.

**Strategisch kluge Schriftwahl mit Fallback-Fonts** | Der FOUT-Effekt lässt sich zudem abschwächen: Geben Sie einen Fallback-

**Tooltip**
Die Entwicklerin Monica Dinosaurescu hat mit dem »Font Style Matcher« (*https://meowni.ca/font-style-matcher*) ein Tool zusammengestellt, mit dem Sie Webfonts und websichere Schriften komfortabel miteinander vergleichen können.

In den Linktipps im Bonusmaterial unter »quellen-lesetipps.pdf« finden Sie eine ganze Reihe von Tools, die Ihnen bei der Wahl der richtigen Schrift helfen können.

▲ **Abbildung 5.30**
Azote von Thomas Jockin ist nicht für deutsche Umlaute ausgelegt (*https://fonts.adobe.com/fonts/azote*).

Font aus websicheren oder häufig installierten Schriften an, der Ihrem gewählten Webfont möglichst ähnlich ist. Der Browser kann sie nutzen, um den Text schon mal darzustellen, solange der Webfont noch lädt. Passen Sie dabei auch andere CSS-Eigenschaften an, damit die Layoutänderungen möglichst klein bleiben. Auf diese Weise fällt der FOUT nicht mehr so stark auf.

## 5.4 Die richtige Schrift auswählen

Sie haben nun bereits einiges über verschiedene Schriftkategorien und -arten erfahren, aber welche Schrift ist nun die richtige für ein Projekt? Die Entscheidung für eine Schrift hängt von verschiedenen Faktoren ab. Zunächst sind da natürlich die Rahmenbedingungen, etwa ob es ein Budget für die Lizenzierung gibt. Außerdem gibt es technische Voraussetzungen, z. B. der benötigte Zeichenumfang. Enthält ein Text ein Zeichen, das in einem Webfont nicht zur Verfügung steht, zeigt der Browser es als Rechteck an oder sucht danach in den alternativen Schriften, die Sie im CSS angegeben haben.

Sind die Rahmenbedingungen abgesteckt, gibt es eine Reihe von Grundregeln, die Ihnen bei der Wahl helfen können.

### 5.4.1 Die Funktionen von Schrift

Zunächst sollten Sie sich über die Rolle einer Schrift auf Ihrer Website im Klaren sein. Klassischerweise gibt es zwei Hauptfunktionen:

▶ **Aufmerksamkeit erzeugen**: Diese Aufgabe obliegt meistens den Überschriften. Hier haben Sie kreativen Spielraum, denn Überschriften sind größer und kürzer als Fließtexte – Leserlichkeit ist daher nicht unbedingt das zentrale Kriterium.
▶ **Leserlichkeit sicherstellen**: Fließtexte sind zum Lesen gedacht – alles, was daran hindern könnte, gilt es zu vermeiden. Setzen Sie auf eine gut leserliche, nicht zu ausgefallene Schrift.

Natürlich gibt es einige Faustformeln, die wir Ihnen mitgeben möchten. Letztendlich entscheidet jedoch immer Ihr gestalterisches Auge.

- Serifenlose Schriften nehmen oft ein bisschen weniger Platz ein als Schriften mit Serifen – ideal für größere Überschriften.

> PT Serif **Koalition beschließt gleiche Rente für Ost und West**
> PT Sans **Koalition beschließt gleiche Rente für Ost und West**

▲ **Abbildung 5.31**
Serifenlose Schriften laufen oft etwas kürzer und eignen sich daher gut für größere Überschriften.

- Der Charakter einer Schrift wird stark von ihrer x-Höhe beeinflusst. Eine geringe x-Höhe erzeugt einen interessanten Kontrast zwischen Buchstaben mit und ohne Oberlängen. Lesetexte profitieren stärker von einer großen x-Höhe – der Buchstabe nimmt dann mehr von der em-Box ein und wird beim Lesen einfacher zu erkennen. Aber Vorsicht: Zu viel des Guten sollte es auch nicht sein, sonst werden einzelne Buchstaben schwerer zu unterscheiden.

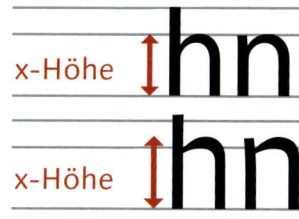

▲ **Abbildung 5.32**
Bei zu großer x-Höhe (hier künstlich simuliert) würden einige Buchstaben schwer unterscheidbar werden.

- Achten Sie auch auf den **Kontrast**, der innerhalb der Buchstaben einer Schrift entsteht, etwa zwischen den dicken Stämmen und dünnen Auf- oder Abstrichen ihrer Buchstaben. Während die Helvetica beispielsweise konstante Strichstärken aufweist, variieren die Strichstärken bei Didot stark. Auch die Weißräume innerhalb einer Schrift beeinflussen ihren Kontrast. Dieser Schriftkontrast ist ein wichtiges Kriterium bei der Wahl einer Schrift: Kontraste ziehen unsere Blicke an. Eine Schrift mit geringem Schriftkontrast erzeugt somit einen sanften, ruhigen Leserhythmus. Schriften mit hohem Schriftkontrast hingegen sind aufmerksamkeitsstärker.
- In **geometrischen Schriften** geht die Unterscheidbarkeit ähnlicher Buchstaben oft verloren. Besonders deutlich wird das bei den Buchstaben q, p, d und b, die sich im Extremfall nur noch durch die Anordnung der geometrischen Grundformen unterscheiden. Das können Sie auf der Website der New Yorker Architekten namens Bauhaus (*http://bauhausny.com*) erleben. Das Logo mit seinen stark reduzierten Formen ist für ein avantgardistisch angehauchtes Unternehmen sehr passend – da fällt die schwächere Leserlichkeit nicht so auf, und die geometrischen Buchstaben sind sehr ansprechend.

# 5  Typografie im Web

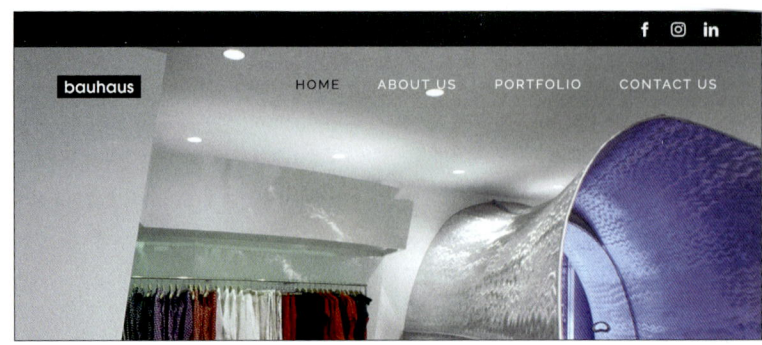

Abbildung 5.33 ►
Futuristisches Webdesign auf
*http://bauhausny.com*

▶ Achten Sie darauf, **nicht zu viele verschiedene Schriften** gleichzeitig einzusetzen – das wirkt schnell beliebig. Auf den meisten Websites dürften zwei Schriften locker ausreichen. Abwechslung können Sie durch verschiedene Varianten einer Schrift erzeugen, z. B. kursive oder unterschiedlich fette Schriftschnitte. Ausnahme: In einigen Fällen passt gerade eine große Schriftvielfalt zu einem Projekt. Achten Sie in diesem Fall aber unbedingt darauf, dass Sie diese Vielfalt zum expliziten Stilmittel erheben – schließlich soll es nicht so aussehen, als hätten Sie sich nicht entscheiden können.

| **Schriften mischen** |
| --- |
| Bei der Verwendung mehrerer Schriften sollten Sie auf die folgenden Aspekte achten: |
| ▶ **Niemals zu ähnliche Schriften** verwenden (z. B. aus der gleichen Gattung) – das wirkt leicht wie ein Versehen. |
| ▶ Verwandte Schriften bewirken oft ein harmonisches Gesamtbild. |
| ▶ Schriften, die sich **bewusst unterscheiden** (z. B. in Schriftgattung oder Stil), erzeugen ansprechende Spannungen. |
| ▶ Bei der Wahl einer sehr großen Zahl verschiedener Schriften kann es sinnvoll sein, die Schriften in **identischen Farben oder Schnitten** (z. B. nur Kursive) zu verwenden – so wirken sie nicht zu wild durchgemischt. |

### Regeln brechen
Die Designerin Marie Guillaumet arbeitet bewusst mit einer großen Schriftvielfalt. Die handgeschrieben wirkende Strangelove, in der ihr Name gesetzt ist, steht in einem feinen Kontrast zum Schreibmaschinen-Charme von Courier (die Links und der Fließtext). Abwechslung bringt sie auch in die Blog-Titel (Sue Ellen Francisco) sowie die handgeschriebenen Rubrikentitel.

▲ Abbildung 5.34
Website von Marie Guillaumet (*http://marieguillaumet.com*)

## 5.4.2 Auf die richtigen Assoziationen achten

Wenn Sie in der Konzeptionsphase sorgfältig gearbeitet haben, dürften Sie ein klares Bild davon haben, welchen Eindruck Sie mit Ihrer Website vermitteln möchten. Fragen Sie sich: Welche Assoziationen soll mein Design vermitteln, und welche Worte oder Gefühle drücken dies aus? Diese Assoziationen können Ihnen bei der Suche nach einer Schrift helfen. Bei vielen Schriftanbietern können Sie beispielsweise nach Schlagworten suchen und sich inspirieren lassen.

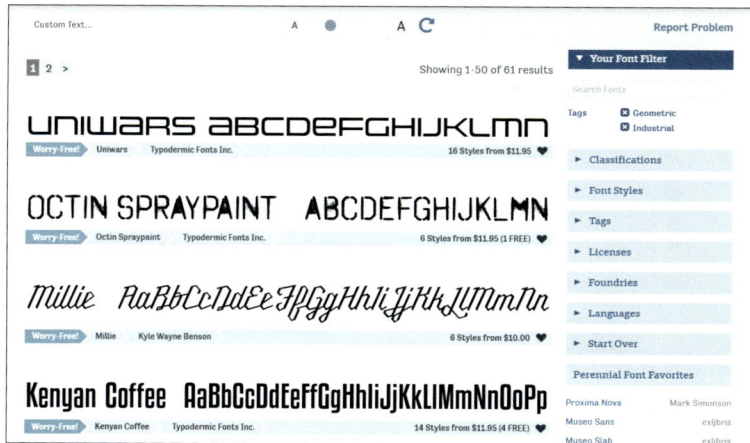

◄ **Abbildung 5.35**
Einteilung von Schriften nach Schlagworten bei Fontspring (*www.fontspring.com*)

Tragen Sie für jede Schrift in der Vorauswahl in Ihrer Projektmatrix ein, ob sie die richtigen Assoziationen weckt. Hier sind einige Beispiele – vergessen Sie aber nicht, sie für jede Schrift individuell zu prüfen:

- **Klassik vs. Moderne**: Serifen-Schriften wirken im Allgemeinen klassischer als Groteske. Besonders modern wirken die geometrisch konstruierten Grotesken.
- **Individualität**: Ausgefallene Schriften oder Handschriften verleihen einer Gestaltung Persönlichkeit, eignen sich jedoch vorrangig für kurze Akzente, weniger für längere Texte. Schriften mit starker Persönlichkeit können einer Gestaltung den gewissen Touch geben – zu viel davon kann jedoch auch schnell überfordern.

Der Stofftierhersteller Child's Own verwendet z. B. zwei recht unterschiedliche Schriftarten, die dennoch zusammenpassen. Da ist die recht individuelle und verspielte Fredoka One für die Überschriften und die eher seriöse Quicksand im Beschreibungsteil. Das passt thematisch zur Ausrichtung der Website, die sich an Kinder richtet.

Achten Sie auch auf den Kontrast zwischen den Schriften. Die feine Schrift Inter, die Mozilla in den Fließtexten verwendet, bildet einen tollen Kontrast zur serifenbetonten Zilla Slab in den Überschriften.

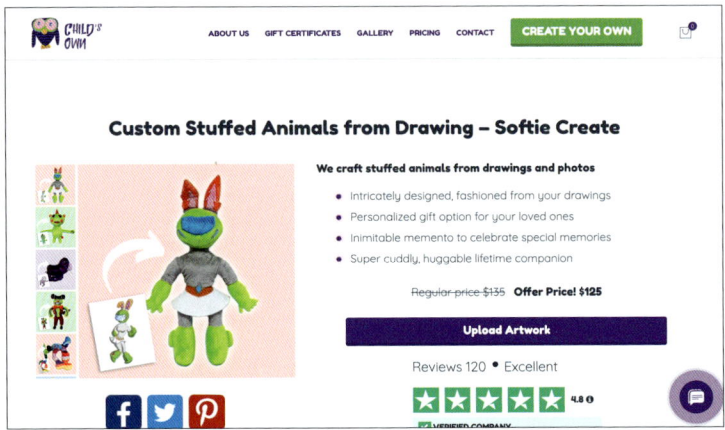

**Abbildung 5.36** ▶
Individuelle Schriften auf *www.childsown.com*

▲ **Abbildung 5.37**
Die Website von *www.mozilla.org*

- **Geschlecht**: Runde und harmonische Schriften wirken eher weiblich, kantige Schriften eher männlich.
- **Extrovertiertheit**: Schriften mit geringer x-Höhe wirken dank ihrer ausladenden Ober- und Unterlängen extrovertierter. Gedrungene Schriften hingegen scheinen zurückhaltender.

### 5.4.3 Recherche zur gewählten Schrift

Wenn Sie eine Schrift ins Auge gefasst haben, lohnt sich ein wenig Recherche. Wenn Sie nämlich nicht gerade einen sehr exotischen Font verwenden, wird man Ihre Schrift schon einmal in anderen Kontexten gesehen haben – und die sollten Sie kennen.

- **Umfeld**: Achten Sie darauf, wer Ihren Schriftfavoriten ebenfalls verwendet, und fragen Sie sich, ob Sie zu diesem Kreis gehören möchten. Gibt es die Gefahr von Verwechslung? Wird die Schrift in einem Kontext verwendet, der Ihrem eigenen Projekt widerspricht? Besonderes Augenmerk sollten Sie auf Ihr unmittelbares Umfeld legen, z. B. Ihre direkten Konkurrenten.
- **Geschichte**: Jede Schrift hat eine eigene Geschichte. Achten Sie darauf, ob diese Geschichte zu Ihrem Projekt passt. Das National September 11 Memorial & Museum in New York, das an die Terroranschläge im Jahr 2001 erinnert, nutzt nicht umsonst die Schriften Surveyor und Gotham: Schriftdesigner Tobias Frere-Jones ist New Yorker und bezog seine Inspiration aus Schriften, die er auf bekannten New Yorker Gebäuden fand. Was wäre besser geeignet für ein Museum, das sich mit der Historie der Stadt befasst, aber auch Stolz ausdrücken und ein Zeichen setzen will, dass man sich nicht einschüchtern lässt? Natürlich ist das ein Detail, das den meisten Menschen niemals in den Sinn kommen wird. Im Design sollten Sie jedoch auf ebensolche Details achten.

**Historische Recherche**
Eine tolle Wissens- und Inspirationsquelle zur Historie von Schriften ist die Seite »Fonts in Use« (*https://fontsinuse.com*), auf der Sie eingesetzte Schriften nach verschiedenen Kriterien durchsuchen können.

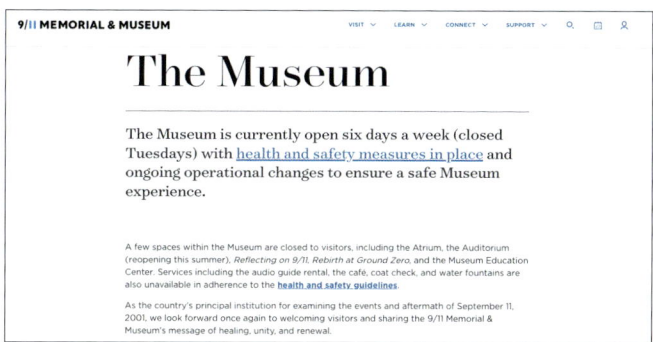

▲ Abbildung 5.38
Stimmt der historische Hintergrund, unterstützt Schrift die Aussage einer Gestaltung (*www.911memorial.org*).

- **Epoche**: Einige Schriften sind mit bestimmten Epochen assoziiert – Courier mit den Schreibmaschinen der 1960er-Jahre,

**Nicht übertreiben**
Schließlich noch ein Rat – ein Bogen lässt sich natürlich auch überspannen und kann dann schnell reißen. Das gilt besonders bei zu starken oder abgegriffenen Assoziationen, etwa wenn auf einer Schrift zum Thema Winter Schnee liegt. Oder wenn von einer Vampir-Schrift Blut heruntertropft. Oder eine Heimwerker-Schrift aus Holz gezimmert zu sein scheint. Solche Schriften sollten Sie vorsichtig und gezielt einsetzen.

Arcadia mit dem 1980er-Lifestyle. Prüfen Sie, ob das zu Ihrem Projekt passt.

### 5.4.4 Schriftfamilien

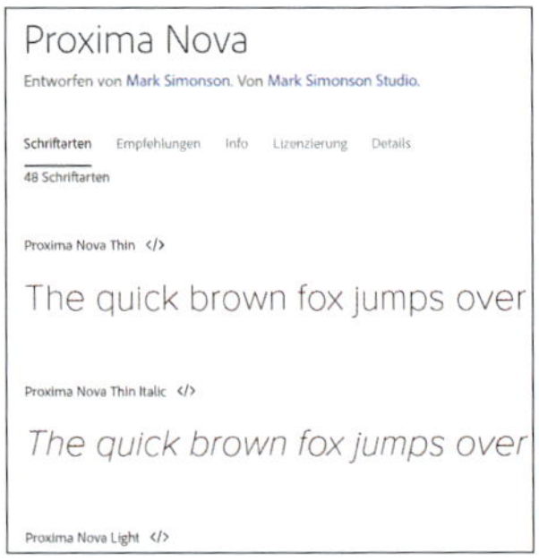

Bedenken sollten Sie auch, ob eine Schrift flexibel genug für Ihr Projekt ist. Viele Schriftfamilien bieten vier Stile: normal (oft Regular, Roman oder Book genannt), kursiv, fett sowie kursiv und fett gleichzeitig. Es gibt allerdings auch Schriftfamilien, die weit darüber hinausgehen: Sie umfassen Schriften mit besonders weiter (Extended) oder enger (Condensed) Laufweite oder unterschiedliche Fette-Grade. Je größer die Schriftfamilie, umso flexibler sind Sie in der Gestaltung.

▲ **Abbildung 5.39**
Vielfalt garantiert – die Proxima Nova von Mark Simonson umfasst 48 verschiedene Schriftarten.

### 5.4.5 Nachhaltige Typografie und Performance

Tolle Webfonts sind im Trend. Allerdings müssen solche Webfonts auch von einem Server nachgeladen werden, was wiederum die Datenübertragung erhöht und die Performance der Website bremst. Ein üblicher Satz an Webfonts hat gerne mal zwischen 200 und 300 KB. Die Arbeit mit mehreren Webfonts oder Schriftschnitten erhöht den Datenumfang weiter. Das wirkt sich sowohl auf den $CO_2$-Fußabdruck als auch auf die Performance negativ aus.

Wenn Ihnen die Nachhaltigkeit wichtig ist und Sie den $CO_2$-Fußabdruck reduzieren wollen oder müssen, können Sie Folgendes tun:

▶ Verwenden Sie wenige unterschiedliche Webfonts, und verzichten Sie insbesondere auf Schriftschnitte, die Sie nur ganz selten benötigen. Je weniger Schriften Sie einsetzen, desto weniger lange dauert auch der Download der Webfonts. Beurteilen Sie die Dateigröße auch immer im Zusammenhang mit Ihrem selbst gesetzten Performance-Budget (vgl. Kapitel 9).

▶ Je mehr Zeichen Sie mitnehmen, umso größer wird der Webfont. Beschränken Sie sich daher auf den Zeichenumfang, den Sie für die Sprachen Ihrer Website auch wirklich benötigen. Mit einem Font-Subsetting-Tool wie Everything Fonts (*https://everythingfonts.com/subsetter*) können Sie nicht verwendete Zeichen entfernen, sofern dies nicht direkt beim Schriftanbieter möglich ist.

---

**Lesetipp**

Mehr Informationen zum Thema Webfont-Performance können Sie auf der Website *www.wholegraindigital.com/blog/performant-web-fonts/* nachlesen.

- Nutzen Sie moderne Dateiformate. Mit einem minimalen Aufwand können Sie Schriftarten im TTF-Format mit einem Tool wie Font Squirrel (*www.fontsquirrel.com/tools/webfont-generator*) ohne Qualitätsverluste in das WOFF2-Format konvertieren und enorm an der Dateigröße einsparen.
- Für Websites und Systeme, bei denen es auf höchste Performance ankommt, kann es eine Alternative sein, websichere Schriften zu nutzen. Diese benötigen keine weiteren Serveranfragen und auch keine Datenübertragung.

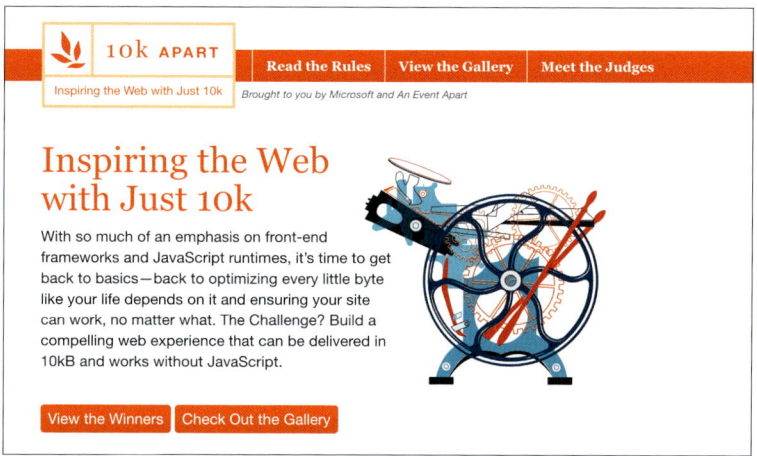

▲ **Abbildung 5.40**
Wenn minimale Download-Größen das Ziel sind, wie beim 10k-Award von A List Apart (*https://a-k-apart.com*), spricht das klar gegen Webfonts.

### 5.4.6 Visuelle Effekte

Steht der visuelle Effekt im Vordergrund, dürfen Sie sogar gegen das Gebot der Leserlichkeit verstoßen. Viele unterschiedliche Schriftgrößen können bewusst eingesetzt werden, um ein chaotisches Erscheinungsbild zu fördern. Extreme Größenunterschiede schaffen Dramatik. Es ist vollkommen legitim, diese Effekte einzusetzen – seien Sie sich nur bewusst, dass diese Gestaltungen eher auf Aufmerksamkeit als auf Leseanreiz zielen, und setzen Sie sie nur ein, wo genau dies gewünscht ist. Bedenken Sie außerdem, dass ausgefallene Typografie ein starkes Stilmittel ist – halten Sie also solche Gestaltungen bis auf die Typografie eher schlicht, um eine Anhäufung von Stilen zu vermeiden.

**Schrift als visuelles Ausdrucksmittel**
Inspiration gefällig? Grafikdesigner, die die visuelle Sprache von Schrift ausgelotet haben, sind Neville Brody, Wim Crouwel, Philippe Apeloig und Josef Müller-Brockmann.

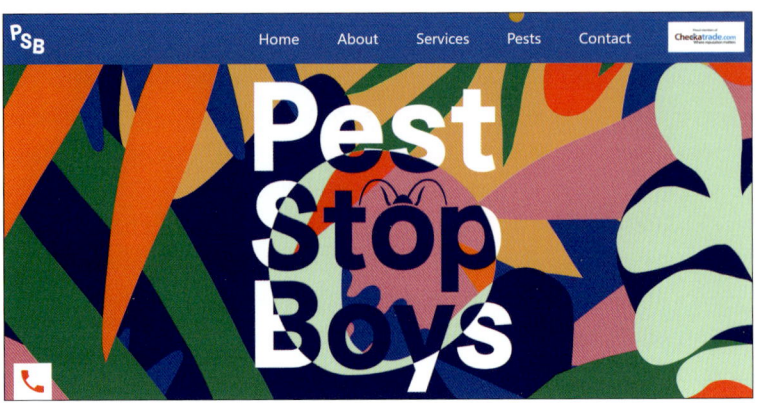

**Abbildung 5.41** ▶
Ausdrucksstarke und verspielte Typografie bei den Pest Stop Boys (*https://peststopboys.co.uk*) – mit der Maus kann man den Bugs folgen. Die Dienstleistung und Kontaktinformationen sind dank toller Typografie kaum zu übersehen.

## 5.5  Texte in HTML und CSS gestalten

Leserlichkeit wird von allen typografischen Entscheidungen geprägt. Sie hängt von vielen Faktoren ab, die miteinander in Beziehung stehen. In den folgenden Abschnitten werden wir uns anschauen, wie Sie diese Faktoren in CSS umsetzen können.

### 5.5.1  Typografische Auszeichnungen

Typografische Auszeichnungen dienen dazu, Text zu betonen. CSS bietet dafür einige Eigenschaften. Besonders wichtig sind:

- `font-weight`: Fette-Grad einer Schrift. Erlaubt sind entweder `bold` (für fett), `light` (für leicht) oder Zahlenwerte in Hunderterschritten von `100` bis `900`. `400` entspricht normaler Schrift, `700` fetter Schrift. Die Werte `lighter` und `bolder` (für leichter und fetter) sind relativ zum Elternstil.
- `font-style`: `normal` für normale, `italic` für kursive und `oblique` (auf Wunsch mit Winkel, etwa `oblique 12deg`) für geneigte Schrift. Bei Kursiven handelt es sich um spezielle Schriftschnitte mit oft eigenen Buchstabenformen.
- `text-transform`: `normal` für normalen Text, alternativ die Werte `capitalize` (alle Anfangsbuchstaben groß), `lowercase` (nur Kleinbuchstaben) oder `uppercase` (nur Großbuchstaben)

Achten Sie bei diesen Auszeichnungen jedoch immer darauf, dass die Schrift über eine entsprechende Vielfalt an Schnitten verfügt.

## 5.5.2 Schriftgröße

Wenig überraschend, ist die Schriftgröße eine der ersten wichtigen typografischen Entscheidungen. Schriftgröße hat zwei Aufgaben: Leserlichkeit und Struktur schaffen sowie visuelle Effekte erzeugen.

Schriftgrößen schaffen eine inhaltliche Hierarchie, denn große Elemente werden als wichtiger wahrgenommen als kleine. Achten Sie daher auf einen ausreichenden Größenkontrast zwischen Überschriften und Fließtext – das Zwei- oder Dreifache ist oft ein guter Ausgangspunkt. Überlegen Sie sich auch, in welchen Abstufungen Überschriften in tieferen Gliederungsebenen wie h2, h3 oder h4 dazu stehen. Auf diese Weise entsteht ein visueller Rhythmus, bei dem die Größe mit der Wichtigkeit korrespondiert.

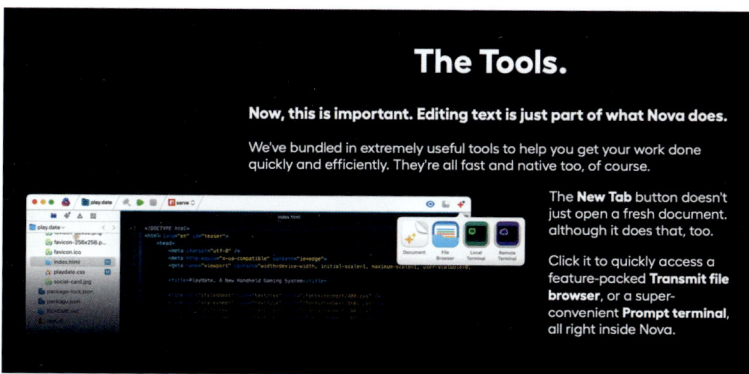

◄ Abbildung 5.42
Klare Größenverhältnisse helfen dabei, die Struktur eines Textes auf einen Blick zu erkennen (*https://nova.app*).

Um zu viele verschiedene Schriftgrößen zu vermeiden, überlegen Sie sich, mit welchen anderen Mitteln Sie Wichtigkeit transportieren können. Eine Überschrift muss beispielsweise nicht in allen Fällen größer sein als der Fließtext darunter – manchmal reicht es schon, sie mit ein wenig Weißraum abzuheben.

Zur Festlegung der Schriftgröße dient die CSS-Eigenschaft font-size. Sie lässt sich in verschiedenen Einheiten angeben. Die Wahl der richtigen Angabe hängt wie so oft vom Anwendungsfall ab:

▸ Die absolute Einheit pt (Punkt) ist für den Ausdruck geeignet und sollte in Print-Stylesheets verwendet werden.
▸ Geschriebene Formulierungen wie medium, large und small oder smaller bzw. larger (relativ zum Elternelement) sind eher selten anzutreffen. Sie werden von den Browsern defi-

**Trend**
Unverkennbar ist ein Trend zu größerer Schriftgröße, bei der die Feinheiten von Webfonts besser zur Geltung kommen. Im Zweifel gilt als Faustformel: Lieber ein bisschen zu groß als ein bisschen zu klein.

**Stylesheets für den Druck**
Mehr über Print-Stylesheets erfahren Sie im Bonusinhalt »print-stylesheets.pdf« im Download-Bereich.

niert. Auch die Einheit `ex` (relativ zur x-Höhe der Schrift) ist eher selten.

- Die Einheit `px` (Pixel) ist so etwas wie das digitale Pendant zu den Punkt-Angaben aus dem Printbereich. Die Einheit ist recht einfach zu verstehen und wird daher häufig verwendet.
- Relative Einheiten erlauben die größte Flexibilität im Webdesign. Recht selten ist die Angabe in % (relativ zum Elternelement). Sehr häufig sind jedoch typografische Einheiten wie `em` (relativ zur Basisgröße des Elternelements) und `rem` (relativ zur Basisgröße des html-Elements). Schließlich gibt es noch Einheiten für responsive Typografie, die relativ zur Viewport-Breite (`vw`) oder -Höhe (`vh`) sind. Da relative Einheiten im Webdesign sehr wichtig sind, werden wir sie uns in den folgenden Abschnitten im Detail anschauen.

▲ **Abbildung 5.43**
em-Box bei zwei verschiedenen Schriften

**Typografie mit den relativen Einheiten** `em` **und** `rem` | Einheiten wie `em` und `rem` sind relativ zu einer Basisschriftgröße. Im Standardfall sind das 16 px, so dass gilt: 1 em = 1 rem = 16 px. Man kann die Basisschriftgröße aber auch definieren, meist auf einem Elternelement wie `html` oder `body`:

```
html { font-size: 125%; /* 20 px */ }
h1   { font-size: 1.75rem; /* 1,75 * 20 = 35px */}
p    { font-size: 1rem; /* 20 px */ }
```

▲ **Listing 5.4**
Definition einer Basisschriftgröße mit ihren Auswirkungen auf abgeleitete Einheiten

**Exkurs: em und rem**
Historisch geht die Einheit em auf den Buchstaben M zurück, der bei Metall-Lettern der Schriftgröße entsprach. Gemeint ist nicht die Größe des Buchstabens selbst, sondern die des Metallstücks, auf das der Buchstabe aufgebracht war. Daher unterscheiden sich die *physischen Ausmaße* verschiedener Schriften bei gleicher Schriftgröße.

Diese Abhängigkeit von einer Basisschriftgröße ist ein großer Vorteil von `em` und `rem` gegenüber `px`. Wenn Sie sich irgendwann entscheiden, dass Ihre Schrift etwas größer sein soll, müssen Sie nur die Basisschriftgröße an einer einzigen Stelle ändern. Ebenso könnten sich Nutzerinnen und Nutzer eine eigene Basisschriftgröße definieren.

`rem` bezieht sich immer auf die Basisschriftgröße, wie sie einmalig definiert wurde – `em` hingegen auf den aktuellen Kontext:

```
html  { font-size: 125%; /* 20 px */ }
h1    { font-size: 1.75em; /* 1,75 * 20 = 35px */}
h1 a  { font-size: 0.8em; /* 0,8 * 35 = 28px */ }
```

**Listing 5.5** ▶
Die Einheit em im aktuellen Kontext

Das Beispiel verdeutlicht, was Kontext heißt. `h1` hat eine Schriftgröße von `1.75em` erhalten, hier also 35px. Ein Link mit einer Größe von `0.8em` *innerhalb* von `h1` bezieht sich also auf diese neue Schriftgröße, nicht mehr auf die Basisgröße – macht 28px. In der Praxis wird `em` schnell unübersichtlich, weil man ständig überlegen muss, ob sich die Schriftgröße im aktuellen Kontext verändert hat. Meist zieht man `rem` daher vor.

**Responsive Typography mit Einheiten wie vw |** In den letzten Jahren ist unter dem Begriff der *Responsive Typography* häufig diskutiert worden, wie weit man bei der Anpassung von Schrift im Responsive Webdesign gehen soll. Kleine Bildschirme vertragen nämlich durchaus kleinere Schriftgrößen – der Leseabstand ist in solchen Situationen viel geringer als auf großen Screens, denen wiederum größere Schriften guttun.

Gut geeignet sind für solche Fälle die CSS-Einheiten, die sich auf den Viewport beziehen: `vw`, `vh`, `vmax` und `vmin`. Die Größe dieser Überschrift mit `font-size: 10vw;` entspricht immer 10% von der Breite des Viewports (1vw = 1% der Viewport-Breite). Die Schriftgröße wächst also mit dem zur Verfügung stehenden Raum.

**Lesetipp**
Jonathan Torke hat eine spannende Artikelreihe geschrieben, in der er sich mit verschiedenen Aspekten von responsiver Typografie beschäftigt: *http://t3n.de/news/ typografie-responsive- webdesign-1-603572*.

### 5.5.3 Typografische Varianten

Die CSS-Eigenschaft `font-variant` ist eine Abkürzung (Shorthand) für verschiedene typografische Varianten. Wir möchten hier einige aufzählen, legen Ihnen aber auch die Übersicht im MDN (*https://developer.mozilla.org/en-US/docs/Web/CSS/font-variant*) ans Herz. Bei allen Eigenschaften gilt, dass Sie statt des vollständigen Namens auch die Kurzvariante nutzen können, etwa `font-variant: small-caps` für Kapitälchen.

- Der Klassiker sind die **Kapitälchen** (`font-variant-caps`), bei denen Großbuchstaben verwendet, aber in der Größe verringert werden: KAPITÄLCHEN. Das hebt einzelne Begriffe im Text hervor, ist aber etwas zurückhaltender als GROSSBUCHSTABEN. Typische Werte sind `normal` (keine Kapitälchen), `small-caps` (Kapitälchen in zwei Größen) und `all-small-caps` (Kapitälchen in einer Größe).
- Bei **Ligaturen** (`font-variant-ligatures`) werden Buchstabenfolgen wie fl oder fi verbunden, um ein harmonisches Textbild

# abflauen
# abflauen

▲ **Abbildung 5.44**
Lora ohne (oben) und mit (unten) aktivierten Ligaturen – das Schriftbild ist im zweiten Fall viel harmonischer.

**Empfehlungen zu font-feature-settings**
Bedenken sollten Sie, dass nicht alle Schriften über sämtliche Features von OpenType verfügen. Außerdem wird empfohlen, font-feature-settings nicht zu nutzen, wenn sich eine Gestaltung auch mit font-variant lösen lässt.

zu erreichen. Häufig genutzt werden none (keine Ligaturen) und common-ligatures bzw. normal (typische Ligaturen aktiv, etwa bei fi).

▸ Varianten gibt es außerdem für **Zahlen** (font-variant-numeric). Bei font-variant-numeric: oldstyle-nums bekommen einige der Ziffern (6, 8) Oberlängen, andere Unterlängen (3, 4, 5, 7, 9), wieder andere entsprechen der x-Höhe (0, 1, 2). Der Fachbegriff für diese Ziffern lautet *Minuskelziffern* (oder auch *Mediävalziffern*) – eine Minuskel ist ein Kleinbuchstabe, und Minuskelziffern fügen sich harmonisch in einen Fließtext ein. Stehen die Ziffern jedoch einzeln für sich, sind Versalziffern (font-variant-numeric: tabular-nums) die bessere Wahl, bei denen alle Ziffern die gleiche Höhe haben.

▸ Es sind außerdem noch einige weitere Varianten spezifiziert, die derzeit noch nicht breit unterstützt werden, etwa font-variant-emoji (Stil von Emojis) oder font-variant-position (Buchstaben hoch- und tiefstellen – derzeit zu lösen über die HTML-Elemente <sup> und <sub>).

Mit der CSS-Eigenschaft font-feature-settings können viele dieser typografischen Aspekte ebenfalls aktiviert werden. Ermöglicht wird dies durch die OpenType-Technologie, durch die typografische Ausdrucksformen erweitert werden. Dabei nutzt font-feature-settings eine Abkürzung in Anführungszeichen sowie die Ziffern 0 (Feature ausschalten) oder 1 (Feature einschalten). Natürlich lassen sich font-feature-settings auch kombinieren:

```
p { font-feature-settings: "liga" 1, "onum" 1; }
```

▲ **Listing 5.6**
Angabe mehrerer font-feature-settings, hier für Ligaturen (liga) und Minuskelziffern (»old fashioned numbers«, onum)

### 5.5.4 Unterstreichungen und andere Dekorationen

Unterstreichungen sind in CSS als text-decoration definiert. Das ist eine Abkürzung (Shorthand) für eine ganze Reihe von Eigenschaften:

▸ Steuerung der Farbe einer Unterstreichung mit text-decoration-color

- Festlegen der Linienposition mit `text-decoration-line`, etwa `underline` (unterstrichen) oder `line-through` (durchgestrichen)
- Bestimmung der Liniendicke über `text-decoration-thickness`
- Anpassung des Stils einer Unterstreichung mittels `text-decoration-style`, etwa `solid` (einfach), `double` (doppelt), `dotted` (gepunktet) oder `dashed` (gestrichelt)

Bedenken Sie jedoch, dass Unterstreichungen im Text typischerweise als Links interpretiert werden – für inhaltliche Hervorhebungen bieten sich daher eher andere Stilmittel an.

### 5.5.5 Laufweite

Die Laufweite bezeichnet den Abstand zwischen den einzelnen Buchstaben. Laufweite ist ein wichtiger Aspekt guter Leserlichkeit, und es haben sich einige Faustregeln herauskristallisiert:
- Kleine Schrift benötigt etwas mehr Laufweite.
- VERSALIEN profitieren von einer größeren Laufweite.
- Sehr große Überschriften werden mit einer geringeren Laufweite kompakter und sehen richtig gut aus.

In CSS gibt es die Eigenschaft `letter-spacing`, die relative (`em`, `rem`, `%`) und absolute Werte (`px`) sowie `normal` (Standard) annehmen kann. Auch negative Werte und Zwischenstufen (etwa `0.5px`) sind möglich.

```
p { letter-spacing: 1px; }
```

▲ **Listing 5.7**
`letter-spacing` in Aktion

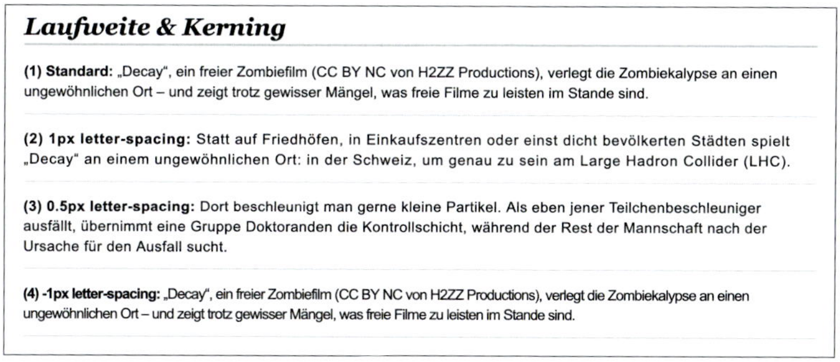

**Laufweite & Kerning**

**(1) Standard:** „Decay", ein freier Zombiefilm (CC BY NC von H2ZZ Productions), verlegt die Zombiekalypse an einen ungewöhnlichen Ort – und zeigt trotz gewisser Mängel, was freie Filme zu leisten im Stande sind.

**(2) 1px letter-spacing:** Statt auf Friedhöfen, in Einkaufszentren oder einst dicht bevölkerten Städten spielt „Decay" an einem ungewöhnlichen Ort: in der Schweiz, um genau zu sein am Large Hadron Collider (LHC).

**(3) 0.5px letter-spacing:** Dort beschleunigt man gerne kleine Partikel. Als eben jener Teilchenbeschleuniger ausfällt, übernimmt eine Gruppe Doktoranden die Kontrollschicht, während der Rest der Mannschaft nach der Ursache für den Ausfall sucht.

**(4) -1px letter-spacing:** „Decay", ein freier Zombiefilm (CC BY NC von H2ZZ Productions), verlegt die Zombiekalypse an einen ungewöhnlichen Ort – und zeigt trotz gewisser Mängel, was freie Filme zu leisten im Stande sind.

---

**Unterlängen bei Unterstreichungen**
Im Idealfall sollte eine Linie nicht einfach durch die Buchstaben durchlaufen, besonders bei Unterlängen wie beim »g«, »p« oder »j«. Zum Glück verhalten sich viele Browser mittlerweile typografiefreundlich und lassen bei Unterlängen etwas Platz. Mit `text-decoration-skip` wird man dies bald genauer steuern können, sobald die Eigenschaft breit unterstützt wird.

Beispiele zu diesem Abschnitt finden Sie unter *https://codepen.io/rohles/pen/RoJYRa* oder im Ordner KAPITEL_05 • LAUFWEITE & KERNING.

**word-spacing**
Kennen sollten Sie auch die Eigenschaft `word-spacing`, die den Zwischenraum zwischen Wörtern festlegt.

◀ **Abbildung 5.45**
`letter-spacing` erlaubt unterschiedliche Angaben.

Richtig aufwendig wird es beim sogenannten **Kerning**, das im Deutschen bisweilen als »Zurichtung« bezeichnet wird. Hierbei werden sogar die Abstände zwischen einzelnen Buchstaben angepasst. Ein Beispiel: Trifft ein Versal-a auf ein Versal-v, ist Kerning notwendig, denn sonst wird der Abstand visuell arg groß.

**Abbildung 5.46** ▶
»Ave Maria« ohne und mit manuellem Kerning

A|VE MARIA     A|VE MARIA

Kerning gibt es prinzipiell in zwei Formen. So können Sie sich selbst um das Kerning zwischen einzelnen Buchstaben kümmern. Im Web könnte man dies realisieren, indem man jeden Buchstaben mit einem eigenen `<span>` umschließt und Abstände anpasst, entweder manuell oder über ein Skript wie »Lettering.js« (*http://letteringjs.com*). Durch den hohen Aufwand und den zusätzlichen Ballast im Code wird das in der Praxis vorrangig für Logos und große Überschriften gemacht. Andererseits enthalten viele Schriften Kerning-Anpassungen mit, die in der Praxis für Fließtext oft ausreichen. In CSS können Sie dazu auf einige Eigenschaften zurückgreifen, die in Tabelle 5.1 erläutert sind.

▲ **Abbildung 5.47**
`font-kerning: none` (oben) und `font-kerning: normal` (unten) im Firefox (Version 107)

| Eigenschaft | Werte |
|---|---|
| `font-kerning:` Aktivierung der Kerning-Informationen in der Schrift | ▶ `auto` (Browser entscheidet, Standardwert)<br>▶ `none` (kein Kerning)<br>▶ `normal` (Nutzung der Kerning-Informationen in der Schriftdatei) |
| `text-rendering:` Steuerung des Text-Renderings (Details unter *https://rohl.es/css-text-rendering*) | ▶ `auto` (Browser entscheidet)<br>▶ `optimizeSpeed` (Kerning und Ligaturen abschalten, um das Rendering zu beschleunigen)<br>▶ `optimizeLegibility` (Kerning und Ligaturen aktivieren für bessere Leserlichkeit)<br>▶ `geometricPrecision` (Steuerung der Berechnung von skalierten Schriften bei Zwischenstufen wie 12,6 px) |
| `font-feature-settings:` umfangreiche typografische Funktionen | siehe Abschnitt 5.5.3 für eine ausführliche Beschreibung |

▲ **Tabelle 5.1**
Kerning mit CSS steuern

## 5.5.6 Zeilenlänge

Nur wenige Parameter haben auf die Leserlichkeit eine so starke Auswirkung wie die Zeilenlänge. Bei zu kurzen Zeilenlängen springt unser Auge ständig hin und her – es kommt keine Leseruhe auf. Eine optimale Zeile fasst etwa zehn Wörter pro Zeile, also zwischen 50 und 80 Zeichen. In zu langen Zeilen verliert das Auge beim Lesen schnell den Halt, das Leseerlebnis wird schlechter. Der Entwickler Vasilis van Gemert hat unter *https://vasilis.nl/nerd/code/measure-help* ein Tool geschrieben, das bei der Einschätzung hilft, wie viele Zeichen und Wörter in verschiedenen Sprachen und Schriften in eine Zeile passen.

Im Responsive Webdesign ist die Zeilenlänge eines der wichtigsten Kriterien. Sie lässt sich gut in Verbindung mit anderen Schriftattributen steuern. Ein Beispiel dafür ist die Website der Information Architects (*https://ia.net*), bei der Schriftgröße, Zeilenhöhe und Außenabstände so angepasst werden, dass die Zeilen eine angenehme Länge behalten.

**Tutorial-Tipps**
- Breakpoints basierend auf einer lesefreundlichen Zeilenlänge definieren (Vasilis van Gemert): *https://rohl.es/logical-breakpoints*
- Fließende Anpassung von Zeilenlängen: *https://css-tricks.com/snippets/css/fluid-typography/*

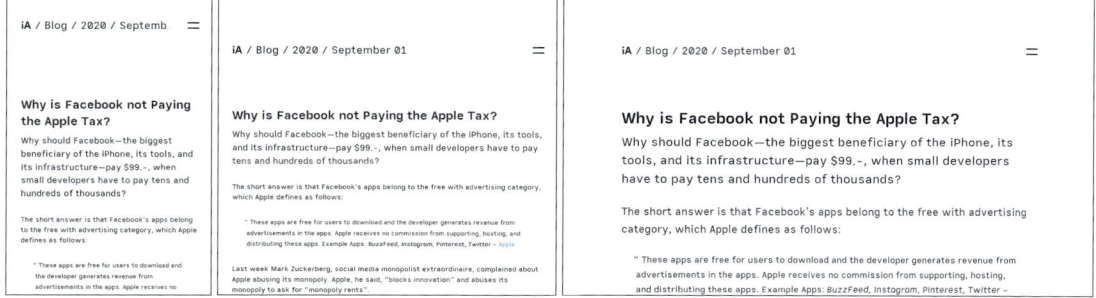

▲ **Abbildung 5.48**
Die Website der Information Architects (*https://ia.net*) ist hervorragend auf Leserlichkeit hin optimiert. Sie setzt zunächst auf eine geringe Schriftgröße und Zeilenhöhe (links), passt diese dann zunehmend an (Mitte) und arbeitet schließlich mit einem Rand, um die Zeilen stets in einer angenehmen Länge zu halten (rechts).

## 5.5.7 Textschatten

Schatten wird in CSS über `text-shadow` realisiert:

```
text-shadow: 1px 1px 1px #6c6c6c;
```

▲ **Listing 5.8**
Definition eines Textschattens

**Visuelle Effekte**
Über die Eigenschaft `text-shadow` können Sie eine Vielzahl von Effekten erreichen – harte Schatten, weiche Schatten, Gravur-Effekte ... Eine schöne Übersicht finden Sie bei Joshua Johnson unter *https://rohl.es/fun-text-shadows*.

Diese Angaben bezeichnen von links nach rechts:
- Abstand des Schattens auf der x-Achse
- Abstand des Schattens auf der y-Achse
- Unschärfe des Schattens
- Farbe des Schattens

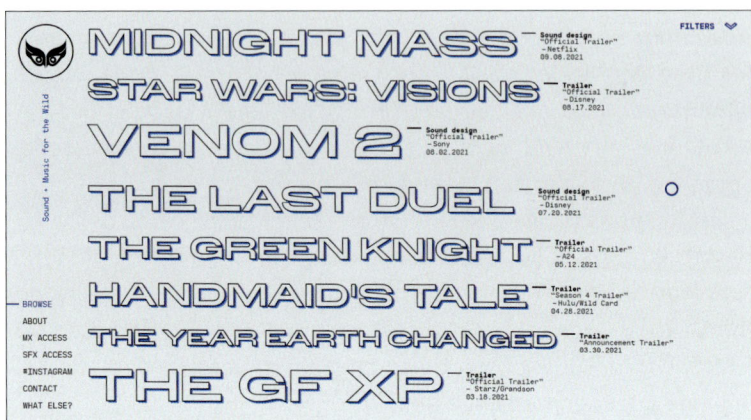

**Abbildung 5.49** ►
Diese Website verwendet beim Rauf- und Runterscrollen einen Textschatten, der umso stärker wird, je schneller Sie scrollen (*https://noise.safariot.com*).

### 5.5.8 Textspalten

Sie finden dieses Beispiel unter *https://codepen.io/rohles/pen/RGbdZz* oder im Ordner Code-Beispiele – KAPITEL_05 • TEXTSPALTEN. Dort können Sie die erläuterten Schritte durch Ein- und Auskommentieren der entsprechenden Code-Zeilen nachvollziehen. Verändern Sie dabei auch den Viewport, um das Verhalten zu sehen.

Textspalten sind eine weitere Möglichkeit, optimale Zeilenlängen zu gestalten. Spalten passen sich automatisch an den verfügbaren Raum an, wenn sie mit CSS ausgezeichnet werden. Aber der Reihe nach: Prinzipiell kann jedes Block-Level-Element genutzt werden, um Spalten zu deklarieren. Die Eigenschaft wird an Kindelemente vererbt. Das folgende Beispiel ordnet den Inhalt im Artikel in zwei Spalten an (1 verweist auf die entsprechende Stelle des Beispiel-Listings zum Download):

```
article {   column-count: 2;   }
```

▲ **Listing 5.9**
Zwei Spalten in einem Artikel

Im Responsive Design werden diese Spalten aber sehr schmal und können sich sogar überlappen. Das lässt sich über die Eigenschaft `column-width` (2) steuern:

```
article {   column-width: 300px;   }
```

▲ **Listing 5.10**
Empfehlungen für die Spaltenbreite in CSS

Der Browser interpretiert `column-width` nicht als starre Vorgabe (»jede Spalte muss unbedingt 300 px breit sein«), sondern als optimalen Wert und entscheidet anschließend selbst, wie viele Spalten er einsetzen möchte. Wird es zu eng, wird der Text auf eine Spalte umgebrochen.

In der Praxis ist es meist am besten, `column-count` und `column-width` zu kombinieren. `column-count` bezeichnet nun die maximale Anzahl von Spalten. Der Browser versucht, die gewünschte Spaltenzahl anzuzeigen, springt jedoch um, wenn die Textspalten zu schmal würden. Das lässt sich auch zusammenfassen (3):

```
article {   columns: 2 300px;   }
```

◂ **Listing 5.11**
`column-count` und `column-width` zusammengefasst

**Raum zwischen den Spalten gestalten** | Textspalten in CSS lassen sich jedoch noch weiter gestalten. So kann mit `column-gap` der Abstand zwischen den einzelnen Spalten bestimmt (Standard ist 1 em) und mit `column-rule` eine Trennlinie definiert werden (4):

```
article {
  columns: 2 200px;
  column-gap: 4rem;
  column-rule: 1px solid #ccc;
}
```

◂ **Listing 5.12**
CSS-Spalten mit Zwischenabstand und Linie

◂ **Abbildung 5.50**
Gestaltung von Spaltenabstand und Trennlinie

`column-gap` arbeitet nur zwischen den Spalten, `margin` und `padding` werden an dieser Stelle nicht angewendet. Die Trennlinie `column-rule` selbst nimmt keinen Raum ein, sondern überlagert den Zwischenraum – eine Trennlinie von 30 px würde die Spalte daneben nicht 30 px zur Seite drücken.

**Spaltenfluss unterbrechen** | Bisher verhält sich dieses Beispiel jedoch recht schlicht: Spalten werden je nach Viewport lediglich

# 5 Typografie im Web

*Derzeit ist es nicht möglich, festzulegen, dass sich Bilder und Überschriften nur über einige Spalten erstrecken – es gilt alles oder nichts.*

an- oder ausgeschaltet. In unserem Beispiel bietet es sich an, den Spaltenfluss an der Zwischenüberschrift zu unterbrechen, da sie einen neuen Abschnitt markiert (5):

```
h2 { column-span: all; }
```

▲ **Listing 5.13**
Die Zwischenüberschrift nimmt alle Spalten ein.

**Abbildung 5.51** ▶
Überschriften unterbrechen den Spaltenfluss dank `column-span`.

**Besonderheiten bei Höhenangaben** | Wenn das Elternelement eine Höhe erhält, lässt sich mit `column-fill` steuern, wie die Spalten gefüllt werden sollen. Erlaubt sind `auto` (Spalten unterschiedlich hoch) und `balance` (gleiche Spaltenhöhe) (6):

```
article {
  columns: 3 100px;
  column-fill: balance;
  height: 450px;
}
```

▲ **Listing 5.14**
CSS-Spalten mit Zwischenabstand und Linie

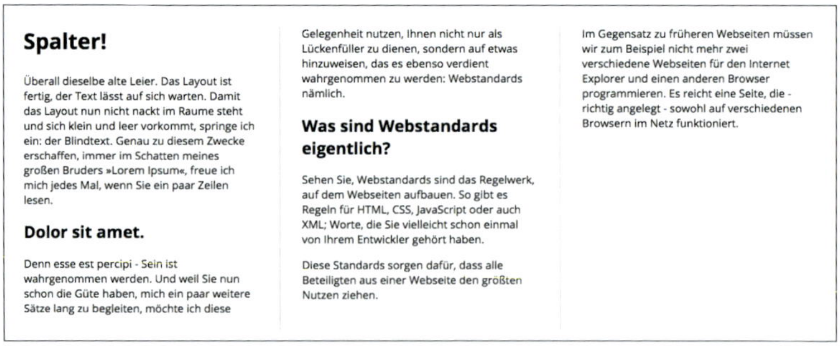

**Abbildung 5.52** ▶
Unterschiedliche Spaltenhöhe mit `column-fill: auto` …

◀ **Abbildung 5.53**
... und gleiche Spaltenhöhe dank `column-fill: balance`

Abschnitte mit definierten Höhen sollten jedoch besonders gut getestet werden, denn es kann dabei leicht zu horizontalen Scrollbalken kommen (7) – nämlich dann, wenn die Viewport-Breite schmaler als die Breiten werden und gleichzeitig die `height`-Angabe des Elternelements verhindert, dass sich die Spalten nach unten ausdehnen. Darunter kann die Usability leiden, wenn Nutzer und Nutzerinnen plötzlich in einem Bereich der Seite horizontal scrollen müssen.

◀ **Abbildung 5.54**
Horizontale Scrollbalken ❶ entstehen bei definierter Höhe und zu breiten Spalten – sie kann man leicht übersehen.

Bei der Gestaltung responsiver Websites empfiehlt es sich daher häufig, entweder auf Höhenangaben zu verzichten oder sie in Kombination mit Media Queries einzusetzen, damit der Browser das Element bei schmalen Viewports vergrößern kann (8):

» *Testen Sie am besten im Einzelfall durch Variieren des Viewports, wo Sie den Tweakpoint ansetzen sollten.*

**Listing 5.15** ▶
Tweakpoint zur Fixierung der Höhe

```
article {  columns: 2 200px;   }
@media (min-width: 1020px) {
   article {  height: 450px;   }
}
```

**Vorsicht vor zu langen Textspalten** | Bei aller Flexibilität, die uns die CSS-Spalten bringen, sind sie doch keine perfekte Lösung. Sofern die Textspalten höher als der Viewport werden, müssen die Nutzer und Nutzerinnen zunächst bis zum Ende der Seite scrollen und dann zum Weiterlesen wieder nach oben.

Wer dies vermeiden möchte, kann CSS-Spalten entweder nur bei kleineren Texten nutzen oder mit einem Tweakpoint arbeiten, der die Textspalten erst bei ausreichender Höhe aktiviert:

**Listing 5.16** ▶
Tweakpoint zur Fixierung der Höhe

```
@media (min-height: 400px) {
   article {  columns: 2 200px;   }
}
```

### 5.5.9 Textausrichtung

Wie in einer Textverarbeitung können Sie auch auf Websites den Text über die Eigenschaft `text-align` prinzipiell auf vier verschiedene Weisen anordnen: zentriert (`center`), rechtsbündig (`right`), linksbündig (`left`) und als Blocksatz (`justify`).

▶ **Zentrierter Text** eignet sich vor allem für Überschriften und einige Teaser mit wenigen Zeilen. Das wirkt vornehm und würdevoll und wird daher oft in Urkunden, Grabsteinen und Visitenkarten eingesetzt. Überschriften erhalten durch zentrierten Satz einen Schuss mehr Bedeutung. Setzen Sie jedoch alle Elemente mittig, wirkt das beliebig.

**Logische Textausrichtung**

In Ergänzung gibt es auch logische Angaben, nämlich `start` und `end`, die sich der Schreibrichtung anpassen. `text-align: start` wäre linksbündig bei Sprachen mit Leserichtung von links nach rechts, aber rechtsbündig bei Leserichtung von rechts nach links.

**Abbildung 5.55** ▶
Die zentrierte Ausrichtung von Logo und Überschrift bei Rolex (*www.rolex.com/de*) wirkt sehr vornehm.

- **Rechtsbündig** ausgerichteter Text ist sehr selten und kann demnach zur Hervorhebung der eigenen Website aus der Masse verwendet werden. Bedenken Sie jedoch, dass es gute Gründe für seine Seltenheit gibt: Westliche Sprachen werden von links nach rechts gelesen, und ein unregelmäßiger linker Rand wirkt schnell unruhig. Rechtsbündiger Text sollte daher sparsam verwendet und auf wenige Wörter begrenzt werden, kann dann jedoch sehr aufmerksamkeitsstark sein. Anders sieht es natürlich bei Sprachen aus, die von rechts nach links gelesen werden, etwa im Hebräischen.
- **Blocksatz** funktioniert im Print recht gut und bewirkt eine große Ruhe im Layout. Blocksatz beruht hier auf zwei Grundvoraussetzungen: einer ausreichend langen Zeile und einer guten Silbentrennung. So wird vermieden, dass der Blocksatz gequetscht oder gestreckt wirkt. Im Web wird Blocksatz selten verwendet, denn eine gute Silbentrennung ist noch nicht leicht zu erreichen. Diese Situation bessert sich jedoch – mehr zur Silbentrennung erfahren Sie in Abschnitt 5.7.4.
- **Linksbündig** ist Standard auf nahezu allen Websites, und das aus gutem Grund. Am linken Rand herrscht beruhigende Ordnung, so dass das Auge direkt finden kann, wo es mit dem Lesen weitermachen soll. Am rechten Rand hingegen herrscht eine große Lebendigkeit – der Content ist King und nimmt sich den benötigten Raum.

▲ Abbildung 5.56
Textausrichtung ist von kulturellen und sprachlichen Aspekten bestimmt (*www.agadir.co.il*).

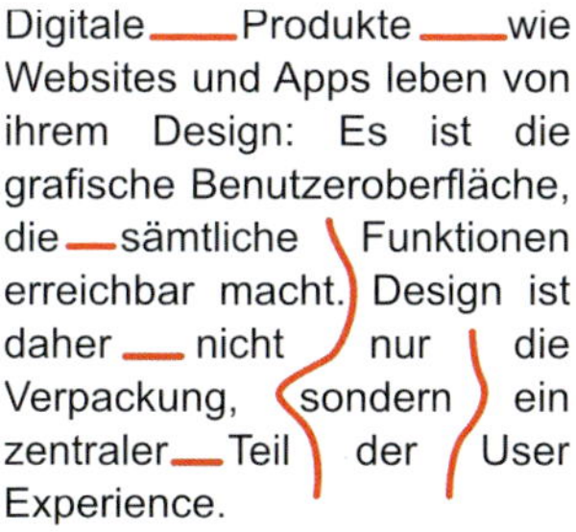

Digitale Produkte wie Websites und Apps leben von ihrem Design: Es ist die grafische Benutzeroberfläche, die sämtliche Funktionen erreichbar macht. Design ist daher nicht nur die Verpackung, sondern ein zentraler Teil der User Experience.

▲ Abbildung 5.57
Bei fehlender Silbentrennung und kurzen Zeilen können beim Blocksatz unschöne Lücken entstehen, die sich wie Flüsse durch einen Absatz ziehen können.

## 5.5.10 Zeilenabstand

Eine erste Faustregel: Ein guter Zeilenabstand misst mindestens die doppelte Höhe der Versalien.

Decay, ein freier Zombiefilm (CC BY NC von H2ZZ Productions), verlegt die Zombiekalypse an einen ungewöhnlichen Ort – und zeigt trotz gewisser Mängel, was freie Filme zu leisten im Stande sind.

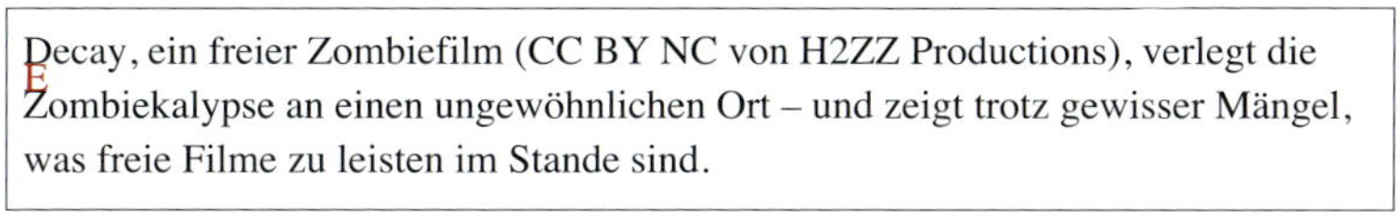

▲ Abbildung 5.58
Weniger als eine Versalhöhe sollte die Zeilenhöhe nicht sein.

Schriftarten mit kleiner x-Höhe benötigen weniger Zeilenabstand. Der Grund dafür ist, dass sich der visuelle Abstand durch die x-Höhe vergrößert, während die Ober- und Unterlängen eher als

*Der Zeilenabstand bei Fließtexten beträgt mindestens die doppelte Höhe der Versalie.*

*Je geringer die x-Höhe, desto weniger Zeilenhöhe ist notwendig.*

ausladende Elemente betrachtet werden, bei denen die Nähe zur nächsten Zeile nicht so tragisch ist.

Je höher der Schriftgrad, desto weniger Zeilenabstand ist erlaubt. Das liegt daran, dass man beim Lesen größerer Schrift weniger Gefahr läuft, in der Zeile zu verrutschen. Besonders Überschriften profitieren häufig von geringen Zeilenhöhen – bisweilen dürfen sie sogar kollidieren, um der Gestaltung Dissonanzen zu geben.

In CSS definieren Sie den Zeilenabstand über die Eigenschaft `line-height`. Erlaubt sind alle Formate, die Sie auch für die Angabe der Schriftgröße verwenden können. Am sinnvollsten ist es jedoch, keine Einheit anzugeben. Der Browser betrachtet die Zeilenhöhe dann als Multiplikator basierend auf der Schriftgröße. Gute Richtwerte sind Zeilenhöhen zwischen dem 1,5- und 1,8-Fachen der Schriftgröße, die Sie anpassen können, bis ein ausgewogenes Schriftbild entsteht. 1,5 ist das Minimum, das die WCAG empfehlen.

Achten Sie auch auf den Grauwert Ihrer Schriftgestaltung (siehe Abbildung 5.59). Damit ist nicht nur die eigentliche Textfarbe gemeint, sondern ein subjektiver Eindruck, der von der Gesamtheit aller typografischen Faktoren erzeugt wird. Betrachten Sie dazu einmal einen Absatz, und drücken Sie die Augen zu Schlitzen zusammen, bis der Sinneseindruck des Textes zu einer grauen Fläche wird. Im Idealfall sollte sich eine ruhige und ausgewogene Textur ergeben. Sie können mit der Zeilenhöhe, dem Schriftschnitt oder der Schriftfarbe spielen, um einen harmonischen Gesamteindruck zu erzeugen.

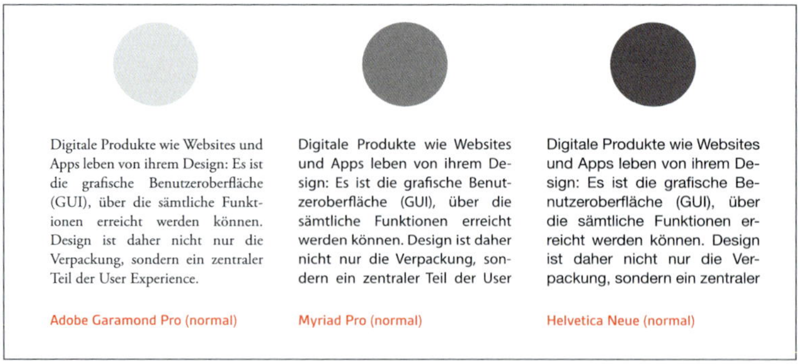

**Besser ohne Einheit**
Eine gute Erklärung, wann Einheiten in der Zeilenhöhe sogar zu unvorhergesehenen Darstellungen führen, finden Sie beim Mozilla Developer Network unter *https://rohl.es/css-line-height*.

Digitale Produkte wie Websites und Apps leben von ihrem Design: Es ist die grafische Benutzeroberfläche (GUI), über die sämtliche Funktionen erreicht werden können. Design ist daher nicht nur die Verpackung, sondern ein zentraler Teil der User Experience.

Adobe Garamond Pro (normal)

Digitale Produkte wie Websites und Apps leben von ihrem Design: Es ist die grafische Benutzeroberfläche (GUI), über die sämtliche Funktionen erreicht werden können. Design ist daher nicht nur die Verpackung, sondern ein zentraler Teil der User

Myriad Pro (normal)

Digitale Produkte wie Websites und Apps leben von ihrem Design: Es ist die grafische Benutzeroberfläche (GUI), über die sämtliche Funktionen erreicht werden können. Design ist daher nicht nur die Verpackung, sondern ein zentraler

Helvetica Neue (normal)

**Abbildung 5.59 ▶**
Schriften wirken auch bei gleicher Größe und gleichem Zeilenabstand unterschiedlich grau (Bild nach Jason Santa Maria, »On Web Typography«).

## 5.5.11 Mikro-Weißraum

Den Makro-Weißraum haben Sie bereits kennengelernt – nun wird es Zeit, sich einmal mit dem Mikro-Weißraum zu beschäftigen. Er entsteht zwischen Textelementen, etwa wenn Sie die CSS-Anweisungen für Abstände (`margin` und `padding`) anwenden – so können Sie beispielsweise einen Freiraum vor einer Überschrift erreichen:

```
h1 { margin-top: 0.8em; }
```

▲ **Listing 5.17**
`margin` vor einer Überschrift

Mikro-Weißraum hat sehr viel mit dem logischen Aufbau einer Website zu tun und steuert maßgeblich das Verständnis. Nach dem Gesetz der Nähe werden nahe Elemente als zusammengehörig wahrgenommen. Hat eine Überschrift beispielsweise nach oben und unten den gleichen Abstand, können Überschrift und dazugehöriger Text nicht mehr so intuitiv zugeordnet werden.

## 5.6 Variable Fonts

Variable Fonts (auch bekannt als »OpenType Variable Fonts«, »Variable Schriftarten« oder »Variable Schriften«) sind ein noch relativ junger Ansatz, werden aber von gängigen Browsern bereits grundlegend unterstützt.

Die wichtigste Frage dürfte sein: Wozu braucht es überhaupt eine variable Schrift, wenn man doch von Webfonts ohnehin verschiedene Varianten verwenden kann? Genau hier liegt auch gleich der Vorteil.

Eine beliebte Schriftart wie z. B. Roboto von Google Fonts (*https://fonts.google.com/specimen/Roboto#standard-styles*) bietet in der Standardversion zwölf Varianten an. Wenn Sie theoretisch alle verwenden wollten, müssten Sie alle Varianten hinzufügen. Das Ergebnis wären eine deutlich langsamere Ladezeit und auch negative Auswirkungen auf das Ranking in Suchmaschinen. In der Praxis verwendet man zwar selten alle Varianten, aber weniger Font-Varianten bedeuten immer auch eine Einschränkung in der Kreativität.

**Keine reine Webtechnologie**
Variable Fonts wurden nicht nur für das Web eingeführt, sondern sollen auch bei Betriebssystemen, Anwendungen oder Font-Werkzeugen zum Einsatz kommen. Ziel dabei ist es, digitale Schriften plattformübergreifend und vereinfacht verwenden zu können.

Ein »Variable Font« besteht aus lediglich einer Schriftdatei, mit der Sie unterschiedliche Gewichtungen und Stile mithilfe einer Anwendung (z. B. einem Webbrowser) erzeugen können. Das funktioniert über die Steuerung verschiedener Schriftachsen, etwa für Strichstärken und Zeichenbreite, Schriftlage und häufig noch andere Optionen (etwa die Form der Serifen). Dieses Mehr an Kreativität lässt sich über eine einzige Schriftdatei erreichen, in der alle Schnitte einer Schriftfamilie beschrieben sind. Das verbessert die Performance der Website erheblich.

**Variable Fonts live erleben**
Viel Wissenswertes über die Implementierung von Variable Fonts finden Sie im Mozilla Developer Network unter *https://rohl.es/variable-fonts-guide*. Dort können Sie auch live mit den Werten spielen, um ihre Funktionsweise zu verstehen.

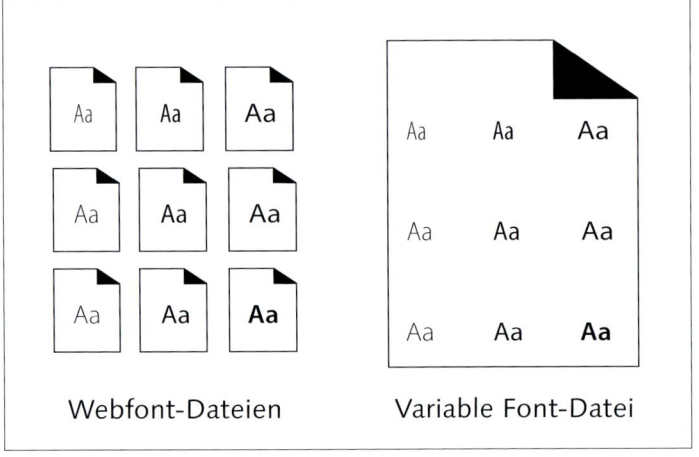

Webfont-Dateien      Variable Font-Datei

▲ **Abbildung 5.60**
Im Gegensatz zu Webfonts besteht ein »Variable Font« aus einer Schriftdatei, mit der ein Browser verschiedene Schriftstärken, Zeichenbreiten oder die Schriftlage generieren kann.

**Dateigröße optimieren**
Im Beispiel mit »Roboto Flex« ist die Dateigröße für den variablen Font ziemlich umfangreich. Das kommt daher, dass hier viele Zeichen enthalten sind, die häufig unnötig sind. Es wird empfohlen, ein Subset ohne die nicht benötigten Zeichen zu generieren. Als zweiten Schritt empfiehlt es sich dann, eine WOFF2-Datei daraus zu machen. Es gibt viele Onlinetools wie *www.fontsquirrel.com/tools/webfont-generator*, mit denen Sie diese Optimierung vornehmen können.

### 5.6.1 Variable Font mit CSS-Attributen steuern

Variable Fonts und deren Standardachsen können Sie mit Hilfe von CSS-Attributen steuern. Beachten Sie hierbei, dass nicht alle variablen Schriften auch sämtliche Standardachsen implementiert haben.

Neben den Standardachsen können variable Fonts auch benutzerdefinierte Achsen mit jeweils vierstelligen Namen enthalten. Damit können weitere Aspekte einer Schriftart angepasst werden. So hat Roboto Flex (*https://v-fonts.com/fonts/roboto-flex*) neben den Standardattributen wght, wdth, opsz und slnt noch viele weitere Optionen (bzw. Regler), mit denen Sie weitere Aspekte variabel anpassen können.

## 5.6 Variable Fonts

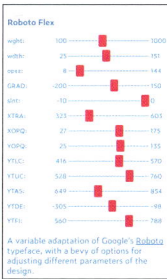

▲ **Abbildung 5.61**
Neben Standardachsen bieten einige variable Schriftarten noch benutzerdefinierte Achsen mit an.

| CSS-Attribut | Name | Beschreibung |
|---|---|---|
| `wght` | Weight (Strichstärke) | Damit können Sie die Strichstärke mit einem Wert von 1 bis 999 steuern. Der Wert wird über `font-weight` kontrolliert. Hier können auch Schlüsselwörter verwendet werden, wie `thin` (100), `extra light` (200), `light` (300), `normal` (400), `medium` (500), `semi bold` (600), `bold` (700), `extra bold` (800) oder `black` (900). |
| `wdth` | Width (Schriftbreite) | Damit steuern Sie die Breite der Schrift. Der Wert wird in % angegeben und mit der CSS-Eigenschaft `font-stretch` gesteuert. Auch hier können Schlüsselwörter verwendet werden, wie `ultra-condensed` (50%), `extra-condensed` (62,5%), `condensed` (75%), `semi-condensed` (87,5%), `normal` (100%), `semi-expanded` (112,5%), `expanded` (125%), `extra-expanded` (150%), `ultra-expanded` (200%). |
| `ital` | Italic (Kursive) | Mit dieser Achse steuern Sie, ob die Schrift kursiv ist oder nicht, indem Sie `font-style` auf `italic` oder `none` stellen. |
| `slnt` | Slant (Neigung) | Hiermit wird die Neigung der Schrift gesteuert. Der Wert kann von –90 bis 90 Grad variieren. Standardmäßig ist dieser auf 20 Grad gestellt. Der Wert wird mit `font-style` gesteuert, wobei der Wert auf `oblique` gestellt ist. |
| `opsz` | Optical Size (Optische Größe) | Damit steuern Sie die optische Skalierung des variablen Fonts. Der Wert wird über die CSS-Eigenschaft `font-optical-sizing` gesteuert, die entweder auf `auto` oder `none` gestellt ist. Diese Einstellungen dienen dazu, die Schriftart der Umgebung anzupassen. |

▲ **Tabelle 5.2**
Variable Schriften mit CSS-Attributen steuern

### 5.6.2 Variable Fonts zu einer Website hinzufügen

Das Hinzufügen eines »Variable Font« zur Website lässt sich wie schon bei den Webfonts mit `@font-face` realisieren:

```
@font-face{
    font-family: "RobotoFlex";
    src: url("RobotoFlex.ttf") format("ttf");
    font-weight: 1 999;
}
```

▲ **Listing 5.18**
Einen »Variable Font« zur Website hinzufügen

Das Setzen von `font-weight` mit 1 999 ist derzeit für den Browser nötig, damit dieser die Schriftstärke dann auch variabel anpassen kann und der Wert nicht statisch bleibt. Den Wertebereich von `font-weight` können Sie auch mit einem engeren Bereich belegen. In naher Zukunft wird man diese Angabe wohl weglassen können.

Zum Kontrollieren der Achsen gibt es zwei Möglichkeiten: entweder über die CSS-Attribute `font-weight`, `font-style`, `font-stretch` und `font-optical-sizing` oder über die CSS-Eigenschaft `font-variation-settings` – vorausgesetzt, die variable Schriftart unterstützt alle Standardachsen. Zunächst die Version mit den CSS-Attributen:

```
p {
    font-family: "RobotoFlex", sans-serif;
    font-weight: 500;
    font-style: oblique 80deg;
    font-stretch: 90%;
    font-optical-sizing: auto;
}
```

**Listing 5.19** ▶
Die Standardachsen mit CSS-Attributen steuern

Den Wert von `font-optical-sizing` können Sie mit dieser Methode nur auf `auto` oder `none` stellen. Wollen Sie hier manuelle Werte setzen, müssen Sie `font-variation-settings` verwenden.

Die zweite Version zum Kontrollieren der Achsen kann mit der CSS-Eigenschaft `font-variation-settings` implementiert werden. Allerdings wird diese Version zur Drucklegung bisher nur vom Firefox-Webbrowser unterstützt. Das Gegenstück zum eben gezeigten Beispiel mit `font-variation-settings` sieht wie folgt aus:

```
p {
    font-family: "RobotoFlex", sans-serif;
    font-variation-settings:
        "wght" 900, "slnt" 80, wdth" 90, "opsz" 70;
}
```

◄ **Listing 5.20**
Die Standardachsen mit `font-variation-settings` steuern

Es gibt zwischen den beiden Methoden auch einige Unterschiede bei der Verwendung von Werten:
- Bei `font-stretch` müssen Sie das %-Zeichen verwenden, bei `"wdth"` in `font-variation-settings` nicht.
- Wollen Sie `font-style:italic;` verwenden, müssen Sie dies bei `font-variation-settings` mit `"ital"` 1 aktivieren (oder 0 deaktivieren)
- Für `font-style: oblique 80deg;` benötigen Sie `deg`, bei `"slnt"` 80 in `font-variation-settings` hingegen nicht.

Sind benutzerdefinierte Achsen bei einer variablen Schriftart definiert, wie z. B. XTRA bei Roboto Flex, dann lassen sich diese ausschließlich über `font-variation-settings` anpassen:

```
p {
    font-family: "RobotoFlex", sans-serif;
    font-variation-settings:
        "wght" 900, "slnt" 80, "wdth" 90,
        "opsz" 70, "XTRA" 350;
}
```

**Fallback**
Solange nicht alle Browser mit variablen Fonts umgehen können, kommen Sie nicht um eine Fallbacklösung herum. Dies können Sie wie üblich mit der `@support-Regel` in CSS machen, wie es Frida Nyvall sehr schön auf der Website *https://dev.to/fridanyvall/how-to-implement-variable-fonts-on-the-web-51li* beschreibt.

◄ **Listing 5.21**
Benutzerdefinierte Achsen können nur mit `font-variation-setting` angepasst werden.

Das W3C empfiehlt im Augenblick, die Methode mit `font-weight`, `font-style`, `font-stretch` und `font-optical-sizing` für die Standardachsen zu verwenden und `font-variation-settings` für die benutzerdefinierten Achsen. Allerdings macht dies erst Sinn, wenn `font-variation-settings` von allen Browsern verstanden wird. Wie es im Augenblick darum steht, können Sie über *https://caniuse.com/?search=font-variation-settings* ermitteln.

## 5.7 Typografische Details

Schließlich gibt es noch eine Reihe von typografischen Details, die Sie berücksichtigen sollten. Ein wichtiger Aspekt ist die korrekte Verwendung von Sonderzeichen – und die ist nicht trivial.

▲ **Abbildung 5.62**
Wer ist denn dieser Bj?rn aus dem Betreff?

---

**Schrift berücksichtigen**
Auch bei korrekter Zeichencodierung müssen Sie noch sicherstellen, dass die Schrift auch tatsächlich alle benötigten Zeichen enthält.

---

**Übersicht der Zeichencodierungen**
Das ehrenvolle SELFHTML hat noch immer eine gute Tabelle von Zeichencodierungen unter *https://wiki.selfhtml.org/wiki/Zeichenreferenz*.

---

**Sonderzeichen eingeben**
Sonderzeichen lassen sich auf jeder Tastatur eingeben, auch wenn es keine eigene Taste gibt. Sie finden im Web verschiedene Übersichten über Sonderzeichen und wie Sie diese auf Ihrer Tastatur eingeben können. Sehr gut und für unterschiedliche Betriebssysteme geeignet ist die Infothek von Rotkel unter *https://infothek.rotkel.de*.

### 5.7.1 Sonderzeichen in HTML

Da wären zunächst einmal rein technische Faktoren. Sonderzeichen wie ä, ö, ü, ß und viele weitere können Sie auf verschiedene Arten in HTML verwenden:

- ohne Kodifizierung in UTF-8-Dokumenten
- maskiert als HTML-Entity
- maskiert als Unicode
- maskiert als hexadezimaler Unicode

Eine einfache und mittlerweile sehr häufige Variante ist, das eigene HTML-Dokument als **UTF-8** auszuweisen, das die Sonderzeichen bereits standardmäßig enthält. UTF-8 wird als Zeichencodierung im `head`-Bereich des HTML-Dokuments angegeben:

```
<meta charset="utf-8">
```

▲ **Listing 5.22**
Angabe von UTF-8 als Codierung eines HTML-Dokuments

In einigen, eher selten gewordenen Fällen (etwa wenn UTF-8 nicht unterstützt wird) ist es notwendig, Sonderzeichen zu maskieren. Damit ist eine spezielle Schreibweise gemeint, die dem Browser mitteilt, welches Zeichen er verwenden soll. Natürlich funktioniert das nur, wenn die Schrift das gewünschte Zeichen auch enthält. Maskierte Sonderzeichen beginnen und enden immer gleich. Am Anfang steht das kaufmännische Und-Zeichen &, am Ende ein Semikolon ;. Dazwischen schreiben Sie je nach gewünschtem Sonderzeichen und der verwendeten Methode weitere Zeichen: &lt;, &#60;, &#x003C;.

Am ehesten menschenlesbar sind noch die **HTML-Entities**. Sie basieren auf Abkürzungen von englischen Begriffen. &lt; (lower than = kleiner als) erzeugt <, &auml; (a umlaut = Umlaut auf a) erzeugt ä, &ouml; (o umlaut = Umlaut auf o) erzeugt ö.

**Unicode-Codierung** schreiben Sie stets mit einer Raute nach dem &. Es folgt ein Zahlencode – jedes Zeichen hat für den Browser eine Nummer. &#60; erzeugt ß.

Die letzte Möglichkeit: Wenn Sie möchten, könnten Sie Unicode auch noch **hexadezimal** schreiben. In diesem Fall folgt auf das & zunächst ein #x, bevor sich der Zahlencode im Hexadezimalsystem anschließt. Um ein ß zu erzeugen, verwenden Sie einfach die logische und simpel zu merkende Abkürzung: &#x003C;.

**Sonderzeichen der deutschen Sprache** | Die deutsche Sprache hat eine Reihe von Zeichen, die man in anderen Sprachen nicht kennt: Umlaute und das »scharfe S«, also ß – in einigen Regionen besser unter seinem Pseudonym Eszett bekannt. Seit 2008 gibt es auch ein großes ẞ (Unicode-Nummer U+1E9E, HTML dezimal: &#7838;), das nach amtlichen Rechtschreibregeln im Versalsatz alternativ zum SS eingesetzt werden kann. Das große ẞ ist seitdem bereits in einigen Schriften enthalten. In der Schweiz nutzt man übrigens konsequent seit langem ss statt ß.

**Mehr Infos zum großen ẞ im Netz**
▶ **Ralf Hermann**: www.typografie.info/3/artikel.htm/wissen/eszett-rechtschreibrat-2016 und www.typografie.info/3/artikel.htm/n/fonts/eszett-in-webseiten
▶ **Wikipedia**: https://de.wikipedia.org/wiki/Großes_ẞ

▲ **Abbildung 5.63**
Das große ẞ im Header der Gießener Zeitung (www.giessener-zeitung.de)

### 5.7.2 Typografische Anführungszeichen

Wenn Sie uns ein wenig Provokation erlauben: Anführungszeichen sind eines der besten Mittel, zu erkennen, ob man sich bei der Gestaltung eines Texts Mühe gegeben hat oder nicht. Der Grund: Das häufige Zollzeichen " (auf der Tastatur ⇧+2) als Anführungszeichen ist falsch. Immer.

Standard im Deutschen: die „klassischen Anführungszeichen" – erst unten in Form einer 99, dann oben in Form einer 66. Alternativ dürfen Sie die Guillemets » und « verwenden, also die französische Version der Anführungszeichen. Anders als in Frankreich verwenden wir sie jedoch mit den Spitzen nach innen und ohne Leerraum:

*Er sagt: »Ich bin krank.« (Deutsch)*
*Il dit : « Je suis malade. » (Französisch)*

**Häufiger Irrtum**
Das Zollzeichen " ist kein Anführungszeichen. Es sollte nur für Größenangaben in Zoll verwendet werden.

“
„

▲ **Abbildung 5.64**
99-66 – so sehen richtige Anführungszeichen im Deutschen aus.

Anführungszeichen dürfen übrigens nicht verschachtelt werden. Sollten Sie also in die Situation kommen, innerhalb von Anführungszeichen weitere Anführungszeichen verwenden zu wollen, greifen Sie auf die jeweilige einfache Variante zurück.

*Er sagte: „Sie sagte: ‚Ich komme gerne.'"*
*Sie sagte: »Er sagte: ›Ich freue mich.‹«*

| Name | Zeichen | Eingabe Mac | Eingabe Windows | Eingabe Linux | Maskierung (HTML) |
|---|---|---|---|---|---|
| Anführungszeichen unten | „ | Alt + ^ | Alt + 0 1 3 2 | Alt Gr + V | &bdquo; |
| Anführungszeichen oben | " | Alt + 2 | Alt + 0 1 4 7 | Alt Gr + B | &ldquo; |
| Guillemet öffnend | » | Alt + ⇧ + Q | Alt + 0 1 8 7 | Alt Gr + Y | &raquo; |
| Guillemet schließend | « | Alt + Q | Alt + 0 1 7 1 | Alt Gr + X | &laquo; |
| Einfaches Anführungszeichen unten | ‚ | Alt + S | Alt + 0 1 3 0 | Alt Gr + ⇧ + V | &sbquo; |
| Einfaches Anführungszeichen oben | ' | Alt + # | Alt + 0 1 4 5 | Alt Gr + ⇧ + B | &lsquo; |
| Einfaches Guillemet öffnend | › | Alt + ⇧ + N | Alt + 0 1 5 5 | Alt Gr + ⇧ + Y | &lsaquo; |
| Einfaches Guillemet schließend | ‹ | Alt + ⇧ + B | Alt + 0 1 3 9 | Alt Gr + ⇧ + X | &rsaquo; |

▲ **Tabelle 5.3**
Wichtige Anführungszeichen (unter Windows müssen Sie die Ziffern auf dem Tastaturblock eingeben)

**Noch mehr Dashes**
Im Englischen gibt es einen noch längeren Strich, den sogenannten m-dash — er ist in etwa so lang wie ein m. Im Deutschen wird er nicht verwendet.

### 5.7.3 Gedankenstrich, Apostroph und Ellipse

Ein weiteres Beispiel für typografische Sorgfalt: der Gedankenstrich. Der ist nämlich *nicht* identisch mit dem kurzen Trennstrich -, der sich auf der Tastatur befindet. Der Gedankenstrich – ist ungefähr so lang wie der Buchstabe n und heißt deswegen auch n-dash (n-Strich). Gedankenstriche stehen in folgenden Fällen:

- bei logischen Pausen und Einschüben umgeben von Leerzeichen – am besten ein geschütztes Leerzeichen, damit der Gedankenstrich nicht umbricht
- als »bis« ohne Leerzeichen: 7–8 Uhr
- bei Auslassungen: 399,– Euro
- als Kennzeichnung einer Strecke: Mainz–Berlin

Trennstriche werden eingesetzt bei Worttrennungen und zusammengesetzten Wörtern (»Rheinland-Pfalz«).

**Apostroph** | Der Apostroph wird deutlich zu inflationär verwendet – er kommt im Deutschen wesentlich seltener vor, als man ihn sieht. In typografischer Hinsicht wird nicht selten ein falsches Zeichen verwendet, um einen Apostroph darzustellen. Ein richtiger Apostroph sieht aus wie ein hochgestelltes Komma '. Falsch sind alle anderen Varianten – ob als vereinsamtes Akzentzeichen ´ bzw. ` oder als einfacher Minutenstrich '. Und bitte verwechseln Sie den Apostroph ' nicht mit dem gerade eben gelernten einfachen Anführungszeichen '.

**Es kommt auch auf die Schrift an**
In einigen Schriftarten wie der hier verwendeten Syntax Next sind die Unterschiede nicht in allen Punkten deutlich zu erkennen, bei anderen Schriften dagegen schon.

**Ellipse** | Auslassungen werden im Deutschen mit einer Ellipse … dargestellt. Das sind jedoch nicht einfach drei Punkte hintereinander – vergleichen Sie selbst: ... und … ! Wie Sie sehen, nimmt die Ellipse etwas mehr Raum ein und sieht damit wesentlich ruhiger aus als die drei Punkte.

| Name | Zeichen | Eingabe Mac | Eingabe Windows | Eingabe Linux | Maskierung |
|---|---|---|---|---|---|
| Gedankenstrich | – | `Alt`+`-` | `Alt`+`0` `1` `5` `0` | `Alt Gr`+`-` | `&ndash;` |
| Trennstrich | - | `-` | `-` | `-` | `-` |
| Apostroph | ' | `Alt`+`⇧`+`#` | `Alt`+`0` `1` `4` `6` | `Alt Gr`+`#` | `&rsquo;` |
| Ellipse | … | `Alt`+`.` | `Alt`+`0` `1` `3` `3` | `Alt Gr`+`.` | `&hellip;` |

▲ **Tabelle 5.4**
Gedankenstrich, Trennstrich, Apostroph und Ellipse eingeben

### 5.7.4 Silbentrennung und geschützte Leerzeichen

Aus der Accessibility wissen Sie, dass wir uns Text im Web beliebig vergrößern können, und Responsive Webdesign bewirkt, dass Zeilen unterschiedlich lang werden können – Sie können daher Trennstriche nicht einfach fest ins HTML hineinschreiben, weil es nicht sicher ist, wo der Zeilenumbruch stattfindet.

# 5 Typografie im Web

> **Françoiz Breut** (19. Februar, Rockhal) hingegen kann als Klassikerin ihres Genres gelten – ähnlich melancholisch, stilistisch aber eher im Pop. Seit Ok-tober vergangenen Jahres ist ihr fünftes Album „*La Chirurgie des Sentiments*"

> **Françoiz Breut** (19. Februar, Rockhal) hingegen kann als Klassikerin ihres Genres gelten – ähnlich melancholisch, stilistisch aber eher im Pop. Seit Ok-tober vergangenen Jahres ist ihr fünftes Album „*La Chirurgie des*

**Abbildung 5.65** ▶
Schlechte Silbentrennung bei
»Ok-tober«

Eine Alternative ist die HTML-Entity &shy; (für »soft hyphen«, weicher Umbruch). Dieses Zeichen ist ein Hinweis an die Browser, dass an dieser Stelle umbrochen werden darf. Damit können Sie also verhindern, dass aus einem bekannten Gartenzubehör die bisher unentdeckten Blumento-Pferde werden.

```
Blumen&shy;topferde
```

▲ **Listing 5.23**
Festlegung von Umbrüchen

Wenn Sie das jedoch für einen gesamten Text festlegen möchten, ist das einiges an Arbeit. Besser wäre es also, die Trennung dem Browser zu überlassen, ohne manuell eingreifen zu müssen. CSS kennt mittlerweile eine Eigenschaft für automatische Silbentrennung, die von zahlreichen Browsern unterstützt wird:

**Listing 5.24** ▶
Automatische Silbentrennung
in CSS

```
p { hyphens: auto; }
```

Wichtig ist außerdem, dass die Regeln der Silbentrennung sprachspezifisch sind – geben Sie also in jedem Fall die Sprache als `lang`-Attribut im `html` an (z. B.: `<html lang="de">`).

Will man einen Umbruch an einer Stelle explizit verhindern, bietet sich das geschützte Leerzeichen   an.

```
25 Grad im Schatten
```

▲ **Listing 5.25**
Geschütztes Leerzeichen in HTML

### 5.7.5 Gliedern von Zahlen

Bei der Formatierung von Zahlen ist es meist das oberste Gebot, dass diese so schnell wie möglich erfasst werden können. Dazu gibt es eine Reihe von Vorgaben. Die wichtigsten sind:

## Typografische Details 5.7

▸ Bei **Datumsangaben** sind verschiedene Formate gebräuchlich. Eher vermieden wird die Angabe vorangestellter Nullen (01.01.2024) oder Abkürzungen (1.1.24; 1. Jan. 24).

1. Januar 2024
1.1.2024
Sonntag, 1. Januar 2024
Sonntag, 1.1.2024

▸ **Uhrzeiten** werden in Deutschland in der 24-Stunden-Schreibweise angegeben (in den USA hingegen ist die 12er-Schreibweise mit a. m. und p. m. gültig) – die Stunden dabei tendenziell ohne voranstehende 0 (außer in Tabellen, wenn mehrere Zeitangaben untereinanderstehen sollen).

1:05 Uhr; 9:25 Uhr; 15.35 Uhr
1:28 h
von 14:30 bis 15:30 Uhr
14:30–15:30 Uhr

▸ **Telefon- und Faxnummern**: Oft in Zweierblöcken von rechts nach links unterteilt, wobei die Vorwahl in Klammern oder mit Schrägstrich abgetrennt wird. Durchwahlnummern stehen nach einem kurzen Trennstrich (Divis). Die DIN 5008 hingegen legt fest, dass lediglich die Orts- und Ländervorwahl mit einem Leerzeichen abgetrennt werden. Hier müssen Sie sich also entscheiden.

+49 (0)30 12 34 56
+49 (0)30 12 34 56-78
0 30/12 34 56
030 123456

Vorsicht ist jedoch bei Smartphones geboten: Viele Geräte erkennen Telefonnummern auf Websites automatisch und ermöglichen einen Anruf auf Fingertipp. Alternativ können Sie solche Links mit dem `tel`-URI-Schema angeben:

`<a href="tel:+4930123456">+49 (0)30 12 34 56</a>`

---

**Mehr Infos im Netz**
Beim Typolexikon unter *www.typolexikon.de/zahlengliederung* sowie beim Duden (*www.duden.de/sprachwissen/rechtschreibregeln/zahlen-und-ziffern*) gibt es viele weitere Gliederungsmöglichkeiten für verschiedene andere Zahlen.

**Postleitzahlen**
Bei Postleitzahlen findet normalerweise keine Gliederung statt:
10117 Berlin.

**Phonetisches Gliedern**
In manchen Fällen ist auch ein phonetisches Gliedern von Nummern sinnvoll, wenn es auch streng genommen nicht der typografischen Tradition entspricht:
030 111 0 222.

- Sonstige **Zahlen und Werte** werden oft in Dreiergruppen von rechts nach links gegliedert – außer gelegentlich bei vierstelligen Zahlen. Statt des Leerzeichens kann auch ein Punkt stehen (im Englischen hingegen ein Komma).

    1234 km
    24 567 km
    13.567 kg
    1 654 123 €

- **E-Mail-Adressen** werden meist durchgehend klein geschrieben: *heinz.mustermann@example.com*.
- Bei **Domains** gibt es verschiedene Schreibweisen. Oft ist hier eine Abwägung nötig zwischen der technisch korrekten Schreibweise (https://www.rohles.net – mit Protokoll und Subdomain, falls notwendig) und einer besseren Lesbarkeit (rohles.net). Die Tendenz geht hier oft zur einfachsten Variante, mit der die gewünschte Seite erreicht werden kann (in den meisten Fällen ist dies die Version ohne Protokoll und www):

    https://www.rohles.net
    www.rohles.net
    rohles.net
    ftp://rohles.net

Keine Website kommt ohne Texte aus, und oft sind Texte der wichtigste Content – mit dem typografischen Grundwissen aus diesem Kapitel sind Sie dafür gut gerüstet. Genauso wichtig ist jedoch, ob und wie Interessierte die Inhalte erreichen und wie sie mit einer Website interagieren können. Das folgende Kapitel wird diese Aspekte daher ausführlich behandeln.

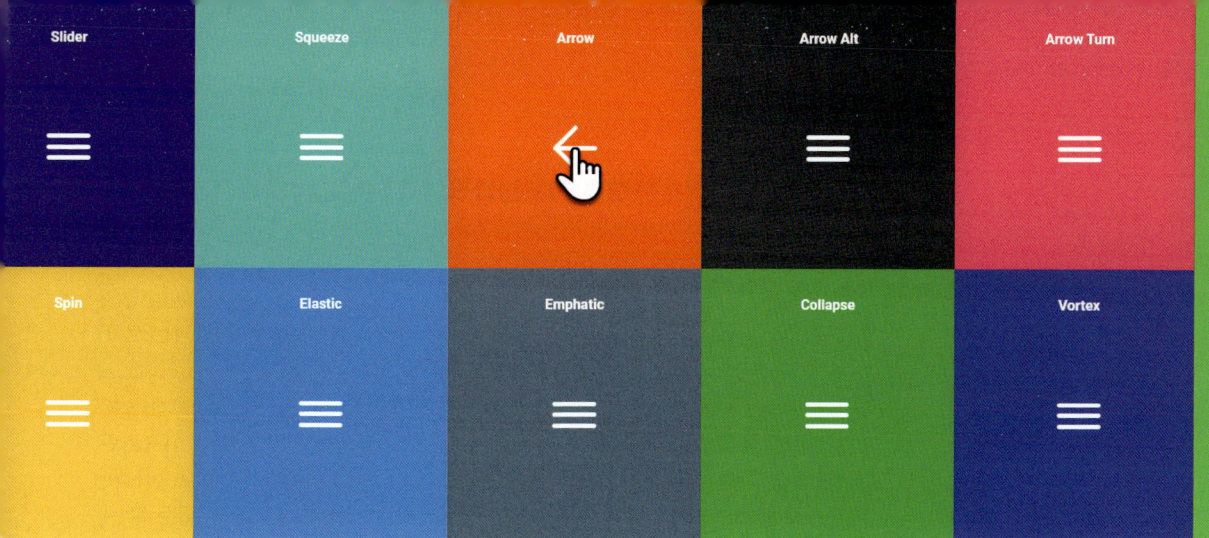

# Navigationen und Interaktionen

## So gelingen intuitive und nutzungsfreundliche User Interfaces

▸ Welche Grundlagen von Accessibility, Usability und UX gelten für die Handlungen im Netz?

▸ Was muss ich bei der Gestaltung von Links und Buttons beachten?

▸ Wie gestalte ich Formulare und Navigationen, die gerne genutzt werden?

▸ Wie können Animationen eingesetzt werden?

# 6 Navigationen und Interaktionen

Steve Jobs sagte einmal: »Design ist nicht nur, wie etwas aussieht oder sich anfühlt. Design ist, wie es funktioniert.« In diesem Kapitel lesen Sie, was Sie tun können, damit Ihre Gestaltung auch für Ihre Nutzerinnen und Nutzer funktioniert, insbesondere die Themen Navigations- und Interaktionsdesign.

## 6.1 Grundlagen nutzungsfreundlicher Interaktionen

Webdesign unterscheidet sich von vielen anderen Disziplinen durch die Interaktionsmöglichkeiten: Websites sind nicht nur zum Anschauen und Durchlesen gedacht. Sie laden zu Handlungen ein.

### 6.1.1 Usability und Interaktionen

Wann immer es um die Gestaltung eines User Interfaces geht, steht der Wunsch nach einer intuitiven Bedienung ganz oben. Sie soll dabei helfen, dass keine Usability-Probleme auftreten und sich die Menschen direkt zurechtfinden. Wie aber schaffen Sie das konkret?

- **Handlungsaufforderung**: Machen Sie deutlich, mit welchen Elementen die Menschen überhaupt interagieren können. Idealerweise wird die Nutzung eines Elements bereits durch das Aussehen deutlich (genannt »Affordance«), beispielsweise weil ein Button zum Runterdrücken einlädt. Nichts ist frustrierender, als irgendwo hinzuklicken, um dann festzustellen, dass gar nichts geschieht.
- **Zustand**: Verdeutlichen Sie, in welchem Zustand sich interaktive Elemente befinden. `:hover` dient der Gestaltung von interaktiven Elementen, über denen sich gerade der Mauszeiger befindet – sie sollten sich deutlich vom inaktiven Zustand unterscheiden.

- **Konsistenz**: Achten Sie darauf, dass Elemente mit ähnlichen Funktionen auch ähnlich aussehen. Konsistenz verbessert die Wiedererkennbarkeit von Elementen, drückt aber auch eine visuelle Identität aus und kommuniziert emotionelle Assoziationen. Designsysteme helfen bei der Einhaltung von Konsistenz.
- **Fehlertoleranz**: Menschen machen Fehler – sie klicken an der falschen Stelle, geben Werte im falschen Format ein oder nutzen alte Browser-Versionen. Antizipieren Sie das, und reagieren Sie milde.

### 6.1.2 Accessibility und Interaktionen

Im Bereich der Interaktionen können Sie viel bewegen, indem Sie auf eine gute Usability achten, denn von einer logischen Navigation profitieren alle Menschen gleichermaßen. Einige Aspekte gibt es jedoch, auf die Sie aus Sicht der Accessibility besonders achten sollten. Die Grundformel lautet: Ermöglichen Sie Ihrem Publikum, mit dem Eingabegerät seiner Wahl zu arbeiten. Das ist nicht unbedingt die Maus – und daraus ergeben sich Folgen.

> *Im Webdesign gestalten wir nicht nur ein visuelles Interface, sondern eine Nutzungserfahrung – auch dann, wenn diese Erfahrung nicht über visuelle Sinne und Eingabegeräte erfolgt.*

**Fokus** | Beispielsweise sollten Sie die Tastaturbedienung gezielt fördern. Mittels ⇥ kann man sich von Element zu Element hangeln. Mit ⇧+⇥ geht das auch rückwärts. Dieses Verhalten wird »Fokus« genannt. Den Fokus können alle Elemente bekommen, mit denen wir interagieren können, etwa Links, Buttons, Formularfelder.

**Accesskey**
Theoretisch gäbe es noch ein weiteres HTML-Attribut für die Accessibility: `accesskey`. Damit könnten Sie ganze Tastaturkürzel für wichtige Navigationspunkte festlegen. In der Praxis hat sich dies leider wenig durchgesetzt, denn Sie müssten genau darauf achten, keine Tastaturkürzel der Browser zu überschreiben – und das für alle Browser auf allen Betriebssystemen.

▲ Abbildung 6.1
Browser heben standardmäßig hervor, welches Element den Fokus hat (*https://en.wikipedia.org*).

Der Browser geht dabei von oben nach unten in der Reihenfolge des Quelltextes vor. Gewöhnen Sie sich an, von Zeit zu Zeit mit dem Tabulator durch eine Seite zu navigieren. Achten Sie besonders darauf, ob die visuelle Reihenfolge auch der Tab-Reihenfolge entspricht.

Semantische Elemente wie Links oder Buttons werden vom Browser automatisch in die Tabulatorreihenfolge aufgenommen. Mit dem HTML-Attribut `tabindex` können Sie dies auch manuell für andere Elemente festlegen:

```
<div tabindex="0">Ich kann fokussiert werden.</div>
```

**Listing 6.1** ▶
`tabindex` ermöglicht den Fokus auf diesem Element.

`tabindex="0"` fügt ein Element dabei in die natürliche Tabulatorreihenfolge des Browsers ein, wie sie dem Quelltext entspricht. Mit numerischen Werten wie `tabindex="1"`, `tabindex="2"` usw. lässt sich die Reihenfolge auch explizit festlegen. Das wird aber schnell unübersichtlich: Sie müssen die `tabindex`-Reihenfolge stets im gesamten Dokument im Auge halten und aktualisieren, wenn Sie zwischendrin etwas einfügen. Außerdem wäre dies verwirrend, wenn sehende Nutzerinnen und Nutzer mit der Tastatur navigieren, was durchaus vorkommt. Nach Möglichkeit sollten Sie Ihr Hauptaugenmerk also darauf richten, HTML-Elemente in einer sinnvollen Reihenfolge anzulegen.

» *Achten Sie auf eine sinnvolle Reihenfolge der HTML-Elemente im Quelltext – auch ohne CSS.* `tabindex` *sollten Sie nur im Notfall verwenden.*

**Fokus verdeutlichen** | Die Arbeit mit Fokus macht es also technisch möglich, auf einer Website mit der Tastatur zu navigieren. Das nützt den Menschen aber nur dann etwas, wenn sie auch erkennen können, welche Elemente gerade im Fokus liegen. Bei Screenreadern übernimmt die Sprachausgabe diese Aufgabe. Tastaturbedienung wird aber auch von Menschen genutzt, die aus motorischen Gründen keine Maus nutzen können oder möchten – ein *visuelles* Feedback ist daher unverzichtbar.

**Abbildung 6.2** ▶
Blau umrandeter `:focus`

Standardmäßig wird Fokus durch eine blaue Umrandung dargestellt. In vielen Fällen empfiehlt es sich, daran nichts zu ändern. Hin und wieder kann es jedoch vorkommen, dass blaue Umrandungen nicht zum Design passen oder schlecht zu erkennen wären. Fokus-Stile können daher in CSS mit der Pseudoklasse `:focus` festgelegt werden:

```
:focus { outline: 1px solid red; }
```

◀ **Listing 6.2**
Fokus-Stil in CSS

Immer wieder findet man Websites, bei denen Fokus-Stile mit `outline: 0;` ausgeschaltet, dann jedoch nicht wieder neu definiert werden. Dies ist eines der größten Zugänglichkeitsprobleme überhaupt: Navigieren mit der Tastatur wird zur reinen Glückssache.

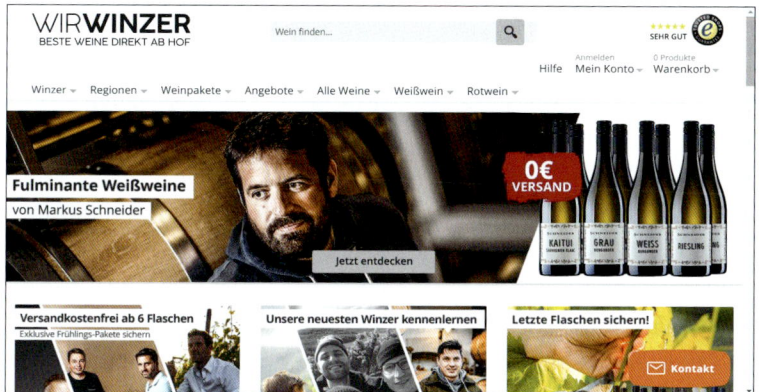

◀ **Abbildung 6.3**
»Wir Winzer« (http://wirwinzer.de) ist visuell wunderschön gestaltet – leider ist nicht zu erkennen, welches Element gerade fokussiert wird (es ist »Mein Konto«), und auch das Dropdown öffnet sich bei der Tastaturbedienung nicht.

Sollten Sie die Standard-Fokus-Stile also ausschalten, müssen Sie eine konsistente und deutliche Alternative definieren. Oft empfiehlt es sich dazu, `:hover`-Stile auch auf `:focus` anzuwenden.

**Name, Rolle, Status, Wert** | In Kapitel 2 sind wir schon einmal kurz auf ARIA und die Rollen in semantischen HTML-Elementen eingegangen, mit deren Hilfe assistierende Technologien die Interaktion mit einer Website ermöglichen können. Wir möchten dies nun am Beispiel eines Screenreaders vertiefen. Ein Screenreader muss ein visuelles Interface in ein akustisches umwandeln. Wie aber schafft er das? Schauen wir uns dazu einmal ein kurzes Formular an:

 Sie finden das Beispiel unter https://codepen.io/rohles/pen/bgWaMP oder im Ordner KAPITEL_06 • ACCESSIBILITY. Mit einem Screenreader können Sie es ausprobieren.

```
<form action="#">
  <input type="text" id="name" value="Heinz Mustermann"
  /><label for="name">Vor- und Nachname</label><br>
  <input type="checkbox" id="zustimmung" name="zustimmung"
  value="ja" /><label for="zustimmung">Ich stimme der
  Speicherung meiner Daten zu</label><br>
  <button type="submit" id="absenden">Absenden</button>
</form>
```

◀ **Listing 6.3**
Formular in HTML

VoiceOver auf macOS liest Folgendes vor:

**Abbildung 6.4**
Textausgabe des Formulars mit einem Screenreader

 Das Beispiel finden Sie in Audio-Form im Download-Bereich (Ordner ACCESSIBILITY – 2 AUDIO-BEISPIEL FORMULAR).

---

**Wiederholung: Accessibility Tree**

In Kapitel 2 haben wir bereits einen kurzen Blick auf den Accessibility Tree geworfen. Er wird vom Browser aus dem DOM konstruiert und stellt die Schnittstelle dar, über die Browser und assistierende Technologien kommunizieren.

---

**Listing 6.4**
»Suchen« fungiert als Name-Attribut des Buttons.

> *Zuordnungen von Formularelementen und ihren Labels müssen explizit im Code realisiert werden, nicht nur über die visuelle Anordnung.*

Bei einem näheren Blick auf diese Sprachausgabe fallen einige Aspekte auf, die sich wiederholen:

- **Name** beschreibt die Bezeichnung eines Elements.
- **Rolle (Role)** benennt die Art des Elements – Screenreader sprechen diese Angabe entweder aus oder spielen einen Ton ab, um ständige Wiederholungen zu vermeiden.
- **Status (State)** ist der aktuelle Zustand eines Elements. Eine Checkbox kann beispielsweise aktiv oder inaktiv sein.
- **Wert (Value)** bezeichnet den Wert eines Elements.

Nicht jedes Element verfügt über alle diese Eigenschaften, und auch die Reihenfolge variiert. Wenn Sie auf Standard-Steuerelemente wie Buttons, Input-Felder und Links setzen und sich dabei an die Spezifikation und die Best Practices halten, können Screenreader die benötigten Informationen automatisch auslesen. Schreiben Sie also statt `<span class="button">` einfach `<button>`. Die Beschriftung eines Buttons fungiert dabei direkt als sein Label – sie muss daher auch ohne Kenntnis des visuellen Umfelds die Funktion des Buttons deutlich machen:

```
<button>Suchen</button>
```

Wichtig ist zudem, die Zuordnung von Eingabefeldern und Textlabeln deutlich zu machen. Dies geschieht über das Attribut `for`, das Sie mit der `id` des Formularfelds verknüpfen können:

```
<input type="checkbox" id="zustimmung" name="zustimmung"
value="ja" /><label for="zustimmung">Ich stimme der
Speicherung meiner Daten zu</label><br>
```

▲ **Listing 6.5**
Zuweisung von Label und Steuerelement in HTML

Alternativ können Sie das `input`-Feld auch innerhalb von `<label>` und `</label>` schreiben. Ein weiterer positiver Effekt von beiden Lösungen ist, dass Sie die Checkbox auch aktivieren können, indem Sie auf das Label klicken – die aktive Fläche wird also größer, und die Usability verbessert sich.

**ARIA** | Sollten Sie jedoch eigene User-Interface-Elemente mit Hilfe von HTML, CSS und JavaScript bauen, müssen Sie sich selbst darum kümmern, dass Screenreader die erforderlichen Angaben erkennen können. Für solche Fälle gibt es eine Lösung: die Technologie »Accessible Rich Internet Applications«, kurz ARIA. Damit können Sie die Semantik und den Zustand beliebiger HTML-Elemente sowie ihre Beziehungen zu anderen Elementen sehr detailliert festlegen. In Kapitel 2 haben Sie dies bereits über das `role`-Attribut kennengelernt, mit dem Sie die Rollen von Elementen festlegen können. Wir möchten uns nun anschauen, wie das mit den anderen Eigenschaften funktioniert.

Das folgende Beispiel veranschaulicht es. Nehmen wir einmal an, ein Button soll ein Menü öffnen und wird visuell über CSS gestaltet. Ein Screenreader benötigt jedoch einen Namen für das Element. Abhilfe verschafft das Attribut `aria-label`:

**Mehr zu ARIA**
Eine gute Einführung in ARIA liefert der Udacity-Kurs über Accessibility (*https://classroom.udacity.com/courses/ud891*). Sehr gut sind auch die Informationen im Mozilla Developer Network (*https://developer.mozilla.org/en-US/docs/Web/Accessibility/ARIA*). Die gesamte Dokumentation von ARIA ist erreichbar unter *www.w3.org/TR/wai-aria*.

```
<button aria-label="menu" class="hamburger"></button>
```

▲ **Listing 6.6**
Hamburger-Button mit `aria-label`

Sollte das Label jedoch an einer anderen Stelle des Interface sichtbar sein, können Sie `aria-labelledby` mit der `id` eines anderen Elements verwenden, um die Zuweisung deutlich zu machen:

```
<p id="radio-label">Buchungsoptionen</p>
<div role="radiogroup" aria-labelledby="radio-label"> … </div>
```

▲ **Listing 6.7**
Zuweisung eines Labels mit `aria-labelledby`

Für längere Beschreibungen dient das `aria-describedby` mit der `id` eines Textelements. Damit lässt sich beispielsweise ein Feld zur Eingabe eines neuen Passworts mit einer Beschreibung der Passwortrichtlinien semantisch verbinden. Für den Status gibt es sehr viele Attribute, die in den MDN Web Docs dokumentiert sind (siehe Kasten rechts). Hier sind einige Beispiele:

**ARIA kann in CSS angesprochen werden**
ARIA-Angaben verändern nichts an der visuellen Präsentation. Sie können allerdings auch in CSS genutzt werden, um Zustandsänderungen visuell darzustellen – das vermeidet, für jeden Zustand eine eigene CSS-Klasse anlegen zu müssen:
`.box[aria-hidden="true"] { visibility: hidden; }`.

- `aria-expanded`: Ist ein Element geöffnet oder geschlossen?
- `aria-checked`: Ist ein Element aktiviert?
- `aria-selected`: Ist ein Feld ausgewählt?
- `aria-hidden`: Versteckt ein Element im Accessibility Tree und macht es damit unerreichbar für assistierende Technologien, während es auf dem Bildschirm sichtbar bleibt.

Zu beachten ist, dass `aria-expanded` auf die Eigenschaften angewendet werden muss, die eine Interaktion öffnen, nicht auf diejenigen, die davon beeinflusst werden. Innerhalb von `aria-controls` können Sie dann die ID des HTML-Elements angeben, das gesteuert wird:

```
<button aria-expanded="false" aria-controls="menu" class="hamburger">Menü</button>
```

▲ **Listing 6.8**
Beispiel für `aria-expanded`

**Lesetipp**
Mehr Informationen zu Skip-Links gibt es in einem Beitrag unter *https://rohl.es/skip-link-navigation*.

**Skip-Links** | Nutzerinnen und Nutzer wollen Inhalte, und zwar so schnell wie möglich. Oft stehen Inhalte aber nicht ganz oben im Quelltext, sondern erst unterhalb von Headern oder Navigationsmenüs. Beim visuellen Erfassen einer Website ist das kein großes Problem – wir können einfach direkt nach unten scrollen. Was läge also näher, eine ähnliche User Experience auch bei Verwendung eines Screenreaders zu ermöglichen?

Eine Lösung dafür sind Skip-Links: unsichtbare Links, mit denen direkt zum Inhalt gesprungen werden kann. Noch vor der Hauptnavigation erscheint ein Link, der als Sprungziel die ID des Hauptinhalts ansteuert:

```
<a href="#content" class="skip">Zum Inhalt</a>
<nav>…</nav>
…
<main id="content">…</main>
```

▲ **Listing 6.9**
HTML für einen Skip-Link

**Vorsicht vor versteckten Inhalten**
Wenn Sie Inhalte visuell verstecken, aber für Screenreader verfügbar machen möchten, dürfen Sie nicht auf `display: none` zurückgreifen – diese Eigenschaft versteckt Inhalte auch in Screenreadern.

Damit dieser Link nicht dargestellt wird, kann er im CSS mit `position: absolute` aus dem sichtbaren Bereich geschoben werden. Der Link ist damit immer noch für Screenreader zugänglich. Sobald er fokussiert wird, zeigen wir ihn dank der Pseudoklasse

:focus wieder an. Achten Sie darauf, die Anzahl der Skip-Links möglichst knapp zu halten, damit die Nutzerinnen und Nutzer so schnell wie möglich zu den gewünschten Inhalten gelangen.

```
.skip {
  position: absolute;
  top: -100px;
}
.skip:focus { top: 0; }
```

◄ **Listing 6.10**
Skip-Link im CSS »verstecken«

## 6.2 Links: Usability und Accessibility

Links sind die grundlegendsten Interaktionselemente einer Website – ohne sie wäre das Netz nicht geworden, was es heute ist.

Natürlich gibt es eine ganze Reihe von Konventionen, was eigentlich ein Link ist, wie er auszusehen und zu reagieren hat.

**Link-Gestaltung |** Links sind traditionellerweise blau und unterstrichen. Nun passt das allerdings nicht zu jedem Layout. Sie müssen also abwägen, ob Sie eher der Konvention folgen möchten oder auf ein individuelles Design bauen. Aus Usability-Sicht funktionieren auch andere Designentscheidungen – vorausgesetzt, Links sind deutlich und konsistent gestaltet. Dazu gehört, nicht nur Farbe zu verwenden, um Links zu kennzeichnen – Sie benötigen immer ein zweites Designelement für Menschen, die Farben nicht wahrnehmen können, etwa eine Unterstreichung.

Standardmäßig heben Browser bereits besuchte Links hervor. In CSS können Sie dies mit :visited auch individuell gestalten.

Bei einer typografischen Änderung eines Links sollten Sie vorsichtig sein. Immer wieder sieht man Links in einem anderen Schriftschnitt oder einer anderen Schriftart, aber dies kann schnell zu Irritationen führen. So wäre ein Link in einem fetten Schriftschnitt leicht mit einer Betonung zu verwechseln, sofern der Kontext die Rolle als Link nicht verdeutlicht.

»*A link is a promise. The link name sets the user's expectations for what is to come.*«
*Jakob Nielsen & Kara Pernice (Eyetracking Web Usability, 143)*

**Bezeichnungen von Links |** Gute Usability hört jedoch nicht bei der Gestaltung von Links auf. Machen Sie es Ihrem Publikum inhaltlich leicht, zu erkennen, was sich hinter einem Link verbirgt:

»*Gute Links haben einen eindeutigen Linktext.*

# 6  Navigationen und Interaktionen

```
<a href="http://spiegel.de">Website von Spiegel Online</a>
```
▲ **Listing 6.11**
Vorbildlicher Quelltext eines Links

*Selbsterklärende Links sind übrigens auch aus Sicht der Suchmaschinenoptimierung eine gute Idee, denn so kann die Suchmaschine das Thema der verlinkten Website erkennen.*

Bedenken Sie: Screenreader erlauben es Ihren Nutzerinnen und Nutzern, sich nur die Links vorlesen zu lassen – praktisch, um sich auf einer Website zu bewegen. Daher sollten Links selbsterklärend sein. Ein Link namens »mehr« ist das nicht. Sehende Nutzerinnen und Nutzer scannen eine Website ebenfalls häufig nach auffälligen Links – auch sie profitieren also von eindeutigen Bezeichnungen.

Sinnvoll ist es auch, Links nicht nur in Navigationen, sondern auch innerhalb des Fließtextes einzusetzen und dabei auch die Inhalte auf der eigenen Website immer wieder zu verlinken. Nutzerinnen und Nutzer können dann direkt zu weiteren Informationen klicken – und auch Suchmaschinen mögen die bessere interne Verlinkung.

### title bei Links?
Das `title`-Attribut kann zur näheren Beschreibung eines Links verwendet werden – sein Eintrag wird als Tooltip gezeigt, wenn der Mauszeiger auf einem Link stehen bleibt. Aber Vorsicht: Es wird in Screenreadern nur optional ausgegeben. Einen nicht sprechenden Textlink können Sie also nicht durch ein aussagekräftiges `title`-Attribut wieder wettmachen. Auch bei Tastatur- und Touchscreen-Bedienung werden die Informationen nicht ausgegeben. Alle relevanten Informationen gehören daher direkt in den Linktext.

## 6.3  Buttons

Kaum eine Website kommt ohne Buttons aus. Zugleich sind sie ein gutes Mittel, eine Gestaltung unverkennbar zu machen.

### 6.3.1  Usability und Accessibility gewährleisten

Buttons haben eine klare Aufgabe: Sie sollen Interaktionen ermöglichen. Hier ein paar Fragen, die Sie beim Gestalten von Buttons stets im Hinterkopf behalten sollten:

- **Passen die Buttons zum Stil der Website?** Ein Button muss nicht für sich allein, sondern im Kontext der Website gut aussehen.
- **Halten sich Ihre Buttons an bekannte Konventionen?** »Start«-Buttons in Form roter Dreiecke, womöglich noch auf der Spitze, sind z. B. keine gute Idee.
- **Stimmt die Wichtigkeit?** Wichtige Buttons brauchen Kontrast, unwichtige dürfen dezent gehalten werden.
- **Sieht der Rahmen sauber aus?** Viele Buttons haben einen schmalen Rahmen – das hebt den Button sauber von der Umgebung ab. Achten Sie dabei auf die Hintergrundfarbe: Wenn der Button dunkler als der Hintergrund ist, wählen Sie für den

Rahmen eine dunklere Variante der *Button-Farbe*. Ist der Button aber heller als der Hintergrund, bietet sich als Rahmenfarbe eher ein dunkler Ton der *Hintergrundfarbe* an. So vermeiden Sie einen unsauberen, flimmernden Eindruck.

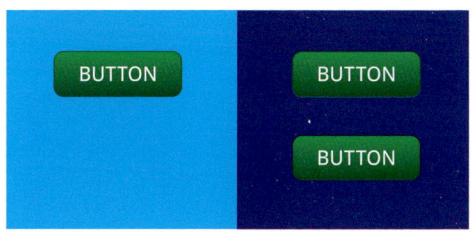

◀ **Abbildung 6.5**
Ein Rahmen in einem ähnlichen Farbton wie der Hintergrund gibt hellen Buttons eine klare Abgrenzung (Button unten rechts).

- **Stimmen die Icons?** Wenn Ihr Button auf Icons setzt, um seine Aussage zu unterstützen, achten Sie auf eine gute Verständlichkeit der eingesetzten Zeichen (vgl. Abschnitt 8.7).
- **Gibt Ihr Button visuelles Feedback, und stimmt dieses Feedback?** Sie sollten *niemals* einen Button verwenden, der kein Feedback gibt. Sie können sogar unmittelbar beim Drücken des Buttons eine Rückmeldung geben.

▲ **Abbildung 6.6**
Feedback eines Buttons beim Aktivieren mit der Maus.

**Button-Zustände**
Buttons kennen verschiedene Zustände, die deutlich unterschieden werden sollten. Dazu können Sie die in den Klammern angegebenen Pseudoklassen in CSS nutzen:
- normal (inaktiv)
- aktiv (`:active`), also gerade geklickt (bevor der Klick gelöst wird)
- im aktiven Bereich des Mauszeigers (`:hover`)
- im Tastaturfokus (`:focus`)
- deaktiviert (`:disabled`), z. B. weil noch nicht alle Voraussetzungen erfüllt wurden, um den Button zu drücken

**Button-Beschriftungen** | Die Beschriftung hat einen großen Einfluss darauf, ob Nutzerinnen und Nutzer auf einen Button klicken und wie sie die Interaktion damit erleben. Besonders bei Buttons, die sehr wichtige Aktionen ausführen, lohnt es sich, etwas Energie in die Formulierung der Buttontexte zu investieren und das Ergebnis mit Menschen aus der Zielgruppe zu testen.

Dazu zählen insbesondere die Buttons innerhalb von Call-to-Actions, die zu Conversions führen. Tobias van Schneider empfiehlt, als Text für solche Buttons nicht die Handlung (»Hier klicken«), sondern den Wert der Handlung aus Perspektive der Nutzerinnen und Nutzer (»E-Book herunterladen«) zu beschreiben (*https://vanschneider.com/blog/ux-writing/writing-ux-copy-for-buttons-and-links/*). Oft funktionieren solche Buttons noch besser, wenn Sie einige kleine Hinweise in ihrer Nähe positionieren, beispielsweise »14 Tage kostenlos nutzbar« oder »30-Tage-Geld-zurück-Garantie«. Greifen Sie dabei auf Erkenntnisse aus der Nutzerforschung zurück, und berücksichtigen Sie die typischen Bedenken der Nutzerinnen und Nutzer.

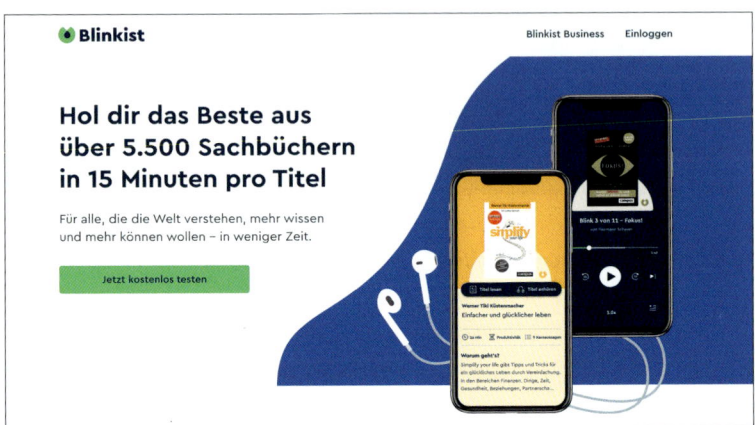

**Abbildung 6.7** ▶
Blinkist adressiert Bedenken des Publikums mit einem deutlichen Button-Label (»Jetzt kostenlos testen«) und erläutert das Angebot direkt im Umfeld des Buttons (*www.blinkist.com/de*).

**Mindestgröße |** Buttons sollten niemals zu klein sein – wir sind mit einer Maus sehr viel treffsicherer als mit anderen Eingabegeräten. Am besten orientieren Sie sich daher an der Bedienung mit dem Finger.

Was aber heißt »nicht zu klein« genau? Ein Zeigefinger misst im Durchmesser meist zwischen 16 und 20 mm, die Fingerkuppe etwa 10 bis 14 mm. An der Fingerspitze sind es noch ungefähr 8 bis 10 mm, aber das Antippen mit der Fingerspitze ist auch um einiges mühsamer.

In einer Studie von Microsoft (*https://rohl.es/target-size-daumen*) schnitten Buttons ab 7 mm Größe akzeptabel ab, wo nur noch 1 % der Taps das Ziel verfehlte. Bei sehr wichtigen oder kritischen Aktionen kann die Button-Größe auf 9 bis 11 mm vergrößert werden. Diese Größe lässt sich auch mit dem Daumen bedienen. Stehen mehrere Buttons oder Links nebeneinander, benötigen sie genug Zwischenraum, damit nicht aus Versehen mehrere Ziele aktiviert werden.

**Fitts' Gesetz: Größe und Position |** Diese Werte sind Faustregeln für die minimale Button-Größe – minimal heißt aber nicht ideal. Der amerikanische Psychologe Paul Fitts entwickelte in den

1950er-Jahren Fitts' Gesetz. Es besagt, dass die Zeit, die wir benötigen, um eine Zielfläche (etwa einen Button) zu erreichen, von zwei Aspekten abhängt: dem *Abstand* zum Ziel sowie der *Größe* dieser Fläche. Je kleiner und weiter weg eine Fläche ist, desto schwerer ist sie zu erreichen. Das Gesetz bezieht sich auf schnelle zeigende Bewegungen, nicht auf kontinuierliche (wie sie etwa beim Zeichnen oder Schreiben vorkommen). Für die Gestaltung von nutzungsfreundlichen Websites hat das eine Reihe von Folgen:

- Zusammengehörige Interaktionselemente sollten gruppiert werden, um die notwendigen Bewegungen zu minimieren.
- Auch lohnt es sich, verwandte Aktionen zu antizipieren. Ein sehr gutes Beispiel dafür ist das Bearbeiten eines Profils auf LinkedIn. Wer seine Angaben auf den neuesten Stand bringen möchte, findet den entsprechenden Button direkt neben dem Eintrag. Auf diese Weise wird der Aufwand zwischen Prüfen und Aktualisieren der Informationen reduziert.
- Größenverhältnisse und Entfernungen zählen. Zentrale Funktionen sollten große Buttons spendiert bekommen, die leichter zu treffen sind. Große Buttons haben außerdem den Vorteil, mehr Aufmerksamkeit zu erhalten.
- Der klickbare (*sensitive*) Bereich von Links und Buttons sollte so groß wie möglich sein und auf keinen Fall nur auf dem Text liegen. In CSS kann er mit `padding` vergrößert werden.
- Unwichtige oder selten genutzte Funktionen dürfen auf kleine und weit entfernte Buttons oder Links gelegt werden.
- Smartphones werden häufig in einer Hand gehalten und mit dem Daumen bedient. Je größer das Gerät ist, umso schwieriger sind Buttons und andere UI-Elemente im oberen Bereich zu erreichen. Gleiches gilt für den Bereich ganz unten, wo sich der Daumen stark einknicken muss. In diesen Bereichen sollten Buttons also durchaus etwas größer sein.

*Buttons für wichtige Aktionen verwenden, Links für weniger zentrale Handlungen!*

◄ **Abbildung 6.8**
Beim Markieren eines Textes in Instapaper (*www.instapaper.com*) erscheinen mögliche Interaktionen in unmittelbarer Nähe.

**Buttons oder Links?** | Manchmal müssen Sie sich entscheiden, ob Sie eine Aktion als Button oder als Link auszeichnen sollen. Links bieten sich an, wenn ein Element dem *Navigieren* dient, um neue Inhalte zu lesen. Auch das Navigieren zu einer anderen Website wird eher als Link ausgezeichnet. Buttons sind besser geeignet, wenn es um *Handlungen* geht, die Daten verändern oder mit der Website interagieren.

> *Beschränken Sie sich in der Anzahl der Buttons, die Sie anbieten.*

**Hicks Gesetz: maximale Anzahl** | Eine weitere wichtige Regel in Bezug auf Buttons lautet: Bieten Sie nicht zu viele davon an. Der britische Psychologe William Edmund Hick hat in seinem berühmten Gesetz festgehalten, dass Nutzerinnen und Nutzer umso länger für eine Entscheidung brauchen, je mehr Alternativen sie geboten bekommen. Das gilt besonders bei einfachen, schnellen Entscheidungen, weniger bei komplexen Recherchen.

Zu viele Interface-Elemente haben also einen paralysierenden Effekt. Gutes Design beruht auf Nutzungsbedürfnissen und schränkt die Auswahloptionen sinnvoll ein, um die kognitive Last des Publikums zu reduzieren.

### 6.3.2 Buttons gestalten

Es gibt verschiedenste Button-Stile – einige davon beschreiben wir hier.

**Mehr Buttons**
Zahlreiche Tutorials zu verschiedenen Buttons finden Sie in einem Beitrag im Dr. Web Magazin unter *https://rohl.es/3d-buttons*.

**Dreidimensionale Buttons** | Dreidimensionale Buttons haben viele Jahre lang das Web dominiert: Sie sollten einer Website Haptik verleihen und so wirken, als handele es sich um reale Knöpfe. Im `:hover`-Zustand wird hierbei häufig ein Verlauf oder eine dunklere Farbe hinzugefügt, damit der Eindruck entsteht, der Button wäre »gedrückt«.

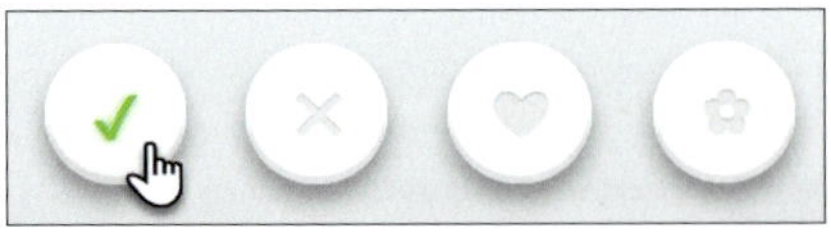

**Abbildung 6.9** ▶
Ein 3D-Button beim `:hover` (*https://codepen.io/yesilfasulye/pen/nQbMPM*)

**Flat Buttons** | Flat Buttons setzen auf Einfarbigkeit und Einfachheit – sie versuchen nicht, wie eine reale Schaltfläche auszusehen. Sie sind im Zuge des Flat-Design-Trends aufgekommen.

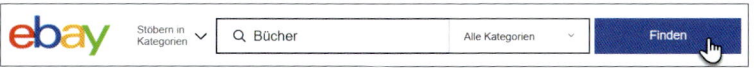

▲ Abbildung 6.10
Der Flat Button »Finden« auf eBay (*https://ebay.de*)

**Material Buttons** | Diese Buttons orientieren sich am Material Design von Google. Visuell ähneln sie Flat Buttons, allerdings reagieren sie etwas anders: Sie zeigen beispielsweise deutlich, wo ein Button geklickt wurde. Bei der Umsetzung kann Ihnen »Materialize CSS« (*https://materializecss.com/buttons.html*) helfen.

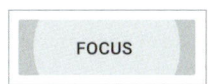

▲ Abbildung 6.11
Material Design visualisiert, an welcher Stelle ein Button angeklickt wurde.

**Ghost Buttons** | Ghost Buttons sind noch weiter reduziert – vom Button ist hier noch eine dünne Umrandung übrig geblieben. Häufig werden sie auf grafische Hintergründe oder Fotos gesetzt. Auf diese Weise binden sie sich gut in ihre Umgebung ein, sehen elegant aus und passen zu einer minimalistischen Gestaltung.

Allerdings entfernen sich Ghost Buttons sehr stark von den etablierten Konventionen. Achten Sie daher darauf, sie nur an Orten einzusetzen, an denen die Menschen auch einen Button erwarten, und klar zu beschriften – ansonsten wird der Button leicht als umrandete Überschrift missverstanden und nicht angeklickt. Tatsächlich gibt es Studien, die Ghost Buttons geringere Klickraten und weniger Aufmerksamkeit bescheinigen (*https://cxl.com/blog/ghost-buttons/*).

◄ Abbildung 6.12
Die DHL (*www.dhl.de*) verwendet Ghost Buttons bei der Eingabe von Adressdaten.

### 6.3.3 Social-Media-Buttons und der Datenschutz

Social-Media-Buttons bzw. -Plug-ins für Facebook, Twitter, Instagram und andere Plattformen sind häufig anzutreffen. Sich mit dem Publikum zu vernetzen und zum Teilen von Inhalten anzure-

# 6  Navigationen und Interaktionen

gen, sind mächtige Instrumente im E-Commerce und können die Reichweite erhöhen.

**Abbildung 6.13** ▶
Auf der Website von *focus.de* finden Sie fast bei allen Beiträgen auch eine Möglichkeit, diesen Beitrag in den sozialen Medien zu teilen.

**Social-Media-Buttons erstellen**
Einen tollen Überblick über alle wichtigen Social-Media-Netzwerke wie Twitter, Facebook, LinkedIn, YouTube, Pinterest und Twitter und wie Sie Buttons dafür erstellen können, hat Sophia Bernazzani auf *https://blog.hubspot.de/marketing/leitfaden-buttons-social-media* zusammengefasst.

**Cookie-Hinweise**
Viele externe Services speichern Cookies ab. Das sind Textdateien, die vom Browser auf dem Rechner der Besucherinnen und Besucher gespeichert werden und später wieder ausgelesen werden können. Auch über diese Datensammlung sollten Sie Ihr Publikum informieren. Realisieren lässt sich das beispielsweise über Cookie Script (*https://cookiescript.info*).

Social-Media-Buttons lassen sich über ein CMS wie WordPress als Plug-in einbinden oder ohne große Vorkenntnisse über Twitter, Facebook, LinkedIn usw. selbst erstellen. Für einen Teilen-Button von Facebook folgen Sie beispielsweise der Anleitung auf *https://developers.facebook.com/docs/plugins/share-button* und erhalten am Ende einen HTML-Code, den Sie in der Ziel-Website einfügen können.

Die rechtliche Datenschutzlage von solchen Buttons ist in Deutschland allerdings problematisch, weil hierbei immer auch personenbezogene Informationen an die sozialen Netzwerke übertragen werden, und zwar unabhängig davon, ob man dort registriert oder mit seinem Account angemeldet ist. Sofern Sie nicht komplett auf Social-Media-Buttons verzichten wollen, gibt es zwei gängige Methoden, um sich bezüglich des Datenschutzes sicherer aufzustellen:

**2-Klick-Lösung |** Damit nicht gleich beim ersten Klick des Buttons Daten übertragen werden, wird der Button zunächst inaktiv gemacht. Nutzerinnen und Nutzer müssen diesen dabei durch Anklicken zunächst aktivieren und können erst dann mit dem zweiten Klick die Daten übertragen. Allerdings wird diese Lösung nur noch selten eingesetzt.

**»Shariff«-Plug-in** | Das Shariff-Plug-in wurde von Heise entwickelt und ersetzt den Social-Media-Button durch einen statischen Link, der erst dann Daten freigibt, wenn eine Person den Button anklickt. Dabei müssen nicht mehr zwei Klicks ausgeführt werden, und die Datenübertragung ist trotzdem geschützt. Shariff gibt es für gängige CMS oder über *https://github.com/heiseonline/shariff*.

Neben der Entscheidung, wie Sie Social-Media-Buttons implementieren, gibt es weitere rechtliche Aspekte zu berücksichtigen. Zum Beispiel sollten Sie in der Datenschutzerklärung aufführen, welche persönlichen Daten Sie oder die von Ihnen eingebundenen Services sammeln. Der Rechtsanwalt Thomas Schwenke bietet dafür beispielsweise den Datenschutz-Generator (*https://datenschutz-generator.de*) an. Achten Sie außerdem darauf, dass sich gesetzliche Vorgaben häufig verändern und wir keine Rechtsberatung anbieten können. Es empfiehlt sich daher, sich über die aktuelle Rechtsprechung zu informieren und gegebenenfalls eine individuelle Beratung einzuholen.

▲ **Abbildung 6.14**
Die 2-Klick-Lösung

▲ **Abbildung 6.15**
Mit dem Shariff-Plug-in können Social-Media-Buttons mit einem Klick ausgeführt werden.

## 6.4 Navigationen

In Abschnitt 2.1 haben Sie bereits die zentralen Aufgaben einer Navigation gelernt. Bei der Realisierung dieser Aufgaben im Rahmen des Navigationsdesigns kommen weitere Aspekte hinzu. In diesem Abschnitt werden wir zunächst darauf eingehen, welche Arten von Navigationen es gibt. Danach werden wir behandeln, wie die Navigation aussieht und wo sie angeordnet wird (Gestaltung und Positionierung). Schließlich wird es darum gehen, wie sich die Navigation beim Interagieren anfühlt (Interaktionsdesign).

### 6.4.1 Arten von Navigationen

Zunächst lassen sich verschiedene Arten der Navigation unterscheiden.

▸ Die **Primär- oder Hauptnavigation** enthält die wichtigsten Rubriken einer Website. Sie ermöglicht es Nutzerinnen und Nut-

zern, sich im Angebot zu orientieren und die wichtigsten Rubriken zu erreichen.
- Untergeordnete Inhalte finden sich in der **Sekundär- oder Subnavigation**. Sie erweitert die Hauptnavigation innerhalb einer Rubrik und wird daher auch »lokale Navigation« genannt.
- Eine **Kontextnavigation** wird eingesetzt, um innerhalb eines Beitrags Links zu anderen relevanten Inhalten anzuzeigen. Typische Beispiele sind Listen verwandter Produkte oder ähnlicher Beiträge.
- Schließlich gibt es noch die **Metanavigation** (auch Hilfsnavigation oder Utility-Navigation), die Funktionen bereithält, die für die gesamte Website sinnvoll sind, beispielsweise Zugänge zu einem persönlichen Profil oder zum Warenkorb.

In den folgenden Abschnitten werden wir uns typische Design-Patterns für diese Navigationsarten anschauen und erläutern, was Sie dabei berücksichtigen sollten.

### 6.4.2 Gestaltung und Positionierung von Navigationen

Wo und wie werden Navigationen am besten angeordnet? Zu dieser Frage haben sich einige Konventionen und Best Practices herauskristallisiert. Viel hängt dabei davon ab, um welche Art von Navigation es sich handelt.

**Hauptnavigation |** Typischerweise befindet sich die Hauptnavigation einer Website direkt unterhalb des Logos (Site-Kennung) in horizontaler Anordnung. Dies lässt bei großen Viewports im rechten Bereich Platz für die Suche, Login oder eine Hilfsnavigation.

**Abbildung 6.16 ▶**
Typisches Muster bei Heise Online (*www.heise.de*) – Logo oben links, Hauptnavigation direkt darunter

Gerade in den letzten Jahren mehren sich jedoch auch Gestaltungen, die von dieser Form abweichen. Zentrierte Navigationen sind mittlerweile häufig – das passt sehr gut zu responsiven Designs, die zentriert und ohne Ränder im Viewport sitzen. Und schließlich gibt es auch Varianten, bei denen die Hauptnavigation im linken Bereich angeordnet wird.

Neben zentrierten sind auch rechtsbündige Hauptnavigationen häufig anzutreffen. Sie eignen sich besonders für kurze Menüs neben der Site-Kennung – besonders auf schmalen responsiven Ansichten ist wenig Platz für die Navigationseinträge. Ein Vorteil davon ist, dass der Header auf diese Weise ziemlich kompakt werden kann. Für eine Hilfsnavigation ist in solchen Layouts allerdings eher kein Platz.

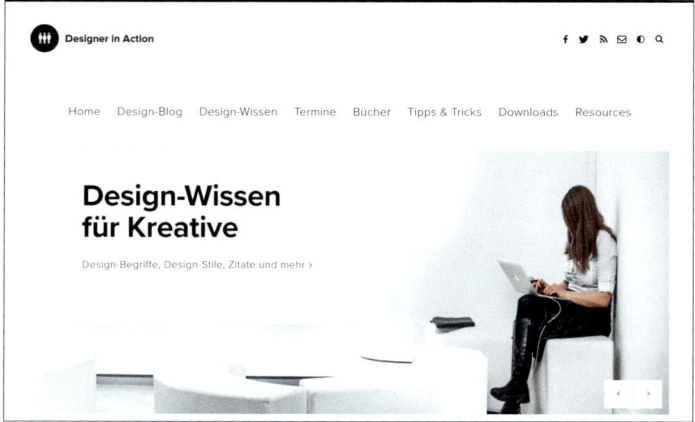

◀ **Abbildung 6.17**
Navigation bei »Designer in Action« (*www.designerinaction.de*): Die Navigation ist zentriert.

◀ **Abbildung 6.18**
Kompakte, rechtsbündig angeordnete Hauptnavigation auf der Website der App-Agentur FKT 42 (*www.fkt42.de*)

In den letzten Jahren haben sich Hauptnavigationen etabliert, die beim Scrollen am oberen Bildschirmrand fixiert werden:

```
nav {
  position: fixed;
  top: 0;
  width: 100%;
}
```

◀ **Listing 6.12**
Fixierte Navigation in CSS

# 6   Navigationen und Interaktionen

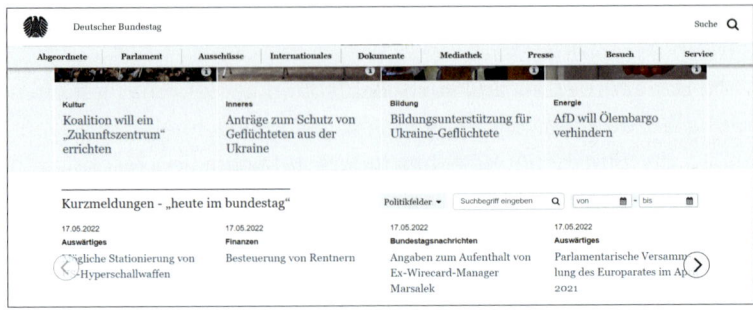

**Abbildung 6.19** ▶
Fixierte Hauptnavigation beim Scrollen auf der Website vom Deutschen Bundestag (www.bundestag.de)

Die Angaben `position: fixed` und `top: 0` heben die Navigation aus dem normalen Objektfluss heraus und fixieren sie am oberen Bildschirmrand. Um sie über die gesamte Breite ihres Elternelements auszudehnen, benötigen sie noch `width: 100%`.

Dieser Trend passt gut zu langen Websites mit vielen Inhalten, die durch Scrollen erschlossen werden. Fixe Hauptnavigationen haben den Vorteil, dass sie für die Nutzerinnen und Nutzer praktischer zu handhaben sind und stets zur Verfügung stehen. So praktisch das auch ist: Zu viel Platz sollte nicht verloren gehen, besonders nicht auf kleinen Viewports. Nicht selten wird beispielsweise das Logo verkleinert oder nur noch die Bildmarke gezeigt. Gestalterisch wird oft mit einer leichten Transparenz gearbeitet, so dass der Content hinter dem Header noch gesehen werden kann.

Wenn Sie das Vorhandensein der Navigation betonen möchten, können Sie mit einer kurzen Animation arbeiten. Eine andere Variante ist es, die Hauptnavigation beim Scrollen nach unten auszublenden, so dass kein Platz für den Inhalt verloren geht. Sobald sich beim Scrollen dann jedoch die Scrollrichtung ändert, um wieder nach oben zu gelangen, taucht die Navigation wieder auf und bleibt zur weiteren Verwendung stehen.

**Tipps zur Umsetzung**
Wenn Sie sich dafür interessieren, eine Navigation abhängig vom Scrollverhalten aus- und einzublenden, hat der UX-Designer und Entwickler Marius Craciunoiu eine Umsetzung unter *https://rohl.es/top-nav-scroll-up* erklärt. Eine Alternative von István Ujj-Mészáros findet sich unter *www.virtuosoft.eu/code/bootstrap-autohidingnavbar*.

**Subnavigation** | Die Subnavigation wird entweder horizontal unter der Hauptnavigation angeordnet oder wandert nach links.

▲ **Abbildung 6.20**
Subnavigation direkt unter der Hauptnavigation (*www.kicker.de*)

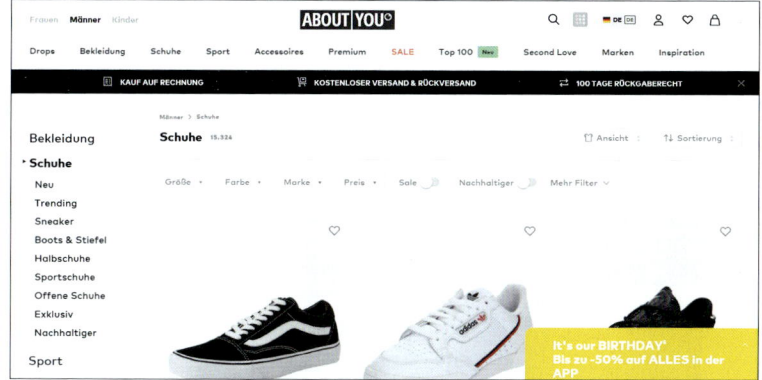

◄ Abbildung 6.21
Subnavigation im linken Bereich (/www.aboutyou.de)

Was ist nun besser für die Navigation – oben oder links? Auf diese Frage gibt es keine endgültige Antwort – beide Positionen sind etabliert. Ein paar Anhaltspunkte:

- Horizontale Hauptnavigationen lassen den Raum unten für den Content frei.
- Im linken Bereich steht mehr Raum für die Navigation selbst zur Verfügung. Das kann bei langen Einträgen von Vorteil sein.
- Insbesondere bei langen Navigationen sollten Sie allerdings berücksichtigen, dass die unteren Punkte außerhalb des Viewports liegen können und oft weniger Aufmerksamkeit erhalten.
- Der Platzbedarf in der Vertikalen macht bei responsiven Menüs Anpassungen notwendig, die wir in Abschnitt 6.5 behandeln.
- Bei der vertikalen Anordnung links können Haupt- und Subnavigation integriert werden. Einrückungen oder andere Farben verdeutlichen die Gliederung.

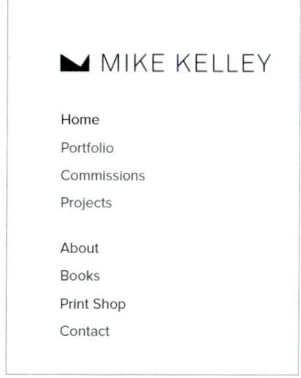

▲ Abbildung 6.22
Eine Spalte links schafft bei Mike Kelly (www.mpkelley.com) ausreichend Raum für Navigation.

**Navigation rechts** | Natürlich können Navigationen auch rechts angeordnet werden. Oft sind sie dann eher als alternative Zugänge zu den Inhalten gedacht, denn sie fallen tendenziell nicht so stark auf. Wird eine Navigation rechts angeordnet, interpretieren westliche Zielgruppen dies als »weniger wichtig«. In einigen Fällen kann das genau richtig sein:

- Blogs stellen die Navigation oft nach rechts, damit der wichtige Content links erscheint.
- Typischerweise stehen Navigationen rechts, wenn sie sich mit Meta-Angaben wie Kategorien, Schlagworten oder Filtern beschäftigen.

**Abbildung 6.23** ▶
Rechts angeordnete Navigationen sind für Blogs typisch (*https://stadt-bremerhaven.de*).

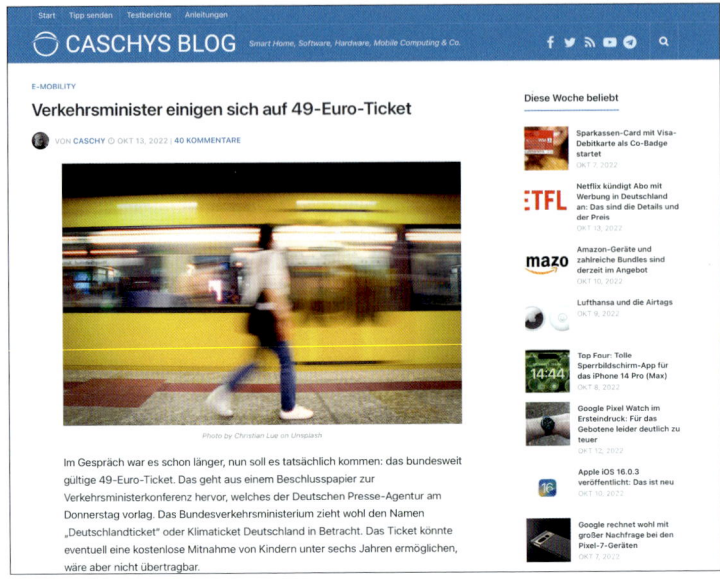

In einer eigenen Studie konnte ich vor einiger Zeit drei Nutzungsstrategien beim Lesen von Blogs identifizieren, zwischen denen die Besucherinnen und Besucher je nach Bedarf gewechselt haben:

- *inhaltsgeleitet* (vorrangig Scrollen durch die Inhalte mit sehr wenig Beachtung der Navigation)
- *sozialgeleitet* (Konzentration auf beliebteste Beiträge und solche mit vielen Kommentaren)
- *themengeleitet* (Nutzung von Kategorien und Schlagworten)

**Metanavigation** | Die Metanavigation (auch als Hilfsnavigation bekannt) enthält Service-Inhalte und findet sich oft in der rechten oberen Ecke oder im Footer. Sie sollte auf jeden Fall dezenter als die Hauptnavigation gehalten werden. Oft geschieht dies durch eine Farbe mit weniger Kontrasten, verringerte Schriftgröße oder eine Positionierung im weniger aufmerksamkeitsstarken rechten Bereich – oder auch durch all dies zusammen.

**Abbildung 6.24** ▶
Die Hilfsnavigation ist auf der Website von Vivacis Consulting (*www.vivacis.de*) durch Position, Farbe und Größe deutlich von Site-Kennung und Hauptnavigation unterschieden.

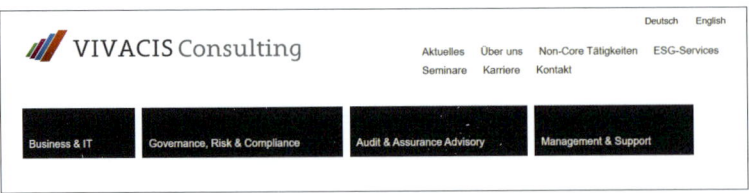

Die Footer-Navigation holt Interessierte im unteren Bereich ab. Dort sollen sie die nächsten Schritte ausführen können, ohne umständlich nach oben scrollen zu müssen. Typischerweise bleibt der Footer auf allen Seiten gleich.

Sofern die Hauptnavigation nicht am oberen Bildschirmrand fixiert wird, werden ihre Navigationspunkte häufig im Footer wiederholt und bilden einen alternativen Zugang zu den Inhalten. Beliebt sind auch riesige Footer mit zahlreichen Inhalten – man spricht hier oft von Mega-Footer oder Fat Footer.

### Konventionen für die Metanavigation

Nach vielen Jahren der Webnutzung haben wir gelernt, welche Arten von Inhalten in einer Metanavigation zu erwarten sind:
- Informationen über das Unternehmen (Rechtliches, Investoren-Informationen etc.)
- Impressum
- Datenschutzhinweise
- Hilfe
- Sitemap

Gute Tipps hat Susan Farrell im Beitrag »Utility Navigation: What It Is and How To Design It« (www.nngroup.com/articles/utility-navigation) gesammelt.

▲ **Abbildung 6.25**
Typischerweise enthält ein Footer Informationen, die für alle Seiten gültig sind, etwa Links zu weiterführenden Informationen, Öffnungszeiten, Social-Media-Buttons oder Anfahrtspläne (Harvard Art Museums, www.harvardartmuseums.org).

Schließlich findet sich häufig ein Link, mit dem man direkt wieder zum Anfang der Seite springen kann (*Back-to-Top-Button*). Technisch wird er mit einer Sprungmarke realisiert:

```
<header id="top"> … </header>
…
<a href="#top">nach oben</a>
```

▲ **Listing 6.13**
Technische Realisierung des Back-to-Top-Links

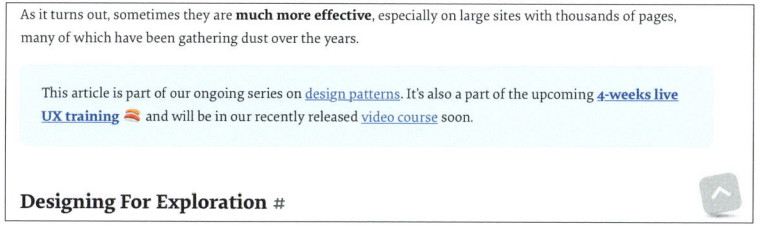

▲ **Abbildung 6.26**
Einfach, aber effektiv – der Back-to-Top-Button beim Smashing Magazine (www.smashingmagazine.com)

Gerade bei langen Seiten ist diese Funktion hilfreich. Beliebt ist auch die Variante, den Back-to-Top-Button mit `position:fixed` in der rechten unteren Ecke über dem Inhalt fließen zu lassen, so dass er jederzeit verfügbar ist (Floating Back-to-Top-Button).

**Salienz**
Tipps zur Beeinflussung der Aufmerksamkeit mit Hilfe visueller Mittel (*Salienz*) lesen Sie in Abschnitt 4.2.3.

**Usability bei Navigationen** | Die Position einer Navigation ist ein Baustein für nutzungsfreundliche Navigationen, aber bei Weitem nicht der einzige. In einer Blickaufzeichnungsstudie an der Universität Trier zu einer früheren Version der städtischen Website zeigte sich beispielsweise, dass große Icons im Header als »Werbung« interpretiert wurden und dafür sorgten, dass die Blicke der Probanden selten zur darüberliegenden Navigation wanderten – auch eine prominente Position ist also keine Garantie für eine Nutzung, wenn andere Bereiche zu stark ablenken.

**Abbildung 6.27** ▸
Auffällige visuelle Elemente im Header können Aufmerksamkeit von der Navigation wegziehen
(*https://web.archive.org/web/20040901121830/http://trier.de*).

Navigationen haben eine wichtige Orientierungsfunktion. Ihren Besucherinnen und Besuchern sollte also jederzeit klar sein, wo sie sich gerade befinden. Dazu zählt eine deutliche Markierung sowohl im aktiven Zustand als auch beim Überfahren (`:hover`) mit der Maus. Die »Zeit« (*www.zeit.de*) nutzt beispielsweise gleich mehrere Gestaltungsmittel, um aktivierte Navigationspunkte zu verdeutlichen.

Insbesondere für die Hauptnavigation gilt: Menschen sollten das Gefühl bekommen, sich jederzeit auf die Navigation verlassen zu können. Meistens ist es daher keine gute Idee, die Hauptnavigation zwischendrin zu verändern oder verschwinden zu lassen.

Navigationen **6.4**

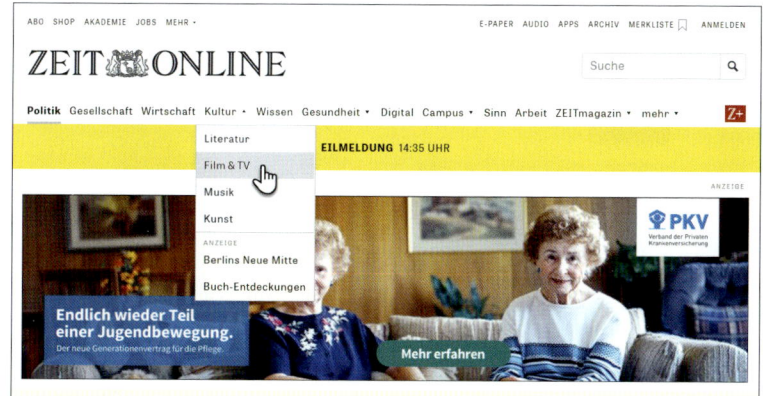

◀ **Abbildung 6.28**
Gestaltung der Navigationspunkte bei der »Zeit« (www.zeit.de)

Aber auch hier gilt: keine Regel ohne Ausnahme. In vielen Shops wird die Navigation entfernt, sobald der Kaufprozess beginnt – dies soll Kaufabbrüche verhindern.

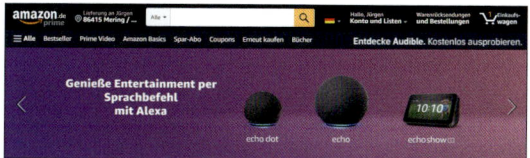

▲ **Abbildung 6.29**
Von der Navigation bei Amazon (www.amazon.de) …

▲ **Abbildung 6.30**
… ist während des Kaufvorgangs nicht mehr viel zu sehen – hier sollen Ablenkungen minimiert werden.

**Experimente** | Natürlich gibt es viele weitere Möglichkeiten des Navigationsdesigns. Ungewöhnliche Positionierungen wie unten im Footer können Charme haben und auch gestalterisch funktionieren – sie heben eine Website als einen bewussten Bruch mit Konventionen aus der Masse heraus.

Andererseits sollten Sie bedenken, dass Konventionen nicht aus Zufall entstanden sind, sondern sich durchgesetzt haben und unseren Erwartungen entsprechen. Je stärker eine Gestaltung mit etablierten Konventionen bricht, umso mehr sollte sie getestet werden. Die Persönlichkeiten und Nutzungsabsichten der eigenen Zielgruppe sind ebenfalls zu berücksichtigen – eine informationsorientierte Website wird sich eine spielerische Navigation weniger leisten können als ein avantgardistisches Kunstprojekt.

▲ **Abbildung 6.31**
Das runde Menü mit abgedunkeltem Hintergrund ist bei Pixlscript (www.pixlscript.de) ein echter Hingucker – zusätzlich gibt es aber auch noch eine »normale« Navigation.

**Abbildung 6.32** ▶
Metaphernbasierte Navigation beim Spielzeug- und Kleidungsladen Oz Consignments (*http://ozconsignments.com*)

Zunehmend finden sich auch bei großen Viewports Navigationsmenüs, die hinter Menü-Buttons wie dem Hamburger versteckt werden. Dieser Trend kommt aus dem Bereich responsiver Navigationen und wird daher in Abschnitt 6.5.3 behandelt.

### 6.4.3 Interaktionsdesign bei Navigationen

Über die richtige Positionierung einer Navigation haben Sie nun bereits einiges gelernt. Allerdings unterscheiden sich Navigationen auch in der Art und Weise, wie sie ihre Hauptfunktion (das Navigieren) ermöglichen. Dieses Kapitel erläutert typische Navigationsmuster (Patterns).

**Checkliste für Navigationen**
Kathryn Whitenton hat unter *www.nngroup.com/articles/menu-design/* eine praktische Checkliste für nutzungsfreundliches Navigationsdesign erstellt.

**Zugang zu anderen Bereichen schaffen |** Im einfachsten Fall funktionieren die Navigationspunkte als Links zu anderen Webseiten. Gestalterisch lässt sich das als Linkliste lösen (*Navigationsleiste*).

**Abbildung 6.33** ▶
Klassische Navigationsleiste bei NA-KD (*www.na-kd.com*)

Eine andere Möglichkeit ist die Arbeit mit Tabs, wie man sie auch von Reiter- oder Karteikarten kennt. Funktional unterscheiden sie sich nicht von einer Navigationsleiste. Einen Vorteil haben sie jedoch in strukturierender Hinsicht, denn der Zusammenhang zwischen Navigationspunkt und Inhalt kann deutlich hervorgehoben werden.

◀ **Abbildung 6.34**
Reiternavigationen verdeutlichen, wozu ein Inhalt gehört, müssen jedoch nicht altbacken aussehen (www.fluege.de).

**Dropdown-Menüs** | Eine andere Lösung sind Dropdown-Menüs. Sie zeigen den Inhalt von Untermenüs schon beim Überfahren mit der Maus – das hilft bei der Orientierung und erlaubt schnelleres Navigieren als das Laden einer ganzen Seite, um zu einem Unterbereich zu gelangen.

**Tipps zur Umsetzung**
Hier eine Auswahl von Tutorials und Best-Practice-Sammlungen rund um die Umsetzung von interaktiven Menüs und anderen Elementen:
▶ Stu Nicholls, http://www.cssplay.co.uk/menus
▶ WAI-ARIA Authoring Practices (mit besonderem Fokus auf Accessibility), www.w3.org/WAI/ARIA/apg/

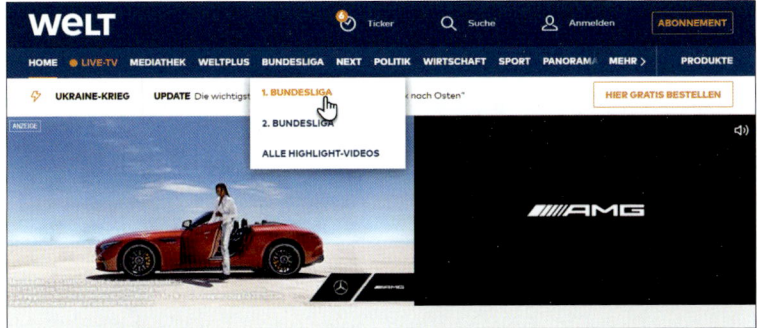

▲ **Abbildung 6.35**
Dropdowns erleichtern den Zugriff auf untergeordnete Inhalte wie hier in der Subnavigation »Bundesliga« bei *www.welt.de*.

Bei der Gestaltung von Dropdown-Menüs sollten Sie grafisch deutlich machen, hinter welchen Navigationspunkten sich Dropdowns verbergen – hier hat sich ein Pfeil nach unten etabliert, der sich im Idealfall in einen Pfeil nach oben verändert, wenn das Menü geöffnet ist. Oft wird auch mit einer kurzen Verzögerung beim Öffnen und Schließen gearbeitet (etwa 0,25 Sekunden) – so kann versehentliches Aktivieren vermieden werden. Andererseits verlangsamt eine solche Verzögerung auch die Interaktion, was besonders störend ist, wenn jemand wiederholt auf ein Menü zugreifen muss.

Ein Nachteil von Dropdowns ist, dass die Unterpunkte ab der zweiten Ebene nicht direkt zu erkennen sind – einer der Gründe für das Aufkommen der nächsten Gattung von Navigationsmenüs.

▲ **Abbildung 6.36**
Pfeile können Zustand und Funktionsweise des Menüs verdeutlichen (Agentur Kulturbanause, *https://kulturbanause.de*).

**Mega-Dropdown-Menüs** | Eine zunehmend beliebte Variante von Dropdown-Menüs sind die Mega-Dropdown-Menüs. Sie gruppieren Inhalte übersichtlich und können sogar ganze Inhaltselemente enthalten – von einfachen Bildern und Text-Teasern bis hin zu ganzen Filterfunktionen. Durch den zusätzlichen Raum können Navigationsoptionen übersichtlicher strukturiert werden. Mega-Dropdowns bieten sich daher besonders für Seiten mit großem Informationsangebot an.

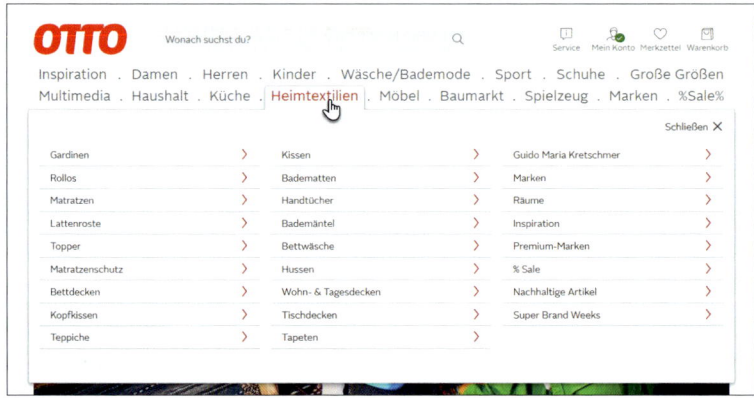

**Abbildung 6.37** ▶
Mega-Dropdown-Menüs wie hier bei Otto (*www.otto.de*) erlauben eine strukturierte Darstellung der Unterpunkte.

Trotz des größeren Platzangebots benötigen Mega-Dropdowns eine durchdachte Informationsarchitektur mit sinnvoll gegliederten Inhalten. Empfehlenswert ist außerdem, sie mit einer leichten Verzögerung zu öffnen und zu schließen – Jakob Nielsen empfiehlt etwa 0,5 Sekunden.

**Dropdown-Menüs bei Touch-Bedienung**
Das Steering Law trifft auf die Bedienung eines Dropdown-Menüs mit der Maus zu. Tipps zur Umsetzung auf Touch-Bildschirmen finden Sie im folgenden Abschnitt 6.5.

**Steering Law: Probleme von Dropdown-Menüs** | Paul Fitts und sein Gesetz haben Sie bereits im Abschnitt über Buttons kennengelernt. Es gilt für *eindimensionale* Bewegungen, also solche auf einer geraden Linie – etwa beim gezielten Ansteuern eines Buttons quer über den Bildschirm.

Etwas anders sieht es jedoch aus, wenn wir mit der Maus einem festgelegten Pfad folgen müssen, den wir nicht zu sehr verlassen dürfen. Sie kennen den Effekt sicher von einem Auto, das durch einen kurvigen Tunnel fährt – einerseits möchte man zügig durch den Tunnel kommen, andererseits darf man nicht so weit vom Weg abweichen, dass das Fahrzeug den Tunnelrand berührt. In der Mensch-Maschine-Interaktion spricht man in diesem Fall vom *Steering Law* (»to steer« = »steuern, lenken«). Damit lässt sich die Zeit, die zum Bedienen eines Dropdown-Menüs mit der Maus benötigt wird, mit relativ großer Sicherheit abschätzen. Bei Gravis müssten Sie beispielsweise den Mauszeiger im Menü nach unten führen, dann in einer kurvigen Bewegung den Menüeintrag entlangfahren und schließlich wieder nach unten schwenken.

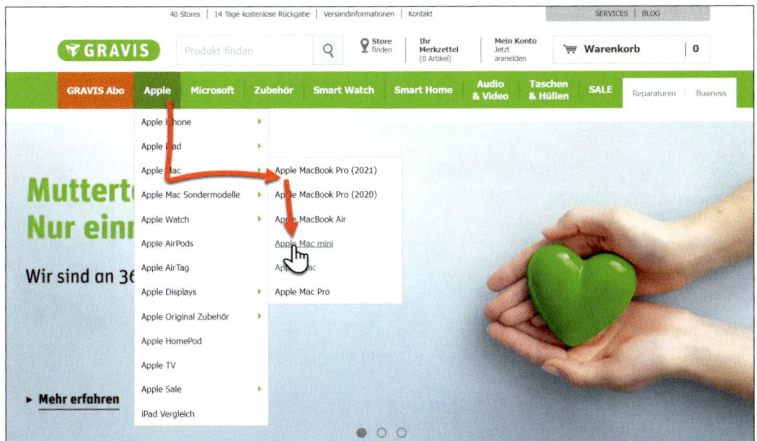

◀ **Abbildung 6.38**
Steering Law am Beispiel von Gravis (*www.gravis.de*)

Verlässt der Mauszeiger auf dem Weg zum Untermenü den aktiven Bereich, öffnet sich das falsche Menü – sicher haben Sie diese frustrierende Erfahrung bereits gemacht. Je länger und schmaler der Navigationspunkt ist, an dem Sie sich entlanghangeln müssen, desto schwerer ist es, das Menü zu bedienen. Auch erhöht sich die Schwierigkeit, je länger die Untermenüs werden. Bei Untermenüs in Untermenüs gleicht die Mausfahrt einem Hindernislauf.

**Gute Usability für Dropdowns** | Wenn Sie sich an einige Richtlinien halten, können Sie jedoch auch bei Dropdown-Menüs eine gute Usability sicherstellen:
▶ Achten Sie auf das **Diagonalenproblem** … Das was? Stellen Sie sich vor, ein Menü klappt auf, und Sie wollen einen der weiter entfernten Unterpunkte erreichen. Nach dem Steering Law ist es ziemlich mühsam, dem vorgegebenen Pfad des Menüs zu folgen. Also ziehen Sie Ihre Maus diagonal in die richtige Richtung … und das Menü ist zu, weil der Mauszeiger den aktiven Bereich verlassen oder einen anderen Menüpunkt gestreift hat.

**Tipps zur Umsetzung**
Ben Kamens' jQuery-Lösung: *https://rohl.es/diagonal-problem-jquery*
▶ Chris Coyiers Ideensammlung: *https://rohl.es/mouse-movement-paths*
▶ Hakim El Hattabs dynamische Hit Areas: *www.youtube.com/watch?v=oONtjY17v5w&t=944s*

Das muss aber nicht so sein. Erfunden hat die Lösung Usability-Experte Bruce »Tog« Tognazzini, und sie ist genial einfach: Wir kennen die Position des Mauszeigers, und wir kennen die Koordinaten des Dropdowns. Zwischen diesen Eckpunkten lässt sich ein virtuelles Dreieck aufziehen, in dem sich der Mauszeiger zum Untermenü bewegen darf. Alternativ lässt sich auch mit einer Verzögerung arbeiten, um das Menü bei schnellen diagonalen Mausbewegungen geöffnet zu halten.

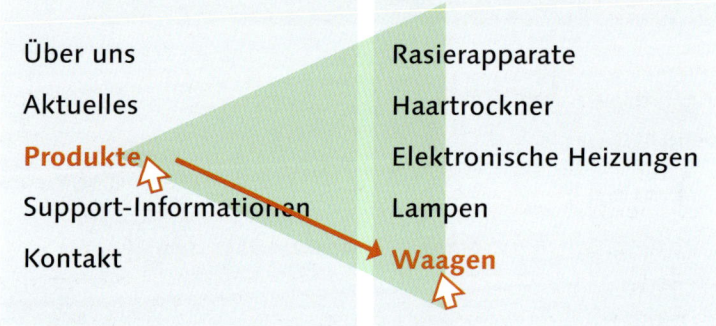

▲ **Abbildung 6.39**
Der grün markierte Bereich wird als Weg zum Untermenü interpretiert und schließt es nicht, auch wenn der Mauszeiger einen anderen Menüpunkt berührt (orange dargestellt).

▸ Achten Sie darauf, dass die aktiven Bereiche des Menüs groß genug sind, und vermeiden Sie zu stark verschachtelte Dropdown-Menüs.
▸ Achten Sie darauf, dass sich die aufklappenden Menüs deutlich vom Rest der Seite unterscheiden. Zu ausladend sollten die Menüs ebenfalls nicht werden, denn sonst können Menschen sie nicht mehr schließen, indem sie den Mauszeiger nach draußen bewegen.

**Flyout-Menüs** | Flyout-Menüs entsprechen in ihrem Verhalten den Dropdowns, öffnen sich jedoch zur Seite. Auch hier bietet sich die Arbeit mit Pfeilen an, um die richtigen Erwartungen zu wecken. Aus Usability-Sicht gilt das Steering Law auch hier – achten Sie besonders auf große aktive Flächen und die Lösung des Diagonalenproblems.

◀ **Abbildung 6.40**
Das Flyout-Menü von Aral
(*www.aral.de*)

**Accordion-Menüs** | Eine Alternative zu den beliebten Dropdowns sind Accordion-Menüs. Auch hier klappen sich Unterpunkte auf, allerdings erst auf explizite Anforderung durch Klicken oder Antippen. Beispiele mit Accordion-Menüs finden Sie auf der Website *https://freefrontend.com/css-accordion-menus/* gesammelt.

Bedenken sollten Sie, dass sich die Art und Weise verändert, mit der Nutzerinnen und Nutzer mit einem Accordion-Menü interagieren: Enthält ein Navigationspunkt Einträge, fungiert er als Container für seine Unterpunkte, nicht mehr als Link zu einer Kategorienseite. Manche Accordion-Menüs versuchen, dieses Problem zu umgehen, indem sie das Textlabel mit der Kategorienseite verlinken und daneben einen zweiten Button mit einem Symbol anlegen (meist ein Pfeil), der das Menü ausklappt. Allerdings zeigen Studien, dass viele Menschen diese Doppelfunktion in Menüs nicht verstehen (*www.nngroup.com/articles/accordion-icons/*).

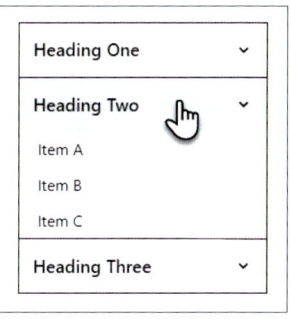

▲ **Abbildung 6.41**
Klassisches Accordion-Menü

**Filter, Navigation Queries und Wizards** | Manchmal bieten sich Navigationsmuster an, die auf Elemente aus Formularen zurückgreifen, um Nutzerinnen und Nutzer beim Erreichen ihrer Ziele zu helfen. Besonders in Onlineshops und Vergleichsportalen werden oft so viele Inhalte angeboten, dass es sinnvoll ist, sie in einer Matrix-Struktur anzuordnen (siehe Abschnitt 3.5.2) und mit Filtern zu arbeiten, um die Auswahl weiter einzuschränken. Typischerweise betreffen diese Filter relevante Eigenschaften der Produkte, etwa Marke, Farbe oder Preis. Sinnvoll ist es dabei, das User Interface auch für die jeweilige Eigenschaft zu optimieren. Während sich bei Marke und Farbe beispielsweise die Arbeit mit Icons anbietet, um Logos und Farbtöne darzustellen, ist beim Preis ein Slider eine gute Wahl, um die gewünschte Preisspanne einzustellen.

Einige Websites nutzen ein ähnliches Prinzip, das Vitaly Friedman »Navigation Queries« genannt hat (*www.smashingmagazine.com/2022/04/designing-better-navigation-ux-queries/*). Dabei handelt es sich um User Interfaces, bei denen Nutzerinnen und Nutzer ihre Absichten mit Hilfe von Formularfeldern und Filtern spezifizieren können, um dann zugeschnittene Empfehlungen zu erhalten. Anders als bei einer Suche nimmt sie das User Interface dabei an die Hand und regt sie zu kleinen Entscheidungen an, die sie ihrem Ziel näherbringen sollen. Das bietet sich besonders bei komplexen Thematiken an, etwa städtischen Services. Die Stadt Düsseldorf nutzt beispielsweise ein Formular, bei dem das Publikum zunächst eine Absicht festlegt (etwa »Ich möchte einen Termin vereinbaren«) und danach einen Bereich auswählt (etwa »Bürgerbüros«).

**Abbildung 6.42** ▶
Navigation Query auf der Website von Düsseldorf
(*https://service.duesseldorf.de*)

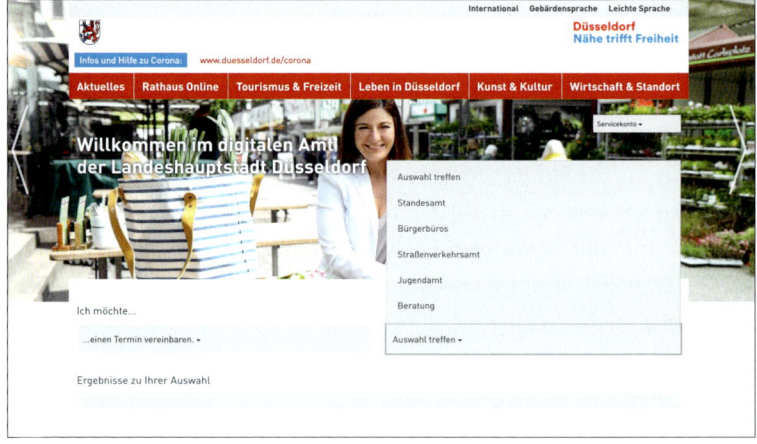

**Weitere Varianten**
Natürlich gibt es noch viele weitere Varianten des Navigationsdesigns, beispielsweise runde Menüs. Raluca Budiu gibt unter *www.nngroup.com/articles/expandable-menus* einen ersten Eindruck davon. Im Web sind sie derzeit eher selten zu finden – das muss Sie aber nicht vom Experimentieren abhalten.

Einen Schritt weiter gehen Wizards. Diese Formulare sind noch komplexer als Navigation Queries und brechen einen Prozess in verschiedene Schritte herunter. Sie werden typischerweise eingesetzt, wenn Nutzerinnen und Nutzer viele Informationen eingeben müssen, und erleichtern so den Einstieg. Wizards sind aber nicht unproblematisch, weil sie als umständlich empfunden werden können – Wizards bieten sich daher besonders für seltene Aktionen an. Viele wertvolle Ratschläge für die nutzungsfreundliche Gestaltung von Wizards finden Sie in Raluca Budius Beitrag »Wizards: Definition and Design Recommendations« (*www.nngroup.com/articles/wizards/*).

Mit diesem Wissen sind Sie nun gut gerüstet, um nutzungsfreundliche Navigationen zu gestalten – vorausgesetzt, es gibt genügend Platz dafür. Genau das ist jedoch in Zeiten der Internetnutzung mit Smartphones und Tablets nicht immer der Fall. Wie aber stellt man auch auf mobilen Geräten ein angenehmes Navigieren sicher?

## 6.5 Responsive Navigationen

Im Responsive Webdesign gibt es bei der Gestaltung von Navigationen viele weitere Aspekte, die beachtet werden sollten. Dabei haben sich einige typische Design-Patterns herausgestellt.

### 6.5.1 Grundregeln responsiver Navigationen

Für responsive Navigationen gelten zunächst einmal alle Regeln, die Sie bereits in Abschnitt 2.1 gelernt haben. Aber es kommen weitere Herausforderungen hinzu:

- **Gut mit den Fingern nutzbar sein**: Responsive Navigationen sollten so dimensioniert sein, dass sie mit den Fingern gut zu bedienen sind. Hier gelten die Regeln, die in Abschnitt 6.3 am Beispiel der Buttons behandelt werden.
- **Nicht zu viel Raum einnehmen**: Statt nur ein Menü zu sehen, sollte man schon beim ersten Aufruf der Seite erkennen können, worum es auf der Website geht.

**Die Basis: KISS – keep it simple and stupid** | Wie schafft man es nun, dass eine Navigation weniger Raum einnimmt? Fangen Sie an der Basis an – und das ist der Inhalt selbst. Bei einer überschaubaren Navigation ist es viel einfacher, eine gute User Experience auf kleinen Viewports sicherzustellen, als bei einem komplexen Navigationsmenü.

Überprüfen Sie Ihre Inhalte und Ihre Informationsarchitektur daher mit kritischem Auge sowie Erkenntnissen aus Analytics und Gesprächen mit Nutzerinnen und Nutzern. Entfernen Sie Inhalte, die nicht wichtig sind, und geben Sie den übrigen Bereichen eine

---

**Code-Beispiele und Tipps**
Im Web finden Sie viele Quellen mit Code-Beispielen und weiteren Tipps rund um die hier beschriebenen Design-Patterns. Hier sind einige Favoriten:
- Die Navigation im Responsive Web Design (Jonas Hellwig): *https://kulturbanause.de/blog/navigation-pattern-responsive-web-design/*
- Responsive Navigation (Eric Arbe): *https://responsivenavigation.net/*

sinnvolle Struktur. Danach gibt es unterschiedliche Design-Patterns für responsive Navigationen. Wir schauen uns zunächst Möglichkeiten an, die Navigation anzupassen, aber stets sichtbar zu halten. Häufiger wird mittlerweile jedoch das Menü versteckt oder dynamisch angepasst. Dazu werden wir uns zunächst damit beschäftigen, wie Sie in solchen Fällen Inhalte und Menü auffindbar machen können, und danach auf die typischen Lösungsstrategien für die Menüs selbst eingehen.

### 6.5.2 Responsive Navigation mit stets sichtbaren Menüs

**Top Nav**
technisch einfach
+ Menü bleibt jederzeit sichtbar
+ geringer Platzbedarf des Menüs
– für komplexe Menüs mit vielen Punkten und Untermenüs nicht nutzbar

Kleine Navigationsmenüs benötigen oft gar nicht so viel, um auch bei kleinen Viewports gut nutzbar zu sein – meist genügt es, Abstände und Textausrichtung etwas anzupassen, ansonsten fließen die Menüpunkte nebeneinander. Diese Lösung wird häufig als *Top Nav* oder *Do nothing* bezeichnet. Der Designer Trent Walton hat diesen Ansatz gewählt: Auf seiner schlichten, aber wunderschönen Website nimmt sich die Navigation den Raum, den sie braucht – lediglich das Logo wird dann über der Navigation platziert. Häufig wird eine solche mobile Navigation dann auch noch zentriert, und bei kleinem Viewport rutschen einzelne Einträge auch gerne mal in die zweite Reihe.

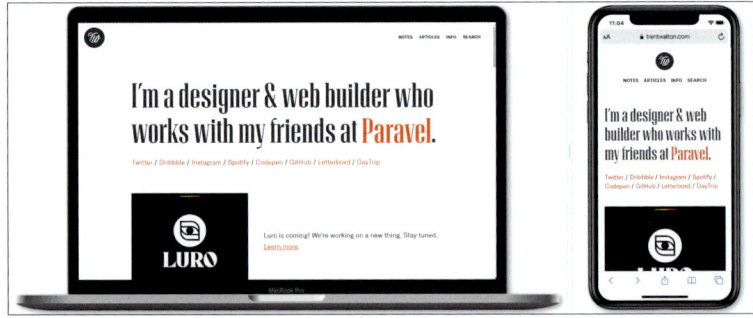

**Abbildung 6.43** ▶
Einfache, aber sehr praktikable Lösung für eine responsive Navigation (*https://trentwalton.com*)

Diese Lösung funktioniert am besten mit kleinen Menüs ohne umfangreiche Subnavigation. Das amerikanische Regent College demonstriert, dass auch eine visuell auffälligere Navigation platzsparend im Header angeordnet werden kann. Die Subnavigation wird bei kleinen Viewports weggelassen. Wer auf einen der Einträge in der Hauptnavigation tippt, gelangt zu einer Verteiler-Seite mit Links zu allen Unterseiten. Das ist allerdings ein Kompromiss, der nur mit großen Einschränkungen funktioniert, denn das Navigieren ist so natürlich umständlicher. Ein dicker Nachteil ist auch die Performance: Beim Navigieren zu einer Unterseite müssen immer weitere Seiten als Zwischenschritt geladen werden.

**Subnavigation weglassen**
+ einfach
− Navigation umständlicher
− Performance

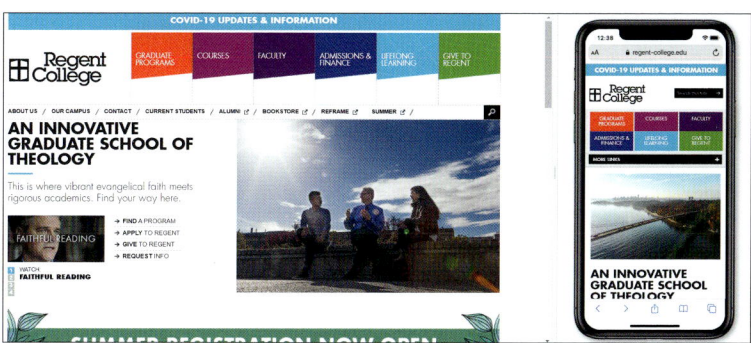

◂ **Abbildung 6.44**
Verzicht auf die zweite Navigationsebene beim Regent College (*www.regent-college.edu*)

Eine andere Variante ist, das Menü in den Footer der Website zu verschieben. Ein Anker-Link im Header sorgt dafür, dass die Nutzerinnen und Nutzer direkt zum Menü springen können. Das News-Magazin Contents Magazine lagert die Navigation bei kleinen Viewports in den Footer aus, wo sie entweder durch Scrollen oder durch Aktivieren eines EXPLORE-Textes im Header erreicht werden kann.

**Footer-Navigation**
+ einfach zu realisieren, technisch robust
+ Inhalte sind auf den ersten Blick zu erkennen
+ Navigation kann beliebig viel Raum im Footer einnehmen, ohne zu stören
− kann zu Verwirrung bei Nutzern führen

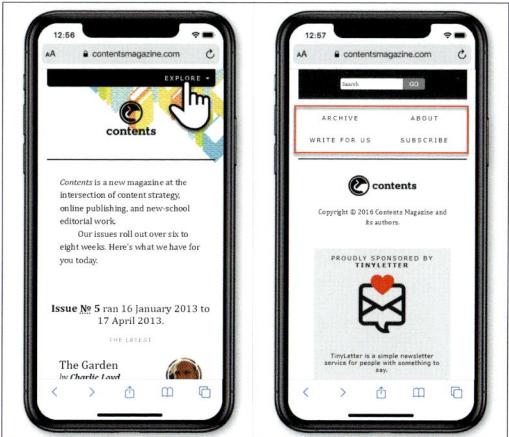

◂ **Abbildung 6.45**
Footer-Navigation beim Contents Magazine (*https://contentsmagazine.com*)

Aus Sicht der User Experience ist jedoch ein wenig Vorsicht geboten: Es kann verwirrend sein, wenn man oben auf einen Menü-

Button tippt und sich plötzlich ganz unten wiederfindet. Diese Verwirrung lässt sich mit verschiedenen Maßnahmen abmildern:

- **eindeutige Icons** wie etwa einen Pfeil nach unten verwenden, mit denen die Positionsänderung visualisiert wird
- eine **weitere Sprungmarke** einfügen, um zum Header zurückzuspringen (»back to top«)
- die **Bewegung zum Menü** animieren, statt urplötzlich die Position auf der Seite zu verändern – das lässt sich über die CSS-Eigenschaft `scroll-behavior: smooth`; realisieren (*https://developer.mozilla.org/en-US/docs/Web/CSS/scroll-behavior*)

### 6.5.3 Responsive Navigation mit versteckten Menüs

Eine Navigation zu verstecken, ist einerseits elegant – Sie schlagen damit zwei Fliegen mit einer Klappe:

- Es ist auf den ersten Blick viel vom Inhalt zu sehen, weil die Navigation kaum noch Platz »verschwendet«.
- Gleichzeitig hat das Navigationsmenü, sobald es einmal aktiviert ist, so viel Raum zur Verfügung wie nötig.

Bedenken sollten Sie jedoch auch die Nachteile: Ein verstecktes Menü kann die grundlegenden Funktionen einer Navigation nämlich zunächst *nicht* wahrnehmen, sondern erst *nachdem* eine Nutzerin oder ein Nutzer aktiv geworden ist.

Links zu dieser und weiteren Studien finden Sie im Dokument »quellen-lesetipps.pdf« im Download-Bereich.

Diesen Nachteil sollten Sie nicht unterschätzen: In einer britischen Studie vom Dezember 2015 mit 179 Personen zeigte sich: Versteckte Navigationen werden signifikant weniger und später genutzt. Zudem fanden Teilnehmende seltener, was sie suchten, und waren unzufriedener. Das spricht eher dafür, die Navigation bei so vielen Viewport-Breiten wie möglich sichtbar zu halten.

Natürlich ist das nicht immer möglich. Die gute Nachricht ist, dass mobile Nutzerinnen und Nutzer es zunehmend gewohnt sind, Menüs aufzuklappen – in der erwähnten Studie waren es schon 57 %. Das heißt aber auch, dass immerhin 43 % es nicht taten. Was also können Sie tun, um Ihre wertvollen Inhalte so gut auffindbar wie möglich zu machen?

**Inhalte trotz verstecktem Menü auffindbar machen** | Die erste Regel für die Gestaltung versteckter mobiler Menüs lautet also:

Denken Sie auch an die Menschen, die Ihre Navigation *nicht* finden oder gar nicht nutzen möchten. Entfernen Sie dazu das Menü einfach einmal komplett aus Ihrem Layout. Sind die wichtigsten Inhalte noch immer zu erreichen? Eine Reihe von Maßnahmen kann Ihnen dabei helfen:

- Bieten Sie Direktzugriff auf die Bereiche, die Ihrem Publikum am wichtigsten sind.
- Bieten Sie alternative Einstiegswege auf andere Bereiche, etwa über inhaltliche Module wie Teaser-Boxen.
- Bauen Sie auch im Content Links ein.
- Achten Sie auf eine gut sichtbare und hilfreiche Suchfunktion.
- Der Inhalt auf jeder Seite sollte das Thema so schnell wie möglich erfassbar machen. Achten Sie auf aussagekräftige Bilder, knackige Überschriften und eine übersichtlich gestaltete Typografie. Vermeiden Sie Elemente, die ein schnelles Erfassen des Themas erschweren oder davon ablenken könnten.

Maßnahmen wie diese helfen dabei, auch ohne Verwendung des Menüs Zugang zu den Inhalten und Funktionen zu finden. Aber natürlich ist es kein Zufall, ob ein verstecktes Menü als solches wahrgenommen wird oder nicht – im Gegenteil, Sie können eine ganze Menge dafür tun.

**Menü selbst auffindbar machen |** Besondere Aufmerksamkeit sollten Sie dem Button widmen, der das versteckte Menü öffnet. In den letzten Jahren hat sich dazu das Hamburger-Icon durchgesetzt. Es besteht (meistens) aus drei horizontalen Strichen und verdankt seinen Namen der Assoziation mit einem Hamburger (Brötchen, Fleisch, Brötchen).

Verstehen die Menschen so etwas? Darüber wird heiß diskutiert. Zentrale Argumente sind:

- **Pro**: Bevor das Hamburger-Icon seinen Weg ins Web fand, hatte es sich bereits im Design von Apps etabliert. Je höher die Affinität zu Smartphones und zum Web ist, umso eher können Sie davon ausgehen, dass das Hamburger-Icon verstanden wird.
- **Pro**: Das Hamburger-Icon ist kompakt und bleibt auch in sehr reduzierter Größe gut zu erkennen. Und es lässt sich gut in andere Formen transformieren.

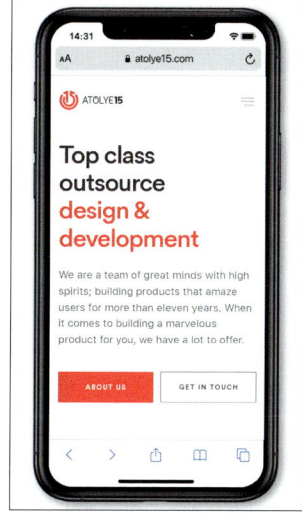

▲ **Abbildung 6.46**
Atolye15 (*www.atolye15.com*) stellt mit einer Aufteilung des Contents in verschiedene Blöcke sowie Buttons zum Direktzugriff sicher, dass Besucher auch ohne Nutzung der Navigation das Wesentliche mitbekommen.

**Mehr zum Hamburger-Icon**
- Geschichte und Herkunft: *http://blog.placeit.net/history-of-the-hamburger-icon*
- Die Alternative, das Pizza-Menü von Jakob Nielsen: *www.nngroup.com/articles/hamburger-menu-vs-pizza* (Achtung: April, April, aber sehr amüsant!)

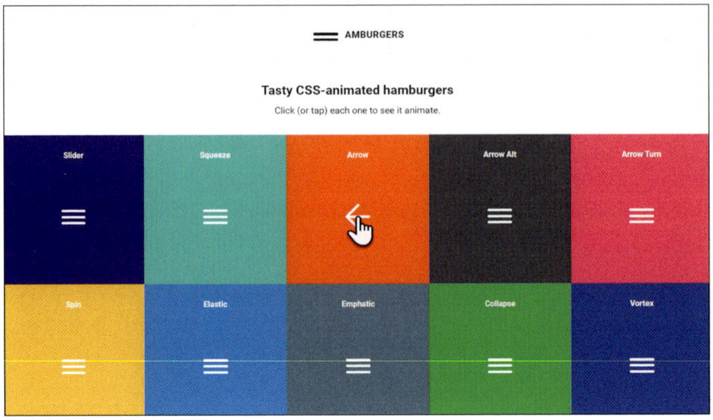

**Abbildung 6.47** ▶
Animationen des Hamburger-Icons in verschiedenster Form sind sehr beliebt (*https://jonsuh.com/hamburgers*).

- ▶ **Pro**: Es erinnert an die vertikale Anordnung mobiler Menüs.
- ▶ **Kontra**: In Usability-Studien schneidet das Hamburger-Icon eher schlecht ab, wenn es nah am Logo ist (*www.nngroup.com/articles/find-navigation-mobile-even-hamburger*).

Letzten Endes gibt es derzeit keine allgemeingültige Antwort darauf, ob Ihre Nutzerinnen und Nutzer das Hamburger-Icon verstehen – sprechen Sie mit Menschen aus Ihrer Zielgruppe, und beobachten Sie ihr Verhalten auf Ihrer Website. Achten Sie auch auf die Daten aus Ihrer Webanalyse: Wie navigieren Interessierte bevorzugt auf Ihrer Website – über das Menü, die Suche und/oder den Content selbst? Je größer die Bedeutung des Menüs ist, desto deutlicher sollten Sie es hervorheben. Und im Zweifel spricht selten etwas dagegen, an Stelle oder in Ergänzung zum Hamburger-Icon noch das Wort »Menü« oder »Navigation« zu schreiben – das beseitigt viele Unklarheiten.

Wichtig ist auch, dass sich das Menü wieder schließen lässt. Sofern das Menü nicht den gesamten Raum einnimmt, sollte es sich einklappen, wenn Menschen auf einen Bereich außerhalb des Menüs tippen.

**Trendwatch: Mögen auch große Viewports den Hamburger? |**
Das Hamburger-Icon wird manchmal sogar eingesetzt, wenn eigentlich genug Platz für eine Navigation wäre. Die Website des französischen Juweliers Serge Thoraval präsentiert sich sehr reduziert und elegant – ein großes Bild, wenig Text, ein Hamburger-Icon oben links.

◄ **Abbildung 6.48**
Das Hamburger-Icon ist mittlerweile auch auf großen Viewports angekommen (*www.atelier-serge-thoraval.com/fr*).

Natürlich gibt das schöne, visuell ruhige und plakatartige Websites – aber die bekannten Usability-Studien zu Hamburger-Menüs bei großen Viewports mahnen zur Vorsicht. In der oben zitierten Studie nutzten gerade einmal 27 % der Teilnehmenden auf Desktop-Rechnern eine Navigation, die hinter einem Hamburger-Icon versteckt war. Zudem waren sie *im günstigsten Fall* 39 % langsamer beim Lösen von Aufgaben im Vergleich zu sichtbaren Navigationen.

Für diese Werte gibt es gute Gründe. Auf schmalen Viewports nimmt ein Hamburger-Icon 10 oder 20 % der Seitenbreite ein, auf großen Viewports, relativ gesehen, jedoch viel weniger – damit wird es natürlich auch weniger auffällig. Hinzu kommt, dass Menschen es auf großen Viewports weniger gewohnt sind, nach dem Menü zu suchen – schließlich ist doch eigentlich genug Platz da. Auch hier ist also sorgfältiges Testen wichtig.

**Hamburger-Experimente bei großen Viewports**
Der Designer und Autor James Archer berichtet in seinem Blog (*http://jamesarcher.me/hamburger-menu*) von verschiedenen Versuchen des Nachrichtensenders NBC, das Hamburger-Menü erfolgreich bei großen Viewports einzusetzen. Selbst explizite Erklärungen und farbliche Hervorhebungen halfen nichts – NBC hat schließlich wieder ein normales Menü eingeführt.

◄ **Abbildung 6.49**
Der Moselwein e. V. zeigt beim ersten Aufruf der Website einen expliziten Hinweis, wo das Menü zu finden ist (*www.weinland-mosel.de*).

# 6 Navigationen und Interaktionen

## 6.5.4 Design-Patterns für responsive Navigationen mit versteckten Menüs

Sie sind nun gut gerüstet, um sich fundiert zu entscheiden, wie der Button zum Öffnen des Menüs aussehen soll. Doch auch zur Verhaltensweise des Menüs selbst gibt es noch einiges zu sagen. Es haben sich einige Varianten etabliert.

**Toggle-Menü**
+ spart Platz
+ bietet der Navigation beliebigen Raum
+ gut für umfangreiche Menüs geeignet
− muss erst aktiviert werden

**Toggle-Menüs und Overlay-Menüs |** Das Toggle-Menü (»to toggle« = umschalten) dürfte die beliebteste Lösung sein: Ein Button schaltet das Menü aus und wieder ein. Dabei kann es vorkommen, dass das Menü Teile des Inhalts nach unten schiebt – das ist der Ansatz, den die BBC gewählt hat.

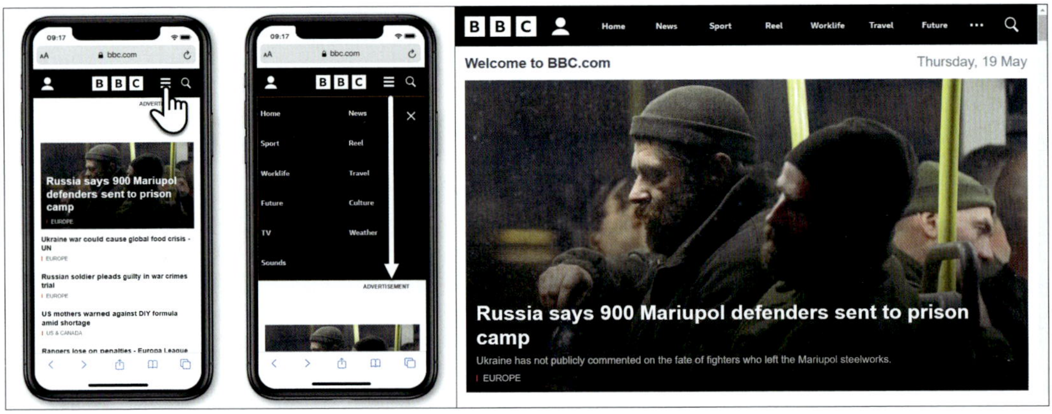

▲ **Abbildung 6.50**
Toggle-Menü bei der BBC (*www.bbc.com*)

Eine ähnliche Variante ist das Overlay-Menü. Dabei wird die gesamte Website abgedunkelt und mit einem Fullscreen-Menü überlagert.

**Multi-Level-Toggle**
+ Nutzerinnen und Nutzer können die Rubriken scannen und erhalten so einen guten Überblick über die Informationsstruktur
+ eignet sich gut für komplexe Menüs
− relativ umständlich zu bedienen

**Multi-Level-Toggle |** Dropdown-Menüs haben auf Geräten mit Maus- oder Trackpad-Steuerung den Vorteil, dass wir uns durch die hover-Zustände einen Überblick über Inhalte in den Rubriken verschaffen können. Smartphones, Tablets und andere Geräte mit Touch-Steuerung kennen jedoch keinen hover – hier setzen responsive Menüs oft auf den Ansatz, dass ein Tap auf den Hauptpunkt die Subnavigation in dieser Rubrik öffnet. Ein erneuter Tap auf die Hauptpunkte schließt das Menü wieder.

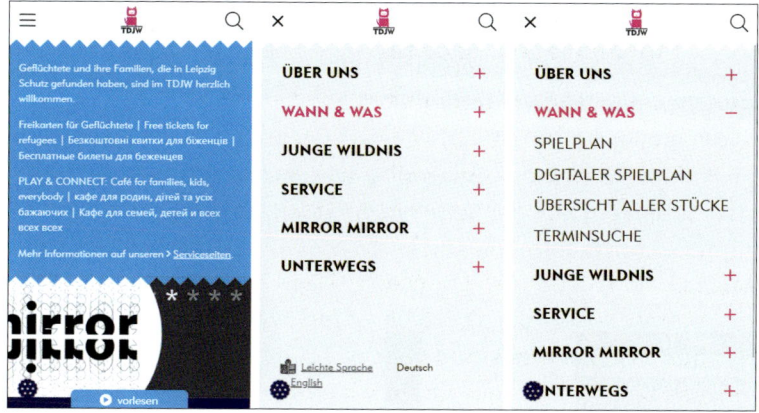

◀ Abbildung 6.51
Das Multi-Level-Toggle von www.theaterderjungenwelt-leipzig.de

Allerdings können in diesem Fall die Rubriken-Seiten selbst nicht mehr ausgewählt werden – sie wirken nur noch als Container für die Unterpunkte. Eine mögliche Lösung für dieses Problem ist, beim ersten Tippen auf einen Navigationspunkt das Menü zu öffnen und erst beim zweiten Tippen zur Seite selbst zu springen. Das lässt sich beispielsweise mit dem jQuery-Plug-in »DoubleTap-ToGo« (*https://github.com/dachcom-digital/jquery-doubletaptogo*) umsetzen.

Weitere Gestaltungstipps für Multi-Level-Toggles sind:

- Achten Sie auf eindeutige Icons – Nutzerinnen und Nutzern sollte klar sein, wo sich ein Submenü öffnet und wo nicht. Gut geeignet sind Pfeile (*www.nngroup.com/articles/accordion-icons/*).
- Im Idealfall sollten sich Icons auch mit dem Zustand des Menüs verändern. So kann aus einem Pfeil nach unten (Menü aufklappen) ein Pfeil nach oben werden, um das Menü wieder zuzuklappen.
- Ein Multi-Level-Toggle-Menü lässt sich auch gut mit einer dezenten Animation beim Aufklappen eines Submenüs kombinieren.
- Verzichten Sie auf zu viele Unterebenen. Das geht zu Lasten der Usability, und die Umsetzung mit JavaScript ist sehr aufwendig.

**Off Canvas: viel Platz außerhalb des Viewports |** Off-Canvas-Menüs ähneln den Toggle-Menüs. Der wichtigste Unterschied ist, dass die Navigation beim Aktivieren eines Toggle-Menüs eingeblendet wird, während sie bei Off-Canvas-Menüs (»off canvas«

# 6 Navigationen und Interaktionen

**Off-Canvas-Menü**
+ sehr gut für komplexe Menüs geeignet, da beliebig viele Ebenen möglich sind
+ passt zu Gewohnheiten bei der Nutzung mobiler Geräte
– technisch komplex

= außerhalb des Darstellungsbereichs) von einer Seite hineinfährt und den Inhaltsbereich verdrängt oder überlagert. Die Übergänge zwischen den beiden Formen sind jedoch fließend.

Ein großer Vorteil von Off-Canvas-Menüs ist ihre gute Eignung für komplexe Menüs. Amazon (*www.amazon.de*) beispielsweise lässt Submenüs von der Seite hineinfahren und ergänzt einen Link zurück zum Hauptmenü sowie ein X-Symbol zum Schließen des Menüs.

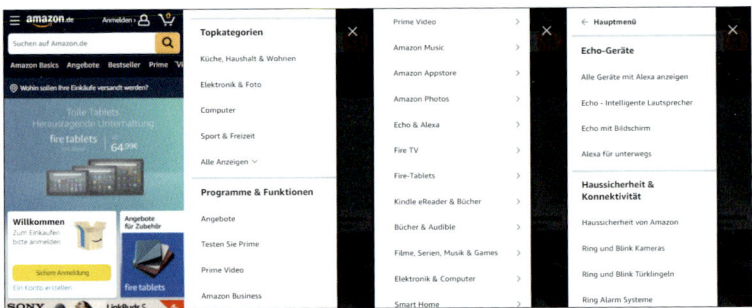

**Abbildung 6.52** ▶
Das Off-Canvas-Menü von *www.amazon.de*

**Tipps zur Umsetzung**
Der Webentwickler David Bushell arbeitet seit vielen Jahren an der Implementierung von Off-Canvas-Menüs und hat auf seinem Blog eine sehr gute Lösung vorgestellt: *https://dbushell.com/2021/06/17/css-off-canvas-responsive-navigation/*.

**Select-Menü** | Mobile Betriebssysteme haben oft spezielle, nativ auf dem System laufende Kontrollelemente für häufige Handlungen, so etwa für das `select`-Element, das man von HTML-Formularen kennt. Sie öffnen beim Antippen eines `select`-Felds eine auf dem Smartphone komfortabel nutzbare Auswahlmöglichkeit – und das lässt sich natürlich auch bei mobilen Navigationen nutzen.

**Abbildung 6.53** ▶
Select-Navigation bei Retreats 4 Geeks (*https://retreats4-geeks.com*)

Diese Lösung ist dennoch ziemlich selten zu finden, denn ein sehr großer Nachteil ist die fehlende Gestaltungsmöglichkeit: Über das Aussehen des Select-Menüs entscheiden Betriebssystem und Browser. Problematisch ist auch, dass Select-Menüs nur eine Ebene darstellen können – wer also ein mehrstufiges Menü aufbauen möchte, müsste die Gliederungsebenen mit Bindestrichen simulieren.

Die technische Umsetzung ist relativ einfach, aber auch etwas umständlich: Für eine normale Navigation benötigen Sie meist eine Liste wie beispielsweise `ul`, während es für die Select-Navigation ein Formular mit `select` sein muss. Aus technischer Sicht gibt es dafür zwei Lösungsmöglichkeiten:

▶ **Doppelter Code**: Eine Möglichkeit ist, die Links der Navigation zweimal anzulegen – einmal als Liste, einmal als `select`. Anschließend können Sie die nicht genutzte Variante in einer Media Query ausblenden:

```
.main-nav { display: none; }
@media only screen and (min-width: 30em) {
  .main-nav { display: block; }
  .select-nav { display: none; }
}
```

▲ **Listing 6.14**
Ausblenden der Select-Navigation mittels CSS

**Navigation mit Select-Menüs**
+ schafft viel Platz
+ aktiviert auf mobilen Geräten native und gewohnte Kontrollelemente
− keine Gestaltungsmöglichkeiten
− mehrere Gliederungsebenen nur umständlich realisierbar

▶ **JavaScript**: Eine andere Lösung ist, die Liste `ul` mittels JavaScript bei Bedarf in ein `select`-Menü umzuwandeln. Dazu hat der Designer Viljami Salminen mit »TinyNav« (*https://github.com/viljamis/TinyNav.js*) ein nur 443 Bytes kleines Skript geschrieben.

**Navigation am unteren Rand** | Da Smartphones häufig einhändig mit dem Daumen benutzt werden, setzen viele Apps wichtige Navigationspunkte an den unteren Bildschirmrand, um einfacher erreichbar zu sein. Eine solche »Bottom Navigation« ist auch recht einfach mit CSS für Websites realisierbar.

```
nav {
  position: fixed;
  bottom: 0;
}
```

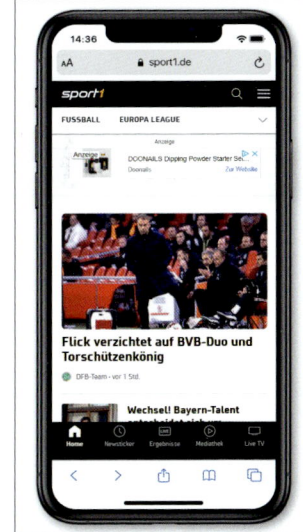

▲ **Abbildung 6.54**
*www.sport1.de* setzt wichtige Navigationspunkte an den unteren Bildschirmrand.

▲ **Listing 6.15**
Das `nav`-Element am unteren Browserrand fixieren

## Priority+

**+** nutzt vorhandenen Platz optimal aus

**+** zeigt wichtigste Einträge mit höherer Wahrscheinlichkeit

**−** möglicherweise entspricht die Reihenfolge nicht den Wünschen der Nutzerinnen und Nutzer

**−** möglicherweise erkennen nicht alle Menschen, dass es weitere Navigationspunkte hinter dem Button gibt

**Priority+: Menüpunkte priorisieren und einblenden |** Im Responsive Webdesign sind wir es gewohnt, Inhaltselemente je nach Platzangebot unterschiedlich anzuordnen. Warum sollte man das nicht auch bei Navigationen nutzen können? Solche Lösungen hören auf den Namen *Priority+* – ein Begriff, der auf den Entwickler Michael Scharnagl (*https://justmarkup.com/log/2012/06/responsive-multi-level-navigation*) zurückzugehen scheint. Wenn nicht genügend Platz für die Navigation zur Verfügung steht, zeigt das Menü nur die wichtigsten Einträge direkt an und versteckt alle anderen hinter einem Button.

Ein schönes Beispiel ist die Website der Regional Australia Bank. Während die Buttons für Login, Anrufen und Suche stets in der rechten Ecke verfügbar sind, werden je nach Viewport-Breite mehr und mehr Menüeinträge sowie eine Metanavigation eingeblendet – die anderen verstecken sich hinter einem Hamburger-Menü. Gut gelöst ist auch, wie der Schriftzug im Logo bei zu geringem Platz ausgeblendet wird, damit er die wichtigen Buttons rechts nicht nach unten drückt – User Experience steht hier vor Branding.

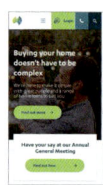
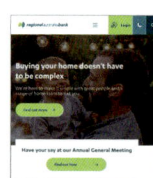

**Abbildung 6.55 ▶**
Priority+-Navigation bei der Regional Australia Bank (*www.regionalaustraliabank.com.au*)

Der größte Vorteil von Priority+ ist, dass die wichtigsten Navigationseinträge mit höherer Wahrscheinlichkeit auf den ersten Blick wahrgenommen werden können. Überprüfen sollten Sie auch, ob die Menschen erkennen, dass es Einträge hinter dem Button gibt. Hierbei könnte z. B. die Button-Beschriftung »mehr« helfen.

## 6.6 Formulare

Mit einer Website interagieren können Interessierte nicht nur mittels Links, Buttons und Navigationen. Formulare finden sich auf vielen Websites, und mit HTML-Attributen können Sie die verschiedenen Eingabefelder direkt verwenden.

### 6.6.1 HTML-Eingabefelder für Formulare

Gängige Eingabefelder für HTML-Formulare sind:
- `<input type="search">` erzeugt ein Suchfeld, das passend zum Betriebssystem gestaltet wird.
- `<input type="tel">` ist ein Eingabefeld für eine Telefonnummer. Auf einem Smartphone wird dabei eine Tastatur mit Nummern angezeigt.
- `<input type="email">` erzeugt ein Feld für eine E-Mail-Adresse – auch hierbei reagieren Smartphones mit einer angepassten Tastatur.
- `<input type="url">` erwartet die Eingabe einer URL und ruft dafür eine entsprechende Tastatur auf.
- `<input type="number">` ist zur Eingabe beliebiger Nummern gedacht – das kann entweder über die Tastatur oder mit den kleinen Schaltflächen neben dem Eingabefeld geschehen.

**Aktuelle Übersicht über HTML-Eingabefelder**
Eine sehr gute Übersicht über HTML-Eingabefelder für Formulare finden Sie unter *https://developer.mozilla.org/de/docs/Web/HTML/Element/Input*.

▲ Abbildung 6.56
Die Angabe `email` als Input-Typ passt die Tastatur auf dem iPhone an, z. B. mit einem prominenten @-Zeichen, und blendet AutoFill-Kontakte ein.

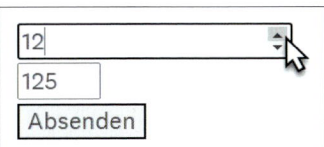

◀ Abbildung 6.57
`<input type="number">` in Google Chrome (*www.wufoo.com/html5/types/7-number.html*)

- `<input type="color">` aktiviert einen Farbwähler.
- `<input type="range">` erlaubt die Eingabe eines Wertes mit Hilfe eines Schiebereglers.
- `<input type="date">` erwartet die Eingabe eines Datums. Moderne Browser reagieren darauf mit einem praktischen Kalender, der die Auswahl eines Datums erlaubt.

Bei den Eingabefeldern für Zahlen, also `range` und `number`, können Sie mit den HTML-Attributen `min` und `max` den kleinsten bzw. größten erlaubten Wert festlegen sowie mittels `step`

▲ Abbildung 6.58
Datumseingabe über einen Kalender in Google Chrome (*www.wufoo.com/html5/types/4-date.html*)

**Farbe von Formular-Elementen bestimmen**
Mittels `accent-color` können Sie per CSS Einfluss auf die farbliche Gestaltung einiger `input`-Elemente nehmen, nämlich der Typen `radio`, `checkbox`, `range` und `progress`.

bestimmen, wie groß die Schritte beim Tippen auf die Pfeiltasten sein sollen:

```
<input type="number" min="0" max="10" step="0.5">
```

▲ **Listing 6.16**
Zahlen-Eingabefeld mit verschiedenen Attributen

Interessant ist, dass moderne Browser direkt mit einer eingebauten Formularvalidierung aufwarten: Wenn Sie beispielsweise keine gültige E-Mail-Adresse eingeben, zeigt der Browser die Eingabe in einer roten Schrift und meldet sich mit einer Fehlermeldung. Noch flexibler ist die Arbeit mit der Validierungs-API – Informationen dazu finden Sie unter *https://rohl.es/form-validation*.

**Abbildung 6.59** ▶
Ohne @-Zeichen keine E-Mail-Adresse (*www.wufoo.com/html5/types/1-email.html*)

### 6.6.2 Optimieren von Formularen

Formulare erreichen ihre Ziele nur dann, wenn sie auch ausgefüllt werden. Und wann füllen wir ein Formular aus? Wenn der Vorteil durch das Ausfüllen für uns größer ist als die Arbeit beim Ausfüllen. Zum Optimieren eines Formulars gibt es also zwei Möglichkeiten.

**Weniger Felder = größerer Erfolg**
Studien kommen immer wieder zu dem Ergebnis, dass viele Felder vom Ausfüllen abhalten – ganz besonders die komplexen Feldtypen wie mehrere Text- und Select-Boxen (*https://rohl.es/formular-felder-anzahl-erfolg*).

**Möglichkeit 1: Reibung verringern** | Eine Möglichkeit ist es, das Formular weniger abschreckend zu gestalten. Metaphorisch gesprochen verringern Sie damit die Reibung, so dass das Ausfüllen leichter fällt. Hier sind einige grundlegende Ratschläge dazu:

- **Fragen Sie nur ab, was Sie auch wirklich benötigen**. Bei der Nutzung stellen wir uns Fragen wie »Wieso braucht ihr meine Postadresse, um mir eine E-Mail zu schreiben?«. Das Risiko von Abbrüchen steigt mit jedem unnötigen Feld. Konzentrieren Sie sich also auf die Informationen, die Sie wirklich benötigen. Ergänzen Sie im Zweifelsfall eine Erläuterung, warum Sie bestimmte Daten benötigen (typischerweise über einen Tooltip).
- **Beantworten Sie sich Ihre Fragen selbst,** sofern es möglich ist. Kreditkartennummern enthalten bereits Hinweise auf das Kre-

ditinstitut – sofern Ihr System es hergibt, gibt es also keinen Grund, Interessierte explizit die Art der Kreditkarte auswählen zu lassen.
- **Zeigen Sie Labels an**: Ein Formularfeld benötigt ein wahrnehmbares Label. Das Label sollte vor dem `input` stehen, mit Ausnahme von Checkboxen und Radiobuttons. Zeichnen Sie Labels außerdem mit dem `for`-Attribut aus, so dass sie auch für Screenreader erkennbar sind, wie Sie es in Abschnitt 6.1.2 gelernt haben.
- **Nutzen Sie Platzhalter**, wenn es nötig ist. Ein Platzhalter-Text (`<input placeholder="…">`) erscheint als Hinweis innerhalb des Felds. Er verschwindet aber, sobald das Feld aktiviert und mit dem Tippen begonnen wird, und kann daher auf keinen Fall ein Label ersetzen. Kinneret Yifrah (»UX Writing & Microcopy«) empfiehlt, dass Platzhalter sinnvoll sind, wenn Sie nähere Erläuterungen zum Ausfüllen geben müssen oder wenn ein Formularfeld wirklich sehr wichtig ist, etwa das Status-Update auf einer Social-Networking-Website. In anderen Fällen empfiehlt es sich, auf Platzhalter zu verzichten: Unnötige Platzhalter machen das Formular komplizierter und schaden damit der User Experience (*www.nngroup.com/articles/form-design-placeholders/*).
- **Passen Sie die Feldgröße dem Inhalt an**, den Sie erwarten. Warum sollte ein Feld für eine fünfstellige Postleitzahl genauso lang sein wie eines für eine IBAN?
- **Verwenden Sie eine ausreichend große Schriftgröße**. Häufig sind die Schriftgrößen in den Eingabefeldern sehr klein. Beachten Sie hierbei auch die mobilen Geräte.
- **Unterscheiden Sie deutlich zwischen Pflichtfeldern und freiwilligen Feldern**. Häufig wird dabei mit Sternchen gearbeitet. In HTML gibt es zudem das Attribut `required`, mit dem Pflichtfelder markiert werden können.
- **Geben Sie ein Feedback**. Mit Hilfe von JavaScript lassen sich die Eingabefelder gleich bei der Eingabe überprüfen. So kann der Nutzerin oder dem Nutzer mit einer Rückmeldung auch gleich geholfen werden, das Formular richtig auszufüllen.
- **Gelernte Muster beachten**. Orientieren Sie sich bei der Reihenfolge, Validierung und Gestaltung von Formularfeldern an gelernten Standards, etwa grünen Häkchen für richtige Eingaben und roter Farbe für falsche Eingaben.

▲ **Abbildung 6.60**
Fehlerhafte Eingaben werden mit einem roten Rahmen, rotem Hinweistext und einem X-Symbol angezeigt, und korrekte Eingaben werden mit einem grünen Häkchen bestätigt.

- **Verwenden Sie Ausfüllhilfen**, wenn es möglich ist. Die Post, die Bahn oder Anbieter von Flügen machen es vor: Wenn Sie anfangen, einen Ort einzutippen, werden Vorschläge angezeigt. Technisch lässt sich das über Ajax lösen, eine Technologie, mit der Sie Inhalte verändern können, ohne die Seite neu laden zu müssen.
- **Seien Sie so flexibel wie möglich**. Programmieren Sie ein Formular am besten so, dass verschiedene Sonderzeichen (etwa deutsche Umlaute), Werte und Formate (etwa bei der Datumseingabe) akzeptiert werden. Wenn das nicht geht, hilft es, in der Nähe der entsprechenden Felder auf die akzeptierten Eingaben hinzuweisen.
- **Erlauben Sie Auto-Vervollständigung**. Formularelemente können mit dem Attribut `autocomplete` versehen werden, um es Nutzerinnen und Nutzern zu erlauben, sie automatisch mit gespeicherten Daten auszufüllen. Mit sinnvollen Werten für das `autocomplete`-Attribut können Sie dem Browser helfen, die richtigen Daten auszufüllen. Bei einem E-Mail-Feld kann das z. B. so aussehen: `<input name="email" type="email" `**`autocomplete="email"`**`>`. Eine gute Übersicht über die verschiedenen Werte finden Sie auf *https://developer.mozilla.org/en-US/docs/Web/HTML/Attributes/autocomplete*.
- Achten Sie auch darauf, dass es einfacher ist, etwas zu **erkennen**, als sich an etwas zu erinnern. Blendle zeigt beim Anmeldeprozess beispielsweise die Titelbilder verschiedener Magazine zur Auswahl, statt sich auf das Gedächtnis der Interessierten zu verlassen.

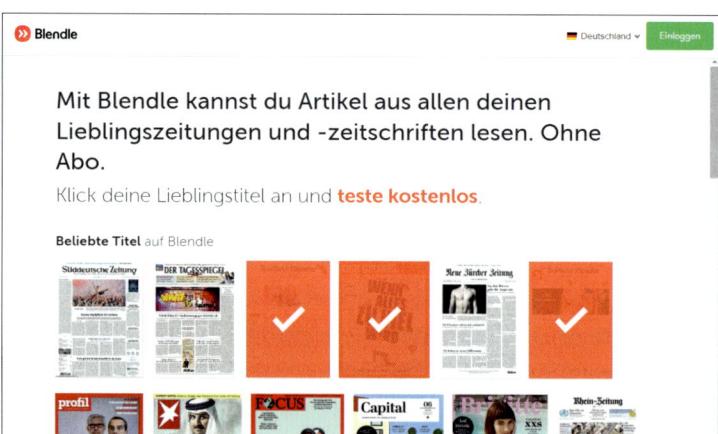

**Abbildung 6.61** ▶
»Erkennen ist einfacher als Erinnern« lautet eine alte UX-Weisheit – Blendle (*https://blendle.com*) hält sich daran.

Die Ratschläge oben helfen dabei, Fehler bei der Eingabe zu vermeiden, aber seien wir ehrlich: Das wird nicht immer funktionieren. Zu einer guten User Experience gehört es daher auch, Fehlermeldungen so zu formulieren, dass Sie Menschen echte Hilfestellungen geben. Kinneret Yifrah (»UX Writing & Microcopy«) arbeitet dafür drei Aufgaben heraus, die Fehlermeldungen erfüllen sollen:

1. **Das Problem einfach und deutlich erklären**: Dazu sollten Sie sich verdeutlichen, was die Menschen tun wollten, und ihnen die Informationen geben, die sie zum Verstehen des Problems benötigen. Verzichten Sie also auf Fachbegriffe oder technische Fehlercodes, und vermeiden Sie negative Emotionen, etwa durch drohende bzw. befehlende Formulierungen oder gar Beschuldigungen.
2. **Lösungen bereitstellen**: Erklären Sie, was die Besucherinnen und Besucher tun können, um die unterbrochene Aufgabe doch noch zu erfüllen. Wenn das nicht möglich ist, bieten Sie alternative Handlungen an. Ein typischer Fall ist beispielsweise, dass jemand in einem Registrieren-Formular bereits bestehende Account-Daten eingibt, um sich anzumelden. Statt barsch von einem »Fehler« zu sprechen, erinnert Trello freundlich an das bestehende Konto und wechselt automatisch zum Einloggen-Bereich.
3. **In positive Erlebnisse umwandeln**: Aus der frustrierenden Unterbrechung sollten Sie möglichst ein positives Erlebnis machen.

Aber natürlich geht es nicht nur um Fehlermeldungen, denn auch Erfolgsmeldungen sind für gute User Experience wichtig. Für die Autorin Kinneret Yifrah geben solche Erfolgsmeldungen Sicherheit (die Handlung war erfolgreich), zeigen die nächsten Schritte (und motivieren so zur weiteren Nutzung) und schaffen so ein positives Erlebnis.

Die User Experience bessert sich auch, wenn Sie ein langes Formular in kleinere Schritte aufteilen – es wirkt dann einladender und liefert nach jeder Etappe kleine Erfolgserlebnisse. Mit Hilfe von JavaScript können Sie Felder einblenden, die nur unter bestimmten Voraussetzungen benötigt werden.

**Möglichkeit 2: Motivation erhöhen** | Eine andere Möglichkeit ist es, die Motivation und den Anreiz zum Ausfüllen eines Formu-

▲ **Abbildung 6.62**
Registrieren einer bereits bekannten E-Mail-Adresse bei Trello (*https://trello.com*)

**Reibung als Designmittel**
Auch wenn wir in diesem Kontext vorrangig davon sprechen, Reibung zu reduzieren: Es ist wichtig zu verdeutlichen, dass Reibung ein Gestaltungsmittel ist, das Sie mit Bedacht einsetzen sollten. Es gibt Fälle, in denen Sie Reibung *erzeugen* möchten, beispielsweise um zu verhindern, dass eine unbedachte Handlung ernste Konsequenzen hat. So gibt es beispielsweise Flaschen mit Medikamenten, die bewusst schwer zu öffnen sind, um zu verhindern, dass Kinder damit spielen können.

lars zu erhöhen. Verdeutlichen Sie sich dazu die Erkenntnisse, die Sie in der Nutzerforschung (Abschnitt 3.2) über Ihre Zielgruppe gewonnen haben, und gestalten Sie das Formular entsprechend:

- Heben Sie den Mehrwert eines Angebots für die Nutzerinnen und Nutzer hervor. Mildern Sie Bedenken, etwa die Angst vor Spam.
- Nutzen Sie freundliche und einladende Formulierungen, die zur Zielgruppe passen.
- Seien Sie unbedingt ehrlich, und folgen Sie den Richtlinien von ethischem Design aus Abschnitt 2.5.

Formulare zum Anmelden bei einem digitalen Service, zur Kontaktaufnahme oder zum Abonnieren eines Newsletters sollen der erste Schritt einer hoffentlich langfristigen Beziehung zu den Nutzerinnen und Nutzern sein – daher sollten gerade solche Formulare einen positiven Eindruck erzeugen. t3n setzt das sehr gut bei seinem Pro-Abonnement um.

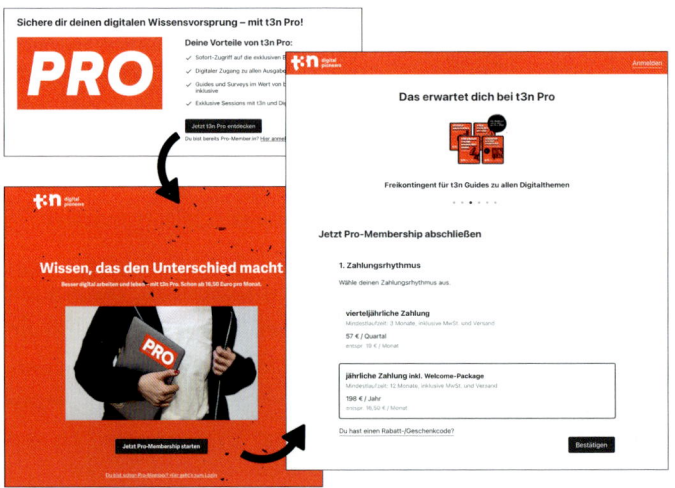

**Abbildung 6.63** ▶
Überzeugendes Onboarding beim t3n-Pro-Abo (*https://t3n.de*)

Ein Teaser erregt zunächst die Aufmerksamkeit. Er führt zu einer Übersichtsseite, die schrittweise alle Vorteile erläutert. Das Anmeldeformular greift die Vorteile erneut auf. Sie sind aus Sicht der Nutzerinnen und Nutzer formuliert (etwa »Wissen, was den Unterschied macht«) und beantworten Fragen deutlich (»inklusive MwSt. und Versand«). Selbst bei administrativen Vorgängen entsteht eine positive Stimmung (»Passwort vergessen? Kein Problem. Wir schicken dir sofort eine E-Mail, mit der du ein neues Passwort festlegen kannst.«).

## 6.7 Animationen

Animationen und Transitionen können bei den Interaktionen auf einer Website eine wichtige Rolle spielen.

### 6.7.1 Bessere User Experience durch Animationen

Animationen können die User Experience spürbar verbessern, indem sie die Funktion von User-Interface-Elementen unterstützen und verdeutlichen. Dazu gibt es verschiedene Anwendungsfälle.

**Zusammenhänge zwischen Inhalten verdeutlichen** | Animationen können die räumlichen Zusammenhänge zwischen Inhalten verdeutlichen und Orientierung bieten. Bei einer Navigation mit Ankern innerhalb eines Dokuments kann der Weg zu den Inhalten sanft animiert werden. Den Besucherinnen und Besuchern wird so verdeutlicht, dass sie sich noch immer auf derselben Seite befinden.

Auf der Website des Synchronsprechers und Moderators Pete Nottage taucht zunächst ein Meer auf, gefolgt von einer kleinen Stadtlandschaft. Autos fahren durch die Stadt, Boote segeln auf dem Meer, Flugzeuge fliegen durch die Luft und jedes Gebäude hat beim Hover eine spezielle Animation. Beim Klick auf die Links gerät man per Animation zu den Seiten, wo sich wiederum weitere tolle Animationen vorfinden.

**Animationen skizzieren**
Sie möchten Animationen im Rahmen der kreativen Ideenfindung auf Papier skizzieren? Lesen Sie dazu das Gespräch zwischen Val Head und Eva-Lotta Lamm unter *https://rohl.es/sketching-animations.*

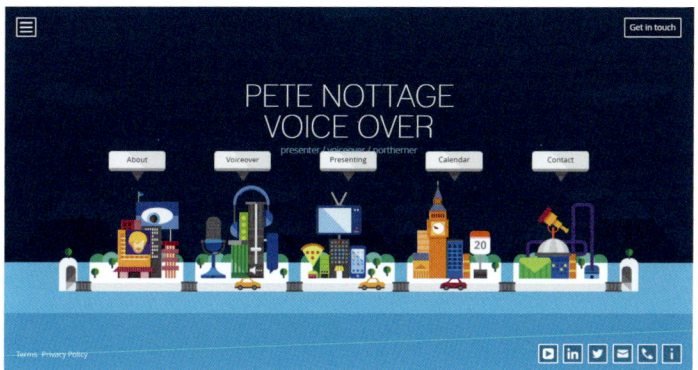

◀ Abbildung 6.64
Website von Pete Nottage
(*www.petenottage.co.uk*)

Sie finden den Button unter *https://codepen.io/rohles/pen/ygbeOL* oder im Ordner KAPITEL_06 • ANIMATIONEN.

**Visuelles Feedback geben** | Zu einer guten User Experience gehört auch das Gefühl, sich auf die Benutzeroberfläche verlassen zu können. Gibt das Interface keine Rückmeldung, werden Menschen schnell unsicher, ob ihre Aktion richtig erkannt wurde. Animationen können jedoch einen Zusammenhang zwischen den Handlungen und der Reaktion des Systems herstellen. So kann die Pseudoklasse `:active` genutzt werden, um den Button-Klick mit einer leichten Transition zu verdeutlichen:

**Listing 6.17** ▶
CSS-Transition auf `:active` bei einem Button

```
button { transition: all 0.25s ease-out; }
button:active { transform: translateY(3px);}
```

» *Stellen Sie sicher, dass Ihre Website jederzeit den Status von Anfragen visuell darstellt.*

**Abbildung 6.65** ▶
Eine CSS-Transition verdeutlicht, dass der Button-Klick registriert wurde.

Wenn Inhalt nachgeladen werden muss, eignen sich animierte Elemente hervorragend, um die Wartezeit zu verkürzen und zu verdeutlichen, dass gerade ein Ladevorgang läuft. Im einfachsten Fall können Sie dabei mit einem drehenden Symbol arbeiten – das empfiehlt sich, wenn die Ladezeit nicht bekannt ist. Ladebalken eignen sich, wenn die benötigte Zeit eingeschätzt werden kann. Richtig eingesetzt, können sie das Warten angenehm gestalten und kürzer wirken lassen – lesen Sie dazu mehr in meinem Beitrag unter *https://rohles.net/artikel/schnelle-ladebalken-user-experience*.

### 6.7.2 Gestaltungsgrundsätze für Animationen der Benutzeroberfläche

Animationen haben also einiges Potenzial, für eine gute User Experience zu sorgen. Damit das gelingt, gibt es eine Reihe von Gestaltungstipps.

**Dauer** | Mit CSS lässt sich die Dauer einer Animation sehr genau bestimmen. Aber wie lange ist richtig?

Fixe Regeln gibt es nicht – eine Animation muss sich richtig anfühlen. Die Faustregel: 200 bis 500 ms sind ein guter Ausgangspunkt. Die Animationsexpertin Val Head empfiehlt, Effekte wie Hover oder Einblenden eher kurz zu gestalten. Komplexe Bewegungen benötigen hingegen etwas mehr Zeit:

▼ **Abbildung 6.66**
Faustregel für die Dauer von User-Interface-Animationen

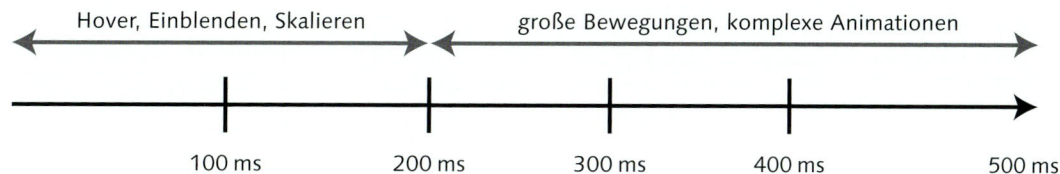

Diese Einschätzungen decken sich mit wissenschaftlichen Erkenntnissen. Im Bereich von 100 ms liegt die Grenze, die Menschen als »gleichzeitig« und »direkt von mir ausgelöst« empfinden. Augenbewegungen liegen durchschnittlich bei um die 200 ms. Bis zu etwa 1 Sekunde nehmen wir die Verzögerung bewusst wahr, fühlen uns aber noch immer in Kontrolle und uneingeschränkt. Dauert eine Operation länger, weil Inhalt geladen oder eine Datenbank abgefragt werden muss, empfiehlt sich ein expliziter Hinweis auf den Ladevorgang, um die Geduld von Nutzerinnen und Nutzern zu erhöhen.

**Timing** | Nicht nur die absolute Dauer einer Animation bestimmt ihren Charakter, sondern auch ihr Timing. Timing bestimmt, wie sich eine Animation anfühlt. Dieses *Wie* drückt Stimmung, Wichtigkeit und Charakter einer Bewegung aus:

- Beim linearen Ablauf einer Animation bleibt die Geschwindigkeit über den gesamten Verlauf konstant. Dies wirkt mechanisch und unnatürlich, denn für einen Menschen wäre eine gleichmäßige Bewegung wie diese gar nicht zu realisieren.
- Bei `ease-in` startet die Animation langsamer und wird zum Ende schneller. Dies wird als Beschleunigung wahrgenommen, die Intensität der Animation steigt an. Bei langsamen Beschleunigungen wirkt das Objekt schwer und träge, bei schnellen leicht.

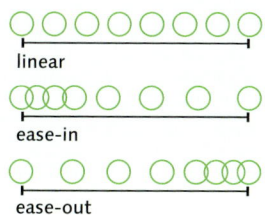

▲ **Abbildung 6.67**
Greift man sich einzelne Frames einer Animation (hier ein bewegter Kreis) heraus, wird der Ablauf verschiedener Timings deutlich (nach Val Head, »CSS Animations«).

- `ease-out` steht für einen abbremsenden Eindruck, weil die Bewegung zum Ende hin langsamer wird.
- Kombinationen sind mit `ease-in-out` und `ease` möglich. `ease` wirkt dabei zum Ende hin etwas dramatischer.

Beispiele von Transitionen und Animationen finden Sie unter *https://codepen.io/rohles/pen/xgdGaB* oder im Ordner KAPITEL_06 • ANIMATIONEN.

Mit diesen Optionen hören die gestalterischen Möglichkeiten jedoch nicht auf. Mit Bézier-Kurven lassen sich individuelle Übergänge realisieren. Mit Ceaser von Matthew Lein, easings.net (*http://easings.net*) und den Cubic Bezier von Lea Verou (*http://cubic-bezier.com*) stehen verschiedene praktische Tools zum Generieren und Vergleichen von Animationen mit Bézier-Kurven bereit.

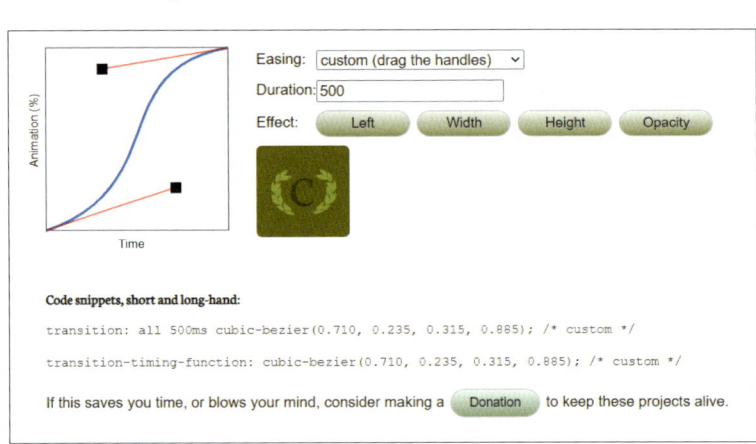

**Abbildung 6.68** ▶
Ceaser (*https://matthewlein.com/ceaser*) bietet eine grafische Oberfläche zum Anlegen von Bézier-Kurven und liefert den entsprechenden CSS-Code.

### 6.7.3 Animationen als inhaltliches Gestaltungsmittel

Animationen können auch als inhaltliches Gestaltungsmittel verwendet werden. Sie erhöhen die Auffälligkeit (Salienz) eines Objekts und werben so für erhöhte Aufmerksamkeit, als würden wir sagen: »Kuckuck, hier bin ich, guck mal!«

Das ist der Grund, warum inhaltlich und funktional irrelevante Bewegung vermieden werden sollte – sie lenken die Menschen zu stark ab und stehen ihnen bei ihren Nutzungsabsichten im Weg.

**Informationen spielerisch vermitteln |** Inhaltlich relevante Animationen können jedoch Prozesse oder Aspekte zeigen, die ansonsten schwer oder nur trocken zu visualisieren wären. Häufig werden solche Animationen basierend auf der Scrollposition ausgeführt. Apple nutzt dieses Verfahren gerne bei der Vorstellung von neuen Produkten. Während die Besucher nach unten scrollen, bewegen sich einzelne Bilder, um die Funktion zu erklären und Appetit auf mehr zu machen. So vermittelt der Hersteller auf spielerische Weise Informationen, die sein Produkt von anderen unterscheidbar machen.

▼ **Abbildung 6.69**
Animation bei den einzelnen Bestandteilen des AirPods (*www.apple.com*)

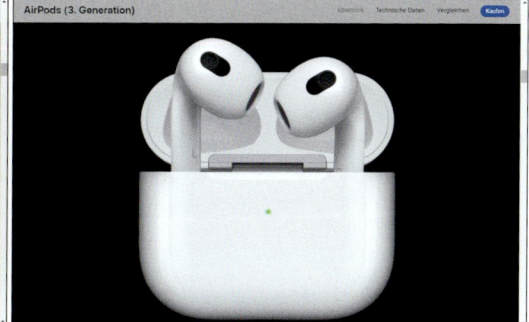

Animierter Text ist schwerer zu lesen als statischer Text – hier ist es wichtig, Kontrollmöglichkeiten zu bieten oder die optimale Geschwindigkeit durch Testen zu evaluieren. Bei Apple beispielsweise steuern die Nutzerinnen und Nutzer durch ihre Scrollgeschwindigkeit selbst, wie lange sie die Texte anschauen möchten.

**Platz mit animierten Content-Elementen sparen |** Animationen können auch in Content-Elementen eingesetzt werden, um Platz zu sparen und mehr Inhalt unterzubringen. Slider, Carousels, Accordions oder Tabs greifen auf Animationen zurück, um die Übergänge zwischen Content zu verdeutlichen.

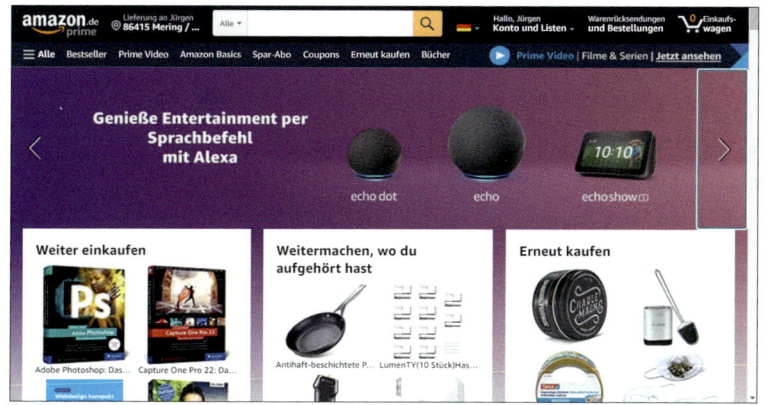

◄ **Abbildung 6.70**
Slider sind typische Content-Elemente, die sich besonders bei Shops häufig finden (*www.amazon.de*).

# 6 Navigationen und Interaktionen

Allerdings sollten Sie sich nicht allzu sicher sein, dass Ihre Nutzerinnen und Nutzer solche Elemente auch tatsächlich verwenden. Besonders gut testen sollten Sie automatisch ablaufende Inhalte – sie werden in Studien oft als Werbung interpretiert und schnell ignoriert (*Banner Blindness*). Zu schnell ablaufende Inhalte können Zugänglichkeitsprobleme schaffen, wenn Menschen nicht genug Zeit zum Lesen haben.

**Erinnerungsmomente schaffen |** Natürlich können Animationen auch einfach Spaß machen oder mehr Interesse erzeugen. Kleine Spielereien können einer Gestaltung einen unverwechselbaren Charme verleihen. Achten Sie darauf, dass der Charakter der Animation zur Gestaltung passt. Ein interessantes Beispiel ist ein Button für einen Bestellvorgang (*https://codepen.io/avstorm/pen/oqKbLq*). Wenn Sie mit dem Mauscursor über den Button gehen, wird beim :hover der Button von links nach rechts animiert mit einer Farbe gefüllt. Dezente Spielereien wie diese können einen Aha-Moment erzeugen, der den Nutzerinnen und Nutzern noch lange im Gedächtnis bleibt.

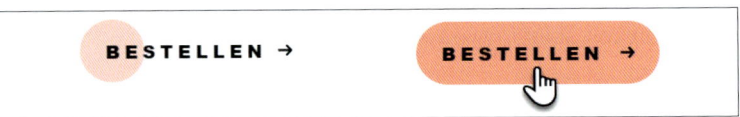

**Abbildung 6.71 ▶**
Eine kleine Spielerei kann für positive Momente bei Nutzerinnen und Nutzern sorgen.

## 6.7.4 Umsetzung in CSS

Mit diesem Wissen sind Sie gut gerüstet, Animationen im Sinne einer richtig guten Nutzungserfahrung einzusetzen. CSS bietet zwei Wege: CSS-Transitions und CSS-Animationen.

Beispiele für Transitionen und Animationen finden Sie unter *https://codepen.io/rohles/pen/xgdGaB* oder im Ordner Kapitel_06 • Animationen.

**CSS-Transitions |** Einfache Animationen können mit CSS-Transitions realisiert werden. Das sind weiche Übergänge zwischen verschiedenen Zuständen von CSS-Eigenschaften:

- ▶ transition-property (Pflichtangabe) bestimmt, welche Eigenschaft(en) animiert werden soll(en). Angegeben werden entweder die einzelnen Eigenschaften oder das Schüsselwort all, das sich auf alle animierfähigen Eigenschaften bezieht.
- ▶ transition-duration (Pflichtangabe) legt die Dauer in Millisekunden oder Sekunden fest.

- `transition-timing-function` beeinflusst den zeitlichen Verlauf des Übergangs, also das Timing. Dazu dient eine Bézier-Kurve oder ein Schlüsselwort:
  - `linear` (gleichbleibende Geschwindigkeit)
  - `ease-in` (weicher Beginn)
  - `ease-out` (weiches Ende)
  - `ease-in-out` (weicher Beginn und weiches Ende des Übergangs)
  - `ease` (weicher Beginn und weiches Ende, mit Beschleunigung in der Mitte)
- `transition-delay` legt eine Verzögerung in Millisekunden oder Sekunden fest, bevor der Übergang einsetzt.

**Animierfähige Eigenschaften**
In CSS können nicht alle Eigenschaften animiert werden. Eine Übersicht finden Sie unter *https://developer.mozilla.org/en-US/docs/Web/CSS/CSS_animated_properties*.

Kurzschreibweise ist auch möglich:

```
a { transition: all 0.2s ease-in-out; }
```

◀ **Listing 6.18**
Kurzschreibweise von Transitions

**CSS-Animationen** | Keyframe-Animationen in CSS erlauben größere Freiheit als die einfachen Übergänge. Animationen benötigen keinen expliziten Auslöser, können in Loops abgespielt und in Zwischenschritte aufgeteilt werden. Sie benötigen folgende Angaben:
- **Definition der Animation**: Jede Animation wird mittels `@keyframes` festgelegt und bekommt einen Namen. Innerhalb der Keyframes werden Stufen für die Animation festgelegt, die alle zu animierenden Eigenschaften enthalten.
- **Aufrufen der Animation** über `animation-name`
- Bestimmen der **Animationsdauer** mittels `animation-duration` (in Millisekunden oder Sekunden)

Stationen innerhalb der Animation können mit Prozentangaben wie `50%` definiert werden:

```
@keyframes pulse {
  0% { background-color: #45d1ff; }
  50% { background-color: #00ac56; }
  100% { background-color: #45d1ff; }
}
.animation {
  animation-name: pulse;
  animation-duration: 2s;
}
```

**Alternative Keywords**
Anstelle der Prozentangaben können auch die Keywords `from` (Startpunkt) und `to` (Endpunkt) verwendet werden, um Animationen zu definieren.

◀ **Listing 6.19**
Beispiel für eine Animation mit CSS

**Trickfilm-Animationen mit steps()**
Neben den hier erläuterten Timings gibt es eine weitere, wenig bekannte Animationsfunktion: steps(). Damit ist es möglich, die Zahl der Keyframes zu definieren, die während einer Animation dargestellt werden sollen. Mehr Informationen dazu finden Sie in »How to Use steps() in CSS Animations« von Joni Trythall unter *https://designmodo.com/steps-css-animations*.

Auf Wunsch kann noch auf die folgenden Eigenschaften zurückgegriffen werden:

- animation-delay: Verzögerung in Millisekunden (ms) oder Sekunden (s)
- animation-timing-function: Verlauf der Animation auf einer Kurve (Timing), vergleichbar transition-timing-function
- animation-fill-mode: Verhalten nach Ablauf der Animation – verwendbar sind:
  - der Standardwert none (Animation wird einfach beendet)
  - forwards (springt am Ende zum letzten Keyframe)
  - backwards (springt am Ende zum ersten Keyframe)
  - both (Eigenschaften aus dem ersten und letzten Keyframe werden verwendet)
- animation-iteration-count: Anzahl der Wiederholungen (bei Angabe eines Zahlenwerts) oder Wiederholungen in einer Schleife (Schlüsselwort infinite)
- animation-direction: Festlegung der Richtung einer Animation – entweder normal für gleichbleibende Richtung oder alternate für Animationen, die zuerst vorwärts, dann rückwärts und schließlich erneut vorwärts ablaufen sollen

Zusammenfassen lässt sich all dies in der Kurzschreibweise animation, und natürlich sind auch Kombinationen mehrerer Animationen möglich. Bei Animationen lässt sich das Timing übrigens auch für einzelne Phasen der Animation unterschiedlich einsetzen:

```
@keyframes position {
  0% { left: 0; }
  50% {
    left: 75%;
    animation-timing-function: cubic-bezier(0.66,-0.29, 0.03, 0.83);
  }
  100% { left: 100%; }
}.animation {
  animation: position linear 4s infinite alternate;
}
```

▲ **Listing 6.20**
Beispiel für eine Animation mit verschieden gesetzten Timings

**Effektbibliotheken verwenden** | Wenn Sie Animationen und Transitionen nicht selbst definieren möchten, können Sie auf eine Reihe von Bibliotheken zurückgreifen. Zu den bekanntesten gehört »Animate.css« aus der Feder von Daniel Eden. Alternativen sind beispielsweise:

- »Hover.css« (*https://ianlunn.github.io/Hover*) von Ian Lunn
- CSShake (*https://elrumordelaluz.github.io/csshake*) von Lionel
- Magic (*www.minimamente.com/example/magic_animations*) von Christian Pucci

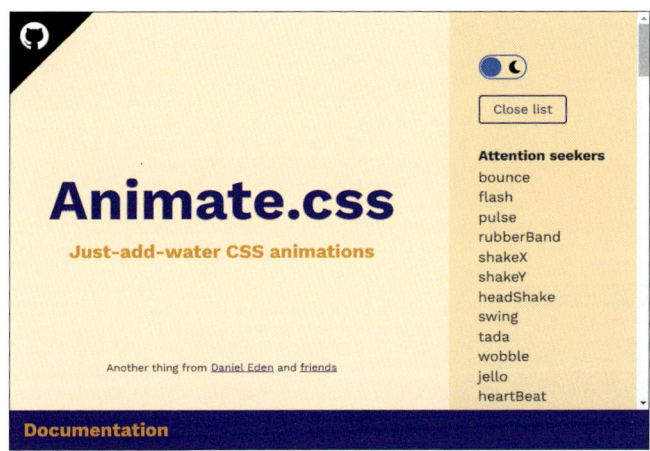

◀ **Abbildung 6.72**
»Animate.css« ist eine umfangreiche Bibliothek verschiedener Animationen (*https://daneden.github.io/animate.css*).

### 6.7.5 Reduced Motion Media Queries

Zwar werden Websites mit den neuen Technologien immer interaktiver, lebendiger und animierter, aber es gibt auch Menschen, bei denen solche Animationen Kopfschmerzen, Schwindel oder Migräne auslösen – genannt: vestibuläre Störungen. Im schlimmsten Fall können visuelle Animationen Epilepsie auslösen. Und auf mobilen Geräten können der höhere Verbrauch mobiler Daten (etwa bei automatisch abspielenden Videos) oder die Akkulaufzeit gegen Animationen sprechen.

In Betriebssystemen lässt sich mittlerweile aktivieren, dass Bewegungen reduziert werden sollen. Mit der Media Query `prefers-reduced-motion` können Sie im CSS-Stylesheet darauf reagieren. Als abgefragten Wert können Sie `reduce` (Option für reduzierte Bewegungen ist aktiviert) oder `no-preference` (Option ist nicht aktiviert) abfragen:

**Gestaltungstipps für reduzierte Bewegungen**
Wichtig zu bedenken ist aber auch, dass reduzierte Bewegung nicht zwangsläufig *keine* Bewegung bedeutet. Ausschalten sollten Sie eher die Bewegungen, die vorrangig einem coolen Effekt dienen, weniger die subtilen Bewegungen, die das Verständnis fördern. Außerdem sollten Sie Ihre Entscheidungen mit Nutzerinnen und Nutzern testen.

```
@keyframes pulse { /* Angaben zur Animation */ }
.cta { animation: pulse 2s; }
@media screen and (prefers-reduced-motion: reduce) {
  .cta { animation: none; }
}
```

▲ **Listing 6.21**
Ein vereinfachtes Beispiel, wie die Reduced Motion Media Query verwendet werden kann

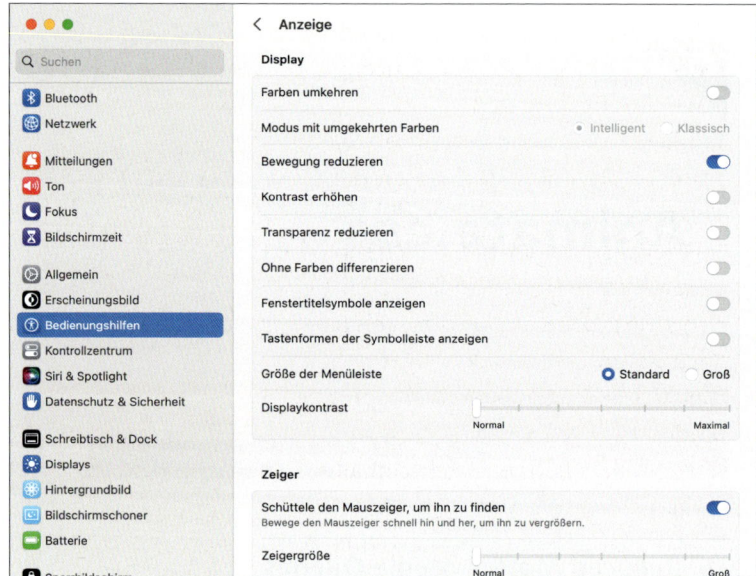

**Abbildung 6.73** ▶
Option BEWEGUNG REDUZIEREN in macOS Ventura

Das Beispiel oben zeigt, wie eine Animation bei aktivierter Bewegung-reduzieren-Option ausgeschaltet werden kann. Als Alternative empfiehlt Tatiana Mac, mit reduzierter Bewegung zu beginnen und ausgefallene Animationen per Media Query (`prefers-reduced-motion: no-preference`) zu aktivieren, falls die Nutzerinnen und Nutzer sich nicht für reduzierte Bewegung entschieden haben (*www.tatianamac.com/posts/prefers-reduced-motion/*).

### 6.7.6 Zugängliche Animationen

Errichten Sie auch bei Animationen keine Barrieren. Einige der Empfehlungen aus den WCAG 2.0:

- **Alternativen in Textform anbieten**: Wenn Animationen Inhalte vermitteln, sollten diese auch in alternativer Form für Screenreader zugänglich sein – wir gehen in Abschnitt 8.9 bei den Video-Inhalten ausführlich darauf ein.
- **Kontrolle ermöglichen**: Nutzerinnen und Nutzer brauchen eine Möglichkeit, eine Animation kontrollieren zu können. Die WCAG 2.1 empfehlen eine explizite Kontrollmöglichkeit für alle Animationen, die a) länger als fünf Sekunden dauern, b) automatisch starten und c) zeitgleich mit anderen Inhalten gezeigt werden. Zur Kontrolle gehören Vor-, Zurück-, Play- und Pause-Buttons sowie eine Anzeige, wie viele Inhalte ein Slider oder ein Carousel hat.
- **Blinken vermeiden**: Verzichten Sie auf starkes Blinken von Inhalten – diese Effekte können nicht nur epileptische Reaktionen hervorrufen, sondern sind auch eher nervig.
- **Ausreichende Kontraste sicherstellen**: Wenn Sie Farbübergänge animieren, achten Sie auf ausreichende Kontraste. Durch den schrittweisen Übergang von einer Farbe zur anderen fallen Kontrastunterschiede weniger auf.
- **Ausreichend Zeit lassen**: Besonders bei automatisch ablaufenden Inhalten ist das Timing von entscheidender Bedeutung – Menschen können leicht Inhalte entgehen, wenn sie nicht lange genug zu sehen sind. Aus Sicht von UX und Accessibility wird oft davon abgeraten, Inhalte automatisch ablaufen zu lassen.
- **Ausschalten ermöglichen**: Besonders bei ausgefallenen Animationen ist es wichtig, dem Publikum eine Möglichkeit zum Ausschalten zu bieten. Ein schönes Anwendungsbeispiel unter Verwendung von `prefers-reduced-motion` finden Sie in einem Beitrag von Michelle Barker (*www.smashingmagazine.com/2021/10/respecting-users-motion-preferences/*).

**PEAT-Tool**
Zum Testen, ob eine Animation epileptische Reaktionen auslösen kann, hat das Trace Research & Development Center der University of Maryland das Photosensitive Epilepsy Analysis Tool (PEAT) für Windows entwickelt (*https://trace.umd.edu/peat/*).

Die Gestaltungsmittel, die Sie in diesem Kapitel kennengelernt haben, spielen eine große Rolle für eine positive User Experience. Das folgende Kapitel fügt Ihrem Arsenal an Gestaltungsmitteln ein weiteres Werkzeug hinzu: die Farben.

# Farbe im Web

So finden Sie die richtigen Farben für Ihre Website

- Welche Aspekte von Farbe gibt es?
- Welche Assoziationen rufen Farben hervor?
- Wie definiere ich Farbe in CSS?
- Welche Aspekte von Accessibility muss ich bei der Farbwahl beachten?
- Wie finde ich ein passendes Farbschema für mein Projekt?

# 7 Farbe im Web

Farbe ist eines der wichtigsten Gestaltungsmittel im Web. Es gibt unzählige Farben und Kombinationen, die Sie verwenden können – doch Sie sollten Ihre Wahl nicht dem Zufall überlassen. Ohne grundlegendes Wissen über Farben und ihre Bedeutungen laufen Sie Gefahr, unpassende Assoziationen zu wecken oder nur auf eine abgegriffene Farbgebung zu setzen.

**Farblehre im Video**
Rhea Lelina Manglapus hat unter *https://vimeo.com/114900089* viele wichtige Grundlagen zu Farben in einem Video (1:50 Minuten) zusammengefasst.

## 7.1 Kleine Farblehre

Farben haben die Menschen schon immer sehr beschäftigt, und so verwundert es nicht, dass es eine Vielzahl von Begriffen und Klassifikationen gibt, um sie zu beschreiben. Zugleich haben sich Farben und die menschlichen Erfahrungen mit ihnen tief in unser kulturelles Verständnis eingebrannt.

### 7.1.1 Grundbegriffe: Farbton, Helligkeit, Sättigung

Eine erste wichtige Unterscheidung sind die unbunten und bunten Farben. Unbunte Farben sind Weiß, Grau und Schwarz ohne jeglichen Farbton. Bunte Farben sind alle anderen Farben.

**Farbton** | Von Farbtönen spricht man bei reinen Farben. Sie verfügen über die größte Strahlkraft und eine gute Signalwirkung.

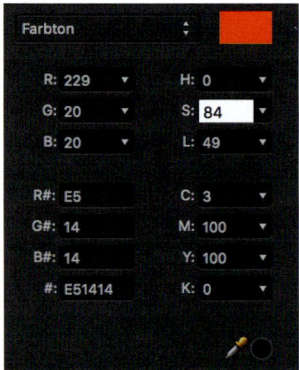

▲ **Abbildung 7.2**
Der Farbwähler (hier Affinity Photo) kann auf S gestellt werden, um die aktuelle Farbe in verschiedenen Sättigungen auszuwählen.

▲ **Abbildung 7.1**
Reine Farben

**Sättigung** | Trübe Farben entstehen, indem man Farben einen Grauanteil zumischt. Dadurch verändern Sie die Sättigung einer

Farbe: Reine Farben ohne Grauanteil haben die maximal mögliche Sättigung. Je stärker eine Farbe entsättigt wird, umso mehr nähert sie sich reinem Grau an.

▲ **Abbildung 7.3**
Die Sättigung einer Farbe bestimmt, wie groß ihr Grauanteil ist – Farben werden mit abnehmender Sättigung trüb.

**Helligkeit** | Farbtöne lassen sich in unterschiedlichen Schattierungen einsetzen. So ist es möglich, den Farbeindruck nach dunkel oder hell zu verändern. Diese Eigenschaft von Farbe wird als Helligkeit bezeichnet.

▲ **Abbildung 7.5**
Anhand von Grautönen lässt sich Helligkeit am besten nachvollziehen.

### 7.1.2 Farbtemperatur

Farbtöne werden von Menschen unterschiedlich wahrgenommen. Blau und Violett gelten als sehr kalte Farben, Rot und Gelb als warme. Grün liegt im mittleren Bereich der Farbtemperatur.

Die Farbtemperatur hat unmittelbare Auswirkung auf die Interpretation einer Farbe. Schauen Sie sich dazu einmal die folgende Abbildung an. Was meinen Sie: Steht hier ein roter Schriftzug auf einem blauen Untergrund, oder liegt eine blaue Schablone auf einem roten Untergrund?

▲ **Abbildung 7.6**
Im Beispiel links scheint die rote Schrift über dem blauen Grund zu liegen. Dreht man die Farbgebung um (rechts), scheint die blaue Schrift eher in den roten Grund eingraviert.

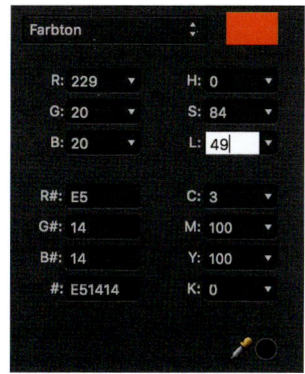

▲ **Abbildung 7.4**
Über die Option L (für Lightness) erlaubt der Farbwähler (hier Affinity Photo) die Auswahl von Helligkeitsstufen.

**Subjektive Wahrnehmung**
Bedenken sollten Sie, dass jede Farbe subjektiv unterschiedlich hell wahrgenommen wird. Ein reines Gelb wirkt immer heller als ein reines Blau.

**Flimmernde Kanten**
Sie können an den Beispielen in Abbildung 7.6 beobachten, wie komplementäre Farben an den Rändern zu einer optischen Vibration führen – die Kanten sind nicht mehr klar zu erkennen.

Die meisten Menschen haben den Eindruck, dass warme Farben räumlich näher seien als kalte. Diese Interpretation haben wir über Jahrhunderte gelernt: Farben »verblauen« mit zunehmender Entfernung, wenn sie von Luft überlagert werden. Dadurch werden Teile des weißen Lichts zerstreut, und nur der blaue Anteil erreicht unsere Augen – der Himmel ist blau, weil wir in große Mengen Luft hineinschauen. Unsere Erfahrung sagt uns: je weniger blau, umso näher.

Die Farbtemperatur hat außerdem eine Auswirkung auf das gefühlte Gewicht. Das folgende Beispiel zeigt ein gelbes Quadrat und ein blaues Quadrat, doch der Eindruck des Gewichts ist völlig verschieden.

**Abbildung 7.7** ▶
Das blaue Quadrat auf Gelb scheint zu fallen, das gelbe Element auf Blau zu schweben.

### 7.1.3 Primär-, Sekundär- und Tertiärfarben

Ein sinnvolles Werkzeug bei der Arbeit mit Farben ist der sogenannte Farbkreis. Je nach der zugrunde liegenden Farbtheorie gibt es sehr unterschiedliche Farbkreise. Für diese Einführung werden wir uns auf den folgenden Farbkreis konzentrieren.

**Was sind die Grundfarben?**
Grundfarben heißen so, weil man aus ihnen alle anderen Farben mischen kann. Verschiedene Technologien setzen auf andere Grundfarben. Wir werden uns an dieser Stelle auf die **Bildschirmfarben Rot, Grün und Blau** konzentrieren.

**Abbildung 7.8** ▶
Farbkreise bilden die Grundlage verschiedener Farbtheorien.

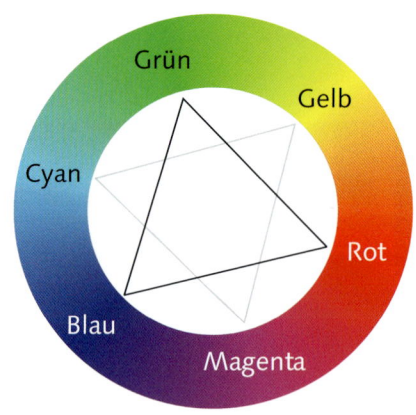

Ein Vorteil dieses Farbkreises ist, dass er die Zusammenhänge zwischen verschiedenen Farben anschaulich darstellt. Die Grundfarben für Ihre Arbeit im Webdesign sind Rot, Grün und Blau – sie werden als Primärfarben bezeichnet. Sekundärfarben sind alle Farben, die sich aus zwei dieser Grundfarben mischen lassen.

**Komplementärfarben |** Ein weiterer Vorteil des Farbkreises ist, dass Sie auf einen Blick Komplementärfarben erkennen können. Sie stehen sich im Farbkreis gegenüber.

**Tertiärfarben |** Neben Primär- und Sekundärfarben gibt es noch die sogenannten Tertiärfarben, die man erhält, wenn man alle drei Primärfarben in verschiedenen Verhältnissen mischt. Im CMYK-Farbmodus beispielsweise, der im Printbereich häufig ist, sind Brauntöne typische Tertiärfarben.

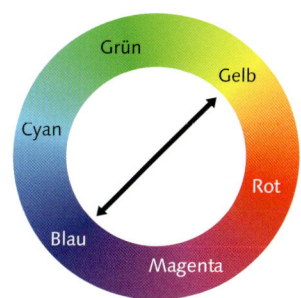

◂ **Abbildung 7.9**
Ein Farbkreis erlaubt es Ihnen, auf einen Blick komplementäre Farben zu finden.

### 7.1.4 Farbkontraste

Wann immer Sie zwei oder mehr Farben nebeneinandersetzen, erzeugen Sie Kontraste – mal stärker, mal schwächer.

**Simultankontrast |** Farben werden immer in ihrem Umfeld wahrgenommen. Schauen Sie sich dazu einmal das Wort »Umfeld« in Abbildung 7.10 an. Obwohl es in beiden Fällen im gleichen Grünton gesetzt ist, wirkt es auf dunklem Grund leuchtender als auf hellem.

**Webtipp**
Schauen Sie sich unbedingt Nate Baldwins interaktiven Farbratgeber unter https://colorandcontrast.com an, um mehr über Farbkontraste (und vieles mehr) zu lernen.

◂ **Abbildung 7.10**
Auswirkungen des Umfelds auf die Farbwahrnehmung

**Komplementärkontrast |** Besonders stark können Sie die Wirkung des Umfelds einer Farbe beim Komplementärkontrast wahrnehmen. Treffen zwei Komplementärfarben aufeinander, verstärken sie sich gegenseitig. Auf diese Weise wirken beide Farben intensiver.

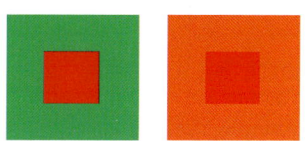

▴ **Abbildung 7.11**
Komplementärkontrast

# 7   Farbe im Web

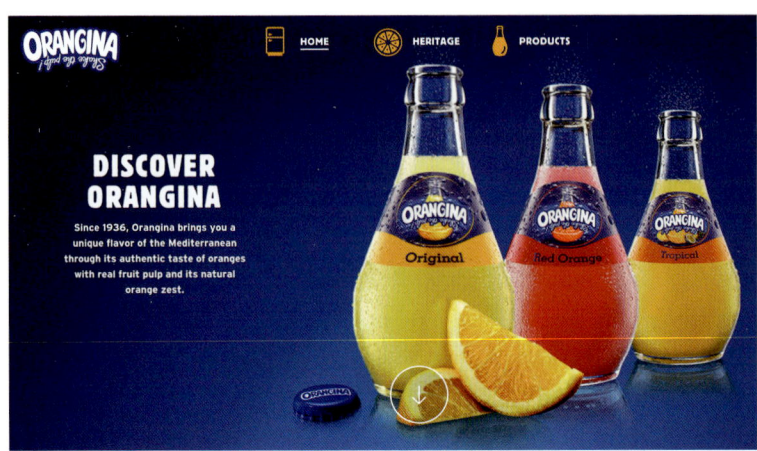

**Abbildung 7.12** ▶
Die Limonade Orangina (*http://orangina.eu*) verwendet Komplementärfarben, um die charakteristischen Flaschen zu betonen.

Wie entsteht nun diese Verstärkung? Der Grund dafür ist in der Natur unserer Augen zu suchen. In Abbildung 7.13 sehen Sie eine Fläche in einem intensiven Rot. Fixieren Sie diese einmal für einen längeren Zeitraum von mindestens 30 Sekunden, ohne Ihre Augen zu bewegen. Richten Sie danach Ihren Blick nach rechts auf die weiße Fläche. Beobachten Sie eine Weile, was passiert, und lesen Sie dann weiter.

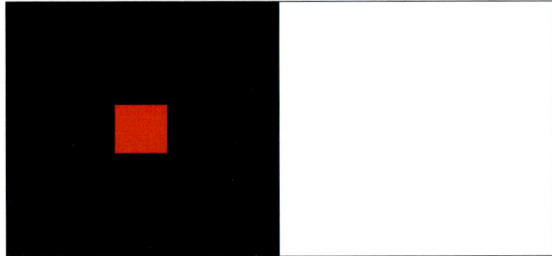

**Abbildung 7.13** ▶
Ein einfaches Nachbilder-Experiment

**Tipp:**
**Metacolor-Website**
Mehr zum Thema Nachbilder und dem Farbkreis von Harald Küppers erfahren Sie auf der lesenswerten Website von Hartmut Rudolf unter *www.metacolor.de/nachbild.htm*.

Wenn Sie die rote Fläche lange genug fixiert haben, dürfte Ihnen aufgefallen sein, dass Sie danach ein sogenanntes Nachbild sehen – es wirkt für einige Zeit so, als ob auf der weißen Fläche ein weiteres Quadrat in einer anderen Farbe wäre. An der Farbe der Nachbilder können Sie bestimmen, welche Farbe als Komplementärkontrast wahrgenommen wird. In unserem roten Beispiel dürften Sie einen Türkiston wahrgenommen haben.

Wenn Sie noch einmal den Farbkreis in Abbildung 7.8 betrachten, fällt Ihnen eine Ungenauigkeit daran auf: Er ist zwar gut geeignet, um das Mischen von Farben nachzuvollziehen. Bei Komplementärfarben ist er jedoch ein wenig ungenau – gegenüber von Rot liegt hier nämlich kein Türkis, sondern eher ein Cyan. Diese Ungenauigkeit hat der deutsche Forscher und Farbspezialist Harald Küppers zum Anlass genommen, einen Farbkreis auf Basis von Wörtern zu erstellen.

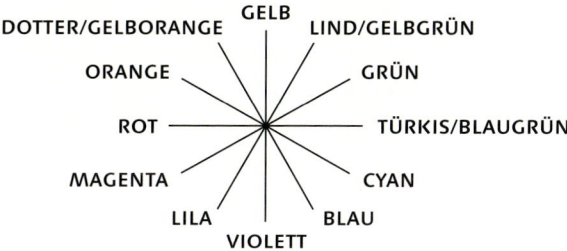

▲ **Abbildung 7.14**
Der Farbkreis von Harald Küppers auf Basis von Begriffen erlaubt es, exakte Komplementärfarben zu finden.

**Welchen Farbkreis nutzen?**
In der Praxis können Sie sich merken: Geht es Ihnen um das Finden von Farbschemata oder um das Mischen von Farben, fahren Sie mit dem Farbkreis aus Abbildung 7.8 sehr gut. Möchten Sie hingegen den maximal möglichen Komplementärkontrast finden, greifen Sie am besten auf den Farbkreis von Harald Küppers zurück.

**Hell-Dunkel-Kontrast** | Kontrast können Sie jedoch nicht nur mittels Komplementärfarben erzeugen, sondern auch über andere Farbeigenschaften. Eine sehr wichtige Kontrastart dabei ist der Hell-Dunkel-Kontrast bei Farben mit unterschiedlichen Helligkeiten.

Hell-Dunkel-Kontrast verleiht einer Gestaltung Dynamik und Ausdruck. Außerdem legt er die Betonung auf die wichtigen Inhalte. Natürlich können Sie auch mit geringen Hell-Dunkel-Kontrasten arbeiten, etwa indem Sie eine Webseite ganz in Pastelltönen gestalten. Sie sollten dabei jedoch darauf achten, dass Ihre Gestaltung nicht leblos wirkt.

Der Designer Jason Santa Maria schlägt vor, die ersten Entwürfe einer Gestaltung immer in Grautönen anzulegen, um einen sinnvollen Hell-Dunkel-Kontrast zu erzeugen (Grey-Box-Methode).

**Bunt-Unbunt-Kontrast** | Mittels Sättigung können Sie einen Bunt-Unbunt-Kontrast oder **Qualitätskontrast** erzeugen. Es gibt die Kombination von reinen und trüben Farben (z. B. ein trübes Grün neben einem strahlenden Grün) und die Kombination von bunten mit unbunten Farben (z. B. Schwarz als Kontrastfarbe).

▲ **Abbildung 7.15**
Qualitätskontrast

# 7  Farbe im Web

**Abbildung 7.16** ▶
Die Portfolio-Website nutzt sehr schön den grauen Hintergrund, um den bunten Bildern mehr Strahlkraft zu verleihen (*www.julianweidenthaler.com*).

Bunt-Unbunt-Kontraste tendieren dazu, die Strahlkraft der kräftigen Farbe hervorzuheben. Sie wirken weniger dominierend als Komplementärkontraste und sind einfacher gestalterisch zu kontrollieren.

**Bunt-Kontrast** | Der Name spricht schon für sich. Beim Bunt-Kontrast (auch Farbton-Kontrast oder Farbe-an-sich-Kontrast) werden leuchtende Farben miteinander kombiniert, die im Farbkreis recht weit auseinanderliegen. Dadurch wird eine laute und kontrastreiche Wirkung erzielt. Im Webdesign findet man den Bunt-Kontrast eher selten vor, weil man sich daran auch schnell sattsieht. Alternativ bietet es sich hier an, die Sättigung und Helligkeit einzelner Farbtöne zu reduzieren, womit das Gesamtbild etwas ruhiger wirkt.

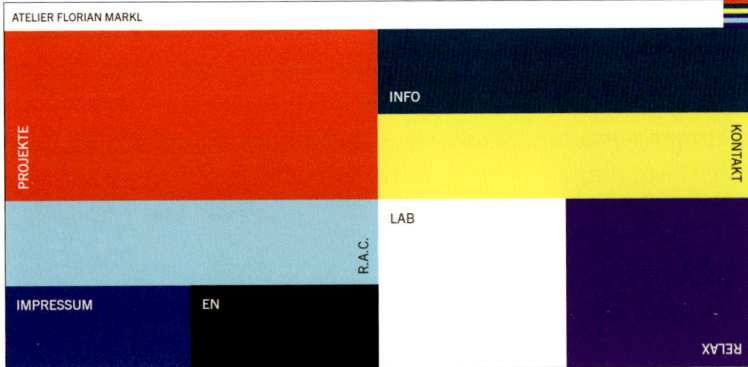

**Abbildung 7.17** ▶
Bei Navigation von *www.florianmarkl.com* wird gezeigt, wie man den Bunt-Kontrast sehr schön bei Websites einsetzen kann.

**Quantitätskontrast** | Ein sehr wichtiges Gestaltungsmittel ist der Quantitätskontrast, denn ein Farbeindruck wird nicht nur durch die Farbe bestimmt, sondern auch durch ihre Menge.

# Kleine Farblehre  7.1

**Wayback Machine**
Kennen Sie die Wayback Machine unter *http://web.archive.org*? Hier werden Schnappschüsse von Websites gesammelt, so dass sich über die Jahre ein Archiv der jeweiligen Webdesigns ergibt.

▲ **Abbildung 7.18**
Die Wayback Machine zeigt, wie sich e.on (*http://eon.de*) am 3. August 2002 der Netzöffentlichkeit präsentierte: rot, rot, rot.

**CI – Corporate Identity**
Corporate Identity umfasst alle stilistischen Vorgaben einer Gestaltung für ein Unternehmen – so wird sichergestellt, dass alle Kommunikationsmittel eines Unternehmens zueinanderpassen.

▲ **Abbildung 7.19**
Heute ist e.ons CI-Farbe noch immer Rot, aber auf Highlights und wenige Flächen beschränkt.

Besonders wichtig im Webdesign ist, auf die richtige Quantität von kräftigen Farben zu achten. Kräftige Farben wirken sehr schnell ermüdend, wenn sie auf großen Flächen eingesetzt werden.

**Qualitätskontrast |** Wenn gesättigte und leuchtende Farben neben getrübten Farben stehen, spricht man vom Qualitätskontrast (auch Sättigungskontrast genannt). Verwendet man z. B. ein gesättigtes Blau in einer Umgebung mit trüben helleren oder dunkleren Blautönen, wirkt der Farbton intensiver. Mit dem Qualitätskontrast kann man eine Website nach dem Monochromschema schön ruhig halten.

▲ **Abbildung 7.20**
Beim Quantitätskontrast wird die Fläche einer kräftigeren Farbe reduziert, damit sie nicht zu dominant wirkt – Faustregel: Bis zu 20 % kann die kleinere Fläche einnehmen.

**7** Farbe im Web

◄ **Abbildung 7.21**
Verschiedene Blautöne sorgen bei der Website *www.netstream.ch* für den Qualitätskontrast.

**Warm-Kalt-Kontrast** | Schließlich gibt es noch den Warm-Kalt-Kontrast, bei dem Sie warme mit kalten Farben verbinden.

◄ **Abbildung 7.22**
Das Spiel »Mailboxing« (*http://mailboxing.com*) möchte gerne heruntergeladen werden – der rote Download-Button erhält durch Kalt-Warm-Kontrast Aufmerksamkeit.

### Umfragen zu Farbwirkungen

Wenn Sie mehr zum Thema Farbwirkung lesen möchten: Eva Heller hat mit »Wie Farben wirken« ein gutes Werk zum Thema veröffentlicht und eine große Umfrage zu Farbassoziationen durchgeführt.

Sie verfügen nun über ein gutes Grundwissen der ästhetischen Qualitäten von Farben. Menschen nehmen ihre Umwelt allerdings nicht nur ästhetisch wahr, sondern auch deutend. Ihre Gestaltung sollte daher nicht einfach nur gut aussehen, sondern auch eine passende Aussage vermitteln. Zeit also für Farbassoziationen.

### 7.1.5 Farbassoziationen

Farben sind fest im kulturellen Erbe der Menschheit verankert. Das bedeutet, dass die Besucherinnen und Besucher Ihre Designs vor ihrem kulturellen Hintergrund bewerten und mit den gewählten Farben bekannte Eindrücke assoziieren.

**Warm und kalt** | Für Farbassoziationen gibt es einige wenige Grundregeln, die Ihnen eine grobe Orientierung geben können:
- **Warme Farbtöne** wie Rot und Gelb stehen für »heiße« Gefühle, werden als körperlich stimulierend wahrgenommen und wirken aktiv.
- **Kühlere Farben** wie Blau stehen eher für Frieden, Ruhe und Entspannung. Durch ihre hervorstechenden Eigenschaften eignen sich warme Töne für Signale und Warnungen, kalte besser für Hinweise.

**Sättigung und Helligkeit** | Auch Sättigung und Helligkeit rufen Assoziationen hervor:
- Gesättigte Farben stehen für Intensität und Dynamik, Pastelltöne eher für Zurückgezogenheit und Introspektive.
- Helle Farben scheinen klar und lassen an das Tageslicht denken.
- Dunkle Farben wirken mysteriös und erinnern an die Nacht.

**Kulturelle und persönliche Unterschiede** | Bedenken Sie außerdem: Wann immer Kultur im Spiel ist, gibt es auch kulturelle Unterschiede. Wenn Sie einen Angehörigen verloren haben, tragen Sie Schwarz; in Indien hingegen wäre Weiß die passende Wahl. In westlichen Kulturen wird in weißen Kleidern geheiratet, in Vietnam hingegen sollten Frauen farbenfrohe Kleider tragen. Möchten Sie eine Glückwunschkarte an das Brautpaar schicken, suchen Sie wahrscheinlich nach einer gelben Box am Straßenrand – in Großbritannien können Sie da lange suchen, denn britische Briefkästen sind rot.

Bei der Betrachtung von kulturellen Unterschieden hilft oft ein Blick in Geschichte, Bräuche und Mythen einer Kultur. Stefanie Bartel weist in ihrem Buch »Farben im Webdesign« darauf hin, dass die eigene Hautfarbe als sehr angenehm empfunden wird.

Außerdem nehmen wir Farben in verschiedenen Lebensphasen anders wahr. Kinder bevorzugen in Studien bunte Farben, während ältere Menschen Farben zunehmend dunkler wahrnehmen. Auch die Persönlichkeit spielt eine Rolle. Extrovertierte Menschen bevorzugen helle Farben, introvertierte hingegen eher gedeckte.

**Farbe im Wandel der Zeit**

Farbassoziationen sind historischem Wandel unterworfen. Während Grün heute eher positiv mit Umwelt und Frühling assoziiert ist, galt die Farbe im 19. Jahrhundert als »giftig«. Die Interpretation hängt auch vom Grünton ab (Sattgrün vs. gelbliches Giftgrün).

## 7.1.6 Die Farben im Detail

Neben diesen generellen Anmerkungen sollten Sie auch die individuellen Farben und ihre Assoziationen betrachten, um eine sinnvolle Entscheidung treffen zu können. Dabei gilt: Finden Sie Ihre eigene Bildsprache – scheuen Sie nicht davor zurück, eigene Interpretationen zu ergänzen oder Assoziationen anzuzweifeln, die Ihnen abwegig erscheinen.

▲ **Abbildung 7.23**
Das Logo der IG Metall (*www.igmetall.de*) präsentiert sich passend zur Arbeiterbewegung sich Rot.

**Rot |** Rot steht für Feuer, Blut und Krieg. Diese Assoziationen bewirken, dass rote Farbe von Adel und Justiz verwendet wurde – noch heute tragen die Verfassungsrichter rote Roben. Rot ist mittlerweile die Farbe der Arbeiterbewegung, sozialen Parteien oder Wohlfahrtsverbänden, nachdem es viele Jahrhunderte zuvor als Privileg des Adels galt. Rot hat außerdem einen Assoziationswandel in Bezug auf das Geschlecht erfahren: Stand die Farbe zunächst vorrangig für männliche Werte, wird sie nun als eher weiblich empfunden.

Symbolisch steht Rot für alle heißen Gefühle: Liebe, Hass, Leidenschaft, Zorn – es sind Gefühle, die man nicht einfach abschalten kann. Als Farbe des Blutes ist Rot Symbol des tierischen und menschlichen Lebens. Durch ihre gute Signalwirkung dient sie als Warnung und wird bei Korrekturen oder wichtigen Ereignissen angewendet (»sich etwas rot im Kalender anstreichen«).

**Rosa und Pink |** Die Farbe Rosa ist heute weiblich assoziiert, insbesondere seitdem sie in den 1930er-Jahren zur Babyfarbe für Mädchen wurde. Rosa steht auch für Gefühle – im Gegensatz zum leidenschaftlichen Rot jedoch eher für die sanften und zärtlichen.

**Abbildung 7.24** ▶
Kaum eine Farbe steht heute mehr für unschuldige Weiblichkeit als Rosa – die Website *www.thebeautydepartment.com* bietet Tipps zu Schönheitsthemen für die Frau und unterstreicht den femininen Nutzen der Site mit rosa Farben.

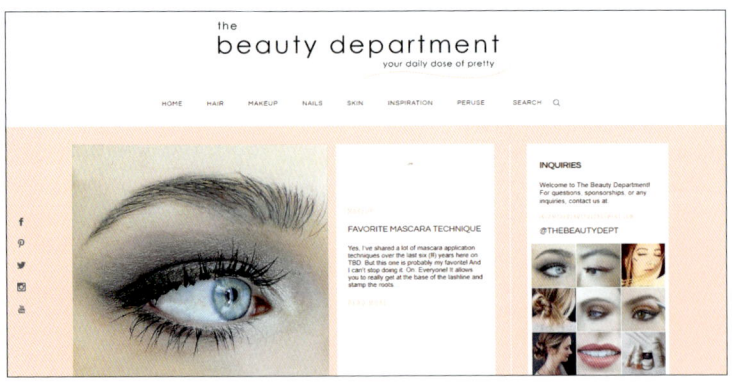

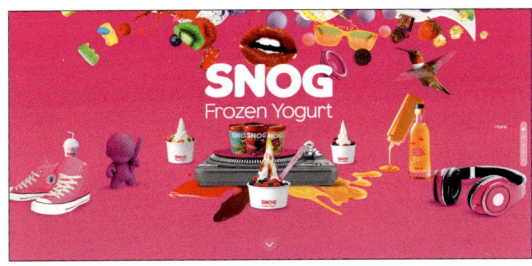

▲ Abbildung 7.25
Pink wirkt im Vergleich zu Rosa wesentlich kräftiger (*www.ifancyasnog.com*).

▲ Abbildung 7.26
Violett gibt einer Gestaltung einen Hauch Extravaganz (*www.bouncepingpong.com*).

**Violett** | Violett war, historisch betrachtet, ungemein kostbar (Purpur) und steht daher für Macht und Reichtum. Erst als 1453 Konstantinopel und damit der Zugang zum Purpur fällt, wird Rot zur kostbarsten Farbe – noch heute wird Purpur sowohl mit Violett als auch mit Rot assoziiert. Interessanterweise gilt Violett sowohl als Farbe der katholischen Kirche (Bischöfe) und der Buße als auch als Farbe weltlicher Extravaganz.

Als mächtige Farbe wird Violett häufig mit Ewigkeit verbunden. Ein Zusammenhang mit Macht besteht auch bei den Assoziationen mit Gewalt – in vielen Sprachen sind die beiden Felder verwandt (französisch: violet – violence). Während Rosa die Farbe der Mädchen ist, wird Violett (besonders in seiner bläulichen Form als Lila) zur Farbe der reifen Frau und der Emanzipation. Violett hat etwas Geheimnisvolles an sich und wird durch ihren unbestimmten Charakter zwischen Rot und Blau zur Farbe der Täuschung und Untreue.

**Blau** | Blau steht als kühle Farbe für Ruhe und Besonnenheit. Ähnlich wie bei Rot zeigt sich ein interessanter historischer Widerspruch: Einerseits ist Blau die Farbe des Adels (»blaues Blut«), weil Adelige nicht im Freien arbeiten mussten und ihre blauen Adern durch die helle Haut zu sehen waren. Als Royal- oder Königsblau ist Blau Statussymbol. Andererseits ist es auch eine Farbe des Alltags, besonders in der Kleidung (Bluejeans). Blau hat sich in seinen Assoziationen von einer weiblichen zu einer männlichen Farbe gewandelt.

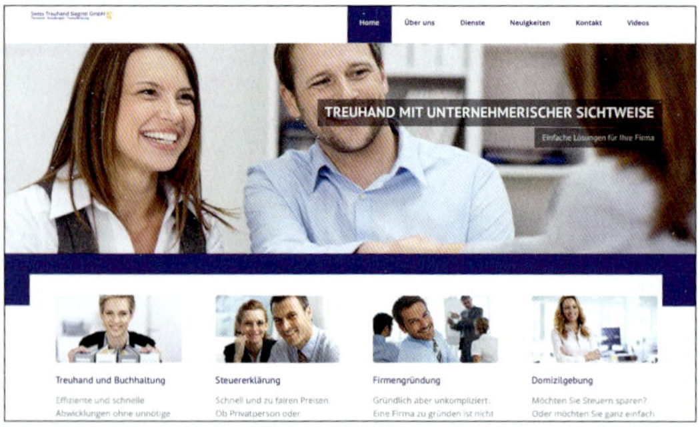

# 7 Farbe im Web

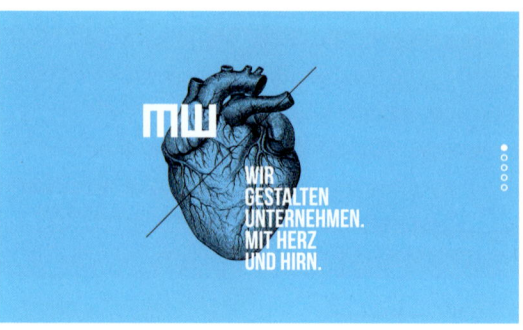

▲ **Abbildung 7.27**
Dunkles Blau gilt als Symbol der Zuverlässigkeit – genau passend für ein Finanzunternehmen (Swiss Treuhand Siegrist, www.treuhandsiegrist.ch) …

▲ **Abbildung 7.28**
…während helle Blautöne frischer und freudiger wirken (Martin Walker, http://martin-walker.de).

Symbolisch steht Blau für Ruhe und Ewigkeit. Als beständiger Farbton wird es mit dauerhaften Gefühlen auf Gegenseitigkeit assoziiert: Harmonie, Freundschaft, Vertrauen. Als kühle, ferne Farbe steht es für Treue und Sehnsucht. Der kühle Charakter kann Blau jedoch auch zur Farbe der Lüge machen (»das Blaue vom Himmel lügen«). Blau steht für den Frieden, denn anders als die Kriegsfarbe Rot hebt es sich nicht gut vom Himmel ab und eignet sich kaum, um Feinden aus der Ferne Furcht einzuflößen – oft kombiniert mit einer weißen Taube (Weiß ist die zweite typische Friedensfarbe). Besonders in angelsächsisch geprägten Kulturen steht Blau für Depression (»I'm feeling blue«).

**Grün** | Grün ist die Farbe der Natur, des Lebens und der Frische. Die Assoziationen mit Frühling machen sie zum Symbol der Hoffnung. Da Grün in der Natur häufig vorkommt, wird es von Menschen als ruhig und geborgen empfunden. Und da Pflanzen besonders im jungen Alter sattgrün sind, gilt Grün auch als Farbe der Jugend und der Unreife. Grün ist frisch und gesund, es sei denn, es ist giftgrün. Psychologisch gilt es als Farbe der Mitte und ist angenehm fürs Auge.

Kulturell betrachtet, spielt Grün in vielen Religionen eine große Rolle. Es gilt als Farbe des Islam und kommt in allen Flaggen der Arabischen Liga vor. Im Christentum steht es für den heiligen Geist. Politisch wurde Grün in den 1980er-Jahren, in Irland ist es Nationalfarbe. Und in der Bildsprache der Moderne steht Grün für Rettungswege und Sicherheit – bei Grün darf man fahren.

Kleine Farblehre   **7.1**

**Gelb** | Die Farbe Gelb spielt eine sehr widersprüchliche Rolle. Als leuchtende Farbe hat sie häufig Signalcharakter und steht für Licht und Sonne, wird als leicht und wertvoll empfunden. Symbolisch wird aus der gelben Sonne der Optimismus. Da sie ihre Leuchtkraft aber schon durch geringe Mengen Schmutz verliert, gilt sie auch als unbeständig und verlogen. Gelb ist die Farbe von Neid, Alter und Krankheit.

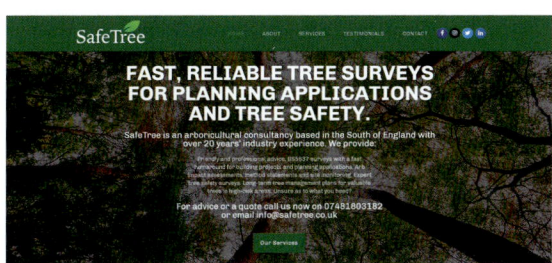

▲ **Abbildung 7.29**
Grün ist die Farbe der Natur – eine Assoziation, für die Website zur Rettung von Bäumen (https://safetree.co.uk) sicher nicht ungelegen kommt.

▲ **Abbildung 7.30**
Reines Gelb ist eine helle und energievolle Farbe – eine passende Assoziation für eine Tanz-Akademie (www.lordz.ch).

Ein Sonderfall entsteht, wenn Gelb als **Gold** wahrgenommen wird. »Gold ist mehr als eine Farbe, es ist eine Macht«, schreibt Eva Heller und bringt damit die Bedeutung des Golds auf den Punkt: Gold gemahnt an das (finanzielle) Glück, ist teuer, luxuriös und beständig. In der Poesie wird alles Gelbe zum Gold, wenn es besonders schön wirkt. Die blonde Ehefrau hat güldenes Haar, der helle Morgen hat plötzlich Gold im Mund (Wer früh und viel arbeitet, wird reich), und ein gelber Streifen gilt als Schwarz-Rot-Gold. Sie sollten Gold aber mit Vorsicht einsetzen: Zu viel wirkt protzig und durch seine traditionelle Bedeutung auch schnell altbacken.

**Orange** | Orange findet in vielen Kunststoffprodukten und in der Werbung Verwendung. In diesem Zusammenhang wirkt Orange häufig billig. Die Farbe wird mit der Orange assoziiert, der sie ihren Namen verdankt. Als warme Farbe ist Orange Sinnbild des Vergnügens und der Geselligkeit. Als Signalfarbe findet sie bei Sicherheitswesten Einsatz, wenn Rot zu knallig scheint.

Kulturell betrachtet, ist Orange die Farbe des Buddhismus und spielt in Indien eine wichtige Rolle. Durch das Adelshaus der Oranier ist es Nationalfarbe der Niederlande geworden. Über die Oranier hat Orange auch den Weg in die irische Flagge gefunden.

▲ **Abbildung 7.31**
Mit dem dezenten Einsatz von Gold sowie elegantem Schwarz kommuniziert Dr. Sadik, dass er hochwertige plastische Chirurgie anbietet (*www.sadikplasticsurgery.com*).

▲ **Abbildung 7.32**
Die Traditionsfirm OSRAM verwendet schon seit 1919 die orangene Farbe für das Firmenlogo (*www.osram.de*).

**Braun** | Die Farbe Braun ist als wohlige Farbe in der Raumgestaltung häufig. Braun steht für Geborgenheit und Natürlichkeit (Holz), jedoch auch für Vergänglichkeit, Armut und Mittelmäßigkeit. Braun gilt als dumme Farbe und ist politisch mit dem Nationalsozialismus assoziiert. Im Bereich Lebensmittel ist Braun zwiegespalten: Für einige Nahrungsmittel (Kaffee, Brot, Schokolade) ist sie positiv assoziiert und steht für Aroma, oft veredelt durch den Zusatz »Gold«: goldbraunes Brot. In anderen Zusammenhängen denkt man bei Braun jedoch an »verdorben«.

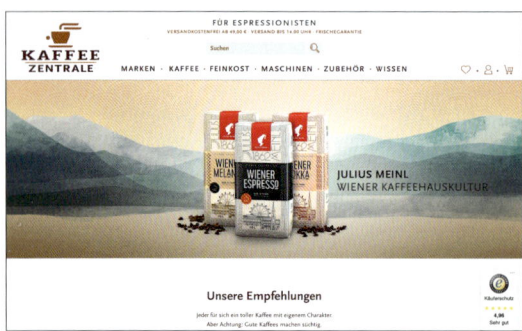

▲ **Abbildung 7.33**
Braun wird nur mit wenigen Lebensmitteln positiv assoziiert. Kaffee und Brot gehören dazu (*www.kaffeezentrale.de*).

▲ **Abbildung 7.34**
Auch die zeitlichen Assoziationen von Braun lassen sich gut einsetzen (Ernest Hemingway Collection, *www.ernesthemingwaycollection.com*).

**Schwarz |** Schwarz hat viele unterschiedliche Facetten: Es gilt als Farbe des politischen Konservatismus in Deutschland, zugleich jedoch als elegant und modern. Als funktionelle Farbe wird sie zum Sinnbild von »form follows function« und findet sich in Design-Büros. Schwarz wird häufig verwendet, um sich in der Kleidung von anderen Gruppen abzugrenzen und den Fokus auf die eigene Individualität zu legen. Bei Texten gilt Schwarz als Farbe der Wahrheit (»schwarz auf weiß«), in anderen Kontexten jedoch als geheimnisvoll oder illegal (Schwarzgeld).

Schwarz ist in westlichen Kulturen die Farbe der Trauer, des Unglücks, des Pessimismus und des Bösen. Außerhalb Deutschlands gilt Schwarz politisch als Farbe des Faschismus, besonders in Italien. Anders sieht es in afrikanischen Kulturen aus, in denen Schwarz sehr positiv besetzt ist und sich in vielen Nationalflaggen findet.

▲ **Abbildung 7.35**
DMS Technologie in Schwarz – elegant und modern (http://dms-tec.de)

▲ **Abbildung 7.36**
Silbertöne können sehr edel wirken (Matthew Robinson, https://creative-developer.webflow.io/)

**Grau und Silber |** Die Farbe Grau ist von Mittelmaß umgeben und gilt als eintönig und unscheinbar. Als neutrale Farbe kann sie mit allen anderen Farben kombiniert werden. Grau wird vorrangig zeitlich interpretiert und ist die Farbe des Alters und der Vergangenheit, was sowohl positive als auch negative Assoziationen haben kann. Grau steht aber auch für geheime Macht (graue Eminenz) und Eleganz (Herrenanzüge). Schon sprachlich erfassbar sind die Assoziationen mit dem Grauen und der Grausamkeit. Grau steht außerdem für alles Trübe. Besonders gut passen Grautöne in ein Farbschema, wenn sie leicht mit der Hauptfarbe getönt werden.

Im Webdesign können Sie aus Grau **Silber** machen, indem Sie die Farbe als Verlauf mit Weiß einsetzen und somit Lichtreflexe imitieren. Silber gilt als elegant und rasant – nicht umsonst ist es eine beliebte Autofarbe. Es ist funktionell und modern – denken Sie nur an schicke Aluminium-Rechner oder verchromte Autoteile. Doch ist Silber auch ewig zweitrangig: Wo Silber ist, ist Gold nicht weit. Silbermedaillen sind gut, aber man weiß jederzeit, dass jemand noch besser war. Zugleich ist Silber alltäglicher als Gold – in vielen Sprachen leitet sich das Wort für »Geld« aus dem Wort für »Silber« ab. Der ewige Bezug zum Gold kann jedoch auch positiv gewendet werden: Wenn Gold als pompöser, protziger Luxus erscheint, wird Silber zur zurückhaltenden, eleganten Alternative.

**Weiß |** Weiß gilt in westlichen Kulturen als vollkommen und rein. Es ist eine weibliche Farbe, besonders in Zusammenhang mit Unschuld und Wahrheit (Brautkleid). Allerdings steht Weiß auch für eine elegante Sachlichkeit, die schnell in Kälte umschlagen kann (Schnee, Eis). Weiß ist ideal, aber distanziert. Es ist eine Farbe des Friedens (weiße Taube) und der Monarchie.

Bedenken sollten Sie auch, dass Weiß blenden kann, was sowohl positiv als auch negativ verwendet werden kann. Schließlich wird Weiß als leichteste aller Farben empfunden – Gestaltungen wirken harmonisch, wenn sich Weißraum im oberen Teil befindet. Wäre in einem Zimmer die Decke schwarz und der Fußboden weiß, würden viele Menschen das Gefühl bekommen, die Decke würde sich auf sie senken.

**Neonfarben |** Farben mit enorm hoher Sättigung werden als Neonfarben bezeichnet – sie sind richtig knallig. Der Name leitet sich von den Leuchtstoffröhren ab, die man irrtümlicherweise als »Neonröhren« bezeichnete und die früher besonders leuchtende Farben ermöglichten.

Neonfarben eignen sich für hippe, innovative und frische Produkte mit einer jungen Zielgruppe – doch auch dort sind sie nicht immer unumstritten. Als Spotify 2015 auf eine neue Corporate Identity mit knalligen Neonfarben umstellte, reagierten viele Musikfans zunächst ablehnend – mittlerweile hat sich die frische Optik jedoch als unverkennbares Erscheinungsbild etabliert.

▲ Abbildung 7.37
Der Buchverlag Pocket Penguins (www.pocketpenguins.com) nutzte großzügigen Weißraum, um den Fokus auf das namensgebenden Pinguin zu lenken.

▲ Abbildung 7.38
DesignGapp (www.designapp.com) spielt mit Neonfarben in allen Varianten.

### 7.1.7 Farbharmonien

An diesem Punkt haben Sie bereits ein gutes Grundwissen über Farben und deren Assoziationen. Ein Aspekt steht jedoch noch aus, bevor Sie sich wieder an Ihr Layout begeben: Farbharmonien.

Farben können durchaus in Isolation verwendet werden: Wenn Sie einen Farbton gewählt haben, können Sie durch Variation seiner Sättigung oder Helligkeit ein sehr stimmiges Gesamtbild erzeugen.

Wenn Sie Farben jedoch kombinieren möchten, entsteht eine Wechselwirkung. So kann eine Farbe, die verschiedene Deutungsmöglichkeiten bietet, durch eine andere Farbe eindeutig werden. Eine ungewohnte Kombination hingegen kann neugierig machen.

Die unbunten Farben Weiß, Grau und Schwarz können mit allen bunten Farben kombiniert werden, beeinflussen aber die Bedeutung:

- **Weiß** tendiert dazu, die hellen, leichten Aspekte einer Farbe hervorzuheben. Besonders auffällig ist das bei Rosa, wo Weiß das Zarte und Unschuldige betont. Weiß verstärkt die Strahlkraft von Farben – sie wirken hell, eindeutig und sachlich.
- **Schwarz** hingegen kann Farben etwas Mystisches oder Bedrohliches geben. Schwarz-Gelb steht tendenziell für Egoismus und Lüge, Schwarz-Violett für Untreue, Schwarz-Rot für Gefahr und Krieg. Schwarz betont die negative Seite einer Assoziation und lässt eine Kombination schwer und schmutzig wirken. Abwesenheit von Farbe kann Trostlosigkeit und Einsamkeit hervorrufen.

**Kombination mit Weiß, Grau und Schwarz**
Die unbunten Farben lassen sich mit allen bunten Farben kombinieren, haben jedoch Einfluss auf die Assoziationen.

▸ **Grau** zieht die Deutungen ins Gemäßigte – negativ kann hier der Eindruck von Mittelmaß entstehen. Besonders stark wird dieses Gefühl in Verbindung mit anderen »mittelmäßigen« oder »gewöhnlichen« Farben: Grau-Braun steht eher für Faulheit, Grau-Blau-Schwarz eher für inaktive Nachdenklichkeit. Als Silber verleiht die Farbe einer Gestaltung zurückhaltende Eleganz.

**Dominantes Rot**
Beachten Sie bei Kombinationen mit Rot, dass die Farbe sehr kräftig ist und schnell die Oberhand gewinnt. Soll Rot nicht der dominante Farbeindruck sein, sollten Sie es entsprechend sparsam zur Akzentuierung einsetzen – Quantitätskontrast lautet das Mittel der Wahl.

**Rot kombinieren** | Rot eignet sich durch seine Vieldeutigkeit gut dafür, durch eine Farbharmonie untermauert zu werden. Kombiniert mit Schwarz, steht es für Aggressivität, durch andere warme Farben wie Gelb und Orange können Sie die Assoziation von Wärme und Feuer verstärken. Als Harmonie mit Violett und Rosa bringen Sie seine erotischen Komponenten in den Vordergrund. Der Kontrast mit Blautönen steht für eine Einheit von Gegensätzen wie nah/fern oder Körper/Geist, muss aber auch zum Sinn des Designs passen.

**Gelb kombinieren** | Gelbtöne können Sie mit Schwarz kombinieren, um eine starke Signalwirkung zu erzielen. Bedenken Sie dabei, dass diese Kombination die Unbeständigkeit von Gelb betont. Gelb und Grün wecken Assoziationen mit Zitronen und Limetten, diese Harmonie wirkt schnell säuerlich. Zugleich ist Gelb-Grün auch die Farbharmonie des Ärgers.

▲ Abbildung 7.39
Rot kann gut mit anderen warmen Farben wie Braun- oder (hier) Cremetönen kombiniert werden (Trüf, *http://trufcreative.com*).

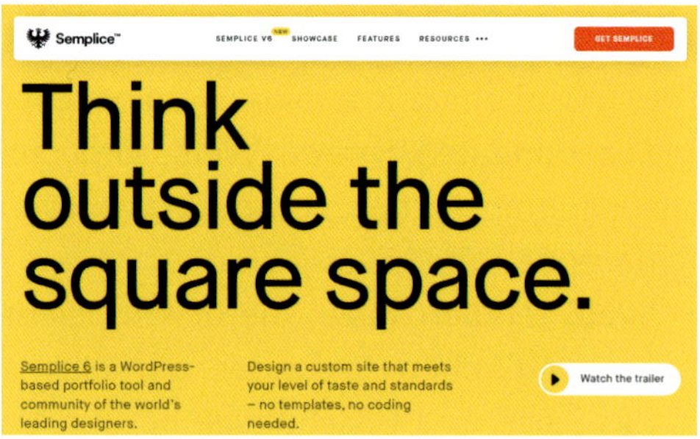

▲ Abbildung 7.40
Gelb und Schwarz stehen für maximalen Kontrast und hohe Signalwirkung (WordPress-Erweiterung Semplice, *www.semplicelabs.com*).

Als Gold verleiht die Farbe einen teuren und luxuriösen, aber auch etwas altbackenen Eindruck. Gold sollte daher eher als

Dekor eingesetzt werden, denn größere Flächen des teuren Golds sind ungewohnt.

**Grün kombinieren |** Der Farbton Grün kann durch Farbharmonien symbolischen Charakter annehmen, wobei besonders seine Assoziation mit Leben zum Tragen kommt. Grün und Rot ist der Farbklang des Lebens schlechthin – grün die Pflanzen (Blätter), rot die Tiere (Blut). In Kombination mit reinen Farben weckt Grün Frühlingsassoziationen, besonders wenn es dominiert und die Gestaltung an eine Blumenwiese denken lässt. Grün-Orange wirkt aromatisch, Grün-Braun herb. Aufpassen sollten Sie mit Schwarz-Grün, denn dabei stehen sich die Assoziationen von Leben (Grün) und Tod (Schwarz) gegenüber – das Maß entscheidet darüber, welcher Eindruck vorherrscht.

**Blau kombinieren |** Blau ist eine sehr dankbare Farbe für Kombinationen. Das liegt zum einen daran, dass wir durch seine Vorherrschaft als Kleiderfarbe dazu neigen, Blau nicht als störend wahrzunehmen. Zum anderen ist aber auch die Ruhe von Blau dafür verantwortlich, dass die Farbe selten beißend wirkt. In Kombination mit Weiß steht Blau für geistige Werte wie Intelligenz und Weisheit. Gemeinsam mit Grün entstehen Assoziationen von Natur und Erholung.

Durch andere kühle Farben kann der kalte Charakter von Blau verstärkt werden; gemeinsam mit Schwarz wird Blau mystisch oder traurig. Die Kombination mit Gelb oder Gold weckt die Assoziation einer Medaille und steht für herausragende Leistungen.

▲ **Abbildung 7.41**
Frisches Grün und bodenständiges Braun – eine markante Farbgebung für die Agentur »Rat für Ruhm und Ehre« (*www.rat-fuer-ruhm-und-ehre.de*)

▲ **Abbildung 7.42**
Gerolsteiner (*www.gerolsteiner.de*) präsentiert sich in den Farben des Wassers: Weiß, Blau und Türkis.

**Violett kombinieren** | Die Macht-Aspekte von Violett können durch Gold verstärkt werden, wobei die Kombination schnell in negative Assoziationen wie Eitelkeit oder Maßlosigkeit umschlägt. Mit warmen Farben wie Rosa und Rot lassen sich die erotischen Komponenten betonen, wobei Harmonien mit Rot sehr viel leidenschaftlicher wirken.

**Braun kombinieren** | Braun kann mit Rot- und Rosatönen besondere Geborgenheit vermitteln. Außerdem eignet sich Braun dazu, die anderen Farben bodenständiger zu machen. Grün-Braun wirkt natürlich – dominiert Grün, ist es die gesunde Natur; dominiert Braun, ist es verdorrt. Mit Gelb, Orange oder Rot entsteht der Eindruck von Herbst.

▲ Abbildung 7.43
Asprey London (*http://asprey.com*) kombiniert Violett mit edlen Produktbildern, oft in glänzenden Farben – sehr passend für eine Schmuckmarke.

▲ Abbildung 7.44
Bei dem Hersteller von Olivenöl (*www.tenutasantapollonia.it*) setzt man auf Orange mit Braun.

Sie verfügen nun über ein breites Wissen über Farben und deren Kombinationsmöglichkeiten. Im folgenden Abschnitt werden Sie Details zur Anwendung von Farben im Web lernen.

## 7.2 Farben und Farbschemata für Websites

Nachdem Sie einiges über die Grundlagen der Gestaltung mit Farben gelernt haben, werden wir nun aus unserem neuen Wissen konkrete Farbschemata ableiten, die Sie für Websites verwenden können.

## 7.2.1 Erste Schritte zu einem Farbschema

In der Praxis starten Sie bei der Wahl von Farben selten im luftleeren Raum. Meist gibt es bereits eine Corporate Identity, ein Logo oder konkrete Vorstellungen, wie die Website aussehen könnte.

**Zielgruppe berücksichtigen** | Ein zweiter Faktor ist das Zielpublikum Ihrer Website. Aus einem klaren Bild der Besucherinnen und Besucher Ihrer Website lassen sich Konsequenzen für Ihre Farbwahl ableiten.

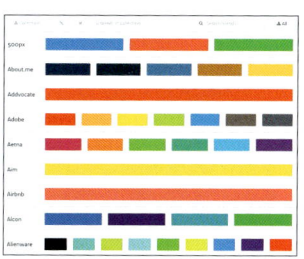

▲ **Abbildung 7.45**
BrandColors (*https://brandcolors.net*) sammelt Farbschemata verschiedener Marken.

◄ **Abbildung 7.46**
Kräftige bunte Farben im Zeichentrickstil – das passt perfekt zur Sendung mit der Maus (*www.wdrmaus.de*).

**Konzeption berücksichtigen** | Bei der Erstellung eines Farbschemas lohnt es sich auch, noch einmal auf die Moodboards und die Wettbewerbsanalyse zurückzugreifen. Welche Farbwelten herrschen dort vor? Je stärker der eigene Markt umkämpft ist, umso sinnvoller ist es, sich auch in der Farbansprache von Mitbewerbern zu unterscheiden.

**Vorhandenes Material nutzen** | Außerdem sollten Sie sich über die Rolle im Klaren sein, die Farbe in Ihrer Gestaltung spielen soll. Eine der ersten Fragen dazu lautet: Gibt es prominent platziertes Bildmaterial mit einer starken Aussage? Oft kann man daraus ein Farbschema entwickeln.

Liegt der Fokus der Website jedoch darauf, unterschiedliche visuell auffällige Arbeiten zu präsentieren, so sollten Sie darüber nachdenken, in Ihrer Gestaltung auf Farbe zu verzichten: Viele Websites von Kreativen aus Fotografie oder Design kommen

**Farben extrahieren**
Tools wie Adobe Color CC (*https://color.adobe.com/de*) helfen dabei, ein Farbschema aus einem Bild heraus zu entwickeln.

ohne oder mit wenig Farbe aus, damit die Website selbst nicht von den gezeigten Bildern ablenkt.

**Abbildung 7.47** ▶
Die Website der Agentur Salt & Pepper (*https://snp.agency/en*) ist ein Paradebeispiel für das Designer-Schwarz-Weiß – die Inhalte werden betont.

**Noch mehr Farbtools**
Weitere Tipps finden Sie im Dokument »quellenlesetipps.pdf« im Download-Bereich.

**Nützliche Tools** | Für die Erstellung eines Farbschemas gibt es eine Vielzahl hilfreicher Tools. Einige legen wir Ihnen besonders ans Herz:

- Bei **Adobe Color** (*https://color.adobe.com*) können Sie Farbschemata mit bis zu fünf Farben erstellen und sich inspirieren lassen.
- **Paletton** (*https://paletton.com*) bietet neben der Erzeugung von Farbschemata die Möglichkeit, sich deren Wirkung bei verschiedenen Farbfehlsichtigkeiten anzuschauen, und wartet mit umfangreichen Exportmöglichkeiten auf.
- Bei **ColorHexa** (*www.colorhexa.com*) erhalten Sie nach Eingabe eines Farbwerts umfangreiche Informationen zu dieser Farbe inklusive Vorschlägen für Abstufungen und Farbschemata.
- **Leonardo** (*https://leonardocolor.io*) ist ein tolles, quelloffenes Farbtool mit Schwerpunkt auf Accessibility.

### 7.2.2 Der Winkelkontrast – Farben im Farbkreis

Um zu beschreiben, wie die verwendeten Farben zueinander stehen, verwendet man den Begriff *Winkelkontrast*. Man geht dabei vom Farbkreis aus und verbindet alle Farben mit dem Mittelpunkt. So kann man zwischen den Farben einen Winkel ablesen. Komplementärfarben, die sich genau gegenüberstehen, haben einen Winkelkontrast von 180°.

Adobe Color hilft bei der Erstellung von Farbschemata nach dieser Methode. Stellen Sie die Farbharmonieregel unter ❶ ein. Für jede der unter ❸ gewählten Farben liefert das Tool bei ❹ die entsprechenden Farbwerte. Unter THEMA EXTRAHIEREN ❷ lässt sich ein Farbschema alternativ aus einer Grafik erzeugen.

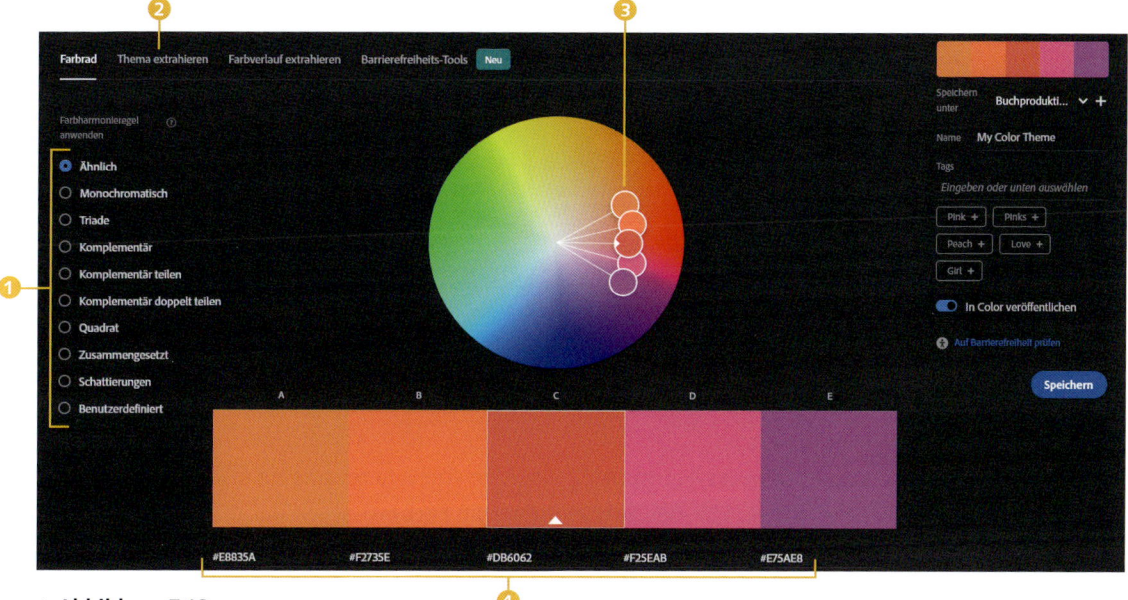

▲ **Abbildung 7.48**
Adobe Color CC in Aktion

Mit dem Farbkreis können Sie beliebige Farbschemata erzeugen. Es gibt jedoch nach Ansicht des bekannten Designers und Autors Mark Boulton einige Typen, die sich durchgesetzt haben:

▸ **Monochrom**: ein einziger Farbton, auf Wunsch kombiniert mit verschiedenen Sättigungs- oder Helligkeitsstufen
▸ **Komplementär**: Farben, die sich im Farbkreis gegenüberliegen (Komplementärkontrast)
▸ **Triaden**: Triaden bestehen aus drei Farben, die sich im Farbkreis im gleichen Winkelabstand zueinander befinden. Solche Farbschemata erzeugen eine anregende Spannung.
▸ **Analog:** Die Farben in analogen Farbschemata sitzen direkt nebeneinander im Farbkreis. Dieses Farbschema entspricht der Auffächerung – lesen Sie dazu mehr im folgenden Abschnitt.

**Tool für monochrome Farbpaletten**
Die Tools CopyPalette (*https://copypalette.app*) und Tint & Shade Generator (*https://maketintsandshades.com*) helfen bei der Erstellung von Farbschattierungen.

# 7 Farbe im Web

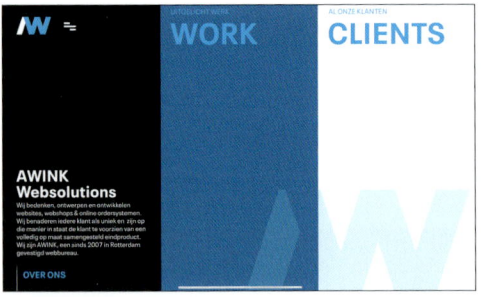

▲ Abbildung 7.49
Das niederländische Designbüro AWINK spielt gekonnt mit verschiedenen Tönen der blauen Hauptfarbe (*www.awink.nl*).

▲ Abbildung 7.50
Analoges Farbschema aus Gelb und Orange bei *www.prathambooks.org*

## 7.2.3 Die Methode der maximalen Kontraste

Ein weiteres Verfahren, um ein Farbschema zu erzeugen, ist die »Methode der maximalen Kontraste«, die auf den Mathematiker und Farbtheoretiker Roman Liedl zurückgeht.

**Zweier-Harmonie |** Das Verfahren erzeugt eine farbliche Harmonie mit Hilfe des Farbkreises – die Farben sollten dabei in einem Gleichgewicht zueinanderstehen. Eine einfache Möglichkeit dazu ist eine Zweier-Harmonie, die auf Komplementärkontrasten beruht.

**Dreier-Harmonie |** Wie aber erreichen Sie einen harmonischen Farbeindruck mit mehr als zwei Farben? Eine Möglichkeit ist, die Farben aufzusplitten.

Abbildung 7.51 ▶
Gewagter Tabubruch: kräftiges Türkis, Lila und Rosa als Dreier-Harmonie bei der Agentur Panic (*https://panic-studio.tv*)

Sie können sich dieses Vorgehen so vorstellen, als würden Sie ein Seil zwischen zwei Farben spannen und eine Hälfte davon auftrennen und auseinanderziehen. Die beiden aufgetrennten Stränge wären dann zwar einzeln schwächer als die fest verwobene Hälfte; insgesamt jedoch haben Sie die gleiche Menge Seil auf jeder Seite. Eine Dreier-Harmonie entsteht.

Auf diese Weise lassen sich viele Harmonien herstellen. Wichtig ist lediglich, dass Sie die Farben stets symmetrisch verteilen.

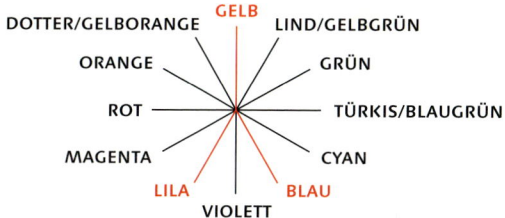

◄ **Abbildung 7.52**
Mit dem Farbkreis nach Küppers können harmonische Farbschemata durch Aufsplittung erzeugt werden.

◄ **Abbildung 7.53**
Diese Infografik von Atlassian (*www.atlassian.com/time-wasting-at-work-infographic*) überzeugt mit einer Drei-Farben-Harmonie (Cyan, Magenta, Gelb).

**Vierer-Harmonie** | Komplexer wird das Verfahren, wenn Sie – metaphorisch gesprochen – beide Stränge des Seils zu einer Vierer-Harmonie auftrennen.

Wenn Sie Farben nach diesem Verfahren aufsplitten, sollten Sie darauf achten, die Winkelkontraste nicht zu groß werden zu lassen. Sonst verliert sich der Eindruck harmonierender Farben zusehends, die Farben beginnen in einem Spannungsverhältnis zu stehen. Hartmut Rudolf, der Autor der empfehlenswerten Website *www.metacolor.de*, empfiehlt einen Winkel von 120° als Richtwert – es sei denn natürlich, Sie *wollen* gerade ein Spannungsverhältnis schaffen.

**Nicht zu viele Farben**
Natürlich sind auch Fünfer- oder Sechser-Harmonien denkbar. Achten Sie dabei jedoch darauf, dass schnell ein zu bunter Eindruck entstehen kann.

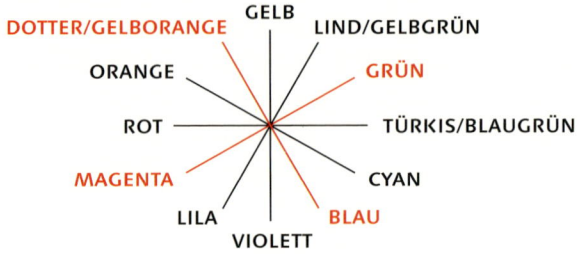

**Abbildung 7.54** ▶
Aufsplitten können Sie natürlich auch an beiden Enden der Harmonie.

▲ **Abbildung 7.55**
Vier Farben in einem ausgewogenen Verhältnis bei Fa (*www.de.fa.com*).

**Auffächerung** | Die kleine Schwester der Aufsplittung von Farben ist die Auffächerung. Hierbei ergänzen Sie eine Farbe mit engen Nachbarn. So können Sie die Farbigkeit variieren, ohne direkt den Eindruck zu erwecken, eine weitere Farbe käme ins Spiel.

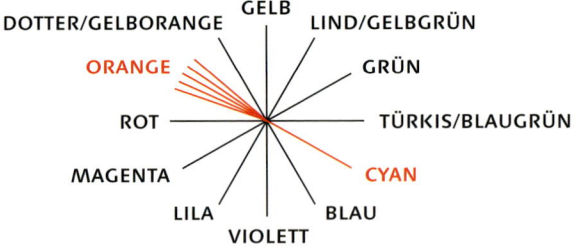

**Abbildung 7.56** ▶
Durch Auffächerung ergeben sich feine Farbreihen an einem Ende.

**Farbreihen** | Eine weitere Möglichkeit für harmonische Farben stellen Farbreihen dar. Hierbei wandern Sie nach und nach von einer Farbe zur nächsten.

Farben und Farbschemata für Websites  **7.2**

▲ **Abbildung 7.57**
Farbreihen ähneln einer Klaviatur in der Musik – sie lassen sich natürlich auch mit verschiedenen Sättigungs- oder Helligkeitsstufen kombinieren.

Bei Farbreihen sollten Sie darauf achten, dass die Abstände zwischen den Farben nicht zu groß werden, sonst verliert sich der Eindruck von Farbstufen.

**Verläufe** | Verläufe sind Überblendungen zwischen zwei oder mehr Farben und waren besonders in Stilen wie Skeuomorphismus oder Web 2.0 sehr beliebt, bevor sie etwas aus der Mode kamen. Seit einigen Jahren erleben sie ein Revival. Verläufe können einem Design räumliche Tiefe und Lebendigkeit geben, verglichen mit großen, einfarbigen Flächen.

Besondere Aufmerksamkeit sollten Sie bei der Arbeit mit Verläufen auf den Bereich zwischen den Farben legen. Oft entsteht hier ein unschöner Grauton. Als Lösung kann es helfen, einen dritten Zwischenton einzufügen. Oft wirkt es auch gut, wenn Sie mehrere Verläufe raffiniert übereinanderlegen, wie Abbildung 7.58 zeigt. Achten Sie darauf, woher das Licht kommt, besonders in Verbindung mit Fotografien. Das Beispiel »EMBA for Eurasia« (Abbildung 7.59) legt einen Verlauf über eine Fotografie von einem Berg – der Verlauf greift dabei die Lichtquelle aus der Fotografie auf und schafft so einen realistischen Eindruck.

▲ **Abbildung 7.58**
Stripe schafft durch raffinierte Überlagerung von Verläufen einen spannenden Eindruck (*https://stripe.com/de*).

▲ **Abbildung 7.59**
Einheitliche Lichtquelle von Fotografie und Verlauf (*https://readymag.com/u18071539/934962/*)

## 7.2.4 Stile und Vorbilder nutzen

Sie können sich natürlich auch an anderen Websites oder etablierten Stilen orientieren. Um sie analysieren zu können, benötigen Sie zunächst ein einfaches Werkzeug, um die relevanten Farben herauszufinden. Mark Boulton schlägt in »Practical Guide to Designing for the Web« drei Typen von Farben vor:

- **Basisfarben**: Die Basisfarben einer Gestaltung haben eine geringe visuelle Kraft und sollen die anderen Farben unterstützen.
- **Hauptfarben**: Die Hauptfarben definieren die Kommunikation – oft sind dies die visuell stärksten oder häufigsten Farben.
- **Highlight-Farben**: Diese Farben werden eingesetzt, um einzelne Elemente hervorzuheben – oft stehen sie in einem Kontrastverhältnis zur Basis- oder Hauptfarbe.

Diese drei Typen von Farben können Ihnen helfen zu verstehen, welche Aufgabe die einzelnen Farbtöne auf einer Website übernehmen. Sie eignen sich auch, um Ihre Entwürfe einer Kundin oder einem Kunden zu präsentieren, da sie die Zusammenhänge zwischen den verwendeten Farben verdeutlichen können. Zwei Beispiele für aktuelle Stile sollen Ihnen das Verfahren näherbringen.

**Gesättigte Farben |** Gesättigte Farben haben eine aktivierende Wirkung – besonders die warmen Töne. Sie wirken dominant und erzielen einen poppigen Effekt. Die Crowdfunding-Plattform Kickstarter setzt beispielsweise auf ein starkes Neongrün (Hauptfarbe) mit Blau für die Highlights und Links, kombiniert mit großzügigem, leicht abgedunkeltem Weiß (Basisfarbe, #F7F7F9).

> **Tooltip**
> Farbschemata beliebiger Websites lassen sich mit Onlinetools wie Colorcombos (*www.colorcombos.com/grabcolors.html*) und mit verschiedenen Browser-Erweiterungen wie Colorzilla, Visual Inspector oder Eye Dropper anzeigen.

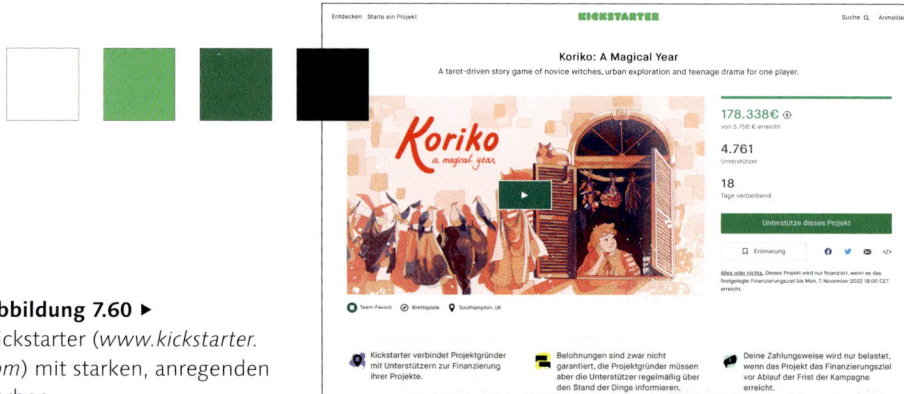

**Abbildung 7.60** ▶
Kickstarter (*www.kickstarter.com*) mit starken, anregenden Farben

Die knalligen Farben wecken das Interesse des Publikums, während die hellen Flächen dazu anregen, gefüllt zu werden – eine gewollte Assoziation für einen Dienst, mit dessen Hilfe Kreative ihre Produkte realisieren sollen.

**Pastellfarben |** Pastellfarben zeichnen sich durch einen hohen Weißanteil aus – sie wirken zart und unschuldig. Die Initiative Body Talk wählt ein sehr helles Farbschema mit sanften Pastelltönen, das gut zu den natürlichen Illustrationen passt. Die cremefarbene Basisfarbe rgb(242, 242, 238) wird ergänzt durch Rosa- und Blau-Pastellfarben, zwischen denen immer wieder gewechselt wird.

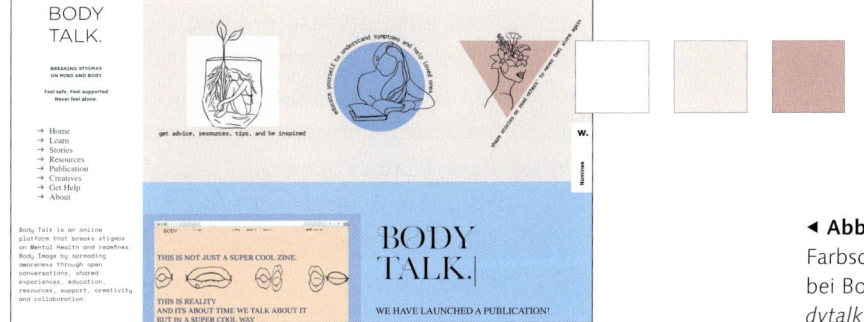

◀ **Abbildung 7.61**
Farbschema aus Pastelltönen bei Body Talk (*https://letsbodytalk.co*)

### 7.2.5 Mit Assoziationen zu einem Farbschema

Erinnern Sie sich noch, wie sehr wir Ihnen eine durchdachte Konzeption ans Herz gelegt haben? Oft ergeben sich Ideen für ein Farbschema bereits in der Konzeption. So dürften Sie während des Brainstormings eine Reihe von Assoziationen entwickelt haben, die Sie mit passenden Farben unterstützen könnten.

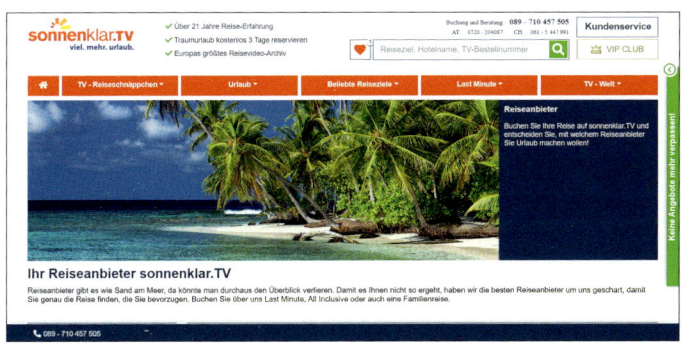

◀ **Abbildung 7.62**
Bei Urlaub denken viele Menschen an Sonne, Strand und Wasser – das Farbschema von Sonnenklar.tv (*www.sonnenklar.tv*) unterstreicht diese Assoziationen.

## 7.2.6 Farbe in Designsystemen

Ganz gleich, auf Basis welcher Methode Sie ein Farbschema erschaffen – wichtig ist, dass es in Ihrem Designsystem funktioniert. Ein typisches Designsystem benötigt eine ganze Reihe von Farben:

- **Primärfarben** sind wichtig für die visuelle Identität der Marke.
- **Sekundärfarben** sind im Layout seltener, ergänzen die Hauptfarben aber sinnvoll.
- **Neutrale Farben** sind Grautöne für Hintergründe und Text.
- **Weitere Farben** werden für kommunikative Aufgaben definiert, etwa für Erfolgs-, Fehler- und Informationsmeldungen.

**Beispiel Shopify**
Werfen Sie einen Blick in das Designsystem »Polaris« von Shopify, um einen Eindruck zu bekommen, wie flexibel Farbe in Designsystemen eingesetzt werden kann: *https://polaris.shopify.com/design/colors*.

Zudem bietet es sich an, auf Basis der ausgewählten Farben unterschiedliche Farbabstufungen zu erzeugen, indem Helligkeit (und seltener auch Sättigung) variiert wird. Das erhöht die Flexibilität des Designsystems, denn Sie können nun mit den verschiedenen Stufen arbeiten, ohne dass es allzu bunt wirkt. Sie können dann beispielsweise einen Rahmen in einem leicht dunkleren Farbton setzen als die zugehörige Box. Für bessere Zusammenarbeit im Team bietet es sich an, den Farben sinnvolle Namen auf Basis dieser Abstufungen zu geben, etwa »primary-10« für einen sehr hellen (10%igen) Ton der Hauptfarbe.

**Abbildung 7.63** ▼
Omatsuri (*https://omatsuri.app/color-shades-generator*) ist ein tolles Tool, mit dem sich Farbabstufungen erzeugen lassen – und noch vieles mehr.

Sehr sinnvoll sind Farbtöne auch in Bezug auf Accessibility: Wenn eine bestimmte Kombination aus Vorder- und Hintergrund zu dicht beieinanderliegt, können Sie einfach ein paar Farbabstufungen rauf- oder runtergehen, bis der Kontrast ausreicht.

## 7.2.7 Dunkle Gestaltungen und Dark Mode

Über dunkle Gestaltungen haben wir bereits gesprochen – sie wirken mysteriös, edel und spannend. Von einem Dark Mode spricht man, wenn die Benutzeroberfläche einen dunklen Hintergrund hat und die Schrift mit einer hellen Farbe angezeigt wird. Der entscheidende Unterschied zu dunklen Gestaltungen ist, dass sich der Dark Mode an- und ausschalten lässt. Der Dark Mode hat eine lange Geschichte (siehe *https://rohl.es/dark-mode-history*) und erhält durch die Unterstützung von Betriebssystemen verstärkte Aufmerksamkeit.

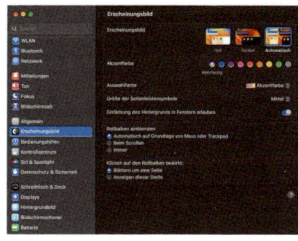

▲ **Abbildung 7.64**
Systemweit aktivierter Dark Mode in Abhängigkeit von der Tageszeit (hier: macOS 13 Ventura)

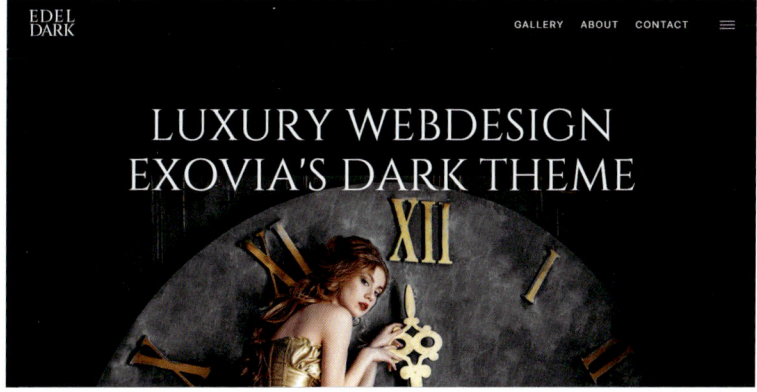

▲ **Abbildung 7.65**
Die dunkle Website kombiniert mit den goldenen Farben wirkt sehr elegant, hochwertig und luxuriös (*edeldark.exovia.de*).

Viele Menschen empfinden langes und konzentriertes Arbeiten am Computer bei einem dunklen Hintergrund mit heller Schrift als angenehmer. Zwar wird häufig auch behauptet, dass der Dark Mode auch die Augen entlaste, aber wissenschaftliche Belege dafür gibt es nicht – eine unterhaltsame Diskussion finden Sie auf *www.pushconf.tv/dark-mode-is-wrong/*. Dennoch ist der Dark Mode besonders bei Menschen beliebt, die lichtsensibel sind oder in dunkler Umgebung für längere Zeit auf den Bildschirm schauen.

Der Dark Mode passt allerdings nicht für jede Website. Daher soll hier besprochen werden, worauf Sie aus gestalterischer Sicht achten sollten – die praktische Umsetzung erläutern wir in Abschnitt 7.3.3:

▶ **Farbpalette optimieren**: Farbpaletten, die auf hellen Hintergründen gut funktionieren, sind auf einem schwarzen Hinter-

**Nachhaltiges Webdesign**
Ein Dark Mode kann auch Strom sparen. Bei klassischen LCDs (Liquid-Crystal-Displays) bringt dies nicht viel, weil das Licht hinter dem Display aktiv ist. Bei einem OLED-Display hingegen leuchtet jedes Pixel für sich selbst und ist eine eigene Lichtquelle. Die Helligkeit wird dabei über die Stromstärke geregelt. Weißes Licht benötigt am meisten Strom, so dass dunkle Farben Energie sparen.

**Barrierefreiheit**
Berücksichtigen sollten Sie beim Dark Mode auch die Barrierefreiheit: Unterstützen Sie Menschen mit Sehschwächen mit ausreichend Kontrast. Ein interessantes Werkzeug dafür finden Sie auf der Website *https://webaim.org/resources/linkcontrastchecker/*.

grund häufig nicht gut einsetzbar. In der Praxis eignen sich entsättigte Farben besser, weil sie weniger stark mit den dunklen Hintergründen kollidieren. Auch bei Logos und Corporate Design müssen Sie darauf achten, ob sie zum Dark Mode passen. Ein überzeugender Dark Mode benötigt oft gewisse Freiheiten, um Farben anzupassen, sofern Dark-Mode-kompatible Farben nicht bereits in der Corporate Identity definiert sind. Wenn die Marke beispielsweise vorrangig dunkle Primärfarben aufweist, kann es schwierig werden, diese noch mit ausreichend Kontrast im Dark Mode einzusetzen. Achten Sie bei der Arbeit mit Farben jedoch auch auf die veränderten Assoziationen, die sich durch die Verbindung mit dunklen Hintergründen ergeben (siehe Abschnitt 7.1.5).

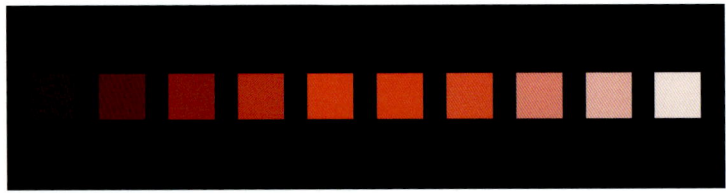

▲ **Abbildung 7.66**
Die Farbwahl für den Dark Mode ist eines der wichtigsten Kriterien, ganz besonders in Bezug auf die Kontraste.

**Dark Mode per JavaScript**
Es gibt verschiedene JavaScript-Bibliotheken, um den Dark Mode als Option anzubieten:
- Darkmode.js: *https://darkmodejs.learn.uno/*
- Darken.js: *www.cssscript.com/dark-mode-darken/*

▸ **Tiefeninformationen berücksichtigen**: Ein Dark Mode ist zwar dunkel, sollte aber dennoch die Tiefeninformationen einer Gestaltung berücksichtigen. Bei hellen Gestaltungen arbeiten Kreative dazu häufig mit Schatten – im Dark Mode aber ist der Schatten weniger gut zu sehen oder wirkt sogar wie ein Leuchten, wenn der Hintergrund dunkler als der Schatten ist. Dark-Mode-Gestaltungen können daher z. B. mit helleren Farbtönen für weiter oben liegende Komponenten arbeiten.

▸ **Minimalismus**: Der Dark Mode spielt seine Stärken besonders bei minimalistischen Gestaltungen aus. So lassen sich Inhalte gut in den Mittelpunkt setzen und ausdrucksstark gestalten. Dunkle, minimalistische Designs wirken elegant, geheimnisvoll, dramatisch und häufig auch ausdrucksstärker als die hellen Gegenstücke. Das gibt einer Gestaltung oft eine besondere emotionale Wirkung.

## 7.2 Farben und Farbschemata für Websites

◀ **Abbildung 7.67**
Minimalismus pur bei der Marshmello-Fan-Page (*marshmello-fans.com*)

- **Inhalte berücksichtigen**: Neben der Schrift gibt es weitere Inhalte, die im Dark Mode angepasst werden sollten. Problematisch kann das besonders bei Inhalten werden, die nicht in der Kontrolle des Design-Teams liegen. Ein Beispiel wären Fotografien mit vielen Farbwechseln oder Infografiken, die für den Dark Mode redaktionell angepasst werden müssten. Bei Bildern können Sie mit CSS-Filtern arbeiten, um die Helligkeit zu reduzieren. Bei Icons bietet sich das SVG-Format an, bei dem Sie die Farben per CSS anpassen können. Beispiele für beide Vorschläge finden Sie in Kapitel 8. Auch längere Texte sind weniger für den Dark Mode geeignet, weil das Lesen auf dunklem Grund etwas anstrengender ist.
- **Kontrolle ermöglichen**: Wie erwähnt kann ein Dark Mode von den Nutzerinnen und Nutzern systemweit angeschaltet werden (auch als automatischer Tag-Nacht-Zyklus). In CSS können Sie darauf mit `prefers-color-scheme` reagieren, wie wir später erläutern werden. Dennoch bietet es sich an, den Dark Mode als Option anzubieten, so dass die Nutzerinnen und Nutzer nach eigenem Geschmack entscheiden können.

▼ **Abbildung 7.68**
Häufig wird der Dark Mode dem Leser als Option angeboten, wie hier bei *www.pilab.dev*.

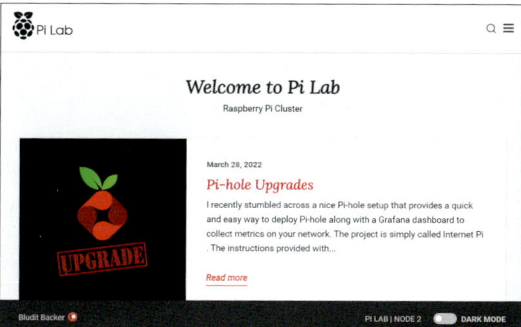
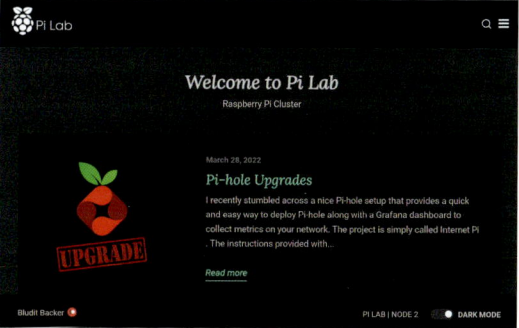

## 7.3 Farben am Monitor und im Web

Nachdem Sie nun mit den Grundlagen von Farbgestaltung vertraut sind, wird es Zeit, einige Besonderheiten im Web zu behandeln. Außerdem werden Sie lernen, wie Sie den Rohbau Ihrer Website mit Hilfe von CSS farbig gestalten können.

▲ **Abbildung 7.69**
Subtraktive Farbmischung

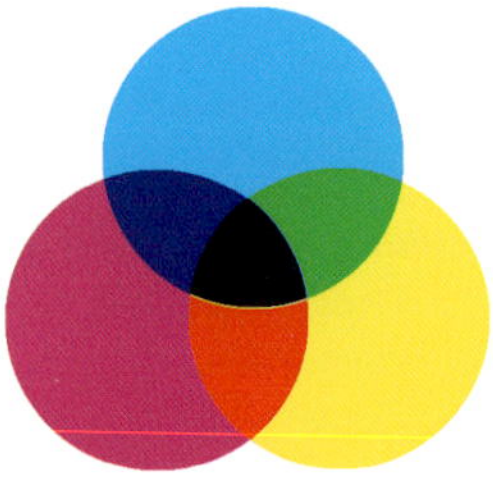

### 7.3.1 Additive und subtraktive Farbmischung

Farbe wird am Monitor ganz anders erzeugt als bei gedruckten Produkten. Beim Druck wird die sogenannte **subtraktive Farbmischung** eingesetzt. Druckerzeugnisse sind davon abhängig, dass Licht von ihnen reflektiert wird. Je nach Farbe wird dabei ein Teil des Lichts zurückgehalten, so dass nur der reflektierte Teil des Farbspektrums unsere Augen erreicht – ein Farbeindruck entsteht. Farben werden dabei aus den Grundfarben Cyan, Magenta und Gelb gemischt. Druckt man alle Farben gemeinsam auf eine Fläche, wird das gesamte Licht geschluckt – Schwarz entsteht. In der Praxis verwendet man einen dunklen Schwarzton als weitere, vierte Druckfarbe, da sich damit ein besserer Schwarz-Eindruck erreichen lässt.

Monitorfarben hingegen werden über das **additive Verfahren** erzeugt. Die Grundfarben hierbei sind Rot, Grün und Blau (abgekürzt als RGB), mit denen die übrigen Farben gemischt werden. Werden alle Farben gleichermaßen benutzt, entsteht Weiß.

▲ **Abbildung 7.70**
Additive Farbmischung

**W3C**
Das W3C (*www.w3.org*) ist ein Konsortium zur Festlegung des HTML-Standards.

### 7.3.2 Farben in CSS angeben

Farben sind Teil der Gestaltung einer Webseite und werden daher über CSS definiert. Die Eigenschaft `color` gibt die Farbe des Inhalts an, während `background-color` und `border-color` die Farben von Hintergrund und Rahmen definieren. Zur Angabe der Farben stehen Ihnen verschiedene Wege offen.

**Farbbezeichnung |** Die einfachste Variante stellt die Angabe einer Farbbezeichnung wie `color: red` dar. Dazu wurden vom W3C und den Browser-Herstellern über 140 Farbnamen definiert, wobei es auch erlaubt ist, alle Farbnamen mit `gray` mit `e` zu schreiben (`grey`). Eine Liste der Farbnamen, ordentlich sortiert, finden Sie auf *www.colors.commutercreative.com*.

*Color names and sRGB values*

| Named | Numeric | Color name | Hex rgb | Decimal |
|---|---|---|---|---|
| | | black | #000000 | 0,0,0 |
| | | silver | #C0C0C0 | 192,192,192 |
| | | gray | #808080 | 128,128,128 |
| | | white | #FFFFFF | 255,255,255 |
| | | maroon | #800000 | 128,0,0 |
| | | red | #FF0000 | 255,0,0 |
| | | purple | #800080 | 128,0,128 |
| | | fuchsia | #FF00FF | 255,0,255 |
| | | green | #008000 | 0,128,0 |
| | | lime | #00FF00 | 0,255,0 |
| | | olive | #808000 | 128,128,0 |
| | | yellow | #FFFF00 | 255,255,0 |
| | | navy | #000080 | 0,0,128 |
| | | blue | #0000FF | 0,0,255 |
| | | teal | #008080 | 0,128,128 |
| | | aqua | #00FFFF | 0,255,255 |

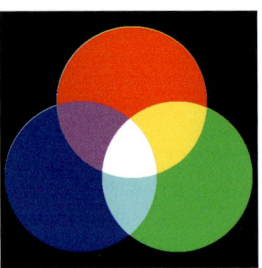

▲ **Abbildung 7.71**
Farbdefinitionen des W3C

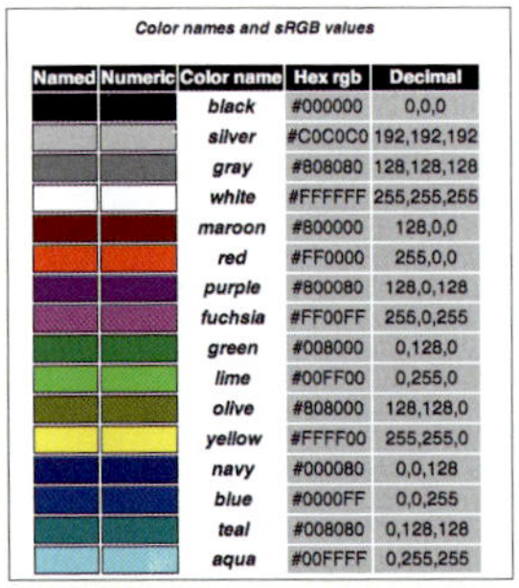

**RGB-Werte |** Ein Nachteil von Farbbezeichnungen ist, dass Sie keinen Einfluss auf die Zusammensetzung der Farben haben. Alternativ können Sie Farben auch als RGB-Wert angeben, wobei Sie jeder der Grundfarben Rot, Grün und Blau einen Wert von 0 bis 255 zuweisen (alternativ sind auch Prozentwerte möglich). Es gibt also insgesamt 256 verschiedene Rot-, Grün- und Blauwerte, was insgesamt über 16 Millionen mögliche Farben ergibt. Ein Beispiel wäre `color: rgb(0,255,255)` für einen cyanfarbenen Inhalt: 0 Teile Rot sowie je 256 Teile Grün und Blau. Bedenken müssen Sie dabei lediglich, dass das Binärsystem, auf dem Computer basieren, von 0 bis 255 zählt und nicht von 1 bis 256.

▲ **Abbildung 7.72**
Farbwähler in Grafikprogrammen (hier Adobe Photoshop) liefern Ihnen bei der Wahl einer Farbe direkt die entsprechenden RGB-Werte.

**RGBa-System |** Beim RGBa-System wird dieses System um einen weiteren Parameter erweitert. Das a steht dabei für »Alpha« und stellt eine Angabe der Transparenz zwischen 0 und 1 dar. 0 bedeutet unsichtbar, 1 bedeutet volldeckend. Dabei sollte die Alpha-Transparenz nicht als Prozent, sondern als Zahl mit einem Punkt statt Komma (wie im Englischen üblich) angegeben werden, entweder mit oder ohne voranstehende 0. Hier ein Cyan-Farbton mit einer Deckkraft von 50 %:

```
p { background-color: rgba(0, 255, 255, .5); }
```

▲ **Listing 7.1**
Cyan mit einer Deckkraft von 50 %

Alternativ zur Notation mit Komma können Sie RGBa auch mit Leerzeichen notieren. Dabei wird der Alpha-Wert optional mit einem Schrägstrich abgetrennt: `rgb(0 255 0 / 50%)`.
Eine ähnliche Eigenschaft ist `opacity` (»Deckkraft«). `opacity` wirkt jedoch auf das gesamte HTML-Element – also wird beispielsweise auch der Text einer Box durchscheinend. Außerdem wird es an Nachfahren vererbt und muss im Zweifel überschrieben werden:

```
p { opacity: 0.7; }
```

▲ **Abbildung 7.73**
RGBa-Hintergrundfarben (oben) wirken sich nicht auf den Text selbst aus, Opacity (unten) schon.

◀ **Listing 7.2**
70 % Deckkraft in CSS

**Hexadezimalwerte |** Als weitere Variante können Sie Farben auch als Hexadezimalwerte angeben (`color: #00FFFF`). Das Hexadezimalsystem ist ein sechsstelliger Farbcode, der von einer Raute # eingeleitet wird. Die zwei Zeichen danach stehen für Rot. Es folgen je zwei weitere für Grün und Blau.

Wie kommen diese eigenartigen Farbwerte zustande? Unser gewohntes Zahlensystem basiert auf einer Zehnerreihe und heißt daher auch »dezimal«: Sie zählen von 0 bis 9; danach gehen Ihnen im übertragenen Sinne die Ziffern aus, und Sie stellen eine 1 voran, um weiterzählen zu können. Sind Sie bei 19 angelangt, erhöhen Sie die vorangestellte Ziffer um 1, bis Sie schließlich eine weitere Ziffer voranstellen müssen.

Beim hexadezimalen System nimmt man statt der 10 die 16 als Grundzahl. Auch hier beginnen Sie mit dem Zählen wieder bei 0. Da es keine Ziffern über 9 gibt, zählt man mit Buchstaben weiter: A steht für 10, B für 11, C für 12, bis Sie mit F bei 15 sind. Sie zählen also von 0 bis F und stellen dann eine neue Stelle voran – nach (0)F folgt also 10, bis Sie bei 1F wieder zur 20 umspringen.

**HSL und HWB |** CSS unterstützt ebenfalls die Angabe von Farbwerten im HSL-System. Die Abkürzung steht für:

- **Farbton** (Hue) als Winkelangabe im Farbkreis
- **Sättigung** (Saturation) von 0 (Grau) bis 100 % (voll gesättigt)
- **Helligkeit** (Lightness) von 0 (Schwarz) bis 100 % (Weiß)
- **Transparenz** (Alpha) von 0 (transparent) bis 1 (opak)

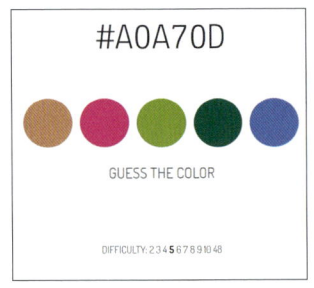

▲ Abbildung 7.74
Es ist gar nicht so leicht, von einem Hex-Wert auf eine Farbe zu schließen. Bei »What the Hex« (*http://yizzle.com/whatthehex*) können Sie Ihr Glück versuchen.

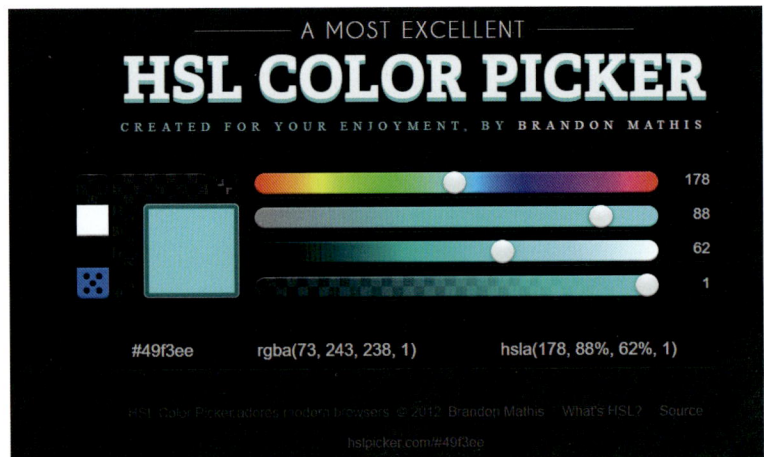

Abbildung 7.75 ▶
HSL Color Picker (*http://hslpicker.com*) von Brandon Mathis

Wie bei RGBa können die Werte bei HSLa entweder mit Komma oder mit Leerzeichen getrennt werden, z. B. `hsla(231, 100%, 70%, 1)`. Ein ähnliches Farbmodell ist HWBa (»Hue, Whiteness, Blackness«). Hue bestimmt den Farbton mit Werten von 0 bis 360 (als Winkelangabe im Farbkreis). Whiteness und Blackness geben an, wie viel Weiß und Schwarz (in Prozent) hinzugemischt werden. Anders als RGBa und HSLa erlaubt HWBa nur die Eingabe mit Leerzeichen, z. B. `hwb(194 0% 0% / .5)`.

**Was wählen?** | Welches Verfahren Sie am liebsten einsetzen, bleibt Ihnen überlassen. Einige Tipps haben wir jedoch für Sie:
- Hexadezimalwerte sind kürzer zu tippen, und man kann sie direkt aus einem Farbwähler herauskopieren.
- An RGB-Werten kann man Rot-, Grün- und Blauanteile ablesen.
- Bei HSL lassen sich Änderungen intuitiv vornehmen. Nehmen wir einmal an, der Farbwert `hsla(231, 100%, 50%, 1)` ist ein bisschen zu dunkel. Also einfach den L-Wert etwas vergrößern: `hsla(231, 100%, 70%, 1)`. Diese Änderungen werden aus den RGBa-Werten (`rgba(0, 38, 255, 1)` und `rgba(102, 125, 255, 1)`) und den Hexadezimalwerten (`#0026ff` und `#667dff`) nicht unmittelbar ersichtlich.

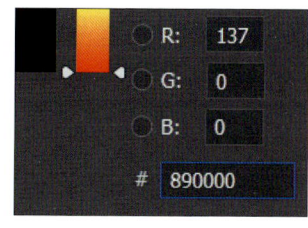

▲ **Abbildung 7.76**
Der Farbwähler (hier Adobe Photoshop) zeigt zu jeder Farbe den entsprechenden Hex-Wert an.

**Weiterentwicklungen** | CSS entwickelt sich stetig weiter und führt neue Möglichkeiten ein:
- LAB beruht auf dem CIELAB-Farbraum. L steht für Helligkeit (»Lightness«), A und B stehen für zwei Farbachsen: A für Rot nach Grün, B für Gelb nach Blau.
- LCH beruht ebenfalls auf dem CIELAB-Farbraum, und auch hier ist das L ein Wert für die Helligkeit. C (»Chroma«) legt die Farbintensität fest, H (»Hue«) den Farbton.

**Lesetipps**
Mehr zu den kommenden Möglichkeiten lesen Sie hier:
- Michelle Barker, A Guide to Modern CSS Colors: *www.smashingmagazine.com/2021/11/guide-modern-css-colors/*
- Nelson Michael, Exploring the new CSS color functions: *blog.logrocket.com/exploring-css-color-module-level-5/*

Ebenfalls gearbeitet wird an den Funktionen `color-mix()`, mit der sich Farben mischen lassen, sowie `color-contrast()`, mit der sich das Kontrastverhältnis von Farben prüfen lässt. `color()` wird es Browsern erlauben, Farben in einem spezifischen Farbraum darzustellen. Der Browser-Support befindet sich noch im experimentellen Stadium (Februar 2023) – werfen Sie aber unbedingt einen Blick auf *https://caniuse.com/*, ob sich daran etwas geändert hat.

### 7.3.3 Farben mit Custom Properties definieren (CSS-Variablen)

Gerade bei Farben mit CSS ist es häufig so, dass man eine ganze Farbpalette verwendet, die in allen Komponenten konsistent

**Die Zeit ist reif**
Die Custom Properties gab es zwar schon länger, aber es hat noch etwas gedauert, bis alle wichtigen Browser damit auch umgehen konnten. Jetzt ist die Zeit reif, damit zu arbeiten.

bleiben soll. In solchen Fällen ist es sinnvoll, alle zentralen Elemente des Designsystems an einer Stelle zu definieren. Bisher hatte man dies mit Präprozessoren wie SASS oder LESS realisiert. Dies gehört nun mit den Custom Properties (auch CSS-Variablen) der Vergangenheit an. Damit können Sie im Handumdrehen eine neue Farbpalette mit wenig Aufwand erstellen. Wir erläutern das Vorgehen im folgenden Abschnitt am Beispiel der Farben, aber natürlich können Sie Custom Properties auch für andere Eigenschaften anwenden, etwa Abstände oder Schriftgrößen. Dadurch vermeiden Sie, die Werte immer wieder wiederholen zu müssen.

Eigene Custom Properties können einen lokalen und einen globalen Geltungsbereich haben. Wenn Sie diese global definieren, können Sie im gesamten Dokument darauf zugreifen. Auf lokale Custom Properties können Sie hingegen nur innerhalb des Selektors zugreifen, in dem Sie diese definieren. Um eine Custom Property global zu definieren, wird der `:root`-Selektor verwendet, der dem Wurzelelement des Dokuments entspricht. Den Namen der Eigenschaft können Sie frei bestimmen. Allerdings muss er immer mit einem Doppelminus (`--`) markiert werden (z. B. `--name-der-variable`). Wichtig ist außerdem, dass CSS zwischen Groß- und Kleinbuchstaben unterscheidet (`--color-border` ist also eine andere Eigenschaft als `--Color-Border`). Eine globale Definition von CSS-Variablen kann nun wie folgt aussehen:

**Listing 7.3 ▶**
Globale CSS-Variablen werden in `:root` definiert.

```
:root { --color-background: #FFF; }
```

Sie können alle Werte für Custom Properties nutzen, die Sie von CSS gewohnt sind – bei Farben beispielsweise Hexadezimalwert, CSS-Farbnamen oder HSLa-Farbwert. Mit `var()` können Sie eine definierte Custom Property verwenden (z. B. `var(--name-der-variable)`):

**Listing 7.4 ▶**
CSS-Variablen werden innerhalb von `var()` verwendet.

```
.teaser { background: var(--color-background); }
```

**Abbildung 7.77 ▶**
Die CSS-Variablen bei der Ausführung

> **CSS-Variablen verwenden**
>
> Mit den CSS-Variablen können Sie im Handumdrehen eine neue Farbpalette mit wenig Aufwand für die Website erstellen. Und im Gegensatz zu SASS-Variablen können diese CSS-Variablen zur Laufzeit angepasst werden.

Wenn Sie nun andere Farben verwenden wollen oder müssen, müssen Sie lediglich die Werte im `:root`-Selektor anpassen. Ein typischer Fall dafür wäre die Umsetzung eines Dark Modes – und genau das schauen wir uns im folgenden Abschnitt an.

**Beispiel: Dark Mode in CSS und JavaScript umsetzen |** Zunächst möchten wir einen Dark Mode auf Systemebene unterstützen. In unserem Beispiel gibt es einen Text-Teaser, den wir zuerst im Light Mode gestalten. Um die Farben mit überschaubarem Aufwand austauschen zu können, arbeiten wir mit CSS-Custom-Properties:

Sie finden das Beispiel im Download-Bereich oder unter *https://codepen.io/rohles/pen/KKerVLw*.

```
:root {
  --color-background: #fff;
  --color-box: #eee;
  --color-border: #555;
  --color-text-1: #000;
  --color-text-2: hsla(0, 100%, 25%, 1);
  --color-shadow: rgba(0, 0, 0, 0.22);
}
```

▲ **Listing 7.5**
Definition von Farben über Custom Properties

Nun möchten wir darauf reagieren, wenn Nutzerinnen und Nutzer im Betriebssystem eingestellt haben, dass sie einen Dark Mode bevorzugen. Technisch realisiert wird das Ganze, indem wir mit Hilfe von `prefers-color-scheme` abfragen, ob das System auf dunkel eingestellt ist. Wenn ja, ändern wir die Werte der Custom Properties:

**Tipps zur Umsetzung**
Wir stellen Ihnen hier eine von uns präferierte Möglichkeit vor. Adhuham hat bei CSS-Tricks einen sehr lesenswerten Guide mit vielen weiteren Möglichkeiten geschrieben (*https://rohl.es/dark-mode-guide*).

```
@media (prefers-color-scheme: dark) {
  :root {
    --color-background: #1e1e1e;
    --color-box: #3e3e3e;
    --color-border: #222;
    --color-text-1: #fff;
    --color-text-2: hsla(0, 100%, 65%, 1);
    --color-shadow: rgba(0, 0, 0, 0.66);
  }
}
```

▲ **Listing 7.6**
Automatischer Dark Mode mit `prefers-color-scheme`

▲ **Abbildung 7.78**
Systemweit gesteuerter Wechsel zwischen Light Mode und Dark Mode

Sie finden das Beispiel im Download-Bereich unter Kapitel_07 – Dark Mode oder unter *https://codepen.io/rohles/pen/bGKKYzX*.

Wenn Sie unser Beispiel im Browser öffnen und das Farbschema im System umschalten, sehen Sie die Auswirkungen (Abbildung 7.78).

Allerdings reicht uns das an dieser Stelle noch nicht, denn wir möchten den Nutzerinnen und Nutzern eine Möglichkeit zur Kontrolle des Farbschemas auf der Website geben. Dazu nutzen wir die Klassen `.auto`, `.light` und `.dark` für das `body`-Element, um den gerade aktiven Modus unterscheiden zu können. In diese Klassen kopieren wir die Custom Properties für Light und Dark Mode hinein:

```
.light { /* Custom Properties für den Light Mode */ }
.dark { /* Custom Properties für den Dark Mode */ }
```

▲ **Listing 7.7**
Klassen zur Unterscheidung von Light und Dark Mode

Nun benötigen wir eine Möglichkeit, vom automatischen Modus manuell auf Light Mode und Dark Mode umstellen zu können. Wir arbeiten dazu mit einigen Radiobuttons, die wir per CSS gestalten und mit einem SVG-Symbol versehen:

```
<section class="selector">
  <input type="radio" id="light" name="theme"
  value="light">
  <label for="light"><svg class="icon"><use
  xlink:href="#sun" /></svg> hell</label>
  <!-- weitere Radiobuttons -->
</section>
```

**Listing 7.8** ▶
Radiobutton zum Umstellen auf Light Mode

Schließlich müssen wir noch dafür sorgen, dass die Radiobuttons die Klasse auf dem `body`-Element austauschen. Dazu arbeiten wir per JavaScript mit einem EventListener auf unserer Klasse `.selector`, in der sich die Radiobuttons befinden. Tritt dort das `change`-Event auf, bedeutet dies, dass der Wert unserer Radiobuttons verändert wurde. Wir nutzen dies, um die Variable `activeState` auf den Wert des aktiven Radiobuttons zu setzen und die `body`-Klasse per Funktion `toggleTheme()` auszutauschen:

```
const selector = document.querySelector(".selector");
const body = document.body;
var activeState = "auto";
selector.addEventListener("change", setState);
/* functions */
```

## 7.3 Farben am Monitor und im Web

```
function setState(event) {
  activeState = event.target.value;
  toggleTheme(activeState);
}
function toggleTheme() {
  body.className = activeState;
}
```

▲ **Listing 7.9**
JavaScript zum Umstellen der body-Klasse

### 7.3.4 Verläufe in CSS angeben

Verläufe werden in CSS als `background-image` oder in der Kurzform `background` angegeben.

▲ **Abbildung 7.79**
Erweitertes Beispiel mit Light Mode (oben) und Dark Mode (unten) sowie einem automatischen Modus, der sich nach der Systemeinstellung richtet.

Sie finden die Beispiele zum Ausprobieren unter *https://codepen.io/rohles/pen/ObYZYv* oder im Ordner KAPITEL_07 • VERLÄUFE.

◄ **Abbildung 7.80**
Bilder können mit Verläufen eingefärbt werden, damit sie zum Corporate Design passen (*http://adova-group.com*).

**Einfache lineare Verläufe** | Um einen linearen Verlauf von Grün nach Rot anzugeben, könnten Sie folgende Angaben verwenden (1 in unserem Beispiel-Listing zum Download):

```
background: linear-gradient(green, red);
```

▲ **Listing 7.10**
Einfacher linearer Verlauf in CSS

Komplexer wird es, wenn Sie die Richtung des Verlaufs angeben möchten. Die Richtung bezeichnet man als *gradient-line*, angegeben wird sie mit einer Reihe von Schlüsselwörtern: `to left`, `to right`, `to top` und `to bottom`.

**Animierte Farbverläufe**
Sie können einen Farbverlauf auch animieren und auf diese Weise interessante Effekte erzielen. Dabei hilft die JavaScript-Bibliothek »granim.js« von Benjamin Blonde (*https://sarcadass.github.io/granim.js*).

Ohne Angabe gilt der Standard `to bottom` – unser Verlauf von vorhin wäre also oben grün und unten rot. Wenn Sie ihn lieber von links nach rechts hätten (`to right`), ist das auch kein Problem (2):

```
background: linear-gradient(to right, green, red)
```

▲ **Listing 7.11**
CSS-Verlauf von links nach rechts

Um diagonale Verläufe zu erzeugen, lassen sich die Angaben auch kombinieren, z. B. `to right bottom` oder `to left top`. Machbar ist auch die Angabe eines Winkels, z. B. `15deg`.

**Abbildung 7.81** ▼
Lineare Verläufe ohne weitere Angaben (links) und mit verschiedenen Richtungsangaben (rechts)

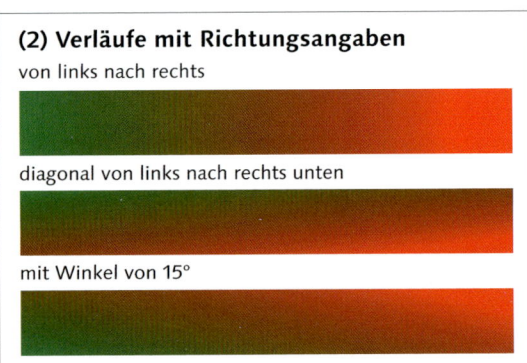

**Anzahl der Color Stops**
Theoretisch können Sie so viele Color Stops setzen, wie Sie möchten – in der Praxis haben wir jedoch selten mehr als drei oder vier benötigt.

**Abbildung 7.82** ▼
Verläufe mit drei Color Stops ohne (links) und mit Positionsangaben (rechts)

**Mehrere Farben** | CSS-Verläufe können auch mit mehr als zwei Farben arbeiten, sogenannten *Color Stops* (3):

```
background: linear-gradient(green, white, red);
```

▲ **Listing 7.12**
Linearer Verlauf mit drei Farben

Standardmäßig werden Color Stops gleichmäßig verteilt. Sie können die Position jedoch explizit festlegen:

```
background: linear-gradient(green 0%, white 20%, red 80%);
```

▲ **Listing 7.13**
Position von Color Stops in CSS

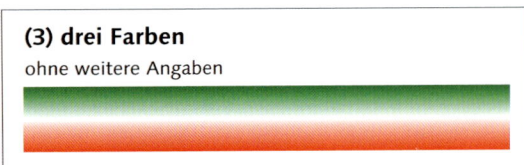

## Farben am Monitor und im Web  7.3

**Runde Verläufe und wiederholende Verläufe |** Kreisförmige (radiale) Verläufe sind ebenfalls möglich (5):

```
background: radial-gradient(yellow, blue);
```

◀ **Listing 7.14**
Radialer Verlauf in CSS

Standardmäßig ist der Verlauf ellipsenförmig, aber das lässt sich auf `circle` umstellen:

```
background: radial-gradient(circle, yellow, blue);
```

◀ **Listing 7.15**
Radialer, kreisrunder Verlauf in CSS

Außerdem lässt sich der Radius der Kreisform definieren: Er kann sich zur nächsten (`closest-side`) oder am weitesten entfernten Seite (`farthest-side`) bzw. Ecke (`closest-corner` und `farthest-corner`) ausdehnen. Zudem lässt sich der Mittelpunkt eines radialen Verlaufs verschieben:

```
background: radial-gradient(at bottom right, yellow, blue);
```

◀ **Listing 7.16**
Radialer Verlauf rechts unten in CSS

Schließlich kann ein Verlauf wiederholt werden. Dabei definiert die Position des letzten Color Stops die Größe des wiederholten Musters:

```
background: repeating-linear-gradient(45deg, yellow,
yellow 10px, black 10px, black 20px);
```

◀ **Listing 7.17**
Muster als sich wiederholender Verlauf

Mit Hilfe von `repeating-radial-gradient` funktioniert das natürlich auch mit kreisförmigen Verläufen.

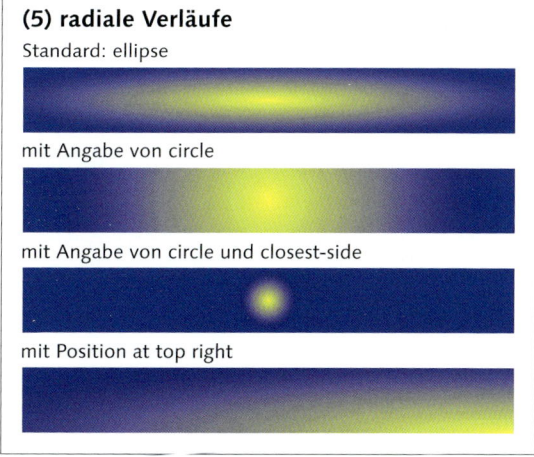

▲ **Abbildung 7.83**
Radiale Verläufe (links) und Verläufe mit Wiederholungen (rechts)

**Webtipps für Farbverläufe**

Im Web gibt es viele weitere Quellen für schöne Verläufe. Hier ein paar aktuelle Tipps:

▶ Sammlungen fertiger Verläufe finden Sie unter *https://webgradients.com/*, *https://webkul.github.io/coolhue/*, *www.grabient.com* und *https://uigradients.com*.
▶ Speziell um Buttons mit Verläufen kümmert sich die Website *https://gradientbuttons.colorion.co*.
▶ Ein alternatives Tool ist der Colorzilla Gradient Editor (*www.colorzilla.com/gradient-editor*).
▶ Lea Verou hat unter *http://lea.verou.me/css3patterns/* eine ganze Reihe ausgefallener Verläufe zusammengestellt.

**Tools für Verläufe** | Zum Glück gibt es eine Reihe von Tools für Verläufe. Besonders ans Herz legen möchten wir Ihnen das Tool CSS Gradient unter *https://cssgradient.io*.

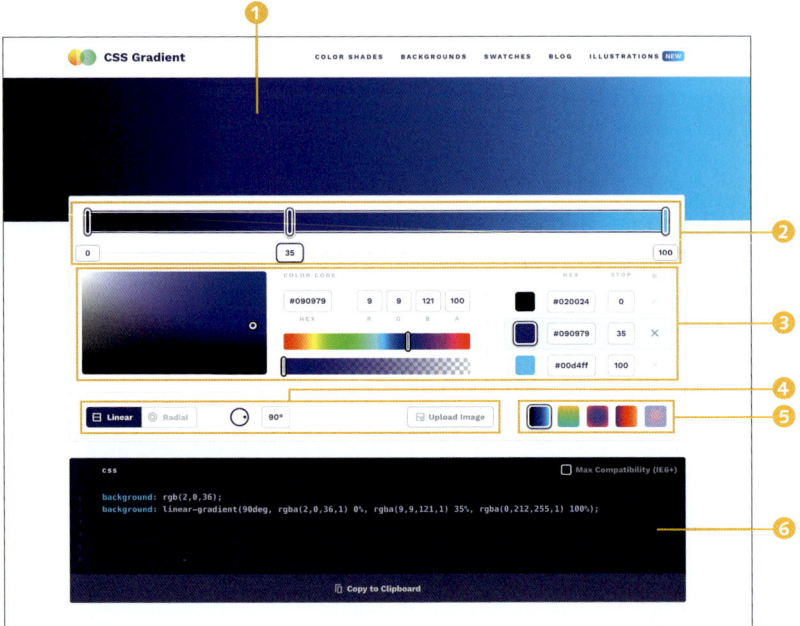

▲ **Abbildung 7.84**
Der Colorzilla Gradient Generator hilft Ihnen bei der Erzeugung von CSS-Verläufen.

Mit diesem Tool ist es ein Leichtes, einen Verlauf anzulegen und den entsprechenden Code zu generieren. Unter ❺ gibt es bereits einige Vorlagen. Im Bereich ❹ können Sie zwischen linearen und radialen Verläufen wählen, die Richtung des Verlaufs festlegen oder ein Bild hochladen, das als Grundlage für einen Verlauf dienen soll. Im Bereich ❷ lassen sich beliebig viele Color Stops definieren und mit der Maus an die gewünschte Position schieben. Der Bereich ❸ dient dazu, die Farben der Color Stops anzupassen. Unter ❶ finden Sie eine Vorschau Ihres Verlaufs und können seine Richtung festlegen. Bei ❻ erhalten Sie dann den CSS-Code und können ihn in Ihr Stylesheet hineinkopieren.

## 7.4 Barrierefreiheit und Usability – auch bei der Farbwahl

Es ist sehr wichtig, dass Sie Ihre Website für alle Menschen zugänglich gestalten, und Farben bilden keine Ausnahme. Eine barrierefreie Farbwahl verbessert die Usability für alle gleichermaßen. Zunächst einmal sollten Sie sich bewusst sein, dass Ihre Farbwahl nur ein Vorschlag ist, den eine Nutzerin oder ein Nutzer jederzeit überschreiben kann. Funktionen wie »Night Shift« auf iOS verändern die Farbgebung beispielsweise basierend auf der Tageszeit (wärmere Farben spät am Abend).

◀ **Abbildung 7.85**
Mit einem Tastendruck kann die Farbgebung jeder Website verändert werden (hier die Erweiterung »Hoher Kontrast« für Chrome *https://rohl.es/chrome-high-contrast*).

Dennoch gibt es auch im Bereich Farben bei der Accessibility einige Regeln, die Sie beachten sollten.

**Ausreichender Kontrast** | Achten Sie auf einen guten Kontrast von Textfarbe und Hintergrund. Empfehlenswert ist im Allgemeinen ein Kontrastverhältnis von mindestens 7:1. Bei großer Schrift darf es nach Empfehlungen der WCAG auf 4,5:1 heruntergehen. Die Farbwahl für Text ist außerdem abhängig von der gewählten Schrift – gerade dünne Schriften profitieren spürbar von größerem Kontrast.

Ob Ihre Kontraste diesen Empfehlungen entsprechen, können Sie über Tools wie den Colour Contrast Checker (*www.snook.ca/technical/colour_contrast/colour.html*) testen. Dort können Sie die Farbwerte für Vorder- und Hintergrund wählen und erhalten dann rechts eine Einschätzung der Barrierefreiheit.

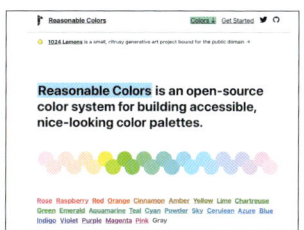

▲ **Abbildung 7.86**
Das Farbsystem »Reasonable Colors« hilft bei der Auswahl von Farben mit ausreichendem Kontrast (*https://reasonable.work/colors/*).

**Abbildung 7.87 ▶**
Der Colour Contrast Checker

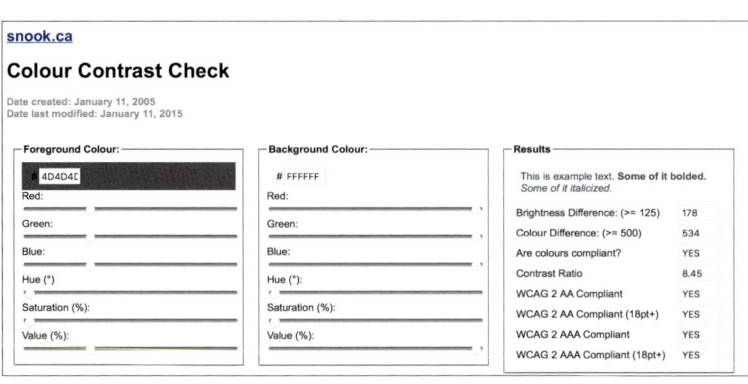

**Webdesign für Farbenblindheit**
Mehr Informationen zum Thema Farbenblindheit für ein barrierefreies Internet finden Sie auf der Website *https://rohl.es/ farbenblindheit- webdesign*.

»*Farbe darf niemals das alleinige Mittel sein, um Informationen zu vermitteln.*

Es gibt Tools, die Ihnen erlauben, Ihre Layouts durch die Augen anderer Menschen zu sehen. Tipps finden Sie im Bonusinhalt »quellen-lesetipps.pdf« im Download-Bereich.

**Farbfehlsichtigkeiten** | Farbfehlsichtigkeiten werden umgangssprachlich gerne als »Farbenblindheit« bezeichnet und kommen in vier Ausprägungen vor. Reine Farbenblindheit (Achromasie), bei der keine Farben erkannt werden können, ist selten. Sehr viel häufiger sind Fehlsichtigkeiten, bei denen nur ein Teil der Farben betroffen ist. Sie gehen darauf zurück, dass bestimmte Zapfen im Auge, die für das Farbsehen zuständig sind, bei einigen Menschen ganz fehlen (z. B. Rotblindheit) oder mit anderer Empfindlichkeit reagieren (z. B. Rotschwäche). Am häufigsten sind Rot-Grün-Sehschwächen, von denen etwa jeder zwölfte Mann betroffen ist.

Verwenden Sie Farbe daher niemals als das alleinige Mittel zur Informationsübermittlung. Ist ein Button im aktivierten Zustand rot und im inaktiven grün, ergänzen Sie einfach ein weiteres Gestaltungsmittel – etwa indem der aktivierte Button fett ausgezeichnet oder unterstrichen wird. Fragen Sie sich bei der farbigen Gestaltung Ihrer Layouts stets, ob man die komplette Bedeutung auch dann noch erfassen kann, wenn alle Farben ausgeschaltet wären.

**Fotosensitive Epilepsie** | Die Fotosensitive Epilepsie betrifft besonders Menschen mit Epilepsie, bei denen flackernde Lichtquellen epileptische Anfälle hervorrufen können. Wenn Sie Animationen einsetzen, vermeiden Sie also stark flackernde Flächen.

Farben sind ein wichtiges Kommunikationsmittel – sie wecken die richtigen Assoziationen und verdeutlichen Funktionalitäten (z. B. bei Links und Buttons). Nicht immer reichen diese Mittel aus, um die richtigen Inhalte und Aussagen auszudrücken. Es gibt aber noch ein weiteres Gestaltungsmittel, das in diesen Fällen helfen kann: Bilder und Videos.

# 8

# Grafiken, Bilder und Multimedia

So verwenden Sie Grafiken beim Webdesign

- Wo kann ich Bilder finden, die ich verwenden darf?
- Welche Grafikstile gibt es im Web?
- Wie verwende ich Grafiken im Webdesign?
- Wie nutze ich Bilder, um eine Aussage zu unterstützen oder Aufmerksamkeit zu erregen?

# 8 Grafiken, Bilder und Multimedia

Grafiken und Bilder sind ein echter Blickfang und vermitteln eine klare Vorstellung davon, worum es auf der Website geht. Zudem können Sie Grafiken verwenden, um interessante visuelle Effekte zu erzielen.

## 8.1 Tipps für Bildwahl und Bildgestaltung

Der erste Schritt bei der Suche nach einem Bild ist, einen Stil festzulegen – nur so wissen Sie, wonach Sie überhaupt suchen sollen.

### 8.1.1 Fotografie oder Illustration?

> *Fotografien vermitteln einen realistischen Eindruck, aber ihre Detailtreue ist nicht immer hilfreich.*
>
> *Illustrationen sind verspielter und abstrakter.*

Fotografien sollten Sie einsetzen, wenn ein realistischer Eindruck wichtig ist. Fotografien stehen trotz aller Manipulationsmöglichkeiten noch immer dafür, dass die abgebildete Situation wirklich so gewesen ist. Illustrationen wirken verspielter und künstlicher. Die Grenzen zwischen Fotografie und Illustration werden jedoch zunehmend fließender.

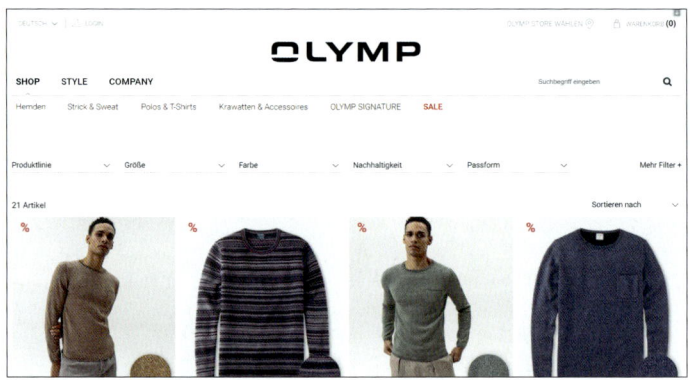

**Abbildung 8.1** ▶
Fotografien sind zur Vermittlung realistischer Eindrücke erste Wahl, etwa in der Modebranche (*http://olymp.com*).

Fotos bieten sich für Fälle an, in denen es wichtig ist, einen konkreten Eindruck zu vermitteln – etwa von Produkten oder Personen. Illustrationen sind abstrakter und visualisieren Aspekte, von denen man gar keine Fotos machen kann. Einen Vorteil haben Illustrationen bei erklärenden Darstellungen wie Grundrissen oder technischen Zeichnungen – hier würde die Detailtreue von Fotografien meist störend wirken.

Illustrationen können für das Thema einer Website wichtig sein – in diesem Fall sind sie oft das bestimmende Gestaltungselement. Bei der britischen Mojobar beispielsweise hat jeder Standort einen eigenen Totenkopf. Kombiniert mit individueller Typografie, kräftigen Farben und Mustern im Hintergrund, ergibt sich ein stimmiges Gesamtbild.

**Illustration als Alternative**
Illustrationen bieten sich auch an, wenn eine fotografische Aufnahme nur mit großem Aufwand zu realisieren wäre – wie etwa diese Zeichnung von Paris, bei der sich Autos, Quadrocopter und Schiffe mit perfektem Timing bewegen.

▲ Abbildung 8.2
Illustration von Paris auf *http://mfglabs.com*

▲ Abbildung 8.3
Illustrationen als zentrale Gestaltungselemente bei der Mojobar (*http://mojobar.co.uk*)

Hier sind einige Aspekte mit ein paar typischen Beispielen, die Sie bei Ihrer Arbeit berücksichtigen könnten:

- **Zielgruppe**: Jüngere Menschen fühlen sich eher von verspielten Illustrationen angesprochen als ältere.
- **Gewohnheiten der Branche**: In der Ingenieurswissenschaft kennt man technische Zeichnungen in- und auswendig – das könnten Sie nutzen, um eine entsprechende Bildsprache zu erzeugen.
- **Überraschung**: Ihre Konkurrenz setzt geschlossen auf Fotos? Gut, setzen Sie doch einfach auf Illustrationen.
- **Gegenstand**: Konkrete Produkte sind wie geschaffen für Fotografien. Abstraktes ist eher das Gebiet der Illustration.

# 8  Grafiken, Bilder und Multimedia

- **Eindruck**: Illustrationen neigen dazu, ein gewisses Retro-Gefühl zu erzeugen, weil Fotografien lange Zeit nicht einfach zu drucken waren – man hat dann eben auf Illustrationen zurückgegriffen.
- **Budget**: Manchmal bestimmt das Budget die Wahl – eine Illustration kann günstiger sein als ein Foto-Shooting.
- **Ressourcensparend**: SVGs bieten sich als Grafikformat für Illustrationen an und können die Website erheblich schlanker machen.

## 8.1.2  Mit Bildern informieren

> »Bilder sind schnelle Schüsse ins Gehirn!«
>
> Marketingexperte Prof. Dr. Werner Kroeber-Riel

Der Volksmund weiß: Ein Bild sagt mehr als tausend Worte. Bilder haben einen Vorteil, wenn es um das Erinnern von Informationen geht – in der Wissenschaft kennt man dieses Phänomen unter dem Namen *Picture Superiority Effect*. Zeigt man Menschen Informationen in Bild- oder Textform und fragt sie dann nach etwa 30 Sekunden, woran sie sich noch erinnern, sind die Bilder meist besser im Kopf geblieben. Besonders stark ist der Effekt, wenn die Bilder mit Worten kombiniert werden. Setzen Sie daher bei der Vermittlung von Informationen auch auf visuelle Stimuli, damit von Ihrer Botschaft möglichst viel in den Köpfen hängen bleibt.

Bei der Auswahl von Bildern sollten Sie die User Experience im Blick behalten: Welche Informationen benötigen Ihre Besucherinnen und Besucher in der aktuellen Situation wirklich? In einer Blickaufzeichnungsstudie fand Usability-Experte Jakob Nielsen (*www.nngroup.com/articles/photos-as-web-content/*) heraus, dass Produktfotos in manchen Kategorien wichtiger sind als in anderen.

**Abbildung 8.4** ▶
Der Designer-Sofa-Shop Koinor (*www.koinor.com*) zeigt seine Produkte aus verschiedenen Blickwinkeln und mit aussagekräftigen Details – auf diese Weise können Kundinnen und Kunden eine informierte Entscheidung treffen.

So achteten die Teilnehmenden beim Kauf von Möbeln sehr viel stärker auf Fotos als bei Fernsehgeräten – logisch, denn während es bei Möbeln sehr stark auf die Optik ankommt, überzeugen bei Fernsehern doch eher die technischen Werte. In solchen visuell wichtigen Branchen sollten Sie daher besonders viel Wert auf gute und zahlreiche Aufnahmen legen.

### 8.1.3 Bilder mit Texten kombinieren

So ganz stimmt es natürlich nicht, was der Volksmund sagt – oder, um es genauer zu machen: Er vereinfacht zu stark. Denn natürlich haben Bilder einen ganz gehörigen Interpretationsspielraum, und häufig ist eben *nicht* eindeutig klar, was sie sagen. In solchen Fällen hilft ein erklärender Text, etwa in Form einer Bildunterzeile, eines Call-to-Action oder auch eines ganzen Textblocks.

Besonders innerhalb von Texten arbeitet man meist mit Bildunterschriften. Diese sollten typografisch so gestaltet werden, dass sie eindeutig dem Bild zugeordnet werden können – etwa durch Abstände oder geringere Schriftgröße. Oft kommt es vor, dass der Text dabei auf dem Bild selbst liegen soll. Das lässt sich für kreative Effekte nutzen. Beim Atelier IJB sitzt der Name der ausgewählten Rubrik immer in halb transparentem Rot in der Mitte des Viewports und scrollt mit. So entstehen stetig neue Kontraste – wie gut man den Text lesen kann, ist hier nicht entscheidend.

» *A word is worth a thousand pictures.* «

UX-Experte Bruce Tognazzini

◄ **Abbildung 8.5**
Text-Bild-Überlagerungen mit unterschiedlich gutem Kontrast als Stilmittel (*https://en.integral.archi*)

So etwas ist jedoch die Ausnahme – meistens möchten Sie, dass der Text auf dem Bild möglichst gut zu lesen ist. Die wichtigste Regel dazu lautet: Kontrast. Dazu können Sie alle Kontrastarten verwenden, die Sie in Abschnitt 7.1.4 kennengelernt haben. Achten Sie dabei auf Accessibility und Usability – unter *www.brandwood.com/a11y* gibt es dafür ein praktisches Test-Tool.

Im Idealfall liegt Text genau über den Stellen eines Hintergrunds, an denen ein ausreichender Kontrast besteht. Im Responsive Webdesign verschiebt sich der Text jedoch oft mit dem Viewport, so dass man gar nicht so genau weiß, wo er letztendlich stehen wird. Es gibt daher eine Reihe weiterer Gestaltungsvarianten für besseren Kontrast:

- leichte Schatten oder Ränder um die Buchstaben
- guter Farbkontrast zwischen Text und Hintergrund
- Unschärfe unter dem Text
- leichte Verläufe im Bereich des Textes

**Abbildung 8.6** ▶
Verschiedene Maßnahmen können dafür sorgen, dass Text auf Bildern gut zu lesen ist, z. B. Überlagerungen mit dunklem Verlauf wie beim Alsace-Tourismus (*www.visit.alsace/de*)

▲ **Abbildung 8.7**
Dunkle Overlays heben den Text vom Hintergrund ab (*www.cestlavie-emmen.nl*).

Außerdem können Sie sich mit teiltransparenten farbigen Overlays oder Boxen behelfen. Oft sind dies Schwarz- und Weißtöne, aber zu Branding-Zwecken sind auch andere Farben oder Verläufe möglich.

Natürlich kann ein Text auch fest mit bildlichen Elementen verwoben sein, wie es die Digital Agentur Purple & Grey vormacht. Damit sind sehr dynamische und aufmerksamkeitsstarke Bilder möglich.

▲ Abbildung 8.8
Text und Bild werden ineinander verwoben und erzeugen so einen sehr dynamischen Eindruck (www.purpleandgrey.at).

### 8.1.4 Aufmerksamkeit mit Bildern steuern

Bilder werden gerne eingesetzt, um die Aufmerksamkeit auf die wichtigen Aspekte zu lenken. Aber wie müssen Bilder beschaffen sein, damit das funktioniert? Jakob Nielsen und Kara Pernice haben in Dutzenden von Eyetracking-Studien herausgefunden, was ein gutes Bild haben muss, um die Aufmerksamkeit der Besucher und Besucherinnen zu fesseln:

- **Deutliche Kontraste, ausreichende Größe und hohe Schärfe**: Hochqualitative Bilder werden bevorzugt angeschaut.
- **Nicht zu viele ablenkende Details**: Bilder mit reduzierten, unscharfen Hintergründen erhalten mehr Aufmerksamkeit.
- **Große Nähe zum Inhalt der Webseite und eng mit den Nutzungszielen verbunden**: Wenn Bilder spannende Informationen zum Thema liefern, werden sie auch wahrgenommen – generische Stockfotos schneiden meist schwach ab.

**Stockfotos**
Der Begriff *Stockfoto* kommt vom englischen »to have in stock« (auf Lager haben) und bezeichnet Fotos, die in Erwartung späterer Verkäufe von Bildagenturen vertrieben werden. Im Gegensatz zur Stockfotografie steht die auf individuelle Wünsche angepasste Auftragsfotografie.

### 8.1.5 Emotionalität über Bilder herstellen

Bilder sind eines der effektivsten Mittel, um Emotionalität herzustellen. Aufnahmen von Menschen eignen sich hervorragend, um einem Unternehmen Persönlichkeit einzuhauchen.

» *Aufnahmen von Menschen, die den Betrachter direkt anschauen, stellen schnell eine emotionale Bindung her.*

# 8  Grafiken, Bilder und Multimedia

**Abbildung 8.9** ▶
Die Ergo Versicherung (*https://ergo.de*) verwendet emotionale Bilder, um ihre Produkte greifbar zu machen. Hier geht es mehr um eine Stimmung als um konkrete Informationen.

### Bildausschnitt wählen

Es gibt zahlreiche Studien darüber, wie unterschiedlich Männer und Frauen in den Medien präsentiert werden, wenn es um die Darstellung von Gesichtern oder Körpern geht. Achten Sie bei der Wahl eines Bildausschnitts darauf, ob das Verhältnis von Gesicht zu Körper zur gewünschten Aussage passt.

Gerade bei Bildern von Menschen kommt es stark darauf an, wie viel Raum dem Gesicht im Verhältnis zum Körper zukommt (die sogenannte *Face-ism Ratio*):

- ▶ Wird vor allem das Gesicht gezeigt, liegt die Aufmerksamkeit auf intellektuellen und persönlichen Eigenschaften der Person.
- ▶ Sobald jedoch mehr vom Körper zu sehen ist, achten Menschen stärker auf physische und sinnliche Eigenschaften oder auf Mode.

**Abbildung 8.10** ▶
Bildausschnitte lenken die Aufmerksamkeit eines Bildes enorm – links ein nachdenklicher Mensch, bei dem man sich fragt, wo er hinschaut; rechts ein Fashion-Model, bei dem man auf die Mode achtet.

Je direkter die Porträtierten das Publikum anschauen, desto eher empfinden wir eine emotionale Verbindung mit ihnen. Dieser Eindruck ist noch stärker, wenn uns die gezeigte Situation vertraut vorkommt. Angestellte einer Versicherung, die über Vertragskonditionen diskutieren, stellen kaum eine emotionale Verbindung her – sehr wohl aber eine Person, die sich nach schwerer Krankheit dank einer Versicherung keine Sorgen machen muss.

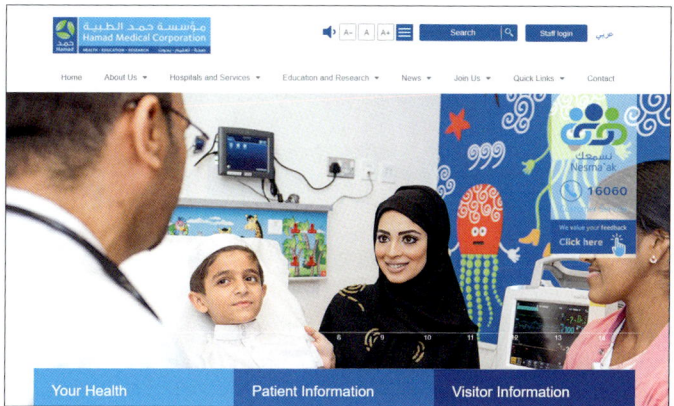

◄ **Abbildung 8.11**
Authentische Bilder direkt aus der Arztpraxis oder einem Krankenhaus (www.hamad.qa) schaffen Vertrauen.

Authentische Bilder schaffen Vertrauen – jemand steht mit seinem Gesicht zu dem, was auf dieser Website zu sehen ist. Es kann daher sehr sinnvoll sein, die Autorin oder den Autor eines Beitrags mit einem Bild darzustellen. Die naheliegende Deutung wird immer sein, dass Bilder etwas abbilden, das mit Ihrer Website in Verbindung steht – und das kann besonders bei Stockfotografien problematisch werden. Aus dem Kontext muss klar werden, ob die Bilder tatsächlich involvierte Personen zeigen oder lediglich Metaphern für archetypische Situationen sind. Verwirrend kann das insbesondere werden, wenn ausgerechnet auf der »Über uns«-Seite ein Stockfoto verwendet wird.

Bilder können auch helfen, kühle oder neutrale Produkte emotional erfahrbar zu machen. So bietet es sich z. B. an, bebilderte, persönliche Geschichten über die Nutzung der Produkte zu verwenden, statt sich auf die technischen Werte zu beschränken.

## 8.1.6 Hero-Images

Hero-Images sind sehr große, bannerartige Bilder als Einstieg in Websites oder einzelne Artikel. Die Bank ING schmückt die Startseite mit riesigen Hero-Images, die viel Aufmerksamkeit auf Themen legen.

**Tipp zur Umsetzung**
Mit den Einheiten vh und vw bietet CSS die Möglichkeit, Bilder relativ zum Viewport (Höhe bzw. Breite) zu skalieren.

# 8 Grafiken, Bilder und Multimedia

**Abbildung 8.12** ▶
Riesige Hero-Images bei den ausgewählten Artikeln der ING (*www.ing.de*)

Durch ihre Größe sind Hero-Images jedoch nicht in allen Fällen geeignet. Besonders auf Seiten, die stark auf Funktionalität ausgerichtet sind, können die bildschirmfüllenden Grafiken als störend empfunden werden. Auch bei kleinen Meldungen wären sie eher fehl am Platz. Sie eignen sich daher besonders für auf das Marketing ausgerichtete Landingpages, zentrale Seiten wie die Homepage, Produkt- oder Rubriken-Seiten sowie aufwendige ausgewählte Inhalte.

## 8.1.7 Bildwirkung

Eine der wichtigsten Lektionen in Fotografie und Film ist, ein Verständnis für Einstellungsgrößen zu entwickeln. Damit ist grob vereinfacht gemeint, wie viel von der Umgebung neben dem Motiv noch zu sehen sein soll. Manchmal sind die Einstellungsgrößen durch das Thema einer Aufnahme vorgegeben – es macht wenig Sinn, einen Wald zu fotografieren, wenn Sie die Struktur einer Tannennadel zeigen möchten. Einstellungsgrößen haben allerdings auch einen Einfluss auf die Interpretation einer Fotografie.

Weite Einstellungsgrößen zeigen viel von der Umgebung eines Subjekts und betonen so die physische Gestalt. Gebäude und Landschaften wirken so sehr eindrucksvoll.

Nahe Einstellungsgrößen hingegen betonen die Individualität und Persönlichkeit des Dargestellten, insbesondere wenn es sich um Personen handelt. Formatfüllende Gesichter eignen sich gut, eine emotionale Nähe zu der dargestellten Person herzustellen. Sie können übrigens auch ruhig eine Person anschneiden: Wir müssen nicht unbedingt den ganzen Körper sehen.

▲ **Abbildung 8.13**
Wird ein Motiv ganz gezeigt, betonen Sie seine physische Gestalt und sein Verhältnis zur Landschaft.

▲ **Abbildung 8.14**
Nahe Einstellungen lassen uns einen Moment emotional miterleben – in diesem Fall verstärkt die Unschärfe den Eindruck des energiegeladenen Konzerts zusätzlich.

Wenn Sie nur ein kleines Stück eines Objekts zeigen, handelt es sich um eine Detailaufnahme. Solche Details eignen sich hervorragend, um einen stimmungsvollen Eindruck von einem Thema zu geben.

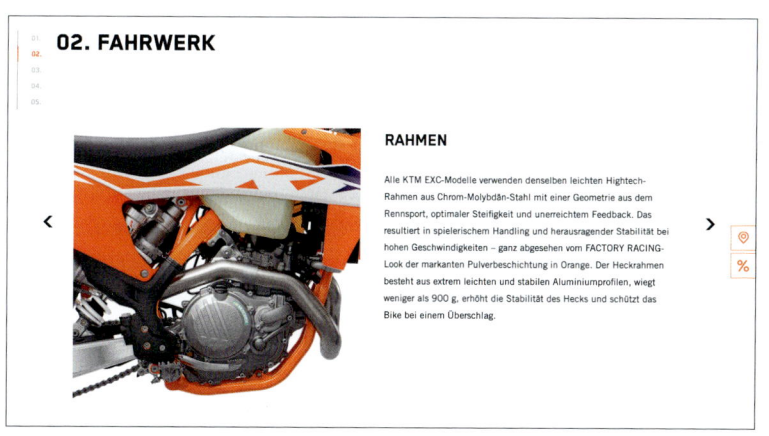

◄ **Abbildung 8.15**
Der Motorradhersteller KTM (*www.ktm.com*) verwendet Detailaufnahmen, um Besonderheiten seiner Produkte erfahrbar zu machen.

Bei der Suche nach Details können Sie sich davon leiten lassen, was Ihnen ungewohnt vorkommt. Ein Beispiel wäre ein schräg abgeschnittener Besen in den Schweizer Alpen, da man mit ihm in abfallendem Gebiet besser den Hof kehren kann als mit einem geraden Besen.

Es gibt übrigens einen einfachen Trick, um den richtigen Anschnitt eines Bildes zu finden: den *Inside-Out-Crop*. Sie öffnen dazu eine Grafik in einem Bildbearbeitungsprogramm und wäh-

▲ **Abbildung 8.16**
Besen in den Schweizer Alpen

len das Freistellungswerkzeug. Ziehen Sie den Rahmen nun so auf, dass das Hauptmotiv Ihres Bildes zu sehen ist – und nicht mehr. Nun ziehen Sie Ihren Ausschnitt nach und nach weiter auf und überlegen sich bei jeder Einstellung, ob die neu hinzugenommene Szenerie etwas zur gewünschten Aussage hinzufügt. Wenn ja: Sehr gut, diese Inhalte gehören auf das Bild. Wenn nein, darf ruhig weggeschnitten werden.

### 8.1.8 Perspektiven

Auch die Perspektive, aus der die fotografischen Subjekte gezeigt werden, verändert die Interpretation. Extreme Perspektiven wirken etwas unnatürlich und haben dadurch eine starke Wirkung. Wenn Sie etwas von schräg unten fotografieren, wirkt es tendenziell mächtig und kompetent, bisweilen auch Furcht einflößend.

Schräg von oben fotografiert wirken Menschen eher hilflos und unterlegen. Bedenken Sie das, wenn Sie Kinder fotografieren oder Bilder von Kindern auswählen möchten: Wollen Sie nicht den Eindruck von Unterlegenheit vermitteln, begeben Sie sich auf ihre Augenhöhe!

**Abbildung 8.17** ▶
Von unten nach oben fotografiert wirkt die Dame übermächtig und selbstbewusst. Mit dem Umhang erinnert sie an eine Superheldin (*www.dollyave.com*).

Extreme Aufsichten machen eine Aufnahme sehr abstrakt. Wir können Größenverhältnisse nicht mehr gut unterscheiden, und das Dargestellte wirkt eher flächig und grafisch. Solche ungewöhnlichen Perspektiven eignen sich besonders, wenn Sie einen künstlerischen Eindruck vermitteln möchten, denn zahlreiche Kreative haben mit extremen Perspektiven experimentiert und so ganze Kunstrichtungen begründet.

## 8.1.9 Fotografische Ästhetik

Natürlich gibt es noch viele weitere Möglichkeiten, die Ästhetik und Wirkung fotografischer Aufnahmen zu verändern, beispielsweise:

- **Fotografische Filter** – ursprünglich als optische Glasscheiben im Einsatz, die vor die Kameraobjektive geschraubt wurden – haben nicht zuletzt durch Plattformen wie Instagram eine Renaissance erlebt. Dabei ist eine eigene Ästhetik entstanden – Gegenlichtaufnahmen, ungewohnte Bildausschnitte, dynamische Schnappschüsse, Filter.

◀ Abbildung 8.18
Instagram steht exemplarisch für eine neue, von Filtern geprägte Bildsprache.

- **Schwarz-Weiß-Aufnahmen** erinnern an die frühen Tage der Fotografie, als Farben noch nicht abgebildet werden konnten. Sie haben aber darüber hinaus auch heute noch einen ganz besonderen Reiz und stehen für puristische, reine Fotografie. Schwarz-Weiß betont außerdem die grafischen Aspekte wie Linienführung, Helligkeitsverteilung und Bildaufbau – sie treten stärker in den Vordergrund, da Farben nicht mehr »ablenken« können.
- **Unschärfe** macht Aufnahmen abstrakter. Gerade bei Unschärfe gilt aber auch: Weniger ist mehr – ist gar nichts mehr zu erkennen, wirkt die Aufnahme eher langweilig. Ein wenig Unschärfe hingegen kann mysteriös wirken und mit der Neugier spielen – besonders wenn sich die Unschärfe spielerisch »scharfstellen« lässt, etwa beim Überfahren eines Bereichs mit der Maus.
- Der **Sepia**-Effekt geht zurück auf den bräunlich-gelben Eindruck, der durch Einwirkung von UV-Licht auf fotografischen Abzügen entstanden ist – ein untrügliches Zeichen von Alterungsprozessen bei Fotoabzügen. Sepia-Aufnahmen sind daher stark mit »Vergangenheit« assoziiert. Heute werden sie vor allem digital erzeugt, und neben den typischen Sepia-Tönen sind natürlich auch andere Farbstiche (Duotone) möglich.

**Tipps zur Duotone-Umsetzung**
Amelia Bellamy-Royds zeigt unter *https://rohl.es/duotone-svg*, wie SVG-Filter bei der Umsetzung von Duotone-Bildern helfen.

▲ Abbildung 8.19
Duotone-Effekte sorgen dafür, dass Fotografien gut zum gewählten Farbschema passen (*http://evoluir.com.br*).

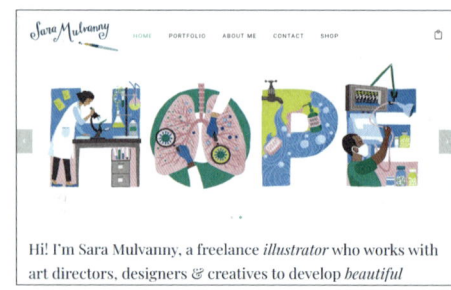

▲ Abbildung 8.20
Collagen als Stilmittel beim Web- und Grafikdesign-Studio 2 Create (*www.saramulvanny.com*)

▶ **Collagen** sind Zusammenstellungen von Bildern aus unterschiedlichen Quellen, mit denen ein neues Ganzes geschaffen wird. Sie wirken oft verspielt und durcheinander. Eng verwandt ist die Fotomontage, die nur mit Fotos arbeitet.

Sie finden das Beispiel unter *https://codepen.io/rohles/pen/WRbJPr* oder im Ordner KAPITEL_08 • CSS-FILTER.

**Stile und Filter in CSS einsetzen |** Bisher mussten Kreative vorrangig auf eine externe Bildbearbeitung zurückgreifen, um solche Effekte zu erzielen. Mit CSS-Filtern können Bilder im Browser manipuliert werden.

```
.grayscale img { filter: grayscale(100%); }
```

▲ Listing 8.1
Graustufen-Filter in CSS

Verschiedene Filter stehen in CSS zur Verfügung:
▶ `sepia` verleiht Bildern einen vergilbten Look.
▶ `grayscale` wandelt Bilder in Graustufen um.
▶ `invert` kehrt alle Farben in ihren Komplementärkontrast um.
▶ `saturate` verändert die Sättigung, `brightness` die Helligkeit.
▶ `contrast` verstärkt oder mindert die Kontraste im Bild.
▶ `blur` ist ein Unschärfe-Filter, bei dem Sie die Stärke innerhalb der Funktion angeben
▶ Spannend ist auch `hue-rotate`. Dabei geben Sie ein Winkelmaß an, um das alle Farben des Bildes im Farbkreis gedreht werden.

**Weitere Filter**
Außerdem gibt es noch den `url()`-Filter, mit dem Sie einen SVG-Filter auf ein beliebiges Element anwenden können.

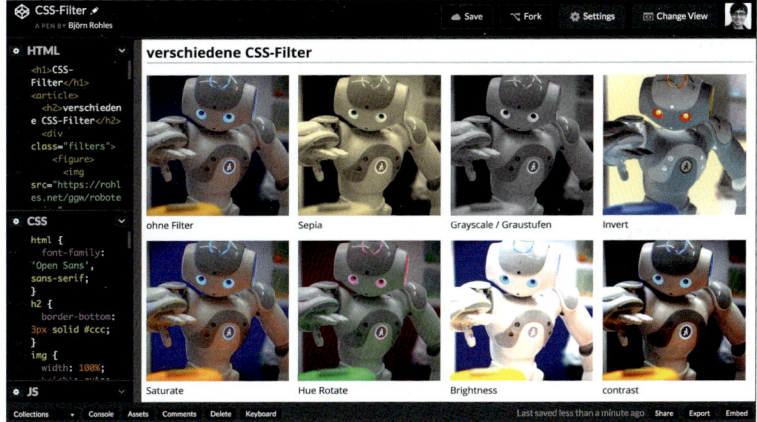

◀ **Abbildung 8.21**
Bildmanipulation mit CSS-Filtern

Bei den Filtern `sepia`, `grayscale` und `invert` wird die Stärke in Prozentwerten von 0 bis 100 angegeben. `saturate`, `brightness` und `contrast` erlauben auch Werte über 100 %.

Mit `opacity()` und `drop-shadow()` gibt es auch Filter für Transparenz und Schatten – sie ähneln `opacity` und `box-shadow`, orientieren sich aber an den Umrissen des Objekts, nicht des HTML-Elements.

CSS-Filter sparen einiges an Arbeit – benötigen Sie ein Bild sowohl in Schwarz-Weiß als auch in Farbe, können Sie es sich nun sparen, zwei Versionen vorzuhalten. Zudem lassen sich Filter animieren – damit sind spannende Effekte möglich.

▲ **Abbildung 8.22**
CSS-Filter ermöglichen interessante Effekte, wie etwa diese Bildunterzeile in der »Frostglas«-Optik.

## 8.2 Grafiken und Bilder: frei oder lizenziert?

Für die Verwendung von Bildern, Grafiken und Illustrationen auf Ihrer Website oder in Ihrer App gibt es zwei Varianten: freie oder lizenzierte Bilder.

### 8.2.1 Freie Grafiken und Bilder verwenden

Bilder sind urheberrechtlich geschützt und dürfen daher meistens nicht einfach so verwendet werden.

**Bilder als Zitate verwenden** | Eine Ausnahme gibt es bei Bildzitaten für wissenschaftliche Arbeiten zur Belegung eigener Gedanken – sofern dafür *kein anderes Bild infrage kommt*. Im Webdesign dürfte Ihnen das Zitatrecht aber wenig helfen.

**Bildzitat – ja oder nein?**
Thomas Schwenke hat die Besonderheiten zum Bildzitat anschaulich zusammengefasst: *https://rohl.es/bildzitat.*

**Portale mit freien Bildern |** Einige Fotografinnen und Fotografen erlauben die Verwendung ihrer Werke ohne irgendeine Gegenleistung. Solche Plattformen bieten Ihnen eine Vielzahl von Aufnahmen zur freien Verwendung. Das schließt oft auch kommerzielle Verwendung mit ein – die genauen Lizenzbestimmungen können Sie auf jeder Seite einsehen. Dort finden Sie, was Sie tun müssen, um das gewünschte Bild verwenden zu dürfen.

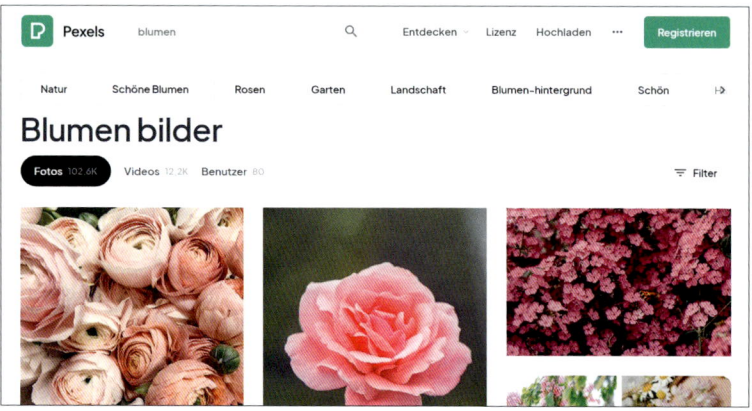

Abbildung 8.23 ▶
Kostenlose Stockfotos von Pexels (*www.pexels.com*)

**Bilder per KI erzeugen |** Seit einiger Zeit etablieren sich Tools, die Bilder mit Hilfe von KI (künstlicher Intelligenz) erzeugen. Bekannte Beispiele sind Dall-E (*https://openai.com/dall-e-2/*), Craiyon (*www.craiyon.com*), Midjourney (*www.midjourney.com*), Stable Diffusion (*https://stablediffusionweb.com*) oder GetImg (*https://getimg.ai*). Diese KI-Modelle erstellen Bilder auf Basis von textlichen Beschreibungen oder auch anderen Bildvorlagen. Viele Ratschläge dazu enthält das frei verfügbare »DALL-E 2 Prompt Book« von Guy Parsons (*https://dallery.gallery/the-dalle-2-prompt-book/*) – ein unverzichtbarer Begleiter. Auf den Websites gibt es auch detaillierte Beschreibungen, unter welchen Umständen die generierten Bilder verwendet werden dürfen. Sicher ist jedoch, dass KI-generierte Bilder beeindruckende Möglichkeiten bieten und einen festen Platz in der modernen Bildsprache einnehmen werden.

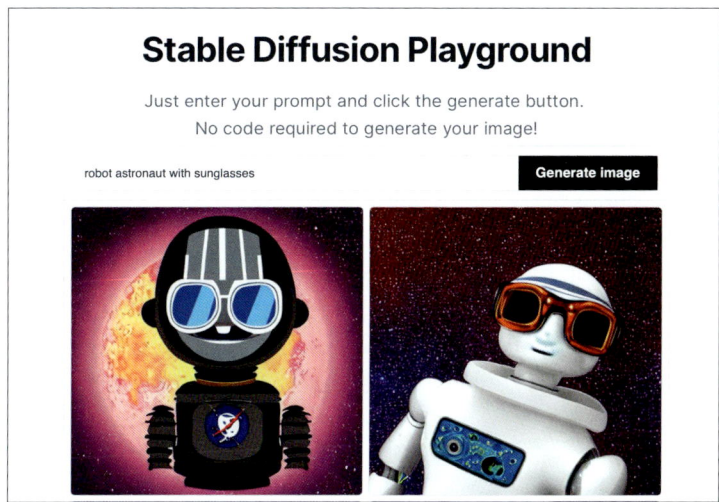

◄ Abbildung 8.24
Künstlich erzeugtes Bild mit Stable Diffusion (*https://stablediffusionweb.com*)

**Gemeinfreiheit und Public Domain** | Besonders einfach haben Sie es bei der Verwendung gemeinfreier Werke. Gemeinfrei werden Werke (derzeit) 70 Jahre nach dem Tod der Urheberin oder des Urhebers oder – sofern nicht bekannt ist, wer das Werk geschaffen hat – 70 Jahre nach der Veröffentlichung des Werks. Unter den Creative-Commons-Lizenzen entspricht CC0 dieser Gemeinfreiheit.

Ähnlich, aber nicht identisch ist das amerikanische Konzept der Public Domain. Nach amerikanischem Rechtsverständnis können Urheberinnen und Urheber auf ihre Urheberrechte verzichten und ihre Werke somit freiwillig unter Public Domain stellen. Nach deutschem Recht ist so etwas nicht möglich – Urheberin bzw. Urheber wird man automatisch, ob man möchte oder nicht. Allerdings kann man die Nutzungsrechte flexibel gestalten, also die Bestimmungen, unter welchen Voraussetzungen das Werk genutzt werden darf. Von dieser Möglichkeit machen die Creative Commons Gebrauch.

**Ende des Urheberrechtsschutzes**
Die Gemeinfreiheit beginnt 70 Jahre nach dem Tod des Urhebers oder der Urheberin.

**Creative-Commons-Inhalte verwenden** | Creative Commons (CC) ist ein Lizenzierungsmodell für Werke im Internet, das sich in vielen Bereichen als Quasistandard etabliert hat. Es geht zurück auf den amerikanischen Juristen Lawrence Lessig und beruht auf der Idee, dass das klassische Urheberrecht für das Internet zu starr und unflexibel sei. Bei den Creative Commons entscheiden die Kreativen selbst, ob und unter welchen Bedingungen sie ihre Werke unter CC lizenzieren möchten.

**Freie Lizenzen**
Neben den Creative Commons gibt es weitere freie Lizenzmodelle, etwa die GNU General Public License (*www.gnu.org*).

# 8 Grafiken, Bilder und Multimedia

**Rechtssichere CC**
Natürlich gibt es diese Beschreibung auch auf Legalesisch: Creative Commons beschäftigt eigene Anwältinnen und Anwälte, die genau ausformulieren, was die Bausteine in der jeweiligen Rechtsprechung bedeuten. Sie können diese Formulierungen auf *https://creativecommons.org* einsehen. Für juristische Fragen sind diese Texte maßgebend.

**Tabus bei CC**
Bei allen CC-Lizenzen gelten noch eine Reihe weiterer Grundregeln. So dürfen die Werke nicht in Zusammenhang mit Pornografie, widerrechtlichen Inhalten oder hass- bzw. diskriminierungsförderlichen Publikationen verwendet werden. Die Verwendung zur Diffamierung der Dargestellten ist ebenso tabu. Das hat aber eher wenig mit Bildrechten zu tun, sondern eher mit dem Persönlichkeitsrecht der dargestellten Person.

Es gibt eine ganze Reihe möglicher CC-Lizenzen, die aber einfach zu verstehen sind, wenn Sie sich die zugrunde liegende Struktur veranschaulichen. CC-Lizenzen beruhen auf vier Bedingungen, die kombiniert werden können. Dabei handelt es sich um »Namensnennung« (**BY**, Sie müssen den Namen der Urheberin oder des Urhebers nennen), »keine Bearbeitung« (**ND**, »no derivates«, das Werk darf nicht verändert werden), »keine kommerzielle Verwendung« (**NC**, »non commercial«) sowie »Weitergabe unter gleichen Bedingungen« (**SA**, »share alike«, jedes Werk, das dieses Bild verwendet, muss ebenfalls unter dieselbe Lizenz gesetzt werden). Diese Bedingungen können zu insgesamt sechs möglichen Kombinationen vereint werden. Ausnahme: SA (»share alike«) und ND (»no derivates«) sind nicht kompatibel. Material unter ND darf nicht zu einem neuen Werk zusammengesetzt werden, das unter gleichen Bedingungen geteilt werden könnte.

Wichtig ist, dass die Namensnennung in einer angemessenen Form erfolgt, z. B. direkt beim Bild mit Link zur Quelle. Creative Commons empfiehlt die Faustformel TASL: Das steht für den Werknamen (Title), die Autorin bzw. den Autor (Author), die Quelle (Source) und die Lizenz (Licence). Hier ist ein Beispiel:

```
(Bild: "<a href=" https://www.flickr.com/photos/23953758@
N05/3662474608/"> Things To Do On An Emo Afternoon In SL</a>"
von Winter Jefferson, <a href=" https://creativecommons.org/
licenses/by/2.0/">CC BY</a>)
```

▲ **Listing 8.2**
Lizenz- und Quellennachweis

Wie aber finden Sie solche Werke? OpenVerse bietet unter *https://wordpress.org/openverse/* eine Meta-Suchmaschine für CC-Inhalte an. Alternativ bieten die meisten wichtigen Plattformen entsprechende Suchfilter an:

- Flickr (*https://flickr.com*), 500px (*https://500px.com*) und Google Images für Bilder und Grafiken
- Jamendo (*https://jamendo.com*) und Soundcloud (*https://soundcloud.com*) für Musik
- YouTube (*https://youtube.com*) und Vimeo (*https://vimeo.com*) für Filme
- The Noun Project (*https://thenounproject.com*) für Icons

**Inhalte unter CC veröffentlichen** | Creative Commons sind ein wichtiges Standbein kreativer Arbeit im Netz geworden. In vielen Onlinediensten wie YouTube, Vimeo, Flickr oder 500px können Sie für jedes Werk einstellen, ob und unter welcher CC-Lizenz es stehen soll. Prinzipiell brauchen Sie aber keinen Onlinedienst, um ein Werk unter CC zu stellen. Es genügt, die Lizenz zum Werk zu schreiben und zu verlinken. Ein Lizenzgenerator steht unter *https://creativecommons.org/choose/* bereit.

**Fotografie beauftragen**
Diese Aspekte sprechen für oder gegen ein eigenes Foto-Shooting:
+ flexibel
+ individuelle Bilder
+ Exklusivität
– teuer
– höherer Zeitbedarf

### 8.2.2 Grafiken und Bilder beauftragen und lizenzieren

Wenn Sie freie Bilder nicht verwenden möchten oder dürfen, für eigene jedoch nicht die Zeit oder Muße haben, können Sie Bilder lizenzieren.

Die teuerste und zugleich flexibelste Lösung ist, ein **Foto-Shooting** oder individuelle Grafikleistungen zu beauftragen oder selbst durchzuführen. Vorteil: Sie können genau bestimmen, wie die Motive aussehen sollen, und Sie können sich sicher sein, dass ausschließlich Sie die Bilder verwenden. Als Nachteil schlagen die hohen Kosten und der große Aufwand zu Buche.

Eine günstigere Alternative ist, **Stockfotografien oder -grafiken** zu erwerben. Der Begriff *stock* (englisch: Bestand) steht dafür, dass die Aufnahmen und Grafiken eben »auf Vorrat« angefertigt und fix und fertig zum Kauf angeboten werden.

**Stockfotos verwenden**
Stockfotos und -grafiken haben Vor- und Nachteile:
+ flexible Lizenzmodelle
+ große Bildauswahl für häufige Themen
+ günstiger Preis
– einheitliche Ästhetik
– eher geringe Auswahl für ausgefallene Themen
– andere Kreative könnten dasselbe Bild verwenden

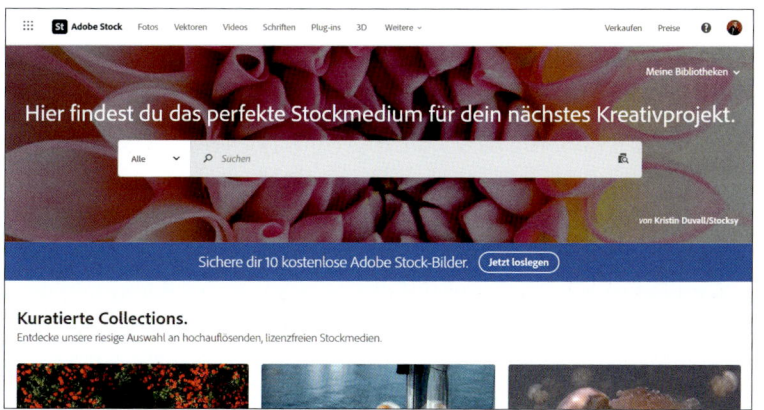

◄ Abbildung 8.25
Adobe Stock (*https://stock.adobe.com*) dürfte wohl der Platzhirsch für Fotos und Grafiken sein.

Aus dieser Tatsache können Sie bereits ablesen, welche Art Bilder Sie bei den Stock-Agenturen erwarten dürfen: typische, häufig nachgefragte Szenen. Erwähnen sollte man auch, dass Stockfotografien durch ihre universelle Einsetzbarkeit austauschbar wirken können.

Preise und Lizenzbestimmungen sind unterschiedlich. Bei einigen Agenturen orientiert sich der Preis an der gewünschten Auflösung des Bildes, bei anderen bezahlen Sie nach Zweck oder Dauer der Verwendung. Einige Dienste bieten auch ein Abonnement an.

Wenn Sie ein passendes Bild gefunden haben, werden Sie nicht umhinkommen, sich sehr genau mit den Lizenzbestimmungen zu beschäftigen. Prinzipiell unterscheiden können Sie sogenannte *Royalty-free*-Modelle und lizenzbasierte Modelle. Royalty-free bedeutet, dass Sie ein Bild erwerben und anschließend so oft benutzen können, wie Sie möchten. Bei Anbietern auf Lizenzbasis erwerben Sie die Erlaubnis, eine Grafik für einen vorher festgelegten Zweck zu verwenden – wenn Sie das Bild später erneut verwenden möchten, benötigen Sie eine neue Lizenz.

**Lizenzbestimmungen sehr genau prüfen**
Wenn Sie ein lizenziertes Bild neben Ihrer Website auch für andere Zwecke verwenden möchten, sollten Sie genau prüfen, ob das erlaubt ist. Nur weil Sie ein Bild für Ihre Website lizenziert haben, heißt das nicht, dass Sie es auch auf Facebook oder einem Flyer zeigen dürfen.

## 8.3  Bilder für das Web vorbereiten

Nachdem Sie nun einiges über stilistische Aspekte und Lizenzmöglichkeiten bei Bildern gelernt haben, können wir uns der nächsten Frage zuwenden: Wie optimieren wir ein Bild für den Einsatz im Web?

### 8.3.1  Export-Dialoge fürs Web

Alle wichtigen Bildbearbeitungsprogramme bieten für die Optimierung von Bildern spezielle Exportfunktionen an, die sehr ähnlich arbeiten. In den folgenden Abschnitten wird Affinity Photo 2 behandelt werden – allerdings sind die Schritte auch auf andere Software anwendbar.

Den Export-Dialog von Affinity Photo 2 finden Sie unter DATEI • EXPORTIEREN. Im rechten Bereich sehen Sie Einstellmöglichkeiten für Bildformat und Bildgröße. Sofern Sie die Bildgröße verändern, können Sie unter NEUBERECHNUNG wählen, welche Methode verwendet werden soll – mehr dazu finden Sie unter *https://rohl.es/ affinity-photo-exportieren*. Im linken Bereich sehen Sie eine Vorschau des Exports.

# 8.3 Bilder für das Web vorbereiten

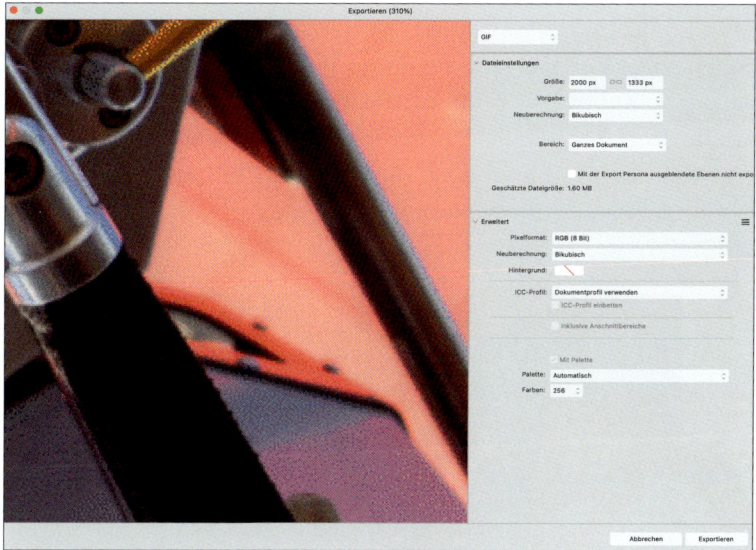

◄ **Abbildung 8.26**
Der Export-Dialog in Affinity Photo 2

## 8.3.2 Wichtige Bildformate für das Web

Jetzt wollen wir auf die wichtigsten Bildformate eingehen.

**Das GIF-Format** | Das GIF-Format (»Graphics Interchange Format«) erlaubt bis zu 256 verschiedene Farben. Das Besondere: Eine dieser Farben können Sie auf »transparent« setzen. Dadurch erreichen Sie, dass der Hintergrund unter einer Grafik hindurchscheint. Wenn Sie das Dateiformat GIF in Affinity Photo 2 auswählen (siehe Abbildung 8.26), können Sie unter ERWEITERT auch einstellen, welche Farben verwendet werden sollen.

256 Farben sind oft zu wenig, und wenn nur ein Farbton transparent ist, können unschöne harte Kanten entstehen. Trotz seiner technischen Einschränkungen haben sich GIFs zu einem Trend im Web entwickelt. Services wie Giphy (*http://giphy.com*) bieten Suchmaschinen oder Apps speziell für die animierten Grafiken an.

**GIF**
▶ geringe Dateigröße
▶ nur 256 Farben verwendbar
▶ nur eine Transparenzstufe
▶ auf Wunsch inklusive Animationen (heute jedoch eher als Kunstform verbreitet)

**Das JPG-Format** | JPG wurde von der Joint Photographic Experts Group definiert und verdankt dieser auch seinen Namen. JPG-Dateien lassen sich verlustbehaftet komprimieren, so dass sehr kleine Dateigrößen bei guter Qualität möglich sind. Wird jedoch zu stark komprimiert, entstehen unschöne Artefakte. Je detailreicher ein Bild ist, desto eher wird die Komprimierung sichtbar.

**JPG**
- verlustbehaftete Kompression erlaubt geringe Dateigrößen
- Gefahr sichtbarer Qualitätsverluste
- Wiedergabe einer Vielzahl von Farben möglich

Affinity Photo 2 bietet Ihnen bei der Auswahl (siehe Abbildung 8.27) einige Vorlagen für die Komprimierung. Außerdem können Sie die Komprimierung unter QUALITÄT flexibel einstellen. Wählen Sie für Ihre Bilder eine Einstellung, die möglichst kleine Dateigrößen erlaubt, ohne jedoch die Qualität der Grafik sichtbar zu beeinträchtigen. Affinity Photo 2 stellt die Auswirkungen als Vorschau dar.

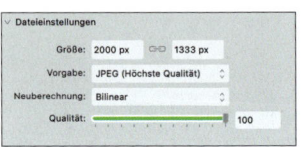

▲ **Abbildung 8.27**
Komprimierung beim JPG-Export in Affinity Photo 2

▲ **Abbildung 8.28**
Zu viel Komprimierung führt zu Problemen in der Bildqualität.

Außerdem gibt es noch Optionen, ein **progressives JPG** zu erzeugen. Das bedeutet, dass die Bilder zunächst in einer grobkörnigen Version geladen werden und später die feinen Details hinzukommen.

**PNG**
- verlustfreie Kompression
- Vielzahl von Transparenzstufen
- Dateigröße meist höher als bei JPG

**Das PNG-Format** | Das Format PNG (für »Portable Network Graphics«) schließlich gibt es in den beiden Varianten PNG-8 und PNG-24. Das PNG-8 ist dem GIF sehr ähnlich und verwendet wie dieses eine eingeschränkte Farbpalette mit maximal einer Transparenzstufe.

Interessanter ist das Format PNG-24. Es setzt auf eine verlustfreie Komprimierung und erreicht somit eine hervorragende Qualität. Ein besonderes Bonbon daran: Das Format erlaubt über 64000 Transparenzstufen. So sind feine Übergänge zwischen dem Hintergrund und dem eigentlichen Bild möglich.

**Animiertes PNG** | Das APNG (kurz für *Animated Portable Network Graphic*) ist ein Format, das als Alternative für GIF-Animationen dienen soll. Die Qualität von APNG übersteigt die von GIFs deutlich. Und bei gleicher Qualitätsstufe kommt APNG mit deutlich weniger Dateigröße aus. Der Support der Browser für APNG ist gegeben. Einzig die Anwendungsprogramme, um APNG zu erstellen, sind immer noch recht bescheiden. Auch wenn APNG keine offizielle Erweiterung von PNG ist, so ist es zumindest abwärtskompatibel zu PNG. Wenn also Anwendungsprogramme PNG unterstützen, dann kann auch eine APNG-Animation mindestens als Einzelbild angezeigt werden.

> **APNG erstellen**
> Um ein APNG aus mehreren Einzelbildern zusammenzusetzen, können Sie entweder eine Desktopanwendung wie den APNG Assembler (*https://apngasm.sourceforge.net*) oder ein Web-Tool wie den Animated PNG Maker auf *www.ezgif.com* verwenden.

**Neuere Webformate – WebP und AVIF** | Dateiformate wie JPEG, GIF oder PNG entstanden um die 90er Jahre und davor. Seitdem haben sich die Anforderungen an Bilder stark weiterentwickelt, besonders in Bezug auf Performance. Kein Wunder, dass es zahlreiche Initiativen gibt, die Bildformate weiterzuentwickeln. Formate wie JPEG 2000 oder JPEG XR waren vielversprechend, konnten sich aber nie wirklich durchsetzen. Aktuell sind vor allem die Formate WebP und AVIF relevant.

Das von Google entwickelte **WebP-Format** wurde speziell für das Web konzipiert. Es liefert auch bei starker Komprimierung eine bessere Qualität als das JPEG-Format. Im Vergleich zu JPEG-Bildern sind WebP-Bilder ca. 25–35 % kleiner. Auch die Unterstützung von Animation wurde hinzugefügt. Trotz dieser Vorteile hat insbesondere Apple den Support für WebP nur sehr zögerlich hinzugefügt. Der Browser-Support für das Format ist heute aber ziemlich gut. Dennoch wird das WebP-Format immer noch nicht so eingesetzt, wie man dies eigentlich erwarten würde. Hier werden Vorteile wie eine geringere Ladezeit und weniger Datenübertragung verschenkt. Es gibt also kaum einen Grund, WebP nicht zu verwenden.

> **Bilder im WebP-Format speichern**
> Auch hier bieten sich Onlinetools wie Tiny Img (*tiny-img.com/webp/*) an, um Bilder in das WebP-Format zu konvertieren. Mit Affinity Photo 2 können Sie das Format unter EXPORTIEREN wählen.

Mit **AVIF** steht der Nachfolger von WebP allerdings bereits in den Startlöchern. Das Bildformat ähnelt dem Format HEIC, nur ist es etwas offener angelegt. Die Kompressionsrate ist nochmals stärker als bei WebP bei gleicher Qualität. Noch unterstützen nicht alle Browser das Format, und auch die Codierung ist noch nicht wirklich performant. Aber für AVIF als Zukunftsformat spricht, dass diesmal auch Apple mit an Bord ist. Für die Konver-

# 8  Grafiken, Bilder und Multimedia

tierung von Bildern in das AVIF-Format bieten sich Onlinetools wie *https://avif.io* an.

**Das Vektorformate SVG** | PNG, JPG, GIF – alles das sind Formate für Rastergrafiken, manchmal auch Pixelgrafiken oder Bitmaps genannt. Sie heißen so, weil sie aus einem Raster von Pixeln aufgebaut sind. Jedes dieser Pixel ist in einer definierten Farbe gefüllt. Wenn Sie in einer Bildverarbeitung stark in eine Rastergrafik hineinzoomen, können Sie dieses mosaikartige Pixelraster erkennen.

Die Abkürzung SVG steht für »Scalable Vector Graphics« und bringt damit den zentralen Unterschied auf den Punkt: SVG ist ein Vektorformat. Statt eines Pixelrasters nutzt das Format eine Reihe von Anweisungen, um Formen zu zeichnen:

**SVG**
- Vektorformat, daher beliebige Skalierung ohne Qualitätsverlust
- geringere Dateigröße als Rastergrafiken
- gute Browser-Unterstützung

```
<svg width="100%" height="100%" … >
  <g transform="matrix(1.26223,0,0,1.26223,-429.41,
  -247.807)">
    <rect x="1276" y="530" width="828.642" height="415"
    style="fill:rgb(51,69,204);"/>
  </g>
</svg>
```

▲ **Abbildung 8.29**
Starker Zoom auf ein Pixelraster

▲ **Listing 8.3**
Ein blaues Rechteck als SVG

Es würde den Rahmen dieses Buches sprengen, auf die Spezifikation von SVG eingehen zu wollen – bei Interesse finden Sie unter *www.w3.org/Graphics/SVG* sehr umfangreiche Informationen. An dieser Stelle soll es genügen, auf die Ähnlichkeit mit HTML hinzuweisen, die nicht von ungefähr kommt. Auch SVG ist eine Markup-Sprache, nur geht es ihr eben um die Beschreibung von Grafiken, nicht von Hypertext-Dokumenten. Dazu hält SVG eine Reihe von Formen für Grafiken bereit:

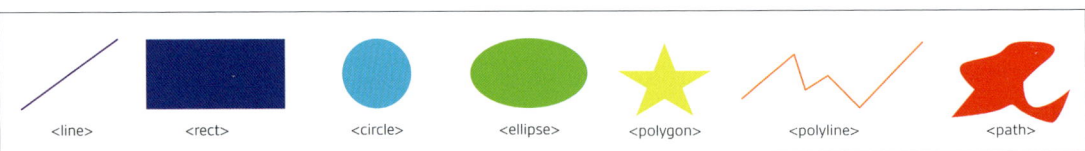

▲ **Abbildung 8.30**
SVG-Formen (nach Chris Coyier)

SVG-Grafiken können dank dieser Zeichenanweisungen ohne Qualitätsverlust skaliert werden. Meist sind SVGs auch wesentlich kleiner als andere Dateiformate. Natürlich haben auch SVGs ihre Grenzen, so dass sich nicht jede Grafik als SVG realisieren lässt – irgendwann würden die Zeichenanweisungen so komplex werden, dass Sie mit Rastergrafiken besser fahren. Als Faustformel kann daher gelten: Wenn eine Grafik in einem Vektorformat vorliegt, ist SVG fürs Web die naheliegende Wahl.

Neben dem Schreiben von Hand gibt es Tools, die bei der Erstellung von SVGs helfen können. So können Grafikprogramme wie Adobe Illustrator, Sketch, Affinity Designer oder die freie Software Inkscape SVGs exportieren. Außerdem gibt es gute Onlinetools wie Boxy SVG (*https://boxy-svg.com*) oder Method Draw (*http://editor.method.ac*).

**SVGs optimieren**
Bedenken Sie, dass der SVG-Quelltext aus Illustrator etc. nicht immer optimal ist. Es lohnt sich also durchaus, ein exportiertes SVG weiter zu optimieren. Dabei können Ihnen Onlinetools wie SVG Minify (*www.svgminify.com*) oder SVGOMG von Jake Archibald (*https://jakearchibald.github.io/svgomg*) helfen. Achten Sie beim Optimieren jedoch immer auf die Vorschau.

◀ **Abbildung 8.31**
Philip Rogers hat unter *https://philiprogers.com/svgpatterns* eine Auswahl interessanter SVG-Muster mit Code gesammelt.

SVGs lassen sich als `img`-Elemente in HTML und als Hintergrundgrafiken in CSS verwenden (siehe Abschnitt 8.4). Da SVGs jedoch eine Markup-Sprache sind, können Sie sie auch direkt ins HTML schreiben (inline):

```
<h1>Unter mir ist ein SVG!</h1>
<svg viewBox="0 0 100 100">
  <rect x="10" y="10" width="100" height="100" />
  <!-- weitere Angaben zu den benötigten Formen als SVG-
  Code -->
</svg>
```

▲ **Listing 8.4**
SVG inline in HTML

**Buchtipp**
SVG bietet sehr viel mehr Möglichkeiten, als wir hier behandeln können – so viele, dass Chris Coyier mit »Practical SVG« (*https://abookapart.com/products/practical-svg*) ein ganzes Buch darüber geschrieben hat, das wir Ihnen sehr ans Herz legen möchten.

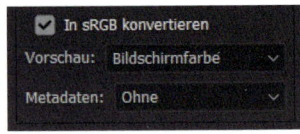

▲ **Abbildung 8.32**
Konvertierung in sRGB, hier in Adobe Photoshop

**Alternativen**
Außerdem gibt es eine Reihe von Tools für die Kommandozeile, etwa **OptiPNG** (*http://optipng.sourceforge.net*) oder **JPEGtran** (*http://jpegclub.org/jpegtran*). Natürlich kann ein Optimierungs-Workflow auch automatisiert werden, etwa mit **Imagemin** (nutzt Grunt, *https://github.com/gruntjs/grunt-contrib-imagemin*) oder Programmen wie **Codekit** (*https://codekitapp.com*).

Warum Sie so etwas tun sollten? Nun, die Grafik liegt nun wie alles andere in Ihrem HTML im DOM und kann über CSS gestaltet oder mit JavaScript beeinflusst werden.

### 8.3.3 Bilder optimieren

Performance und Nachhaltigkeit sind wichtige Themen im Web. Bilder machen im Durchschnitt über die Hälfte der zu übertragenden Datenmenge aus. Prinzipiell machen die Export-Funktionen keinen schlechten Job – dennoch lässt sich oft noch einiges einsparen. Dafür gibt es einige Tools, beispielsweise:

- **ImageOptim** (*https://imageoptim.com*): kleines Tool für den Mac (oder als Webservice), das verschiedene Kompressionsalgorithmen auf Bilder anwenden kann
- **Trimage** (*https://trimage.org*): verlustfreie Komprimierungssoftware für Windows, Linux und Mac
- **PNGQuant** (*https://pngquant.org*): Komprimierung für Bilder im Format *.png* – verlustbehaftet, allerdings oft kaum wahrzunehmen
- **JPEGmini** (*www.jpegmini.com*): verlustfreie Komprimierung für Bilder im Format *.jpg*
- **Compressor.io** (*https://compressor.io*): Webservice zur Optimierung von Bildern

### 8.3.4 Den richtigen Farbraum einstellen

**Farbräume im Web**
Es wird daran gearbeitet, alternative Farbräume im Web zu unterstützen, besonders über die `color()`-Funktion von CSS. So unterstützt Safari beispielsweise bereits den P3-Farbraum. Im Augenblick ist das jedoch noch nicht weit verbreitet, so dass wir für den produktiven Einsatz noch davon absehen.

Der Begriff Farbraum bezeichnet den Gesamtumfang aller darstellbaren Farben eines Farbmodells. Im Fall des RGB-Modells sind das alle Farben, die sich mit dieser Methode erzeugen lassen. Nun gibt es jedoch verschiedene Theorien darüber, wie dieser RGB-Farbraum auszusehen hat. Im Web wird vor allem sRGB verwendet. Dieser Farbraum geht auf eine Kooperation von Microsoft und Hewlett-Packard aus dem Jahr 1996 zurück und hat sich seitdem als Standard für die Darstellung am Monitor durchgesetzt.

Affinity Photo 2 erlaubt Ihnen beim Speichern, Bilder in einen gewünschten Farbraum zu konvertieren. Auf die Metadaten können Sie gerne verzichten, denn sie haben für die Nutzerinnen und Nutzer Ihrer Website keine Vorteile.

## 8.4 Bilder in Websites einbauen

Nachdem Sie nun einiges über Bilder und Grafiken gelernt haben, fehlt Ihnen noch ein wichtiger Aspekt zu Ihrem grafischen Webdesign-Glück: Wie kommen Ihre Werke denn nun auf Ihre Website? Dazu gibt es wie so oft im Webdesign zwei Wege: HTML und CSS.

Sie sollten sich bei jeder Grafik eine grundlegende Frage stellen: Ist das Bild Teil des Inhalts? Hat es eine inhaltliche Aussage? Wenn ja, ist HTML die richtige Wahl. Sollte das Bild jedoch eher ein schmückendes Element sein, bietet sich oft CSS zum Einfügen an.

> *Inhaltliche Bilder fügen Sie per HTML, schmückende Bilder jedoch per CSS ein.*

### 8.4.1 Inhaltliche Bilder per HTML einfügen

HTML kennt das `img`-Element für Bilder. Es benötigt ein Attribut namens `src` (für »source«, Quelle). Damit teilen Sie dem Browser mit, welches Bild er einfügen soll und wo er dieses finden kann. Sie kopieren dazu einfach den Dateinamen in das `src`-Attribut und notieren den richtigen Pfad:

```
<img src="bilder/baum.jpg" alt="Baum im Herbst">
```

▲ **Listing 8.5**
Bild in HTML einfügen

Bei der Angabe des Pfades ist es wichtig, dass Sie ihn *relativ* zur aktuellen Position des HTML-Dokuments einfügen.

- Im obigen Beispiel befindet sich das Bild in einem Unterordner namens BILDER (betrachtet von der Position des HTML-Dokuments).
- Liegen HTML-Datei und Bild auf der gleichen Hierarchieebene, sähe das so aus:

```
<img src="baum.jpg" alt="Baum im Herbst">
```

▲ **Listing 8.6**
Das Bild liegt auf der gleichen Hierarchieebene wie die HTML-Datei.

- Abbildung 8.33 zeigt den Fall, dass HTML-Datei und Bild in verschiedenen Ordnern liegen. Der Browser muss zunächst von der »index.html« eine Ebene nach oben, dann in das Verzeichnis BILDER hinein und dort das Bild »baum.jpg« aufrufen. In

▲ **Abbildung 8.33**
Bild und HTML-Datei

HTML würden Sie das wie folgt notieren – die beiden Punkte stehen für den Wechsel auf die übergeordnete Ebene:

```
<img src="../bilder/baum.jpg" alt="Baum im Herbst">
```

▲ **Listing 8.7**
Pfad für ein Bild in einem übergeordneten Ordner

- Sie können auch mehrere Ebenen nach oben wandern:

```
<img src="../../../bilder/baum.jpg" alt="Baum im Herbst">
```

▲ **Listing 8.8**
Pfadangabe über drei Ebenen nach oben

Es ist sehr wichtig, dass Sie stets den korrekten Pfad zu den Dateien angeben, die Sie referenzieren – sonst wird der Browser die Datei nicht finden und nichts anzeigen.

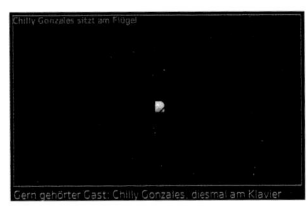

▲ **Abbildung 8.34**
Hier ist die Pfadangabe zum Bild falsch – zum Glück wird der Inhalt des alt-Attributs angezeigt.

**Alternativtexte hinzufügen** | Sicher haben Sie bemerkt, dass es in Listing 8.5 noch eine weitere Angabe gibt: das alt-Attribut.

```
<img src="bilder/baum.jpg" alt="Baum im Herbst">
```

▲ **Listing 8.9**
alt-Angabe in HTML

alt steht für »alternative text«, also ein alternativer Beschreibungstext. Sie benötigen diesen Text aus einer Reihe von guten Gründen:

- Wenn der Browser das Bild nicht finden kann, zeigt er stattdessen den alt-Text an.
- Suchmaschinen können die alt-Texte von Bildern auswerten.
- Screenreader können die alt-Texte vorlesen.

Gewöhnen Sie sich also direkt an, für *alle* inhaltlichen Bilder einen alt-Text einzutragen. Hin und wieder kommt es jedoch vor, dass Sie *nicht-inhaltliche* Bilder in HTML einbauen – besonders in einzelnen Texten, wo eine Lösung über CSS aufwendig wäre. Solche Schmuckbilder sollten ein leeres alt-Attribut haben.

Der alt-Text sollte den zentralen Inhalt des Bildes wiedergeben, und zwar alle für den aktuellen Kontext relevanten Punkte. Ein alt-Text wie »Baum im Herbst« bedeutet also, dass es für den konkreten Kontext relevant ist, dass auf dem Bild Herbst ist. Spielt die Jahreszeit keine Rolle, ist auch eine Angabe wie »Baum« in Ordnung. Je nach Kontext könnte aber auch eine detailliertere Beschreibung wichtig sein.

**Barrierefreie Bilder mit »longdesc«** | Ein alternativer Text mit dem `alt`-Attribut ist auch für Menschen mit Sehbehinderungen sehr hilfreich. Wenn allerdings das Bild etwas komplexer ist, etwa eine Infografik oder ein Diagramm mit einem Temperaturtrend zur globalen Erwärmung, dann wird ein `alt`-Text wie `alt="Trend zur globalen Erwärmung bis 2050"` nicht ausreichen, um die Abbildung ausreichend zu beschreiben. Genau für solche Zwecke soll das `longdesc`-Attribut verwendet werden. Als Wert für das `longdesc`-Attribut wird ein Hyperlink zur detaillierten Beschreibung des Bildes empfohlen. Mögliche Werte sind:

- eine ID (auch Anker) auf ein anderes Element auf der aktuellen Seite (`#element-id`)
- eine relative URL auf eine interne Datei innerhalb der Website (`longdesc="beschreibung.txt"`)
- eine absolute URL auf eine externe Website (`longdesc="https://de.wikipedia.org/wiki/Barrierefreiheit"`)

**Beispiele für ausführliche Beschreibungen**
Bei der Beschreibung von visuellen Inhalten ist es wichtig, dass *keine* Informationen verloren gehen, wenn Bilder nicht zu sehen sind. Das kann zu sehr ausführlichen Beschreibungen als `longdesc` führen, die alle gezeigten Werte erläutern. Unter *www.w3.org/WAI/tutorials/images/complex/* finden Sie viele gute Beispiele.

Das folgende Beispiel bindet die Beschreibung als Datei ein:

```
<img src="bilder/grafik.png" alt="Globale Erwärmung 1880 bis 2050" longdesc="beschreibung.txt">
```

▲ Listing 8.10
Relativer Link auf eine erweiterte Beschreibung zum Bild

**Breite und Höhe angeben** | Schließlich empfiehlt es sich, die Dimensionen des Bildes mit den Attributen `width` und `height` in Pixeln anzugeben. Das erlaubt es den Browsern, beim Aufbau der Seiten schon einmal den Platz für das Bild zu reservieren, während die Bilddatei selbst noch geladen wird. Auf diese Weise werden störende Sprünge im Layout vermieden.

```
<img src="baum.jpg" alt="Baum im Herbst" width="500" height="250">
```

▲ Listing 8.11
Größenangabe über `width`- und `height`-Attribute

**Lesetipp**
Dank einiger Browser-Anpassungen ist die Angabe von `width` und `height` auch für responsive Bilder empfehlenswert. Mehr dazu im Beitrag von Barry Pollard: *https://rohl.es/sizes-images*.

## Tabellen und Code-Beispiele

figure eignet sich nicht nur für die Beschriftung von Bildern. Sie können es auch einsetzen, um Tabellen oder Code-Beispiele zu erläutern.

## Alternativtexte und Bildunterzeilen

Im Sinne der Accessibility sollte der Inhalt von figcaption nicht mit dem alt-Attribut des Bildes identisch sein – er würde sonst in einem Screenreader doppelt ausgegeben. Die Bildunterzeile sollte das Bild benennen und bei der Interpretation helfen, das alt-Attribut hingegen den visuellen Inhalt beschreiben.

**Bildunterzeilen einfügen** | Besonders bei Bildern innerhalb von Texten benötigen Sie häufig eine Bildunterzeile. HTML kennt dafür das Element namens figure sowie darin figcaption für die Bildunterzeile:

```
<figure>
    <img src="bilder/baum.jpg" alt="Baum im Herbst">
    <figcaption>Die Blätter von Bäumen färben sich im
    Herbst in bunten Farben</figcaption>
</figure>
```

▲ **Listing 8.12**
Semantische Elemente für Bildunterzeilen

Wichtig ist, dass innerhalb von figure immer nur einmal figcaption vorkommen darf. Zwar können Sie mehrere Bilder in einer figure einbauen, figcaption bezieht sich dann aber immer auf alle diese Bilder zusammen.

### 8.4.2 Schmückende Bilder per CSS im Layout einfügen

Wenn eine Grafik eine rein visuelle Funktion hat und keinen Inhalt vermittelt, ist es besser, sie über CSS einzufügen.

**Grafiken als Hintergründe einfügen** | Um Bilder als Hintergründe einfügen zu können, verwenden Sie background-image. Danach definieren Sie über das Attribut url einen Pfad zum Bild:

```
background-image: url('baum.jpg');
```

▲ **Listing 8.13**
Verwendung von background-image

**Wiederholung von Hintergrundbildern festlegen** | In der Voreinstellung werden Hintergrundbilder auf das gesamte HTML-Element angewendet. Ist das Bild kleiner als das HTML-Element, wird es wiederholt – auf diese Weise können Sie ein Element einfach mit einem Muster ausfüllen. Oft möchten Sie einen Hintergrund jedoch nicht wiederholen. Das können Sie mit background-repeat einstellen:

```
background-repeat:no-repeat;
```

▲ **Listing 8.14**
Der Hintergrund wird nicht wiederholt.

**Hintergrundbilder ausrichten |** Wenn Sie nichts anderes festlegen, sitzen Hintergrundbilder immer in der linken oberen Ecke eines HTML-Elements. Für die genaue Angabe einer Position steht `background-position`. Es folgen Angaben für die horizontale und die vertikale Ausrichtung – in dieser Reihenfolge.

```
background-position: right center;
```

▲ **Listing 8.15**
Das Hintergrundbild wird horizontal rechts und vertikal mittig ausgerichtet.

**Größe von Hintergrundbildern bestimmen |** Im Normalfall zeigen Browser Hintergrundbilder so an, wie es die Ausmaße des Bildes selbst festlegen. Mit der Eigenschaft `background-size` lässt sich die Größe von Hintergrundbildern in CSS aber auch konkret festlegen. Sie können dabei numerische Werte für die horizontale und die vertikale Skalierung (in dieser Reihenfolge) verwenden – und wenn Sie auf relative Angaben setzen, passen sich die Bilder flexibel an die Größe ihres Containers an:

```
background-size: 50% 30%;
```

▲ **Listing 8.16**
Das Bild wird horizontal auf 50 % und vertikal auf 30 % gestaucht.

Möchten Sie die Proportionen nicht so genau festlegen, können Sie eine Grafik so einstellen, dass sie stets die gesamte HTML-Box einnimmt. In diesem Fall wird sie so vergrößert oder verkleinert, dass sie komplett in die Box passt, ohne verzerrt zu werden:

```
background-size: contain;
```

Schließlich können Sie die Grafik so einstellen, dass sie die gesamte Box ausfüllt. Dabei wird die kürzere Seite (Breite oder Höhe) so skaliert, dass sie mit der HTML-Box zusammenpasst – an der längeren Seite wird das Bild abgeschnitten.

```
background-size: cover;
```

▲ **Listing 8.18**
Das Bild nimmt die gesamte Box ein und wird beschnitten.

**Mehrere Hintergrundbilder |** Es ist auch möglich, mehrere Hintergrundbilder zu verwenden. In diesem Fall trennen Sie die Angaben einfach mit einem Komma:

---

**Wiederholung beschränken**
Alternativ ist es auch möglich, das Hintergrundbild mit `background-repeat: repeat-y;` oder `background-repeat: repeat-x;` nur auf der y- oder x-Achse zu wiederholen.

**Mögliche Werte**
Für `background-position` sind erlaubt:
▶ **horizontal**: `left`, `right`, `center`
▶ **vertikal**: `top`, `bottom`, `center`
▶ **für beide Richtungen:** numerische Angaben, z. B. Prozentwerte

◀ **Listing 8.17**
Das Bild wird passend zur HTML-Box skaliert.

**Tipp**
Sie können die Angabe `auto` nutzen, um festzulegen, dass ein Bild in der Höhe oder Breite so skaliert werden soll, dass es nicht verzerrt wird: `background-size: 250px auto;`.

**Listing 8.19** ▶
Drei Hintergrundbilder in einer Box

```
background-image: url('baum.jpg'), url('wiese.jpg'),
url('himmel.jpg');
```

Analog können Sie mit allen anderen Eigenschaften für Hintergrundbilder vorgehen. Die Angaben beziehen sich dann analog auf das erste Bild, das zweite Bild usw.

**Listing 8.20** ▶
Beispiele für die Arbeit mit mehreren Bildern

```
background-size: 50% 40%, 30% 30%, 20% 70%;
background-position: top left, bottom right, center center;
```

## 8.5 Ein Pixel ist ein Pixel … Oder?

Die Einheit `px` haben Sie mittlerweile schon mehrfach kennengelernt. Aber eines haben wir Ihnen bisher verschwiegen: Wenn wir von Pixeln sprechen, können wir verschiedene Dinge meinen. Und das ist insbesondere bei Bildern sehr wichtig.

### 8.5.1 Geräte- und CSS-Pixel

Oft werden im CSS Angaben wie beispielsweise `width: 500px;` gemacht. Diese Pixel-Angabe steht für ein **CSS-Pixel** – eine abstrakte Einheit, die der Browser verwendet, um CSS-Angaben auf den Bildschirm zu zeichnen.

Auch ein Display hat Pixel – es sind die kleinsten Einheiten, die das Display darstellen kann. Um sie von den Pixeln in CSS zu unterscheiden, möchten wir sie **Geräte-Pixel** nennen.

Lange Zeit spielte diese Unterscheidung keine große Rolle – ein Pixel ist ein Pixel. Ein Kasten mit einer Breitenangabe von 500 *CSS-Pixeln* wurde auf dem Monitor mit einer Breite von 500 *Geräte-Pixeln* angezeigt – außer beim Zoomen natürlich, denn dann wurden die CSS-Pixel natürlich vergrößert und mit mehr Geräte-Pixeln dargestellt.

### 8.5.2 Hochauflösende Monitore und Pixeldichte

Etwas anders sieht es auf hochauflösenden Bildschirmen aus. Ein Blick auf die alten Geräte iPhone 3GS (2009) und iPhone 4 (2010) macht das deutlich. Die Displays beider Geräte waren gleich groß. Das iPhone 3GS hatte aber eine Auflösung von 480×320 px, während sie beim iPhone 4 bei 960 × 640 px lag. Bei gleicher physischer Display-Größe versammelte das iPhone 4 also sowohl in der Breite als auch in der Höhe doppelt so viele Pixel – man spricht von der doppelten Pixeldichte. Insgesamt kamen also viermal so viele Geräte-Pixel auf der gleichen Fläche zusammen.

Was macht man jetzt mit so vielen Pixeln? Eine Möglichkeit wäre, alles kleiner darzustellen, aber das würde sehr winzig werden. Viele hochauflösende Displays nutzen ihre Geräte-Pixel daher, um die Darstellung *schärfer* zu machen. Um das zu schaffen, nutzt man mehrere Geräte-Pixel, um ein CSS-Pixel darzustellen.

**Der Begriff Retina**
Der Name Retina ist ein Marketingbegriff, der erläutern soll, dass man eine noch höhere Auflösung mit dem Auge nicht wahrnehmen könne. Es gibt unterschiedliche Auffassungen darüber, ob das stimmt.

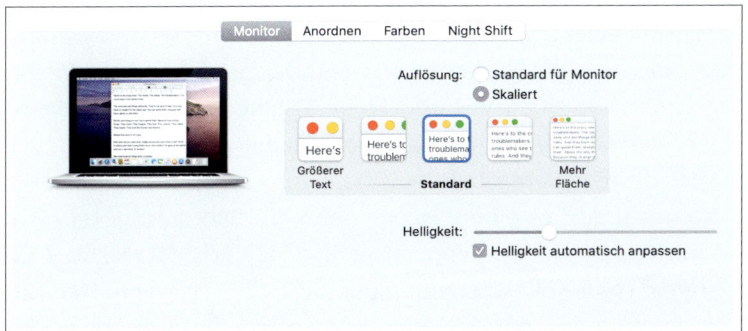

◄ **Abbildung 8.35**
In der Praxis kann man auf hochauflösenden Displays flexibel zwischen »mehr Platz« und »schärfer« wählen (hier macOS Catalina).

Das Verhältnis zwischen Geräte-Pixeln und CSS-Pixeln wird dabei als *Pixeldichte* oder *Device-Pixel-Ratio* (DPR) bezeichnet:

▶ Im einfachsten Fall entspricht ein CSS-Pixel genau einem Geräte-Pixel. Dies ist bei Monitoren mit einer DPR von 1 der Fall.
▶ Bei einer DPR von 2 wird aus einer 500 × 250-px-Box eine 1000 × 500-px-Box, *obwohl die physische Größe gleich bleibt*. Wie kann das geschehen? Ganz einfach: Der Browser übernimmt die Größenangabe von 500 × 250 *CSS-Pixeln*, packt auf die gleiche Fläche jedoch 1000 × 500 *Geräte-Pixel*. Das Ergebnis ist beispielsweise bei Schrift direkt sichtbar: Text wirkt viel schärfer.
▶ Es gibt aber auch Geräte mit einer DPR von 3, und Kommawerte sind natürlich ebenfalls möglich.

**Kleine Helfer**
Die eigene DPR lässt sich (wie viele andere Werte auch) über *www.mydevice.io* herausfinden.

Bei Vektorgrafiken und CSS ist das alles kein Problem, denn sie können beliebig skaliert werden. Bei Pixelbildern sind hochauflösende Displays jedoch eine Herausforderung.

### 8.5.3 Pixeldichte bei Bildern

CSS- und Geräte-Pixel wurden bereits behandelt – nun kommt noch eine Pixelart. Ein digitales Bild besteht nämlich auch aus kleinen quadratischen Bildpunkten, die Pixel (von »picture element«) genannt werden. In diesem Abschnitt werden wir sie als **Bitmap-Pixel** bezeichnen.

Wenn Sie das Bild nun wie erläutert in Ihren HTML-Quelltext einfügen, erhält es eine Größe in CSS-Pixeln. Bei einer Pixeldichte (DPR) von 1 ist das nicht weiter wichtig – standardmäßig gilt: 1 CSS-Pixel = 1 Bitmap-Pixel = 1 Geräte-Pixel.

Auf hochauflösenden Displays sieht das anders aus. Um die Größe der Darstellung in CSS-Pixeln identisch zu halten, braucht ein Display mit einer DPR von 2 beispielsweise viermal so viele Geräte-Pixel, um sie auf die Fläche zu verteilen. Das bedeutet: Ein Bild, das eine Größe von 500×250 *CSS-Pixeln* erhalten soll, benötigt eine Größe von 1000×500 *Bitmap-Pixeln*, damit der Bildschirm auch wirklich die verlangten 1000×500 *Geräte-Pixel* zur Verfügung hat.

Natürlich gibt es eine Lösung, wenn ein Bild diese Pixel nicht zur Verfügung stellt. Wenn unser Bild nämlich 500×250 *CSS-Pixel* groß sein soll, aber nur über 500×250 *Bitmap-Pixel* verfügt, multipliziert der Browser jedes dieser Pixel so lange, bis 1000×500 *Geräte-Pixel* zur Verfügung stehen. Ergebnis: Das Bild wird unscharf. Schön ist ein solch schwammiger Eindruck nicht. Da kann man doch sicher was machen ... Ja, kann man – willkommen in der Welt responsiver Bilder.

**DPR = 1**
CSS-Pixel
width: 3px;
height: 3px;

Geräte-Pixel

**DPR = 2**
CSS-Pixel
width: 3px;
height: 3px;

Geräte-Pixel

▲ **Abbildung 8.36**
Hochauflösende Monitore (unten, hier mit einer DPR von 2) übernehmen die angegebenen Werte in CSS-Pixeln, bringen auf der gleichen Fläche jedoch mehr Geräte-Pixel unter.

## 8.6 Lösungen für responsive Bilder in der Praxis

In den letzten Jahren haben sich einige Lösungsstrategien für responsive Bilder herausgebildet, die vom Anwendungsfall abhängen. Wir beginnen zunächst mit inhaltlichen Bildern, bevor wir uns den Hintergrundbildern per CSS zuwenden.

### 8.6.1 Downsampling von inhaltlichen Bildern

Die Attribute `height` und `width` lassen sich nutzen, um Bilder per **Downsampling** für hochauflösende Bildschirme herunterzurechnen:

```
<img src="bilder/baum_1000x500.jpg" alt="Baum im Herbst"
width="500" height="250">
```

▲ **Listing 8.21**
Downsampling über `width`- und `height`-Attribut

Downsampling hat Vor- und Nachteile. Auf der Haben-Seite steht, dass die Technik einfach einzusetzen ist und auch von alten Browsern unterstützt wird. Äußerst negativ schlägt zu Buche, dass *alle* Nutzerinnen und Nutzer die hochauflösenden Bilder herunterladen müssen – sogar dann, wenn sie gar keinen Vorteil davon haben. Im Responsive Webdesign potenziert sich diese Herausforderung durch die Vielzahl von Pixeldichten und physischen Größen. Downsampling ist diesen Herausforderungen nicht gewachsen.

### 8.6.2 Bilder flexibel machen

Eine der Grundlagen responsiver Pixelgrafiken ist, dafür zu sorgen, dass diese sich ebenso flexibel an den Viewport anpassen wie andere Elemente auch. Mit CSS ist das sehr einfach:

```
img {
  max-width: 100%;
  height: auto;
}
```

▲ **Listing 8.22**
Flexible Bilder in CSS

Die Verwendung von `max-width` (statt `width`) hat den Vorteil, dass das Bild nicht größer werden kann als seine natürlichen Pixelmaße – das verhindert unscharfe Grafiken. Die Angabe `height: auto` ist wichtig, damit das Bild nicht verzerrt wird.

**Adaptive Images**
Eine weitere Methode sind Adaptive Images. Dabei werden die Bilder auf dem Server automatisch in verschiedenen Größen zugeschnitten. Das Skript prüft beim Aufrufen der Website die Bildschirmgröße und liefert den Anwenderinnen und Anwendern dann das passende Bild zurück. Mehr über die Einrichtung von Adaptive Images erfahren Sie auf der offiziellen Website *http://adaptive-images. com*.

 Sie finden das Beispiel unter *http://codepen.io/ rohles/pen/EZYZaK* oder im Ordner Kapitel_08 • Responsive Bilder und dann unter 1 Max Width.

» `max-width: 100%;` *macht ein Bild flexibel*, `height: auto;` *sorgt dafür, dass es nicht verzerrt wird.*

◄ **Abbildung 8.37**
`max-width: 100%` (unten) skaliert das Bild so, dass es in den Container passt.

# 8 Grafiken, Bilder und Multimedia

**Lesetipps**
- Wenn Sie tiefer in die Hintergründe responsiver Bilder einsteigen möchten, empfehle ich Ihnen den hervorragenden Artikel »Srcset and Sizes« (*https://ericportis.com/posts/2014/srcset-sizes*) von Eric Portis.
- Jonas Hellwig hat unter *https://kulturbanause.de/blog/responsive-images-srcset-sizes-adaptive/* zahlreiche Demos und Anwendungsfälle für responsive Bilder zusammengetragen.

**Pixeldichte ist entscheidend**
Anders als viele andere Beispiele können Sie dieses Beispiel nicht ausprobieren, indem Sie die Größe des Browserfensters verändern, denn dadurch ändern Sie nichts an der Pixeldichte. Sie müssen es auf Displays mit unterschiedlicher Pixeldichte öffnen.

Sie finden das Beispiel unter *http://codepen.io/rohles/pen/wgwrKe* oder im Ordner KAPITEL_08 • RESPONSIVE BILDER und dann unter 2 SRCSET X.

Damit ist der erste Schritt gemacht: Bilder können nun nicht mehr über den Rand ihres Containers hinausragen, wenn der Viewport schmaler wird als die Bildbreite. Das löst aber noch nicht das Problem, dass im Responsive Webdesign *unterschiedliche* Bilder für die verschiedenen Gerätegrößen und Pixeldichten benötigt werden.

### 8.6.3 Bilder mit »img« und »srcset« responsiv machen

Als Lösung sind neue Attribute und Elemente entstanden, um Bilder responsiv zu machen.

**Pixeldichte bei Bildern anpassen** | Beim ersten Lösungsansatz für responsive Bilder geht es darum, Bilder für Displays mit unterschiedlichen Pixeldichten auszugeben. Dazu wird das `img`-Element um das Attribut `srcset` erweitert. Darin können verschiedene Bilddateien angegeben werden, getrennt durch Komma. Außerdem benötigt `srcset` noch eine Angabe zur Pixeldichte in x. Im Beispiel sind drei Bilder angegeben: »roboter-klein.jpg« (500 × 333 px), »roboter-mittel.jpg« (1 000 × 667 px) sowie »roboter-gross.jpg« (1 500 × 1 000 px). Zur Kennzeichnung enthalten die Bilder außerdem einen Text mit der Angabe »klein«, »mittel« oder »groß«.

```
<img
  srcset="roboter-klein.jpg 1x, roboter-mittel.jpg 2x,
  roboter-gross.jpg 3x"
  src="roboter-klein.jpg"
  alt="Roboter greift nach einem Ring">
```

▲ **Listing 8.23**
`img srcset` mit Angaben zu Device-Pixel-Ratio

Browser auf Displays mit einfacher Pixeldichte laden in diesem Fall »roboter-klein.jpg«, während Bildschirme mit zweifacher Pixeldichte auf »roboter-mittel.jpg« und solche mit dreifacher Pixeldichte oder höher auf »roboter-gross.jpg« zurückgreifen. Liegt die Pixeldichte eines Geräts dazwischen, kann ein Browser die nächsthöhere Grafik wählen.

Natürlich ist es ein bisschen Arbeit, die Grafiken entsprechend bereitzustellen, aber das Ganze hat gleich zwei große Vorteile:
- Browser laden nur noch die wirklich verwendbaren Dateien.

- Ältere Browser, die mit `srcset` nichts anfangen können, greifen einfach auf das Bild zurück, das in `src` angegeben ist.

Das ist praktisch, aber: Die Verwendung von `srcset` mit Angaben zur Pixeldichte in `x` löst das Problem mit unterschiedlich hochauflösenden Grafiken nur auf *nicht responsiven* Websites. Wir können damit zwar die Pixeldichte steuern, nicht aber die Größe des Bildes. In Aktion erleben können Sie dies, wenn in dem Beispiel eine Media Query eingefügt wird, die den gesamten Inhaltsbereich (und damit auch das Bild) auf 250 px Breite beschränkt. Ein Smartphone mit dreifacher Pixeldichte lädt nun immer noch die größte Version der Grafik mit einer Breite von 1 500 px, obwohl die zweitgrößte Version für das skalierte Bild ausreichen würde.

**Responsive Bilder mit »srcset« sowie »sizes« |** Oft reicht die Pixeldichte also nicht aus. Zum Glück gibt es mit `srcset`-Angaben in `w` (»width« = Breite) und `sizes` eine weitere Möglichkeit:

```
<img
  srcset="roboter-klein.jpg 500w, roboter-mittel.jpg
  1000w, roboter-gross.jpg 1500w"
  sizes="50vw"
  src="roboter-klein.jpg"
  alt="Roboter greift nach einem Ring">
```

▲ **Listing 8.24**
img srset mit sizes für responsive Bilder

Die Angaben zu den Bildbreiten werden in der Einheit `w` angegeben und sollten der intrinsischen Größe der Bilder entsprechen. Das sind die Pixelmaße der Bilder ohne irgendwelche Anpassungen bei einfacher Pixeldichte, wie man sie in einem Dateimanager wie Finder (macOS) oder Explorer (Windows) angezeigt bekommt. In diesem Fall wären das 500, 1 000 und 1 500.

Mit diesen Werten weiß der Browser, wie breit die einzelnen Bilder sind. Das reicht aber noch nicht, denn er muss auch noch erfahren, in welcher Größe er das Bild darstellen soll. Dazu dient das Attribut `sizes`. Im einfachsten Fall soll das Bild so breit sein wie der Viewport – das lässt sich mit der Angabe »100vw« (100 viewport widths = 100% des Viewports) erledigen. In Abbildung 8.39 soll das Bild die Hälfte des Bildschirms (`50vw`) einnehmen.

▲ **Abbildung 8.38**
Auch mit Media Query wird noch die größte Version des Bildes geladen, obwohl die zweitgrößte ausreichen würde.

 Sie finden das Beispiel unter *http://codepen.io/rohles/pen/rjBYeO* oder im Ordner KAPITEL_08 • RESPONSIVE BILDER • 3 SRCSET W.

» *Bei der Arbeit mit* `srcset` *und Bildgrößen entsprechen die Angaben in* `w` *der intrinsischen Breite des Bildes in* `px`.

# 8   Grafiken, Bilder und Multimedia

**Abbildung 8.39 ▶**
Das Beispiel auf einem Monitor mit einfacher Pixeldichte …

▲ **Abbildung 8.40**
… auf dem gleichen Monitor mit kleinerem Browserfenster …

▲ **Abbildung 8.41**
… sowie einem Monitor mit zweifacher Pixeldichte, aber gleich großem Browserfenster.

> *In `srcset` dürfen Angaben in `x` und `w` niemals gemischt werden, damit der Browser die richtigen Schlüsse ziehen kann.*

Aber wo ist denn nun eigentlich die Pixeldichte geblieben? Die kurze Antwort: Sie interessiert uns nicht mehr. Denn dank `srcset` und `w` sowie `sizes` kann der Browser selbst entscheiden, welches Bild er anzeigen möchte – auf hochauflösenden Displays wählt er einfach ein größeres Bild. Uns bleiben nur zwei Dinge zu tun:

▶ Eine ausreichende Auswahl an Bildern für unterschiedliche Display-Größen und Pixeldichten zur Verfügung zu stellen.

▶ Die Schreibarbeit auf uns zu nehmen, jedem Bild mit `srcset` und `w` sowie `sizes` die nötigen Informationen mitzugeben. Das bedeutet auch, bei Bedarf eine Media Query einzufügen, sofern sich die Breite des Bildes abhängig vom Viewport verändern soll. Am Ende folgt eine Angabe, die greift, wenn keine der Media Queries greift:

> *Geben Sie auch bei responsiven Bildern immer das bekannte `src`-Attribut an.*

```
<img
  srcset="roboter-klein.jpg 500w, roboter-mittel.jpg
1000w, roboter-gross.jpg 1500w"
  sizes="(min-width: 600px) 50vw, 100vw"
  src="roboter-klein.jpg"
  alt="Roboter greift nach einem Ring">
```

▲ **Listing 8.25**
sizes mit Media Query

Dieses Beispiel nimmt bis zu einer Viewport-Breite von 599 px den gesamten Raum ein, ansonsten (min-width: 600px) nur die Hälfte.

**Art Direction**
Diesen Anwendungsfall nennt man auch »Art Direction«, weil ganze Bilder ausgetauscht werden (etwa, weil ein anderer Ausschnitt benötigt wird). picture ist aber nicht dafür gedacht, radikal andere Bilder anzuzeigen, denn sie müssen alle mit einem einzigen alt-Attribut im abschließenden img beschrieben werden.

**Ganze Bilder austauschen mit »picture«** | Mit srcset decken Sie viele Anwendungsfälle im Webdesign ab. Bei einer nicht responsiven Website ist srcset mit x die richtige Wahl, weil Sie damit die Pixeldichte der Bilder anpassen können. In fast allen anderen Fällen verwenden Sie besser srcset mit w und sizes, um auch die Breite des Bildes berücksichtigen und anpassen zu können.

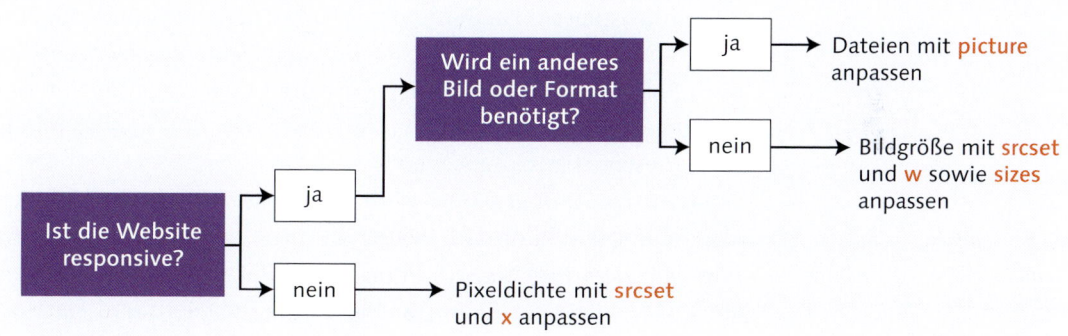

▼ **Abbildung 8.42**
Entscheidungshilfe für responsive Bilder

Wie gesagt: in *fast* allen anderen Fällen. Es gibt nämlich noch eine weitere Möglichkeit: das picture-Element. Es eignet sich, wenn Sie nicht nur die Breite eines Bildes variieren, sondern ganz andere Bilder oder Bildformate einsetzen möchten, wie dies in Abschnitt 8.3.2 im Unterabschnitt »Neuere Webformate – WebP und AVIF« gezeigt wird. Anders ausgedrückt: img srcset ist rich-

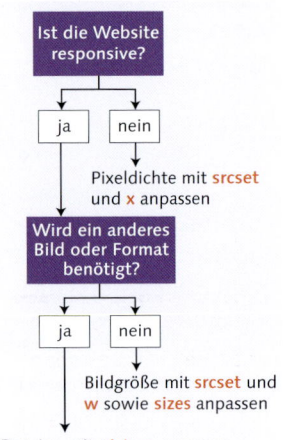

▲ **Abbildung 8.43**
Vertikale Version der Grafik

tig, wenn Sie Bilder *vergrößern* möchten, picture ist zum *Ersetzen* von Bildern gedacht.

Ein gutes Beispiel dafür ist die vorherige Grafik. Sie ist durch ihre Breite für kleine Displays im Hochkant-Format nicht gut geeignet. Eine Lösung wäre eine zweite, vertikale Version mit identischem Inhalt:

```
<picture>
  <source media="(min-width: 35em;)"
          srcset="flowchart-lang.jpg 1x,
                  flowchart-lang-gross.jpg 2x">
  <source srcset="flowchart-hoch.jpg 1x,
                  flowchart-hoch-gross.jpg 2x">
  <img src="flowchart-fallback.jpg" alt="Entscheidungshilfe
    für responsive Bilder">
</picture>
```

▲ **Listing 8.26**
Unterschiedliche Bilder je nach Viewport-Breite

Die source-Elemente enthalten innerhalb des srcset-Attributs einen Link zur gewünschten Grafik (oder auch zu mehreren). In diesem Beispiel sind außerdem zwei verschiedene Größen für einfache und doppelte Pixeldichte definiert. Eine Media Query in media gibt an, ab welcher Viewport-Breite die lange Version des Bildes geladen werden soll. Wir nutzen hier media, um das Bild je nach Viewport auszutauschen.

Im Abschnitt über Bildformate haben wir bereits erwähnt, dass sich moderne Bildformate wie WebP trotz breiter Unterstützung eher langsam durchsetzen. Ein Grund dafür ist, dass man sicherstellen will, dass ein Bildformat von allen Browsern und Plattformen unterstützt und angezeigt wird. Auch hierfür ist <picture> eine Lösung. Um verschiedene Bildformate zu laden, können Sie type nutzen:

```
<picture>
  <source srcset="hero-image.avif" type="image/avif">
  <source srcset="hero-image.webp" type="image/webp">
  <img src="hero-image.jpg" alt="Hero-Image">
</picture>
```

▲ **Listing 8.27**
Unterschiedliche Bildformate mittels picture laden

Ganz am Ende steht ein gewohntes img, das sehr wichtig ist: picture und source zeigen selbst nichts an, sondern helfen dem Browser lediglich bei der Entscheidung, welches Bild er in img einsetzen soll. Hier können Sie auch ein Fallback-Bild für alte Browser angeben.

### 8.6.4 Responsive Hintergrundbilder mit CSS

Bilder, die per CSS als Hintergründe eingefügt werden, konnten bereits seit geraumer Zeit über Media Queries gelöst werden. Die CSS-Eigenschaft image-set() vereinfacht die Arbeit in CSS aber enorm. Damit können Sie unterschiedliche Bildversionen angeben und den Browser entscheiden lassen, welche davon im aktuellen Kontext die richtige ist.

**Quelle**
Aktuelle Informationen zum Thema liefert Mozilla unter *https://developer.mozilla.org/en-US/docs/Web/CSS/image/image-set*.

Listing 8.28 zeigt typische Anwendungsbeispiele. Die Anweisungen für box1 erlauben dem Browser, Bilder für verschieden hochauflösende Displays auszuwählen, während box2 sich auf verschiedene Dateiformate bezieht. Allerdings hat image-set() keinen automatischen Fallback, wenn der Browser die Eigenschaft nicht verstehen sollte. Auf Wunsch können Sie daher ein reguläres background-image angeben:

```
.box1 {
  background-image: url("roboter-klein.jpg");
  background-image: image-set(
    url("roboter-klein") 1x,
    url("roboter-mittel") 2x,
    url("roboter-gross") 3x
  );
}
.box2 {
  background-image: url("kamera.jpg");
  background-image: image-set(
    url("kamera.avif") type("image/avif"),
    url("kamera.jpg") type("image/jpeg")
  );
}
```

Sie finden das Beispiel unter *https://codepen.io/rohles/pen/bGKQebB* oder im Ordner KAPITEL_08 • RESPONSIVE BILDER • 4 IMAGE SET.

▲ **Listing 8.28**
Arbeit mit image-set() im CSS

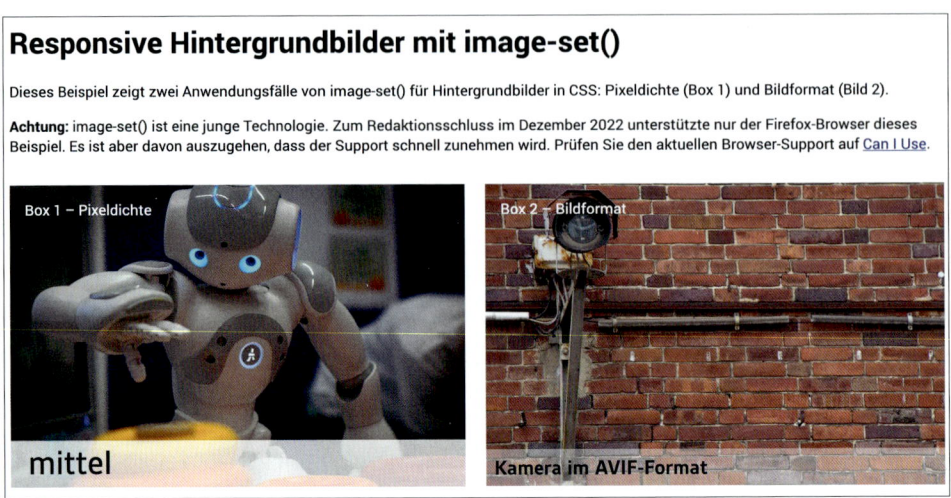

▲ **Abbildung 8.44**
Beispiel mit `image-set()` in Firefox (Version 107) auf einem Display mit zweifacher Pixeldichte

## 8.7 Icons einsetzen und gestalten

Icons sind bekannterweise kleine Zeichen, mit denen Sie Aussagen auf einen Blick vermitteln können. Es gibt typische Bereiche für den Einsatz von Icons:

- **Icons als Ersatz für Linktexte oder Texte in der Navigation:** Wenn Sie sich dafür entscheiden, Icons *anstatt* Wörtern zu verwenden, fragen Sie sich stets, ob das Icon verständlich genug ist. Reine Icon-Navigationen sind in der Praxis eher die Ausnahme, weil diese nicht immer verstanden werden. Häufig sind nur einige Icons als etablierte Konventionen, etwa für den Warenkorb.
- **Icons als visuelle Unterstützung des Gesagten:** Anders als im vorherigen Anwendungsfall müssen Icons den Text nicht unbedingt ersetzen, sondern können ihn *unterstützen*. Richtig eingesetzt, können sie verständnisfördernd wirken.
- **Icons als visuelle Auflockerung:** Icons eignen sich auch, um eher unspektakulären Textwüsten ein wenig visuellen Pep zu verleihen. Hier ist es nicht unbedingt zentral, dass die Icons direkt erkennbar sind – es geht weniger um das Verständnis, sondern um einen visuellen Effekt.

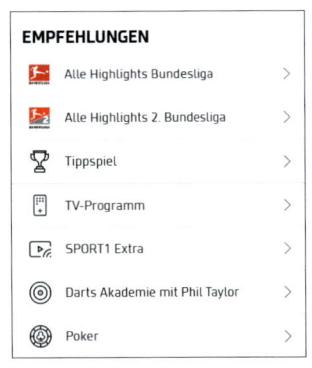

▲ **Abbildung 8.45**
Icons als visuelle Unterstützung bei *www.sport1.de*

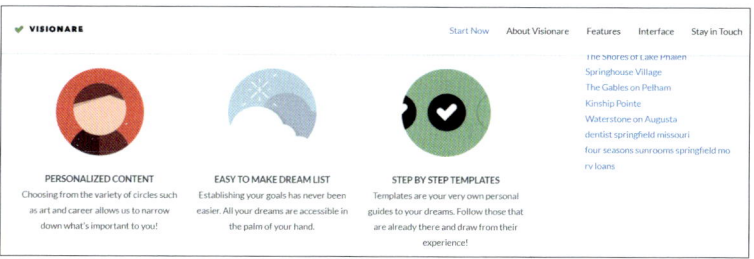

◂ **Abbildung 8.46**
Die Icons auf der Website *www.bevisionare.com* dienen mehr der visuellen Auflockerung, um aus den Beschreibungen eine ansehnliche Übersicht zu den einzelnen Bereichen zu machen.

**Wichtiges über Symbole** | Aufpassen müssen Sie bei Symbolen, denn sie sind mit Bedeutung aufgeladen. Diese Bedeutungen sind in unserer Kultur festgelegt. Es gibt kein effektiveres Mittel, mit nur einem Zeichen eine enorme Fülle von Bedeutungen zu vermitteln.

Wenn Sie ein Design erstellen möchten, das etwas mit Sozialismus zu tun hat, verwenden Sie Hammer und Sichel. Das Ganze in roter Farbe, und schon ist jedem klar, worum es geht – ganz ohne viele Worte.

Geht es bei Ihrem Design aber um den Hammer und die Sichel als Werkzeuge an sich, müssen Sie sehr genau aufpassen, dass sich diese Zeichen deutlich von dem sozialistischen Symbol abheben – ansonsten sind Fehldeutungen vorprogrammiert. Erschwerend kommt hinzu, dass Symbole kulturell verschieden sind.

▴ **Abbildung 8.47**
Obwohl sie Hammer und Sichel in einer komplett anderen Form als die ehemalige Sowjetunion verwendet, sind die Assoziationen dank der starken Symbolkraft dieser Zeichen bei der Communist Party USA (*https://cpusa.org*) eindeutig.

**Wichtiges über Metaphern** | Eine Metapher ist ein Vergleich, der etwas visualisiert, das so ähnlich funktioniert wie etwas, das Nutzerinnen und Nutzer bereits kennen. Eine Metapher überträgt die Bedeutung einer Sache also auf eine andere Sache.

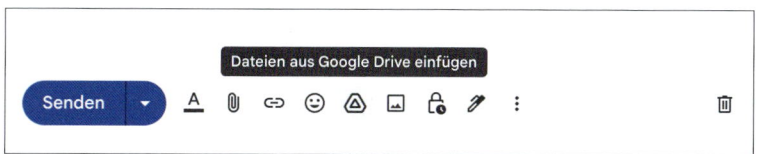

◂ **Abbildung 8.48**
Symbole von Google Mail

Die Metapher ist untrennbar mit der Durchsetzung grafischer Benutzeroberflächen (»Graphical User Interfaces«, GUI) bei Betriebssystemen und Software verbunden – von dort ist sie natürlich auch ins Web gewandert: Google Mail nutzt Metaphern wie den Papierkorb für »Löschen« oder die kleine Büroklammer für »Anhänge«. Metaphern sind wirkungsvolle Mittel, um neue

Sachverhalte zu vermitteln. Aber Vorsicht: Überlegen Sie sich ganz genau, ob der Vergleich nicht doch hinkt – denn nicht jede Metapher ist auf den zweiten Blick immer noch so einleuchtend wie auf den ersten. Achten Sie außerdem darauf, dass Metaphern sich abnutzen können.

### 8.7.1 Icons und Usability

Icons haben viele Vorteile: Sie kommunizieren eine Bedeutung schnell und elegant, sparen Platz und müssen nicht übersetzt werden. Das klingt gut, trifft aber leider nur auf wenige Icons uneingeschränkt zu:

▸ Als wirklich universell verständliche Icons können derzeit besonders das Haus (Home), der Einkaufswagen (Warenkorb), der Drucker (ja, drucken) sowie die Lupe (Suche) gelten.

▸ Das Hamburger-Icon (vgl. Abschnitt 6.5.3) dürfte der aussichtsreichste Kandidat sein, in diesen Kreis aufgenommen zu werden.

Faustformel: Wenn Sie länger als fünf Sekunden brauchen, um sich ein passendes Icon zu überlegen, ist es sehr unwahrscheinlich, dass es allgemein verständlich ist. Zusammenfassend ist festzuhalten, dass Kreative mit Icons als alleinigen Bedeutungsträgern sehr vorsichtig sein sollten. Sie sollten nur genutzt werden, wenn a) wirklich sehr wenig Platz zur Verfügung steht, b) die Icons standardisierte Symbole sind (Diskette für »Speichern«) oder c) visuell sehr dem ähneln, was sie ausdrücken sollen (Drucker für »Drucken«).

Meist empfiehlt es sich jedoch, Icons mit Textlabeln zu versehen, die das Erlernen eines User Interfaces einfacher und erfolgreicher machen.

**Abbildung 8.49** ▼
Outlook von Microsoft macht es vor und versieht Icons mit Textlabeln.

Achten Sie auch auf den Kontext, in dem ein Icon erscheint. Ein nach links gerichteter Pfeil ist eigentlich ein typisches Symbol für

»Antworten« in einem Mail-Programm – ungünstig nur, wenn es noch einen weiteren nach links gerichteten Pfeil gibt, der zum Postfach zurückkehrt.

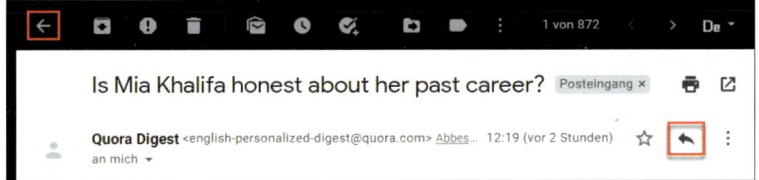

◀ **Abbildung 8.50**
Google Mail hat zwei Icons mit einem Pfeil nach links – ob beide wohl die gleiche Funktion auslösen?

Ein weiterer Tipp: Testen Sie Ihre Icons! Drucken Sie einige davon auf ein Blatt Papier, und sprechen Sie einige Menschen in einer Cafeteria an – am besten direkt welche aus Ihrer Zielgruppe.

### 8.7.2 Stile von Zeichen

Icons gibt es in allen möglichen Formen und Stilen:

- **Piktogramm**: Piktogramme sind stark vereinfachte Zeichen. Meist sind sie stilisiert, nicht selten einfarbig. Hier spielt Realismus keine Rolle – Piktogramme sind zweidimensional und haben keine Schatten. Ein typisches Beispiel sehen Sie in der Marginalie: Nur die wichtigsten Körperteile, die man zum Erkennen unbedingt benötigt, sind mit einfachsten Mitteln dargestellt. Dieser Stil passt gut zum Flat-Design-Trend der vergangenen Jahre.

▲ **Abbildung 8.51**
Typisches Piktogramm

- **Mini-Icons**: Winzig kleine Icons erinnern in ihrer Ästhetik etwas an das Webdesign der 90er, als Pixelschriften total in Mode waren.
- **Web-2.0-Icons**: Knallige Farben, leichte Verläufe, gerne an Glas erinnernd, im Idealfall mit Spiegelung oder als Sternchen – das ist der Stil des Web 2.0, und er findet sich in den Icons wieder. Heute wirkt das deutlich in die Jahre gekommen.
- **8-Bit-Icons oder Pixel-Icons**: Die Ästhetik und Software alter Rechner erfreuen sich im Web großer Beliebtheit, und so verwundert es wenig, dass Icons in diesem Stil gestaltet werden.
- **Geometrisch konstruierte Icons**: Dieser Stil bildet mit möglichst geometrischen Formen reale Dinge nach. Das ist stilvoll, erschwert jedoch bisweilen die Deutlichkeit der Zeichen.

**Abbildung 8.52** ▶
Geometrische Icons setzen voll auf regelmäßige Formen – Kreise, Linien, Ellipsen (https://nkm-atelier.de).

---

**Quelle und Lesetipp**
- Everything you Need to Know About Emojis: www.smashingmagazine.com/2016/11/character-sets-encoding-emoji
- Emojis in Web Design: https://rohl.es/emojis-webdesign

---

▲ **Abbildung 8.53**
Richtig eingesetzt, stechen Emojis aus einem Text heraus, wie hier im Betreff eines Newsletters von Blendle.

**Abbildung 8.54** ▶
Sorgfältig von Hand gezeichnete und für die Website passende Icons – ein stimmiges Gesamtbild für die Agentur Kulturbanause (https://kulturbanause.de)

▶ **Emoji**: Spätestens seit dem Siegeszug von Instant-Messengern wie WhatsApp sind Emojis nicht mehr aus der digitalen Kommunikation wegzudenken. Emojis sind farbige Icons, die meist direkt im Text eingesetzt werden, um Emotionen auszudrücken oder sympathisch zu wirken. Sie sind Teil des Unicode-Standards und somit auch im Web einsetzbar. Kulturelle Besonderheiten gelten auch bei Emojis – beispielsweise kann die Okay-Geste (👌), bei der Daumen und Zeigefinger einen Kreis bilden, in einigen Kulturen als beleidigend empfunden werden (https://emojipedia.org/ok-hand/). Texte mit Emojis sollten außerdem mit Screenreadern getestet werden, um zu evaluieren, ob die Bedeutung nachvollziehbar bleibt.

▶ **Handzeichnungen**: Gewissermaßen das Gegenteil von geometrischen Icons sind Zeichen, die wie von Hand gezeichnet wirken.

▶ **Realistische Icons**: Realistische Icons erfordern einiges an Erfahrung, denn Perspektive, Schattierung, Lichtreflexionen und Materialeigenschaften sind nicht einfach nachzubilden.

### 8.7.3 Grundregeln für die Gestaltung von Icons

Im Netz finden Sie eine Vielzahl fertiger Icon-Sammlungen zur freien Verwendung. Eine erste wichtige Anlaufstelle ist das **Noun Project**. Mit expliziter und deutlicher Nennung des Urhebers oder der Urheberin (vgl. Abschnitt 8.2 über »Creative Commons«) dürfen diese Icons auch in kommerziellen Projekten verwendet werden – wer das nicht möchte, kann ein Abo abschließen oder das Icon für eine geringe Einmalzahlung lizenzieren. Auch der **Iconfinder** (www.iconfinder.com) gehört in diese Kategorie. Außerdem gibt es Sets wie beispielsweise das beliebte **Font Awesome** (https://fontawesome.com). Die Icons stehen hier meist in unterschiedlichen Formaten wie etwa Iconfonts oder .svg zur Verfügung. Großer Vorteil dieser Sets ist die einheitliche Gestaltung der Icons – hier passt alles gut zueinander.

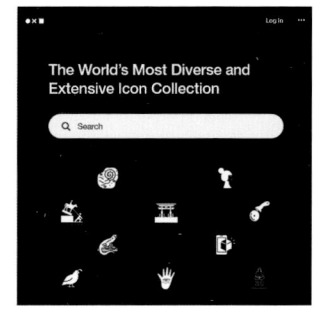

▲ **Abbildung 8.55**
Noun Project (https://thenounproject.com) bietet Icons in allen möglichen Stilistiken.

Individueller wird es natürlich mit eigenen Icons. Sie finden im Netz eine Vielzahl hervorragender Schritt-für-Schritt-Erklärungen für Icons in verschiedenen Stilen. Wir werden uns daher auf einige konkrete Grundregeln konzentrieren, die Ihnen immer wieder helfen können.

- **Vektorformat**: Arbeiten Sie nach Möglichkeit in einem Vektorprogramm wie Adobe Illustrator, Affinity Designer oder Sketch.
- **Richtige Größe**: Prüfen Sie das Icon immer wieder in der Größe, in der es letztendlich dargestellt werden soll. Nur so können Sie beurteilen, wie viele Details überhaupt noch sichtbar sind.
- **Wesentliches herausstellen**: Konzentrieren Sie sich auf die wesentlichen Merkmale des Gegenstands, den Sie für Ihr Icon ausgewählt haben. Erinnern Sie sich noch an das Gesetz der Erfahrung? Sie müssen nicht alles zeigen, damit das Icon funktioniert.
- **Lichtverhältnisse beachten**: Achten Sie bei realistischen Icons auf die Richtung der Lichtquelle – unrealistisches Licht wirkt störend.
- **Maßvoll arbeiten**: »Noch ein Schatten hier, noch ein kleines Detail dort …« – Vorsicht vor diesem Kreislauf. Icons leben von ihrer Einfachheit, und mehr ist selten besser.
- **Designsprache beachten**: Falls Sie Icons innerhalb einer Designsprache gestalten (etwa Material Design von Google oder das iOS-Design), sollten Sie deren Richtlinien beachten.

Betrachten Sie Ihre Icons unbedingt im Gesamtzusammenhang – passen die Strichstärken und Rundungen zueinander? Gibt es charakteristische Gestaltungselemente, die Sie in allen Icons aufgreifen können? Beachten Sie außerdem die Konventionen, denen Icons unterliegen: Stimmt die Aussage? Das ist besonders wichtig, wenn Icons in Verbindung mit Buttons oder Links zum Einsatz kommen. Ein Pfeil nach rechts vermittelt z. B. den Eindruck, sich räumlich durch eine Sequenz zu bewegen. Pfeile nach unten stehen eher dafür, etwas auszuklappen.

### 8.7.4 Favicons und Touch-Icons

Favicons sind die kleinen Grafiken, die in der Tab-Leiste neben der URL zu finden sind. Touch-Icons kommen zum Einsatz, wenn Menschen Ihre Website direkt auf dem Start-Bildschirm von Smartphones oder Tablets speichern. Außerdem werden Favicons mittlerweile von Google in den Ergebnissen angezeigt.

▲ **Abbildung 8.56**
Google Chrome stellt die Favicons neben dem Seitennamen dar (Rheinwerk Verlag, YouTube und Zeit).

**Quellen und Lesetipps**
- How to Favicon in 2023: Six files that fit most needs (Evil Martians): *https://rohl.es/favicon-files*
- Favicons: everything you need to know in 2022 (Jeff Cardello): *https://webflow.com/blog/favicon-guide*

Ein Code-Beispiel finden Sie im Download-Bereich unter KAPITEL_08/ FAVICON.

**Gestaltungstipps für Favicons und Touch-Icons |** Favicons und Touch-Icons mögen zwar ein Detail darstellen, stärken aber die Wiedererkennung der Marke und die User Experience, weil man direkt erkennen kann, worum es sich handelt. Achten Sie darauf, dass die Symbole sehr klein sind – oft bietet es sich an, ein Element des Logos oder einen einzelnen, markanten Buchstaben der Textmarke zu nutzen. Wichtig ist außerdem, eine Gestaltung zu wählen, die auf helleren und dunkleren Grautönen funktioniert (Light und Dark Mode).

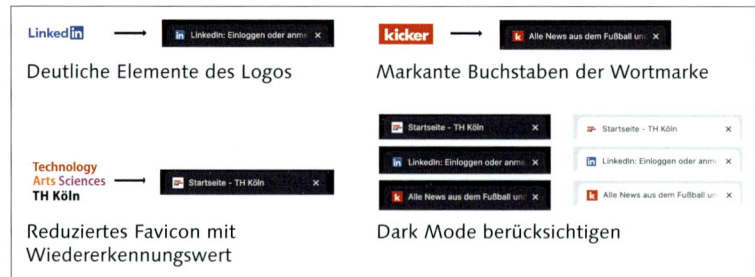

▲ **Abbildung 8.57**
Gestaltungstipps und Beispiele für Favicons

**SVG-Favicons für moderne Browser** | Dank stetig wachsender Browser-Unterstützung bietet sich das Vektorformat SVG als Ausgangspunkt für ein Favicon an. Nachdem Sie Ihr Favicon in einer Vektorsoftware wie Inkscape, Affinity Designer oder Adobe Illustrator angelegt haben (idealerweise in einem quadratischen Format), exportieren Sie die Grafik zunächst als SVG. Wie Sie in Abschnitt 8.3.2 gelernt haben, lassen sich SVGs mit CSS für den Dark Mode anpassen. Dazu können wir das SVG in einem Texteditor öffnen und manuell einen `style`-Block einfügen, der die Farben per `fill` austauscht. In unserem Beispiel sieht das so aus:

> **Helfer im Netz**
> Falls Sie das SVG nicht gerne von Hand anpassen möchten, hält der Real Favicon Generator unter *https://realfavicongenerator.net/svg-favicon/* ein Tool bereit, mit dem Sie Anpassungen Ihres SVG-Favicons per Onlinetool vornehmen können.

```
<svg …>
  <style>
    .favicon { fill: #780029; }
    @media (prefers-color-scheme: dark) {
      .favicon { fill: #FFD600; }
    }
  </style> …
  <path class="favicon" …>
</svg>
```

◀ **Listing 8.29**
SVG-Favicon manuell für den Dark Mode anpassen

Schließlich binden wir das Icon in den `head` der Website ein:

```
<link rel="icon" href="favicon.svg" type="image/svg+xml">
```

▲ **Listing 8.30**
SVG-Favicon im `head` der Website einbinden

**ICO-Favicons als Fallback** | Für Browser, die keine SVG-Favicons unterstützen, können Sie auf das bewährte *.ico*-Format zurückgreifen. Es kann verschiedene Varianten des Favicons in einer Datei vereinen. Für die Erstellung können Sie z. B. den Real Favicon Generator (*https://realfavicongenerator.net*) verwenden. Dort können Sie das SVG-Favicon hochladen, nach Bedarf einige Einstellungen vornehmen und schließlich ein Paket mit fertigen Icons herunterladen. Darunter findet sich auch eine Datei namens »favicon.ico«. Legen Sie diese nun einfach in das oberste Verzeichnis Ihrer Website auf dem Server, und verlinken Sie sie im `head`:

```
<link rel="icon" href="favicon.ico" sizes="any">
```

▲ **Listing 8.31**
Favicon im `head`

> **Besser explizit angeben**
> Viele Browser erkennen das Favicon automatisch, wenn es im obersten Verzeichnis der Website liegt – für alle anderen wird es wie im Text beschrieben referenziert. Die Ergänzung `sizes="any"` vermeidet einen Fehler in Google Chrome, der dazu führte, dass der Browser das ICO-Favicon verwendete, obwohl er auch SVG-Favicons unterstützt (Stand: Februar 2023).

**Weglassen ist möglich**
Es ist auch möglich, den expliziten Hinweis auf die Touch-Icons wegzulassen. In diesem Fall sucht iOS nach Icons mit den Namen »apple-touch-icon« oder »apple-touch-icon-precomposed« – allerdings nur ganz oben im Stammverzeichnis der Website. Das funktioniert allerdings nur auf Apple-Geräten.

**Maskierbare Icons**
Android ist ein stark individualisierbares System, und ein Aspekt dieser Individualisierung ist die Möglichkeit, mit Icons in verschiedenen Formen zu arbeiten. Wenn Sie dies unterstützen möchten, sollte das Icon etwas Platz nach außen lassen und neben `src`, `sizes` und `type` auch die Eigenschaft `"purpose: maskable"` erhalten. Ein hilfreiches Tool ist Maskable.app (*https://maskable.app*).

**Touch-Icons** | Für Apple-Geräte gibt es verschiedene Größen: 180 × 180 px (iPhones mit 3x-Display), 120 × 120 px (iPhones mit 2x-Display), 152 × 152 px (Retina-iPads). Empfehlenswert ist auch, etwas Abstand nach außen zu lassen. Nachdem Sie die Icons erzeugt haben, speichern Sie sie auf dem Server und referenzieren die Dateien innerhalb des `head` Ihrer Website:

```
<link rel="apple-touch-icon" sizes="180x180" href="apple-touch-icon.png">
```

▲ **Listing 8.32**
Beispiel für ein Touch-Icon im `head`

Passen Sie das `sizes`-Attribut entsprechend der Größe der anderen Dateien an. Es ist ebenfalls möglich, nur die 180-px-Datei anzugeben und die übrigen vom System skalieren zu lassen.

**Android** | Aktuelle Android-Versionen setzen bei den Icons auf die Progressive-Web-App-Technologie (PWA). Es bieten sich dafür Größen von 192 × 192 px für den Homescreen und 512 × 512 px für den sogenannten Splashscreen an, der beim Starten geladen wird. PWAs arbeiten zudem mit einem sogenannten Web App Manifest. Das ist eine Textdatei im JSON-Format, die Informationen zur PWA enthält. JSON ist ein Format, das Daten in einer für uns Menschen verständlichen Form mit Eigenschaften und Werten beschreibt. Listing 8.33 enthält ein einfaches Beispiel für ein Web App Manifest, in dem wir Icons und einige andere Eigenschaften festgelegt haben (mehr dazu unter *https://web.dev/add-manifest/*):

```
{
  "name": "Favicon-Beispiel",
  "short_name": "Favicon",
  "icons": [
    {
      "src": "android-chrome-192x192.png"
      "sizes": "192x192",
      "type": "image/png"
    },
    {
      "src": "android-chrome-512x512.png"
      "sizes": "512x512",
```

```
    "type": "image/png"
   }
 ],
 "theme_color": "#ffffff",
 "background_color": "#ffffff",
 "display": "standalone"
}
```

◄ **Listing 8.33**
Einfaches Beispiel für ein Web App Manifest

Schließlich wird das Web App Manifest im `head` verlinkt:

```
<link rel="manifest" href="site.webmanifest">
```

▲ **Listing 8.34**
Einbindung des Web App Manifests

### 8.7.5 Icon-Fonts

Icon-Fonts sind eine mögliche Variante, um Icons im Web einzusetzen. Darunter versteht man spezielle Schriften mit Icons, die sich beliebig vergrößern und per CSS gestalten lassen. Wenn Sie einen Icon-Font verwenden möchten, gilt es zunächst, die gewünschten Icons als Schrift anzulegen. Dazu können Sie eigene Icons oder fertige Sammlungen verwenden.

**Fertige Icon-Sammlungen**
Jack Rocheleau hat unter *https://1stwebdesigner.com/best-free-icon-fonts-web-design/* eine feine Sammlung verschiedener Icon-Fonts zusammengestellt – teilweise sogar kostenlos nutzbar.

**Schritt für Schritt**
**Einen Icon-Font erzeugen**

Zur Erzeugung des Icon-Fonts können Sie den praktischen Dienst IcoMoon unter *https://icomoon.io/app* verwenden.

**1 Icons importieren und bearbeiten**
Dort können Sie unter ❶ (Abbildung 8.58) eigene Icons importieren oder aber die Vorschläge unter ❷ verwenden. Mit den Werkzeugen unter ❸ lassen sich auf Wunsch einzelne Icons löschen oder bearbeiten.

**2 Icon-Font erzeugen**
Wenn Sie mit dem Importieren und Bearbeiten fertig sind, wählen Sie unter ❸ den Pfeil, um die gewünschten Icons auszuwählen. Klicken Sie dazu unter ❹ auf alle Icons, die Sie verwenden

möchten. Die Schaltfläche ❻ erzeugt einen Download der Icons in unterschiedlichen Formaten wie *.svg* oder *.png* – wir klicken jedoch auf den Button ❺, um den Icon-Font zu erzeugen.

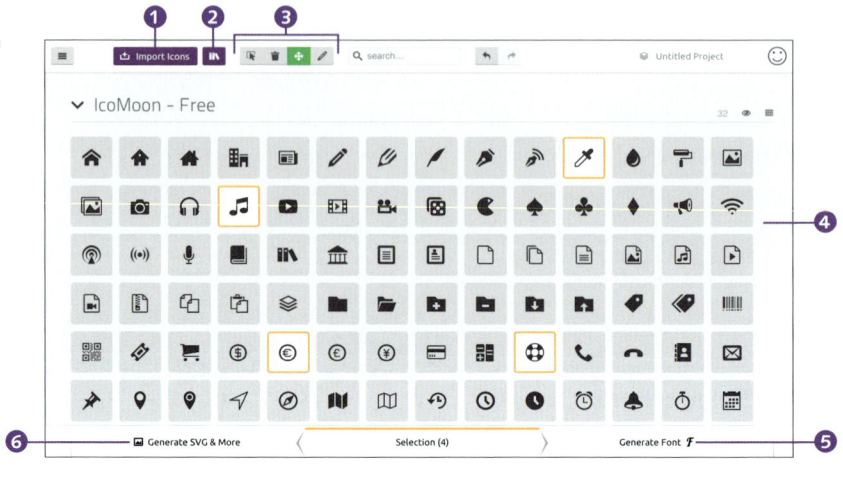

**Alternative Fontello**
Fontello (*http://fontello.com*) kann ebenfalls Icon-Fonts erzeugen.

**Abbildung 8.58** ▶
Icon-Fonts mit IcoMoon erzeugen

### 3  Unicode-Zeichen zuweisen

Im nächsten Schritt weisen Sie die Icons einzelnen Unicode-Zeichen zu – Sie legen also fest, welches Icon beim Eintippen des entsprechenden Zeichens erscheinen soll. IcoMoon macht automatisch einen Vorschlag ❽ für jedes Zeichen, den Sie übernehmen können. Unter ❼ lassen sich noch einige fortgeschrittene Voreinstellungen verändern. Der Download-Button ❾ erzeugt einen gebrauchsfertigen Icon-Font.

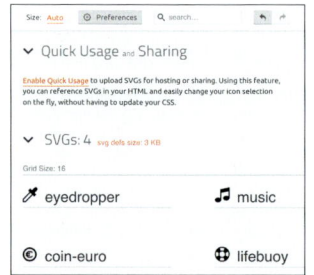

◀ **Abbildung 8.59**
Auch ein Download der Icons ist möglich – bei Bedarf können mit dem Button Preferences weitere Formate ausgewählt werden.

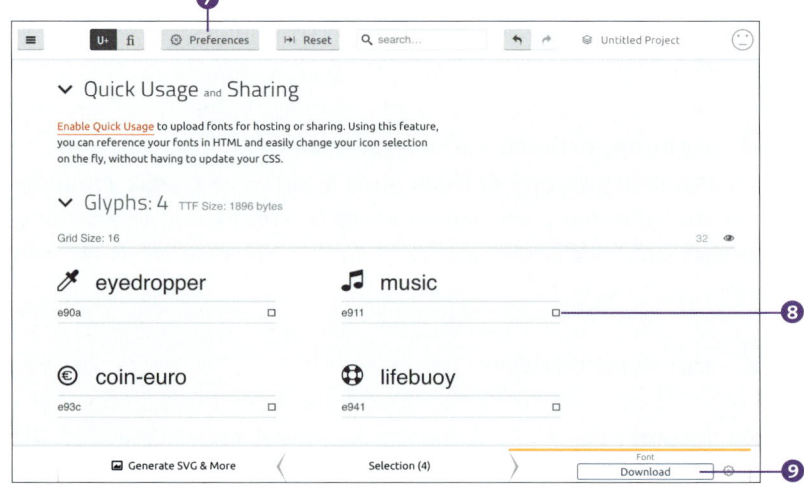

**Abbildung 8.60** ▶
Icons werden einzelnen Unicode-Zeichen zugewiesen.

## 4  Dateien und Ordner verschieben

Der Download besteht aus verschiedenen Dateien, die Sie nun in Ihre Website integrieren können. Den Ordner FONTS verschieben Sie mitsamt seinem Inhalt in das Verzeichnis Ihrer Website. Schließlich sollten Sie die Inhalte aus der »style.css« in Ihre eigene CSS-Datei kopieren oder referenzieren. Beispiele zur Verwendung gibt es im Ordner DEMO-FILES. Die Datei »selection.json« können Sie wieder bei IcoMoon importieren, falls Sie den Icon-Font verändern möchten.

## 5  Icons anzeigen

Fehlt natürlich noch eine Methode, die Icons auch im HTML an der gewünschten Stelle anzuzeigen:

```
<span class="icon-music"></span>
```

▲ Listing 8.35
Icon-Font mit einem leeren span einbauen

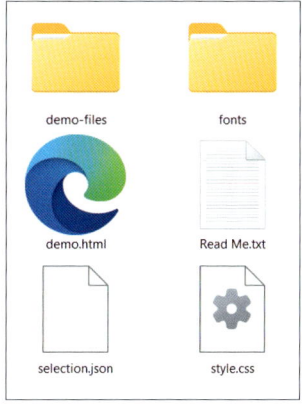

▲ Abbildung 8.61
Inhalt eines IcoMoon-Downloads

Das ist nichts weiter als ein span ohne Inhalt mit einer Klasse, die für das Laden des jeweiligen Icons zuständig ist.

Die Barrierefreiheit von Icon-Fonts sollte jedoch gut getestet werden, damit die Screenreader-Ausgabe Sinn ergibt. Zach Leatherman hat in seinem sehr gut recherchierten Artikel »Bulletproof Accessible Icon Fonts« (*www.filamentgroup.com/lab/bulletproof_icon_fonts.html*) viele Tipps zum Thema »Icon Fonts und Accessibility« gesammelt.

### Unicode-Überblick
Falls Sie vergessen haben sollten, welchen Unicode Sie dem gewünschten Zeichen vergeben haben, öffnen Sie einfach mal die »index.html« aus dem Download-Paket von IcoMoon in einem beliebigen Browser.

### 8.7.6  Icons als SVGs einbinden

Eine Alternative zu Icon-Fonts ist das vektorbasierte Format SVG:

- SVGs lassen sich ähnlich umfangreich per CSS gestalten wie Icon-Fonts, sind jedoch flexibler – so ist es beispielsweise möglich, Teile einer Grafik anders zu behandeln als andere Bereiche.
- Die Positionierung von SVG-Grafiken ist einfacher als mittels der Schrifteigenschaften von CSS.
- SVGs können direkt (»inline«) in den Browser eingebettet werden, so dass sie keinen zusätzlichen HTTP-Request benötigen.

Kein Wunder also, dass Icons zunehmend mit Hilfe von SVGs anstatt Icon-Fonts umgesetzt werden. Mit IcoMoon ist auch die

### Mehr zur Arbeit mit SVGs für Icons
Eine Einführung hat Chris Coyier unter *https://css-tricks.com/svg-sprites-use-better-icon-fonts* und *https://css-tricks.com/svg-symbol-good-choice-icons* zusammengestellt.

Erzeugung eines Icon-Systems mit SVGs möglich. Das Prinzip beruht darauf, dass in einem `svg`-Block die gewünschten Icons als `symbol` erzeugt ...

```
<svg xmlns="http://www.w3.org/2000/svg" style="display:
none;">
  <symbol id="icon-music" viewBox="214.7 0 182.6 792">
    <!-- Pfade und andere SVG-Formen -->
  </symbol>
</svg>
```

**Listing 8.36** ▶
Icon-System als Inline-SVG

... und dann an der gewünschten Stelle im Dokument mit `use` referenziert werden:

```
<svg class="icon">
  <use xlink:href="#icon-music" />
</svg>
```

**Listing 8.37** ▶
Referenzierung als Icon später im Dokument

## 8.8 Nachhaltigkeit durch weniger Bilder

Bilder machen einen großen Teil des Datenverkehrs aus und sorgen somit auch für eine höhere $CO_2$-Emmission von Websites. Bilder sind natürlich wichtig für eine Website, aber dennoch können Sie die Bildsprache oft zugunsten der Nachhaltigkeit etwas reduzieren:

▶ **Mehrwert**: Sie sollten sich immer kritisch fragen, ob ein Bild einen Mehrwert bringt. Ein Bild mit einer Person, die ein Tablet berührt, um auf Profile in sozialen Medien hinzuweisen, dürfte wohl verzichtbar sein. Dies kann mit entsprechenden Social-Media-Icons wesentlich ressourcensparender gemacht werden.

▶ **Dateiformat**: Neben gängigen Formaten wie PNG, JPEG oder GIF gilt derzeit das WebP-Format als das sparsamste Format für Fotos (siehe Abschnitt 8.3.2). Bilder im WebP-Format sind 30 % kleiner als im JPEG-Format bei gleicher Qualität. Ein neueres Format, mit noch besserer Kompression, ist AVIF, das allerdings noch von wenigen Webbrowsern unterstützt wird.

▶ **Dateigröße**: Auch die Dateigröße lässt sich mit speziellen Tools optimieren, die wir bereits vorgestellt haben. Sie können die Größe in einigen Situationen weiter reduzieren, wenn Sie die

---

**Mehr Informationen**
Die Informationen zur Reduzierung des Datenumfangs von Bildern sind hier sehr komprimiert aufgelistet. Wir wollen Ihnen daher ein Video von Una Kravest auf *https://vimeo.com/290141511* weiterempfehlen. Das Video ist zwar von 2017, aber trotzdem immer noch sehr aktuell. Es wird hier sehr schön erläutert, wie man den Datenumfang von Bildern reduzieren kann. Auch findet man hier weitere interessante Dinge, die hier nicht aufgezählt wurden.

Anzahl der Farben oder die Dimensionen des Bildes verringern. Aus einem PNG können Sie z. B. ein PNG-8 machen.
- **Responsive Bilder**: Im responsiven Web können Sie optimierte Grafiken mit `srcset` und `sizes` ausliefern (siehe Abschnitt 8.6.3).
- **SVG-Vektorgrafiken verwenden**: SVG-Grafiken bieten sich gerade für Infografiken, Logos oder Icons an. Sie benötigen wenig Speicherplatz, weil sie sich aus mathematischen Formeln zusammensetzen. Zudem sind Vektorgrafiken noch unbegrenzt skalierbar.

## 8.9 Video und Audio in HTML einbinden

Video ist ein effektives Werkzeug der Kommunikation und erlebt seit vielen Jahren einen regelrechten Boom im Netz.

### 8.9.1 Webdesign mit bewegten Bildern

Video kommt in verschiedenen Formen zum Einsatz, sowohl für Inhalte als auch zur emotionalen Gestaltung von Websites.
- **Erklärvideos**: Sehr beliebt ist das Videoformat bei der Vermittlung von Inhalten und Wissen, etwa als handgezeichnete oder animierte Cartoons und als Dokumentationen von Abläufen. Gestalterisch haben diese Videos einen hohen Stellenwert im Web und werden meist entweder großformatig eingebettet oder aber in einem Overlay geöffnet.

  Beliebt sind auch Videos von sprechenden Personen oder Vorträgen – oft passenderweise als »Talking Head Videos« bezeichnet. Solche Videos wirken emotional ansprechender und persönlicher als ein reiner Text. In Usability-Studien zeigte sich jedoch häufig, dass die Aufmerksamkeit schnell vom Video wegwandert und das Publikum nur noch dem Ton zuhört – in vielen Fällen ist das nicht weiter tragisch, solange es um den Inhalt selbst geht. Möchten Sie dies jedoch vermeiden, sollten Sie das Video abwechslungsreich gestalten und mit interessanten Schnitten versehen.
- **Video-Hintergründe:** Bewegtbilder können auch als Hintergründe eingesetzt werden. Dafür eignen sich kurze, unaufge-

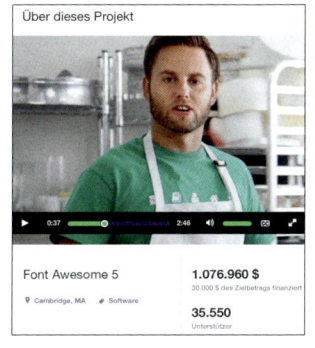

▲ **Abbildung 8.62**
Bei der Kickstarter-Kampagne zu Fontawesome 5 arbeitete Dave Gandy mit vielen Schnitten und spielerischen Effekten.

# 8 Grafiken, Bilder und Multimedia

**Tipps zur Umsetzung**
Video-Hintergründe werden meist mit einer Kombination aus CSS und JavaScript umgesetzt. Ein gutes Tutorial zum Thema hat Dudley Storey unter *https://rohl.es/fullscreen-videos* geschrieben.

regte Videos wie alltägliche Situationen, ästhetische Details und atmosphärische Landschaften. Entscheidend ist, dass eine Stimmung vermittelt wird – gleichzeitig sollte sich die Filmaufnahme nicht zu sehr in den Vordergrund drängen. Daher werden die Videos in Endlosschleife und ohne Ton abgespielt.

▲ Abbildung 8.63
Eine Agentur, die Filme produziert, zeigt im Hintergrund gleich einzelne Ausschnitte von Videoprojekten (*www.buildfilms.ca*).

**Interaktive Filme**
Richtig aufwendig (aber auch entsprechend überzeugend) sind interaktive Filme wie *https://lifesaver.org.uk*, mit dem Interessierte richtige Erste-Hilfe-Maßnahmen üben können.

▶ **Imagefilme und Storytelling:** Auch Imagefilme und kurze Geschichten können als Video-Hintergründe eingesetzt werden. Hier gilt: Lassen Sie die Filme zunächst stumm starten, und ermöglichen Sie es, den Ton auf Wunsch zuzuschalten. Solche Imagefilme sind aufwendiger produziert als die einfachen Hintergründe. Achten Sie darauf, dass das Video die Aussage Ihrer Website vermittelt – es ist möglich, dass die Aufmerksamkeit vorrangig auf dem Video liegt und andere Inhalte nur kurz rezipiert werden.

## 8.9.2 Video und Audio

In HTML gibt es ein eigenes Element für Video- und Audio-Inhalte.

**Audio einbetten** | Audio-Inhalte werden über das Element `<audio>` mit einer Reihe von Attributen eingebunden:

```
<audio src="musik.mp3" controls>
  Alternativer Inhalt
</audio>
```

**Listing 8.38** ▶
audio-Element im Einsatz

## 8.9 Video und Audio in HTML einbinden

Neben dem `src`-Attribut können Sie auch das `source`-Element verwenden, um verschiedene Audioformate zu unterstützen.

```
<audio controls>
  <source src="musik.mp3" type="audio/mpeg">
  <source src="musik.wav" type="audio/wav">
  Alternativer Inhalt
</audio>
```

▲ **Listing 8.39**
`audio` mit `source`-Elementen

Innerhalb des öffnenden und schließenden `audio`-Elements sollten Sie aus Gründen der Usability einen alternativen Inhalt einbetten – dieser wird nur angezeigt, wenn der Browser `audio` nicht versteht. Außerdem gibt es folgende HTML-Attribute, die Sie Ihrem Audio-Element bei Bedarf mitgeben können:

- `loop` sorgt für eine Endlosschleife bei der Wiedergabe.
- `autoplay` startet das Audio-Element direkt beim Aufruf der Seite – dies sollte jedoch eher vermieden werden, denn es wird oft als störend empfunden.
- `preload` legt fest, ob die Audiodatei beim Aufruf der Website schon einmal heruntergeladen werden soll. Dadurch entfallen Wartezeiten beim Klick auf den Play-Button; andererseits werden die Daten auch heruntergeladen, wenn eine Nutzerin oder ein Nutzer sie gar nicht anhören möchte. Mögliche Werte sind `none` (nicht automatisch laden), `metadata` (Metadaten laden, beispielsweise Länge und Größe der Datei) und `auto` (Browser entscheidet).

**Steuerelemente**
Die grafische Gestaltung der mit `controls` erzeugten Steuerelemente übernehmen Browser und Betriebssystem. Per JavaScript ist es möglich, ein eigenes User Interface zu gestalten. Ein Tutorial dafür für `<video>` finden Sie unter *https://rohl.es/custom-video-player* und für `<audio>` unter *https://css-tricks.com/lets-create-a-custom-audio-player/*.

**Streaming**
Nicht verschweigen möchten wir schließlich die Möglichkeit, Audio- und Video-Inhalte per Streaming anzubieten. Das bedeutet, dass der Browser bei der Wiedergabe kontinuierlich kleinere Teile der Datei nachlädt. Streaming ist sparsam und performant, aber auch technisch relativ komplex. Für den Einstieg empfehlen wir das Mozilla Developer Network: *https://rohl.es/video-streaming*.

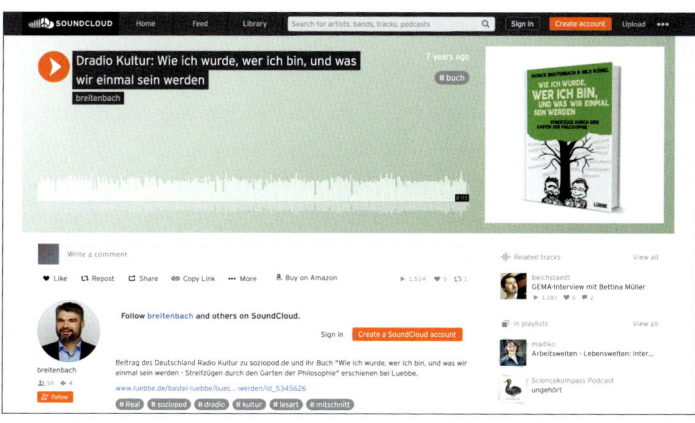

◀ **Abbildung 8.64**
Mit Hilfe von Plattformen wie Soundcloud (*https://soundcloud.com*) kann das Bereitstellen von Audiodateien ausgelagert werden – die Einbettung erfolgt dann mittels `iframe`.

- `controls` zeigt Elemente zur Steuerung der Wiedergabe an.
- `muted` legt fest, dass die Wiedergabe stummgeschaltet werden soll.

**Videos einbetten** | Das `video`-Element ähnelt `audio` sehr:

```
<video controls>
    <source src="video.mp4" type="video/mp4">
    <source src="video.ogv" type="video/ogg">
    alternativer Inhalt für ältere Browser, die mit <video>
nichts anfangen können
</video>
```

▲ **Listing 8.40**
`video` in HTML

> **Responsive Videos**
> Auch Videos können sich flexibel an ihre Umgebung anpassen. Die technische Umsetzung hängt davon ab, auf welche Weise das Video eingebunden wird. In seinem Artikel »Rundown of Handling Flexible Media« erklärt Chris Coyier die verschiedenen Verfahren und Hintergründe (*https://css-tricks.com/ rundown-of-handling-flexible-media*).

> **Performance-Tipp für stumme Videos**
> Wenn ein Video immer ohne Ton abgespielt werden soll, wie es bei Hero-Videos häufig geschieht, sollten Sie die Tonspur aus Performance-Gründen komplett aus dem Video entfernen, statt sie nur stummzuschalten. Das vermeidet, dass die Tonspur übertragen werden muss, wenn sie gar nicht zu hören sein soll.

Für die Praxis lohnt sich ein Blick auf die Tools **Handbrake** (*https:// handbrake.fr*) sowie **FFmpeg** (*https://ffmpeg.org*). Damit ist die Konvertierung von Videos in verschiedene Formate kein Aufwand. Mark Pilgrim hat unter *http://diveintohtml5.info/video.html* viele weitere Informationen und Anleitungen gesammelt.

Achten Sie bei der Konvertierung insbesondere auf eine möglichst geringe Dateigröße. Für kurze Sequenzen (maximal 8 MB) ist der Online-Service **Compressify** (*https://compressify.herokuapp. com*) zur Komprimierung geeignet. Gute Resultate erzielen auch die Videoplattformen wie YouTube oder Vimeo – das kann ein Argument dafür sein, die Inhalte dort zu hosten. Wenn Sie mehrere Videodateien mit `source` angeben, sollten Sie diese nach Dateigröße (von klein nach groß) sortieren, denn Browser nutzen das erste Format, das sie verstehen.

Die Attribute `autoplay`, `loop` und `muted` gelten für `video` analog zu `audio`, außerdem darf das Video mit `width` und `height` ausgestattet werden. Gerade bei Video ist es wichtig, sich zu überlegen, wie viel der Browser automatisch über `preload` vorladen soll, denn schnell kommen hohe Datenmengen zusammen. Der Entwickler Doug Sillars empfiehlt als Faustformeln (*www.smashingmagazine.com/2018/10/video-playback-on-the-web-part-2/*):

- `preload="auto"` lädt das Video direkt vor und erhöht damit die Performance, aber auch den Datenverbrauch – nur verwenden, wenn das Video mit hoher Wahrscheinlichkeit angeschaut wird.

- `preload="none"` ist die datensparsame Alternative, allerdings müssen Nutzerinnen und Nutzer länger warten, wenn sie das Video dann wirklich abspielen.
- `preload="metadata"` ist ein Kompromiss, der aber immer noch einiges an Daten benötigt – vorsichtig testen.

Für mobile Plattformen gibt es noch das Attribut `playsinline`: Es definiert, dass das Video beim Starten innerhalb der Seite angezeigt werden soll, statt sich im Vollbild zu öffnen. Und mit dem Attribut `poster="Pfad zum Bild"` können Sie ein Platzhalterbild festlegen, das an der Stelle des Videos erscheinen soll, solange es nicht abgespielt wird.

**Video per iFrame einbetten** | Eine Alternative zum Selbst-Hosten von Videos ist, auf Plattformen wie YouTube (*www.youtube.com*) und Vimeo (*https://vimeo.com*) auszuweichen. Diese haben den Vorteil, dass zahlreiche Optimierungen und Konvertierungen der Videos automatisch stattfinden. Die Server-Infrastruktur hinter diesen Plattformen ist sehr optimiert – dies stellt häufig einen Performance-Vorteil dar. Nachteil ist natürlich, dass Sie die Kontrolle über Ihre Videos aus der Hand geben.

### 8.9.3 Container und Codecs für Video- und Audio-Inhalte im Web

Bei der Arbeit mit Video- und Audio-Inhalten im Web ist es wichtig, zwischen Container und Codec zu unterscheiden:
- Ein Container vereint verschiedene Datenströme unter einer Haube, beispielsweise Video- und Audiodaten sowie Untertitel.
- Der Begriff »Codec« ist ein Kunstwort aus »coder« und »decoder« und beschreibt damit seine Funktionsweise: Ein Codec encodiert ein Signal in Abhängigkeit von der gewünschten Qualität, der Bandbreite und dem verfügbaren Platz. Beim Abspielen oder Editieren decodiert der Codec die Daten wieder.

Es gibt sehr viele kommerzielle Codecs, etwa AVC (auch H.264 genannt) und HEVC (auch H.265) für Video oder MP3 und AAC für Audio. Problematisch ist, dass diese Codecs durch Patente geschützt und daher lizenzpflichtig sind.

**Quellen und Lesetipps**
Wer tiefer in die Thematik einsteigen möchte, findet bei Mozilla (*https://developer.mozilla.org/en-US/docs/Web/Media/Formats/Video_codecs*) und Ionos (*www.ionos.de/digitalguide/websites/webseiten-erstellen/webm/* und *www.ionos.de/digitalguide/websites/web-entwicklung/av1-codec-vorgestellt/*) lesenswerte Guides. Eine sehr gute Quelle ist auch die englische Wikipedia:
- *https://en.wikipedia.org/wiki/HTML5_audio*
- *https://en.wikipedia.org/wiki/HTML5_video*

Als Alternative sind quelloffene Formate und Codecs entstanden. Ein bekannter Vertreter ist das Container-Format WebM, das mittlerweile breit unterstützt wird und sich für Video (mit den Codecs VP8, VP9 oder AV1) und Audio (mit den Codecs Vorbis und Opus) eignet. VP8 und VP9 erreichen eine gute Qualität, die nach Ansicht vieler Menschen aber nicht ganz an die Alternativen H.264 oder H.265 heranreicht. AV1 ist die modernere Variante und ermöglicht eine hohe Qualität. Die codierten Dateien werden dann typischerweise in einem Container-Format wie MP4 oder WebM gespeichert.

### 8.9.4 Zugänglichkeit von Video- und Audio-Inhalten

Auch bei Inhalten in Video- und Audio-Form spielt Zugänglichkeit eine wichtige Rolle. Dabei gibt es verschiedene Maßnahmen, die dafür sorgen, die Inhalte niemandem vorzuenthalten:

> **Untertitel-Format .vtt**
> Untertitel werden im Format *.vtt* (Web Video Text Track) in Video-Player integriert. Dabei handelt es sich um eine Textdatei, die neben den Untertiteln selbst Zeitinformationen (Timestamps) enthält, um die Anzeige der Textelemente festzulegen. Ein gutes Tutorial dazu finden Sie unter *https://rohl.es/video-captioning*.

- **Unterstützung von Untertiteln**: Ein erster Schritt zu barrierearmen Videos ist die Arbeit mit Untertiteln – das hilft übrigens nicht nur gehörlosen Menschen, sondern auch bei der Nutzung in öffentlichen Räumen ohne Kopfhörer. YouTube bietet z. B. in seinem Video Manager eine Möglichkeit an, Untertitel einzugeben, und unterstützt in vielen Sprachen sogar eine automatische Erkennung. Dabei sollte alles notiert werden, was zu hören ist und Bedeutung trägt – also nicht nur Aussagen, sondern auch, wer etwas sagt, und wichtige Geräusche.
- **Audiodeskription**: Eine Audiodeskription ist eine zusätzliche Tonspur mit Erklärungen der visuellen Inhalte. Während der Sprechpausen im Video wird erläutert, was zu sehen und für das Verständnis von Bedeutung ist. Auf diese Weise werden Video-Inhalte für Menschen nutzbar, die sich dauerhaft oder situationsbedingt (z. B. beim Autofahren) nicht auf ihren Sehsinn verlassen können.

> **Weiterführende Tipps**
> Auf der Seite »Untertitel-Richtlinien« (*www.untertitelrichtlinien.de*) gibt es viele weitere Tipps.

- **Transkripte**: Transkripte sind wörtliche Abschriften, die den Inhalt von Video- und Audiodokumenten in Textform zur Verfügung stellen. Die Inhalte werden auf diese Weise auch für Suchmaschinen erfassbar. Ein gutes Transkript sollte zwischen verschiedenen Personen unterscheiden und auch relevante Geräusche und visuelle Informationen enthalten.

▸ **Übersetzung in Gebärdensprache**: Gerade bei Videos von großen Events findet man oft eine alternative Version in Gebärdensprache. Dies wird häufig gelöst, indem eine Dolmetscherin oder ein Dolmetscher am Rand des Videos eingefügt wird. Natürlich ist die Erstellung solcher Videos sehr aufwendig. Allerdings verbessern sie die User Experience für gehörlose Menschen sehr – für viele von ihnen ist die Deutsche Gebärdensprache ihre Muttersprache.

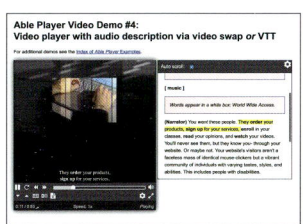

▲ **Abbildung 8.65**
Der Able Player (*https://ableplayer.github.io/ableplayer*) ist ein freier Video-Player mit umfangreichen Accessibility-Features.

### 8.9.5 Videos und Nachhaltigkeit

Videos verbrauchen etwa 80% des täglichen Datenverkehrs im Internet und führen damit zu einem hohen $CO_2$-Ausstoß. Das Problem mit Videos im Zusammenhang mit der Klimakrise bringt das Dokument »The Unsustainable Use of Online Video« *(https://rohl.es/video-unsustainable)* sehr schön auf den Punkt.

**Braucht eine Website ein Video** | Es lohnt sich daher, kritisch zu hinterfragen, ob das Video auch einen Mehrwert für die Nutzerinnen und Nutzer bietet. Der erhöhte Energieverbrauch von Videos findet in diesem Fall nicht nur auf dem Webserver statt. Auch auf dem Client dreht die CPU deutlich auf, womit zwangsläufig mehr Energie benötigt wird.

Wenn Sie für die Website ein Video verwenden wollen oder müssen, dann sollten Sie sich unbedingt mit den neuesten Kompressionstechniken für Videos befassen. So können Sie aus einem 100-MB-Video im WebM-Format jederzeit ein 5-MB-Video im MP4-Format bei gleicher Qualität erstellen. Natürlich spielt auch die Länge des Videos eine bedeutende Rolle. Hier gilt: Je kürzer, umso besser für die Umwelt.

**GIF-Animationen**
GIF-Animationen sind ebenfalls extrem ineffizient, weil hier jede Bildsequenz als extra Bild gespeichert wird. Als bessere Alternativen bieten sich das WebP-Format, das auch Animationen unterstützt, oder gleich ein kurzes MP4-Video an, da dieses eine höherer Bildqualität mit weniger Dateigröße liefert.

**Für die Zukunft: Reduced Data Media Query** | Neben der Lösung im barrierefreien Webdesign mit `prefers-reduced-motion` bietet sich mit der Media Query `prefers-reduced-data` eine Option für eine Reduzierung der Videodaten an. Gerade im Mobilfunk beanspruchen Videos das Datenvolumen enorm, und daher wird hier die Absprungrate besonders hoch sein. Mit der Media Query `prefers-reduced-data` können Sie künftig darauf reagieren, wenn Menschen reduzierten Datenverbrauch bevorzugen. Die

Media Query eignet sich natürlich nicht nur für Videos, sondern kann auch auf andere datenintensive Objekte wie Bilder angewendet werden. Bisher ist diese Media Query nur experimentell bei einigen Browsern enthalten und noch nicht für den täglichen Gebrauch geeignet.

Mit Bildern und Videos steht Ihnen ein mächtiges Kommunikationsmittel zur Verfügung. An dieser Stelle lohnt es sich, noch einmal einen Blick auf das große Ganze zu werfen und sich zu fragen: Wie stelle ich eigentlich sicher, dass mein Webdesign wirklich so gut funktioniert wie gedacht? Noch dazu, wo es doch so große Unterschiede zwischen Geräten, Browsern und Zugangsvoraussetzungen gibt? Das bringt uns zum nächsten Kapitel, das sich mit dem Testen und Optimieren Ihrer Website befasst.

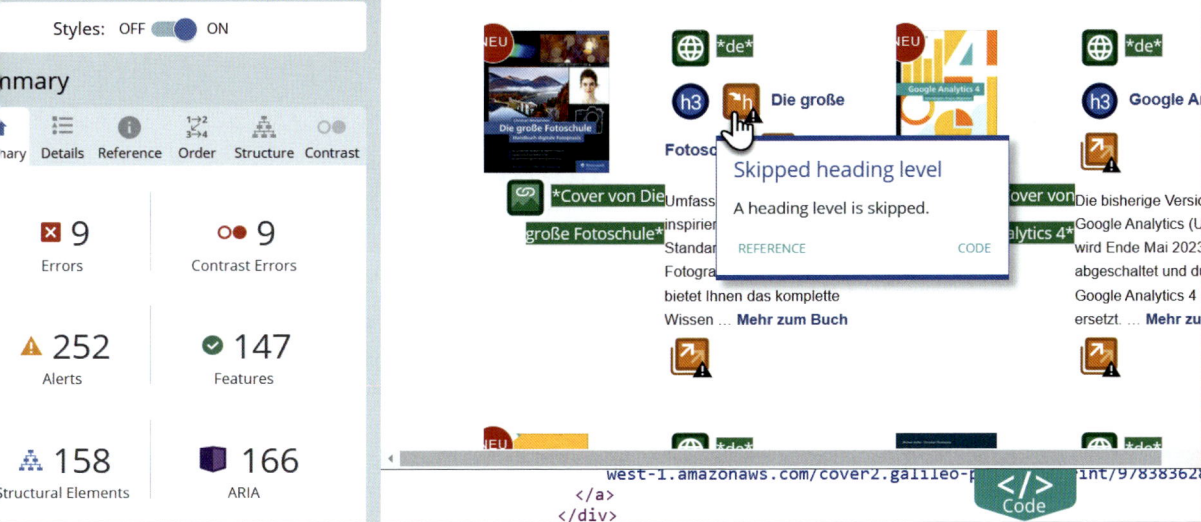

# Testen und optimieren

Wie Sie die Qualität einer Website sichern

- Wie teste ich Websites?
- Wie optimiere ich Ladezeiten?
- Wie überprüfe ich Usability und Accessibility?
- Wie achte ich auf Nachhaltigkeit?

# 9 Testen und optimieren

Konzeption, Struktur und Layout, Typografie, Farben, Grafiken – mit all diesen Mitteln haben Sie in den bisherigen Kapiteln gearbeitet, um eine gute Gestaltung zu erreichen. Ein Aspekt fehlt Ihnen noch – und er ist zugleich einer der wichtigsten: Qualitätssicherung. Lernen Sie in diesem Kapitel, wie Sie Ihre Website so testen und optimieren können, dass wirklich (fast) nichts mehr schiefgehen kann.

## 9.1 Funktionalitäten sicherstellen

Jeder Browser ist anders. Es ist daher absolut unmöglich, dass eine Website in allen Browsern *gleich* aussieht. Ihr Ziel sollte es jedoch sein, dass die Website in jedem Browser *gut* aussieht und funktioniert – wie das geht, erfahren Sie in diesem Abschnitt.

### 9.1.1 Browser-Statistiken abfragen

Zunächst einmal sollten Sie sich entscheiden, welche Browser überhaupt getestet werden sollen. Viele Designerinnen und Designer möchten darauf mit »Alle« antworten – das Problem dabei wäre jedoch, dass Ihnen das tagelange Anpassungen bescheren würde.

Sinnvoller ist es, die Entscheidung auf Basis von Statistiken zu treffen. Wenn Sie an einer Neugestaltung einer bestehenden Website arbeiten, gibt es häufig Erkenntnisse darüber, mit welchen Browsern das eigene Publikum arbeitet – nichts ist besser. Ansonsten müssen Sie sich an allgemeine Statistiken halten. Gute Quellen dafür sind Websites wie *www.w3counter.com/trends*, *http://gs.statcounter.com* und das Portal *https://de.statista.com*.

◀ Abbildung 9.1
Browser-Marktanteile in Deutschland im Juni 2022 (*https://gs.statcounter.com*)

### 9.1.2 Testumgebung vorbereiten

Da sich viele Browser weitgehend standardkonform verhalten, reicht es normalerweise, die aktuellen beiden Versionen zu testen. Eine Faustformel ist, die relevanten Browser auf allen Desktop- und Mobilplattformen sowie assistierende Technologien zu testen. Bei einigen Browsern ist es möglich, mehrere Versionen auf einmal zu installieren. Sinnvoll ist auch, sich mit Hilfe virtueller Maschinen und Lizenzen der wichtigsten Betriebssysteme Testumgebungen zu schaffen.

**Tool-Tipp: Virtual Box**
Virtual Box (*www.virtualbox.org*) ist eine kostenlos verfügbare Software-Lösung, mit der Sie verschiedene virtuelle Maschinen parallel installieren können.

**Das Ende des Internet Explorers** | Alte Versionen des Internet Explorers waren in der Vergangenheit eines der Hauptthemen beim Browser-Testen, weil sich der Browser oft nicht an Webstandards hielt und daher häufig spezifische Sonderlösungen notwendig waren. Seit 15. Juni 2022 gehört dies nun der Vergangenheit an, denn der Support des bis dahin noch relevanten Internet Explorers 11 wurde nun endlich eingestellt. Der Browser wird künftig per Windows Update automatisch entfernt, und alle Verknüpfungen des IE 11 zeigen nun auf den Microsoft-Browser Edge. Microsoft hat aber die alte IE-11-Engine neben der Chromium-Engine im Edge-Browser implementiert, um weiteres Testen zu ermöglichen.

Alle Browser haben umfangreiche Entwicklertools an Bord, mit denen Sie verschiedenste Situationen simulieren können. Es lohnt sich, einen Blick in die Dokumentation und die Onlinekurse zu werfen, die von den Browser-Herstellern zur Verfügung gestellt werden – hier lernt man immer wieder Kniffe, die das Testen vereinfachen. Für Google Chrome erreichen Sie diese beispielsweise unter *https://developers.google.com/web/tools/chrome-devtools/*.

**Internet Explorer ignorieren?**
Der Support des IE 11 für Privathaushalte ist vom Tisch. Allerdings kann es sein, dass er in einigen Behörden und Unternehmen noch ein wenig weiterlebt, bis zum Ende der LTSC-Laufzeit im Jahre 2029. Mit dem schwindenden Support für IE dürften jedoch auch diese Organisationen zunehmend vom Internet Explorer Abstand nehmen.

**Breakpoints testen** | Responsive Webdesign stellt Sie vor die Herausforderung, neben verschiedenen Browsern auch unterschiedliche Viewport-Breiten testen zu müssen. Das funktioniert sehr gut mit den Entwicklungstools der Browser. Abbildung 9.2 zeigt dies am Beispiel von Chrome. Mit einem Klick auf ❸ wird das Tool zum Testen von Responsive Designs aktiviert. Anschließend lässt sich das Browser-Fenster im Bereich ❶ manuell anpassen. Alternativ stehen unter ❷ verschiedene Voreinstellungen für Viewport, Zoomstufe und Pixeldichte bereit.

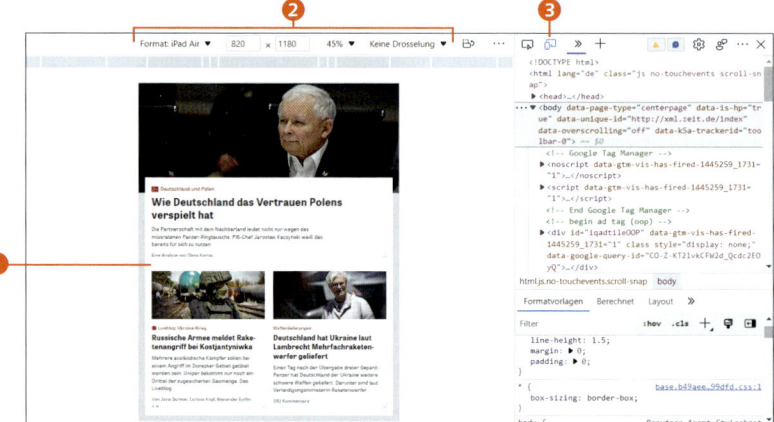

**Abbildung 9.2** ▶
Testen des Responsive Designs mit Hilfe von Chrome

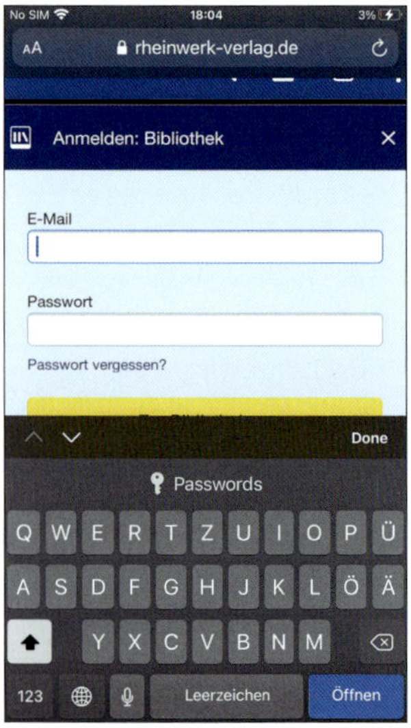

▲ **Abbildung 9.3**
E-Mail-Formularfeld mit HTML auf dem iPhone-Simulator

**Geräte simulieren** | Solche Browser-Tools sind ein gutes Hilfsmittel zum Testen von Breakpoints. Allerdings berücksichtigen sie nicht alle Aspekte, die für die User Experience auf mobilen Geräten relevant sind. Ein typisches Beispiel sind Formularfelder. Während ein Browser-Tool letztlich nicht das Verhalten des Browsers verändert, blendet ein Smartphone beim Aktivieren des Felds eine passende Tastatur ein.

In der App-Entwicklung wird mit Simulatoren und Emulatoren gearbeitet, die Teil der Entwicklungsumgebungen sind – damit lassen sich auch Websites testen. Die Möglichkeiten hängen dabei von der verwendeten Plattform ab. So stellt Apple seine Entwicklungssoftware Xcode ausschließlich für Macs bereit. Sie lässt sich kostenlos aus dem App Store herunterladen. Nach der Installation findet sich der iPhone-Simulator unter Xcode • Open Developer Tools • Simulator.

Die Entwicklungsumgebung für Android (»Android Studio«) steht hingegen für Mac, Windows und Linux unter *https://deve-*

loper.android.com/studio/index.html zur Verfügung. Die Software kommt mit einem umfangreichen Emulator, der virtuelle Geräte in allen möglichen Konfigurationen erlaubt. Google stellt unter *https://developer.android.com/studio/run/emulator.html* Informationen bereit, wie das Tool konfiguriert werden kann.

Natürlich verfügt auch Microsoft über eine Entwicklungsumgebung namens »Visual Studio Code« (*https://code.visualstudio.com*).

**Testen auf echten Geräten |** Sinnvoll ist außerdem das Testen auf echten Geräten. Dazu haben sich sogenannte *Open Device Labs* etabliert – Testlabore, die Zugang zu verschiedenen Geräten bieten. Sie finden solche öffentlichen Testlabore in vielen größeren Städten vor (z. B. *http://odl-muc.de* in München oder *https://hamburg.opendevicelab.de* in Hamburg). Natürlich können Sie dort auch selbst Geräte spenden.

Die Alternative dazu lautet, sich ein eigenes kleines Device-Lab aufzubauen (»Own Device Lab«). Auf jeden Fall sollten Sie alte Smartphones und Tablets nicht wegwerfen, sondern ihnen eine Zweitkarriere als Testgerät spendieren. Eine sinnvolle Investition kann auch ein Service wie BrowserStack (*www.browserstack.com*) sein, mit dem Sie remote auf echten Geräten testen können.

Nun, da Sie Darstellungs- und UX-Probleme identifizieren können, taucht die nächste Frage auf: Wie kann ich darauf reagieren?

**Gebrauchtmärkte**
Auch auf Gebrauchtmärkten wie eBay können Sie zu geringen Preisen fündig werden – auch, weil es für ein Device Lab kein Problem darstellt, wenn das Display eines Geräts gesprungen ist oder der Akku nicht mehr allzu lange durchhält. Achten Sie dabei auf eine sinnvolle Auswahl von Geräten aller Preisklassen – auch einige exotische Kandidaten sollten dabei sein.

### 9.1.3 Feature-Unterstützung prüfen und reagieren

Ihr Ziel sollte sein, allen Nutzerinnen und Nutzern eine positive User Experience zu ermöglichen. Statt einzelne Browser anzusprechen, konzentriert sich die Webentwicklung zunehmend darauf, welche Features unterstützt werden, und liefert alternative Stilangaben.

Die wichtigste Plattform mit Informationen zur Browser-Unterstützung ist »Can I Use« (*https://caniuse.com*) – dort können Sie ein Feature eingeben und die Unterstützung prüfen. Was aber macht man, wenn eine relevante Zahl von Personen noch mit Browser-Versionen unterwegs ist, die eine CSS-Eigenschaft nicht unterstützen? Sie brauchen eine Möglichkeit, die unterstützten Features abzufragen.

**Feature-Unterstützungs-Bibliothek**

Für einzelne APIs, Elemente, Methoden oder Eigenschaften kann sich die manuelle Implementation von Feature-Unterstützung mit JavaScript lohnen. Wenn Sie allerdings diese Feature-Unterstützung sehr regelmäßig verwenden, dann kann eine bewährte Feature-Unterstützung-Bibliothek wie Modernizr (*https://modernizr.com*) oder Feature.js (*https://featurejs.com*) sinnvoller sein.

**Feature-Unterstützung mit JavaScript testen** | Eine Möglichkeit ist es, die Feature-Unterstützung mit purem JavaScript zu prüfen, ohne extra Skripte oder eine Bibliothek verwenden zu müssen und Ressourcen zu verbrauchen. Gerade wenn Sie ein oder zwei Features auf deren Unterstützung hin prüfen wollen, ist eine Bibliothek etwas überdimensioniert. Möchten Sie z. B. prüfen, ob der Browser die Geolocation-API implementiert, um den aktuellen Standort abzufragen, können Sie dies mit folgenden Zeilen JavaScript tun:

```
if ("geolocation" in navigator) {
navigator.geolocation.getCurrentPosition(function(position) {
    // Position über eine Map wie Google anzeigen
    });
} else {
    // Alternative, weil die Geolocation-API nicht geht
}
```

▲ **Listing 9.1**
Feature-Überprüfung mit reinem JavaScript

Ähnlich können Sie auch mit einem HTML-Element vorgehen, indem Sie es mit JavaScript im Speicher via `Document.createElement()` erzeugen und dann überprüfen, ob es existiert. Zum Beispiel:

```
function supports_canvas() {
    return !!document.createElement('canvas').getContext;
}
…
if(supports_canvas()) {
    // Browser kann canvas
}
```

**Listing 9.2** ▶
Feature-Überprüfung auf HTML-Elemente

Auf ähnliche Weise können Sie mit Hilfe von `Document.createElement()` ein Element anlegen und im Speicher prüfen, ob eine bestimmte Methode oder Eigenschaft dazu existiert.

**Feature Queries mit** `@supports` | JavaScript oder eine Bibliothek wie Modernizr funktionieren gut, allerdings fühlt es sich komisch an, ein JavaScript auszuführen, um CSS-Eigenschaften zu erkennen. Eine Alternative ist die Erkennung von CSS-Features in CSS selbst mit `@supports`. So können Sie beispielsweise prüfen, ob der Browser die CSS-Flexbox unterstützt, und sie erst dann aktivieren, wenn das der Fall ist – in allen anderen Fällen greifen alternative Regeln. Hier ist ein Beispiel, das ein responsives Raster auf Basis von Flexbox aktiviert, sofern diese Technologie unterstützt wird:

```
.row { … } /* Standardangaben: Grid mit float … */
@supports ( display: flex ) {
  .row {  display: flex; } /* … Grid mit der Flexbox … */
}
```

◄ **Listing 9.3**
Erkennung von CSS-Features direkt in CSS

`@supports` erlaubt auch komplexere Abfragen mit den Operatoren AND, OR und NOT.

### 9.1.4 HTML und CSS validieren

HTML und CSS folgen klaren Regeln, und hin und wieder macht jeder beim Schreiben von Code einen Fehler. Bei der Suche danach hilft ein sogenannter **Validator**, dessen Aufgabe es ist, den HTML-Quelltext nach kleinen Schnitzern zu durchsuchen. Für validen Code sprechen zahlreiche Gründe, z. B. bessere Accessibility und Auffindbarkeit durch Suchmaschinen, konsistente Interpretation durch alle Browser sowie einfachere Wartbarkeit und Fehlersuche.

Viele Webbrowser bieten bereits eine Funktion an, die die Validierung übernimmt. Auch Plug-ins stehen für Browser sowie HTML-Editoren bzw. Entwicklungsumgebungen zur Verfügung. Die offiziellen Validatoren des W3C für HTML (*http://validator.w3.org*) sowie CSS (*https://jigsaw.w3.org/css-validator*), der Living Validator (*http://html5.validator.nu*) oder Total Validator (*www.totalvalidator.com*) helfen Ihnen ebenfalls bei der Validierung. Den Quelltext zieht sich das Tool wahlweise per URL, Datei-Upload oder Direkteingabe. Nach kurzer Analyse erhalten Sie eine Übersicht von Fehlern.

Beachten Sie dabei: Validatoren sind Hilfsmittel, die typische Fehler wie falsche Verschachtelungen oder ungültige Elemente erkennen können. Sie liefern jedoch keine absoluten Wahrheiten – auch eine valide Seite kann unzugänglich oder unbenutzbar sein.

**JSLint**
Bei der Qualitätssicherung von JavaScript-Code kann beispielsweise JSLint (*http://jslint.com*) helfen.

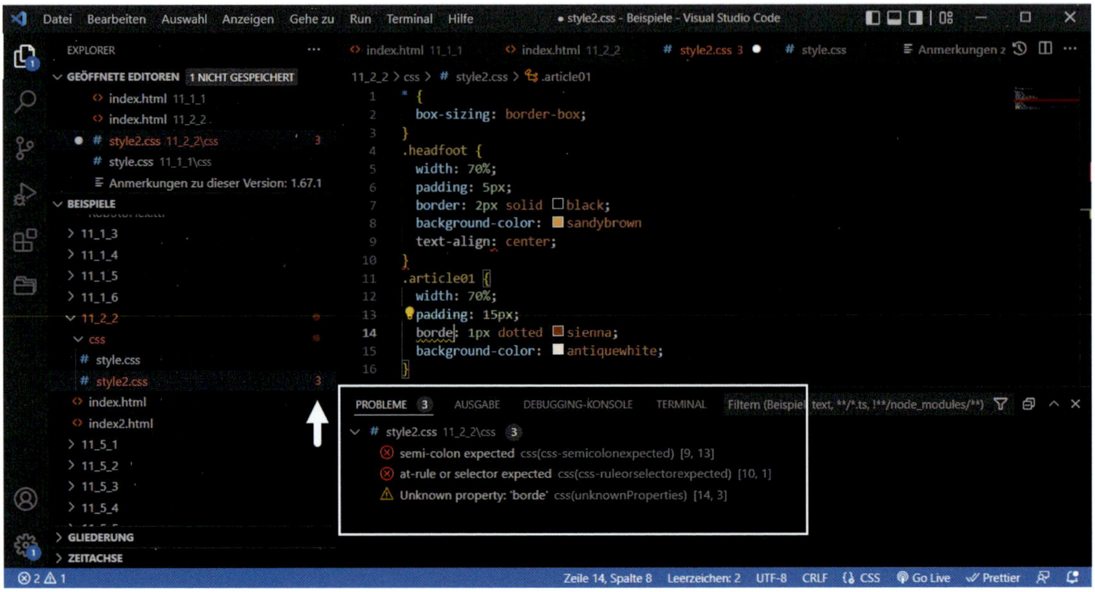

▲ **Abbildung 9.4**
Für uns unverzichtbar: eine Validation von HTML und CSS bereits während des Schreibens von HTML und CSS, wie hier mit Visual Studio Code von Microsoft

Neben den technischen Browser-Tests sollten Sie auch an die Menschen denken: Sind Usability und Accessibility so gut wie geplant?

## 9.2 Usability, User Experience und Accessibility testen

Zur Evaluation von Usability, User Experience und Accessibility können Sie auf eine Reihe von Hilfsmitteln zurückgreifen. Außerdem können Sie mit fortlaufenden Tests für eine stetige Verbesserung sorgen.

### 9.2.1 Accessibility mit Tools testen

Automatisierte Tests können Sie mit einer Reihe von Werkzeugen durchführen. Ein sehr guter Vertreter dieser Gattung ist das Tool WAVE (*https://wave.webaim.org*). Sie können es jedoch nur auf veröffentlichte Websites anwenden.

## 9.2 Usability, User Experience und Accessibility testen

Nachdem Sie die URL in das Textfeld eingegeben haben, zeigt Ihnen WAVE eine Analyse möglicher Accessibility-Probleme an. Mit dem Schalter STYLES ❶ können Sie die Website mit und ohne CSS anschauen. Der Bereich SUMMARY ❷ listet die gefundenen Fehler nach Kategorie sortiert auf. Wichtig sind hier natürlich alle Angaben unter ERRORS, denn dabei handelt es sich um klare Fehler. Die anderen Bereiche sollten Sie genau prüfen, denn es handelt sich um Hinweise auf häufige Fehlerquellen. Durch einen Klick auf eines der Symbole ❹ erhalten Sie Details zu den problematischen Aspekten. Die Kontrastfehler können Sie sehr gut analysieren, wenn Sie die Schaltfläche CONTRAST unter ❸ wählen.

**Stark**
Das Unternehmen Stark (*www.getstark.co*) hat ein praktisches Tool entwickelt, um Accessibility-Probleme zu finden und zu lösen. Es lässt sich in Browser und zahlreiche Prototyping-Anwendungen integrieren. Einige Grundfunktionen sind kostenlos nutzbar.

### Braillezeile und Screenreader
Sie sollten auch die Lesbarkeit mittels Braillezeile oder Screenreader überprüfen, wie blinde Menschen sie verwenden. Um hier einen Eindruck zu bekommen, wie die Website für blinde Menschen ausgegeben wird, haben sich NVDA (*www.nvaccess.org*) oder JAWS (*www.freedomsci.de*) bewährt.

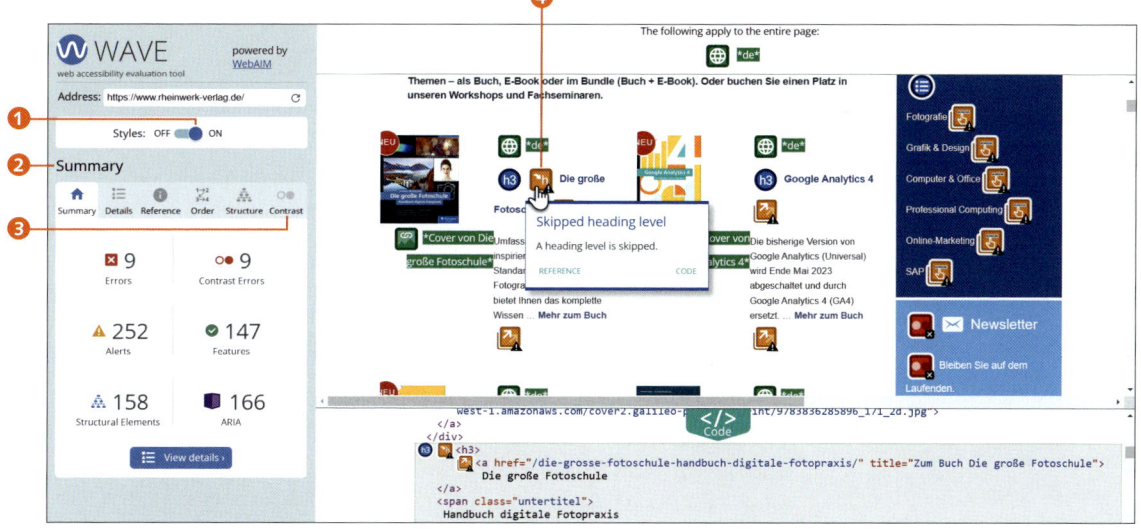

▲ **Abbildung 9.5**
Analyse möglicher Accessibility-Probleme mit WAVE

Eine weitere gute Möglichkeit ist die Arbeit mit Browser-Erweiterungen wie den Lighthouse Accessibility Audits in Chrome (*https://developer.chrome.com/docs/lighthouse/accessibility/*). Damit lassen sich Accessibility-Audits direkt im Browser durchführen. Natürlich kann ein Test wie dieser nicht alle Schwachstellen finden – er kann Ihnen zwar sagen, ob ein alt-Text bei einem Bild vorhanden ist, nicht aber, ob sein Inhalt für Menschen Sinn macht. Bei solchen Fragen hilft Ihnen eine manuelle Analyse.

### 9.2.2 Websites ohne CSS und Bilder analysieren

Ein praktisches Werkzeug ist die Erweiterung »Web Developer Toolbar« von Chris Pederick (*https://chrispederick.com/work/web-developer/*). Nach der Installation können Sie damit Bilder und CSS mit einem Klick deaktivieren. Prüfen Sie nun, ob die Website noch sinnvoll nutzbar ist. Stimmt die Reihenfolge der Elemente? Geht nichts Wesentliches an Inhalt verloren? Zudem können Sie die Sprachausgabe Ihres Betriebssystems aktivieren und evaluieren, ob der Inhalt verständlich bleibt.

### 9.2.3 Analytics

Ein weiterer Tipp: Wenn Sie eine Analyse-Software wie beispielsweise Google Analytics (*www.google.com/analytics*) verwenden, können Sie sehr genau erkennen, welche Bereiche Ihrer Website für die Nutzerinnen und Nutzer interessant sind – und daran lassen sich oft Problemstellen finden, beispielsweise wenn in einem Shop nach dem Aufruf des Warenkorbs nicht gekauft, sondern abgebrochen wurde.

### 9.2.4 Testen mit Nutzerinnen und Nutzern

Der wichtigste Faktor bei der Optimierung von Usability, User Experience und Accessibility bleibt natürlich der Mensch selbst. Und so verwundert es nicht, dass menschzentrierte Gestaltung ohne Feedback von Nutzerinnen und Nutzern nicht möglich ist.

Mit Usability-, User-Experience- und Accessibility-Tests können Sie Erkenntnisse über das Verhalten Ihrer Nutzerinnen und Nutzer auf der Website gewinnen – so etwas lässt sich auch ohne Probleme selbst durchführen. Da dieses Thema problemlos ein ganzes Buch füllen könnte, möchten wir uns hier auf ein typisches Vorgehen konzentrieren und zur Vertiefung auf weiterführende

---

**Fortwährende Tests**
Usability, User Experience und Accessibility sind fortwährende Themen für jede Website: Sie müssen immer wieder daran feilen. Am besten nehmen Sie sich regelmäßig einige Minuten Zeit, um Ihre Website auf mögliche Schwachstellen hin zu überprüfen – das gilt insbesondere, wenn sich regelmäßig etwas an der Struktur verändert.

Literatur verweisen, etwa das »Praxisbuch Usability und UX« von Jens Jacobsen und Lorena Meyer. Wir gehen bei diesem Beispiel davon aus, dass Sie Ihre Ideen so oft wie möglich testen und die Ergebnisse bei der weiteren Arbeit berücksichtigen (sogenannte »formative Tests«).

Sie können zum Testen eine fertige Website verwenden, aber auch die vielen verschiedenen Prototypen, die Sie in Kapitel 3 kennengelernt haben. Tatsächlich sollten Sie so früh und so oft wie möglich testen – jeder Test erlaubt es Ihnen, Ihr Angebot möglichst gut auf die Bedürfnisse der Zielgruppe auszurichten. Achten Sie darauf, Personen zu rekrutieren, die auch wirklich zu Ihrer Zielgruppe gehören. Sie können sich dazu auch an einen Ort begeben, wo Sie diese Menschen treffen können. Wenn Sie beispielsweise junge Menschen ansprechen möchten, ist ein Café in der Nähe einer Universität empfehlenswert. Je nachdem, wie lange Ihr Test dauert, sollten Sie eine kleine Aufmerksamkeit als Entschädigung bereithalten.

Definieren Sie vorab eine Reihe von typischen Aufgaben, die während des Tests gelöst werden sollen. Außerdem hilft es, ein Szenario zu formulieren, bei dem Sie die Situation beschreiben, in die sich die Teilnehmenden hineinversetzen sollen (z. B. »Sie arbeiten in der Personalabteilung eines Unternehmens. Eines Tages …«). Achten Sie bei den Szenarien und Aufgaben auf verständliche Formulierungen, und vermeiden Sie, Anhaltspunkte zu geben. So würde eine Formulierung wie »Suchen Sie nach einem Doppelzimmer« nahelegen, die Suchfunktion zu verwenden – besser ist eine neutrale Formulierung wie »Sie benötigen ein Doppelzimmer«. Im Idealfall sollten die Aufgaben unabhängig voneinander sein.

Eine typische Testsession läuft wie folgt ab:
- Begrüßen Sie die Teilnehmenden, bauen Sie durch Small Talk ein Vertrauensverhältnis auf, und erläutern Sie ausführlich, welche Daten Sie sammeln möchten. Lassen Sie Zeit für Fragen, und holen Sie sich eine explizite, schriftliche Einverständniserklärung ein. Verdeutlichen Sie, dass Sie die Website testen, nicht die Person.
- Wenn Sie möchten, können Sie in einem Gespräch vorab einige Fragen zum Thema der Website stellen.

**Wie viele Tests?**
Eine der zentralen und viel diskutierten Fragen ist, wie viele Tests Sie eigentlich durchführen sollten. Wie so oft gibt es hier keine allgemein gültige Antwort – mehr zum Thema lesen Sie unter www.nngroup.com/articles/how-many-test-users/. Für die formativen Tests, die wir hier behandeln, genügen oft schon fünf bis acht Personen, wenn Sie aus den Ergebnissen lernen und Ihre Verbesserungsideen erneut testen.

**Tipp: Interview-Leitfaden und Beobachtungsbögen**
Meist hilft es, im Vorfeld einen Interview-Leitfaden zu formulieren, in dem Sie die Informationen und Fragen ausformulieren, die Sie berücksichtigen möchten. Das hilft dabei, nichts zu vergessen.

Auch ist es empfehlenswert, sich einen Beobachtungsbogen zusammenzustellen, auf dem Sie Ihre Notizen festhalten können. Ein Beispiel finden Sie im Download-Bereich bei den Code-Beispielen in Kapitel_09.

- Während der Tests lohnt es sich, wenn die Teilnehmenden verbalisieren, was in ihren Köpfen vorgeht (lautes Denken). Wenn Sie möchten und die Teilnehmenden einverstanden sind, können Sie die Testsessions per Screen- und Audio-Recording aufzeichnen. Auf jeden Fall jedoch sollten Sie sich Notizen machen, beispielsweise über einen Beobachtungsbogen.
- Geben Sie den Teilnehmenden jede Aufgabe auf einer eigenen Seite. Sie sollten selbst entscheiden, wann sie glauben, eine Aufgabe erfüllt zu haben, und dann zur nächsten Aufgabe übergehen.
- Ihre eigene Rolle sollte während der Moderation sehr neutral sein, um das Ergebnis nicht zu beeinflussen. Wenn Ihre Teilnehmenden Fragen stellen, notieren Sie sich diese, und greifen Sie sie später wieder auf. Wenn Sie Rückfragen haben, stellen Sie neutrale Fragen wie »Was geht Ihnen gerade durch den Kopf?«.
- Im Anschluss sollten Sie den Test in einem abschließenden Gespräch erneut durchgehen. Stellen Sie offene Fragen wie »Wie haben Sie Aufgabe 1 erlebt?«, und achten Sie darauf, Ihre Beobachtungen systematisch mit den Teilnehmenden durchzugehen. Selbstverständlich sollten Sie auch Raum für Rückfragen von Seiten der Teilnehmenden geben.

**Verhalten während der Moderation**
Im »Moderator's Survival Guide« finden Sie viele ausgezeichnete Videos, wie Sie sich bei der Moderation *nicht* verhalten sollten: *https://vimeo.com/user21642263*.

Nach den Tests geht es an die Auswertung. Achten Sie bei den qualitativen Aussagen auf typische Muster, die immer wieder aufgetreten sind – ganz ähnlich, wie Sie es auch in der Nutzerforschung getan haben (Kapitel 3). Priorisieren Sie Ihre Beobachtungen, etwa in kosmetische, leichte, schwere und gravierende Probleme. Hilfreich sind auch Kennzahlen dazu, wie viele Teilnehmende die einzelnen Aufgaben lösen konnten. Verwenden Sie diese Ergebnisse, um Ihre Gestaltung in der nächsten Iteration zu verbessern.

### 9.2.5 Heuristische Evaluation und Cognitive Walkthroughs

Neben solchen Tests gibt es natürlich auch die Möglichkeit, eine Website mit kritischem Blick durchzugehen und selbst auf häufige Fehler zu achten (je nach Ausrichtung genannt *Usability Review*, *UX Review* oder *Accessibility Review*). Man bezeichnet dies auch als

*Expert Review*, weil Expertinnen und Experten ihre Einschätzung abgeben. Bei allen diesen Verfahren gilt, dass sie Tests mit Nutzerinnen und Nutzern ergänzen, aber niemals ersetzen können.

Eine Möglichkeit ist die *heuristische Evaluation*, die sich an etablierten Prinzipien von Usability und Accessibility (den *Heuristiken*) orientiert. Es gibt sehr viele unterschiedliche Heuristiken, und die Auswahl gehört zur Konzeption einer heuristischen Evaluation dazu. Zu den bekanntesten gehören die zehn Usability-Heuristiken von Jakob Nielsen und Rolf Molich (*www.nngroup.com/articles/ten-usability-heuristics/*):

- **Sichtbarkeit des Status**: Eine Gestaltung sollte jederzeit informieren, was gerade vorgeht (Feedback).
- **Übereinstimmung von System und Wirklichkeit**: Das Design sollte die Sprache der Nutzerinnen und Nutzer sprechen. Sofern möglich, sollten Konventionen aus der Wirklichkeit genutzt werden, so dass Informationen natürlich und logisch erscheinen.
- **Kontrolle und Freiheit**: Nutzerinnen und Nutzer brauchen »Notausgänge« aus allen Vorgängen (etwa Undo und Redo).
- **Beständigkeit und Standards**: Das gesamte Design sollte konsistent sein, etwa in Bezug auf Formulierungen, Handlungen und Situationen. Konventionen sollten befolgt werden.
- **Fehlervermeidung**: Fehler sollten vermieden werden.
- **Wiedererkennung statt Erinnerung**: Die kognitive Last von Menschen sollte verringert werden. Statt Informationen behalten zu müssen, sollten sie sichtbar sein, wenn sie gebraucht werden.
- **Flexibilität und Effizienz**: Abkürzungen und individualisierbare Funktionen können fortgeschritteneren Anwenderinnen und Anwendern helfen, effizient mit einer Gestaltung zu interagieren.
- **Ästhetisches und minimalistisches Design**: Unnötige Informationen und Dekorationen sollten vermieden werden.
- **Hilfestellung beim Erkennen, Bewerten und Beheben von Fehlern**: Beim Auftreten von Fehlern sollte eine Gestaltung hilfreiche Fehlermeldungen in deutlicher Sprache verwenden.
- **Hilfe und Dokumentation**: Ein System sollte Hilfestellungen bieten, wenn Nutzende sie benötigen.

**Anzahl von Expertinnen und Experten im Team**
Die Fragen, wie viele Personen bei einer heuristischen Evaluation mitmachen sollten und wie gut sie Probleme finden, sind sehr umfangreich erforscht worden. Meist werden drei bis fünf Personen eingesetzt. Eine lesenswerte Einführung finden Sie unter *www.nngroup.com/articles/how-to-conduct-a-heuristic-evaluation/*.

Bei der Durchführung ist es von zentraler Bedeutung, die Meinungen mehrerer Expertinnen und Experten zu kombinieren und genau auf deren Erfahrung und Wissen zu achten. Bei komplexen Thematiken empfiehlt es sich, auch Personen mit dem entsprechenden Fachwissen in das Review-Team hinzuzuziehen, z. B. aus dem Produktmanagement. Eher nicht geeignet ist das Verfahren, wenn Sie es einzeln oder ohne das entsprechende Hintergrundwissen durchführen möchten – dann wäre das Risiko hoch, dass Sie viele Probleme nicht finden.

Die Expertinnen und Experten gehen die Website auf Basis der gewählten Heuristiken zunächst individuell durch und dokumentieren ihre Beobachtungen. Danach diskutieren sie die Ergebnisse im Team, priorisieren sie (meist mit vier Stufen) und sammeln Lösungsvorschläge.

Ein weiteres Verfahren, bei dem Expertinnen und Experten einen kritischen Blick auf eine Website werfen, ist der *Cognitive Walkthrough*. Dabei werden aber keine Richtlinien herangezogen, sondern konkrete Aufgaben durchgegangen, bei denen sich die Expertinnen und Experten in die Köpfe der Zielgruppe hineinversetzen.

## 9.3 Performance: Lade- und Renderingzeiten im Griff

**Auswirkungen guter Performance**
Unter *https://wpostats.com* finden Sie zahlreiche Statistiken zur Bedeutung guter Website-Performance. Im Onlineshopping erwarten wir beispielsweise, dass eine Seite in zwei Sekunden geladen ist – bereits nach drei Sekunden brechen viele Menschen den Vorgang ab.

Zu guter Usability und Accessibility gehören auch möglichst kurze Lade- und Renderingzeiten. Menschen sind im Internet eher ungeduldig und haben wenig Verständnis für langsame Websites. Tatsächlich hängt der Erfolg von Websites stark mit ihrer Performance zusammen. Swappie, ein Anbieter für gebrauchte, instandgesetzte iPhones, konnte durch Performance-Optimierung beispielsweise den Umsatz bei der mobilen Nutzung um 42 % steigern (*https://web.dev/swappie/*). Performance kann sich also im wahrsten Sinne des Wortes lohnen und ist ein fundamentaler Bestandteil der User Experience.

Performance besteht aus objektiver Performance, die Sie mit Hilfe von Kennzahlen messen können, sowie subjektiver Performance, also wie schnell sich eine Website *anfühlt*. Letztere ist naturgemäß schwieriger zu messen, allerdings gibt es Empfehlungen, wie Sie von Kennzahlen darauf schließen können, wie Menschen die Performance einer Website wahrnehmen. Zum Glück gibt es Techniken, die Sie zur Verbesserung der Performance einsetzen können. Wir werden in den folgenden Abschnitten viele dieser Techniken versammeln, empfehlen Ihnen aber auch, die Wahrnehmung von Performance in Tests zu thematisieren. Allgemein gesprochen sollten Sie Nutzenden ein Feedback geben, wann immer etwas geschieht, das eine gewisse Zeit dauert. Sinnvoll kann es auch sein, das Publikum aktiv zu involvieren, damit die Wartezeit nicht mehr so negativ auffällt. Das geht beispielsweise über eine Animation, wie Sie es in Kapitel 6 gelernt haben.

### 9.3.1 Performance als Designentscheidung

Um der immer weiter steigenden Bedeutung von Performance Rechnung zu tragen, hat der Webentwickler Tim Kadlec die Idee des Performance-Budgets vorgeschlagen. Dabei geht es darum, performancerelevante Messwerte möglichst früh im Projekt zu definieren, denn jede Designentscheidung hat Auswirkungen auf die Performance. Damit vermeiden Sie, Performance nur ganz am Ende eines Projekts in den Blick zu nehmen, wenn viele Entscheidungen bereits getroffen wurden. In der Praxis kann das so aussehen, dass Sie einen festen Richtwert festlegen, der nicht überschritten werden darf.

Es gibt verschiedene Möglichkeiten, ein Performance-Budget zu definieren:

- **Basierend auf quantitativen Größen**: »Diese Seite soll eine Größe von 400 kB nicht überschreiten und maximal 15 Requests ausführen.«
- **Basierend auf der User Experience**: »Unsere Seite soll eine Ladezeit von unter 1,5 Sekunden (bei DSL 16000) haben.«
- **Basierend auf dem Wettbewerb**: »Unsere Seite soll 20 % schneller laden als die unserer Mitbewerber.«

Sinnvoll ist es zudem, das Performance-Budget in kleinere Bausteine zu unterteilen. So könnten Sie beispielsweise festlegen, dass alle eingesetzten Webfonts zusammen maximal 100 kB groß sein dürfen. Und beim Setzen eines Performance-Budgets lohnt ein Blick in den Chrome UX Report (*https://developer.chrome.com/*

---

**Quellen und Lesetipps zu Performance**
Zur Vertiefung empfehlen wir die folgenden Quellen:
- Performance-Checkliste (Vitaly Friedman): *www.smashingmagazine.com/2021/01/front-end-performance-2021-free-pdf-checklist/*
- Web Performance (MDN): *https://developer.mozilla.org/en-US/docs/Web/Performance*
- The Impact of Web Performance: *https://simplified.dev/performance/impact-of-web-performance*

# 9 Testen und optimieren

> **Automatisieren**
> Wenn Sie die Auslastung Ihres Performance-Budgets nicht immer wieder selbst nachrechnen möchten, hat Tim Kadlec unter *https://github.com/tkadlec/grunt-perfbudget* ein Plug-in geschrieben, um den Prozess mit Hilfe des Tools Grunt zu automatisieren.

*docs/crux/*). Dabei handelt es sich um ein großes Datenset verschiedener Performance-Kennzahlen, das auf monatlicher Basis veröffentlicht wird.

Der Vorteil eines Performance-Budgets liegt darin, dass Sie die Auswirkungen von Design- und Content-Entscheidungen auf die Performance möglichst früh diskutieren können. Soll auf einer Seite ein neues Feature eingebaut werden (z. B. ein weiteres Carousel), das die festgelegte Grenze überschreitet, muss optimiert werden oder ein anderes Feature weichen. Damit wirken Sie dem Phänomen des »Feature Creep« entgegen: Im Laufe der Zeit werden immer neue Funktionen eingeführt – nach und nach geht damit die Performance in den Keller.

### 9.3.2 Speed-Tests und Dev-Tools nutzen

Ein Performance-Budget hat also handfeste Vorteile, lebt aber davon, dass Sie die Performance auch messen können. Google bietet mit Page Speed ein beliebtes Werkzeug zur Messung an (*https://developers.google.com/speed/pagespeed/insights*). Es gibt Ihnen neben Anhaltspunkten in Form von Noten auch ganz konkrete Empfehlungen.

Empfehlenswert ist außerdem der »Service Web Page Test« (*www.webpagetest.org*), der die effektive Ladezeit einer Website misst und mit einem Diagramm die Ladereihenfolge und -dauer verschiedener Ressourcen darstellt. Einen Blick wert ist auch »Gift of Speed« (*www.giftofspeed.com*).

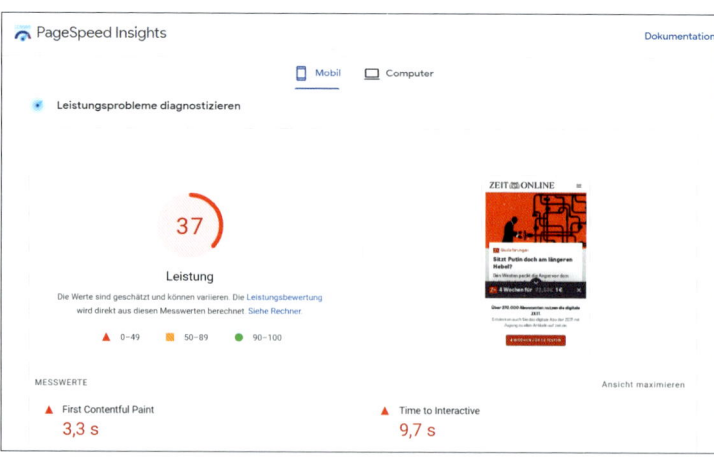

**Abbildung 9.6** ▶
Google Page Speed

Natürlich haben auch die Entwicklungswerkzeuge der Browser Tools zur Messung der Performance an Bord. Abbildung 9.7 zeigt ein Beispiel, wie Google Chrome die Performance bei der Nutzung einer Website aufzeichnet. Für die Praxis lohnt sich ein Blick in die Dokumentation Ihres Entwicklungsbrowsers (für Chrome etwa: *https://developer.chrome.com/docs/devtools/evaluate-performance/*), in der alle Kennzahlen und Tools erläutert werden.

▼ **Abbildung 9.7**
Beispiel aus dem Performance-Tab in den Entwicklungswerkzeugen von Google Chrome

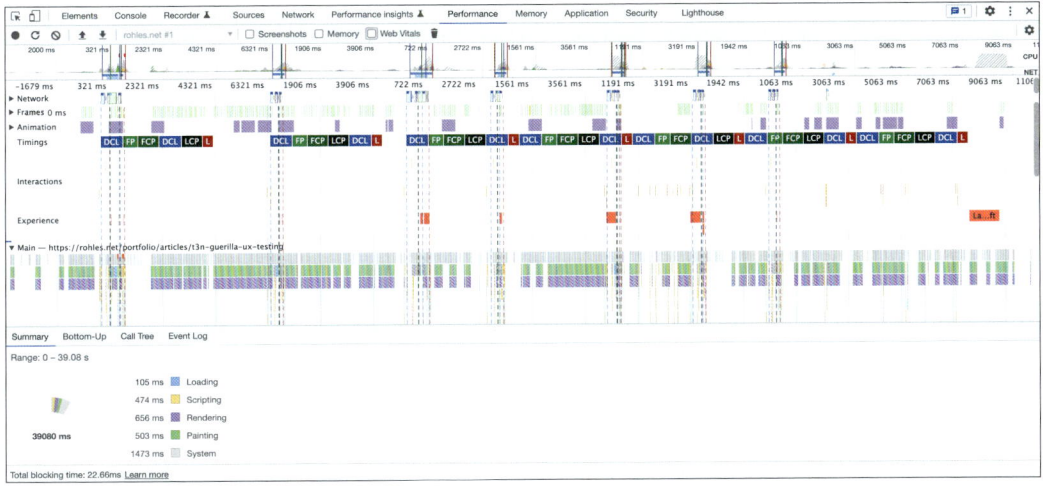

### 9.3.3 Performance-Kennzahlen auswählen und verstehen

Es gibt sehr viele Kennzahlen, die Sie zur Performance-Messung heranziehen sollten. Denn auch wenn der Wunsch verständlich ist, Performance in einer einzigen Zahl ausdrücken zu wollen – es ist nicht möglich, weil es viele verschiedene Faktoren zu berücksichtigen gibt. Unser Ziel ist es daher, Ihnen einige Empfehlungen als Orientierung mitzugeben, die Ihnen ermöglichen sollen, die richtigen Kennzahlen für Ihren eigenen Anwendungsfall auszuwählen.

**Kleiner Wegweiser durch den Metrik-Dschungel** | In seiner großartigen (und umfangreichen) Performance-Checkliste unterscheidet Vitaly Friedman zwischen vier Arten von Metriken:

- **Quantitative Metriken** (z. B. Zahl der Requests) sind zwar einfach zu messen und können gut als Alarmsignale dienen, lassen aber nicht so gut auf die User Experience zurückschließen.

### Rendering?

Der Begriff *Rendering* bezeichnet den Prozess, mit dem ein Browser eine Website darstellt. Wir werden in Abschnitt 9.3.7 ausführlich darauf eingehen.

- **Meilenstein-Metriken** schauen den Ladeprozess einer Website im Detail an. Ein Beispiel ist »Time To Interactive« (TTI). Dieser Begriff beschreibt den Zeitpunkt, ab dem Nutzerinnen und Nutzer mit einer Website interagieren können.
- **Rendering-Metriken** (z. B. »Largest Contentful Paint«, LCP, siehe direkt im Anschluss) nehmen das Rendering von Websites in den Blick. Sie eignen sich zur allgemeinen Performance-Optimierung (»Ist ein Content schnell geladen?«), erfassen aber nicht, ab wann sich die Website interaktiv anfühlt.
- Hin und wieder kommt es vor, dass Websites **eigene Metriken** definieren. Dazu lohnt ein Blick auf die Performance API (*https://developer.mozilla.org/en-US/docs/Web/API/Performance_API*).

Für eine sinnvolle Performance-Optimierung empfiehlt es sich, Metriken verschiedener Art zu kombinieren. Zur Orientierung möchten wir Ihnen zwei Varianten mitgeben: die Core Web Vitals und RAIL.

### Mehr zu Core Web Vitals

Der Entwickler Simon Hearne hat unter *https://simonhearne.com/2020/core-web-vitals/* einen ausgezeichneten Artikel mit vielen Tipps zur Messung und Optimierung von Core Web Vitals verfasst. Und unter *https://web-vitals.pazguille.me* können Sie die Core Web Vitals einer Website mit denen von Wettbewerbern vergleichen.

**Core Web Vitals** | Hinter dem Begriff »Core Web Vitals« verbergen sich eine Reihe von Kennzahlen und Richtlinien, die Google im Frühjahr 2020 angekündigt hat. Mittlerweile sind sie auch als Ranking-Kriterien in den Suchalgorithmus gewandert – daher finden Sie die Auswertung auch in der Search Result Console von Google. Ziel ist es, Performance aus Sicht der User Experience zu bewerten (siehe Tabelle 9.1). Das Team hat Richtwerte definiert, wie Menschen die Kriterien empfinden (*https://web.dev/defining-core-web-vitals-thresholds/*).

| Kriterium | Beschreibung | Richtwert |
|---|---|---|
| **Largest Contentful Paint** als Indikator der Ladezeit | Rendering-Zeit für das größte Bild oder den größten Textblock innerhalb des Viewports | unter 2,5 Sekunden |
| **First Input Delay** als Indikator der Interaktivität | Zeitpunkt, ab dem der Browser auf Eingaben von Nutzerinnen und Nutzern reagieren kann | unter 100 Millisekunden |

**Tabelle 9.1** ▶ Übersicht über die Core Web Vitals mit Richtwerten für eine »gute« Bewertung

| Kriterium | Beschreibung | Richtwert |
|---|---|---|
| **Cumulative Layout Shift** als Indikator der visuellen Stabilität | Sprunghafte Veränderungen im Layout während des Ladens (errechnet aus Größe und Entfernung, siehe https://web.dev/cls/) | unter 0,1 |

◂ **Tabelle 9.1**
Übersicht über die Core Web Vitals mit Richtwerten für eine »gute« Bewertung (Forts.)

**RAIL** | Das RAIL-Modell (*https://web.dev/rail/*) ist ein anderes Verfahren, Performance-Kennzahlen aus Sicht der Nutzerinnen und Nutzer zu interpretieren. RAIL steht für die vier Aspekte Response, Animation, Idle und Load. Ziel ist es, dass sich Websites und Web-Apps performant anfühlen. Tabelle 9.2 enthält Definitionen und Richtwerte.

| Kriterium | Beschreibung | Richtwert |
|---|---|---|
| **Response** | Reaktionen auf Handlungen der Nutzerinnen und Nutzer, die sich unverzögert anfühlen sollten (z. B. Klicks auf Buttons) | Handlungen innerhalb von **100 ms** durchführen (Tipp: **50 ms** nutzen, da der Browser noch andere Dinge ausführen muss); sonst Feedback geben |
| **Animation** | visuelle Darstellung von Übergängen zwischen Zuständen | jedes Bild (Frame) der Animation in **10 ms** erzeugen |
| **Idle** | Zeit, in der Anwenderinnen und Anwender nicht mit dem Browser interagieren (»der Browser hat also nichts zu tun«) | Zeit mit weniger wichtigen Hintergrundaktivitäten nutzen (Beispiel: zuerst direkt sichtbare Inhalte laden, dann den Rest nachladen) |
| **Load** | Laden und Aufbau von Webseiten, sollte auch bei 3G-Verbindungen annehmbar schnell sein | Inhalte in unter **5 s** laden (2 s für wiederholte Besuche) |

◂ **Tabelle 9.2**
RAIL-Modell

# 9 Testen und optimieren

**Maßnahmen festlegen |** Nachdem Sie die für Sie relevanten Performance-Kennzahlen ausgewählt und gemessen haben, sollten Sie geeignete Maßnahmen festlegen, um eine bessere Performance zu erreichen. Für schlechte Performance kann es viele Gründe geben, etwa ungenutzter Code, zu viele Anfragen nach Dateien, mangelnde Optimierung von Dateien oder unvorteilhafter Aufbau von Seiten (Rendering). In den folgenden Abschnitten werden wir auf diese Thematiken nach und nach eingehen.

## 9.3.4 Ungenutzten Code entfernen

Ein erster Schritt bei der Performance-Optimierung von Websites ist, unnötigen Datenballast zu entfernen. Dazu zählt, den Quelltext aufzuräumen sowie die Dateigröße selbst zu reduzieren.

Während der Entwicklung und im Livebetrieb schleicht sich immer mal wieder Code ein, der später nicht mehr genutzt wird und entfernt werden kann. Mit den Entwicklungswerkzeugen oder Tools wie »Unused CSS« (*https://unused-css.com*, kostenpflichtig) lässt sich das CSS auf ungenutzte Selektoren und Angaben hin untersuchen. In Google Chrome (siehe Abbildung 9.8) ist das entsprechende Tool (genannt »Coverage«) zunächst ausgeblendet. Mit einem Klick auf den Button ❶ und Run command ❷ können Sie ein Menü ❸ öffnen. Dort können Sie nach »coverage« suchen und den Befehl Show Coverage ausführen. Danach findet sich das Coverage-Tool als Tab.

**Abbildung 9.8 ▼**
Coverage-Tool in den Entwicklungswerkzeugen von Google Chrome

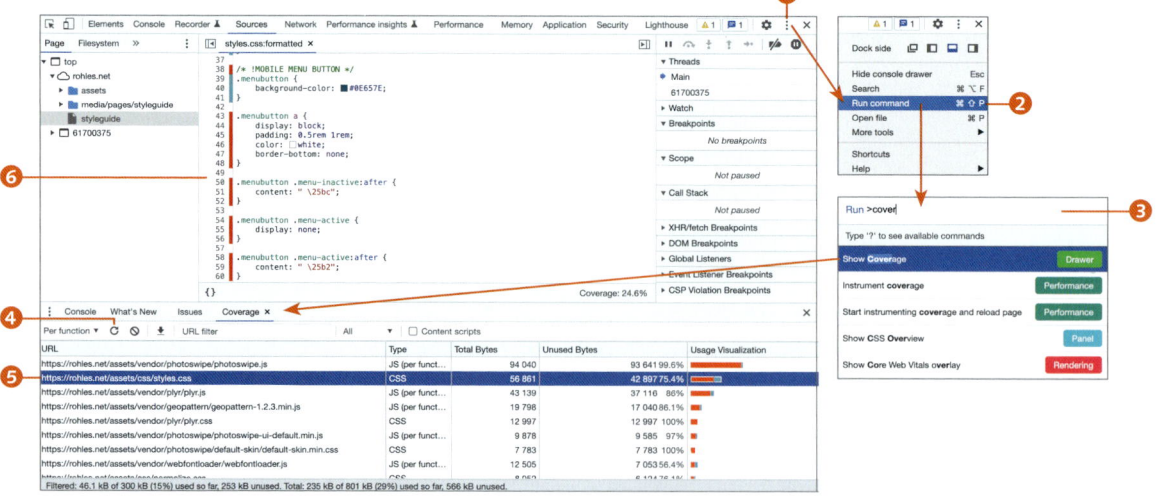

Ein Klick auf den Button mit dem gedrehten Pfeil ❹ lädt die aktuelle Seite neu und zeichnet dabei auf, welche Code-Teile verwendet werden. Im Bereich ❺ können Sie eine Datei auswählen, die dann bei ❻ angezeigt wird. Dort sind alle Code-Teile, die bei der aktuellen Seite nicht verwendet wurden, rot markiert. Wenn Sie dies auf verschiedenen Seiten nutzen, erhalten Sie einen guten Einblick davon, welche Teile ungenutzt bleiben.

### 9.3.5 Server-Anfragen optimieren

Wenn eine Website mit einem Browser aufgerufen wird, fordert dieser Daten vom Server an. Eine solche Anfrage wird auch als HTTP-Request bezeichnet. HTTP steht für *Hypertext Transfer Protocol* und beschreibt den Vorgang von der Anfrage einer Datei vom Browser bis zum Zurücksenden dieser Datei vom Server.

Nun ist es nicht so, dass eine Webseite in einem Rutsch vom Server an den Browser gesendet wird. Dies geschieht Datei für Datei. Und für jede Datei wiederum wird ein HTTP-Request nötig. Ergo, je mehr Dateien sich auf einer Seite befinden, desto mehr HTTP-Requests werden abgesetzt und umso länger dauert es, bis die Webseite komplett geladen ist.

▼ **Abbildung 9.9**
Ein Blick in die Entwicklertools von Google Chrome im Bereich NETZWERK zeigt links unten die Anzahl der HTTP-Requests (hier sind es 192 Anfragen bei *www.sueddeutsche.de*).

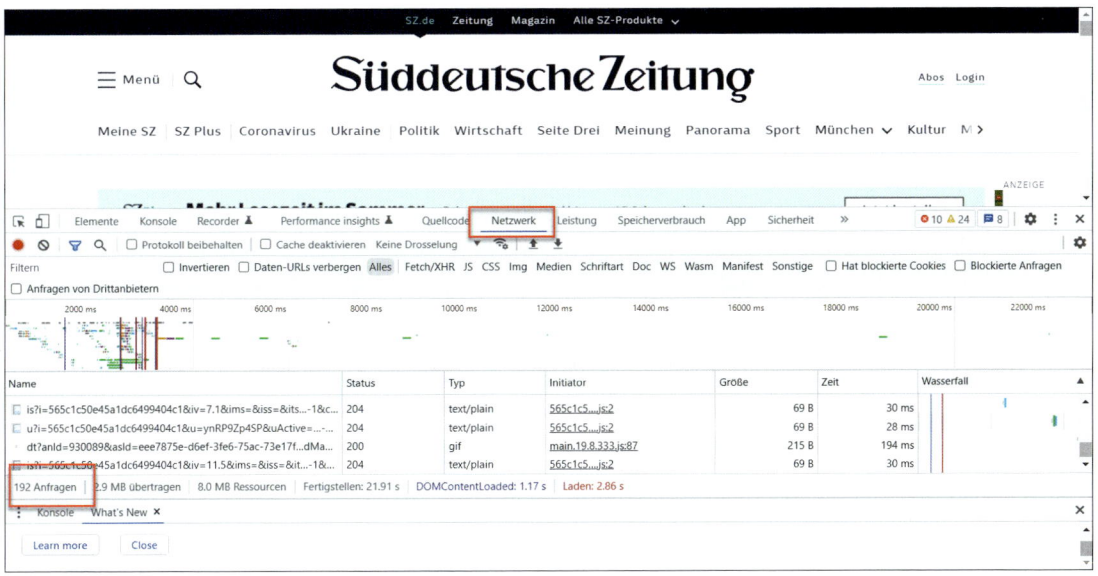

## Tools und Lesetipps zu Protokollen

- Unterstützung testen: *https://tools.keycdn.com/http2-test* (HTTP/2) und *https://http3check.net/* (HTTP/3)
- Kostenlose E-Books mit Erläuterungen (Daniel Stenberg): *https://daniel.haxx.se/http2/* (HTTP/2) und *https://http3-explained.haxx.se/de* (HTTP/3)
- Sehr gute Erläuterung von HTTP/3: *https://blog.cloudflare.com/http3-the-past-present-and-future/*

## Optimierungen beim Hosting

Erwähnenswert ist auch, dass es auch Performance-Optimierungen gibt, die Sie nur in Absprache mit Ihrem Hosting-Provider vornehmen können. Websites in günstigen Hosting-Tarifen sind meist weniger performant, weil Sie sich die Rechenleistung des Servers mit anderen Kundinnen und Kunden teilen (sogenanntes »Shared Hosting«).

**Eine Frage des Protokolls** | Es gibt verschiedene Versionen von HTTP, und hier liegt ein großes Optimierungspotenzial. HTTP/1.1 ist seit 1997 im Einsatz, hat allerdings seine Tücken. Der im Mai 2015 verabschiedete Nachfolger HTTP/2 möchte damit aufräumen. Besonders wichtig ist die Multiplex-Übertragung, bei der mehrere Dateien mit einer Verbindung übertragen werden, statt jedes Mal eine neue Verbindung aufzubauen. Konkret heißt das: Während Sie bei HTTP/1.1 versuchen sollten, möglichst *wenige* Requests auszuführen, profitiert HTTP/2 in gewissem Umfang von parallelen Übertragungen. Vitaly Friedman empfiehlt, etwa sechs bis zehn Pakete gleichzeitig anzuvisieren. HTTP/2 erfreut sich breiter Unterstützung – mittlerweile laufen über 60 % der Verbindungen über HTTP/2 (*https://almanac.httparchive.org/en/2020/http*).

Wichtig zu wissen ist, dass Browser HTTP/2 nur über verschlüsselte Verbindungen unterstützen. Das bedeutet, dass die Verbindung zwischen Client und Server mit Hilfe eines Schlüssels automatisch so konfiguriert wird, dass die übertragenen Daten nicht mitgelesen werden können. Technisch spricht man daher von »Transport Layer Security« (TLS) – im Gebrauch ist aber auch noch die ältere Bezeichnung »Secure Sockets Layer« (SSL). Dank Initiativen wie Let's Encrypt (*https://letsencrypt.org*) ist Verschlüsselung bei vielen Hosting-Providern mittlerweile kostenfrei erhältlich. Verschlüsselung ist auch aus anderen Gründen sinnvoll (etwa durch Vorteile im Suchmaschinen-Ranking, höheres Vertrauen auf Seiten der Menschen oder Schutz beim Verschicken von Formularen) und sollte daher aktiviert werden.

Mit HTTP/3 steht ein weiterer Nachfolger bereits in den Startlöchern. Der wichtigste Grund für die Weiterentwicklung liegt in der bereits erwähnten Multiplex-Übertragung von HTTP/2. Bei der Übertragung werden die Daten in kleine Pakete aufgeteilt, die über das Netzwerk verschickt werden. Bei HTTP/2 (und HTTP/1.1) kommt dabei das sogenannte »Transmission Control Protocol« (TCP) zum Einsatz. HTTP/2 erlaubt es, sehr viele Übertragungen gleichzeitig über eine einzige TCP-Verbindung zu machen. Problematisch ist allerdings, dass immer mal wieder ein Paket in einer dieser Übertragungen verloren gehen kann und neu übertragen werden muss. Weil TCP nichts von den parallel laufenden Übertragungen weiß, müssen bei HTTP/2 dann *alle* Übertragungen warten, bis das fehlende Paket angekommen ist. Zur

Lösung ersetzt HTTP/3 TCP mit dem neuen Übertragungsprotokoll QUIC, bei dem die einzelnen Übertragungen unabhängig voneinander laufen.

Zur Umstellung auf HTTP/2 oder HTTP/3 ist es notwendig, die passende Server-Version bzw. das passende Server-Modul zu installieren und zu konfigurieren. Sprechen Sie dazu mit Ihrem Hosting-Provider.

**HTTP-Requests prüfen und optimieren** | Bei der Arbeit probieren Kreative immer mal wieder etwas aus, das sie später doch nicht benötigen, etwa eine Bibliothek hier oder ein Plug-in dort. Schnell vergisst man dann, diese Dateien wieder zu entfernen. Es lohnt sich daher, alle Requests durchzugehen:

- **Entfernen Sie unnötige Dateien**: Oftmals werden sehr viele Bilder auf einer Website verwendet, von denen nicht alle einen großen Nutzen haben. Und auch andere Dateien sammeln sich schnell an. Prüfen Sie daher alle Requests kritisch, und entfernen Sie alles, was nicht unbedingt benötigt wird.
- **CSS-Dateien und Skripte zusammenfassen**: Für jede CSS-Datei wird ein HTTP-Request nötig und die Ladezeit verlangsamt. Hier könnten Sie optimieren, indem Sie verschiedene CSS-Dateien zu einer zusammenfassen. Dasselbe gilt für Skriptdateien.
- **Prüfen Sie andere Elemente auf der Seite**: Oftmals verlangsamen Social-Media-Integrationen zu Facebook, Twitter oder Videos von externen Quellen die Ladezeit einer Website erheblich. In dem Fall sollten Sie das Element nochmals überdenken.
- **Beschleunigen Sie die Verteilung von Daten mit einem Content-Delivery-Network (CDN)**: CDNs wie beispielsweise Akamai (www.akamai.com) oder Cloudflare (www.cloudflare.com) sind kostenpflichtige Services, die ein Netzwerk von regional verteilten Servern betreiben. Beim Besuch einer Website können sie die Anfragen an den Server weiterleiten, der die beste Performance verspricht – beispielsweise, weil er physisch näher bei den Clients ist. Das lohnt sich vor allem für kommerzielle Websites mit einem großen, verteilten Publikum.

**Requests mit Data-URIs reduzieren** | Eine weitere Möglichkeit zum Einsparen von HTTP-Requests ist die Arbeit mit Data-URIs. Das lässt sich beispielsweise bei Grafiken oder Webfonts nut-

---

**Ressourcen priorisieren**
Mit Hilfe des `rel`-Attributs von `link`- und anderen HTML-Elementen können Sie beeinflussen, welche Ressourcen Browser zuerst laden sollen. Mehr zu diesem Thema lesen Sie in einem sehr guten Beitrag von Brian Jackson: www.keycdn.com/blog/resource-hints.

**CDNs verstehen und einsetzen**
Katie Hempenius hat unter https://web.dev/content-delivery-networks/ einen hervorragenden Beitrag geschrieben, wie CDNs funktionieren und wie man sich für eines entscheidet.

zen. Dabei werden die Grafiken nicht im CSS oder HTML referenziert, sondern direkt dort eingebettet – und zwar in einer Base64-codierten Form. Diese Zeichenketten sind lang und unübersichtlich:

```
<img width="100" height="200" alt="Flugzeug beim Start" src=
"data:image/png;base64,iVBORw0KGgoAAAANSUhEUgAAAGQAAADICAYA
AAAePET[…]" />
```

**Listing 9.4** ▶
Data-URI als `src`

Die Syntax einer Data-URI startet stets mit `data:`. Es folgen Angaben zu Dateityp und Codierung, schließlich ein Komma und die Rohdaten des Bildes. Bei der Konvertierung helfen die Onlinetools unter *http://websemantics.co.uk/online_tools/image_to_data_uri_convertor* oder *https://boazsender.github.io/datauri*.

Data-URIs geben Ihrer Website einen Performance-Boost, haben jedoch auch eine Reihe von Nachteilen:

- Die Arbeit mit ihnen ist unübersichtlich, da im Quelltext sehr lange Zeichenketten auftauchen.
- Außerdem ist es aufwendiger, ein Bild auszutauschen – statt es per FTP einfach zu überschreiben, muss es neu codiert und an allen referenzierten Stellen ausgetauscht werden.
- Data-URIs sparen Requests, sind aber auch oft etwas größer als die Ursprungsdateien. Hier hilft Komprimierung mit gzip.
- Ihre Verwendung sollte mit gutem Caching verbunden werden: Wenn Data-URIs beispielsweise im CSS eingebunden sind, vergrößert sich dadurch das Dokument und dessen Ladezeit – das CSS wird daher erst später ausgewertet. Hier hilft es also, das CSS für die spätere Verwendung großzügig zu cachen.

### 9.3.6 Dateigröße optimieren

**Datenkosten**
Auf *https://whatdoesmysitecost.com* erhalten Sie eine Einschätzung, was der Aufruf einer Website in verschiedenen Ländern der Welt kostet (in $).

Nachdem Sie den Code aufgeräumt und die Zahl der Requests reduziert haben, geht es nun darum, die Dateigröße einer Website so klein wie möglich zu machen. Bei Schriften und Bildern haben wir dieses Thema bereits in den vorherigen Kapiteln besprochen, aber es gibt noch weitere Möglichkeiten.

**Daten komprimieren |** Mit dem Komprimierungsverfahren gzip steht eine Technologie zur Verfügung, mit der im Schnitt 70 % der Daten eingespart werden können. Das Verfahren greift besonders bei Texten und spart einiges an Zeichen, indem auf bereits vorhandene Informationen verwiesen wird, statt sie erneut zu übertragen. Gzip ist ein verlustfreies Verfahren und wird von allen modernen Browsern verstanden.

Der Aufwand ist erfreulich gering: Ob gzip auf Ihrem Server funktioniert, können Sie mit *www.gziptest.com* ausprobieren. Wenn Ihre Website auf einem Apache-Server läuft (das ist meistens der Fall), lässt es sich sehr einfach mit einer Anpassung der ».htaccess«-Datei aktivieren – dabei handelt es sich um eine Konfigurationsdatei des Servers. Es gibt zwei Module (*mod_gzip* und *mod_deflate*), die sich dazu eignen – beide hat Patrick Sexton unter *https://varvy.com/pagespeed/enable-compression.html* erläutert. Der Artikel enthält außerdem die Anweisungen für Server mit nginx und Litespeed. Im Zweifel hilft Ihnen der Support Ihres Hosting-Anbieters sicher gerne weiter.

Eine noch bessere Kompression als gzip erreicht der Brotli-Algorithmus, der von Google entwickelt wurde und unter einer freien MIT-Lizenz steht. Brotli erfreut sich heute einer breiten Unterstützung von Seiten der Browser. Auf der Website *www.brotli.pro* finden Sie Anleitungen, wie Sie Brotli auf verschiedenen Servern einrichten können.

**CSS- und Skriptdateien minimieren** | CSS- und Skriptdateien können ebenfalls minimiert werden. Dabei werden Leerzeichen, Absätze und Kommentare entfernt – das Ergebnis ist eine spürbare Reduzierung der Dateigröße. In jedem Fall sollten Sie jedoch eine nicht minimierte Kopie der Dateien aufheben, denn die minimierten Versionen sind für Überarbeitungen zu unübersichtlich.

Manuell ist dieser Prozess natürlich ein sehr hoher Aufwand. Zum Glück gibt es jedoch Helfer wie den Minifier (*www.minifier.org*) oder CSS Nano (*https://cssnano.co*), die diese Aufgabe übernehmen können.

**Caching** | Trotz aller Optimierungsmaßnahmen ist es immer noch mühsam, Dateien immer wieder neu laden zu müssen, wenn sie mehrmals benötigt werden. So werden beim Aufruf der Homepage beispielsweise viele Dateien geladen, die auch auf Unterseiten benötigt werden. Auch gibt es Dateien, die sich nicht verändert haben, wenn jemand einige Tage später erneut auf einer

**Beispiel**
Gregor Meier bringt in seinem Buch »Pagespeed Optimierung« (Hanser) folgendes einfache Beispiel: Aus dem Satz »Auch ein kleiner Beitrag ist ein Beitrag« kann durch Komprimierung der Satz »Auch ein kleiner Beitrag ist -4 -3« werden. Statt schon einmal genannte Wörter zu wiederholen, wird also nur noch auf ihre Position verwiesen – das spart selbst in diesem einfachen Beispiel schon sieben Zeichen.

 Werfen Sie dazu einen Blick auf den Bonusinhalt »Weiterleitungen_htaccess« im Download-Bereich.

Website landet. In Fällen wie diesen kommt der **Browser-Cache** zum Einsatz. Hier landen Inhalte im lokalen System und werden von dort genutzt, statt sie erneut vom Server anzufragen. Moderne Browser cachen Inhalte automatisch, allerdings können Sie ein bisschen nachhelfen. Man kann dem Browser nämlich einen Richtwert mitgeben, wie lange die einzelnen Inhalte im lokalen Speicher gültig sein sollen.

Diese Richtwerte werden auf einem Apache-Server in die ».htaccess«-Datei geschrieben. Dateien, die sich selten ändern, werden mit langen Werten versehen (etwa `1 month` oder `1 year`), andere Dateitypen wie HTML werden nicht gecacht. Ein Beispiel:

**Verzeichnisse mit .htaccess konfigurieren**
Die ».htaccess« (Hypertext Access) ist eine Konfigurationsdatei auf den häufig verwendeten Apache-Webservern, mit der verzeichnisbezogene Regeln aufgestellt werden können.

```
<IfModule mod_expires.c>
  ExpiresActive On
  ExpiresByType image/gif "access plus 1 year"
  ExpiresByType image/png "access plus 1 year"
  ExpiresByType image/jpeg "access plus 1 year"
  ExpiresByType text/css "access plus 1 year"
  ExpiresByType text/javascript "access plus 1 year"
  ExpiresByType application/javascript "access plus 1 year"
  ExpiresByType application/x-javascript "access plus 1 year"
</IfModule>
```

**Listing 9.5 ▶**
Angaben zum Browser-Caching in der ».htaccess«

**Server-Cache**
Auch der Server selbst verfügt über einen Cache, in dem er häufig benötigte Dateien ablegen kann. Wir werden auf diese Thematik später noch eingehen.

Nach Ablauf der angegebenen Zeitdauer würde ein Browser die Datei erneut anfordern. Die Anweisungen funktionieren nur, wenn das Modul *Expires* aktiviert ist – sprechen Sie im Zweifel mit Ihrem Hosting-Provider. Nachdem Sie diese Angaben in die ».htaccess« Ihres Servers geschrieben haben, können Sie mit Google Page Speed prüfen, ob der Browser-Cache aktiv ist.

Falls Sie nach Aktivierung des Browser-Caches doch noch einmal etwas an den Dateien ändern möchten, können Sie eine Versionsnummer an den Dateinamen (*Fingerprinting*, z. B. »image_v1.png«) oder als Parameter an die URL anhängen (z. B. »image.png?v=1«). Damit weiß der Browser Ihrer Besucherinnen und Besucher, dass er die neue Version herunterladen soll.

### 9.3.7 Webseiten so schnell wie möglich rendern

Mit performanceorientiertem Design, Reduzierung der Requests und Optimierung der Dateigröße haben Sie wichtige Schritte für eine gute Performance unternommen. Trotz allem wird jedoch noch immer etwas heruntergeladen. Aber auch während dieser Ladezeit können Sie die User Experience optimieren, indem Sie für optimiertes Rendering sorgen.

**Ein Crashkurs über das Rendering von Webseiten |** Zunächst lohnt sich ein kurzer Abstecher in die Funktionsweise eines Browsers, um die folgenden Erläuterungen zu verstehen. Wie kommt ein Browser von dem Code, den Sie auf einem Server ablegen, dazu, eine fertige Webseite anzuzeigen?

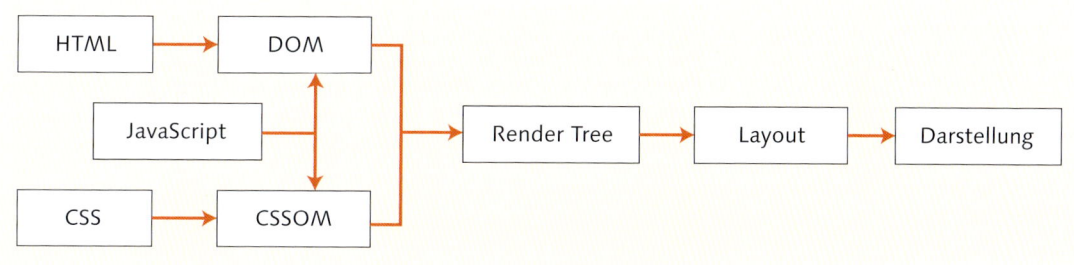

▼ **Abbildung 9.10**
Rendering-Prozess des Browsers

- Beim Aufruf einer URL empfängt der Browser HTML-Dokumente.
- Daraus muss er nun etwas konstruieren, das er auf dem Bildschirm anzeigen kann. Dazu muss er den Quelltext interpretieren und in das **Document Object Model** (**DOM**) umwandeln. Der Begriff beschreibt, was der Browser aus Ihrem Quellcode herausinterpretiert – er wird beispielsweise bei einem Fehler versuchen, den Quelltext sinnvoll zu ergänzen. Das DOM enthält den Inhalt. Je einfacher Ihr Quelltext ist, desto schneller ist der Browser mit dem Interpretieren.
- Noch kann der Browser den Inhalt jedoch nicht auf dem Bildschirm anzeigen – er weiß ja noch gar nicht, wie er aussehen soll. Daher lädt er das CSS herunter (sofern vorhanden), interpretiert es und erstellt ein weiteres Modell: das **CSS Object Model** (**CSSOM**). Erst wenn das gesamte CSS verarbeitet wurde, kann der Browser etwas auf dem Bildschirm anzeigen. Daher bezeichnet man CSS als *render-blocking* – die Anzeige von Inhalten wird so lange blockiert, bis das CSS abgearbeitet wurde. Je kompakter und einfacher das CSS ist, desto schneller

kann der Browser es verstehen. Verschachteln Sie Ihre CSS-Selektoren also nicht stärker als notwendig.
- Content ist da, Gestaltung ist da – reicht das aus, um eine Webseite darzustellen? Noch nicht, denn zuerst muss der **Render-Tree** erstellt werden. DOM und CSSOM enthalten nämlich noch Inhalte, die gar nicht sichtbar sind – `meta`-Angaben im HTML oder mit CSS ausgeblendete Inhalte beispielsweise.
- Schließlich erzeugt der Browser das Layout, indem er die Größenverhältnisse errechnet. Ein `article` mit `width: 50%` würde beispielsweise bei einem 320-px-Viewport 160 px groß sein, auf einem 1 200-px-Viewport jedoch 600 px.
- Mit diesen Informationen hat der Browser alles, was er zur Anzeige einer Webseite benötigt. Ein Browser durchläuft diese Schritte jedoch mehrmals. So muss er beispielsweise das Layout neu aufbauen, wenn gescrollt wird.

JavaScript verändert diesen Prozess ein wenig: Sie können damit Inhalte erzeugen oder auch die Anzeige von Elementen steuern – JavaScript kann also sowohl das DOM als auch das CSSOM verändern. Nehmen wir einmal an, ein Browser beginnt damit, das DOM zu konstruieren. Irgendwo entdeckt er ein JavaScript. Was muss er tun?
- Ohne das Skript zu kennen, kann der Browser nicht wissen, ob es das DOM verändert. Also muss er mit der Konstruktion des DOMs aufhören und das Skript zuerst interpretieren. JavaScript ist *parser-blocking*, weil es die Konstruktion des DOMs verzögert.
- Gleichzeitig kann der Browser das JavaScript nicht ausführen, bevor er auch das CSSOM aufgebaut hat – es könnte ja genauso gut sein, dass mit dem Skript die Darstellung beeinflusst werden soll.

**Kritisches CSS auslagern |** Eine Möglichkeit ist die Arbeit mit kritischem CSS. Huch, kritisches CSS? Was ist das? Man versteht darunter alle CSS-Angaben, die für die unmittelbar beim Aufruf einer Seite sichtbaren Inhalte benötigt werden. Ein Blick in das Verhalten eines Browsers beim Aufruf einer Website verdeutlicht das Verfahren:
- Externe Stylesheets blockieren die Anzeige von Inhalten (*render-blocking*). Der Browser lädt also zunächst die HTML-Dateien

und fordert dann die Stylesheets an – er zeigt jedoch noch keine Inhalte, bis er mit dem Herunterladen der Stilangaben fertig ist.
- Prinzipiell ist dieses Vorgehen sinnvoll, denn schließlich wüsste der Browser zwar, *was* er zeigen soll, aber noch nicht, *wie*. Gerade bei komplexen Stylesheets verlängert sich die Wartezeit jedoch deutlich, besonders in Mobilfunknetzen.
- Die Idee von »kritischem CSS« ist nun, das CSS in zwei Teile aufzusplitten: alles, was für die direkt sichtbaren Inhalte notwendig ist, sowie alles andere.

Das klingt an dieser Stelle seltsam – haben wir unsere CSS-Dateien nicht gerade erst zusammengefügt, um weniger Requests zu erzeugen? Ja, genau – und deshalb soll das kritische CSS als `style`-Block direkt in die HTML-Seiten hineingeschrieben werden, während das übrige CSS wie gewohnt über eine Datei nachgeladen wird. Die Idee dahinter: Es gibt keinen Grund, warum eine Nutzerin oder ein Nutzer auf Style-Angaben warten sollte, die noch nicht zu sehen sind. Der Browser kann somit früher mit dem Rendern des oberen Contents beginnen und alles andere nachladen. Prinzipiell sieht das Vorgehen so aus:

```
<!doctype html>
  <head>
    <style> /* kritisches CSS inline */ </style>
    <script> loadCSS("pfad/zu/nichtkritischen/styles.css");
    </script>
  </head>
  <body>...</body>
</html>
```

▲ **Listing 9.6**
Prinzip des kritischen CSS

▲ **Abbildung 9.11**
Kritisch ist CSS immer dann, wenn es für die Anzeige im aktuellen Viewport notwendig ist (*www.etsy.com*) – diese Stile sollten so schnell wie möglich bereitstehen.

**Tipp: Lieber doppelte Angaben behalten**
Theoretisch könnten Sie das kritische CSS aus der externen Datei entfernen, sobald es im `<head>` der HTML-Datei untergebracht ist. Wir raten Ihnen jedoch, eher davon abzusehen, denn die Wartbarkeit würde darunter doch arg leiden, und die Ersparnis in der Dateigröße wäre selten groß.

Manuell ist das sehr aufwendig: Sie müssten sich Ihre Website bei verschiedenen Viewport-Größen anschauen und alle CSS-Angaben identifizieren, die für den sichtbaren Bereich nötig sind. Anschließend kopieren Sie diese aus der CSS-Datei direkt ins HTML. Glücklicherweise hat Jonas Ohlsson mit dem »Critical Path CSS Generator« ein Tool entworfen, das dies übernimmt. Dazu geben Sie zunächst unter ❶ die URL der Webseite ein und kopieren anschließend unter ❸ das gesamte CSS hinein. Ein Klick auf den Button ❷ extrahiert nun die kritischen Stilangaben. Diese kopieren Sie anschließend in den `<head>` Ihrer Webseite, während das übrige CSS asynchron geladen wird. Dieses Beispiel verwendet dazu das JavaScript »loadCSS«, das unter *https://github.com/filamentgroup/loadCSS* ausführlich dokumentiert ist. Anschließend heißt es Testen, Testen, ob das Tool alles richtig erkannt hat.

**Abbildung 9.12** ▶
Critical Path CSS Generator (*https://jonassebastianohlsson.com/criticalpathcssgenerator*)

Natürlich müssten Sie diesen Schritt für jede Seite und bei jeder Änderung wiederholen. In der Praxis arbeiten Entwicklerinnen und Entwickler daher meist mit Automatisierungstools wie beispielsweise:

- *https://github.com/addyosmani/critical*
- *https://github.com/pocketjoso/penthouse*

**JavaScript asynchron laden** | Auch JavaScript blockiert den Browser dabei, das DOM aufzubauen. Um das zu vermeiden, sollten JavaScript-Dateien entweder ganz unten im Quelltext (vor dem schließenden `</body>`) eingebunden oder asynchron geladen werden:

```
<script src="analytics.js" async></script>
```

▲ **Listing 9.7**
Asynchrones Laden von JavaScript

Das `async`-Attribut sorgt dafür, dass JavaScript die Konstruktion des DOMs nicht mehr blockiert – der Browser fährt mit dem Aufbau des DOMs fort, während er das Skript herunterlädt. `async` garantiert jedoch nicht, dass das DOM auch fertig aufgebaut ist, wenn das Skript ausgeführt wird – es könnte also sein, dass das Skript etwas verändern möchte, von dem der Browser noch gar nichts weiß. Eine Alternative ist das `defer`-Attribut (statt `async`) – der Browser lädt dieses Skript nun parallel zur Konstruktion des DOMs herunter, führt es jedoch erst aus, nachdem das Dokument aufgebaut wurde. Vitaly Friedman empfiehlt, `defer` vorzuziehen und nicht mit `async` zu mischen.

**Lazy Loading** | Schließlich gibt es »Lazy Loading«. Bei diesem Verfahren lädt ein Browser Ressourcen nicht direkt beim Aufruf der Seite, sondern erst, wenn sie auch tatsächlich benötigt werden. Das wird bei Bildern häufig eingesetzt, die außerhalb des gerade sichtbaren Bereichs des Viewports sind.

Es gibt verschiedene Möglichkeiten der Umsetzung. Eine sehr gute Lösung auf Basis von JavaScript ist »lazysizes« von Alexander Farkas (*https://github.com/aFarkas/lazysizes*). Dort findet sich eine umfangreiche Dokumentation. Prinzipiell ist das Procedere so:

- Laden Sie das Skript herunter, und binden Sie es in die Webseite ein.
- Setzen Sie nun die Attribute `data-src` und `data-srcset` innerhalb des `img`-Elements ein. Lazysizes kümmert sich automatisch um das Laden der Grafiken, sobald sich die Scrollposition den Bildern nähert. Bei responsiven Bildern sieht das beispielsweise so aus:

```
<img data-sizes="auto" alt="…" data-src="image2.jpg"
data-srcset="image1.jpg 300w, image2.jpg 600w, image3.
jpg 900w" class="lazyload" />
```

- Deaktiviertes JavaScript kann unterstützt werden, indem das `img`-Element in einem `noscript`-Block wiederholt wird:

```
<noscript>
  <img src="image.jpg" alt="…"/>
</noscript>
```

Mittlerweile unterstützen sehr viele Browser Lazy Loading auch nativ, besonders für Bilder. Der Support für `<iframes>` ist noch nicht flächendeckend, aber das dürfte sich vermutlich beim Lesen des Textes bereits geändert haben. Natives Lazy Loading können

**Alternativen zur Umsetzung**
Natürlich gibt es viele weitere Möglichkeiten, Lazy Loading umzusetzen. Einige bekannte Beispiele sind:
- **Lazy Load** von Mika Tuupola (*http://www.appelsiini.net/projects/lazyload*)
- **ImageLoader** aus der YUI-Bibliothek (*http://yuilibrary.com/yui/docs/imageloader*)

◄ Listing 9.8
Einbindung von Bildern mit dem `data-src`-Attribut

◄ Listing 9.9
Fallback bei deaktiviertem JavaScript

Sie verwenden, indem Sie bei `<img>` oder `<iframe>` das Attribut `loading="lazy"` hinzufügen:

```
<img src="bild-1.jpg" loading="lazy" alt="…">
```

**Listing 9.10 ▶**
Natives Lazy Loading

Neben `lazy` gibt es noch `eager` (der Browser lädt das Bild sofort beim Aufruf der Seite) und `auto` (der Browser entscheidet).

## 9.4 Nachhaltigkeit bei der Webentwicklung

Was wir eben in Abschnitt 9.3 beschrieben haben, ist auch mit der Nachhaltigkeit verbunden. Wenn eine Website performant ist, bedeutet das auch eine Reduzierung von Datenübertragung und meistens auch eine Verringerung des $CO_2$-Ausstoßes. Trotzdem sollen hier noch ein paar Punkte speziell für die Webentwicklung erwähnt werden. Gerade, wenn eine Website von Anfang an sauber und ordentlich gestaltet und programmiert wurde, hat man bei der späteren Optimierung weniger Arbeit.

### 9.4.1 Sustainability-Budgets

**Energieverbrauch vom Browser**
Die Datenübertragung ist häufig der wichtigste Faktor, um den Energieverbrauch gering zu halten. Trotzdem sollte man hier nicht das Endgerät vergessen. Es nützt nichts, wenn Sie den Datenverbrauch gering halten, aber aufgrund aufwendiger Inhalte die CPU des Clients bis zum Anschlag aufdrehen. Safari bietet hier mit dem Energy Impact Monitor ein Tool an, das anzeigt, wie viel CPU-Leistung eine Website verbraucht.

Ähnlich wie beim Performance-Budget bietet sich ein Sustainability-Budget an, das von Anfang an bei Konzeption, Gestaltung und Entwicklung berücksichtigt wird. Statt also in Kilobytes oder Megabytes zu rechnen, geht man hier einen Schritt weiter und legt ein $CO_2$-Budget fest. Da man $CO_2$ nicht einfach berechnen kann, bietet sich die Website *www.websitecarbon.com* an.

Tom Greenwood schlägt in seinem Buch »Nachhaltiges Webdesign« vor, zunächst die Metriken von Websites Ihrer Mitbewerber zu messen, sofern diese für Nachhaltigkeit optimiert sind. Auf diese Weise entsteht eine Benchmark, nach der Sie sich richten können.

Legen Sie dann einen Content-Prototyp nur mit den Inhalten ohne weitere Elemente wie Bilder, Videos oder Skripte an. Dies ist das Best-Case-Szenario, also eine Messung dessen, was mindestens nötig ist, wenn ausschließlich Inhalte vermittelt werden sollen.

Mit Hilfe der Benchmark in der Branche und des individuellen Best-Case-Szenarios können Sie sich ein Budget festlegen. Ziel sollte es immer sein, mindestens genauso gut wie die Besten in der Branche zu sein.

### 9.4.2 Sauberer und schlanker Code

Hierzu gehören viele kleinere Bereiche. Dies fängt damit an, die Anzahl der Code-Zeilen möglichst gering und kurz zu halten und Code-Wiederholung zu vermeiden. Können Sie die Komplexität des Codes verringern, indem Sie die Anzahl der Abfragen reduzieren, dann sollten Sie dies tun. Vermeiden Sie außerdem unnötige Plug-ins und nicht verwendete Bausteine von Bibliotheken. Unter Umständen kann es daher sinnvoll sein, den Code selbst zu schreiben. Je sauberer und schlanker der Code ist, desto weniger wird die CPU des Clients beansprucht, was Energie spart und den Akku schont.

### 9.4.3 Effiziente Programmiersprache wählen

Sauberer und effizienter Code ist die eine Sache, aber auch die verwendete Programmiersprache ist von enormer Bedeutung, denn Programmiersprachen sind unterschiedlich effizient (siehe Tabelle 9.3). So gelten beispielsweise C, C++, Rust und Java als die *saubersten* Programmiersprachen, aber auch JavaScript arbeitet noch sehr energiesparend. Sehr schön ist auch zu sehen, dass PHP immer noch wesentlich weniger Energie benötigt als beispielsweise Python.

| Programmiersprache | Energie |
|---|---|
| C | 1,00 |
| C++ | 1,34 |
| Java | 1,98 |
| JavaScript | 4,45 |
| TypeScript | 21,50 |
| PHP | 29,30 |
| Ruby | 69,91 |
| Python | 75,88 |
| Perl | 79,58 |

**Ausführzeit und Speicherbelegung**
Tabelle 9.3 legt den Fokus rein auf den Energieverbrauch. Nicht beachtet wurden hier die Ausführzeiten und die Speicherbelegungen der einzelnen Programmiersprachen. Wichtig zu erwähnen ist, dass es nicht darum geht, eine Sprache aufgrund des Energieverbrauchs zu beurteilen, sondern Energieverbrauch als einen Faktor bei der Wahl der Programmiersprache zu berücksichtigen. So wird man zukünftig kaum C oder C++ für die Webentwicklung verwenden.

◀ **Tabelle 9.3**
Energieeffizienz von Programmiersprachen mit Fokus auf Sprachen, die für das Web verwendet werden. Mehr Informationen zum Thema finden Sie unter *https://greenlab.di.uminho.pt/wp-content/uploads/2017/10/sleFinal.pdf*.

Generell empfiehlt es sich, immer die neueste Version einer Programmiersprache auf dem Server zu verwenden. So sind z. B. neuere Versionen von PHP deutlich schneller und benötigen weniger Ressourcen.

**Weniger JavaScript |** Wie auch bei Bildern und Videos sollten Sie sich stets fragen, ob Sie einen bestimmten JavaScript-Code unbedingt brauchen. Animationseffekte lassen sich beispielsweise ressourcenschonender mit CSS realisieren als mit JavaScript, und nicht jede einfache Website braucht eine große Bibliothek oder ein Frontend-Framework. Damit ist natürlich nicht gemeint, komplett auf JavaScript zu verzichten, sondern vielmehr, JavaScript möglichst sinnvoll zu nutzen, weil es neben dem Datenumfang auch die Auslastung der CPU erhöht. Das gilt ganz besonders auch für die Analytics-Tracking-Skripte (*www.wholegraindigital.com/blog/plausible-vs-google-analytics/*).

> **Generatoren für statische Seiten**
> Es gibt auch Static-Site-Generatoren, die CMS-betriebene Websites in statische Websites umwandeln können. Bekannte Open-Source-Static-Site-Generatoren sind Jekyll (*https://jekyllrb.com*), Hugo (*https://gohugo.io*) oder Gridsome (*https://gridsome.org*). Viele dieser Generatoren bieten eine Migration von gängigen CMS wie WordPress an.

**Statische Seiten einbauen |** Heute werden Websites in der Regel auf Anforderung von einem CMS auf einem Server generiert, meist mit PHP. Solche dynamischen Websites verbrauchen aber erheblich mehr Systemaufrufe (bis 20-mal mehr) und Energie als eine statische HTML-Seite. Statische Seiten haben also Vorteile in Bezug auf schnellere Ladezeit. Das heißt aber natürlich nicht, dass Sie komplett zurück in die 90er gehen sollen und wieder ausschließlich statische Websites erstellen müssen. Aber vielleicht gibt es einzelne Seiten (etwa Dokumentation, Landingpages, Portfolio …), die statisch ausgeliefert werden können, oder aber Sie nutzen einen Static-Site-Generator (siehe Kasten rechts).

**Seiten-Caching nutzen |** Anstelle von statischen Websites können Sie auch das Seiten-Caching nutzen. Hierbei wird eine Seite beim ersten Aufruf zunächst dynamisch generiert und in einem Cache auf dem Server gespeichert. Alle folgenden Aufrufe erhalten dann die im Cache gespeicherte Version. Hierfür gibt es CMS-basierte Caching-Lösungen (etwa WP Rocket, *https://wp-rocket.me/* für WordPress) oder serverseitige Caching-Lösung (etwa Varnish, *www.varnish-software.com/*). Caching liefert eine Website praktisch aus, als wäre diese statisch.

### 9.4.4 Progressive Web Apps (PWAs)

Schließlich können Lösungen sinnvoll sein, die aus dem Bereich der Progressive Web Apps (PWAs) kommen. Eine Progressive Web App ist keine native, also in Programmiersprachen der Mobilsysteme geschriebene App, hat aber Funktionen, die sie wie eine App wirken lassen. So kann man sich eine PWA als Icon auf den Homescreen legen, den Inhalt auch offline anzeigen und über Push-Nachrichten kommunizieren. Auch wenn Sie viele Funktionen von PWAs nicht für Ihre Website benötigen, so bieten diese eben die Möglichkeit, Dateien offline auf dem Gerät zu speichern. Speziell für Seiten, die Nutzerinnen und Nutzer immer wieder besuchen (etwa Dokumentationen, Referenzen etc.), lassen sich damit Datenübertragungen und Energie sparen. Damit können die Inhalte auch benutzt werden, wenn es mal keine Internetverbindung gibt. Eine tolle Dokumentation zu PWAs finden Sie auf MDN (*https://developer.mozilla.org/en-US/docs/Web/Progressive_web_apps*).

**Werkzeuge für PWAs**
Gerne verwendet zur PWA-Entwicklung wird die JavaScript-Bibliothek React (*https://reactjs.org*) oder Polymer (*https://polymer-library.polymer-project.org*). Wollen Sie eine bestehende Website in eine PWA umwandeln, dann können Sie dies mit dem PWA-Builder (*www.pwabuilder.com*) machen.

▲ **Abbildung 9.13**
Google Drive ist als PWA realisiert und erlaubt Offline-Zugriff auf Dokumente (Symbol mit dem Häkchen).

### 9.4.5 Bots blockieren

Bots sind Software-Anwendungen, die automatisierte Aufgaben erledigen, beispielsweise die Inhalte von Websites für Suchmaschinen indizieren (Webcrawler) oder gezielt zur (oft ungewollten) Verwendung herunterladen (Content Scraping). Es gibt also gute Bots und böse Bots. Auf jeden Fall verbrauchen Bots eine enorme Menge an Datenverkehr und erzeugen damit Emissionen, die sich einsparen lassen, wenn man den Großteil der Bots blockieren würde. Bots können beispielsweise über eine Firewall oder über einen Dienst wie Cloudflare (*https://blog.cloudflare.com/de-de/cleaning-up-bad-bots-de-de*) blockiert werden. Ebenso gibt es Webhoster, die solche Firewalls (Web Application Firewall) anbieten.

## 9.5 Nachhaltigkeit beim Webhosting

Websites werden auf Rechenzentren geladen und gehostet, die einen hohen Energiebedarf haben. Daher können Sie auch bei der Auswahl des Webhosters einen Einfluss auf die $CO_2$-Emissionen nehmen.

### 9.5.1 Around the world

Bei der Übertragung von Daten wird eine Menge an Energie benötigt. Hier ist es empfehlenswert, sich mit dem Server-Standort zu befassen. Wenn der auf den ersten Blick günstigere Webhoster seine Rechenzentren irgendwo im fernen Ausland stehen hat, dann ist dies kontraproduktiv für die Umwelt. Wenn Daten um den halben Erdball reisen müssen, wird mehr Energie benötigt und die Wartezeit beim Seitenaufbau gesteigert. Das Thema der Datensicherheit ist hier noch gar nicht berücksichtigt. Wenn Sie also eine Website einrichten, dann sollten sich die Rechenzentren möglichst am Standort befinden, wo auch die meisten Besucherinnen und Besucher zu erwarten sind. International tätige Unternehmen sollten sich auch mit dem Thema »Content-Delivery-Network« beschäftigen, das wir bereits in Abschnitt 9.3.5 behandelt haben.

### 9.5.2 Green Webhosting

**Green-Hosting-Verzeichnis**
Eine Liste solcher Anbieter sammelt die Green Web Foundation auf der Website *www.thegreen-webfoundation.org/directory/*.

Schließlich können Sie einen Webhoster auswählen, der seinen Strom nicht aus fossilen, sondern erneuerbaren Energiequellen bezieht, um so die $CO_2$-Bilanz zu verbessern.

Tom Greenwood hat in seinem Buch »Sustainable Web Design« (*https://abookapart.com/products/sustainable-web-design*) zusammengefasst, was es tatsächlich bedeutet, wenn ein Webhoster sagt, dass er ausschließlich grüne Energie verwendet. Folgende Möglichkeiten stehen einem grünen Webhoster zur Verfügung, um sich als nachhaltiger Webhoster zu bezeichnen:

- erneuerbare Energie selbst herstellen
- erneuerbare Energie fördern
- erneuerbare Energie einkaufen
- Zertifikate (RECs) für erneuerbare Energie kaufen
- $CO_2$-Kompensation kaufen

Während die ersten drei Punkte klar in die Richtung 100 % erneuerbarer Energie gehen, sind der Kauf von REC-Zertifikaten und die $CO_2$-Kompensation eher kritisch zu betrachten. Bei RECs ist nicht garantiert, dass man tatsächlich die Energie im selben Netz bezieht, und bei der $CO_2$-Kompensation kann der Strom im Rechenzentrum durchaus von fossilen Brennstoffen kommen. Tom Greenwood selbst bringt es auf den Punkt, dass der Mindeststandard sein sollte, dass man wenigstens erneuerbare Energie zukauft.

**Und nun?** | Mit den Erkenntnissen aus diesem Buch haben Sie eine gute Grundlage für Ihre weitere Arbeit im Webdesign, und Sie stehen am Anfang einer spannenden Reise. Werfen Sie unbedingt auch einen Blick auf die Inhalte im Download-Bereich zu diesem Buch – Sie finden dort viel Material, das es aus Platz- und Kostengründen nicht ins Buch geschafft hat. Wir wünschen Ihnen dabei viele gute Ideen, damit Sie Ihre Ziele im Netz erreichen. Schreiben Sie uns gerne – wir freuen uns, von Ihnen und Ihren Projekten zu hören.

# Index

&lt;picture&gt; .......................... 412
8-Bit-Icon ........................ 417
20-Sekunden-Test ............... 78
404-Fehlerseite ................... 44
@font-face ....................... 220
@keyframes ..................... 319
@media screen ................... 57
@supports ........................ 441

## A

Accessibility ................. 46, 265
   Farben ........................... 356
   testen ........................... 442
Accessibility Tree ................. 50
accesskey ........................ 265
Accordion-Menü ................ 293
Adaptive Images ................ 407
Adaptives Layout ............... 169
Additive Farbmischung ....... 360
Adobe Color ............ 348, 349
Adobe Fonts ..................... 222
all ................................... 318
alt-Attribut ....................... 400
alternate .......................... 320
Anführungszeichen, typo-
   grafische ....................... 257
Animation ....................... 313
   ausschalten ................... 322
   Bibliothek ..................... 321
   CSS .............................. 319
   Dauer ........................... 315
   Gestaltung .................... 314
   Timing .......................... 315
   Umsetzung in CSS ......... 318
   zugänglich halten ........... 322
animation-delay ................ 320
animation-direction ........... 320

animation-duration ............ 319
animation-fill-mode ........... 320
animation-iteration-count ... 320
animation-name ................ 319
animation-timing-function ... 320
Animiertes PNG ................ 395
Antiqua-Schrift .................. 210
Anzeige von Elementen ...... 165
APNG .............................. 395
Apostroph ........................ 259
Apple-Touch-Icons ............. 420
ARIA ............................... 269
Arial ................................ 216
   Vorteile ........................ 216
Artikelseite ......................... 44
aside ............................... 161
Ästhetik-Usability-Effekt ....... 39
Asymmetrie ..................... 136
Atomic Design .................... 64
Audio ...................... 427, 428
   einbetten ..................... 428
Audiodeskription ............... 432
Auffächerung ................... 352
Aufmerksamkeitsmagnete ... 143
auto ................................ 429
Auto-Completion ................ 19
autoplay .......................... 429
AVC ................................ 431

## B

background-color .............. 360
background-image ............. 402
background-position .......... 403
background-repeat ............ 402
background-size ................ 403
Back-to-Top-Button ........... 285
backwards ....................... 320

Banner Blindness ............... 318
Barock-Antiqua ................. 211
Barrierefreiheit .................... 46
   Farbwahl ...................... 371
Baseline Grid .................... 167
Baskerville ....................... 211
Bild ................................. 374
   als Zitat ........................ 387
   Alternativtext ................ 400
   barrierefreies ................. 401
   beauftragen und lizen-
      zieren ....................... 391
   Dimensionen angeben .... 401
   flexibel mit CSS ............. 407
   freies ........................... 388
   für das Web optimieren ... 392
   lizenzfreies ................... 388
   mit img ........................ 408
   mit Transparenzen ......... 394
   per CSS einfügen ........... 402
   per HTML einfügen ........ 399
   per KI erzeugen ............. 388
   Pixeldichte ................... 408
Bildgestaltung .................. 374
Bildschirmfarben ............... 328
Bildunterschriften .............. 377
Bildunterzeile ................... 402
Bildwahl .......................... 374
Bildwirkung ..................... 382
Bildzitat .......................... 387
Bitmap-Pixel .................... 406
BITV ................................. 49
Blindtext ........................... 92
Block-Element .................. 165
Blocksatz ......................... 249
Bootstrap ........................ 182
border ............................ 153
border-color ............. 153, 360
border-image ................... 153
border-radius ................... 154

473

# Index

border-type ........................ 153
border-width ..................... 153
both ..................................... 320
Bots ..................................... 469
Box Model ............... 150, 155
box-shadow ...................... 157
box-sizing ........................... 156
Braillezeile ......................... 443
Brainstorming ..................... 88
Breadcrumbs ....................... 43
Breakpoint ................. 54, 171
   *testen* ................................ 438
Breite festlegen ................ 152
Brotli ................................... 459
Browser ....................... 19, 26
   *ältere* ................................. 27
   *mehrere Versionen*
      *installieren* ................ 437
   *moderne* ........................ 26
   *zum Testen* ..................... 19
Browser-Cache ................. 460
Browser-Marktanteile ......... 437
Browser-Statistik ............... 436
Brush Scripts .................... 214
Bulma ................................. 182
Bunt-Kontrast .................... 332
Bunt-Unbunt-Kontrast ...... 331
Button ................................ 272
   *Beschriftung* ................ 273
   *dreidimensionaler* ......... 276
   *gestalten* ............... 272, 276
   *Mindestgröße* ............... 274
   *oder Link?* ..................... 275

## C

Call-to-Action ................... 100
Card Layout ...................... 179
CC-Lizenz .......................... 390
   *Inhalte veröffentlichen* ... 391
Clarendon ......................... 211
clear ................................... 160
Clearfix .............................. 162
$CO_2$-Abdruck ...................... 58
$CO_2$-Budget ..................... 466
$CO_2$-Verbrauch, Website ...... 59

Code
   *effizient* ........................ 467
   *entfernen* ..................... 454
   *verschlanken* ............... 467
Code-Editor ........................ 18
Co-Design ........................... 74
Cognitive Walkthroughs ..... 446
Collagen ............................ 386
color .......................... 307, 360
Color Stop ......................... 368
Column Drop .................... 177
Comic Sans ....................... 218
Container .......................... 431
Content-Audit .................... 93
Content-Delivery-Network (CDN) ....................... 457
Content First ....................... 92
Content Inventory .............. 93
Content-Management-System ............................. 32
Conversion .......................... 44
Corporate Identity ............ 333
Courier .............................. 219
Courier New ..................... 219
Creative Commons ........... 389
CSS ...................................... 29
   *Außenabstand* .............. 155
   *Box Model* ..................... 150
   *Breite* ............................ 152
   *Ecken* ........................... 154
   *Höhe* ............................. 152
   *Innenabstand* ............... 152
   *kritisches* ....................... 462
   *Kurzschreibweise* .......... 153
   *Maßeinheiten* ................ 151
   *Rahmen* ........................ 153
   *Raster* ........................... 180
   *Schatten* ....................... 157
   *Schriftgröße* ................. 237
   *Shorthand* ..................... 153
   *Typografie* .................... 236
   *validieren* ..................... 441
CSS Box Alignment ........... 187
CSS-Filter .......................... 386
CSS-Frameworks ............... 110
CSS Gradient .................... 370
CSS Object Model ............ 461
CSSOM .............................. 461

CSS-Pixel ........................... 404
CSS-Präprozessoren ............ 30
CSS-Transitions ................. 318
CSS-Variablen ................... 364
Customer Journey Map ....... 76
Custom Properties ........... 364

## D

Dark Mode .................. 57, 357
   *in CSS und JavaScript* ..... 365
Dark Pattern ....................... 61
Data-URIs ......................... 457
date ................................... 307
Datenbank .......................... 32
Deceptive Design Pattern ..... 61
Demut ................................. 26
Design erklären .................. 23
Designsystem .................... 111
   *Farben* .......................... 356
Design-Token .................... 114
Desktop First ...................... 54
Detailaufnahme ................ 383
Detailseite .......................... 44
Detailtypografie ................ 208
Device Labs ...................... 439
Device-Pixel-Ratio ............ 405
Didot ................................. 211
dir-Attribut ......................... 53
display ............................... 165
display:flow-root .............. 162
Document Object Model ... 461
Dokumentfluss .................. 161
DOM .................................. 461
Downsampling .................. 406
Dreamweaver ..................... 19
Dreieck .............................. 133
Drittelregel ....................... 139
Dropdown-Menü ....... 289, 302
Duotone ............................ 385
Dynamische Inhalte ........... 32

# Index

## E

| | |
|---|---|
| ease | 319 |
| ease-in | 319 |
| ease-in-out | 319 |
| ease-out | 319 |
| Ecken | 154 |
| Effektbibliotheken | 321 |
| Egyptienne | 211 |
| Eingabefelder | 307 |
| Einstellungsgröße | 382 |
| Element | |
|    *anordnen* | 163 |
|    *ausblenden* | 166 |
|    *umfließen* | 160 |
| Ellipse | 259 |
| E-Mail | 307 |
| Emoji | 240, 418 |
| Emotionalität | 28, 379 |
| Emulatoren | 438 |
| Energieverbrauch | 466 |
| Entwicklertools | 437 |
| Entwicklerwerkzeug | |
|    *Google Chrome* | 19 |
| Erklärvideos | 427 |
| Ethik | 61 |
| Eurostile | 213 |
| Exportieren | 392 |

## F

| | |
|---|---|
| Face-ism Ratio | 380 |
| Fallback-Fonts | 227 |
| Farbassoziation | 334 |
| Farbbezeichnung | 360 |
| Farbe | 326 |
|    *am Monitor* | 360 |
|    *Barrierefreiheit* | 371 |
|    *Blau* | 337, 345 |
|    *Braun* | 340, 346 |
|    *bunt* | 326 |
|    *Deckkraft steuern* | 361 |
|    *Gelb* | 339, 344 |
|    *gesättigt* | 354 |
|    *Gold* | 339 |
|    *Grau* | 341, 343 |
|    *Grün* | 338, 345 |
|    *Helligkeit* | 327 |
|    *im Web* | 360 |
|    *in CSS angeben* | 360 |
|    *kalt* | 328, 335 |
|    *mit Custom Properties* | 363 |
|    *mit Transparenz* | 361 |
|    *Orange* | 339 |
|    *rein* | 326 |
|    *Rosa* | 336 |
|    *Rot* | 336, 344 |
|    *Sättigung* | 326 |
|    *Schwarz* | 341, 343 |
|    *Silber* | 341 |
|    *unbunt* | 326 |
|    *Violett* | 337, 346 |
|    *warm* | 328, 335 |
|    *Weiß* | 342, 343 |
| Farbe kombinieren | 343 |
|    *drei Farben* | 351 |
|    *Farbreihen* | 352 |
|    *vier Farben* | 352 |
| Farbfehlsichtigkeiten | 372 |
| Farbharmonie | 343, 350 |
| Farbkontrast | 329 |
| Farbkreis | 328, 331 |
| Farblehre | 326 |
| Farbraum | 398 |
| Farbreihe | 352 |
| Farbschema | 347 |
|    *analoges* | 349 |
|    *Dreier-Harmonie* | 350 |
|    *entwickeln* | 347 |
|    *komplementäres* | 349 |
|    *monochromes* | 349 |
|    *Tools* | 348 |
|    *Triade* | 349 |
|    *Vierer-Harmonie* | 351 |
|    *Zweier-Harmonie* | 350 |
| Farbtemperatur | 327 |
| Farbton | 326 |
| Farbverlauf in CSS | 367 |
| Fat Footer | 285 |
| Favicon | 420 |
| Feature Queries | 440 |
| Feature-Unterstützung | 439 |
| Fett hervorheben | 236 |
| figcaption | 402 |
| figure | 402 |
| File Transfer Protocol | 20 |
| Filter | 293, 385 |
| Fitts' Gesetz | 275 |
| Fixes Layout | 169 |
| Flat Buttons | 276 |
| Flat Design | 81 |
| Flexbox | 183, 189 |
| float | 160 |
| Floating Back-to-Top-Button | 286 |
| float left | 181 |
| Fluides Layout | 169 |
| Flyout-Menü | 292 |
| F-Muster | 142 |
| FOIT | 226 |
| Fokus | 265 |
| font-display | 227 |
| font-feature-settings | 240, 242 |
| font-kerning | 242 |
| font-optical-sizing | 253 |
| font-size | 237 |
| Font Squirrel | 223 |
| font-stretch | 253 |
| font-style | 253 |
| font-synthesis | 225 |
| font-variant | 239 |
| font-variation-settings | 254 |
| font-weight | 236, 253 |
| Footer | 40 |
|    *verschieben* | 297 |
| Footer-Navigation | 285 |
| Form | 127 |
|    *abstrakte* | 128 |
|    *geometrische* | 127 |
|    *mischen* | 128 |
|    *natürliche* | 128 |
|    *offene* | 135 |
|    *organische* | 128 |
| Formkontrast | 129 |
| Formtypen | 127 |
| Formular | 307 |
|    *optimieren* | 308 |
| Formularvalidierung | 308 |
| Fortsetzung | 126 |
| Fotografie | 374 |
|    *Interpretation* | 382 |
| Fotomontage | 386 |
| Fotosensitive Epilepsie | 372 |

# Index

| | | |
|---|---|---|
| Foto-Shooting | ................... | 391 |
| Foundation | ...................... | 182 |
| FOUT | .................................. | 226 |
| Frontend-Framework | ......... | 183 |
| FTP-Software | ....................... | 20 |
| Funktionalität | ..................... | 27 |
| Futura | ............................... | 213 |

## G

| | | |
|---|---|---|
| Garamond | ......................... | 210 |
| Gebärdensprache | .............. | 433 |
| Gedankenstrich | ................. | 258 |
| Gegensatzpaar | .................... | 90 |
| Gemeinfreiheit | .................. | 389 |
| Georgia | ............................. | 218 |
| Geräte-Pixel | ...................... | 404 |
| Gesetz der Ähnlichkeit | ....... | 123 |
| Gesetz der Erfahrung | ......... | 125 |
| Gesetz der Geschlossenheit | | 124 |
| Gesetz der guten Gestalt | .... | 125 |
| Gesetz der Nähe | ................ | 123 |
| *Typografie* | ................... | 251 |
| Gesetz der Prägnanz | .......... | 125 |
| Gesetz von Figur und Grund | ........................ | 122 |
| Gestaltpsychologie | ............ | 122 |
| Gestaltungsgrundlagen | ...... | 122 |
| Gestaltungsideen entwickeln | | 21 |
| Gestaltungsraster | .............. | 166 |
| Ghost Buttons | ................... | 277 |
| GIF | .................................... | 393 |
| Gill | .................................... | 212 |
| Glasmorphismus | ................ | 83 |
| GNU | .................................. | 389 |
| Goldener Schnitt | ............... | 138 |
| Google Analytics | ............... | 444 |
| Google Chrome | .................. | 19 |
| Google Fonts | ..................... | 221 |
| *Schrift einbinden* | ............ | 223 |
| Google Page Speed | ........... | 450 |
| Graceful Degradation | ......... | 26 |
| Grauwert | .......................... | 250 |
| Green Webhosting | ............. | 470 |
| Grey-Box-Methode | ............. | 331 |
| grid-area | .......................... | 199 |

| | | |
|---|---|---|
| Grid Layout | ....................... | 192 |
| *automatisch* | ................... | 195 |
| *implizit/explizit* | .............. | 196 |
| Grotesk-Schrift | .................. | 212 |
| Grundfarbe | ....................... | 328 |
| Grundlinie | ........................ | 209 |
| Grundlinienraster | .............. | 167 |
| gzip | .................................. | 458 |

## H

| | | |
|---|---|---|
| H.264 | ................................ | 432 |
| H.265 | ................................ | 431 |
| Hamburger-Icon | ......... | 299, 300 |
| Hauptbereich | ..................... | 40 |
| Hauptnavigation | ............... | 280 |
| Header | .............................. | 40 |
| *Konventionen* | ................. | 40 |
| Headless CMS | .................... | 33 |
| height | ............................... | 152 |
| Hell-Dunkel-Kontrast | ......... | 331 |
| Helligkeit | .......................... | 327 |
| Helvetica | .......................... | 213 |
| Hero-Images | ..................... | 381 |
| Heuristische Evaluation | ...... | 446 |
| HEVC | ................................ | 431 |
| Hexadezimalwerte | ............. | 361 |
| Hicks Gesetz | ...................... | 276 |
| Hierarchie | ......................... | 41 |
| Hintergrundbild | ................. | 413 |
| *ausrichten* | ..................... | 403 |
| *einfügen* | ........................ | 402 |
| *Größe bestimmen* | ........... | 403 |
| *wiederholen* | ................... | 402 |
| Hochauflösende Bildschirme | | 404 |
| HSL | ................................... | 362 |
| HTML | ................................ | 29 |
| *Entities* | .......................... | 256 |
| *Formulare* | ...................... | 307 |
| *validieren* | ...................... | 441 |
| HTTP/3 | ............................. | 456 |
| HTTP-Request | ................... | 455 |
| *optimieren* | ..................... | 457 |
| *prüfen* | ........................... | 457 |
| *reduzieren* | ..................... | 457 |
| HWBa | ............................... | 362 |

## I

| | | |
|---|---|---|
| IcoMoon | ........................... | 423 |
| Icon | .................................. | 414 |
| *als SVG* | .......................... | 425 |
| *als visuelle Auflockerung* | | 414 |
| *als visuelle Unterstützung* | | 414 |
| *Anwendungsbereiche* | ...... | 414 |
| *geometrisches* | ............... | 417 |
| *Stile* | .............................. | 417 |
| Icon-Fonts | ........................ | 423 |
| Icon-Gestaltung | | |
| *Grundregeln* | .................. | 419 |
| Idee | .................................. | 88 |
| *auswerten* | ..................... | 118 |
| *bewerten* | ....................... | 107 |
| *entwickeln* | ................ | 21, 70 |
| Illustration | ........................ | 374 |
| Imagefilme | ....................... | 428 |
| img | ............................ | 399, 408 |
| infinite | .............................. | 320 |
| Infinite Scrolling | ................ | 146 |
| Informationsarchitektur | ........ | 95 |
| Information Scent | ............... | 42 |
| Information spielerisch vermitteln | .................... | 316 |
| Inhalt anordnen | ................ | 166 |
| Inhaltsinventar | .................... | 93 |
| Inklusiv | .............................. | 62 |
| Inline-Element | ............ | 158, 165 |
| Innovationsmotor | ............... | 22 |
| Inside-Out-Crop | ................ | 383 |
| Interaktion | ....................... | 272 |
| *Barrierefreiheit* | .............. | 265 |
| *Usability* | ........................ | 264 |
| Interface-Audit | .................. | 115 |
| Interface-Inventar | ............. | 115 |
| Internet Explorer | ............... | 437 |
| Intuitive Bedienung | ........... | 264 |
| ital | .................................... | 253 |

# Index

## J

| | |
|---|---|
| JavaScript | 31 |
|    *laden* | 464 |
| JavaScript-Frameworks | 32 |
| JPG | 393 |
| jQuery | 32 |

## K

| | |
|---|---|
| Kanten | 133 |
| Kapitälchen | 239 |
| Kategorienseite | 44 |
| Kerning | 242 |
| Keyframe-Animationen | 319 |
| KI-Modelle | 388 |
| Klassizistische Antiqua | 211 |
| Klickdummy | 109 |
| Komplementärfarbe | 329 |
| Komplementärkontrast | 329 |
| Komprimieren | 458 |
| Kontrast | 329 |
| Konvention | 39 |
| Konzeption | 70 |
|    *Phasen* | 70 |
| Kreativität | 21 |
| Kreativitätstechnik | 88 |
| Kreis | 134 |
| Kritisches CSS | 462 |
| Küppers, Harald | 331 |
| Kurve | 135 |

## L

| | |
|---|---|
| Ladezeit | 448 |
| Landingpage | 44 |
| lang-Attribut | 53 |
| LATCH | 97 |
| Laufweite | 241 |
| Layout | |
|    *adaptives* | 169 |
|    *anpassungsfähiges* | 169 |
|    *fixes* | 169 |
|    *fluides* | 169 |
|    *Inhalte anordnen* | 166 |
|    *Raster* | 166 |
|    *responsives* | 168 |
| Layout Shifter | 177 |
| Leerzeichen | |
|    *geschütztes* | 259 |
| Leonardo | 348 |
| Lesbarkeit | 208 |
| Leserlichkeit | 208 |
|    *testen* | 217 |
| letter-spacing | 241 |
| Liedl, Roman | 350 |
| Ligatur | 239 |
| linear | 319 |
| Linearer Verlauf | 367 |
| Linearisierbarkeit | 51 |
| Linie | 126, 130 |
|    *schräge* | 131 |
|    *Stärke* | 132 |
| Link | 271 |
|    *Bezeichnung* | 271 |
|    *Konventionen* | 271 |
|    *sensitiver Bereich* | 275 |
| Living Styleguide | 114 |
| Lizenzbasierte Modelle | 392 |
| longdesc-Attribut | 401 |
| loop | 429 |
| Lucida Grande | 218 |
| Lucida Sans Unicode | 218 |

## M

| | |
|---|---|
| Makrotypografie | 208 |
| Makro-Weißraum | 140 |
| margin | 155 |
| Markdown | 94 |
| Marktanalyse | 78 |
| Masonry-Raster | 195 |
| Maßeinheit | |
|    *absolute* | 151 |
|    *relative* | 151 |
| Material Buttons | 277 |
| Material Design | 81 |
| max | 307 |
| max-width | 152 |
| m-dash | 258 |
| Media Queries | 56 |
| Mediävalziffern | 240 |
| Mega-Dropdown-Menü | 290 |
| Mega-Footer | 285 |
| Memphis-Design | 84 |
| Menschzentriert | 61 |
| Menü | |
|    *Verhalten* | 302 |
| Menü sichtbar | |
|    *Responsive Navigation* | 296 |
| Menü versteckt | |
|    *Design-Pattern* | 302 |
|    *Responsive Navigation* | 298 |
|    *Verhalten* | 302 |
| Meta | 215 |
| metadata | 429 |
| Metanavigation | 284 |
| Metapher | 415 |
| Methode der maximalen Kontraste | 350 |
| Microcopy | 46 |
| Mikro-Weißraum | 140, 251 |
| min | 307 |
| Mindmap | 89 |
| Mini-Icon | 417 |
| Minimalismus | 358 |
| Minuskel | 209 |
| Minuskelziffern | 240 |
| min-width | 152 |
| Mittellänge | 209 |
| Mobile First | 54 |
| Mobile Website | 53 |
| Mockup | 119 |
| Moodboard | 104 |
| MooTools | 32 |
| Morphologische Matrix | 90 |
| Multi-Level-Toggle | 302 |

## N

| | |
|---|---|
| Nachbild | 330 |
| Nachhaltiges Webdesign | 58, 357 |
|    *Prinzipien* | 59 |
| Nachhaltigkeit | 426 |
|    *Typografie* | 234 |

# Index

*Video* .................................. 433
*Webentwicklung* ............ 466
*Webhosting* .................... 470
Navigation .................. 41, 279
   *Arten* .............................. 279
   *Gestaltung* ..................... 280
   *Hierarchie* ........................ 41
   *Interaktionsdesign* .......... 288
   *responsive* ...................... 295
   *Tastaturbedienung* .......... 265
Navigationsebene ................. 42
Navigationsleiste ............... 288
n-dash ............................... 258
Neumorphismus ................... 83
none ....................... 320, 429
normal ............................. 320
number ............................. 307
Nutzerforschung ................. 72
Nutzungsrechte .................. 389

## O

Oberlänge ......................... 209
OCR-B ............................... 215
Off-Canvas ....................... 178
Off-Canvas-Menü ............... 303
Onepager ............................ 97
OpenType ......................... 219
opsz ................................. 253
Optimieren .............. 435, 436
overflow .......................... 158
Overlay-Menü .................... 302

## P

padding ............................ 152
Paginierung ...................... 147
Paletton ........................... 348
Parallax Scrolling ............. 145
Pastellfarben .................... 355
Pattern Library ................. 111
Performance ..................... 448
   *auswerten* ..................... 451
Performance-Budget .......... 449

Persona ............................. 75
Perspektive ...................... 384
Pfade in HTML .................. 399
Phi-Raster ........................ 139
PHP .................................. 32
picture ............................ 411
Picture Superiority Effect ... 376
Piktogramm ...................... 417
Pink ................................ 336
Pixel ............................... 404
   *CSS-Pixel* ....................... 404
   *Geräte-Pixel* ................... 404
Pixeldichte ............... 405, 408
Pixel-Icon ......................... 417
Platz sparen .................... 317
PNG ................................. 394
PNG-8 .............................. 394
PNG-24 ............................ 394
Point-of-View-Statement ...... 85
Porträtaufnahme ................ 380
position ........................... 163
Position fixieren ............... 163
poster ............................. 431
preload ............................ 429
Primärfarbe ...................... 329
Priority+ .......................... 306
Progressive Enhancement ..... 26
Progressives JPG ............... 394
Progressive Web App ... 422, 469
Prokrastination .................. 91
Prototyp .......................... 109
   *aus Papier* ..................... 107
Public Domain .................. 389
Punze .............................. 209

## Q

Quadrat ........................... 133
Qualitätskontrast ..... 331, 333
Qualitätssicherung ............ 436
Quantitätskontrast ............ 332

## R

Radialer Verlauf ................ 369
RAIL-Modell ..................... 453
range .............................. 307
Raster ............................. 166
   *CSS* ............................. 180
   *Frontend-Frameworks* .... 182
   *Inhalte verteilen* ............ 166
   *responsiv* ...................... 181
   *Vor- und Nachteile* .......... 166
Rastergrafiken .................. 396
Raute .............................. 132
Realismus .......................... 80
Recherche .......................... 77
Rechteck .......................... 132
Reduced Data Media Query .. 433
Reduced Motion Media
   Queries ......................... 321
Reduzierte Bewegungen ..... 322
Reiternavigation ............... 288
Renaissance-Antiqua ......... 210
Renderingzeiten ................ 448
Rendern ........................... 460
Render-Tree ..................... 462
Responsive Bilder ............. 406
Responsive Hintergrund-
   bilder ........................... 413
Responsive Navigation ...... 295
   *verstecktes Menü* .... 298, 302
Responsives Grid .............. 181
   *12 Spalten* ..................... 199
   *ohne Media-Query* ......... 201
Responsives Layout ........... 170
Responsives Raster
   → Responsives Grid
Responsive Typography ...... 239
Responsive Webdesign 53, 168
   *Bilder* ........................... 406
   *Darstellungen* ................ 175
RGBa-System .................... 361
RGB-Werte ....................... 361
Richtung .......................... 148
Rockwell .......................... 212
Rot-Grün-Sehschwäche ...... 372
Royalty-free ..................... 392

# Index

## S

| | |
|---|---|
| Salienz | 141 |
| Sättigung | 326 |
| Schatten mit CSS | 157 |
| Schreibschriften | 213 |
| Schrift | 208 |
| *Anatomie* | 209 |
| *auswählen* | 228 |
| *Effekte* | 235 |
| *freie* | 221 |
| in Webfont konvertieren | 224 |
| *kostenlose* | 221 |
| *Ladestatus prüfen* | 226 |
| *Lizenzierung* | 222 |
| *Lizenzmodelle* | 220 |
| *mischen* | 230 |
| *websichere* | 216 |
| Schriftgröße | 237 |
| Schriftwahl | 228 |
| *Assoziationen* | 231 |
| Schwarz-Weiß-Aufnahmen | 385 |
| Screenreader | 48, 443 |
| Scribble | 106 |
| Scrollytelling | 146 |
| search | 307 |
| Seiten-Caching | 468 |
| Seitentyp | 100 |
| Sekundärfarbe | 329 |
| Selbstverwirklichung | 28 |
| Select-Menü | 304 |
| Sepia | 385 |
| Serife | 209 |
| Serifenlose Linear-Antiqua | 212 |
| Serifen-Schrift | 210 |
| Server-Cache | 460 |
| Shariff-Plug-in | 279 |
| Shorthand | 153 |
| Silbentrennung | 249, 259 |
| Simulatoren | 438 |
| Sketch | 106 |
| Skeuomorphismus | 80, 353 |
| Skip-Links | 270 |
| Skriptdatei minimieren | 459 |
| slnt | 253 |
| Social-Media-Buttons | 277 |
| Sonderzeichen | 256 |
| source | 429 |
| Speed-Test | 450 |
| srcset | 408 |
| sRGB | 398 |
| Startseite | 44 |
| Statische Seiten | 468 |
| step | 307 |
| sticky | 164 |
| Stockfoto | 379, 391 |
| Storytelling | 428 |
| Streaming | 429 |
| Strichstärke | 132 |
| Struktur schaffen | 166 |
| Styleguide | 111 |
| Stylescape | 105 |
| Subgrids | 203 |
| Subnavigation | 40, 282 |
| *weglassen* | 296 |
| Subtraktive Farbmischung | 360 |
| Suchdominante Nutzer | 41 |
| Suchfunktion | 40 |
| Suchmaschine für CC-Inhalte | 390 |
| Sustainability-Budget | 466 |
| Sustainable Web Manifesto | 60 |
| SVG | 396 |
| *einbinden* | 425 |
| SVG-Favicon | 421 |
| Symbol | 415 |
| Symmetrie | 136 |
| Syntax-Highlighting | 18 |

## T

| | |
|---|---|
| Tabelle | 131 |
| tabindex | 266 |
| Tabs | 288 |
| tel | 307 |
| Tertiärfarbe | 329 |
| Testen | 435, 436 |
| *Accessibility* | 442 |
| *Breakpoints* | 438 |
| *Browser* | 19, 436 |
| *Usability* | 442 |
| *welche Browser?* | 436 |
| Testumgebung vorbereiten | 437 |
| Text, animierter | 317 |
| Textausrichtung | 248 |
| text-rendering | 242 |
| Textschatten | 243 |
| text-shadow | 243 |
| Textspalten | 244 |
| Thesis | 215 |
| Times | 211 |
| Times New Roman | 217 |
| Tiny Tweaks | 175 |
| Toggle-Menü | 302 |
| Top Nav | 296 |
| Touch-Icon | 422 |
| transition-delay | 319 |
| transition-duration | 318 |
| transition-property | 318 |
| transition-timing-function | 319 |
| Transkripte | 432 |
| Transparenz | 394 |
| Trapez | 132 |
| Trebuchet MS | 217 |
| Trübe Farben | 326 |
| Tweakpoint | 172 |
| Typetester | 217 |
| Typografie | 208 |
| *nachhaltig* | 234 |
| *relative Einheiten* | 238 |
| Typografische Auszeichnung | 236 |
| Typografische Varianten | 239 |

## U

| | |
|---|---|
| Überraschung | 147 |
| Umbruch verhindern | 260 |
| Umlaute | 256 |
| Unicode-Codierung | 256 |
| Unterlänge | 209 |
| Unterstreichungen | 240 |
| Untertitel | 432 |
| Urheberrecht | 387 |
| *Ende* | 389 |
| url | 307 |
| Usability | 28, 36, 264 |
| *testen* | 442, 444 |
| User Experience | 38 |
| *testen* | 442 |
| User-Interview | 72 |

# Index

UTF-8 ................................. 256
UX → User Experience
UX-Writing .................... 46, 101

## V

Validator ............................ 441
Variable Font ...... 251, 252, 254
Verdana ............................. 217
Verlauf ............................... 353
   in CSS ............................ 367
   linearer ........................... 367
   radialer .......................... 369
Versalhöhe ........................ 209
Versalie ............................. 209
Versalziffern ..................... 240
Video ....................... 427, 430
   einbetten ........................ 428
   Hintergründe ................. 427
   per iFrame einbetten ...... 431
Viewport ........................... 173
Virtuelle Maschine ............ 437
Visuelle Effekte ................. 374

## W

W3C ................................... 360
Wahrnehmungsgesetze ...... 122
WAI-ARIA ........................... 51
WAI-ARIA Roles .................. 51
Warm-Kalt-Kontrast .......... 334
Warum-Fragen ................... 23
WAVE ................................ 442
WCAG ................................. 49
wdth ................................. 253
Web 2.0 ............................ 353
Web-2.0-Icon .................... 417
Web Brutalism .................... 82
Webentwicklung
   Nachhaltigkeit ............... 466
Webfont ............................ 219
   einbinden ....................... 223
   Google ........................... 221
   konvertieren .................. 224
   Lizenzmodelle ................ 220
   Schnitte ......................... 225
Webfont Generator ........... 224
Webhosting, Nachhaltigkeit 470
WebM ................................ 432
Web Open Font Format ..... 220
WebP ................................ 395
Web Page Test .................. 450
Website
   Dateigröße optimieren .... 458
   ohne CSS analysieren ...... 444
Website-Konzeption ............ 70
Webstandards ..................... 29
Weißraum ......................... 140
Weite Einstellungsgrößen ... 382
wght ................................. 253
width ................................ 152
Winkelkontrast aufsplitten  350
Wireframe ................. 100, 107
Wizards ............................. 294
WOFF ................................ 220
Wording .................... 101, 103
WYSIWYG-Tool .................... 19

## X

Xcode ................................ 438
x-Höhe .............................. 209

## Z

Zahlen ............................... 240
Zeilenabstand ................... 249
Zeilenlänge ....................... 243
Zielformulierung ................. 85
Zielgruppe .......................... 71
Zuverlässigkeit .................... 28